Sara Ahmed

Das Glücksversprechen

UNRAST

Sara Ahmed

Das Glücksversprechen

Eine feministische Kulturkritik

aus dem Englischen
von Emilia Gagalski

UNRAST

Bibliografische Information der Deutschen Bibliothek
Die Deutsche Bibliothek verzeichnet diese Publikation in der Deutschen Nationalbibliografie; detaillierte bibliografische Daten sind im Internet über http://dnb.ddb.de abrufbar.

Sara Ahmed: Das Glücksversprechen
1. Auflage, Oktober 2018
ISBN 978-3-89771-318-5

Aus dem Englischen: The Promise of Happiness

www.unrast-verlag.de – kontakt@unrast-verlag.de
Mitglied in der assoziation Linker Verlage (aLiVe)

Umschlag: kv, Berlin
unter Verwendung eines Gemäldes von
Carrie Moyer: Double Shot 1, 2006

Übersetzung: Emilia Gagalski, Düsseldorf
Satz: UNRAST Verlag, Münster
Druck: CPI-books, Clausen & Bosse, Leck

FSC www.fsc.org MIX Papier aus verantwortungsvollen Quellen FSC® C083411

Inhalt

Für Audre Lorde,
von der ich so vieles
gelernt habe.

Einleitung

Warum Glück/lichsein? Warum gerade jetzt?

Glück/lichsein wird regelmäßig als das Ziel menschlicher Sehnsucht beschrieben, als etwas, dem wir nachjagen, das dem Menschenleben einen Sinn und Ordnung gibt. Wie Bruno S. Frey und Alois Stutzer argumentieren: »Jeder möchte glücklich sein. Wahrscheinlich gibt es kein anderes Ziel im Leben, über das ein so großer Grad an Einigkeit herrscht.« (2002: vii)[1] Möglicherweise ist damit die Einigkeit in Bezug darauf gemeint, dass man sich über das Glück/lichsein einig ist. Sind wir uns über das Glück/lichsein einig? Und über was sind wir uns überhaupt einig, wenn wir uns über das Glück/lichsein einig sind?

1 Es gibt so viele Formulierungen zu dieser Annahme, dass es schwierig ist, sich zu entscheiden, wen man zitieren soll. Ich fange mit diesem Zitat an, da es in Alltagssprache geschrieben ist, um eine Vorstellung zu beschreiben, die alltäglich und philosophisch ist: dass wir nach Glück/lichsein streben. Blaise Pascal lieferte vermutlich im 17. Jahrhundert eine der dramatischsten, philosophischen Formulierungen dieses Grundsatzes, indem er sagte: »Alle Menschen ohne Ausnahme streben danach, glücklich zu sein, wie verschieden die Wege auch sind, die sie einschlagen; alle haben dieses Ziel. Der gleiche Wunsch ist es, mag er sich auch verschieden ansehen, der in diesen und jenen lebt, und der bewirkt, daß die einen in den Krieg und die anderen nicht in den Krieg ziehen. Zu keiner Handlung ist der Wille zu bewegen, jede zielt auf das Glück. Es ist der Beweggrund aller Handlungen aller Menschen, selbst derer, die im Begriff stehen, sich zu erhängen.« ([1669] 1987: 97f.) Dieses eher ungewöhnliche Bestehen auf der Universalität des Glück/lichseins als Motiv des Willens schließt eine gleichermaßen ungewöhnliche Diskussion über das notwendige Scheitern des Glück/lichseins mit ein, was das psychoanalytische Vorhaben erahnen ließ: »Was schreit aus dieser Gier und dieser Unmacht, wenn nicht das, daß ehemals der Mensch wirklich im Glück war, wovon uns nichts blieb als die Narbe und die völlig leere Spur, die der Mensch nutzlos mit allem, was ihn umgibt, zu erfüllen trachtet, da er von dem Ungegenwärtigen erlangen will, was er von dem Gegenwärtigen nicht erlangen kann; wenn nicht das, daß alles hierzu ungeeignet ist, da diesen unendlichen Abgrund nur ein Unendliches und Unwandelbares zu erfüllen vermag, das heißt nur Gott selbst?« (98.)

Selbst ein Philosoph wie Immanuel Kant, der das Glück des Einzelnen außerhalb der Ethik ansiedelt, folgert: »Glücklich zu sein, ist notwendig das Verlangen jedes vernünftigen endlichen Wesens, und also ein unvermeidlicher Bestimmungsgrund seines Begehrungsvermögens.« ([1788] 1968: 133) Und doch schlägt Kant selbst eher traurig vor, dass »Nur ist die Vorschrift der Glückseligkeit mehrerenteils so beschaffen, daß sie einigen Neigungen großen Abbruch tut und doch der Mensch sich von der Summe der Befriedigung aller unter dem Namen der Glückseligkeit keinen bestimmten und sichern Begriff machen kann .« ([1785] 1961: 36 f.) Wenn wir uns Glück/lichsein wünschen, bedeutet das nicht, dass wir wissen, was wir uns wünschen, wenn wir es uns wünschen. Glück/lichsein könnte sogar seinen eigenen Wunsch heraufbeschwören. Oder es könnte immer nur ein Wunsch bleiben, weil es nicht in Erfüllung gehen kann.

Glück/lichsein: ein Wunsch, ein Wille, ein Bedürfnis. In diesem Buch frage ich mich, was es für das Glück/lichsein bedeutet, innerhalb dieser Begrifflichkeiten gedacht zu werden. Dementsprechend geht es nicht primär um die Frage »Was bedeutet Glück/lichsein?«, sondern viel mehr »Was macht Glück/lichsein (mit uns)?«. Ich gebe hier weder eine Definition dieses Begriffs oder ein Modell für authentisches Glück/lichsein, noch biete ich eine Gebrauchsanleitung zum Glück/lichsein an: denn ich habe keine und wenn überhaupt, schreibe ich aus einer skeptischen Position heraus, da ich nicht an das Glück/lichsein als eine Methode für ein gutes Leben glaube. Mich interessiert, inwiefern Glück/lichsein mit einigen Lebensentscheidungen verbunden ist, anderen hingegen nicht, inwiefern Glück/lichsein als etwas betrachtet wird, das aus einer bestimmten Art von Mensch resultiert. Die Geschichte des Glück/lichseins kann als Geschichte von Verknüpfungen verstanden werden. Wenn wir uns Glück/lichsein wünschen, wollen wir mit dem Glück/lichsein verknüpft werden, was wiederum bedeutet, mit dessen Verknüpfungen verknüpft zu werden. Genau dieses Versprechen, dass man Glück(lichsein) erhält, wenn man die richtigen Verknüpfungen hat, erklärt möglicherweise, auf welche Weise wir in bestimmte Richtungen gelenkt werden.

Glück/lichsein formt das, was als eine Welt ein Ganzes bildet. Wenn ich Glück/lichsein als eine Art der Weltenerschaffung beschreibe, bin ich den Werken von feministischen, Schwarzen und queeren Gelehrten zu Dank verpflichtet, die auf unterschiedliche Weise aufgezeigt haben, inwieweit Glück/lichsein dazu benutzt wird, um Unterdrückung zu rechtfertigen. Durch feministische Kritiken an der Figur »der glücklichen Hausfrau«, Schwarzen Kritiken am Mythos »des glücklichen Sklaven« und queeren Kritiken an der Verkitschung der Heterosexualität als »häusliches Glück« habe ich viel über das Glück/lichsein und die eigentlichen Begrifflichkeiten, die dessen Reiz ausmachen, gelernt. Um diese spezifischen Kritiken herum drehen sich langjährige Forschungsreihen und Bewegungen, die die unglücklichen Folgen des Glück/lichseins offenbaren und uns lehren, dass Glück/lichsein gebraucht wird, um soziale Normen als soziale Güter darzustellen. Man könnte sogar annehmen, dass solche politischen Bewegungen *gegen* und nicht *für* das Glück/lichsein gekämpft haben. Simone de Beauvoir zeigt gut auf, inwieweit sich der Wunsch nach dem Glück/lichsein in Politik wandelt, eine wünschende Politik, Politik, die von anderen erwartet, gemäß eines Wunsches zu leben. So heißt es in ihrem Werk: »Man weiß dabei nicht recht, was das Wort Glück bedeutet und welche authentischen Werte sich darunter verbergen; es besteht keine Möglichkeit, das Glück eines anderen zu messen, und es ist immer leicht, die Situation als glücklich zu erklären, zu der man jemanden zwingen will.« (1968: 21)

Ich greife auf solche Kritiken des Glück/lichseins zurück, um den Wunsch nach Glück/lichsein zu hinterfragen. Wir müssen *jetzt* auf diese Kritiken zurückgreifen, um auf die Weltlichkeit dieses *Jetzt* zu antworten. Warum Glück/lichsein? Warum gerade jetzt? Wir könnten sicherlich dieses *Jetzt* als die ›Hinwendung zum Glück‹ beschreiben. Ich habe *Das Glücksversprechen* unter anderem als Antwort auf diese Hinwendung geschrieben.

Die Hinwendung zum Glück

Was meine ich damit? Sicherlich, es sind zahlreiche Bücher zur Wissenschaft und Ökonomie des Glück/lichseins publiziert worden, insbesondere seit 2005.[2] Die Popularität therapeutischer Kulturen und Diskurse über Selbsthilfe führten auch zu dieser Hinwendung zum Glück/lichsein: Heutzutage existieren viele Bücher und Kurse, die Anleitungen zum Glück/lichsein liefern, indem sie sich auf ein Wissensspektrum beziehen, einschließlich des Feldes der positiven Psychologie, als auch (oftmals orientalistischer) Lesarten östlicher Traditionen, vor allem des Buddhismus.[3]

2 Dies sind einige der entscheidenden Bücher aus den letzten Jahren: Layard [2005] 2009; McMahon 2006; Nettle [2005] 2009; Gilbert 2006; Haidt 2006; Schoch 2006; de Botton 2006. Siehe die Essaysammlung über das Glück/lichsein, die ich in *New Formations* (2008) herausgegeben habe für einige Ansichten der Kulturwissenschaften als auch der Geisteswissenschaften im weitesten Sinne.

3 Beispiele kürzlich erschienener Bücher zum Glück/lichsein, die wir als Populär-Psychologie oder »Kurzanleitungen« bezeichnen, sind unter anderem: Summers and Watson

Heutzutage kann man von einer ›Glücks-Industrie‹ sprechen: Glück/lichsein wird durch diese Bücher sowohl hergestellt als auch verbraucht, wodurch sein Wert als eine Art Vermögen angehäuft wird. Barbara Gunnell (2004) schildert wie »die Suche nach dem Glück sicherlich viele Menschen bereichert. Die Glücks-Industrie boomt. Der Verkauf von Selbsthilfe-Ratgebern und CD's, die ein erfüllteres Leben versprechen, lief noch nie so gut.«

Die Medien sind übersät mit Bildern und Geschichten des Glücks. In Großbritannien haben viele seriöse Zeitungen ›spezielle Sparten‹ zum Thema Glück/lichsein integriert und die BBC-strahlte 2006 eine Dokumentation mit dem Titel *The Happiness Formula* (dt.: Das Glücksrezept) aus.[4] Diese Hinwendung zum Glück kann als international beschrieben werden; man kann den »Glücks-Pflanzen-Index« im Internet einsehen und es gibt eine Anzahl an weltweiten Untersuchungen und Auswertungen, die den Grad des Glück/lichseins innerhalb und zwischen Nationalstaaten messen.[5] Diese Berichte werden oft in den Medien zitiert, sobald Untersuchungsergebnisse nicht den sozialen Erwartungen entsprechen, also, wenn die Menschen in Entwicklungsländern den Anschein erwecken, glücklicher zu sein als die in Industrieländern. Nehmt zum Beispiel diesen Satz aus einem Artikel: »Bangladesch ist das Land mit den glücklichsten Menschen auf der ganzen Welt! Hätten Sie das gedacht? Im Gegensatz dazu geben die USA ein trauriges Bild ab: Sie landen nur auf dem 46. Platz in der Rangliste dieser weltweit durchgeführten Studie über Glück/lichsein.[6]« Glück/lichsein und Unglück/lichsein werden zu Themen in den Nachrichten, wenn sie Vorstellungen zum sozialen Status bestimmter Individuen, Gruppen und Nationen infrage stellen, dadurch aber den Status oftmals durch eine ungläubige Sprache bestätigen.

Die Hinwendung zum Glück kann auch an den veränderten politischen und herrschaftlichen Rahmenbedingungen beobachtet werden. Die Regierung Bhutans misst seit 1972 das Glück/lichsein seiner Bevölkerung und die Ergebnisse werden im Bruttonationalglück (Gross National Happiness) fest-

---

2006, Seligman [2003] 2009, Holden [1998] 2007, Ricard [2003] 2007. Eins der bekanntesten Bücher über Glück/lichsein basiert auf einer Reihe von Interviews zwischen dem Dalai Lama und Howard C. Cutler (1998).

4 Zum Beispiel gab es in der *Independent on Sunday* ein Spezial zum Thema: »Der Schlüssel zum Glück/lichsein: Warum unsere Vorfahren ihn gefunden haben«, 17.06.2006. Informationen zur BBC-Serie *The Happiness Formula* unter: http://news.bbc.co.uk. (20.03.2018).

5 Siehe: http://www.happyplanetindex.org. Die Ergebnisse der weltweiten Befragung über Glück/lichsein werden in der Fachzeitschrift *Happiness Studies* diskutiert (20.03.2018).

6 Siehe http://www.nriol.com./. (20.03.2018)

gehalten. Im Vereinigten Königreich sprach David Cameron, Anführer der konservativen Partei, über Glück/lichsein als eine Werteinstanz für die Regierung und löste damit in den Medien eine Diskussion über *New Labour* und Glück/lichsein und die Agenda ›gesellschaftlichen Wohlergehens‹ aus.[7] Es wurde über einige Regierungen berichtet, dass sie Glück/lichsein und Wohlbefinden als messbare Vorteile und explizite Ziele einführen und so das Bruttoinlandsprodukt (BIP) durch den sogenannten echten Fortschrittsindikator (Genuine Progress Indicator, GPI) ergänzen.[8] Glück/lichsein wird mehr und mehr zu einer echten Methode, um Fortschritt zu messen; wir könnten auch sagen, dass Glück/lichsein den ultimativen Leistungsindikator darstellt.

So überrascht es nicht, dass die Studien zum Glück/lichsein sich zu einem eigenen akademischen Feld mit eigener Berechtigung entwickelt haben: Die akademische Fachzeitschrift *Happiness Studies* ist gut etabliert und es existieren bereits einige Professuren zum Thema. In Wissenschaftskreisen haben wir in zahlreichen Disziplinen, einschließlich der Geschichte, der Psychologie, der Architektur, der Gesellschaftspolitik und der Wirtschaft, eine Hinwendung zum Glück/lichsein bemerkt. Es ist wichtig, diese Wende wahrzunehmen und sich nicht einfach mit Glück/lichsein als eine Art der Einigkeit zu beschäftigen, sondern mit der Einigkeit darüber, den Begriff *Glück/lichsein* zu gebrauchen, um etwas zu beschreiben.

Einige Ansätze zu diesem Thema wurden unter der Rubrik ›neue Glücksforschung‹ zusammengefasst. Das bedeutet nicht, dass die Glücksforschung an sich neu ist; viele der ausschlaggebenden Texte in diesem Bereich bieten Neuauflagen des klassischen englischen Utilitarismus an, insbesondere des Werkes von Jeremy Bentham mit seiner berühmten Maxime ›das größte Glück einer größtmöglichen Zahl (Menschen)‹. Wie Bentham in seinem *A*

---

7 Genaueres zu David Camerons Rede über Glück/lichsein siehe: http://news.bbc.co.uk. (20.03.2018)

8 Der Begriff Fortschrittsindikator (Genuine Progress Indicator, GPI) wurde 1965 zum ersten Mal von drei kalifornischen Wissenschaftler*innen erwähnt. Zusammen mit 400 führenden Ökonom*innen, Geschäftsmanager*innen und Expert*innen, erklärten sie: »Da das BIP (Bruttoinlandsprodukt) nur die Quantität des Marktgeschehens misst, ohne die sozialen und ökologischen Kosten zu erfassen, ist es sowohl unangemessen als auch irreführend als Maßstab für echtes Wohlergehen. Politische Entscheidungsträger*innen, Ökonom*innen, die Medien und internationale Agenturen sollten aufhören, den Begriff als Indikator für Fortschritt zu benutzen und seine Defizite öffentlich anerkennen. Wir brauchen dringend neue Indikatoren für Fortschritt, um unsere Gesellschaft anzuführen ... Der Fortschrittsindikator (GPI) ist ein großer Schritt in diese Richtung.« Weiterführende Informationen zum GPI und die Genealogie des Begriffs unter: http://www.gpiatlantic.org. (20.03.2018)

Fragment of Government erklärt »was richtig und was falsch ist, misst sich an dem größten Glück der größten Zahl.« ([1776] 1988: 3) Bentham selbst beruft sich auf ältere Traditionen, darunter das Werk von David Hume als auch Cesare Beccaria und Claude Adrien Helvétius. Die Glücksforschung teilt sich eine Geschichte mit der Nationalökonomie: Denken wir nur an Adam Smiths Argument in *Der Wohlstand der Nationen*, dass der Kapitalismus uns von der sogenannten ›eleden Gleichheit‹ weg und hin zur ›glücklichen Ungleichheit‹ führt, sodass »selbst ein Arbeiter der untersten und ärmsten Schicht, sofern er genügsam und fleißig ist, [...] sich mehr zum Leben notwendige und angenehme Dinge leisten [kann], als es irgendeinem Angehörigen eines primitiven Volkes möglich ist.« ([1776] 1978: 3)

Selbstverständlich beinhaltet der Utilitarismus des neunzehnten Jahrhunderts eine ausdrückliche Widerlegung dieser Schilderung, in der Ungleichheit zu einem Indikator für Entwicklung und Glück/lichsein wird. Indem er sich Alexander Wedderburn anschließt, beschreibt Bentham die Prinzipien des Utilitarismus als Gefahr für die Regierung: »ein Prinzip, das als einziges *Recht* und berechtigtes Ziel der Regierung das größte Glück der größten Zahl zugrundelegt – wie kann dieses als ein gefährliches Prinzip verneint werden? Gefährlich für jene Regierung, die als ihr *tatsächliches* Ziel oder ihren Zweck das Glück eines *Einzelnen* betrachtet.« ([1776] 1988: 59) Trotz dieser Auffassung, dass das Glück/lichsein jedes Einzelnen gleichermaßen zählen sollte (das Glück/lichsein von vielen lehnt es ab, das Glück/lichsein irgendeines Einzelnen anzuheben), hält die utilitaristische Tradition an dem Prinzip fest, dass vermehrtes Glück/lichsein als Maßstab für menschlichen Fortschritt fungiert. Émile Durkheim bot eine kraftvolle Kritik an diesem Prinzip an: »Aber ist es überhaupt wahr, daß das Glück des einzelnen in dem Maß wächst, wie der Mensch fortschreitet? Nichts ist zweifelhafter.« ([1893] 1977: 281)

Eine Schlüsselfigur in der jüngsten Glücksforschung ist Richard Layard, der oftmals von den britischen Medien als ›Glücks-Zar‹ bezeichnet wird. Sein wichtiges Werk *Die glückliche Gesellschaft*, das zum ersten Mal 2005 veröffentlicht wurde, beginnt mit einer Kritik an der Wirtschaftslehre dafür, woran sie menschliche Entwicklung misst: »Leider haben viele Wirtschaftswissenschaftler die Angewohnheit, das Glück einer Gesellschaft mit ihrer Kaufkraft gleichzusetzen..« ([2005] 2009: 9) Layard argumentiert, dass Glück/lichsein die einzige Möglichkeit darstelle, um Entwicklung und Fortschritt zu messen: »Die beste Gesellschaft [ist] diejenige, in der die Bürger am glücklichsten sind.« (15) Eine der grundlegenden Annahmen dieser Wissenschaft ist, dass Glück/lichsein etwas Positives sei und dementsprechend nichts besser sein kann, als dieses Glück/lichsein auf das höchste Maß zu bringen. Die Glücksforschung nimmt an, dass Glück/lichsein »da ist«, dass man Glück/lichsein messen kann und dass diese Messungen objektiv sind: Sie wurden »Hedonimeter« genannt. (Nettle [2005] 2009: 8)

Wenn die Glücksforschung davon ausgeht, dass Glück/lichsein »da ist« ist, wie definiert sie Glück/lichsein dann? Richard Layard liefert uns erneut einen brauchbaren Anhaltspunkt. Er sagt: »Glück ist, wenn wir uns gut fühlen, und Elend bedeutet, dass wir uns schlecht fühlen.« (Layard [2005] 2009: 17) Glück/lichsein bedeute »[sich] gut [zu] fühlen«, was nahelegt, dass wir Glück/lichsein messen können, weil wir messen können, wie gut sich Menschen fühlen. Also bedeutet Glück/lichsein ist »da« eigentlich ›hier‹. Die Vorstellung davon, Glück/lichsein messen zu können, schließt den Glauben mit ein, Gefühle messen zu können. Layard führt an, dass es »den meisten Menschen [...] leicht [fällt] zu sagen, wie gut sie sich in einem bestimmten Moment fühlen.« (25) Glücksforschung gründet sich hauptsächlich auf Selbsteinschätzungen: Studien messen, wie glücklich Menschen laut eigenen Aussagen sind, vorausgesetzt, sie sind wirklich glücklich, wenn sie sagen, dass sie es seien. Dieses Modell geht sowohl von einer Transparenz der Selbstempfindung (dass wir wissen, wie wir uns fühlen und es auch ausdrücken können), als auch von dem unbegründeten und unkomplizierten Wesen der Selbsteinschätzung aus. Wenn wir bereits annehmen, dass Glück/lichsein etwas ist, das wir uns wünschen, ist die Frage danach, wie glücklich wir sind, keine neutrale Frage. Nicht nur sollen Menschen durch diese Frage ihre Lebensumstände bewerten, sie sollen dadurch auch ihre Lebensumstände anhand von Kategorien bewerten, die werturteilsbehaftet sind.[9] Messungen könnten den relativen Wunsch nach Glück/lichsein messen oder sogar den relativen Wunsch, über das eigene Lebensglück (sich selbst oder anderen gegenüber) zu berichten, anstatt einfach nur zu messen, wie Menschen über ihr Leben als solches denken.

Es spielt eine Rolle, wie wir über Gefühle denken. Die Glücksforschung beruht vor allem auf der Vorstellung der Transparenz von Gefühlen, als auch

9 Eine Studie entlarvt das eigentlich Offensichtliche: Wenn man Menschen danach fragt, wie glücklich sie sind, nachdem man sie über positive Themen ausgefragt hat, ist es wahrscheinlicher, dass die die Bewertung des Glück/lichseins höher ausfällt als wenn man fragt, wie glücklich sie sind, nachdem man sie über negative Themen ausgefragt hat: »Menschen, die zuvor aufgefordert wurden, über die positiven Aspekte ihres gegenwärtigen Lebens nachzudenken, beschrieben sich selbst als glücklicher und zufriedener mit ihrem Leben im Großen und Ganzen, als Menschen, die an negative Aspekte denken sollten.« (Schwarz and Strack 1991: 28)

auf der Annahme, dass sie die Grundlage für ein moralisches Leben darstellen. Wenn etwas gut ist, fühlen wir uns gut. Wenn etwas schlecht ist, fühlen wir uns schlecht.[10] Dementsprechend baut die Glücksforschung auf einem sehr spezifischen Modell der Subjektivität auf, in dem der Mensch weiß, wie er sich fühlt und wo die Unterscheidung zwischen guten und schlechten Gefühlen sicher ist und die Grundlage für subjektives als auch soziales Wohlbefinden bildet. Kulturwissenschaften und die Psychoanalyse können möglicherweise eine wichtige Rolle in diesen Debatten spielen, indem sie alternative Theorien der Affekte liefern, die *nicht* auf einem Subjekt basieren, das sich seiner selbst komplett bewusst ist, einem Subjekt, dass immer weiß, wie es sich fühlt (siehe Terada 2001). Kulturelle und psychoanalytische Annäherungsweisen können untersuchen, wie gewöhnliche Verbundenheiten zu der Vorstellung eines guten Lebens auch ambivalent sind, indem Verwirrtheit anstelle von der Trennung von guten und schlechten Gefühlen eine Rolle spielt. Dann würde das Lesen von Glück/lichsein zu einer Frage der Grammatik dieser Ambivalenz werden.

Glücksforschung misst nicht einfach Gefühle; sie bewertet auch die Ergebnisse. Glück/lichsein zu messen, generiert vor allem Wissen über die Verteilung von Glück/lichsein. Die Glücksforschung hat Datenbanken produziert, die zeigen, wo Glück/lichsein verortet ist und diese Daten sind größ-

10 Eine solche Annahme kann auch zu Schwierigkeiten führen, wenn Gefühle zum Maßstab für das Richtige und Falsche werden. So behauptet Richard Layard beispielsweise, dass die Dinge, die als falsch bezeichnet werden, Menschen unglücklich machen oder sogar ihre Gefühle verletzen würden. Für Layard ist das Prinzip des größten Glücks auf Seiten der Armut, weil der Verlust des Glücks bei einer Umverteilung des Reichtums für die Reichen geringer ist als eine Glückssteigerung bei den Armen. ([2005] 2009: 137.). Dennoch lautet seine bedauernswerte Schlussfolgerung, dass er nicht gegen Ungleichheiten sein könne, wenn sie nicht zu mehr Unglück/lichsein führten. So behauptet er: »Die Sklaven in den Vereinigten Staaten von Amerika wollten in Freiheit leben, und zwar nicht etwa, weil sie damit höhere Einkommen oder größere Konsummöglichkeiten erzielen würden, sondern um die Erniedrigung durch das Sklavendasein zu beenden. Die Sklaverei beleidigte ihr Selbstwertgefühl, und aus *diesem* Grund ist Sklaverei falsch.« (ebd.). Der Gedanke, dass die Sklaverei falsch war, weil sie die Gefühle von Menschen verletzte, beweist uns, was an diesem Modell des Missstandes falsch ist. Es individualisiert und psychologisiert soziale Missstände. Siehe Lauren Berlants (2000) wichtige Kritik an der Verschmelzung von Schmerz und Ungerechtigkeit, als auch meine Schlussfolgerung zu *The Cultural Politics of Emotion* (2004) für eine Überlegung zum Verhältnis zwischen sozialen Missständen und Schmerzen. Nehmt vor allem zur Kenntnis, dass eine der Schwierigkeiten der Verschmelzung von Ungerechtigkeit mit Schmerz ist, dass ein Zugang zu den Gefühlen anderer angenommen wird. Jegliche Arten von Missständen, die nicht bewusst als Leid wahrgenommen werden, über die man mit anderen sprechen kann, würden in solch einem Modell nicht sichtbar werden.

tenteils an einem vergleichenden Modell vorhersagbar. Datenbanken zum Glück/lichsein zeigen uns, welche Individuen glücklicher sind als andere, als auch welche Gruppen oder Nationen glücklicher sind als andere. Die Glücksforschung stellt Zusammenhänge zwischen Ebenen des Glück/lichseins- und sozialen Indikatoren her und stellt somit sogenannte ›Glücks-Indikatoren‹ auf. Glücks-Indikatoren sagen uns, welche Menschen glücklicher sind; sie fungieren nicht nur als Maßstab für Glück/lichsein, sondern auch als Vorhersagen für das Glück/lichsein. So behaupten Frey und Stutzer in *Happiness and Economics*, dass soziale Indikatoren vorhersagen können, wie glücklich verschiedene Menschen sein werden und damit sogenannte »Glücks-Psychogramme« erschaffen. (2002: 7)

Einer der grundsätzlichen Glücks-Indikatoren ist die Ehe. Eine Ehe wird als ›die beste aller Möglichkeiten‹ definiert, da sie Glück/lichsein auf die höchste Stufe stellt. Es wird argumentiert: Wenn du verheiratet bist, wirst du mit größerer Wahrscheinlichkeit glücklicher, als wenn du nicht verheiratet bist. Diese Feststellung ist gleichzeitig ein Rat: Heirate und du wirst glücklich sein! Diese enge Verbindung zwischen der Messung und der Vorhersage hat eine mächtige Wirkung. Die Glücksforschung kann als performativ beschrieben werden: Indem sie an bestimmten Orten Glück/lichsein findet, erzeugt sie solche Orte als gute Orte, als Orte, die *als* Güter beworben werden sollten. Korrelationen werden als Kausalzusammenhänge gelesen, die dann die Grundlage für die Bewerbung bilden. Wir bewerben das, was ich im ersten Kapitel die ›Glücks-Ursachen‹ nenne, was wiederum auch dazu führen kann, dass erst über Glück/lichsein berichtet wird. Somit beschreibt die Glücksforschung das, was bereits als gut bewertet wurde, erneut als Güter. Wenn wir dazu verpflichtet sind, die Dinge zu fördern, die uns glücklich machen, dann wird Glück/lichsein an sich zu einer Pflicht. Ich werde in diesem Buch der Bedeutung der ›Pflicht zum Glück/lichsein‹« auf den Grund gehen.

Das bedeutet nicht, dass wir das Glück immer finden. Tatsächlich könnten wir eher sagen, dass Glück/lichsein einflussreicher wird, je mehr es als etwas gesehen wird, das sich in einer Krise befindet. Die Krise des Glück/lichseins funktioniert hauptsächlich als Schilderung der Enttäuschung: Auf die Anhäufung von Reichtum folgte nicht auch eine Anhäufung des Glück/lichseins. In erster Linie wird diese Krise überhaupt erst durch die regulierende Wirkung einer sozialen Annahme zu *einer Krise*: dass größerer Reichtum Menschen glücklicher machen *sollte*. Richard Layard beginnt seine Glücksforschung mit dem, was er als Paradox beschreibt, denn »obwohl die Menschen im Westen seit Jahrzehnten immer reicher werden, sind sie keineswegs glücklicher geworden.« ([2005] 2009: 13) Wenn die neue Glücksforschung Glück/lichsein von Reichtumsanhäufungen trennt, verortet sie weiterhin Glück/lichsein an bestimmten Stellen, vor allem der Ehe, die weithin als hauptsächlicher »Glücks-Indikator« gesehen wird (siehe Kapitel 2), als auch in stabilen Familien und Gemeinschaften (siehe Kapitel 4). Glück/lichsein wird dort gesucht, wo erwartet wird, dass es gefunden wird, selbst wenn es dort fehlt. Dabei fällt auf, dass die Krise des Glück/lichseins soziale Ideale nicht hinterfragt hat und wenn überhaupt ihre Herrschaft über das psychische und politische Leben erneut bekräftigt hat. Die Forderung nach Glück/lichsein wird immer mehr als Forderung nach einer Wiederkehr zu sozialen Idealen artikuliert, so als läge die Erklärung für die Krise des Glück/lichseins nicht im Scheitern dieser Ideale, sondern in unserem Scheitern, ihnen zu folgen. Und in Zeiten der Krise nimmt die Sprache des Glück/lichseins wohl eine noch mächtigere Herrschaft an.[11]

Positive Psychologie

Ausgehend davon, dass sich diese neue Forschung vorwiegend auf Selbsteinschätzungen stützt, bringt sie eine wichtige psychologische Dimension mit sich. Innerhalb der Psychologie können wir auch eine Hinwendung zum Glück beobachten. Viele dieser Werke werden als *Positive Psychologie* bezeichnet und mit einer internen Kritik an der Disziplin an sich eröffnet. Michael Argyle behauptete, dass »sich die meisten Werke über Emotionen in der Psychologie mit Sorge, Depression und anderen negativen Gefühlszuständen beschäftigen« (1987: 1). Oder, wie es die Herausgeber des Sammelbandes *Subjective Well-Being* in Anlehnung an Ed Diener ausdrücken: »Psychologie war weniger mit den Bedingungen für Wohlbefinden als mit dem Gegenteil beschäftigt: der Bestimmung menschlichen Unglück/lichseins.« (Strack u.a. 1991:1) Während die Glücksforschung die Tendenz der Wirtschaft *korrigiert*, die sich auf wirtschaftliches Wachstum zu Lasten des Glück/lichseins konzentriert, *korrigiert* die Glückspsychologie die Tendenz der Psychologie, sich auf negative Gefühlszustände zu Lasten des Glück/lichseins zu konzentrieren.

11 Damit möchte ich andeuten, dass der gegenwärtige Augenblick der *Finanzkrise*, in der ich dieses Buch beendet habe, keinen Rückzug aus der öffentlichen oder privaten Beschäftigung um Glück/lichsein zur Folge hat, aber, wenn überhaupt, die kulturelle Beschäftigung mit Glück/lichsein steigert (möglicherweise als eine Unruhe in dem Wunsch nach einem schönen Leben für diejenigen, die das Gefühl haben, sie hätten bereits ein schönes Leben und sollten es auch haben).

Wir können mit Michael Argyles klassischem Werk *The Psychology of Happiness* (1987) beginnen. Er definiert sein Buchprojekt folgendermaßen: »Dieses Buch beschäftigt sich vorrangig mit den Ursachen und Erklärungen für positives Glück und wie unser Verständnis darüber genutzt werden kann, damit Menschen, einschließlich uns selbst, glücklich werden.« (1) Sofort wird klar, dass Glück/lichsein zu einer disziplinären Technik wird. Das Ziel positiver Psychologie ist es, *positives Glück/lichsein* zu verstehen – indem die Entstehungsursachen erklärt werden – als auch, dieses Wissen darüber zu nutzen, um Glück/lichsein hervorzubringen. Positive Psychologie ist darauf ausgerichtet, Menschen glücklicher zu machen. Positive Psychologie ist positiv eingestellt gegenüber positiven Gefühlen; sie setzt das vielversprechende Wesen seines eigenen Gegenstandes voraus.

Auf einer gewissen Ebene scheint dies ein weiser Rat zu sein. Sicherlich ist es besser, sich besser zu fühlen, und wir alle möchten uns doch besser fühlen. Sicherlich sollte alles Wissen transformierend sein und auf dem Impuls beruhen, Lebenswelten und Kapazitäten für Individuen zu verbessern. Es geht hier um die Vorstellung, dass wir *im Voraus* in der Lage seien, zu wissen, was das Leben von Menschen verbessern wird. Menschen glücklicher zu machen, wird als Zeichen der Verbesserung angenommen. Diese eine bestimmte *Sache*, die wir erstreben, ist auch die eine *Sache*, die uns dorthin bringen wird. Positive Gefühle haben die Aufgabe, ihre eigene Negation zu überwinden: sich gut zu fühlen kann uns aus den Fängen von »Sorgen, Depressionen und anderen negativen Gefühlszuständen befreien« (Argyle 1987: 1). Sich besser zu fühlen, bedeutet demnach, besser zu sein – Positive Psychologie teilt diese Annahme mit der Glücks-Ökonomie. Hierin liegt ein stärkeres Argument: sich besser zu fühlen, heißt *besser zu werden*.

Argyle verlässt sich auf Selbsteinschätzungen als objektive Maßeinheit des Subjektiven: »Wir sollten größtenteils auf subjektive Einschätzungen über die Gefühle von Menschen vertrauen: Wenn Menschen sagen, dass sie glücklich sind, *sind* sie auch glücklich.« (2) Dann beschreibt er gewisse Institutionen als gut, insofern sie aller Wahrscheinlichkeit nach Glück/lichsein begünstigen: »die größten Vorteile«, sagt er, »bringt die Ehe mit sich« (31). Zum Glück/lichsein gehöre ein gewisses Arrangement: »Glück/lichsein ist Teil eines weitgefassteren Phänomens, das die Wahl lohnenswerter Situationen mit einschließt und sich auf die positiven Aspekte des Lebens und ein hohes Selbstwertgefühl konzentriert.« (124) Individuen nehmen sich vor, an sich selbst zu arbeiten, indem sie ihre Gefühle steuern, um es in den Begrifflichkeiten von Nikolas Rose (1999) auszudrücken. Solche Pläne werden als eine Art ›Verbesserung‹ beschrieben und schließen »Techniken des Herbeiführens von Stimmungen« ein, die »zur Gewohnheit werden können« und folglich »beständigere Auswirkungen haben«. (Rose 1999: 203) Im Gegensatz dazu werden unglückliche Menschen als benachteiligt, ungesellig und neurotisch repräsentiert: » Unglückliche Menschen neigen dazu, einsam und neurotisch zu sein.« (124) Individuen müssen für andere glücklicher werden: Positive Psychologie beschreibt dieses Vorhaben nicht so sehr als ein Recht, sondern als eine Verantwortung. Wir sind verantwortlich für unser eigenes Glück/lichsein, da die Förderung unseres Glück/lichseins uns dazu befähigt, das Glück/lichsein anderer Menschen zu steigern. Eins meiner wichtigsten Anliegen in diesem Buch ist es, zu untersuchen, was aus dem Gedanken resultiert, dass wir dafür verantwortlich seien, für andere glücklich zu sein oder sogar ganz einfach aus dem Gedanken, dass es eine notwendige und unvermeidliche Abhängigkeitsbeziehung zwischen dem Glück/lichsein einer Person und dem Glück/lichsein anderer gibt.

Wie nicht anders zu erwarten, ist Positive Psychologie inzwischen ein verbreitetes und akademischen Sachgebiet: Es gibt viele sich überschneidende Bücher darüber, wie man glücklicher wird, die eine verallgemeinernde Wissenskultur bilden. Nehmen wir zum Beispiel das Werk von Martin Seligman, der Bücher über Positive Psychologie geschrieben hat und das *Positive Psychology Center* an der University of Pennsylvania leitet.[12] Genauso wie Argyle vor ihm, bietet er eine Kritik der Psychologie an, weil sie sich »Gemütszustände, [...] die das Leben unglücklich machen « mehr zu ihrer Priorität gemacht hat als »Gemütszustände auf- und auszubauen, die das Leben lebenswert machen« (2009: 11). Er geht davon aus, dass die Positive Psychologie »Wegweiser« für das »gute Leben« (12) liefert. Glück/lichsein wird oft als ein Pfad beschrieben, als etwas, das man erlangt, wenn man dem richtigen Pfad folgt. In solchen Beschreibungen bietet Glück/lichsein eine Route an und Positive Psychologie hilft dabei, die richtige Route zu finden: »Dieser Weg führt Sie durch Landschaften der Freude und Zufriedenheit hinauf in das Hochland der menschlichen Stärken und Tugenden und schließlich auf die Gipfel dauerhafter Erfüllung: Sinn und Zweck im Leben.« (16) Glück/lichsein wird zu einer Art Lenkung oder Ausrichtung, dem *richtigen Weg* zu folgen. Seligman beschreibt Glück/lichsein nicht einfach als eine Belohnung, als etwas, das aus einem gut geführten Leben folgt, sondern auch als eine Eigenschaft des Menschen. Glück/lichsein ist eine Art Charakterzug. Er setzt

12 Siehe http://www.ppc.sas.upenn.edu. (21.03.2018)

Glück/lichsein unmittelbar mit Optimismus gleich (siehe Kapitel 5). Glückliche Menschen sind optimistischer, denn sie »neigen dazu ihre Probleme als vorübergehend, kontrollierbar und spezifisch für eine bestimmte Situation zu verstehen« (30). Seligman schlägt auch vor, dass glückliche Menschen altruistischer sind: »Sind wir glücklich, dann sind wir weniger selbstsüchtig, wir mögen andere Menschen lieber und wollen unseren Glücksfall sogar mit Fremden teilen. (82) Hier könnten wir erkennen, dass Wechselbeziehungen (Glück/lichsein und Optimismus und Glück/lichsein und Altruismus) schnell in Kausalitäten umschlagen, in denen Glück/lichsein zu seiner eigenen Ursache wird: Glück/lichsein führt dazu, dass wir weniger selbstbezogen und optimistischer sind, was wiederum dazu führt, dass wir glücklicher sind, was bedeutet, dass wir andere glücklicher machen und so weiter.

Glück/lichsein wird nicht nur zu einer individuellen Verantwortung, einer Neubeschreibung des Lebens als Plan, sondern auch zu einem Instrument, als Mittel zum Zweck sowie auch zum Zweck. Wir machen uns selbst glücklich so wie wir uns Kapital beschaffen, das uns erlaubt, zu sein oder dies oder das zu tun oder dies oder das zu bekommen. Solch ein bedarfsorientiertes Modell des Glück/lichseins steht im Widerspruch zu klassischen Konzepten, wie Aristoteles' Werk, auf das ich in Kapitel 1 eingehen werde, in dem Glück/lichsein »das Ziel aller Ziele« ist. Positive Psychologie geht einher mit der Instrumentalisierung des Glück/lichseins als eine Technik. Glück/lichsein wird zu einem Mittel zum Zweck als auch zum Zweck der Mittel.[13]

In dem Fall können wir durch Glück/lichsein unser Potential maximieren, das zu bekommen, was wir möchten und so zu sein, wie wir sein möch-

---

13 Schauen wir uns folgenden Kommentar aus Fay Weldons Buch über Frauen und Glück/lichsein an: »Der Kampf um Gleichberechtigung ist schlecht für Ihr Aussehen. Er macht niemanden glücklich, außer Sie empfinden Genugtuung beim Kampf um eine Gerechtigkeit, die schon die Evolution uns verwehrt hat. Sie werden nur ein spitzes Kinn bekommen, eine zerfurchte Stirn, die nicht einmal mehr Botox zu glätten vermag, einen derart getrübten Teint, daß kein Make-up ihn mehr zum Strahlen bringt, und ganz allgemein leiden.« ([2006] 2007: 61) Weldon argumentiert, dass Unglück/lichsein dazu führt, dass man schlecht aussieht und dass Unglück/lichsein aus dem Kampf um Gleichberechtigung resultiert. Glücklich zu sein, heißt, besser auszusehen. Für Weldon bedeutet Glück/lichsein nicht, um Gleichberechtigung zu kämpfen, um attraktiver zu sein, um bessere Männer zu bekommen. Glück/lichsein wird zu einer Technik der Selbst-Förderung (neu beschrieben als evolutionäre Eignung). Wie ich in Kapitel 2 untersuchen werde, tendiert die Forschung zum Thema Glück/lichsein bezüglich Frauen dazu, eine Rückkehr zu traditionellen Formen der Weiblichkeit zu fördern. Glück/lichsein wird mit Passivität verbunden, was die konventionellen Assoziationen zum Glück/lichsein mit Aktivität infrage stellt. In der Schlussfolgerung dieses Buches werde ich noch über die Koordinierung von Glück/lichsein und Aktivität zu sprechen kommen.

ten. Wie nicht anders zu erwarten, drückt sich Positive Psychologie häufig in Begrifflichkeiten der Wirtschaftssprache aus, um Glück/lichsein als einen Nutzen zu beschreiben. Heady und Wearing schreiben beispielsweise von den »relativ stabilen persönlichen Charakteristiken«, die dafür sorgen, dass manche Menschen im Allgemeinen glücklicher sind als andere und diese nennen sie »Inventar«. Darin eingeschlossen sind die soziale Herkunft, die Persönlichkeit und soziale Netzwerke (1991: 49). Glück/lichsein stellt Menschen mehr Möglichkeiten zur Verfügung; Glück/lichsein hängt von anderen Arten des Vermögens ab (Hintergrund, Persönlichkeit, Netzwerke), genauso wie es Vermögen für das Individuum erwirbt oder anhäuft.

Einer der jüngsten Anhänger der Positiven Psychologie ist Alan Carr, dessen Werk sowohl eine allgemeine wie auch akademische Leserschaft erreicht. Auch Carr beschreibt das Vorhaben der Positiven Psychologie bezüglich der beiden Ziele Verständnis und Begünstigung des Glück/lichseins sowie subjektives Wohlbefinden (2004: 1). Positive Emotionen »wie Freude oder Zufriedenheit sagen uns, dass etwas Gutes geschieht« (12). Er geht davon aus, dass glückliche und unglückliche Menschen »unverwechselbare Persönlichkeitsprofile haben« (16). Ein Glücks-Profil wäre das einer Person, die am wahrscheinlichsten glücklich ist, was auch die folgende klassische Schilderung zeigt:

> »Glückliche Menschen kann man häufiger in Ländern mit wirtschaftlichem Wohlstand finden, in denen sich Freiheit und Demokratie die Waage halten und die politische Situation stabil ist. Glückliche Menschen sind häufiger in Mehrheiten-Gruppen zu finden als in Minderheiten-Gruppen und häufiger an der Spitze der Leiter als am Boden. Typischerweise sind sie verheiratet und haben ein gutes Verhältnis zu Familie und Freunden. Was ihre persönlichen Charakterzüge angeht, scheinen sie sich relativer Gesundheit zu erfreuen, sowohl körperlich als auch mental. Sie sind aktiv und offen. Sie haben das Gefühl, ihr Leben im Griff zu haben. Ihnen sind soziale und moralische Angelegenheiten wichtiger als Geld. Was die politische Ausrichtung angeht, neigen glückliche Menschen zur konservativeren Seite der Mitte.« (Veenhoven 1991: 16)

Das Antlitz des Glück/lichseins erscheint, zumindest in dieser Schilderung, eher wie das Antlitz des Privilegs. Anstatt davon auszugehen, dass Glück/lichsein einfach in *glücklichen Menschen* existiert, können wir erwägen, inwiefern Ansprüche auf das Glück/lichsein bestimmte Persönlichkeitsformen wertvoll machen. Zuschreibungen des Glück/lichseins könnten sein, wie soziale Normen und Ideale gefühlsbedingt werden, so als würde die relative Nähe zu solchen Normen und Idealen zu Glück/lichsein führen. Solch eine Fantasie des Glück/lichseins hat Lauren Berlant als »dumme« Form des Optimismus bezeichnet, als »die Ansicht, dass Anpassung an bestimmte Formen und Praktiken des Lebens und Denkens das Glück/lichsein sichert« (2002: 75).

Für Carr sind Glücks-Profile auch Profile sozialer Formen als auch von Individuen: Er schlägt vor, dass gewisse Familientypen »die Erfahrung des Flows«, durch einen optimalen Grad an Klarheit, Zentrierung, Wahl und Herausforderung »begünstigen« (Carr 2004: 62). Wenn gewisse Lebensformen das Glück/lichsein begünstigen, bedeutet die Begünstigung des Glück/lichseins die Begünstigung solcher Lebensformen. Dementsprechend wird aus der Begünstigung des Glück/lichseins sehr schnell die Begünstigung gewisser Familientypen. Das Bild des *Flusses (Flow)*, um die Beziehung zwischen glücklichen Menschen und glücklichen Welten zu beschreiben, ist mächtig. In erster Linie ausgehend von Mihály Csíkszentmihályis Werk, beschreibt *Flow* die Erfahrung eines Individuums in der Auseinandersetzung mit der Welt, oder in Verstrickung mit der Welt, wobei die Welt weder als fremd, noch als Hindernis oder Widerstand angetroffen wird. Csíkszentmihályi deutet an, dass »die besten Momente im Leben nicht passiv, rezeptiv, entspannend [sind] – obwohl auch solche Erfahrungen nach schwerer Anstrengung erfreulich sein können. Die besten Momente ereignen sich gewöhnlich, wenn Körper und Seele eines Menschen bis an die Grenzen angespannt sind, in dem freiwilligen Bemühen, etwas Schwieriges und etwas Wertvolles zu erreichen.« ([1990] 2008: 15f.) Er behauptet: »[...] auf längere Sicht geben optimale Erfahrungen einem ein Gefühl von Kontrolle über sich selbst – vielleicht besser ein Gefühl, *teilzuhaben* an der Festlegung dessen, was den Sinn des Lebens ausmacht – und das ist dem, was wir gewöhnlich unter Glück verstehen, so nahe, wie man ihm jemals gelangen kann.« (16)

Wenn Subjekte nicht »in flow« sind, begegnet ihnen die Welt widerspenstig, blockierend, anstatt Handlungsmöglichkeiten zu eröffnen. Unglückliche Subjekte fühlen sich folglich von der Welt entfremdet, da sie die Welt als fremd wahrnehmen. Ich nehme an, dass Csíkszentmihályi uns vieles über die Phänomenologie des Glück/lichseins als enge Verbindung von Körper und Welt beibringen kann. Was ist, wenn das Fließen in die Welt nicht einfach als psychologisches Merkmal verstanden wird? Was ist, wenn diese Welt einige Körpern eher *beherbergt* als andere, sodass diese Körper die Welt nicht als widerständig wahrnehmen? Vielleicht müssen wir Glück/lichsein neu schreiben, indem wir nicht aus den Augen verlieren, wie es sich anfühlt, von den Lebensweisen gestresst zu sein, die es einigen Körpern ermöglichen, in Räume zu fließen. Vielleicht kann uns die Erfahrung, nicht nachzugeben, angespannt zu bleiben, nicht durch die Räume befähigt zu werden, denen wir innewohnen, uns mehr über Glück/lichsein lehren.

Unglückliche Archive

Ich möchte nicht auf die neue Glücksforschung reagieren, indem ich einfach für eine Rückkehr zu dem klassischen Gedanken des Glück/lichseins als *Eudaimonía* plädiere, was so viel bedeutet wie ein gutes, bedeutungsvolles oder tugendhaftes Leben zu führen. Beispiele solcher Argumentationen sind in Werken von Richard Schoch (2006) und Terry Eagleton ([2007] 2008) ersichtlich. Schoch erörtert in *The Secrets of Happiness*, dass wir »der Weisheit der Zeiten gegenüber abgestumpft geworden sind« und dass »wir uns selbst die Chance verwehren, Glück zu finden, das von Bedeutung ist« (Schoch 2006: 1). Er behauptet, dass »wir uns heutzutage mit einem schwächeren, nichtssagenderen Glück zufrieden geben«, das er als »bloßen Spaß an der Freude« bezeichnet (ebd.). Kritiken der Glücks-Industrie, die zu einer Rückkehr zu klassischen Konzepten der Tugend aufrufen, sind auch der Meinung, dass einige Formen des Glück/lichseins besser seien als andere. Die Unterscheidung zwischen einem starken und schwachen Konzept des Glück/lichseins stellt eine klare moralische Unterscheidung dar: Einige Formen des Glück/lichseins werden als wertvoller erachtet als andere Formen des Glück/lichseins, weil sie mehr Zeit, Gedanken und Arbeit erfordern. Bemerkenswert ist, dass innerhalb klassischer Modelle die höheren Formen des Glück/lichseins mit dem Verstand verbunden sind und die niedrigeren mit dem Körper. In Schochs Darstellung ist ein »schwächeres, nichtssagenderes« Glück/lichsein verbunden mit dem »bloßen Spaß an der Freude«. Vielleicht sieht man daran, dass Hierarchien des Glück/lichseins mit sozialen Hierarchien einhergehen, die bereits existieren.

Wenn man für das Dasein als bestimmtes Wesen höhere Formen des Glück/lichseins erhält, dann würde man das Wesen des Glück/lichseins sicherlich als bourgeois erkennen. Wir könnten sogar zu dem Schluss kommen, dass Bekundungen des Schreckens über gegenwärtige Kulturen des Glück/lichseins klassistische Ängste beinhalten, davor, dass Glück/lichsein zu einfach, zu erreichbar und zu schnell zu haben sei. Wir sollten nur daran denken, dass das Modell des guten Lebens in der klassischen griechischen Philosophie auf einem ausschließendem Lebenskonzept beruhte: Nur einige wenige hatten ein Leben, das es ermöglichte, ein gutes Leben zu führen, ein Leben, das Privateigentum, materielle Sicherheit und Freizeit mit sich brachte. Für

Aristoteles unterstand das glücklichste Leben der »betrachtenden Tätigkeit, einer Lebensform, die nur einigen zugänglich war, anderen jedoch nicht. (2001: 443)[14]

Das klassische Konzept des guten Lebens stützte sich auf eine politische Ökonomie: Einige Menschen müssen arbeiten, um anderen die Zeit zu geben, einem guten Leben nachzugehen, sozusagen die Zeit, um sich zu entfalten.[15] Solch eine politische Ökonomie ist essenziell und nicht zufällig, wenn es um die Verwirklichung der Möglichkeit eines tugendhaften Lebens geht.

Gedanken zum Glück/lichsein beinhalten sowohl soziale als auch moralische Unterscheidungen, insofern, als dass sie auf Gedanken darüber beruhen, wer es wert sowie fähig ist, *auf die richtige Weise* glücklich zu sein. Ich nehme an, dass die Bindung an das Glück/lichsein, wie beispielsweise bei einem verlorenen Gegenstand, nicht nur einfach eine Art der Trauer mit sich bringt, sondern auch eine Sorge darum, dass die falschen Menschen glücklich sein könnten, und sogar den Wunsch danach, dass das Glück/lichsein den rich-

---

14 Ich behaupte hier nicht, dass die aristotelische Herangehensweise zum Thema *Eudaimonie* auf diese Kritik reduziert werden kann. Ich hinterfrage nur *die Attitüde*, die klassisches Glück/lichsein über heutiges Glück/lichsein stellt. Solange aristotelische Schreibtraditionen über Glück/lichsein alternative Konzepte des guten Lebens anbieten, die vertretbarer Weise auf einem weniger ausschließenden oder speziellen Lebenskonzept beruhen. Alasdair MacIntyres Werk zum Beispiel beschreibt Tugend als »Eigenschaften, deren Besitz den einzelnen in die Lage versetzt, *eudamonia* zu erlangen, während ihr Fehlen seine Bewegung auf dieses Telos zu vereitelt.« ([1981] 1987: 200) Siehe auch Das Vorwort zu seiner überarbeiteten Überlieferung *Das Unbewusste: eine Begriffsanalyse* (1968), in der er das aristotelische Konzept des »teleologisch strukturierten Lebens« gegenüber psychoanalytischen Modellen verteidigt. In der Tat geht er davon aus, dass eine psychoanalytische Kritik an Neurosen »nicht nur mit, sondern auch in der Notwendigkeit einer solchen Konzeption des menschlichen Gedeihens vereinbar« ist. Wie dem auch sei, MacIntyres nachfolgende Neudefinition menschlichen Gedeihens als »die Verwirklichung unverwechselbarer Potentiale in vernunftgelenkter Tätigkeit« (34f.) könnte noch immer auf einem ausschließenden Modell von einem Leben basieren, das lebenswert ist. Danke an David Glover für den Vorschlag dieser Klarstellung.

15 Aristoteles geht davon aus, dass »der Betrachtende« weniger äußerliche Güter bräuchte als andere tugendhafte Menschen. (2001: 447) Er sagt weiter, dass äußerliche Güter sogar ein Hindernis für den Betrachtenden sein könnten, wenn er sich dem Spekulieren hingibt, doch: »Sofern er aber Mensch ist […] wird er auch wünschen, die Werke der ethischen Tugend auszuüben.« (ebd.) Hierin liegt die politische Ökonomie begraben: die Reproduktion der Fähigkeit, ein gutes Leben als philosophisches Individuum zu führen, die auch in deinem Charakter als Mensch aufrechterhalten werden soll, könnte von der Arbeit anderer Menschen abhängen. Diese Arbeit würde den Philosophen unterstützen und dadurch in den Hintergrund treten, so wie es bei Möbeln der Fall ist. Siehe meine Lesart von Husserl, der Arbeit der Philosophie, und dem »Hintergrund« der Hausarbeit in *Queer Phenomenology* (2006).

tigen Menschen zuteil wird (den Menschen mit der Zeit und dem Privileg für Philosophie, vielleicht). Geht man davon, dass Glück/lichsein Welten erschafft, so muss man auch davon ausgehen, dass Glück/lichsein dazu führt, dass die Welt in sich geschlossen ist, so als gäbe es die richtigen Menschen. Es ist kein Zufall, dass Philosophen dazu neigen, Glück/lichsein im Leben des Philosophen zu finden, oder Denker dazu neigen, Glück/lichsein im Nachdenken über das Denken zu finden. Es spielt eine Rolle, an welchen Orten wir Glück/lichsein finden, denn dadurch lernen wir, was wir hoch bewerten und nicht bloß, was wertvoll ist. Glück/lichsein wird nicht nur zu etwas Wertvollem, sondern erlaubt es anderen Werten auch, ihren Wert anzunehmen. Wenn Glück/lichsein als das selbstverständliche Gute vorausgesetzt wird, wird es zum Beweis des Guten.

Dieses Buch fährt fort, indem es die Vorstellung vom Glück/lichsein als etwas Gutes zurückstellt. In diesem Modus der Zurückhaltung können wir nicht nur sehen, was Glück/lichsein zu etwas Gutem macht, sondern auch inwiefern Glück/lichsein dazu *beiträgt*, Dinge zu etwas Gutem zu machen. Ich habe es immer als etwas Selbstverständliches angenommen, dass Glück/lichsein positive Gefühle mit einschließt, obwohl ich einige der Modelle zum Thema positive Gefühle in der Glücksforschung hinterfragen würde. Man kann Glück/lichsein nicht auf positive Gefühle reduzieren. Die Verknüpfung von Glück/lichsein mit positiven Gefühlen ist eine moderne Sichtweise, wie Darrin M. McMahon (2006) uns in seiner monumentalen Geschichte des Glück/lichseins zeigt. Wir haben diese Assoziation so sehr verinnerlicht, dass es schwierig ist, über Glück/lichsein nachzudenken, ohne dabei an Gefühle zu denken. Meine Aufgabe ist es, mir darüber Gedanken zu machen, *inwieweit* Gefühle einige Dinge zu etwas Gutem machen, andere jedoch nicht.

Aufgrund meiner Interpretation des Glück/lichseins kann mein Buch innerhalb der feministischen Kulturwissenschaften der Emotionen und Affekte eingeordnet werden (Berlant 2000, Sedgwick 2003, Cvetkovich 2003, Brennan 2004, Probyn 2005, Ngai 2005, Munt 2007, Love 2007, Woodward 2009). Während die meisten dieser Werke zunächst »negative Gefühle« zum Ausgangspunkt nehmen[16] – Scham, Hass, Angst, Ablehnung, Wut und so weiter – beginnt dieses Buch an einer anderen Stelle, mit positiven Gefühlen, auch wenn ich nicht glaube, dass die Unterscheidung zwischen posi-

16 Wie dem auch sei, es gab innerhalb der queeren Kulturwissenschaften eine Wendung zum Theoretisieren positiver Gefühlszustände und Emotionen, wie man im Werk von Lauren Berlant (2208a, 2008b) und Michael D. Snediker (2009) über Optimismus als auch José Esteban Muñoz (2007) über Hoffnung und Utopie erkennen kann.

tiven und negativen Gefühlen standhalten wird (und, wie wir sehen werden, tatsächlich nicht). Indem ich die Argumentation aus *The Cultural Politics of Emotion* (2004) weiter entwickle, gehe ich dem auf den Grund, wie Gefühle Objekten zugeschrieben werden, sodass nur einige Dinge, zu Auslösern für Glück/lichsein und Unglück/lichsein werden. Gefühle residieren nämlich nicht in einem Subjekt und werden dann nach außen auf ein Objekt projiziert. Gefühle entstehen aus Eindrücken von Objekten an gemeinsamen Orten der Behausung. Aufbauend auf meinem Ansatz in *Queer Phenomenology* (2006) analysiere ich, inwieweit wir von dem Glücksversprechen, als Versprechen darauf, dass Glück/lichsein auf diese oder jene Handlung folgen wird, geleitet werden. Das Glücksversprechen bringt gewisse Objekte näher und hat Einfluss darauf, wie die Welt um uns herum sich sortiert.

Um zu überdenken, inwiefern Glück/lichsein Dinge zu etwas Gutem macht, verfolge ich den Begriff *Glück/lichsein* zurück und frage danach, was für Geschichten durch die Beweglichkeit dieses Wortes heraufbeschwört werden. Ich folge dem Begriff *Glück/lichsein* überallhin.[17] Ich merke, was er vorhat, wohin er geht, wer oder was mit ihm assoziiert wird. Wenn ich dem Begriff *Glück/lichsein* folge, gehe ich dorthin, wo er auch hingeht. Also gehe ich nicht dorthin, wo er nicht hingeht. Die Gefahr dieser Methode besteht darin, dass ich dem Begriff *Glück/lichsein* zu viel Macht verleihe, um die Macht zu hinterfragen, die Glück/lichsein verleihen kann. Meine Methode hat eine Einschränkung: Wenn es mein Ziel ist, zu beschreiben, was für eine Welt entsteht, wenn Glück/lichsein einen Horizont bietet, dann untersuche ich keine Welten, die unter anderen Horizonten entstehen. Aus meiner Sicht gibt es eine so verallgemeinernde Betonung des Glück/lichseins als den Sinn menschlicher Existenz, dass wir uns fragen müssen, was daraus folgt. Wir werden auch andere Arten des kritischen und kreativen Schreibens brauchen, mit ausführlichen Beschreibungen anderer Welten, die Gestalt annehmen könnten, wenn Glück/lichsein keinen Erfahrungshorizont bietet.

17 Ich sollte hier einräumen, dass ich, indem ich dem Begriff *Glück/lichsein* folge, in gewisser Weise einer Übersetzung ins Englische aus anderen Sprachen folge, einschließlich klassischen und modernen Sprachen (zum Beispiel *Eudaimonia, le bonheur* und *Glück*). Es gibt keine Zweifel daran, dass in der Übersetzung einiges verloren geht, darunter auch eine Fähigkeit, spezifische Geschichten über Assoziationen für jeden dieser Begriffe zu verfolgen. Diesen Verlust anzuerkennen, schließt nicht mit ein, die Übersetzungshandlung an sich als unmöglich anzuerkennen. Indem ich Glück/lichsein in der Übersetzung folge, akzeptiere ich auch eine Konvention: Ich akzeptiere, wie andere Menschen Begriffe in diesen Begriff übersetzt haben.

Wenn ich nun also meine Methode auf diese Weise schildere, sollte ersichtlich sein, dass ich kein neues Konzept vom Glück/lichsein entwickle. Claire Colebrook unterscheidet, indem sie Gilles Deleuze folgt, ein philosophisches Konzept von einem alltäglichen Konzept. Was für meine Zwecke sehr nützlich ist, sie gebraucht das Konzept des Glück/lichseins, um ihr Argument anzubringen. Sie umschreibt es so: »Unser alltäglicher Gebrauch von Konzepten funktioniert wie Stenografie oder Gewohnheit; Wir gebrauchen Konzepte, damit wir nicht denken müssen.« (2002: 15) Sie legt nahe, dass ein philosophisches Konzept des Glück/lichseins »sich nicht auf diese oder jene Instanz des Glück/lichseins bezieht: Es würde eine neue Möglichkeit oder einen Gedanken des Glück/lichseins *darstellen* oder *entwickeln*« (17).[18] Philosophie klammert das Alltägliche oder Gewöhnliche aus und denkt in Extremen, wie es in der modernen Kunst auch der Fall ist. Im Gegensatz dazu bietet dieses Buch eine Analyse alltäglicher Gewohnheiten des Glück/lichseins an und betrachtet, inwieweit solche Gewohnheiten Denkweisen über die Welt spiegeln, die wiederum darauf Einfluss haben, wie die Welt zusammenhängt. Ich möchte mich dem widmen, wie Glück/lichsein gesprochen, gelebt, praktiziert wird; Glück/lichsein ist für mich das, was es bewirkt.

Das bedeutet nicht, dass ich die Philosophie außer Acht lasse. Letztendlich kann die Geschichte der Philosophie als Geschichte des Glück/lichseins beschrieben werden. Glück/lichsein könnte sogar als die eine philosophische Theologie betrachtet werden, die innerhalb der Philosophie nicht infrage gestellt wurde. François Jullien argumentiert auf überzeugende Weise, dass die Unterwerfung der Philosophie unter den Gedanken, dass Glück/lichsein das Ziel menschlicher Existenz sei, den Punkt darstelle, an dem »sie plötzlich nicht mehr erfinderisch« (2006: 137) sei.[19] Ich würde den Status des Glück/lichseins in der Philosophie folgendermaßen zusammenfassen: Glück/lich-

18 Colebrook macht Gebrauch von Nietzsches neuem philosophischen Konzept des Glück/lichseins, um diese Unterscheidung beispielhaft darzustellen: »Glück/lichsein ist die Fähigkeit oder Kraft, das eigene Leben zu leben, und in aktiver Weise die Besonderheit oder Spezifität eines Augenblicks in der Zeit zu bejahen.« (2002: 19) Bemerkenswert ist jedoch, dass dieses ›neue Konzept‹ sich nicht besonders von älteren Konzepten des Glück/lichseins unterscheidet. Viele von ihnen beruhen auf dem Gedanken des Glück/lichseins als einer *Aktivität*, wie ich in meiner Schlussfolgerung in diesem Buch diskutieren werde. Wir können aus dem Erbe des Alten in der Sprache des Neuen lernen: Philosophie kann nicht losgelöst von Gewohnheiten betrachtet werden, die sich weigern, aus dem Alltäglichen zu lernen, sondern hat ihre eigenen Gewohnheiten.

19 2008 wurden zwei Bücher publiziert, die bedeutende Kritik am Begriff des Glück/lichseins üben, obwohl sie nicht der Philosophie entstammen: Eric G. Wilsons *Unglücklich glücklich* und Zygmunt Baumans *Wir Lebenskünstler*, die die Disziplinen der Literatur

sein ist das, *was wir wollen, was immer es auch ist.* Unstimmigkeit scheint es nur auf inhaltlicher Ebene in Form des *was immer es auch ist* zu geben, wodurch Glück/lichsein möglicherweise in der Philosophie seine Rolle als Platzhalter für menschliche Sehnsüchte beibehält. Mit Philosophie meine ich nicht einfach einen Textkorpus, der sich selbst als Erbe der Philosophie sieht und sich mit philosophischen Geschichten auseinandersetzt, sondern auch ein *Glücks-Archiv*: Ideen, Gedanken, Erzählungen, Bilder, Eindrücke über das Glück/lichsein ist. Glück/lichsein erscheint innerhalb ethischer und politischer Philosophien, Philosophien, die darauf abzielen, das gute Leben zu beschreiben.[20] Glück/lichsein erscheint auch in der Philosophie des Verstandes. In diesem Buch greife ich insbesondere auf den empirischen Bericht der Leidenschaften zurück, die John Locke anbietet.

Spricht man von Philosophie als einem Glücks-Archiv, ist damit nicht gemeint, dass Glück/lichsein einfach in der Philosophie gefunden werden kann oder dass Glück/lichsein das Projekt der Philosophie als seinen einzigen gedanklichen Horizont erschöpft. Und damit ist auch nicht gemeint, dass jede Philosophie auf der Überzeugung beruht, dass Glück/lichsein notwendigerweise gut ist. Es gibt Philosophen, die diese Überzeugung infrage stellen; eine Gegentradition kann uns einiges über das Glück/lichsein lehren, sei es im dunklen Pessimismus von Autoren wie Alfred Schopenhauer oder in den Forderungen danach, dass wir Glück/lichsein auf moralischer Ebene ignorieren sollten, wie sie in den formalistischen Ethiken von Immanuel Kant zu finden sind. Andere Philosophen sagen, sie seien selbst gegen spezifische Traditionen des Glück/lichseins – beispielsweise im Utilitarismus – indem sie ihre Hoffnung auf Unglück/lichsein oder die Gleichgültigkeit nicht dem Glück/lichsein gegenüberstellen, sondern auf andere Weisen über das Glück/lichsein nachdenken. Wir denken da an Nietzsches Bekenntnis zum Glück des Übermenschen, das er dem Glück der Leibeigenen mit diesen Worten

und der Soziologie repräsentieren. Ich frage mich (aus dem Jahr 2009 heraus), ob diese Welle des Glück/lichseins sich wendet und ob sie sich in Philosophie umwandeln wird.

20 Ich werde mich im Laufe dieses Buches mit Ethik befassen, vor allem in Kapitel 1 und in der Schlussfolgerung. Was politische Philosophie angeht, ist es hilfreich, anzumerken, dass Giorgio Agamben Glück/lichsein als notwendig für seine Definition der politischen Natur des Menschen erachtet, dem »einzige[n] Wesen, in dessen Leben es immer um die Glückseligkeit geht, dessen Leben unweigerlich und schmerzhaft dem Glück anheimgestellt ist. Das aber begründet unmittelbar die Lebensform als politisches Leben.« ([1996] 2001: 14). Indem er Glück/lichsein zu etwas macht, das auf dem Spiel steht, macht Agamben Glück/lichsein noch nicht zu einem Ziel, sondern zu einer Frage, sogar einer schmerzhaften Frage. Die Frage des Menschen wird zu einer Glücks-Frage, als Frage, die sich fragt, wie man lebt, eine Frage, die sich fragt, wie man ein gutes Leben lebt.

entgegenstellt. Und wenn wir die Freud'sche und Lacan'sche Psychoanalyse als Philosophie betrachten, oder wenn wir deren Psychoanalyse als etwas lesen, das eine Psychoanalyse des Glück/lichseins des philosophischen Subjekts bietet, lernen wir so viel über die Leere des Glücksversprechens, eine Leere, die das Subjekt in der Rastlosigkeit seiner Sehnsucht verfolgt.[21]

Dementsprechend schließt die Lektüre der Gewohnheiten des Glück/lichseins auch eine Lektüre der Philosophie mit ein. Wie lese ich Philosophie? Wir könnten meine Methode mit Darrin M. McMahons *Happiness: A History* vergleichen, einem Buch, das uns so viele Themen zum Aufdröseln anbietet. Er beginnt mit der Frage »Wie kann man eine Geschichte über etwas so Unglaubliches, Unfassbares schreiben – über diese ›Sache‹, die keine Sache ist, diese Hoffnung, dieses Verlangen, diesen Traum?« (2006: xi). Das ist eine gute Frage, mit der man anfangen kann. Auch können wir fragen: Was bedeutet es, wenn wir darüber nachdenken, dass das Glück/lichsein eine Geschichte hat? Wie und warum würden wir so eine Geschichte verfassen? Wer oder was würde Teil dieser Geschichte sein? McMahons Geschichte des Glück/lichseins beruht auf dem Glauben, dass das Nachdenken über Glück/lichsein gleichzeitig das Nachdenken darüber bedeutet, was für unterschiedliche Gedanken zum Glück/lichsein über die Jahre konzeptualisiert wurden. Er nennt seine Geschichte des Glück/lichseins eine »intellektuelle Geschichte« (xiv).

Es ist sinnvoll anzumerken, dass Darrin McMahon sich selbst als Befürworter des »methodischen Pluralismus« (xv) beschreibt und andeutet, dass

21 Es ist wohl offensichtlich, wie viel meines Werkes von meinem Interesse an der Psychoanalyse geprägt ist, einerseits durch das Vokabular, das ich gebrauche (Verdrängung, Anpassung etc.). Trotzalledem bringt dieses Buch keine Psychoanalyse des Glück/lichseins hervor: Meine Fragen betreffen nicht das Subjekt. Mich interessiert die Verteilung des Glück/lichseins in psychischen und sozialen Bereichen und ich habe theoretische Verpflichtungen, die die Phänomenologie und den Marxismus als auch feministische, antirassistische und queere Theorien einschließen. Wenn überhaupt, bringt dieses Buch eine unerfreuliche/schlampige Art der Empirie zum Vorschein: Mich interessiert die Beschreibung unserer Erfahrungen mit der Welt, wie sie in ihren verschiedenen Formen in Erscheinung tritt. Ich kann kein System haben, bevor ich zur Beschreibung komme, ohne die Möglichkeit der Beschreibung zu verlieren. Psychoanalyse verlangt mir zu viel ab: Es ist eine Gedankenschule, auf die ich eklektisch zurückgreife, die ich jedoch niemals abbilden können werde. Es gibt Orte, an die Leser*innen sich begeben können, wenn sie eine Psychoanalyse des Glück/lichseins erleben wollen: Da denke ich nicht nur an Freuds *Das Unbehagen in der Kultur* (1930) (was ursprünglich als *Unhappiness in Civilization* übersetzt werden sollte [McMahon 2006: 442]) und Lakans *The Ethics of Psychoanalysis* ([1986] 1992), sondern auch an Slavoj Žižeks Kritik des Glück/lichseins in *Willkommen in der Wüste des Realen* (2004) und *In Defence of Lost Causes* (2008a) und Jonathan *Lears Happiness, Death, and the Remainder of Life* (2000), der sich parallel mit Freud und Aristoteles befasst.

seine Geschichte eine Geschichte des Glück/lichseins ist, die neben anderen existieren sollte: »Es gibt unendlich viele Geschichten über Glück/lichsein, die geschrieben werden müssen.« (xiii) Damit deutet er an, dass solche Geschichten aus spezifischeren Sichtweisen erzählt werden müssten, »Geschichten, die nicht nur von den Kämpfen und Bestrebungen der Bauern, Sklaven und Abtrünnigen, die Freud erwähnt, handeln – sondern von Frauen der Frühmoderne und Aristokraten der Spätmoderne, Bürgern des 19. Jahrhunderts und Arbeitern des 20. Jahrhunderts, Konservativen und Radikalen, Konsumenten und Kreuzrittern, Migranten und Einheimischen, Heiden und Juden.« (ebd.) Wir können uns womöglich vorstellen, dass sich unterschiedliche Geschichten aus den Kämpfen dieser Gruppen herauskristallisieren.

Das Glücksversprechen ergänzt McMahons Geschichte nicht mit einer Geschichte aus einer bestimmten Perspektive, als besondere Geschichte innerhalb einer allgemeinen Geschichte. Ich möchte darüber nachsinnen, inwiefern die intellektuelle Geschichte des Glück/lichseins – als eine Geschichte von einem Gedanken – infrage gestellt werden kann, indem betrachtet wird, was ausradiert wird, wenn wir eine verallgemeinernde Sichtweise einnehmen, wo das Wissen um das Ausradierte die Sichtweise ändern würde, wenn man es von diesem Blickwinkel aus betrachtet. Mit anderen Worten, diese verallgemeinernde Geschichte des Glück/lichseins könnte an sich als eine besondere Geschichte in Erwägung gezogen werden. Sehen wir uns nur einmal an, ob Frauen in McMahons intellektueller Geschichte vorkommen oder nicht. Im Inhaltsverzeichnis gibt es einen Hinweis auf Frauen, der sich als Hinweis auf John Stuart Mills *The Subjection of Women* herausstellt. Selbst die Kategorie *Frauen* verweist zurück auf eine männliche Genealogie, auf Philosophie als *weißes*, männliches europäisches Erbe. Behandelt man Glück/lichsein als eine intellektuelle Geschichte, läuft es darauf hinaus, dass man gleichgültig gegenüber der Bedeutung von Unterschieden innerhalb dieser Geschichte wird, indem man die eigentliche Form ihrer Kohärenz stört.

Unglück/lichsein bleibt in den meisten philosophischen Schriften als auch den Glückswissenschaften undenkbar.[22] Seine Nichtbeachtung kann

22 Wie Mark T. Conard im Bezug auf die Philosophie andeutet, gibt es »vergleichbar wenig Diskussionen zum Thema Unglück/lichsein, außer, dass es einfach als Ergebnis dessen gesehen wird, dass jemand es nicht geschafft hat, Glück/lichsein zu erlangen« (2007:53). Natürlich gibt es Ausnahmen. Jean-Luc Nancy schlägt in seinem Buch *Der Sinn der Welt* eine kraftvolle Betrachtung des Unglück/lichseins vor, das Glück/lichsein nicht zu seinem Richtwert macht: »Vom Glück als idyllischer Version des Sinns – Immanenz des errechneten Sinns, schlichte Leugnung des Unglücks [...]« ([1993] 2014: 199). Nancy lehnt nicht nur die Sublimierung ab, die durch Glück/lichsein angeboten wird, sondern impliziert

teilweise durch die angenommene Transparenz des Präfix »Un-« erklärt werden: die Annahme, dass Unglück/lichsein einfach nicht ist, nicht glücklich, nur definiert durch die Abwesenheit von Glück/lichsein, als Abwesenheit seiner Anwesenheit. Mein Ziel ist es, dem Unglück/lichsein eine Geschichte zu geben.[23] Die Geschichte des Begriffes *unglück/lich* kann uns möglicherweise etwas über das Unglück/lichsein der Geschichte des Glück/lichseins beibringen. In seinen frühesten Verwendungen, hieß unglücklich sein, »Pech oder Schwierigkeiten bewirken«. Erst später änderte sich die Bedeutung in »elendes Schicksal oder elende Umstände« oder »jämmerlich, was den Verstand angeht«. Das Wort *jämmerlich* hat auch eine zweideutige Genealogie, da es sich aus dem Wort *Jammer(gestalt)* ableitet, das sich auf eine*n Fremde*n, Exililierte*n geschickten oder Verbannte*n bezieht. Die Jammergestalt ist nicht nur diejenige, die aus ihrem Herkunftsland vertrieben wird, sondern wird auch als Person definiert, die »in großes Elend, Leid, Pech oder Armut versunken« ist, »eine elende, unglückliche oder bedauernswerte Person«, »ein armer oder glücksloser Mensch« und sogar »eine wertlose, schäbige oder verachtenswerte Person.[24]« Können wir die Geschichte des Glück/ichseins aus Sichtweise der Jammergestalt neu schreiben? Wenn wir denjenigen, die als Jammergestalten gelten, die Möglichkeit geben, gehört zu werden, würde ihre Jammerhaftigkeit vielleicht nicht mehr zu ihnen gehören.

---

auch, dass Unglück/lichsein das ist, was *Sinn ergibt*. Siehe auch meine Schlussfolgerung für eine kurze Diskussion über Nancy zum Thema Zufall.

23 Es ist wichtig, über die Beziehung zwischen meiner Argumentation und Hegels These zum Thema der Perioden des Glücks zu sprechen, die »leeren Blätter in ihr [der Geschichte]« sind, wie »Perioden [...] des fehlenden Gegensatzes« (1961: 71), was darauf hinzudeuten scheint, dass die eigentliche Aktivität der Geschichte vom Unglück/lichsein und von der Negation abhängt. Ich schreibe über die Geschichte des Glück/lichseins als einem Wortkonzept: Glück/lichsein liefert einen Horizont für das Gedankengut. Die Überdeterminierung des Glück/lichseins als Wortkonzept hängt damit zusammen, wie Glück/lichsein in der Geschichte erscheint und verschwindet. Ich argumentiere, dass Glück/lichsein in der Geschichte nicht unbeschrieben ist oder dass dieses Unbeschriebene eine Illusion ist, die die regulative Macht vom Glück/lichsein als einen Gedanken erhält. Anders gesagt, das Unbeschriebene vom Glück/lichsein deutet nicht auf Abwesenheit von Kampf oder von Negativität hin. Wir können nur nicht die Zeichen des Kampfes oder der Negation sehen, wenn Glück/lichsein gegeben ist. Glück/lichsein erscheint nur unbeschrieben – oder als unbeschriebenes Blatt ,weil wir gelernt haben, nicht zu bemerken, was passiert, wenn Dinge ›funktionieren‹ beziehungsweise wir selbst ›funktionieren‹. Dieses Buch untersucht, was durch Zeichen des ›Funktionierens‹ ausradiert wird, einschließlich der Arbeit, die den Eindruck des Unbeschriebenen erweckt.

24 Diese Definitionen sind dem Oxford English Dictionary (OED) entnommen. Auch alle nachfolgenden Definitionen und etymologischen Hinweise in diesem Buch stammen daraus.

Die Trauer des Fremden könnte uns eventuell einen anderen Blickwinkel auf das Glück/lichsein bescheren, nicht, weil sie uns lehrt, wie es wäre oder sein müsste, wenn man sich fremd fühlt, sondern weil es uns von dem Glück/lichsein des Familiären entfremden würde.

Also biete ich eine Alternative Geschichte des Glück/lichseins an, nicht einfach, indem ich unterschiedliche Lesarten seiner intellektuellen Geschichten anbiete, sondern indem ich diejenigen, die aus ihr ausgeschlossen wurden, oder die die Geschichte nur als Unruhestifter*innen, Andersgläubige, Spaßverderber*innen betreten, mit einbeziehe. Im ersten Kapitel des Buches knüpfe ich an die intellektuelle Geschichte des Glück/lichseins als Quelle an, um zu untersuchen, inwiefern Glück/lichsein Objekten zugeschrieben wird. Mein Ziel ist nicht, verschiedene Philosophien zum Thema Glück/lichsein darzustellen, sondern meinen eigenen Zugang dazu zu entwickeln, wie Glück/lichsein einige Dinge vielversprechender erscheinen lässt als andere. Was ich *Unglückliche Archive* nenne, stammt aus feministischen (Kapitel 2), queeren (Kapitel 3) und antirassistischen Geschichten (Kapitel 4) und taucht auch in sozialistischen und revolutionären Formen politischen Engagements auf (Kapitel 5). Die ersten drei dieser Kapitel bedienen sich der Negativität einer politischen Figur als ihre organisierende, bildliche Gestalt: der*die feministische Spaßverderber*in, der*die unglückliche Queere und der*die melancholische Migrant*in. Diese Figuren haben ihre eigenen politischen Geschichten, die unvollendet und durchlässig sind und die gemeinsam geteilt werden. Die Figur der wütenden Schwarzen Frau, zum Beispiel, muss erscheinen und erscheint auch in den Kapiteln über feministische Spaßverderber*innen und melancholische Migrant*innen. Es besteht ein Risiko, wenn man ein Buch um Figuren herum strukturiert, als würde die Verständlichkeit der Figur für die Kohärenz einer Geschichte sorgen. Kapitel 5 ist anders angelegt, indem es *die Zukunft* als offene Frage nimmt und den Stellenwert von dem, was ich *Glücks-Dystopie* nenne, berücksichtigt, um sich Variationen einer alternativen Zukunft vorzustellen. Ich hätte auch die Figur des*der *wütenden Revolutionär*in* als Titel nehmen können, aber das tat ich nicht. Diese Figur scheint zu viel anzusammeln und so zu wenig auszusagen.

Ich nenne die Archive, auf die ich in den Kapiteln Bezug nehme, *unglückliche Archive*. Es geht nicht einfach nur darum, Unglück/lichsein in solchen Archiven zu finden. Eher geht es darum, dass diese Archive durch die Zirkulation von Kulturgütern eine Form annehmen, durch die das Unglück/lichsein mit der Geschichte des Glück/lichseins artikuliert wird. Ein unglückliches Archiv ist das, was sich um den Kampf gegen das Glück/lichsein herum zusammenfügt. Obwohl wir bereits so viel von Autor*innen übernommen haben, die den Reiz des Glück/lichseins an sich anfechteten – werden diese Autor*innen nie oder sehr selten in der Literatur zum Thema Glück/lichsein zitiert. Diese Archive stellen nicht einfach eine Ergänzung zur Philosophie und der darin formulierten Glücks-Archive dar. Sie untergraben sie. Ich habe es mir zum Ziel gesetzt, dem Verlauf des Unglück/lichseins zu folgen, als einer Art Entwirrung des Glück/lichseins und der Fäden seines Reizes.

Natürlich musste ich noch meine Objekte finden, Entscheidungen treffen, manche Dinge einschließen, andere wiederum ausschließen. Also habe ich meine eigenen Archive aus den unglücklichen Archiven, die wir mitschleppen, zusammengestellt. Im Kapitel über die*den feministische*n Spaßverderber*in zitiere ich aus Büchern, denen ich fast ausschließlich in den Seminaren zur Frauenliteratur in den späten achtzigern begegnete – Bücher, die immer bei mir geblieben sind, teilweise, weil sie so eindrücklich die Trauer aufzeigten, die in dem Prozess der Bewusstwerdung des Geschlechts als Verlust impliziert ist. Andere Texte, die ich erst kürzlich gelesen habe, haben mich sehr berührt, indem sie anschaulich machten, was Glück/lichsein und Unglück/lichsein anrichten. *The Well of Loneliness* ist so ein Beispiel, ein Buch, mit dem ich mich in *Queer Phenomenology* beschäftigte, als ich über die Thematisierung der Heterosexualität als unbeabsichtigtes Glück/lichsein schrieb (2006: 105). Andere Bücher, die ich während der Entstehung dieses Buches schrieb, ließen mich aus einer anderen Perspektive heraus über Dinge nachdenken. Andrea Levys Arbeit ist ein Beispiel dafür (ich war so gepackt von der Tatsache, wie gut sie die aufrüttelnde Erfahrung des Sichbewusstwerdens von Rassismus beschrieb) und Nancy Gardens *Annie on My Mind* ist ein weiteres Beispiel mit der Darstellung von Eltern, die Angst vor dem Unglück/lichsein als Reaktion auf das queere Kind empfinden. Unheimlich war (zumindest fühlte es sich zu der Zeit so an), dass ich dieses Buch auf dem Flug nach Vancouver 2006 las, um meine erste Arbeit abzugeben, die ich im Zuge meiner Glücks-Forschung hervorgebracht hatte. Einige meiner Erfahrungen als Leser*in und Beobachter*in haben meinen Willen, über das Glück/lichsein zu schreiben, vorangetrieben – als ich 2002 *Kick it like Beckham* im Kino sah, verspürte ich zum ersten Mal das Bedürfnis über Glück/lichsein zu schreiben (die glückliche Darstellung der Versöhnung, die der Film am Ende bietet, weckte mein Interesse).

Andere Hinweise auf Bücher bekam ich von Leuten, die ich auf offiziellen Veranstaltungen, wie Seminaren und Konferenzen, traf, als auch im privaten Bereich. Irgendjemand schlug, nachdem ich einen Vortrag an der University of Kent gehalten hatte, vor, ich solle *Our Sister Killjoy* lesen. Die Lektüre von *Wächter des Glücks* brachte mich dazu, *Schöne neue Welt* erneut zu lesen und seinen politischen Appell an »das Recht, unglücklich zu sein« zu bedenken. In vielen dieser Entdeckungen steckt eine Großzügigkeit von Fremden. Natürlich kann ich euch keine Geschichte der Entdeckung von jedem Objekt liefern. Doch es spielt eine Rolle, wie wir Dinge zusammenstellen, wie wir Dinge zusammenfügen. Unsere Archive sind aus Begegnungen zusammengefügt, nehmen als eine Erinnerungsspur der Orte, an denen wir gewesen sind, Form an.

Jede*r Autor*in ist zunächst einmal Leser*in und es spielt eine Rolle, was wir lesen. Ich zähle mich selbst zu einer Leser*in feministischer, queerer und antirassistischer Bücher – diese Bücher formen den intellektuellen und politischen Horizont meines Buches. Ich würde diese Bücher als die Bücher beschreiben, die meine Philosophie spiegeln, in dem Sinne, dass diese Bücher mir dabei geholfen haben, darüber nachzudenken, inwiefern Glück/lichsein an der Erschaffung einer sozialen Form beteiligt ist. Doch mein Archiv besteht nicht nur aus Büchern oder Filmen. Folgst du dem Begriff *Glück/lichsein*, landest du überall! Also ist mein Archiv auch meine Welt, meine Lebenswelt, meine Vergangenheit und meine Gegenwart, in der das Wort *Glück/lichsein* so eindringlich wiederhallt.

Ein Satz, der mich schon immer fasziniert hat, lautet: »Ich möchte doch nur, dass du glücklich bist.« Ich erinnere mich, dass er furchtbar oft zu mir gesagt wurde, als ich aufwuchs. Das Schreiben an diesem Buch gab mir die Chance, mehr darüber nachzudenken, was dieses »möchte doch nur« für das Glück/lichsein einer anderen Person bedeutet. Doch dieser Satz ist nur eine Sprachhandlung, die sich auf Glück/lichsein bezieht. Es gibt so viele mehr! Andere, die euch in diesem Buch begegnen werden, sind zum Beispiel: »Ich bin glücklich, wenn du es bist«, »Ich ertrage es nicht, dich unglücklich zu sehen«, »Ich möchte dich glücklich machen«, »Ich möchte dich glücklich sehen« und »Ich möchte für dein inneres Glück verantwortlich sein«. Wie oft sprechen wir über Glück/lichsein? Wenn meine Aufgabe darin besteht, den Worten zu folgen, dann ist es mein Ziel, zu beschreiben, was für eine Welt sich auftut, wenn wir voraussetzen, dass das Glück/lichsein, von dem wir sprechen, gut ist.

Die Frage »Was macht Glück/lichsein mit uns?« kann nicht von der Frage getrennt betrachtet werden, inwieweit Glück/lichsein und Unglück/lichsein über Zeit und Raum hinweg verteilt sind. Der Geschichte des Glück/lichseins zu folgen, bedeutet auch, der Geschichte seiner Verteilung zu folgen.

Glück/lichsein wird auf alle möglichen, komplizierten Art und Weisen verteilt. Sicherlich wird man als gutes Subjekt wahrgenommen, wenn man als Glücks-Ursache betrachtet wird, wenn man andere glücklich macht. Wenn man schlecht ist, ist man demnach ein*e Spaßverderber*in. Dieses Buch versucht dem*der Spaßverderber*in seine*ihre Stimme wiederzugeben und von der Erkenntnis zu sprechen, die es mit sich bringt, diesen Ort zu bewohnen. Ich beziehe mich hierbei auf meine eigenen Erfahrungen, in denen ich Spaßverderber*in genannt wurde, wenn ich die Soziabilität von Glück/lichsein beschreibe. Viele der Diskussionen, die ich über diese Forschung führte, schlossen »den Austausch über Geschichten von Spaßverderber*innen« mit ein. Ich erinnere mich an eine Situation an einem Konferenz-Tisch, als wir über die Rolle von Spaßverderber*innen am Familientisch sprachen. Die Konferenz wurde 2007 von der *Australian Critical Race and Whiteness Studies Association* organisiert und es war mein erstes Mal auf einer Konferenz in Australien als Person of Color[25] aus Australien, wo ich mich zu Hause fühlte. Jetzt denke ich an Orte, die durch solche Konferenzen erschaffen wurden und mir neue Arten von Tischen sichtbar machten, vielleicht Tische, die denjenigen Unterstützung bieten, die sich an Tischen des Glück/lichseins nicht willkommen fühlen.

Ich weiß, dass ich riskiere, die Probleme mit dem Glück/lichsein überzubewerten, indem ich Glück/lichsein als ein Problem darstelle. Doch ich bin gewillt, dieses Risiko einzugehen. Wenn dieses Buch Spaß verdirbt, tut es das, was wir seiner Meinung nach eigentlich tun sollten. Spaß zu verderben bedeutet, wie viele der Texte, die ich auf den folgenden Seiten zitiere, uns zu lehren, ein Leben zu öffnen, Platz für das Leben, Platz für Möglichkeiten, Chancen zu schaffen. Ziel dieses Buches ist es, Platz zu schaffen.

25 Anm. d. Ü.: Die Formulierung »...of Color« in Bezug auf Menschen wird hier nicht übersetzt, weil deutsche Worte wie »farbig« den komplexen Diskriminierungszusammenhang nicht wiedergeben können. Sara Ahmed benutzt häufig auch den Begriff »brown«, der hier ebenfalls mit »...of Color« übersetzt wird.

Erstes Kapitel

Glückliche Objekte

Ich könnte sagen: »Du machst mich glücklich.« Oder ich könnte so bewegt von etwas sein, dass ich, wenn ich an Glück/lichsein denke, an diese Sache denken würde. Auch wenn man davon ausgeht, dass Glück/lichsein ein Gefühlszustand oder eine Art Bewusstseinslage ist, die eine Lebenssituation bewertet, die wir im Laufe der Zeit erreicht haben (Veenhoven 1984: 22f.), bewegt uns Glück/lichsein hin zu Objekten. Wir bewegen uns im Prozess des *Machens* hin zu Objekten. »Glücklich gemacht werden« von dieser oder jener Sache, bedeutet, dass Glück/lichsein irgendwo anders beginnt als in dem Subjekt, das das Wort benutzt, um eine Situation zu beschreiben.

In diesem Kapitel möchte ich über Objekte nachdenken, die glücklich machen, so als würde aus der Nähe zu einem Objekt Glück/lichsein resultieren. Zum Glück/lichsein gehört eine Gefühlsregung (glücklich zu sein, heißt, von etwas bewegt zu werden), Absichtlichkeit (glücklich zu sein, heißt, sich über etwas zu freuen) und Bewertung oder Beurteilung (glücklich wegen etwas zu sein, heißt, dass etwas gut ist). Wenn Glück/lichsein seine eigenen Objekte hervorruft, werden solche Objekte weitergegeben und ihnen wird so ein affektiver Wert als soziale Güter verliehen.[26] Insbesondere wird es in

26 Dieses Kapitel bietet eine Annäherung an das Denken durch die Gefühlsregung als »anhaftend«. Eine Gefühlsregung ist etwas Anhaftendes oder etwas, das die Verbindung zwischen Gedanken, Werten und Objekten stützt oder aufrechterhält. Mein Argument, dass Gefühlsregungen eine Art der Anhaftung haben, steht im Gegensatz zu Brian Massumis Arbeit, in der er davon ausgeht, dass Gefühlsregungen autonom seien und sich von Emotionen unterscheiden. Für Massumi bedeutet Emotion »eingeschränkte Intensität« oder »ein subjektiver Inhalt, die soziolinguistische Fixierung der Qualität der Erfahrung, die von dem Zeitpunkt aus als persönlich definiert wird«, während eine Gefühlsregung eine »Intensität« darstellt, die uneingeschränkt und unabhängig von Erzählungen ist(2002b: 28). Ich denke, dass die Unterscheidung zwischen Gefühlsregung und Emotion die Emotionsarbeit unterschätzen kann, die Formen der Intensität, körperlichen Orientierung und Richtung *einschließen*, die nicht einfach von »subjektivem Inhalt« oder Qualifizierung der Intensität handeln. Emotionen sind keine »Nachgedanken«, sondern beeinflussen, wie Körper von Welten bewegt werden, die sie bewohnen (siehe Ahmed 2004). Ich würde

diesem Kapitel um die Familie als glückliches Objekt gehen, als etwas, worauf glückliche Gefühle projiziert werden, sowie als etwas, das einen gemeinsamen Erfahrungshorizont bietet.

Gefühlsregung, Objekte, Absichtlichkeit

Ich fange nicht mit der Annahme an, dass es so etwas wie Glück/lichsein gibt, das abseits steht oder eine Unabhängigkeit besitzt, als würde es mit einem Objekt in der Welt korrespondieren. Stattdessen fange ich mit der Unruhe des Erfahrbaren an, mit der Entfaltung von Körpern in Welten und mit dem, was ich »Drama der Zufälligkeit« nenne, also wie wir von dem, was uns näher kommt, berührt werden. Hierbei kann es nützlich sein, dass die Etymologie des Wortes Glück/lichsein genau mit der Frage der Zufälligkeit zusammenfällt: Glückseligkeit kommt vom Mittelhochdeutschen Wort *gelücke*, das Zufall bedeutete bzw. die Art, wie etwas endete (vgl. Ahmed 2017: 251). Der Begriff *Seligkeit* (althd. sælecheit) hatte ursprünglich die Bedeu-

---

sogar behaupten, das die Intensitäten, die Massumi als Gefühlsregungen beschreibt »gelenkt« als auch »eingeschränkt« oder sogar »erstarrt« sind: Diese Gerichtetheit bezieht sich nicht nur auf Subjekte und innere Gefühlszustände, sondern auch darauf, wie Dinge *in gewisser Weise* zusammenhängen. Selbst, wenn man davon ausgeht, dass man eine gefühlsbedingte Antwort von einer Emotion unterscheiden kann, die als solche bezeichnet wird (die körperlichen Empfindungen von dem Gefühl, Angst zu haben), heißt es nicht, dass sie in der Praxis oder im Alltag wirklich getrennt voneinander sind. Im Gegenteil, sie hängen in Wirklichkeit zusammen; sie fließen ineinander; sie kleben aneinander und bilden ein Ganzes, selbst, wenn sie getrennt sind. Die »Angst vor Gefühlsregungen« kann von der selbst-gehemmten Wahrnehmung des Angst-Habens (das Flackern im Auge, das die Ankunft eines Fremden signalisiert, die sich als Gänsehaut bemerkbar macht, bevor wir den Fremden als Fremden erkennen). Allerdings bedeutet das, dass die »Angst-Gefühlsregung« autonom ist. Bevor wir berührt sind, bevor etwas passiert, das auf der Haut einen Eindruck hinterlässt, finden bereits Dinge statt, die uns eher dazu bringen, mehr auf bestimmte Weise bewegt zu sein als auf andere. Um Gefühlsregungen lesen zu können, müssen wir ein besseres Verständnis von dem »Gegenwärtigen« und wie es psychische und soziale Dimensionen einschließt, bekommen, was wiederum bedeutet, dass das »Gegenwärtige« nicht immer auf dieselbe Weise am selben Ort gegenwärtig ist. Zum Beispiel ist es wahrscheinlicher, dass das Flackern zu einer Emotion wird, die wir im Nachhinein als Angst anerkennen, an Orten, die bereits den gefühlsbedingten Wert »beängstigend« innehaben (die »raue« Nachbarschaft ist ein Ort, den wir als beängstigend antizipieren) oder für jemanden, dessen Körper sich an ein anderes Flackern erinnert, das beängstigend war. Siehe Clare Hemmings (2005) und Imogen Tyler (2008) für ähnliche Kritiken an der »Autonomie der Gefühlsregung«. Siehe auch Sianne Ngai, die eine kontrastierende Annäherungsweise an den Unterschied zwischen Gefühlsregung und Emotion anbietet und sie »als modalen Unterschied in der Intensität oder dem Grad, nicht aber als formalen Unterschied in der Qualität oder der Art« (2005: 27) bezeichnet.

tung von heilversprechend bzw. gut oder zufrieden (s.o.). Diese Bedeutung erscheint heutzutage möglicherweise etwas archaisch: Wir sind daran gewöhnt, Glück/lichsein als Folge unseres Verhaltens, als Belohnung für harte Arbeit zu betrachten, nicht aber als etwas, das einem *einfach so* passiert. Dementsprechend geht Mihály Csíkszentmihályi davon aus, dass »Glück nicht etwas ist, das einfach geschieht. Es ist keine Folge von angenehmen Zufällen. Es ist nicht, was man mit Geld kaufen oder mit Macht bestimmen kann. Es hängt nicht von äußeren Ereignissen ab, sondern eher davon, wie wir diese deuten – Glück ist vielmehr ein Zustand, für den man bereit sein muß, den jeder einzelne kultivieren und für sich verteidigen muß.« ([1990] 2008: 14). Solch ein Verständnis von Glück/lichsein könnte als Verteidigung seiner Zufälligkeit gelesen werden. Ich würde gerne auf die ursprüngliche Bedeutung von Glück/lichsein zurückkommen, weil sie unsere Aufmerksamkeit wieder auf die »weltliche« Frage nach den Geschehnissen lenkt.

Wie ist die Beziehung zwischen dem »Was« in »Was ist geschehen?« und dem, was uns glücklich macht? Empirismus verschafft uns, angesichts des Interesses an der Frage »Was ist dieses Was?« eine sinnvolle Möglichkeit, um diese Frage anzugehen. Nehmen wir mal die Arbeit des empiristischen Philosophen John Locke aus dem siebzehnten Jahrhundert. Er nahm an, das Gute sei das, »was in uns Freude zu wecken oder zu steigern oder den Schmerz zu verringern geeignet ist« ([1690] 1913: 263). Wir beurteilen etwas als gut oder schlecht, je nachdem wie es uns berührt, egal, ob es uns Freude oder Schmerz bereitet. Locke nimmt das Beispiel eines Menschen, der Weintrauben liebt: »[...] wenn jemand im Herbst, während er Weintrauben verzehrt, oder im Frühjahr, wo es deren nicht gibt, erklärt, er liebe Weintrauben, so heißt das nichts weiter, als daß ihr Geschmack ihn erfreut.« (ebd.) Wenn etwas Freude oder Vergnügen bereitet, ist es gut für uns. Für Locke war Glück/lichsein eine Art der Freude: »[...] so besteht das größte Glück in dem Besitz derjenigen Dinge, die die größte Freude gewähren [...]« (312). Glückliche Objekte seien ganz einfach Objekte, die uns auf die beste Art und Weise berührten.

Demzufolge stellt Glück/lichsein einen intimen Kontakt von uns mit Dingen her. Wir können auf glückliche Weise in der Gegenwart einer Begegnung berührt werden; du wirst positiv von etwas berührt, auch wenn dieses Etwas sich nicht als bewusstes Objekt präsentiert. Wenn man auf glückliche Weise berührt ist, kann man das Kommen und Gehen von Objekten überleben. Locke skizziert im Grunde genommen das ›jahreszeitliche‹ Wesen der Freude. Wenn die Saison für Weintrauben zu Ende ist, rufst du dir vielleicht in Erinnerung, dass du sie köstlich findest; du sehnst dich danach, dass wieder

Saison für sie ist, was bedeutet, dass Weintrauben ihren Platz als glückliche Objekte auch in dem Ereignis ihrer Abwesenheit beibehalten werden. Das heißt jedoch nicht, dass die Objekte, die man sich als glückliche in Erinnerung ruft, immer denselben Platz innehaben werden. Lockes Beobachtungen dazu lauten: »Sobald aber eine Veränderung seines Wohlbefindens oder seiner Körperbeschaffenheit die Freude an ihrem Geschmack vernichtet, kann man nicht mehr sagen, er liebe Weintrauben.« (263). Körperliche Veränderungen könnten auch das, was vorher als angenehm wahrgenommen wurde, verändern. So wie unsere Körper sich im Laufe der Zeit verändern, wird die Welt um uns herum auch unterschiedliche Eindrücke entstehen lassen.

Es ist nicht so, dass Dinge Freude bereiten, sondern, dass die Erfahrung der Freude dazu führt, dass einige Dinge mit der Zeit gut für uns werden.[27] Lockes Argumentation geht an dieser Stelle einher mit dem Modell der Lei-

---

27 Für eine Analyse des Zufalls von Empfindungen siehe Kapitel 1 meines Buches *The Cultural Politics of Emotion*. Freude und Schmerz könnten als Empfindungen beschrieben werden, die durch Objekte entstehen (zum Beispiel kann das Empfinden von Schmerz in meinem Fuß von einem Nagel verursacht worden sein), obwohl, wie ich mithilfe von Hume und Nietzsche argumentieren werde, solche Zufälle gewohnte Assoziationsketten einschließen könnten, die sowohl rückblickend als auch antizipierend sind. Doch, selbst wenn wir annehmen würden, dass Empfindungen durch Objekte hervorgerufen werden, würde das bedeuten, dass Empfindungen einfach von anderen Aspekten menschlicher Erfahrung getrennt werden könnten. Freude wird allgemein als komplexes Gefühl verstanden. Für David L. Perry kann Freude als eine »Art des Gefühls« betrachtet werden, als etwas mit spezifischen Arten der gewollten Eigenschaften: Wir empfinden Freude an Dingen, die uns Freude bereiten (1967: 98). Für J. C. B. Gosling »gehört Freude zur Klasse der Dinge, die Veränderungen unseres Bewusstseins darstellen, wie Empfindungen und Gefühle« (1969: 29). Interessanterweise ist der Philosoph, der die eigenartigste Definition von Empfindungen liefert, auf die ich während meiner Forschung für dieses Buch gestoßen bin, derjenige, von dem oft in düsteren Worten als schonungsloser Utilitarist gesprochen wird: Jeremy Bentham. Er sagt Empfindungen seien »für uns von Interesse« ([1970] 2013: 44), weil »eines Menschen Interessen in diese oder jene Richtung ausgerichtet sind, wenn es unter den verschiedenen Gegenständen, die [...] Freude machen, einen bestimmten gibt, von dem er sich mehr Freude verspricht als von einem bestimmten anderen, [...] das gilt in gleicher Weise auch für das Leiden.« (60) Außerdem deutet er an, dass ein Mensch als jemand beschrieben werden kann, der »in diese oder jene Richtung ausgerichtet ist«, wenn »es unter den verschiedenen Gegenständen [...] einen bestimmten gibt, von dem er sich mehr Freude verspricht als von einem bestimmten anderen« (ebd.). Wenn Vergnügen/Freude sich durch unsere Einstellung gegenüber gewissen Dingen äußert, dann ist sie immer etwas zugeneigt. Für Bentham ist Freude eine körperliche Orientierung, die eine soziale Orientierung, eine Tendenz hin zu einer bestimmten Tendenz, offenbart. Es ist wichtig, über Glück/lichsein als etwas Zusammenhängendes mit Empfindungen der Freude zu denken, denn dadurch können wir unsere Aufmerksamkeit auf die körperlichen Dimensionen des Glück/lichseins richten. Ich möchte Glück/lichsein nicht ohne den Körper denken.

denschaften von Descartes und dem Modell der Empfindungen von Spinoza: Trotz der Hauptunterschiede, die Körper-Verstand-Beziehung betreffend, zeigen uns diese Philosophen, wie Objekte durch den Kontakt mit Körpern Wert annehmen. Spinoza sagt: »Unter gut werde ich [...] das verstehen, wovon wir gewiß wissen, daß es ein Mittel ist, uns dem Muster der menschlichen Natur, das wir aufstellen, mehr und mehr zu nähern. Unter schlecht dagegen das, wovon wir gewiß wissen, daß es uns hindert, diesem Muster ähnlich zu sein: das heißt, ein Ding wird von uns gut oder schlecht genannt, je nachdem, ob es unsere Handlungsmacht steigert oder herabsenkt, dabei hilft oder sie behindert.« ([1677] 1908: 106)

Wenn ein Objekt uns auf positive Weise mit Freude erfüllt, ist es gut für uns.[28] Descartes sagt, dass Objekte keine unterschiedlichen Leidenschaften hervorrufen, weil sie unterschiedlich sind, sondern, weil sie uns auf unterschiedliche Weise verletzen oder helfen können ([1649] 1984: 59). Ob uns etwas verletzt oder hilft, wird dadurch beeinflusst, wie wir davon betroffen sind. Susan James drückt es folgendermaßen aus: »Die Beurteilung von gut und verletzend, die in Leidenschaften vorhanden ist, die sich an Objekte außerhalb des Verstandes richten, ist deshalb nicht in der Welt, darauf wartend, gelesen zu werden« (1997: 103).

Wenn uns etwas berührt, beurteilen wir es. Urteile drücken sich dadurch aus, wie Körper sich Dingen zuwenden. Eine Phänomenologie des Glück/lichseins könnte dem auf den Grund gehen, wie wir Dinge behandeln, die uns reizvoll erscheinen.[29] Wie Edmund Husserl in seinem zweiten Band der

28 An dieser Stelle sollte ich einräumen, dass Spinoza der Meinung ist, dass Betroffensein, selbst, wenn es sich um ein freudiges Betroffensein handelt, eine Art der Passivität darstellt, in der der geformte Gedanke unangemessen oder verwirrt ist. Ein Affekt »ist ein Leiden«, das »[auf]hört, ein Leiden zu sein, sobald wir eine klare und deutliche Idee von ihm bilden« ([1677] 1908: 177). Somit geht es für Spinoza um die ethische Aufgabe, sich von den Fesseln der Leidenschaften durch den Verstand zu befreien: »Nützlich fürs Leben ist daher vor allem, den Verstand oder die Vernunft soviel als möglich zu vervollkommnen. Darin allein besteht des Menschen höchstes Glück oder die Glückseligkeit.« (166). Selig zu sein, heißt demnach, angemessene Gedanken zu haben oder die Folge seiner eigenen Gedanken zu sein: »Der letzte Zweck des [...] Menschen [...] ist daher diejenige, durch welche er dahin gebracht wird, sich und alle Dinge, die in den Bereich seines Denkens fallen können, adäquat zu begreifen.« (ebd.) Siehe meine Schlussfolgerung für weitere Diskussionen von Spinoza (oder um genauer zu sein, Deleuzes Spinoza), mit spezifischen Hinweisen auf die passiv/aktive Unterscheidung.

29 Dieses Werk greift auf Phänomenologie zurück, doch ich würde nicht sagen, dass es eine Phänomenologie des Glück/lichseins anbietet, da sich meine eigenen Orientierungspunkte hier vornehmlich außerhalb dieser intellektuellen Tradition befinden. Oder, wenn es eine Phänomenologie des Glück/lichseins anbietet, ist es eher eine queere Phänome-

Ideen beschreibt, »Innerhalb der Freude wenden wir uns ›absichtlich‹ (mit fühlbarer Absicht) den Objekten der Freude an sich in Form des affektiven ›Interesses‹ zu« ([1950] 1989: 14). Vielleicht denkst du, manche Dinge erregen nun mal unsere Aufmerksamkeit. Dingen einen Wert beizumessen, schließt mit ein, die Dinge, die sich in unserer Nähe befinden, zu formen, indem »unsere Nähe-Sphäre« oder »Kernsphäre« als eine Sphäre praktischer Handlung erzeugt wird ([1946] 2002: 149f.). Diese Sphäre ist »eine Sphäre, die ich mit meinen Kinästhesien erreichen und in optimaler Weise erfahren kann, durch das Anfassen, Sehen etc.« (149).

Glück/lichsein könnte eine wesentliche Rolle spielen, was die Ausformung unserer neuen Sphäre angeht, der Welt, die sich um uns herum formt, als eine Welt der vertrauten Dinge. Objekte, die uns erfreuen, residieren innerhalb unseres körperlichen Horizonts. Schließlich haben wir unsere Vorlieben, die sogar ausmachen, *wer wir sind*. Der körperliche Horizont kann neu beschrieben werden als ein Horizont von Vorlieben. Wenn wir »unsere Vorlieben« haben, versammeln sich gewisse Dinge um uns herum. Selbstverständlich begegnen wir auch neuen Dingen. Mehr oder weniger offen gegenüber neuen Dingen zu sein, schließt mit ein, mehr oder weniger offen gegenüber der Eingliederung von Dingen in unsere unmittelbare Umgebung zu sein. Eingliederung kann von der Vorliebe zu Dingen abhängen, denen wir begegnen. Wir entfernen uns automatisch von Dingen, die wir nicht mögen. Das Wegbleiben kann dabei helfen, die Grenzen unseres Horizontes zu ziehen; indem wir die Nähe gewisser Objekte ablehnen, definieren wir die

nologie (siehe Ahmed 2006). Eine Phänomenologie des Glück/lichseins muss vielleicht noch verfasst werden, obwohl es natürlich schon nennenswerte Literatur zum Thema Phänomenologie und Gefühle im Allgemeinen gibt (ein klassischer Essay wäre Sartre [1939] 2002; siehe auch Solomon 2006 für weiterführende Hinweise). Eine Phänomenologie des Glück/lichseins könnte sich auf Husserls späteres Werk beziehen, insbesondere seiner Herangehensweise bezüglich des lebendigen Körpers (Leib), der Empfindungen und Werte und der Lebenswelt, die oftmals als seine Verlagerung von einer statischen zu einer genetischen und dann zu einer generativen Phänomenologie dargestellt wird (siehe Thompson 2007: 28-36). Ich sollte hier erwähnen, dass Husserls Modell ein etwas anderes Modell der Empfindungen und Werte anbietet, als wir es in Lockes empirischer Psychologie finden, in der »Betroffen-sein« so viel heißt wie, Dingen Bedeutung zuzusprechen. Henning Peucker ist der Meinung, dass Husserl kritisch gegenüber jeglicher Gefühlsduselei sein sollte, die Gefühle als etwas darstellt, das »Dingen bestimmte Werteigenschaften zuschreibt« (2007: 312). Peuckers eigene Aufgabe ist es, aufzuzeigen, wie Husserl die Kant'sche Annahme kritisiert, dass jedes moralische Gefühl krankhaft sei. Laut Peucker, denkt Husserl über Kant und die Gefühlsmenschen nach, indem er argumentiert, dass Dinge bereits jetzt Werteigenschaften besitzen: »Das Ego ist demnach betroffen von Objekten mit Werteigenschaften.« (316)

Orte, an die wir nicht gehen wollen, die Dinge, die wir nicht haben, anfassen, schmecken, hören, fühlen, sehen wollen, solche Dinge, die wir außerhalb unserer Reichweite halten wollen.

In »positiver Weise« von etwas betroffen zu sein, schließt demnach eine Orientierung hin zu etwas mit ein, das als gut bewertet wird. Orientierungen registrieren die Nähe von Objekten und formen das, was dem Körper am nächsten ist. Glück/lichsein kann im phänomenologischen Sinn als *beabsichtigt* (auf Objekte gerichtet), als auch als *gefühlsbedingt* (in Kontakt stehend mit Objekten) charakterisiert werden. Um diese Thesen zusammenzubringen, könnten wir sagen, dass Glück/lichsein eine Orientierung hin zu Objekten ist, mit denen wir in Kontakt treten. Wir nähern und entfernen uns von Objekten, in dem Maße wie wir von ihnen berührt werden. Letztendlich sollte man sich die Dopplung der positiven Empfindungen in Lockes Beispiel ansehen: Wir *lieben* die Weintrauben, wenn sie *angenehm* schmecken. Zu sagen, dass man die Dinge liebt, die angenehm schmecken, bedeutet nicht, dass Annehmlichkeit der Auslöser für unsere Liebe ist, sondern dass die Erfahrung von Annehmlichkeit eine liebende Orientierung gegenüber dem Objekt mit sich bringt, genauso wie die Erfahrung der Liebe registriert, was angenehm ist.

Die Beschreibung von Glück/lichsein als beabischtigt, hat nicht immer eine einfache Übereinstimmung zwischen Objekten und Gefühlen zur Folge. Robin Barrow hat Recht mit seinem Argument, dass Glück/lichsein kein »Objekt haben kann« so wie es bei anderen Gefühlen der Fall ist (1980: 89; siehe auch Perry 1967: 71). Bleiben wir bei Lockes Beispiel des Mannes, der Weintrauben liebt. Weintrauben bekommen Bedeutung für uns als etwas, das wir konsumieren können . Weintrauben können geschmeckt werden und »haben« einen Geschmack, selbst wenn ich nicht weiß, ob meine Weintraube genauso schmeckt wie deine. Der Genuss, der von den Weintrauben hervorgerufen wird, ist der Genuss über das Verspeisen dieser Weintrauben. Doch Genüsse werden nicht nur auf Objekte gerichtet, die man schmecken kann, die dem Fleisch des Körpers auf sinnliche Weise näherkommen, als Aufeinandertreffen von Fleisch. Wie ich bereits angemerkt habe, können wir den Genuss von Trauben als eine Erinnerung hervorrufen; wir können einfach an die Trauben denken, als einen Gedanken, der auch einem Gefühl gleicht, auch wenn wir gerade nicht die Möglichkeit haben, die Trauben zu essen. Wir können einfach Genuss zu einer Erfahrung des Genusses in Erinnerung rufen, selbst wenn diese Genüsse nicht genau dieselbe Empfindung einschließen, selbst wenn die Erinnerungseindrücke nicht ganz so lebendig sind.[30] Genuss entwirft ein Objekt, auch wenn das Objekt des Genusses direkt vor uns liegt. Die Kreativität des Gefühls erfordert keine Abwesenheit eines Objektes.

Wir werden durch Dinge bewegt. Wenn wir bewegt werden, tun wir Dinge. Ein Objekt kann gefühlsbedingt sein, kraft seines eigenen Standortes (das Objekt könnte *hier* sein, *wo* ich dieses oder jenes erfahren habe) und des Zeitpunkts seiner Erscheinung (das Objekt könnte *jetzt* sein, *wenn* ich diese oder jene Empfindung erfahre). Ein Objekt als gefühlsbedingt oder sensationell zu erfahren, bedeutet nicht nur, einem Objekt, sondern auch dem, was um dieses herum gegeben ist, einschließlich dem, was sich hinter ihm befindet, den Bedingungen seiner Ankunft, zugewandt zu sein. Was sich um ein Objekt herum befindet, kann glücklich werden: Wenn jemand etwas Erfreuliches an einem bestimmten Ort bekommt, wird dieser Ort selbst mit Glück/lichsein belagert, wird zu dem »Was«, auf das positive Gefühle gerichtet sind. Oder, wenn du etwas von jemandem bekommst, den du liebst, dann wird dem Objekt an sich ein gefühlsbetonterer Wert zugesprochen: Wenn du es siehst, dann denkst du an den anderen, der dir das Geschenk gegeben hat. Wenn etwas in der Nähe von glücklichen Objekten ist, wird es durch Assoziationen zu etwas Glücklichem.

Glück/lichsein kann Objekte durch Nähe generieren. Glück/lichsein handelt nicht einfach von Objekten oder ist auf Objekte gerichtet, die im Bewusstsein verwurzelt sind. Wir haben möglicherweise alle schon einmal erlebt, was ich »nicht zugeschriebenes Glück/lichsein« nennen würde. Du bist glücklich und weißt nicht so richtig, warum, und das Gefühl kann einprägsam sein, weil es übersprudelt und größer ist als das, was dir begegnet. Das Gefühl schwappt nicht einfach so über; wenn du dich glücklich fühlst, richtest du das Gefühl auf das, was dem nahekommt, zum Beispiel lächelst

30 David Hume weist in seinem Werk *Ein Traktat über die menschliche Natur* ([1739-40] 1973) in seiner Diskussion über die Beziehung zwischen Assoziationen und Vorstellungen darauf hin, dass Vorstellungen lebendiger sind. Erinnerungsvermögen und Einbildungskraft beschreibt er als die zwei Eigenschaften, in denen wir »unsere Eindrücke [...] wiederholen« (18), darunter auch die Verbindung zwischen Assoziationen in Form von Nähe und Ähnlichkeit. Hume unterbreitet eine ausgiebige Reflektion über das, was wir womöglich empirische Psychologie und die Gewohnheiten der Sinngebung nennen könnten. Siehe Deleuzes exzellente Analyse ([1953] 1997) von Humes Beitrag. Interessant ist auch, wie ähnlich sich das Freud'sche Thema der Verdrängung und Verkürzung und das Lacan'sche Thema der Metapher und Metonymie sowie Humes Assozionismus sind. Englischer Empirismus und Psychoanalyse können als potentiell produktive Bettgenossen beschrieben werden.

du eine Person an, die gerade an dir vorbeigeht.[31] Das Gefühl kann auch ein nahestehendes Objekt größer machen oder emporheben, sodass es glücklich gemacht wird, was nicht heißt, dass das Gefühl jeder Begegnung mit jeder Sache standhalten wird. Ich fand es schon immer bemerkenswert, dass Glück/lichsein oft genau in dem Augenblick abnimmt oder beängstigend werden kann, wenn wir uns dessen bewusst werden, dass wir glücklich sind (wenn das Gefühl zum Gegenstand des Denkens wird). Glück/lichsein kann uns in einem Augenblick ereilen und wieder verloren gehen, wenn wir uns dessen bewusst werden.[32] Glück/lichsein als ein Gefühl erscheint sehr labil und kann einfach durch andere Gefühle, als auch durch das Glück/lichsein an sich, dadurch *wie* es auftaucht, ausgetauscht werden.

Ich gehe davon aus, dass Glück/lichsein eine bestimmte Art der Intentionalität einschließt, die ich als »zielgerichtet« bezeichnen würde. Wir können nicht nur glücklich *über* etwas sein, als ein Gefühl in der Gegenwart, manche Dinge werden glücklich *für uns*, wenn wir uns vorstellen, dass sie *uns* Glück/lichsein bescheren. Glück/lichsein wird oft als ›das‹ beschrieben, was wir uns wünschen, als Zielpunkt oder sogar ein Zweck an sich. Klassischerweise wurde Glück/lichsein als Selbstzweck interpretiert, nicht als Mittel zum Zweck.[33] In *Nikomachische Ethik* geht Aristoteles von Glück/lichsein als das Über-Allem-Stehende aus, als »Ziel allen Handelns« (2001: 25).« Glück/lichsein »wünschen wir stets wegen ihrer selbst«(ebd.). Anthony Kenny beschreibt Aristoteles' Worte folgendermaßen: Glück/lichsein »ist nicht nur ein Ziel, sondern ein perfektes Ziel.« (1993: 16). Das perfekte Ziel ist das Ziel aller Ziele, das Gute ist immer gut um seiner selbst Willen.

Wir müssen der These nicht zustimmen, dass Glück/lichsein das perfekte Endziel ist, um die Implikationen dessen zu verstehen, was es für Glück/lich-

31 Siehe der zweite Teil des fünften Kapitels für eine ausgedehntere Diskussion dieser These im Bezug auf Reizbarkeit und Fröhlichkeit.

32 Das prekäre Wesen des Glück/lichseins als Gefühl wird sehr gut von John Stuart Mill in seiner Autobiographie beschrieben und zwar durch diesen oftmals zitierten Satz: »Frage dich selbst, ob du glücklich bist, und du hörst auf, es zu sein.« ([1873] 1874: 118). Mills eigenes Unglück/lichsein führt zu seiner Anerkennung der Präkarität, die er auch als Desillusionierung mit dem Utilitarismus und als ein Bewusstsein darüber beschreibt, dass »irgend ein Außending [des Glücks]« »Lebenszweck« sein muss (ebd.). Für eine Diskussion über Glück/lichsein als prekär, siehe auch meine Schlussfolgerung, Fußnote 16.

33 Obwohl klassische und utilitaristische Traditionen oftmals als sehr unterschiedlich beschrieben werden, teilen sie ein teleologisches Konzept des Glück/lichseins. Für Aristoteles ist Glück/lichsein endgültige Ziel für Individuen und er definiert das, was man als tugendhaftes Leben bezeichnen würde. Für Utilitaristen ist Glück/lichsein das Ziel für Regierungspolitik und definiert das, was man als beste Gesellschaft bezeichnen würde.

sein heißt, auf diese Weise gedacht zu werden. Wenn Glück/lichsein das Ende aller Ziele ist, dann werden andere Dinge (einschließlich anderer Güter) zu Instrumenten für das Glück/lichsein.[34] Wie Aristoteles behauptet, suchen wir andere Dinge »um der Glückseligkeit willen, da wir glauben, eben durch jene Dinge glückselig zu werden.« (2001: 27) Aristoteles meint hierbei nicht materielle Dinge oder physische Objekte, aber differenziert zwischen verschiedenen Arten von Gütern, zwischen instrumentellen Gütern und unabhängigen Gütern (23). Demnach suchen wir Anerkennung, Vergnügen oder Intellekt »um der Glückseligkeit willen«, als wären sie Instrumente für das Glück/lichsein und die Realisierung der Möglichkeit eines guten oder tugendhaften Lebens.

Wenn wir an instrumentelle Güter als Objekte des Glück/lichseins denken, hat das Konsequenzen.[35] Dinge werden positiv bewertet oder bekommen ihren Wert als Güter zugesprochen, insofern sie in Richtung Glück/lichsein zeigen. Objekte werden zu *Glücks-Mitteln*. Oder wir könnten sagen, sie werden zu Glücks-Zeigern, als würde das Folgen dieser Zeiger das Finden von Glück/lichsein nach sich ziehen. Wenn Objekte Mittel sind, um uns glücklich zu machen, dann wollen wir eigentlich woanders hin, wenn wir uns in Richtung dieses oder jenes Objektes begeben: hin zu einem Glück/lichsein, von dem angenommen wird, das es daraus folgt. Die Zeitlichkeit dieses Folgens spielt dabei eine Rolle. Glück/lichsein ist das, was danach kommt. Angesichts dieser Tatsache, ist Glück/lichsein auf gewisse Objekte gerichtet,

34 Die Art, in der ein teleologisches Modell des Glück/lichseins »alle anderen Dinge« zu ›Glücks-Mitteln‹ macht, wird in John Stuart Mills Utilitarismus deutlich. Wie er es wiedergibt: »die utilitaristische Lehre besagt, daß das Glück wünschenswert ist, und zwar als das einzige, was als Zweck wünschenswert ist. Alle anderen Dinge sind nur als Mittel zu diesem Zweck wünschenswert.« ([1861] 2006: 53). Während es umfangreiche Forschungen zur Bedeutung des Glück/lichseins als *telos* oder Endziel gibt, ging es nicht so oft um die Bedeutung dessen »für alle anderen Dinge«, also, was es heißt, *wenn andere Güter als gut befunden werden als Mittel zum Glücks-Zweck.*

35 Ich unterstelle hier nicht, dass Aristoteles Glück/lichsein instrumentalisiert. Glück/lichsein ist kein Ziel, in dem Sinne, dass es etwas ist, dass von Außen auferlegt wird, um die Entwicklung des Lebens zu steuern. Für Aristoteles müsste man, um Glück/lichsein zu erreichen, das eigene Potential ausschöpfen: Glücklich ist der*diejenige, der*die seine*ihre ideale Gestalt erreicht, der*die im biologischen als auch ethischen Sinn aufblüht. Ich weise nur darauf hin, dass wenn Glück/lichsein biologisch gesehen als Endziel des Lebens betrachtet wird, andere Dinge zu Instrumenten zum Erreichen des Glück/lichseins werden, um dein Potential auszuschöpfen. An dieser Stelle wäre es auch sinnvoll, sich die Beziehung zwischen Aristoteles' teleologischem Modell der Biologie und seinem teleologischen Modell des Glück/lichseins vor Augen zu halten. Siehe Challenger 1994:75f. und Annas 1993: 139 für relevante Beobachtungen.

die in Richtung dessen zeigen, das noch nicht existiert. Wenn wir Dingen folgen, wollen wir Glück/lichsein erreichen, als wenn Glück/lichsein das ist, was man bekommt, wenn man bestimmte Punkte erreicht.

Versprechen

Die Biografie eines Menschen ist aufs Engste mit Objekten verbunden. Wir könnten sagen, dass unsere Biografien Biografien von *Vorlieben* und *Abneigungen* sind. Locke sagt, »Mannigfaltigkeit« der Menschen bedeute, »daß sie ihr Glück in verschiedenen Dingen suchen« ([1690] 1913: 311). Freiheit wird zu der Freiheit, von unterschiedlichen Dingen glücklich gemacht zu werden.[36] Wenn wir von unterschiedlichen Dingen glücklich gemacht werden, sind wir von unterschiedlichen Dingen auf unterschiedliche Weise berührt.

Werden wir einfach von unterschiedlichen Dingen glücklich gemacht? Glück/lichsein als etwas zu denken, das eine zielorientierte Intentionalität einschließt, bedeutet, dass Glück/lichsein bereits mit einigen Dingen mehr assoziiert wird als mit anderen. Wir kommen bei einigen Dingen an, *weil* sie uns als Mittel zum Zweck den Weg zum Glück/lichsein weisen. Woher wissen wir, was auf etwas Glückliches hinweist? Die eigentliche Möglichkeit, dem Glück/lichsein zugewandt zu sein, lässt erahnen, dass Objekte mit Empfindungen assoziiert werden, bevor man ihnen überhaupt begegnet. Ein Objekt kann zum Glück/lichsein hinweisen, ohne uns notwendigerweise in positiver Hinsicht berührt zu haben.

Das Heraufbeschwören eines Objektes kann Vergnügen bereiten, selbst wenn wir ein Objekt noch nicht als vergnüglich erlebt haben: Darin liegt die Macht hinter jeder menschlichen Vorstellungskraft als auch der sozialen Welt, Dinge zu erheben, die noch nicht Teil des Gefühlslebens sind. Dinge haben womöglich ein Gefühlsleben, weil sie mit Empfindungen beladen oder angereichert wurden, als Geschenke, die sonst vergessen worden wären. Es passiert sogar, dass ein Objekt vergeben wird, weil angenommen wird, dass es eine gefühlsbedingte Qualität aufweist, als würde man zum Beispiel annehmen, jemandem Glück/lichsein zu bescheren, wenn man x gibt.

---

36 Ich werde die Beziehung zwischen Freiheit und Glück/lichsein im Laufe dieses Werkes untersuchen und insbesondere die Frage danach, inwiefern die Freiheit, glücklich zu sein, eine Fantasie der Freiheit ist, die widerspiegelt, wie uns Glück/lichsein in Richtung einiger Lebensentscheidungen lenkt, anderen jedoch nicht. Im letzten Abschnitt des fünften Kapitels gehe ich auf eine alternative Freiheit ein, die Freiheit, unglücklich zu sein.

Nehmen wir an, dass die Beziehung zwischen einem Objekt und dem Gefühl einen kausalen Zusammenhang hat: als ob das Objekt das Gefühl verursachen würde. Ein glückliches Objekt wäre demnach eins, das unser Glück/lichsein verursacht. In *Der Wille zur Macht* sagt Nietzsche, dass die Zuschreibung der Kausalität rückwirkend sei ([1901] 1964: 370f.).[37] Demzufolge könnte ich schlussfolgern, dass der Schmerz vom Nagel verursacht wird, der sich neben meinem Fuß befindet. Doch ich bemerke den Nagel nur, weil ich etwas empfinde. Das Objekt des Gefühls bleibt hinter dem Gefühl zurück. Dieses Zurückbleiben ist nicht einfach nur zeitlich, sondern schließt aktive Formen der Vermittlung mit ein. Wir suchen nach dem Objekt: oder wie Nietzsche es beschreibt, »einem Grund [...], um sich so oder so zu fühlen, in Personen, Erlebnissen usw.« (448). Die eigentliche Tendenz, einem Objekt eine Empfindung zuzuschreiben, hängt von der *Nähe der Assoziationen* ab, in denen solche Formen der Nähe bereits gegeben sind. Wir begreifen ein Objekt als die Ursache einer Empfindung (der Nagel wird als eine Schmerzursache wahrgenommen, was nicht die einzige Art und Weise ist, wie wir einen Nagel wahrnehmen könnten). Die Nähe einer Begegnung kann der Grund sein, warum eine Begegnung fortbestehen kann. Mit anderen Worten, die Nähe zwischen Empfindung und Objekt wird durch Gewohnheit erhalten.

Wir können die Bindung zwischen dem Objekt und der Empfindung lösen, indem wir die Art ihrer Bindung anerkennen. Das Objekt verursacht nicht einfach das Gefühl, selbst wenn wir es als Ursache dessen ansehen.

37 Nietzsche bezieht sich hier auf David Hume, der argumentiert, dass kausales Denken an sich eine Art der Gewohnheit ist: »Dieser Übergang des Denkens von der Ursache zur Wirkung entspringt nicht aus der Vernunft. Er leitet seinen Ursprung einzig aus Gewohnheit und Erfahrung her.« ([1748] 2015: 64) Ich könnte hier auch eine Beziehung zwischen der Zuschreibung von Kausalität und Identifikation anbringen. Meine Schwester und ich haben uns immer über die Gründe für Verkehrsunfälle gestritten. Sie sagte immer, dass langsamere Fahrer Unfälle verursachten, weil sie schnelle Fahrer dazu brächten, ungeduldig zu werden. Ich war immer der Meinung, dass schnelle Fahrer Verkehrsunfälle verursachten, weil sie ungeduldig seien. An welcher Stelle wir die Ursache verbunden mit unserer eigenen Selbstidentifikation als schnelle Fahrer (meine Schwester) oder langsame Fahrer (ich) zuschreiben, erlaubt es uns, uns selbst in der Sphäre der Normalität oder Neutralität zu verorten. Ich war der Meinung, dass sie *zu schnell* unterwegs war und sie, dass ich *zu langsam* unterwegs war. Hier muss beachtet werden, dass die Kausalitätszuschreibungen auch Instrumente stoppen: Du gehst *so weit* zurück, um Kausalität zu befördern und du gehst so weit zurück, wie es nötig ist, um dich selbst davor zu schützen, als Ursache von etwas zu gelten, das negativ ist. Also für meine Schwester war es so, dass ihre Ungeduld verursacht wurde (von Fahrern, die so langsam fahren wollten wie ich) und für mich war es so, dass ihre Ungeduld die Ursache war (weil sie schneller fahren wollte, als sie sollte).

Das Objekt wird rückwirkend als die Ursache des Gefühls verstanden. Habe ich das verstanden, kann ich den Nagel einfach wahrnehmen und so ein Schmerzempfinden erfahren, weil ich voraussetze, dass die Assoziation zwischen dem Objekt und der Empfindung Voraussetzung ist. Das Objekt wird zum Gefühls-Verursacher. Sobald ein Objekt zu einem Gefühls-Verursacher geworden ist, kann es Gefühle verursachen, sodass wir, wenn wir das erwartete Gefühl empfinden, bestätigt werden.[38] Die rückwirkende Empfindungs-Kausalität, die Nietzsche kurz beschreibt, verwandelt sich in das, was wir *antizipatorische Kausalität* nennen. Wir können sogar eine Empfindung antizipieren, ohne rückwirkend zu sein, insofern, als dass Objekte den Wert der Nähe annehmen können, die nicht aus unserer eigenen Erfahrung stammen. Zum Beispiel mit Angstursachen: Einem Kind wird gesagt, dass es nicht in die Nähe eines Objekt gehen soll, lange bevor dieses Objekt auftaucht. Einige Dinge werden mehr als andere als *gefürchtet* wahrgenommen, wenn sie sich nähern, und genauso können wir die antizipatorische Logik des Diskurses der von Fremden ausgehenden Gefahr verstehen.

Wir können auch antizipieren, dass ein Objekt Glück/lichsein verursachen wird, bevor es eintrifft; das Objekt betritt unsere vertraute Sphäre mit einem bereits vorhandenen positiven Gefühlswert. Die Nähe zwischen einem Objekt und einem Gefühl resultiert daraus, wie das Objekt sich entfaltet. Objekte können zu *Glücks-Ursachen* werden, bevor wir ihnen überhaupt begegnen.[39] Wir werden auf Dinge gerichtet, von denen im Vorhinein angenommen wird, dass sie Glück/lichsein hervorrufen. Anders ausgedrückt, das Urteil darüber, dass einige Dinge gut sind, geht unserer Begegnung mit Dingen nicht nur voraus, sondern lenkt uns auch zu ihnen.

Also könnten wir, anstatt zu sagen, dass das, was gut ist, dazu neigt, Vergnügen zu bereiten, davon ausgehen, dass das, was dazu neigt, Vergnügen zu bereiten, bereits als gut bewertet wurde. Dieses Argument unterscheidet sich von Lockes Bericht über die geliebten Weintrauben, weil sie so köstlich

---

38 Wie ich im Verlauf des Buches aufzeigen werde, ist das der Grund, warum die Erfahrung der Bestätigung nicht immer bewusst ist, aber sich im Hintergrund abspielt, weil sie Subjekten erlaubt, so weiterzumachen wie bisher.

39 Offensichtlich ist die Beschreibung von Objekten als Glücks-Ursachen eine stärkere Forderung als die Beschreibung derer als Glücks-Mittel. Letzteres impliziert, dass das Tun oder Haben von bestimmten Dingen es dir ermöglichen, Glück/lichsein näherzukommen, ohne notwendigerweise Glück/lichsein zu verursachen. Wenn ein Objekt zur Glücks-Ursache wird, heißt das, dass Glück/lichsein eine notwendige Folge von Tun oder Haben ist. Ich werde meinen Gedankengang in Kapitel 3 weiterführen, wo ich über das Verlangen nachdenke, eine Glücks-Ursache zu sein.

schmecken: Ich gehe hier davon aus, dass das Urteil über gewisse Objekte als *glückliche*, bereits gemacht ist, bevor sie überhaupt angetroffen werden. Gewisse Objekte werden als Ursache für das Glück/lichsein betrachtet, also zirkulieren sie bereits als soziale Güter, bevor wir ihnen *begegnen*, weshalb wir ihnen womöglich überhaupt erst begegnen.

Wir nehmen vorweg, dass Glück/lichsein aus der Nähe zu diesem oder jenem Objekt folgen wird. Vorwegnahme in Bezug auf das, was ein Objekt uns geben wird, ist auch gleichzeitig mit Erwartungen an das, was wir bekommen sollten, verbunden. Wie kommt es nur, dass wir so vieles erwarten? Letztendlich führen Erwartungen oft dazu, dass wir enttäuscht sind. Wenn wir Objekten mit einer Erwartung dessen begegnen, wie wir von ihnen berührt sein wollen, beeinflusst das, wie sie uns berühren, auch in dem Augenblick, in dem sie versagen, unseren Erwartungen zu entsprechen. Glück/lichsein ist eine Erwartung an etwas, das folgt, wo die Erwartung zwischen Dingen unterscheidet, ob sie nun als Objekte in der Gegenwart existieren oder nicht. Beispielsweise wird das Kind dazu aufgefordert, sich Glück/lichsein vorzustellen, indem es sich bestimmte Ereignisse in der Zukunft vor Augen führt, wie den Hochzeitstag, ›den *glücklichsten Tag in deinem Leben*‹.

Die eigentliche Erwartung an Glück/lichsein liefert uns ein spezifisches Bild der Zukunft. Aus diesem Grund liefert Glück/lichsein den emotionalen Schauplatz/Rahmen für Enttäuschungen, selbst wenn Glück/lichsein nicht gegeben ist: Wir müssen einfach Glück/lichsein *von diesem oder jenem* erwarten, damit *dieses oder jenes* als Objekt der Enttäuschung erfahren werden kann. Unsere Erwartungen stammen irgendwoher. Denken wir an die Genealogie von Erwartungen, dürfen wir nicht vergessen, auch an Versprechungen zu denken und wie sie uns irgendwo den Weg zeigen, *den Weg*, von dem wir uns so viel versprechen. Wir könnten sagen, dass Glück/lichsein durch die Nähe zu gewissen Objekten versprochen wird. Objekte beziehen sich in dem Fall dann nicht nur auf physische oder materielle Dinge, sondern auch auf alles, was wir uns vorstellen können, das uns zu Glück/lichsein führt, einschließlich Objekten im Sinne von Werten, Bräuchen, Stilen, als auch Sehnsüchten. X zu tun oder x zu haben, könnte uns Glück/lichsein versprechen. Das Glücksversprechen nimmt folgende Gestalt an: Wenn du dieses oder jenes hast, oder wenn du dieses oder jenes tust, wirst du glücklich sein. In *Götzendämmerung* interpretiert Nietzsche das, was ich Glücksversprechen nenne, als das fundamentale Rezept der Religion und Moral: »Tue das und das, laß das und das – so wirst du glücklich!« ([1889] 1964: 108)

Das vielversprechende Wesen des Glück/lichseins suggeriert, dass es sich vor uns befindet, zumindest, wenn wir das Richtige tun.[40] Letztendlich bedeutet ein Versprechen, die Zukunft zu einem Objekt zu machen, zu etwas, das verkündet werden kann, bevor es eintrifft. Hannah Arendt schreibt folgendes dazu: »Einzig und allein mithilfe von Versprechen können Menschen die Zukunft ordnen, sie voraussehbar und verlässlich machen, insofern es auf menschlicher Ebene möglich ist.« (1972: 92) Denken wir mal an ein Versprechen als eine Situation und an das, was uns in den Sinn kommt. Wir denken an ein Versprechen, das jemand einer Person gegeben hat, das vielleicht derart formuliert wurde: »Ich verspreche, dass …« Ein Versprechen kann eine Willensbekundung sein, dass die Person, die einen Willen verspricht, etwas tun oder nicht tun wird. Das Versprechen ist eine Versicherung, eine positive Versicherung, mit der Intention, Zuversicht und Vertrauen zu erwecken, dass eine Erwartung eingehalten wird. John Austin schreibt in *Zur Theorie der Sprechakte* über Sprechakte, die auf erfolgreiche Weise eine Handlung als glückliches Performativum zustande bringen. Damit das Versprechen glücklich ist, werden gute Absichten vorausgesetzt: Derjenige, der verspricht, muss auch beabsichtigen, das Versprechen einzuhalten, sodass die Struktur der Absicht die Voraussetzung für die Möglichkeit des Versprechens ist ([1962] 1972: 35).[41] Ein Versprechen, glücklich zu sein, könnte somit auch von bestimmten Bedingungen abhängen, die es der Person erlauben, das Versprechen einzuhalten. Ein Versprechen kann in einer Situation glücklich sein, in der das, was wir wollen, passiert, wo das, was wir wollen, für jemand anderen gewollt wird, selbst wenn dieses andere mein eigenes Ich ist, das als Empfänger meines Versprechens begriffen wird. Das Versprechen ist auch ein Aus-

40 Das Glücksversprechen legt (implizite oder explizite) Bedingungen fest: Dir wird Glück/lichsein versprochen, wenn du bestimmte Bedingungen erfüllst. Für eine weitergehende Diskussion zum Thema, inwiefern Glück/lichsein bestimmte Bedingungen mit einschließt (die ich einfach bedingtes Glück/lichsein nenne), siehe mein erster Abschnitt des zweiten Kapitels.

41 Vorher spricht Austin in seiner Sprechakttheorie davon, dass selbst ein unehrliches Versprechen ein Versprechen ist: Es ist nicht ungültig, auch wenn es in böser Absicht gegeben wurde (Austin [1963] 1972: 14). Später beschreibt er jedes Versagen der Absicht als Unglück (35): Also ein Versprechen kann *nicht* versprechen, selbst wenn es als solches formuliert wurde. Ein Versprechen kann ein explizites Perfomativum sein und unglücklich machen, wenn die richtigen Bedingungen nicht vorhanden sind. Ich sollte hier erwähnen, dass ich in diesem Buch Glück/lichsein und Unglück/lichsein in der Sprache nicht nur in Bezug auf die Folgen von Worten berücksichtige, also ob sie erfolgreich sind oder scheitern, in dem, was sie sagen, sondern auch in Bezug darauf, dass Glück/lichsein und Unglück/lichsein in den Worten zu finden sind; Glück/lichsein *ist voll involviert,* wenn es in der Sprache zum Ausdruck kommt.

druck der Sehnsucht; etwas, das versprochen ist, impliziert auch, dass etwas Vorteilhaftes kommen wird. Also, indem du bekommst, was dir versprochen wurde, ist dir etwas Gutes widerfahren, wo das Geschehene eine Erwartung an das erfüllt, was für dich kommen sollte, in Anbetracht dessen, dass das Versprechen versprochen wurde. Versprechen begründen unsere Erwartungen in Bezug auf das, was kommen soll.

Diese vorgestellte Situation erschöpft nicht den gelebten Horizont des Versprechens. Anders gesagt, Versprechen sind nicht immer Sprechakte oder etwas, das jemand anderem gegeben wird. Der Sprechakt »Ich verspreche dir, dass …« gleitet über in ein »Versprechen von etwas«, wobei das Versprechen den Eindruck erweckt, es sei das, was gegeben werde, durch die Sache selbst, die gegeben wird. Die versprochene Sache (die dem Gedanken an etwas Vielversprechendes gleicht) könnte dem geliebten anderen nahestehen, der sagt: »Ich verspreche, dass …« oder »Ich verspreche dir dies oder jenes.« Also, wenn jemand, den ich liebe, mir etwas verspricht, kann dieses Etwas das Versprechen auf Liebe verkörpern. Das Hinübergleiten zwischen dem »Ich verspreche, dass …« und dem » Versprechen von etwas« zeigt, wie Versprechen verteilt oder gemeinsam geteilt werden. Das Glücksversprechen macht Dinge vielversprechend, als beinhalte die Teilhabe an Dingen die Teilhabe am Glück/lichsein. Wenn eine Sache Glück/lichsein verspricht, haben wir eine Vorstellung davon als vielversprechend. Wenn wir diese Sache dann erhalten, stellen wir uns gute Dinge vor, die darauf folgen werden.

Oder wir könnten sagen, wenn wir uns nach Glück/lichsein sehnen, folgen wir seinem Versprechen. Lauren Berlant schlägt als eine andere Denkweise über Objekte der Begierde vor, man solle Objekte als eine »Ansammlung von Versprechen« denken (2008a: 33). Versammeln sich Objekte tatsächlich um das Glücksversprechen herum? Wir wünschen uns x, weil x wünschenswert ist. Wir sehnen uns nach x, weil es uns Glück/lichsein verspricht. Wichtig ist hierbei, dass die Sehnsucht bereits doppelt ist. Wir sehnen uns nach x und wir sehnen uns nach x, weil wir uns nach y sehnen, wobei y das Glück/lichsein ist. Selbst wenn wir uns nach unterschiedlichen Dingen sehnen, haben wir die Sehnsucht nach Glück/lichsein gemeinsam. So schreibt John Locke: »die Wünsche aller Menschen [wenden] sich dem Glück zu […] aber [werden] doch nicht von ein und demselben Objekt ausgelöst […].« ([1690] 1913: 312). Glück/lichsein als Wort versammelt demnach verschiedene Objekte an einem Ort. Glück/lichsein wird zu einem Behältnis für die Vielfältigkeit solcher Objekte. Wir könnten darüber spekulieren, dass Glück/lichsein, indem es ermöglicht, unterschiedliche Dinge zu wollen, Vielfältigkeit innerhalb spezifischer Formen enthält. Indem das Glück/lichsein ein Behältnis zur Verfügung stellt, in dem wir unsere Wünsche deponieren können, könnte es auch genau diese Wünsche beinhalten.

Wenn Glück/lichsein das ist, was wir uns wünschen, schließt es auch mit ein, dass wir mit dem nicht Glücklichen vertraut sind oder einfach mit dem, was *nicht* ist. Aus diesem Grund ist für Locke die Kausalität der Freude (glückliche Objekte) keine einfache Angelegenheit. Wenn Glück/lichsein das ist, was wir wollen, impliziert es auch Unbehagen, um es mit Lockes Worten auszudrücken. Wir erfahren Unbehagen in der »Abwesenheit eines Dinges [...] mit dessen gegenwärtigem Genuß sich die Idee der Freude verbindet [...]« (264). Er argumentiert nicht einfach, dass Glück/lichsein uns in Unbehagen versetzt. Er sagt, dass etwas jemandem nicht gut tut »[solange] sein Wille [...] über de[ss]en Mangel Unbehagen empfindet.« (293) Demnach treibt Lockes Meinung nach das Unbehagen die menschliche Handlung voran: Es sei für das Hin- und Her menschlicher Gefühle verantwortlich. Also, obwohl Locke davon ausgeht, dass wir uns Glück/lichsein als Ziel menschlicher Handlung wünschen oder erzielen wollen, sagt er, dass das Unbehagen beherrschender ist: »Ein leises Brennen, das wir empfinden, treibt uns stärker, als wie die Aussicht auf größere Genüsse zieht und lockt« (292).[42]

Die Psychoanalyse hat uns natürlich über diese Vertrautheit zwischen Verlangen und Besorgnis aufgeklärt; die Orientierung hin zum Guten wird zu einer Art des Drucks in einer Welt, in der das Gute das Reich der Möglichkeiten nicht ausschöpfen kann. Freud erörtert in »Das Unbehagen in der Kultur«, dass Glück/lichsein »Es ist überhaupt nicht durchführbar, alle Einrichtungen des Alls widerstreben ihm.« (1955: 434). Auch wenn wir diese Opposition zum Glück/lichsein verstehen, könnten wir sagen, dass die

42 An dieser Stelle kann es hilfreich sein, Locke und Kant miteinander zu vergleichen. Locke bietet, trotz seiner Betonung von Glück/lichsein als intrinsisches Gut, eine empirische Psychologie an, die Unruhe beherrschender macht. Kant beschreibt, trotz seiner Ablehnung der Beziehung zwischen Glück/lichsein und dem Guten, Glück/lichsein als Grundlage für das pragmatische Recht, als beherrschendes Element. Kant legt demnach eine größere Betonung auf das Glück/lichsein als Motor für menschliches Handeln als Locke. Dies ist einer der Gründe, warum ich die Verbindung von Lacan mit Kant etwas verwirrend finde (siehe Lacan 2006: 645-670 Zupančič 2000), selbst wenn ich verstehe, dass sie sich beide darin einig sind, dass Ethik außerhalb des Glück/lichseins gedacht werden muss und dass dies einen gewissen Formalismus erfordert (sei er definiert in Begriffen des Pflicht- oder des Wunsch-Gesetzes). Selbst wenn Kant angibt, dass die Gesetzesmoral über dem Glück/lichsein steht, betont er dabei Glück/lichsein als pragmatisches Gesetz, was uns nicht wirklich erlaubt, über das Vergnügen-Prinzip hinauszugehen. Siehe auch meine Schlussfolgerung,

Zufälligkeit des Glück/lichseins sein Erreichen erschwert. Glück/lichsein (happiness) kann die Zufälligkeit (hap) dessen, was passiert (happens), nicht ausschalten. Glück/lichsein bedeutet, mit den Zufällen dieser Welt zu leben, selbst wenn wir darauf erpicht sind, Glück/lichsein notwendig zu machen.

Verlangen verspricht uns einerseits etwas und liefert uns so Energie, aber es fehlt uns auch, selbst im Augenblick seiner offensichtlichen Realisierung.[43] Es gibt nichts furchterregenderes als das zu bekommen, was man möchte, weil man genau in dem Augenblick vor Augen hat, was man möchte. Slavoj Žižek begründet diese Furcht, indem er sagt, dass man eigentlich nicht *wirklich* will, was man will; er glaubt, dass Glück/lichsein »von Natur aus heuchlerisch« oder eine Form der Selbst-Täuschung ist ([2002] 2004:66). Ich denke, das zu bekommen, was man will, kann beängstigend sein, weil das, was man will, nicht einfach als ein Objekt *bereit* steht; dieses Fehlen der Bereitschaft macht das ersehnte Objekt erst so ersehnenswert. Wenn wir nicht bekommen, was wir wollen, bleibt uns die Möglichkeit, das Glück/lichsein von dem *Was* als Fantasie zu bewahren, so als wenn wir es haben könnten, sobald wir dazu bereit wären.

Die Hürde des Verlangens hat folglich einen psychologischen Effekt, indem sie die Fantasie bewahrt, dass, es dich glücklich macht, zu bekommen, was du willst. Lacans Analyse von höfischer Liebe demonstriert den fantasieerhaltenden Charakter von Hürden. Er beschreibt höfische Liebe als »alles in allem eine raffinierte Weise, um die Abwesenheit einer sexuellen Beziehung zu kompensieren, indem vrogekaukelt wird, dass wir ihr ein Hindernis vorsetzen.« (1982: 141). Höfische Liebe setzt stellt ein Hindernis an die Stelle der Liebe, das eine Fantasie von Liebe bewahrt, die möglich wäre, wenn das Hindernis nicht im Weg stünde. Zugleich kann durch das Hindernis überhaupt erst das Glück/lichsein als Versprechen auf ein gutes Leben erhalten werden: als wären wir glücklich, wenn uns diese Sache nicht im Weg stünde. Das Hindernis kann als unglückliches Objekt neu geschrieben werden; weil es uns im Weg steht, stellen wir uns Glück/lichsein als das vor, was *auf dem Weg geschehen* kann. Wie es Jonathan Lear andeutet, »Menschen neigen

43 Ich finde Hobbes Definition von *Verlangen* in *Leviathan* hilfreich aufgrund seiner Betonung der Körpersprache. Er definiert Verlangen als einen Bewegungsverstärker, der »sich auf auf den Gegenstand richtet, der es verursacht hatte« ([1651] 1969: 38). Ich sehe Empfindungen als Bewertungen an, die uns auf Objekte zu und von ihnen wegbewegen, von denen angenommen wird, dass sie Ursache nicht nur für die Empfindung, sondern auch für die Bewegung sind. Also bewege ich mich entweder zu oder von ihnen weg, je nachdem, wie sie mich berührt haben, in der Annahme, dass die Wendung vom anderen verursacht wurde.

dazu, sich vorzustellen, dass sie glücklich wären, wenn sie nur dieses fehlende Teil hätten« (2000: 23), sodass »Glück/lichsein das ist – was auch immer es ist – das das Leben wünschenswert und an nichts fehlend macht« (27; Hervorhebung von S. Ahmed).

Allerdings kann das eigentliche Glücksversprechen seine eigene Stärke annehmen, indem es nicht von den Objekten gegeben wird, von denen man annimmt, dass sie Glück/lichsein verursachen.[44] Das glückliche Objekt zirkuliert auch in der Abwesenheit des Glück/lichseins, indem es eine gewisse Lücke schließt; wir sehen voraus, dass das glückliche Objekt Glück/lichsein verursacht, sodass es zu einem Requisit wird, das die Fantasie erhält, dass Glück/lichsein aus dem folgt, wenn wir *es* haben könnten. Das glückliche Objekt ist, mit anderen Worten, ein Lückenfüller. Das Versprechen des Objektes befindet sich immer in diesem spezifischen Sinn vor uns; Glück/lichsein zu folgen wird oftmals als Folge eines Pfades bezeichnet (es ist kein Zufall, dass wir vom *Glücks-Pfad* sprechen), sodass wir uns, wenn wir diesem Pfad folgen, vorstellen, ans Ziel zu kommen.

Glück/lichsein wird zu einer Frage des Folgens und nicht Findens. Wenn das Streben nach Glück/lichsein zu einem konstitutionellen Recht wird, wird es zu dem, *was auch immer* verfolgt wird, und so erreicht es seine Befindlichkeit, ohne gegeben oder gefunden zu werden. Das Glücksversprechen ist das Versprechen darauf, dass die Routen, denen wir folgen, uns *dahin* bringen werden, wo dieses *dahin* seinen Wert erhält, weil es nicht *hier* ist. Deshalb ist Glück/lichsein entscheidend für die Energie oder Vorwärtsbewegung seiner Erzählung.[45] Glück/lichsein kann nur als soziales Versprechen erhalten blei-

44 Diese Stelle erinnert mich an Adornos und Horkeimers Kritik gegenüber den leeren Versprechungen der Kulturindustrie. Sie argumentieren: »Immerwährend betrügt die Kulturindustrie ihre Konsumenten um das, was sie immerwährend verspricht. Der Wechsel auf die Lust, den Handlung und Aufmachung ausstellen, wird endlos prolongiert: hämisch bedeutet das Versprechen, in dem die Schau eigentlich nur besteht, daß es es zur Sache nicht kommt« ([1946] 1981: 161). Man könnte versucht sein, sich zu fragen, ob die Verortung von falschen Versprechungen innerhalb der Kulturindustrie uns erlaubt, die Fantasie zu erhalten, dass es ein vollständiges Versprechen gibt, ein Versprechen, das sein Versprechen halten kann, wo auch immer es residiert. Meine Lesart vom Glücksversprechen wird die Fantasie der Vollständigkeit infrage stellen und nahelegen, dass Versprechungen immer in gewisser Weise leere Versprechungen sind; sie können nie ihr Wort halten, weil das, was ausgesendet wird, nicht einfach wieder zurückkommt.

45 Geschichten sind im Grunde genommen »gelenkt«. Die Geschichte »bewegt sich auf etwas zu«: das Ende. Die Gestaltung der Geschichte kann als Handlung bezeichnet werden; Ereignisse sind durch die Zeit in eine Reihenfolge gebracht, um zu erklären, wie Dinge passieren; wie eine Sache zur anderen führt, so als wären sie eins. So beschreibt Peter Brooks den Plot als etwas, das »eine Geschichte formt und ihr eine gewisse Richtung oder

ben durch seinen Aufschub: Also stellen wir uns vor, dass das Glück/lichsein, das uns versprochen wurde, eventuell uns oder denen, die uns folgen, beschert wird. Nur Glück/lichsein macht das Warten auf etwas sowohl erträglich als auch erstrebenswert – je länger man wartet, desto mehr wird im Gegenzug versprochen, desto größer sind die Erwartungen an eine Gegenleistung.

Ein glückliches Objekt häuft positiven Wert an, auch in Situationen des Unglück/lichseins: Wir können mit Enttäuschung leben, indem wir uns vor Augen halten, dass das Glücksversprechen für diejenigen in Erfüllung geht, die nach uns kommen.[46] Eltern können mit dem Scheitern des Glücksver-

---

intendierte Bedeutung verleiht« (1984: xi); es ist »die Aktivität der Formung«, die uns erlaubt, »weiterzulesen« (xiii). Tatsächlich verknüpft Brooks den Akt des Erzählens mit einer Art von Sehnsucht, die uns durch den Text bewegt: »Geschichten bilden die Motoren der Sehnsucht ab, die ihre Handlungen vorantreiben und verzehren und sie entblößen auch das Wesen der Geschichte als eine Art der menschlichen Sehnsucht: das Bedürfnis, zu erzählen, als ursprünglichsten Antrieb des Menschen, der danach strebt, zu verführen und den*die Empfänger*in zu unterwerfen, um ihn*sie im Vertrauen einer Sehnsucht zu verwickeln, die nie völlig in der Lage ist, ihren Namen auszusprechen – nie so richtig zum Punkt kommen kann – sondern, immer wieder von neuem darauf besteht, ihre Bewegung in Richtung des Namens zu sprechen« (61). Diese recht energische Sprache der Sehnsucht stellt eine sehr spezifische Version der Bewegung einer Geschichte dar. Lassen wir das einmal außer Acht, können wir dennoch sehen, dass die Vorwärtsbewegung der Geschichte uns die Geschichte verstehen lässt, auch wenn wir das Ende nicht erreichen. Einer Geschichte wegen zu lesen, bedeutet, einer Richtung wegen zu lesen, in der man zum Ziel kommt. Wenn Glück/lichsein das Ziel ist, muss es immer verschoben werden. So argumentiert D. A. Miller in seiner klassischen Interpretation der Geschichte und ihrer Unbehagen: »Die Geschichte des Glück/lichseins ist auf unvermeidliche Weise enttäuschend, aufgrund der Tatsache, dass ausschließlich über Unzulänglichkeiten, Mängel, Vertagungen/Aufschübe ›erzählt‹ werden kann. Selbst wenn eine Erzählung sich auf das Glück/lichsein ›vorbereitet‹, bleibt sie in ihrem Zustand des Mangels, der nur mit der Geschichte an sich beseitigt werden kann. Dementsprechend muss die Geschichte des Glück/lichseins erzählt werden, um das Unglück/lichsein der Geschichte im Allgemeinen zu veranschaulichen.« (2002: 272). Siehe Colebrook 2008 für eine Diskussion zum erzählenden Glück/lichsein. In diesem Buch liegt mein Augenmerk nicht nur auf dem Glück/lichsein als erzählerisches Ende, sondern auch als Wendepunkt innerhalb einer Erzählung. Ich werde insbesondere darauf eingehen, inwiefern Sprechakte des Glück/lichseins-, wie »Ich will nur, dass du glücklich bist«, ausschlaggebend für die Höhen und Tiefen der Erzählung sind.

46 In *The Cultural Politics of Emotion* habe ich Glück/lichsein als eine Art Warten untersucht. Glück/lichsein kann als das Warten auf etwas betrachtet werden, das dadurch Sinn ergibt oder einen Zweck erfüllt und deshalb ertragen werden kann, weil es in eine Richtung deutet (siehe Ahmed 2004: 196f.) Vielleicht investiert man sogar in einen bestimmten Handlungspfad, nachdem man nicht glücklich geworden ist: Wenn man dazu geneigt ist, eher aufzugeben, je länger man wartet, *dann ist es umso härter, aufzugeben, je länger man bereits wartet.* Je länger man unglücklich auf einem Glücks-Pfad entlanggeht, desto schwieriger ist es, diesen Pfad aufzugeben. Unglück/lichsein kann also dazu führen, dass Glück/lichsein schwieriger aufgegeben werden kann.

sprechens leben, indem sie ihre Hoffnungen auf das Glück/lichsein auf ihre Kinder projizieren. Glück/lichsein kann eine Geste des Aufschubs beinhalten, eines Aufschub, der gleichzeitig als Opfer und Geschenk gesehen wird: Für einige wird das Glück/lichsein, das aufgegeben wird, zu dem, was sie verschenken. Glück/lichsein von jemandem zu erhalten heißt demnach auch, sich in der Nähe des Verzichts zu befinden.

Gute Angewohnheiten

Objekte verkörpern nicht nur positive Gefühle; sie verkörpern am Ende auch das gute Leben. Wie sieht die Vorstellung eines guten Lebens durch die Nähe zu Objekten aus? Locke schwört positive Gefühle durch die Geschmackserfahrung herauf. Er beschreibt es folgendermaßen: »Denn ebenso wie der Wohlgeschmack nicht auf den Dingen selbst beruht, sondern davon abhängig ist, ob sie dem oder jenem Gaumen zusagen, wobei große Mannigfaltigkeit herrscht, so besteht das größte Glück in dem Besitz derjenigen Dinge, die die größte Freude gewähren […]« ([1690] 1913: 312). Locke lokalisiert Unterschiede im Mund. Wir haben unterschiedliche Geschmäcker, weil wir unterschiedliche Gaumen haben.

Hier können wir sehen, dass die Zufälligkeit vom Glück/lichsein – der Zufall (hap) dessen, was passiert – näher bestimmt werden kann.[47] Es ist nicht so, dass wir einfach überall glückliche Objekte finden. Letztendlich geht es beim Geschmack nicht bloß um einen Zufall (ob du oder ich dies oder das mögen), sondern er wird im Laufe der Zeit angenommen. Wie Pierre Bordieu in seinem monumentalen Werk *Die feinen Unterschiede* aufzeigt, ist Geschmack eine sehr spezifische körperliche Orientierung, die durch das geprägt wird, was bereits als Gut oder noch höheres Gut gilt. Geschmäcker oder ›manifestierte Vorlieben‹ sind »die praktische Bestätigung einer unabwendbaren Differenz«, sodass »die ästhetische Intoleranz […] durchaus gewalttätig werden [kann]. Vermutlich stellt die Aversion gegen andere un-

47 Meine Bezeichnung der Zufälligkeit und Eventualität des Glück/lichseins deutet darauf hin, dass Glück/lichsein eine Art des Gelenktseins mit einschließt, sodass wir Glück/lichsein an einigen Orten öfter finden als an anderen. Dennoch sage ich nicht, dass Glück/lichsein nicht auch Zufälle beinhaltet. Auch wenn wir in eine bestimmte Richtung gelenkt wurden, wissen wir nicht immer, was passieren wird, wie wir berührt werden, von dem, was uns näherkommt. Der Zufall (hap) im Glück/lichsein (happiness) spielt eine Rolle. Siehe meine Schlussfolgerung für weitere Reflektionen über Politik und Ethik des Zufalls. Wir müssen vielleicht erkennen, wie der Zufall (hap) aus dem Glück/lichsein (happiness) verbannt wurde, bevor wir ihn (den hap) wieder zurückgeben können.

terschiedliche Lebensstile eine der stärksten Klassenschranken dar [...]« ([1979] 1987: 105f.).

Also lernen wir, zwischen besseren und schlechteren Objekten zu unterscheiden, indem wir erkennen, was gut oder schlecht schmeckt: Entzücken und Ekel sowie auch körperliche Orientierungen sind sozial. Wenn Leute sagen: »Wie kannst du das nur mögen?«, sprechen sie sich gegen etwas anderes aus, indem sie es ablehnen, etwas zu mögen, was jemand anderes mag, und indem sie andeuten, dass das Objekt, in das der*die Andere sein oder ihr Glück/lichsein investiert, es nicht wert ist. Diese gefühlsbedingte Unterscheidung ist die Grundlage einer wesentlich moralischen Wirtschaftlichkeit, in der moralische Unterscheidungen des Wertes auch Unterscheidungen der Werthaftigkeit sind, wie es Beverley Skeggs (2004) beschreibt. Was für uns *gut schmeckt*, kann uns sagen, ob wir einen *guten Geschmack* haben.

Sich auf etwas zu richten, heißt, auf spezifische Objekte gerichtet zu sein, die bereits als geschmackvoll, *als genießbar für diejenigen, die einen guten Geschmack haben*, gelten. Ich habe nahegelegt, dass die Objekte, denen wir begegnen, neutral sind: Sie betreten unsere unmittelbare Umgebung mit einer bereits vorhandenen gefühlsbedingten Wertigkeit, also besitzen sie schon positiven und negativen Wert. Körper kommen auch nicht auf neutrale Weise an: die Annahme von Tendenzen ist auch die Annahme von Orientierungen hin zu einigen Dingen, die als gut befunden werden, anderen jedoch nicht. Wenn wir nicht einfach überall glückliche Objekte finden, bewohnen wir auch nicht einfach die richtige Art von Körper. Wir eignen uns Gewohnheiten an, als eine Art des guten Geschmacks, der Objekte danach unterscheidet, ob sie wertvoll sind, was sowohl die Gefühle als auch die Moral betrifft. Wir müssen an dem Körper arbeiten, sodass seine unmittelbare Reaktion, wie wir die Welt spüren und sie verstehen, uns in die *richtige* Richtung führt.

Die Unterscheidung zwischen gutem und schlechtem Geschmack oder sogar die Unterscheidung zwischen Geschmack haben und geschmacklos zu sein, ist teilweise durch den Status des Objektes gesichert. Also wird jemand mit gutem Geschmack Dingen zugewendet, die bereits als gut gelten. Doch bei guten Angewohnheiten geht es nicht bloß um die Art von Objekten, die einem gefallen; es geht auch um das Wesen der Beziehung zu Objekten. Nehmen wir Bourdieus Kritik an Kants Ästhetik. Er argumentiert, dass sich für Kant das einfache Vergnügen »auf das *Vergnügen der Sinne* [...] reduziert [...] wie dort, wo Kant vom ›Geschmack der Zunge, des Gaumens und des Schlundes‹ spricht.« ([1979] 1982: 757) Die niederen Sinne seien niederer, weil sie vom Körper abhängen und ein Objekt sei niederer, wenn es »›sich zum Genusse aufdräng(t)‹« (762). Reiner Geschmack richtet sich demnach nach Dingen, die es dem Subjekt erlauben, frei von jeglicher Verstrickung mit einem Objekt zu sein. Reiner Geschmack wird uneigennützig. Gute Gewohnheiten zu haben, heißt, sich auf angemessene Weise an den richtigen Objekten zu orientieren (nicht darauf zu bestehen, in der Nähe derjenigen Objekte zu sein, die aus Freude bestehen), und dadurch kann eine Fantasie der körperlichen Transzendenz aufrechterhalten werden. Die Arbeit am Körper, um die richtigen Reaktionen hervorzurufen, erlaubt es diesem aus dem Sichtfeld zu verschwinden.

Bordieus »Vulgärkritik« an Kants Ästhetik versucht, die Ästhetik des reinen Geschmacks als die »professionelle Ideologie derer, die sich gerne ›Schöpfer‹ nennen« (769) neu zu schreiben. Die Ästhetik des reinen Geschmacks verwandelt eine Ideologie in eine Schöpfung. Norbert Elias beschreibt sehr nützlich die Entstehung von guten Gewohnheiten als »Affektbewältigung« ([1939] 1997: 274). Der zivilisierte Körper erwirbt seinen Anstand durch »Zurückhaltung der Affekte« (277). Zivilisiertes Glück/lichsein gehört zur Bourgeoisie, die ihre Freiheit als Freiheit von Impulsen oder Lust selbst darstellt.[48]

Denken wir an den Film *Rita will es endlich wissen* (Orig. *Educating Rita* 1983, Reg. Lewis Gilbert). Der Film handelt von Bildung als Selbst-Transformation. Susan, ein Mädchen aus der Arbeiterklasse, wird in einem Prozess der literarischen Ausbildung zu Rita (Sie nimmt den Namen von Rita Mae Brown, der Autorin von *Rubinroter Dschungel*, an, worauf ich in Kapitel 3 eingehen werde). Die Handlung zeigt auf, dass man nicht einfach nur lernen muss, die richtigen Bücher zu lesen oder die richtigen Objekte wertzuschätzen, um zivilisiert zu sein, sondern auch eine andere Beziehung zu diesen Objekten aufbauen muss. Also lernt Rita zuallererst, indem sie *Neigungen verschiebt,* indem sie einige Dinge schätzen lernt oder den Unterschied zwischen Pulp-Fiction und Literatur anerkennt. Doch am Ende macht sie sich frei von jeglichen derartigen Neigungen. Sie sagt: »Du denkst, du hast nichts für mich getan? Du denkst, dass ich jetzt dastehe mit tausend Zitaten und

48 Siehe Kapitel 4, in dem ich die zivilisierende Mission in Bezug auf die anderen guten Gewohnheiten. In dem Kapitel gehe ich auf die schlechten Gewohnheiten der Ureinwohner ein, die mit der Verwirrung des Objekts, das Vergnügen bereitet, mit dem Guten in Verbindung gebracht wird. Gute Gewohnheiten werden demnach von den primitiven Fetischismen unterschieden. Was wir zivilisiertes Glück/lichsein nennen könnten, projiziert Fetischismus auf das andere, indem es nicht erkennt, wie sehr es noch immer das Glücksversprechen in die Nähe von Objekten verortet, selbst wenn solche Objekte aufgrund ihrer offensichtlichen Ablehnung des Beharrens auf Nähe, bewertet werden.

leeren Sätzen. Naja, ist auch so. Aber das ist nicht deine Schuld. Ich wollte das alles wissen. Ich habe nichts hinterfragt. Ich wollte das alles so sehr, dass ich nicht zugelassen hätte, dass es mir jemand ausredet. Ich sagte doch, ich war naiv.« Ihr Durst nach Wissen über x wird symptomatisch für ihr Scheitern, den Habitus der Arbeiterklasse zu hinter sich zu lassen, der Bildung vor allen Dingen so erstrebenswert macht.

Um sich zu bilden, muss Rita sich von ihrem Durst nach Dingen, von dem Bestehen auf Vergnügen und dem Vergnügen an sich befreien. Nachdem sie sich befreit hat, kann Rita nun wählen, wobei sich ihre Fähigkeit zu entscheiden in Formulierungen der Gleichgültigkeit ausdrückt: »Vielleicht gehe ich nach Frankreich. Vielleicht gehe ich nach London. Vielleicht bleibe ich einfach hier und beende mein Studium. Oder ich bleibe hier und bekomme ein Baby. Ich weiß es nicht. Ich werde eine Entscheidung treffen. Ich will mich entscheiden.« Zivilisiertheit schließt mit ein, dass sich ein *Muss* in ein *Kann* und eines Tages sogar in ein *Ich will* und ein *Ich habe die Wahl* umwandelt. Wir bleiben mit einer Fantasie von einem moralischen Subjekt aus der Mittelklasse zurück, das keinen Habitus hat, das insofern wählen will und kann, weil es frei von Vorlieben zu sein scheint.

Glück/lichsein wird durch das Verschwinden seiner Gewohnheiten zu einer moralischen Aufforderung, als Willen zum Wollen. Eine gute Gewohnheit erscheint und verschwindet als Freiheit. Oder wir könnten sagen, dass Freiheit zu einer Gewohnheit wird. Wenn wir an die Gewohnheiten des Glück/lichseins denken, ist es hilfreich, anzumerken, dass Locke sich von den relativistischen Schlussfolgerungen seines Modells der Vielfältigkeit glücklicher Objektwahlen distanziert. Er geht davon aus, dass uns, während wir Glück/lichsein auf unserem eigenen Weg finden dürfen, die Pfade des Glück/lichseins zu einem höheren Gut führen werden: »Da jenes Leben als Zustand der Seligkeit geplant ist, so muß es unbedingt dem Wunsch und Verlangen jedes Menschen angemessen sein; dürften wir annehmen, daß dort die Geschmacksrichtungen ebenso verschieden sein werden, wie sie es hier sind, so wird das himmlische Manna jedem Gaumen zusagen.« ([1690] 1913: 322). Also, obwohl wir uns an unterschiedliche Dingen erfreuen, werden wir durch das Glück/lichsein *in die richtige Richtung* gelenkt, was in etwa bedeutet, dass wir das Glück/lichsein in der allgemeinen Freude des Manna im Himmel (Himmelsbrot) finden. Selbst wenn Glück/lichsein in verschiedenen Dingen gefunden werden kann, sollte es uns in die richtige Richtung lenken. Also sagt Locke, »der Mensch kann und soll seinen physischen Geschmack korrigieren« (325). Das Konzept korrigierbarer Geschmäcker geht von einer Art

Glück/lichsein aus, das uns lehrt, auf die richtige Art und Weise von Objekten berührt zu werden. Die eigentliche Möglichkeit, dass wir unsere Empfindungen durch Handlungen, Willenskraft oder den Verstand beeinflussen können, wird zur Grundlage eines ethischen Imperativs.

Angesichts der Betonung, die Aristoteles in seiner Sittenlehre auf Gewohnheit oder Gewöhnung legt, ist es sinnvoll, an dieser Stelle wieder auf ihn zurückzukommen. Wie viele Wissenschaftler angedeutet haben, kann für Aristoteles das Glück/lichsein nicht auf ein gutes Gefühl oder das, was Deal W. Hudson »wohliges Gefühl« (1996: xii) nennt, reduziert werden. Vielmehr bezieht sich Glück/lichsein oder *Eudaimonía* auf »das gute Leben« oder das tugendhafte Leben, das ein lebenslanges Projekt oder eine Errungenschaft ist. Aristoteles schreibt: »Glückseligkeit nennen es die Leute und die Gebildeten, und sie setzen das Gutleben und das Sich-gut-Verhalten gleich mit dem Glückseligsein.« (2001: 13) Glück/lichsein beruhe auf Handlungen, die einen »guten Charakter« hervorbringen und somit auf dem, was als Gewöhnung bezeichnet wird: »die Folge wiederholter Handlungen von ähnlicher oder üblicher Qualität« (Smith 1998: ix). Das gute Leben zeichnet sich dadurch aus, dass es auf gute Weise geführt wird, indem immer und immer wieder die richtigen Dinge getan werden.

Trotzdem spielen Gefühle eine entscheidende Rolle in Aristoteles' Modell der Gewöhnung. Der gute Mann hat nicht nur die richtigen Gewohnheiten, sondern seine Gefühle werden auch in die richtige Richtung gelenkt: »niemand [ist] gut [...], der sich nicht an edlen Taten freut. Denn man wird auch nicht jemand gerecht nennen, der sich nicht am gerechten Handeln freut« (Aristoteles 2001: 35). Um gut zu sein, muss man auf die richtige Art und Weise empfinden oder, wie es Julia Annas in ihrem Werk *Morality and Happiness* ausdrückt, der tugendhafte Akteur »wird richtig handeln und das richtige Maß an angemessenen Gefühlen besitzen, ein bescheidenes Maß also« (1993: 61).[49] Der*die tugendhafte Akteur*in wird nicht nur Freude und Schmerz empfinden, wo es in Relation zu den richtigen Objekten ange-

49 Annas liefert auch eine nützliche Diskussion über Kants Ablehnung des Gewohnheitsmodells. Sie zeigt auf, wie Kant die Gewohnheitsbildung mit moralischer Passivität gleichstellt, sodass die Gewohnheitsbildung einen Freiheitsverlust mit sich bringen würde (1993: 52). Annas argumentiert, dass Kant Gewöhnung als etwas annehme, das gänzlich mechanisch sei und deshalb nicht die Rolle der Aktivität, Absicht und Wirkung in einer auf Werten basierenden Ethik anerkennen könne. Ich gehe hier davon aus, dass Kants Kontrast zwischen Gewohnheit und Freiheit es der Freiheit ermöglicht, als Fantasie sichergestellt zu sein: Für das moralische Subjekt ist die Freiheit zur Gewohnheit geworden, sodass das gewohnte Wesen dieser Freiheit aus der Sichtweite verschwindet.

bracht ist, sondern auch das richtige Maß solcher Gefühle erfahren, wo das richtige Maß das *Mittelmaß* ist, also weder zu viel noch zu wenig. Gut zu sein, handelt folglich davon, wie man Gefühle fühlt: »es zu tun, wann man es soll und in welchen Lagen man es soll und wem gegenüber und wozu und wie, das ist die Mitte und das Beste, und das ist die Tugend.« (Aristoteles 2001: 73).[50] Aristoteles' Portrait des guten Menschen mit Moral ist somit ein Portrait eines empfindsamen Menschen dessen Vergnügungen *genau richtig* sind, wie wir der folgenden Beschreibung entnehmen können:

> »Der Besonnene steht aber hierin in der Mitte. Er freut sich nicht an dem, was dem Zügellosen die meiste Freude macht, sondern ärgert sich eher darüber, noch freut er sich an Dingen, an denen man es nicht soll, oder überhaupt in besonderem Maße an solchen Sachen; noch schmerzt es ihn, wenn er es nicht hat, noch begehrt er sie, oder doch nur mit Maß und nicht mehr, als er soll, und nicht, wann er nicht soll, und überhaupt nichts dergleichen. Was er aber an Angenehmem für die Gesundheit und das körperliche Wohlbefinden braucht, danach strebt er mit Maß und wie man soll, und ebenso nach dem anderen Angenehmen, soweit es jenes nicht hindert oder dem Edlen widerspricht oder das Vermögen gefährdet. Wer freilich dies tut, der liebt derartige Lust mehr, als sie wert ist. Der Besonnene ist aber nicht so, sondern wie es die rechte Vernunft will. (137)«

Ein glückliches Leben, ein gutes Leben, erfordert daher die Regulierung der Sehnsucht. Wir sehnen uns nicht einfach nach Glück/lichsein, sondern Glück/lichsein wird als das vorgestellt, das man zurückbekommt, weil man es auf richtige Weise ersehnt. Gute Subjekte werden kein Vergnügen an den falschen Objekten empfinden (sie werden durch sie verletzt oder ihnen egal) und nur einen gewissen Grad an Vergnügen an den richtigen Objekten empfinden. Wir lernen, einige als vergnüglich – als gut – zu empfinden, wo die Er-

50 Wir könnten an dieser Stelle einige spekulative Fragen zur Beziehung zwischen moralischer Empfindsamkeit und Handlung stellen. Sich aufgrund von etwas schlecht zu fühlen, das schlecht ist, wäre in diesem Modell ein Zeichen von Tugend. Doch sich schlecht zu fühlen, kann auch eine Methode sein, um sich selbst zu erlauben, etwas zu tun, von dem man weiß, dass man es sonst nicht tun sollte. Jemand kann sich sogar schlecht wegen etwas fühlen, um sich selbst die Erlaubnis zu erteilen, etwas zu tun. Folglich kann es ein schlechtes Gefühl erlauben, eine positive Vorstellung von sich selbst zu erhalten (Ich habe mich schlecht oder schuldig gefühlt, weil ich x getan habe, was zeigt, dass ich »wirklich« nicht schlecht bin, wenn ich x tue). Ein schlechtes Gefühl kann zu einer moralischen Nachgiebigkeit führen: Du kannst alles tun, solange du dich schlecht deswegen fühlst! Die Politik des guten Gefühls würde so einen Gebrauch von schlechten Gefühlen folgendermaßen beschreiben: Du kannst dich gut in deiner Haut fühlen, weil du dich wegen x schlecht fühlst. Also könnte sich eine Nation gut fühlen oder ihr Ego-Ideal des Gutseins erhalten, weil sie sich aufgrund ihrer rassistischen Geschichte schlecht fühlt.

fahrung an sich zur Wahrheit des Objektes (›es ist gut‹) als auch des Subjektes (›wir sind gut‹) wird. Nicht nur wird die Assoziation zwischen Objekten und Empfindungen durch Gewohnheit erhalten; wir nehmen auch gute Geschmäcker durch Gewohnheit an. Wenn die Geschichte in Fleisch und Blut übergeht, scheint die Empfindung eher offensichtlich oder sogar buchstäblich zu sein, als wenn sie direkt aus dem resultiert, was bereits gegeben wurde. Wir nehmen an, dass wir Vergnügen erfahren, weil es ein Vergnügen *ist*.

Die strenge Auslegung der Empfindung gleitet in eine strenge Auslegung moralischer Ökonomie: Wir setzen voraus, dass sich etwas gut anfühlt, weil es gut ist. Wir sind gut, wenn es sich gut anfühlt. Mit anderen Worten, wenn wir auf positive Art und Weise, durch das, von dem wir annehmen, dass es gut sei, berührt werden, entwickeln wir uns zu den Guten, den Tugendhaften und Glücklichen. Glück/lichsein erlaubt es uns, uns mit Dingen in der richtigen Art und Weise zusammenzuschließen. Jacques Lacan drückt dies in *Ethics* wie folgt aus: »Erfahrungen der Moral an sich, also der Hinweis auf Sanktionen, lassen den Menschen in eine gewisse Beziehung zu seinen eigenen Handlungen treten, was sich nicht nur auf ein ausgesprochenes Gesetz bezieht, sondern auch auf eine Richtung, einen Verlauf, kurz, ein Gut, das ihn reizt und dadurch ein ideales Betragen hervorruft.« ([1986] 1992: 3). Glück/lichsein lenkt uns in Richtung des Guten, während es den Anschein erweckt, als wenn es das Gute sei, das die Richtung angibt.

Gemeinschaftliches Glück/lichsein

Wenn wir vom versprechenden Wesen des Glück/lichseins hören, finden wir heraus, dass es beim Glück/lichsein darum geht, wie einige Dinge zu Gütern gemacht werden, bevor sie uns überhaupt begegnen. In Richtung solcher Güter gelenkt zu werden, heißt, auf richtige Weise gelenkt zu werden. Es ist wichtig, dass wir diese Richtung mit anderen teilen. Der Fanclub oder Verein macht offensichtlich, was im sozialen Leben unausgesprochen ist: *dass wir dazu neigen, diejenigen zu mögen, die dieselben Dinge mögen wie wir.* Deshalb ist die soziale Bindung immer mit Emotionen verbunden. Wenn uns dieselben Objekte glücklich machen – oder wenn wir in dieselben Objekte investieren, als würden sie uns glücklich machen – dann sind wir auf dieselbe Weise ausgerichtet oder orientiert. Wenn wir uns auf positive Weise von Objekten berühren lassen, die bereits als gut bewertet wurden, gehören wir in gewisser Weise einer gefühlsbedingten Gemeinschaft an. Wir verbinden uns selbst mit anderen, indem wir in dieselben Objekte als Ursache für Glück/lichsein investieren.

Die Rolle von Empfindungen als gemeinsame Ausrichtungen wird in klassischer Philosophie ganz deutlich. Zum Beispiel fragt Sokrates in Platons *Politeia* »Verbindet nun aber nicht die Gemeinsamkeit von Freude und Leid, wenn möglichst alle Staatsangehörigen beim Werden und Vergehen des nämlichen gleicherweise Freude und Leid empfinden?« (o.J.: 288).[51] Wir müssen nicht annehmen, dass es solche Gefühle sind, die wir gemeinsam haben. Eher besteht die soziale Bindung insofern, dass Gefühle in demselben Objekt abgelegt werden, das dann wiederum immer mehr Wert als glückliches oder unglückliches Objekt annimmt: Eine Gruppe kommt vielleicht zusammen, indem die Menschen Liebe und Hass für jeweils dieselben Dinge empfinden, selbst wenn diese Liebe und der Hass nicht einfach von allen empfunden werden, die sich mit der Gruppe identifizieren.

Je mehr glückliche Objekte im Umlauf sind, desto größeren emotionalen Wert nehmen sie an, als Zeichen eines guten Lebens. Doch was geschieht, wenn glückliche Objekte im Umlauf sind? Wie halten Objekte ihr Versprechen in der Abwesenheit von Glück/lichsein? Dazu sollten wir beachten, dass das Wort *Versprechen* sich aus dem lateinischen Verb *promittere* ableitet, das so viel heißt wie »etwas gehen lassen oder fortschicken, etwas nach vorne bringen« als auch »versprechen, garantieren oder voraussagen«. Das Glücksversprechen könnte als das betrachten werden, was Glück/lichsein vorausschickt. Wenn Objekte vielversprechend sind, werden sie ausgesendet oder vorausgeschickt; *zu versprechen kann bedeuten, ein Versprechen herumzureichen.*

Wird Glück/lichsein ausgesendet? Bedeutet das Glücksversprechen, dass Glück/lichsein weitergereicht wird? Wenn wir davon ausgehen, dass das Glücksversprechen seine Weitergabe beinhaltet, sollten wir vielleicht auch annehmen, dass Glück/lichsein ansteckend ist. David Humes Herangehensweise an moralische Emotionen beruht auf einem ansteckenden Model des Glück/lichseins.[52] Er nimmt an, dass »andere [...] in dieselbe Stim-

---

51 http://www.neueakropolis.at/philo-ecke/philosophie-wissen/werke-platons/platon-politeia.pdf (18.08.18).

52 Der Gedanke, dass wir eine moralische Pflicht zum Glück/lichsein haben, kann auf einem ansteckenden Modell des Glück/lichseins beruhen: Weil andere *von uns* Glück/lichsein empfangen können, müssen wir uns *für sie* freuen. Für eine frühe Auseinandersetzung, die Ansteckung und Pflicht miteinander verbindet, siehe Daniel Garrison Brintons *The Pursuit of Happiness* (1893). Brinton erklärt, dass wir moralisch dazu verpflichtet seien, unser eigenes Glück/lichsein voranzubringen, um das Glück/lichsein anderer voranzubringen: »Mentale Stimmungen sind ansteckend und ein Mann, der nur wenig genießt, wird anderen gegenüber ein Spaßverderber sein... Doch in der Regel sind Men-

mung [kommen] und [...] von demselben Gefühl erfaßt [werden], entweder durch eine Art Ansteckung oder durch eine Art natürlichen Mitgefühls« und dass Freude die kommunikativste Emotion ist, die es gibt: »Der Funke springt auf den ganzen Kreis über und erfaßt oft genug auch den verdrossensten Griesgram.« ([1748] 1984: 176f.; siehe auch Blackman 2008). Einige Wissenschaftler haben vor einiger Zeit angefangen, sich mit Empfindungen und der Annahme, dass sie ansteckend sind, zu beschäftigen, hauptsächlich mit Bezug zum Werk des Affektpsychologen Silvan Tomkins (Gibbs 2001; Brennan 2004; Sedgwick 2003; Probyn 2005). Wie es Ana Gibbs beschreibt: »Körper können Gefühle so schnell auffangen wie Feuer: Empfindungen werden von einem Körper zum anderen weitergegeben, evozieren Sanftheit, stacheln Scham an, entfachen Wut, produzieren Angst – kurzum, kommunizierte Empfindungen können Nerven und Muskeln in einen Großbrand jeder erdenklichen Leidenschaft entflammen« (2001: 1).

Wenn wir uns Empfindungen als ansteckend vorstellen, können wir uns mit dem »inside out« Modell der Empfindungen auseinandersetzen (Ahmed 2004: 9), das uns aufzeigt, wie wir von dem, was uns umgibt, berührt werden. Trotzdem tendiert das Modell der empfindsamen Ansteckung dazu, Empfindungen als etwas zu behandeln, das ganz sanft von Körper zu Körper wandert und seine Integrität behält, indem es weitergereicht wird. Wenn

---

schen, deren Vergnügungen von anderen zugeschrieben werden, nicht glücklich... Bevor wir dazu qualifiziert sind, andere glücklich zu machen, müssen wir Glück/lichsein in gewisser Hinsicht für uns selbst bewerkstelligen; und unser Erfolg mit anderen hängt einzig und allein davon ab. Die Qualität und Intensität der Freude, die wir in uns selbst tragen, ist nur davon abhängig, wie viel wir in der Lage sind, anderen zu gewähren« (12f.). Im nächsten Kapitel werde ich die Assoziation zwischen dem*der Spaßverderber*in und dem*der Freudlosen aufgreifen. Für ein aktuelleres Beispiel, das Ansteckung mit Pflicht verbindet, siehe Gretchen Rubins Homepage (http://www.happiness-project.com; 10.04.2018), die der Glücks-Forschung gewidmet ist. Sie schreibt: »Emotionale Ansteckung ist das psychologische Phänomen, durch das wir uns gegenseitig mit unseren Stimmungslagen ›infizieren‹. Die Tatsache, dass mein*e Freund*in so glücklich über den Konzertbesuch war, hellte die Stimmung von uns allen auf. Bedenke die Zweite Edle Wahrheit: Einer der besten Wege, um *dich selbst* glücklich zu machen, ist, *andere* glücklich zu machen; einer der besten Wege, um andere glücklich zu machen ist, *selbst* glücklich zu sein.« Ich sollte an dieser Stelle noch anmerken, dass die Pflicht zum Glück/lichsein nicht zwingenderweise auf dem Modell der Ansteckung beruht: Wir können eine Pflicht zum Glück/lichsein haben, wenn angenommen wird, dass wir dadurch, dass wir glücklich sind, besser das Glück/lichsein anderer beeinflussen oder voranbringen können (durch Anregungen, Inspiration, Mitgefühl, als Führungsmoral oder so). Wie ich in den folgenden Kapiteln untersuchen werde, kann die Pflicht zum Glück/lichsein nicht nur die Pflicht beinhalten, glücklich zu sein, um andere glücklich zu machen, sondern auch die Pflicht, glücklich zu sein, um die Schuld bei anderen zu begleichen.

Sedgwick sagt, dass Scham ansteckend ist, meint sie zum Beispiel, dass die Nähe zur Scham einer anderen Person auch bei einem selbst Scham hervorruft (2003: 36-38). Solche Argumentationen implizieren, dass Empfindungen durch Weitergabe erhalten werden: Scham ruft Scham in anderen hervor und Glück/lichsein ruft Glück/lichsein in anderen hervor und so weiter.[53] Ich frage mich, ob das Konzept der empfindsamen Ansteckung das Ausmaß der Zufälligkeit von Empfindungen unterschätzt (wenn ich den Zufall im Geschehen – das ›hap‹ in ›happening‹ – mit einbeziehe): voneinander berührt zu werden, heißt nicht, dass eine Empfindung einfach von einem Körper zum anderen weitergegeben oder ›übersprungen‹ wird . Die Empfindung wird *nur in Anbetracht des Zufalls dessen, wie wir berührt werden,* zu einem Objekt.

Wenn Ansteckung als ein »natürliches Mitgefühl« charakterisiert werden kann, um David Humes Begriff zu verwenden, den ich bereits zitiert habe, dann würde mitfühlend zu sein mit einschließen, Gefühle mit gleichen Gefühlen zu erwidern.[54] Mitzufühlen würde bedeuten, *zu fühlen wie*. Wenn

---

53 Mein Modell der umgänglichen gemeinschaftlichen Emotion ist etwas anders, weil ich denke, dass Empfindungen bereits Objekten zugewandt und durch den Kontakt mit ihnen geformt sind. Dementsprechend messe ich der Wahrnehmung als eine Art der Umwandlung große Bedeutung bei: Ich kann auf ganz unterschiedliche Weise durch dein Glück/lichsein berührt werden oder von dem, wovon ich annehme, dass es dein Glück/lichsein ist, je nachdem in welcher Stimmung ich bin, in welcher Beziehung wir zueinander stehen, meiner Sichtweise zum Beweggrund deines Glück/lichseins (was zwar bewusst stattfinden kann, aber nicht muss) und so weiter. Folglich macht dein Glück/lichsein mich nicht unbedingt auch glücklich, auch wenn ich dich liebe und ich mir vorstelle, dass mein Glück/lichsein von deinem abhängt. In den folgenden drei Kapiteln werde ich die komplexe Beziehung zwischen Liebe und Glück/lichsein analysieren, vor allem im ersten Teil des dritten Kapitels.

54 In seinem Werk *Eine Untersuchung über die Prinzipien der Moral* spricht Hume davon, dass wir eher Glück/lichsein von anderen erhaschen, weil es als solches angenehm für uns ist: Der glückliche Mensch »wirkt belebender, seine Gegenwart stimmt uns heiterer, behaglicher und freudiger; unsere Einbildungskraft, die sich in seine Gefühle und Stimmungen versetzt, wird angenehmer berührt, als wenn wir mit einem schwermütigen, niedergeschlagenen, verschlossenen, ängstlichen Charakter konfrontiert werden.« ([1751] 1984: 177). Ich sollte hier anmerken, dass Hume seine Theorie des Mitgefühls nicht auf Ansteckung oder Infektion basiert: Er hebt eher die Rolle der Vorstellungskraft, des Engagements und des Interesse hervor (für eine gute Diskussion, siehe Swanton 2000, vor allem S. 162f.). David Humes Gebrauch empfindsamer Ansteckung als Grundlage für mitfühlendes Glück/lichsein steht auf interessante Weise im Gegensatz zu Adam Smiths *Theorie der ethischen Gefühle.* In dem Modell von Smith ist mitfühlendes Glück/lichsein offensichtlicher bedingt: Auch wenn Glück/lichsein umgänglich ist, und auch wenn es angenehm ist, mitfühlend zu sein, betrittst du das Glück/lichsein von jemand anderem, nur indem du diesem zustimmst, in dem Sinne, dass du denkst, solch ein Glück/lichsein

das Modell der Ansteckung den Körper-zu-Körper-Prozess des Berührtseins bezogen auf die Weitergabe von gleichen Gefühlen beschrieben wird, bringt es auch den Gedanken des sozialen Gefühls als *Fühlen wie* hervor. Und doch, verleiht das soziale Gefühl dem Gefühl keinen endgültigen Inhalt. Also wodurch zeichnet sich dann genau dieses *Fühlen wie* aus?

Wir können das Beispiel der Atmosphäre nehmen. Wir können eine ›Atmosphäre‹ als ein Gefühl von dem beschreiben, was uns umgibt und was in seiner Düsterheit oder Verschwommenheit wie ein umgebender Einfluss berühren kann, der nicht wirklich seine eigene Form hervorbringt. Gleichzeitig *geben wir diesem Einfluss eine Form*, indem wir eine Atmosphäre beschreiben. Wir können sagen, dass die Atmosphäre gespannt war, was heißen würde, dass der Körper, der diesen Raum betritt, Spannung ›erfassen‹ und auch angespannt werden würde, weil er beeinflusst wurde. Wenn Gefühle stimmungsvoll werden, können wir das Gefühl einfach durch das Betreten eines Raumes, durch eine Menge oder eine kollektive Körperschaft, oder durch die Nähe zu jemandem einfangen. Kommen wir auf das Glück/lichsein zurück, gehen wir also davon aus, dass wir glücklich sind, wenn wir das Glück von jemand anderem teilen. Damit Glück/lichsein stimmungsvoll sein kann, musst du positiv davon berührt werden, einen Raum zu betreten, in dem bereits Glück/lichsein als Gegenleistung gegeben ist. Du müsstest von dem, was geteilt wurde, ›erhellt‹ werden, dem Gefühl, sich toll oder gut zu fühlen, egal wie düster es sich anfühlt.

Doch schnappen wir Gefühle wirklich auf diese Weise auf? Sehen wir uns einmal den Eingangssatz aus Teresa Brennans Buch *The Transmission of Affect* an: »Wer hat noch nie, nicht einmal, einen Raum betreten und ›die Atmo-

---

sei angemessen und in angemessener Weise ausgedrückt. Wie er etwas dramatisch erklärt: »Auf der anderen Seite erweckt es auch unseren Verdruß, einen Menschen wegen irgendeines kleinen Endchens Glück, das er erreicht hat, allzu glücklich oder, wie wir sagen, in allzu gehobener Stimmung zu sehen. *Seine Freude beleidigt geradezu unser Gefühl*, und weil wir ihr nicht beizustimmen vermögen, nennen wir sie Leichtsinn und Torheit.« (1977: 14; Hervorhebung von S. Ahmed). Für Smith hängt das mitfühlende Berührtsein davon ab, ob Emotionen »diesem letzteren [dem, der berührt ist] als richtig und schicklich und als ihren Anlässen angemessen erscheinen« (ebd.). Sein Modell des bedingten Glück/lichseins entspringt daher seinem Modell der bedingten Sympathie. Ich würde auch sagen, dass das Teilen von Emotionen bedingtes Urteil mit einschließt. Ich würde nicht sagen, dass wir Glück/lichsein teilen, wenn wir mit seinen Objekten übereinstimmen (was die Übereinstimmung sekundär sein lässt), sondern, dass wir uns, indem wir das Glück/lichsein mit anderen teilen, in eine bestimmte Richtung auf etwas zubewegen, das *bereits* eine Übereinstimmung darüber darstellt, dass das Objekt angemessen ist. Zurechtkommen bedeutet, in eine bestimmte Richtung zu gehen.

sphäre gespürt‹?« (2004: 1). Brennan schreibt wunderschön darüber, wie die Atmosphäre »jeden Einzelnen betrifft«, indem sie das »outside-in«-Modell benutzt, das auch einen großen Teil der intellektuellen Geschichte der Massenpsychologie und der Soziologie der Emotion ausmacht (Ahmed 2004: 9). Dennoch macht sie später in ihrer Einleitung eine Beobachtung, die ein anderes Modell einschließt.[55] Brennan sagt: »Wenn ich beim Betreten eines Raumes Angst habe, dann beeinflusst das das, was ich wahrnehme oder empfange, durch einen ersten ›Eindruck‹(was ich wortwörtlich meine).« (6) Ich stimme dem zu. Angst ist anhaftend: Wie ein Klettverschluss neigt sie dazu, das aufzusammeln, das ihr näherkommt. Oder wir könnten sagen, dass Angst uns eine gewisse Art von Blickwinkel auf das verleiht, das näherkommt. Angst ist natürlich nur ein Gefühlszustand unter anderen. Wenn Körper nicht in einer neutralen Ausgangsstimmung ankommen, wenn wir immer in irgendeiner Art und Weise in einer Stimmung sind, wird das, was wir als Eindruck bekommen, von unserer Gefühlslage abhängen. Dieses zweite Argument impliziert, dass die Atmosphäre nicht bloß ›da draußen‹ ist, bevor sie ›hinein‹ kommt: Wie wir ankommen, wie wir diesen oder jenen Raum betreten, hat

55 Brennan erklärt die Spannung zwischen diesen beiden Gesichtspunkten der Argumentation, indem sie behauptet, dass, wenn man eine Empfindung bemerkt, »die Gedanken, die man der Empfindung zuschreibt, die eigenen bleiben« (Brennan 2004: 7). Die hier vorgenommene Unterscheidung zwischen Gefühl und Gedanke geht davon aus, dass selbst, wenn Gefühle sozial oder gemeinsam sind, Gedanken individuell und privat bleiben werden. Mich interessiert, was daraus folgt, wenn diese Unterscheidung nicht gilt: Wenn Empfindungen nicht gemeinsam sind oder von anderen übernommen werden und wenn Gedanken mit anderen geteilt werden. Zum Beispiel könnten du und ich denselben Gedanken haben, der uns »in den Sinn kommt«, aber wir wurden auf unterschiedliche Weise von einem Gedanken berührt; die Empfindungen, die an den Gedanken gebunden sind, »bleiben unsere eigenen«. Erinnerung kann so funktionieren: Wir beide werden vielleicht durch das, was eine dritte Person sagt, an jemanden erinnert, doch der Gedanke an die Person wird uns auf unterschiedliche Weise berühren, je nachdem was für eine Beziehung wir zu dieser Person haben. Um diese Undurchsichtigkeit sozialer Gedanken und Gefühle zu untersuchen, müssen wir mehr über unsere Modelle des Sozialen nachdenken. Vielleicht nehmen wir an, dass Empfindungen sozial oder sogar sozialisierbar sind, insofern als, dass sie geteilt oder von einem zum anderen weitergegeben werden. Doch wir müssen das Soziale sowohl als eine Erfahrung denken, als auch als Objekt der Erfahrung, das nicht immer geteilt wird: Gefühle der Spannung, der Abneigung und sogar der »Isolation« können als Teil des Gefüges des sozialen Lebens betrachtet werden und nicht als Zeichen seines Scheiterns oder seiner Abwesenheit. Was »mein eigen bleibt« in dem Sinne, dass es den anderen nicht zur Verfügung gestellt oder zugänglich gemacht wird (obwohl das, was »mein eigen bleibt« nicht zwingendermaßen mir zur Verfügung steht oder zugänglich ist, wie uns die Psychoanalyse lehrt) wäre dann das, was uns mit anderen verbindet. Meine Lektüre von *Mrs Dalloway* in Kapitel 2 bietet ein solches Modell an.

Einfluss auf die Eindrücke, die wir erhalten. Zu erhalten, bedeutet, zu handeln. Einen Eindruck zu erhalten, heißt, einen Eindruck zu machen.

Also betreten wir womöglich einen Raum und ›spüren die Atmosphäre‹, aber was wir spüren, hängt von dem Blickwinkel unserer Ankunft ab. Oder wir könnten sagen, dass die Atmosphäre bereits ausgerichtet ist; sie wird immer aus einer bestimmten Sichtweise empfunden. Das pädagogische Aufeinandertreffen ist voller Blickwinkel. Wie oft habe ich angenommen, dass Studierende interessiert oder gelangweilt waren, sodass die Atmosphäre auch interessant oder gelangweilt war (und ich selbst fühlte mich sogar als sei ich interessant oder langweilig), nur um dann herauszufinden, dass Studierende die Veranstaltung ganz anders in Erinnerung hatten! Wenn man die Atmosphäre auf eine bestimmte Weise liest, stellt sich eventuell eine Spannung ein: Diese hat wiederum Auswirkungen auf das, was geschieht, wie Dinge weitergehen. Die Stimmungen, in denen wir ankommen, beeinflussen das Geschehen: Das bedeutet nicht, dass wir unsere Stimmungen immer für uns behalten müssen. Manchmal komme ich ganz ängstlich an und alles, was ich tue, führt dazu, dass ich mich immer mehr ängstige, während an anderen Tagen Dinge passieren, die die Angst verringern und der Ort an sich leicht und energiegeladen scheint. Angesichts dieses Zufalls (hap), was passiert (happens), wissen wir vorab nicht, was passieren wird; wir wissen nicht ›genau‹, warum Dinge auf diese oder jene Weise geschehen, wenn wir von dieser Zufälligkeit ausgehen.

Situationen sind gefühlsbedingt, angesichts der Lücke zwischen den Eindrücken, die wir von anderen haben und den Eindrücken, die wir auf andere machen, die alle lebendig sind.

Denken wir auch an Erfahrungen der Entfremdung. Ich habe vorgeschlagen, dass Glück/lichsein gewissen Objekten zugesprochen wird, die als soziale Güter im Umlauf sind. Wenn wir durch diese Objekte Vergnügen empfinden, werden wir in die richtige Reihe gebracht; wir sind auf dem richtigen Weg. Wir werden hingegen entfremdet – sind kein Teil einer gefühlsbedingten Gemeinschaft – wenn uns die Nähe zu Objekten, die als gut gelten, kein Vergnügen bereitet. Die Lücke zwischen dem gefühlsbedingten Wert und unserer Wahrnehmung von einem Objekt, kann eine Reihe von Empfindungen einschließen, die von den Erklärungen gelenkt sind, die wir anbieten, um diese Lücke zu füllen.

Vielleicht sind wir enttäuscht. Enttäuschung kann als Lücke zwischen dem Ideal und einer Erfahrung, die Handlung erfordert, erfahren werden. Wir können zum Beispiel des Hochzeitstages zurückkommen: der ›glücklichste Tag in deinem Leben‹. Was bedeutet es für einen solchen Tag, als der glücklichste Tag vorausgesagt zu sein, wenn der Tag dann wirklich stattfindet? Wir könnten sagen, dass der Tag aufgrund der Voraussage auf das Glück/lichsein geschieht. Doch egal wie der Tag ausgeht, *wenn* er stattfindet, es muss Glück/lichsein folgen. Wie es Arlie Russell Hochschild in ihrem Klassiker *Das gekaufte Herz* in Erfahrung bringt, wenn die Braut an ihrem Hochzeitstag nicht glücklich ist und sich sogar »niedergeschlagen und [...] verärgert« (2006: 78) fühlt, empfindet sie ein »unpassende[s] [...] Gefühl« (77) oder wird auf unangemessene Weise berührt.[56] Du musst den Tag retten, indem du das richtige empfindest: »Nachdem die Braut bemerkt hatte, daß sich eine Kluft zwischen ihrem Gefühlsideal und ihren wirklichen Gefühlen auftat, redete sie sich ein, daß sie ›glücklich‹ sei.« (78)

Die Fähigkeit, ›den Tag zu retten‹, hängt davon ab, ob die Braut imstande ist, sich auf richtige Art und Weise berühren zu lassen, oder zumindest davon, ob sie imstande ist, andere davon zu überzeugen, dass sie auf richtige Art und Weise berührt ist. Wenn man sagen kann ›die Braut sah so glücklich aus‹, dann wurde aus der Erwartung des Glück/lichseins das Glück/lichsein der Erwartung. Unsere Gefühle zu korrigieren, heißt, sich nicht mehr von einer

---

56 Selbstverständlich lehrt uns die Tatsache, dass es die Braut sein muss, die glücklich sein sollte, die die Last des Glück/lichseins dieses Tages tragen muss, etwas über Geschlecht und seine ungleiche Verteilung der sogenannten ›Glücks-Hoffnungen‹. Es lehrt uns, das wahrzunehmen, was uns offensichtlich erscheint. Wenn wir das Glück/lichsein der Braut suchen, um das Glück/lichsein des Tages zu bestätigen, dann werden Glücks-Hoffnungen für Frauen immer an die Ehe gebunden sein, selbst wenn die Geschlechter-Drehbücher flexibler geworden sind. Siehe das folgende Kapitel für eine weitergehende Diskussion zum Thema Beziehungen zwischen Glücks-Drehbüchern und Geschlechter-Drehbüchern. Ich möchte auch die Wichtigkeit von Arlie Hochschilds *Das gekaufte Herz* für mein eigenes Projekt hervorheben. Hochschild betont die Rolle von »Gefühlsnormen« und »Gefühlsarbeit«. Gefühlsnormen sind das, was »Gefühlsarbeit [...] leitet und trägt zum Erkennen von Ansprüchen und Verpflichtungen bei, die den Gefühlsaustausch beherrschen« (Hochschild 2006: 73). Mein eigenes Modell, das den Fokus darauf legt, wie wir durch das Glücksversprechen gelenkt werden, hat grundlegende Prämissen mit ihrem Werk gemeinsam, wie wir beispielsweise in meiner Beschreibung des Glück/lichseins als eine gute Angewohnheit sehen können. Doch ich werde nicht Emotionen unter dem Gesichtspunkt der Verhaltensregeln (indem sie durch andere bestärkt und auch letztendlich von Subjekten integriert werden) behandeln, sondern mich auf die heikleren Prozesse der Bestätigung, Ermutigung und der Unterstützung konzentrieren, durch den Subjekte auf bestimmte Objekte gerichtet werden, die wiederum zu sozialen Gütern werden, die Wert in Umlauf bringen und anhäufen, also die ›Fähigkeit‹ annehmen, Subjekte zu wenden. Ich würde den Unterschied als einen Unterschied in der Betonung und nicht als einen Unterschied in der Argumentation bezeichnen. Weitere Arbeiten zum Thema Glück/lichsein als Projekt oder Technik der Steuerung/Management (einschließlich der Steuerung der Organisationen als auch als Selbst-Steuerung) das sich auf Hochschilds Modell bezieht, würde einen größeren Beitrag zur Fachliteratur in der Glücksforschung leisten.

früheren Empfindung berühren zu lassen: Die Braut macht sich selbst glücklich, indem sie sich davon abhält, sich elendig zu fühlen. Natürlich lernen wir aus diesem Beispiel, dass es möglich ist, sein eigenes Glück/lichsein nicht in vollem Maße auszufüllen oder sogar von seinem Glück/lichsein entfremdet zu werden, wenn die vorhergehende Empfindung lebendig bleibt oder wenn man sich durch die Arbeit, sich dazu zu zwingen, auf eine gewisse Art zu empfinden, unwohl fühlt. Unwohlsein kann auch im eigentlichen Gefühl des Glück/lichseins bestehen bleiben, als ein Gefühl des Unwohlseins *mit* dem Glück/lichsein, in dem man sich befindet.

Die Erfahrung einer Kluft zwischen dem Glücksversprechen und deiner Betroffenheit durch Objekte, die Glück/lichsein versprechen, führt nicht immer zu Korrekturen, die die Kluft schließen. Enttäuschungen können auch eine sorgenvolle Erzählung des Selbstzweifels (Warum macht mich das nicht glücklich? Was stimmt mit mir nicht?) oder eine Erzählung der Wut einschließen, in der das Objekt, das uns eigentlich glücklich machen sollte, zum Auslöser für unsere Enttäuschung wird. Deine Wut wird womöglich gegen das Objekt gerichtet, das es nicht schafft, sein Versprechen zu halten oder auf diejenigen überschwappen, die dir Glück/lichsein durch die Erhöhung von Dingen, die als gut bewertet wurden, versprochen haben. Ärger kann die Kluft zwischen dem Versprechen auf ein Gefühl und dem tatsächlichen Gefühl eines Gefühls füllen. In solchen Augenblicken werden wir zu Fremden, oder betroffenen Fremden.[57]

Auch kann es sein, dass wir uns von Arten des Glück/lichseins entfremdet fühlen, von denen wir annehmen, dass sie unangemessen sind. Nehmen wir das Lachen im Kino. Wie oft bin ich schon verzweifelt in meinem Sessel versunken, wenn dieses Lachen an den Stellen kam, die ich ganz und gar nicht lustig fand! Wir bemerken nicht immer, wenn andere versinken. Bei solchen Gelegenheiten fühlt man sich womöglich auf ungerechte Weise unterbrochen: die Geste des Unbehagens und der Entfremdung wird nicht registriert;

57 Betroffene Fremde sind solche, die nicht auf richtige Weise begehren. Wie ich vorher schon erklärt habe, schließen klassische Konzepte des Glück/lichseins eine Regulierung des Begehrens ein. Angemessenes Begehren wird auf angemessene Weise gegenüber angemessenen Objekten ausgedrückt. Natürlich wird das Begehren aufs Genaueste reguliert, weil wir es oft nicht schaffen, auf richtige Weise zu begehren. Möglicherweise möchtest du x wollen. Doch sobald du etwas wollen willst, musst du zugeben, dass du diese Sache nicht wirklich willst. Du kannst dich selbst nicht immer dazu zwingen, zu wollen, was du wollen willst (genauso, wie du den anderen nicht immer dazu zwingen kannst, zu wollen, was du willst oder was du willst, was der andere wollen soll). Betroffene Fremde werden es womöglich aufgeben, zu wollen, was andere zu wollen wollen und andere Dinge wollen, anstatt bloß enttäuscht oder armselig zu werden.

sie beeinträchtigen den kollektiven Eindruck gar nicht, der durch das Lachen entsteht. Für eine*n Außenstehende*n kann es sich so darstellen, dass das Publikum den Film lustig fand und dass das Lachen ansteckend war, also jede*n betroffen hat.

Das Beispiel erinnert uns daran, dass selbst wenn ›eine Menge‹ den Anschein erweckt, als hätte sie einen ›eigenen Kopf‹, es nicht bedeutet, dass die Einzelnen in der Menge diese Menge auf dieselbe Weise wahrnehmen. Wenden wir uns Gustave Le Bons klassischer Untersuchung der Pychologie der Massen zu, fällt uns auf, dass er die Wichtigkeit der Richtung betont: »Als einen der allgemeinen Charakterzüge [von Massen] bezeichneten wir die übermäßige Beeinflußbarkeit und wiesen nach, wie ansteckend eine Beeinflußung in jeder Menschenansammlung ist; woraus sich die blitzschnelle Gerichtetheit der Gefühle in einem bestimmten Sinne erklärt.« ([1895]19: 22; siehe auch Blackman/Walkerdine 2001) Wir müssen hier nur sehen, dass Le Bon nicht behauptet, dass Empfindungen sich einfach verbreiten; es ist eher so, dass ›Andeutungen‹ weitergegeben werden, die wiederum die Empfindungen in eine gewisse Bahn lenken. Wir haben bereits gesehen, inwiefern Empfindungen Ausrichtungen oder eine Art Gerichtetsein mit einschließen. Das Verblüffende an diesem Modell ist die Annahme, dass die Menge sowohl vor der gemeinsamen Richtung existiert (die Menge dreht sich um) und auch eine Folge dieser Richtung ist (das Umdrehen der Menge verdeutlicht die Verbundenheit von Empfindungen).

Und doch beinhalten Erfahrungen des Sich-in-einer-Menge-Befindens nicht notwendigerweise, dass wir alle auf dieselbe Weise gerichtet sind. Ältere Werke aus dem Bereich der Medienwissenschaften zeigen auf, dass Erfahrungen des Gelenktseins in einer Menge oftmals das Gefühl des nicht Teilnehmens an einem geteilten Ereignis einschließen, zum Beispiel nicht imstande zu sein, was auch immer zu ›sehen‹, das sich in der Richtung befindet, die die Menge anvisiert (Lang und Lang 1969). Die Menge scheint möglicherweise einen eigenen Verstand zu haben, so sieht es aber nur jemand, der sich außerhalb der Menge befindet und ›sie‹ in der Entfaltung eines Ereignisses oder Spektakels beobachtet. Fremde Körper, die die gefühlsbedingte Richtung einfach nur teilen, verschwinden einfach aus diesem Blickwinkel. Wir können nicht einmal erwarten, dass diejenigen, die aussehen, als würden sie ›richtig‹ gelenkt werden, dasselbe von der Richtung halten, die sie anvisieren.

Positive und negative Gefühle können produktiv sein, selbst wenn sie nicht einfach verbreitet werden. Wenn Menschen sich schlecht fühlen, können sie gewiss auch andere Menschen herunterziehen. Vielleicht beklagen sie sich, sorgen sich und offenbaren Angst oder Verletzlichkeit oder sind pessimistisch, was die Zukunft angeht. Der jeweilige Ausdruck kann von anderen nachgeahmt werden als eine Art Antwort, was sich wiederum auf die Eindrücke auswirkt, die wir von diesem Ort haben. Zu bestimmten Zeiten und an bestimmten Orten kann es sogar zur Gewohnheit werden, negative Gefühle auszudrücken, als Möglichkeit, um zu einer gefühlsbedingten Gemeinschaft dazuzugehören. Der Gebrauch von Klagen als eine Art der sozialen Bindung wäre ein Paradebeispiel. Positive Gefühle sind auch gefühlsbedingt. Ein Mensch, der ›gut gelaunt‹ ist, kann andere aufmuntern. Lächeln, lachen, optimistisch gegenüber dem zu sein, was möglich ist, steckt andere an. Du nimmst dieses Gefühl nicht unbedingt an, aber die Erfahrung, mit und um einen Menschen herum zu sein, der gut gelaunt ist, verleiht gemeinsamen Orten eine gewisse Leichtigkeit, Humor und Energie und diese Orte können dadurch zu glücklichen Objekten werden, an die wir positive Gefühle richten.

Dann weise ich noch einmal darauf hin, dass positive Gefühle nicht einfach ein positives Gefühl hervorbringen. Vielleicht werden wir aufgefordert, zu lächeln, um sozusagen als Emotionsarbeit gewisse Orte einzunehmen (Hochschild [1983] 2006). In solchen Fällen wird Glück/lichsein zu einer Methode der Selbstinszenierung, die negative Gefühle intensivieren kann, indem sie aufgeschoben werden. Oder, wenn man sich schlecht fühlt und jemanden trifft, der gut gelaunt ist, kann es sich wie ein Druck anfühlen und sogar schmerzhaft sein: als würde die Person versuchen, einen ›aufzumuntern‹. Glückliche Stimmungen sind heikel, selbst wenn sie produktiv sind. Manchmal kann das, was dir begegnet, das gute Gefühl nicht fortsetzen; dann verlierst du das gute Gefühl und bist ›niedergeschlagen‹. Solche Augenblicke des Verlustes können schnell in Wut umschlagen: Du wirst wütend, weil das Objekt nicht nur wehtut, sondern auch deine guten Gefühle verbannt hat.[58] Glück/lichsein ist heikel und sogar verdreht, weil es sich nicht in Objekten oder Subjekten befindet (als eine Form positiver Bleibe), sondern es beim Glück/lichsein um den Eindruck geht, den Dinge machen.

58 Glück/lichsein kann im politischen und psychischen Leben sehr schnell in Wut umschlagen. Eine Rede zur Staatsbürgerschaft macht Glück/lichsein zum Beispiel zu einem Anrecht. Das Scheitern der Nation, das Glücksversprechen wahrzumachen, wandelt sich schnell in Wut gegenüber anderen (Ausländer*innen, Migrant*innen, Asylsuchende), die das Glück/lichsein gestohlen haben, das uns ›als ein Recht‹ zusteht. Diese Umkehrung wird häufig mit der Sprache des Verlustes ausgedrückt: Der*die Andere hat uns des guten Lebens beraubt. Diese Schilderung des gestohlenen Glück/lichseins sorgt dafür, dass die Fantasie des Glück/lichseins (das, was uns ereilt hätte, wenn sie nicht gekommen wären) erhalten bleibt.

Wenn also glückliche Objekte weitergegeben werden, ist es nicht notwendigerweise das Gefühl, das weitergegeben wird. Objekte zu teilen oder einen Anteil an ihnen zu haben, kann einfach bedeuten, dass du *eine Ausrichtung hin zu solchen Objekten teilst, die gut sind.* Was wirklich weitergegeben wird, ist das Glücksversprechen, was bedeutet, dass Gefühle hinter den Objekten zurückbleiben, von denen angenommen wird, dass sie sie enthalten.[59] Objekte werden als Orte für persönliche und soziale Spannungen mit Empfindungen angereichert. Das Weiterreichen glücklicher Objekte kann Formen der Feindseligkeit hervorbringen, auch wenn wir eine Orientierung in Richtung solcher Objekte als Güter teilen.

Was aufgrund des Vorübergehens von glücklichen Objekten geschieht, bleibt eine offene und empirische Frage. Letztendlich kann Vorübergehen genutzt werden, um sowohl Prozesse der Übersendung oder Übermittlung aufzuzeigen, als auch »den Prozess oder die Tatsache der Zustandsveränderung«.[60] Wie das Spiel *Stille Post,* kann das, was zwischen nahestehenden Körpern durchgeht, gefühlsbedingt sein, weil es abweicht und sogar das ›Ausgesendete‹ verdreht.[61] Kommen wir auf Le Bon zurück und nehmen wir an, dass eher Andeutungen als Empfindungen weitergegeben werden, schließt das, »was geschieht«, ein, dass das »Wort weitergegeben wird«. Wenn Worte sich verändern, während sie weitergegeben werden – von dem wir wissen, dass es im Klatsch und Tratsch sowie in Andeutungen geschieht – beinhal-

---

59 Wie ich anhand von Nietzsche festgestellt habe, können Objekte hinter Gefühlen zurückbleiben (in dem Sinne, dass jemand Schmerz empfindet und dann nach dem Objekt Ausschau hält, das nach dem Ereignis erst zur Schmerzursache wird) und Gefühle können hinter Objekten zurückbleiben (haben wir einmal das Objekt mit einer Empfindung in Einklang gebracht, kann das Objekt die Empfindung verursachen). Gefühle und Objekte können in solch einem zufälligen Wirtschafen die Plätze tauschen. Der Punkt bei dieser Verzögerung ist, dass sie uns etwas über die Zeitlichkeit der sogenannten Empfindungsvermittlung erzählt.

60 Der Begriff *vorübergehen* wird natürlich auch im Kontext des Todes gebraucht (›sterben‹). Vorübergehen kann also auch einen Stillstand beschreiben: Wenn etwas vorübergeht, hört es auf zu existieren. Vielleicht ist ein wenig Tod in jedem Augenblick des Vorüberziehens, wenn das, was vorüberzieht, nicht mehr existiert in dem Vorüberziehen. Ein kleiner Tod ist auch eine kleine Geburt von etwas, ein Auftauchen von etwas, was vorher nicht da war.

61 Der Name dieses Spiels ist natürlich problematisch. Rosalind Ballaster behauptet, dass »der sinophobische Name auf jahrhundertealte europäische Tradition hindeutet, die die chinesische Sprache als eine unverständliche und unaussprechliche Kombination von Klängen bezeichnet« (2005: 202f.). In den USA wird das Spiel typischerweise ›Telefon‹ genannt und erinnert uns vielleicht an die Rolle der Technologie bei der Umwandlung von Empfindungen.

tet eine Weitergabe eine Verdrehung.[62] Mich interessiert hierbei, inwiefern Empfindungen Verdrehungen mit einschließen und das, was ich als Wendepunkte bezeichnen würde.

Ich sage nicht, dass Empfindungen einfach bei der Weitergabe umgewandelt werden: zum Beispiel von positiven zu negativen Gefühlen oder von Aufregung zu Sorge und so weiter – obwohl solche Umwandlungen natürlich geschehen. Ich möchte eher behaupten, dass Objekte als Wendepunkte gefühlsbedingt werden. Positive und negative Gefühle häufen sich ›um‹ Objekte ›herum‹ an, sodass solche Objekte anhaftend werden. Objekte werden ambivalent in der Umwandlung zwischen negativen und positiven Gefühlszuständen: ›glückliche Objekte‹ können mit der Zeit, im Zufall des Geschehens, ›unglücklich‹ werden, was nicht heißt, dass ihr Glück/lichsein nicht länger als Eindruck, in der Erinnerung zugänglich, erhalten bleibt.[63] Wir wissen im Voraus nicht, welche Gestalt solche gefühlsbedingten Umwandlungen annehmen. Eine meiner Schlüsselfragen in diesem Buch ist daher, wie solche Umwandlungen geschehen und *wer* oder *was* als etwas/jemand angesehen wird, der*die*das schlechte Gefühle in gute und gute Gefühle in schlechte umkehrt. Wir können über Erzählung als eine Art der gefühlsbedingten Umwandlung nachdenken. Durch die Erzählung wird das Glücksversprechen verortet und verteilt. Um eins klarzustellen: Einige Körper werden das Glücksversprechen eher (er)tragen als andere.

Glückliche Familien

Ich habe zuvor angedeutet, dass Glück/lichsein eine Art der Übereinstimmung mit anderen darüber impliziert, den richtigen Weg vor Augen zu haben. Die Übereinstimmungspunkte werden zu Punkten des Glück/lichseins. Die Familie ist beispielsweise ein glückliches Objekt, eins, das bindet und bindend ist. Wir hören den Ausdruck »glückliche Familien« und wir nehmen die Verbindung dieser Worte in der Vertrautheit ihrer gefühlsbeding-

62 Selbstverständlich liegt die Gefahr vor Ansteckung nicht nur in der Übertragung, sondern auch in der Mutation; der Virus kann sich durch Verbreitung (durch Berührung) selbst vervielfältigen, sodass er sich verändert.

63 Nostalgie umfasst gefühlsbedingte Umwandlung. Nostalgie ist ein Gefühlszustand, der der Anwesenheit eines glücklichen Objekts Widerstand leistet, das nicht mehr ist oder der sich etwas als glücklich vorstellt, insofern es nicht mehr existiert. Dinge können nicht nur als Projektionen der Zukunft glücklich sein, sondern auch als Vorstellungen dessen, was verloren ist (wenn Dinge nur wären, wie sie sind, wären wir glücklich). Ich werde in Kapitel 5 auf die Beziehung zwischen Glück/lichsein und Utopismus eingehen.

ten Resonanz wahr.[64] Glückliche Familien: ein Kartenspiel, der Titel eines Kinderbuches, eine Regierungsansprache; ein Versprechen, eine Hoffnung, ein Traum, ein Streben. Die glückliche Familie ist sowohl ein Mythos des Glück/lichseins, der Frage, wo und wie Glück/lichsein stattfindet, als auch ein mächtiger legislativer Ratschlag, eine Methode, um Zeit, Energie und Ressourcen zu verteilen. Die Familie ist auch ein Erbe. Die Familie zu erben, kann auch bedeuten, eine Orientierung hin zu einigen Dingen anzunehmen, die als Glücksursachen gelten, während andere außer Acht gelassen werden. Mit anderen Worten, ist es nicht nur so, dass Gruppen sich um glückliche Objekte herum scharen; von uns wird auch verlangt, dass wir reproduzieren, was wir erben, indem wir auf die richtige Weise von den richtigen Dingen berührt werden.

Die glückliche Familie ist einerseits ein Objekt (etwas, das uns berührt, uns anzieht) und andererseits zirkuliert sie auch durch Objekte. Das Familienalbum kann ein solches Objekt sein: Das Foto der glücklichen Familie stellt eine Möglichkeit dar, um die Familie als ein glückliches Objekt darzustellen. Diese Zurschaustellung der Objekte, diese Verbildlichung der Fantasie eines guten Lebens richtet sich danach, ob man solch eine Richtung mit einem »Ja« oder sogar mit einer Liebesgeste erwidert oder, ob man diese Objekte als eigenen Bereich bevorzugter Intimität erlebt. Um die Familie zu erhalten, muss man gewisse Dinge erhalten. Simone de Beauvoir beschreibt es folgendermaßen: »Das Ideal vom Glück hat sich immer im Haus [...] verwirklicht. [...] Zwischen ihren Mauern konstituiert sich die Familie zu einer abgetrennten Zelle, bestätigt sie ihre Identität über den Wandel der Generationen hinaus. Die vergangenheit, in Form von Möbeln und Bildern von Vorfahren bewahrt, wird zur Vorausgestalt einer gefahrlosen Zukunft.« ([1949] 1968 : 424) Das Versprechen der Familie wird durch das Erbe der Objekte erhalten, die es der Familie ermöglichen, sich zu versammeln.

Die Familie zu erben, bedeutet den Anspruch zu erben, ihre Form weiterzugeben. Die Familie wird auch zu einem Druckpunkt, weil sie notwendig ist für ein gutes oder glückliches Leben, das wiederum dafür verantwortlich ist, dass wir eine gewisse Orientierung gegenüber Dingen annehmen, von denen wir manche als gut erachten und andere wiederum nicht. Ein Roman,

64 Tolstoi eröffnet bekanntermaßen *Anna Karenina* mit folgendem Satz: »Alle glücklichen Familien ähneln einander; jede unglückliche aber ist auf ihre eigene Art unglücklich.« ([1878] 2007: 7). Vielleicht hat die Ähnlichkeit der glücklichen Familie etwas damit zu tun, dass Familien auf Ähnlichkeit beruhen. Wenn Dinge glücklich vonstattengehen, tritt die Familie als das Vertraute in den Hintergrund.

der auf eindrucksvollste Weise den Druck aufgreift, sich fortzupflanzen, ist Laurie Colwins *Family Happiness* ([1982] 1990). Das Buch kann als Teil eines unglücklichen feministischen Archivs betrachtet werden, worauf ich im nächsten Kapitel ausführlicher eingehen werde. Wir beginnen mit Polly, einer glücklichen Hausfrau, die auch eine gute Tochter und Mutter ist. Zunächst fühlt sich Polly ›vom Glück begünstigt‹: Sie hat einen tollen Ehemann (Henry), tolle Kinder (Pete und Dee-Dee) als auch eine liebenswerte und aufmerksame Mutter (Wendy) (11). Ihre Familie wird durch gemeinsame Werte und eine gemeinsame Orientierung an der Familie zusammengehalten: »Polly und Henry waren so perfekt füreinander, so verbunden durch ihre Einstellung zum Leben, zur Familie und zu Kindern« (13). In der Ehe geht es in dem Fall nur darum, die Familie als eine Sozialform zu reproduzieren: »Die Art von Ehe, das wusste Polly, beruhte auf der Familie, auf der Gründung einer Familie, darauf, die Familie zusammenzuhalten, auf Familientreffen, Lebenslagen, Ereignissen, Feiern« (194). Der Zweck einer Familie ist, dass es sich nur um diese Familie dreht.

Die Familie wird durch die Arbeit, die getan werden muss, um sie zusammenzuhalten, zum glücklichen Objekt. Zusammenzusein bedeutet, einen Platz am Tisch zu haben oder wir könnten sagen, es heißt, auf gleiche Weise genutzt zu werden: »Solange sich alle erinnern konnten, gab es am sonntäglichen Solo-Miller Frühstückstisch keine Abweichungen. Sie saßen immer im Esszimmer mit extra Ausziehplatten am Tisch.« (19) Der Tisch an sich ist ein glückliches Objekt, insofern er die Familienform über die Zeit sicherstellt. Er ist das, was wir ein Verwandtschaftsobjekt nennen können (Ahmed 2006: 81), das der Familie die Form als soziale Zusammenkunft, als materielle Sache, verleiht, um die herum sich die Familie versammelt. Der Tisch ist glücklich, wenn dieser Punkt sichergestellt ist.

Diese Orientierung an der Familie bringt gewisse Objekte (Tische, Fotos und andere Objekte, die die Familienintimität sicherstellen), als Objekte, durch die die Familie an sich selbstverständlich wird, in unsere Nähe. Das heißt jedoch nicht, dass die Orientierung an einer Familie einschließt, denselben Ort zu bewohnen. Letztendlich, wie wir von Locke wissen, kann Vergnügen eigenwillig sein: Selbst wenn wir gutes Benehmen erlernen, mögen Menschen nun mal nicht dieselben Dinge. Menschen wie ich können Dinge reizvoll finden, die ich nicht mag. Der Begriff *eigenwillig* deutet auf eine ›Eigenart der Konstitution oder des Temperaments‹ hin. Familien können einem das Gefühl geben, ›auf derselben Seite‹ zu stehen oder ›einen Platz am Tisch‹ zu haben, durch die Umwandlung von eigenwilligen Unterschieden in ein glückliches Objekt: *Glücklich* zu lieben besagt, dass man die Eigenarten der Vorlieben und Abneigungen einer geliebten Person kennt. Die Herstellung von kleinen Unterschieden kann verbindlich sein. Anders ausgedrückt, wir können einen Bereich bevorzugter Intimität erreichen, indem wir uns mit unterschiedlichen Neigungen vertraut machen. Liebe wird zu einer Intimität mit dem, was der andere mag (und nicht einfach dazu, das zu mögen, was der andere mag) und besteht unter der Voraussetzung, dass solche Vorlieben uns nicht außerhalb eines gemeinsamen Horizontes bringen. Glück/lichsein schafft seinen eigenen Horizont.

Die Familie umfasst Wissen um das Befremdliche oder die Umwandlung des Befremdlichen in Gewohnheit und Ritual. Also machst du beispielsweise Kaffee für die Familie und weißt »einfach«, wie viel Zucker du in diese und jene Tasse tun musst. Auch wenn wir nicht dieselben Objekte als angenehm empfinden, bedeutet das Teilen der Familie das Teilen glücklicher Objekte, sowohl im Sinne des Teilens von Wissen über glückliche Objekte (darüber, was andere glücklich macht) als auch in dem Sinne, die Objekte auf richtige Weise zu verteilen. In *Family Happiness* wird die Verteilung von glücklichen Objekten als ein Familienritual beschrieben: »Es war nicht nötig, nach der Speisekarte zu fragen. Alle nahmen immer dasselbe. Andreya bekam eine Platte gedünstetes Gemüse mit grüner Mayonnaise, Polly und Wendy hatten den Lachs, Henry, Jr. die Tournedos«, und Henry Demarest das Spezial.« (181) Die Familie bildet sich selbst durch diese gefühlsbedingte Verteilung von Dingen ab.

Polly lebt nicht nur das Leben, das ihre Eltern von ihr erwarten, sondern ein Leben, das sie selbst bereits gelebt haben: »Sie und Henry machten sich daran, die Annehmlichkeiten und den Erfolg ihrer Eltern nachzuahmen. Polly war noch nie so glücklich.« (65) Für Polly resultiert Glück/lichsein aus dem Nachahmen des Lebens ihrer Eltern. Dieses Befolgen wird als eine Pflicht dargestellt, als eine Möglichkeit, um gut zu sein: »Niemand hat Polly jemals dazu aufgefordert, exzellent zu sein oder exzellente Dinge zu tun. Sie wurde eher von Wendy [ihrer Mutter] dazu ermutigt, in diese Richtung zu gehen und jetzt waren alle an sie gewöhnt.« (170) Leute, die ermutigen, werden oft als großzügig betrachtet, weil sie Leute anspornen, sie zu etwas befähigen. Zu ermutigen kann heißen, jemanden mutig zu machen. Doch es kann auch eindringlich sein. Ermutigt zu werden, kann auch bedeuten, nach den Bedürfnissen anderer gelenkt zu werden. Die Großzügigkeit der Ermutigung kann die Wucht dahinter verbergen, dass man irgendwohin gelenkt wird. Und bist du einmal dort, kannst du dort festsitzen. Ich denke, wir kennen das.

Schauen wir uns das Wort *Einfluss* an, das wie folgt definiert werden kann: »die Ausübung einer Handlung durch eine Person oder eine Sache auf eine andere, deren Tätigkeit nicht sichtbar oder wahrnehmbar ist (oder nur in ihren Auswirkungen sichtbar wird)«. Beeinflusst zu sein, heißt, in die eine oder andere Richtung gelenkt zu werden, in der wir den Druckpunkt nicht richtig erkennen können. Bei Verboten können wir normalerweise die Druckpunkte, die Härte dessen, erkennen, wie es ist, mit dem konfrontiert zu sein, was man nicht ist. Es besteht kein Zweifel an der Macht von Formulierungen wie »Nein«, »Tu' das nicht« oder »Nein, das ist falsch«, die sowohl in der Vorwegnahme der Abweichung der Sehnsucht des Kindes (diese »für den Fall«-Neins, die fast schon herausfordern, dass der Akt der Abweichung eine rückwirkende Gerechtigkeit annimmt) als auch als Antwort auf die Abweichung formuliert werden. Wir können das »Nein« teilweise hören, weil es uns dazu auffordert, Dinge sein zu lassen. Vielleicht ist es schwieriger, »Ja-Worte« zu hören – das »Ja« oder das »Ja, das ist gut« oder das »Ja, das machst du gut« –, weil die Worte mit dem »einhergehen«, was wir bereits tun oder es bestätigen.[65] Denken wir an Glück/lichsein, dürfen wir nicht vergessen, welche Rolle der Bestätigung zukommt. Zu bestätigen kann darauf hinweisen, etwas positiv darzulegen oder zu beteuern, als auch zu etablieren, zu bekräftigen oder zu billigen. Bestätigt zu werden, heißt, auf positive Weise ermutigt zu werden, was wiederum eine gewisse Anordnung von Dingen bekräftigt oder eine Anordnung aus Dingen heraus herstellt.

Durch Glück/lichsein werden wir bestätigt: Wir kommen voran und kommen zurecht, indem wir tun, was wir tun und es gut tun. Glück/lichsein bedeutet in dem Fall, ein bestimmtes Leben zu leben, eins, das bestimmte Ziele erreicht und das durch das Erreichen dieser Ziele für andere Glück/lichsein herbeiführt. Die Familie ist am Ende »dort«, wo das Kind erzogen wird, wo es die richtigen Gewohnheiten lernt, die, wiederum bestimmte Objekte als glücklich für das Kind herausstellen. In *Family Happiness* wurden die Kinder »auf Grundlage der alten Ordnung erzogen, die verlangte, dass die Eltern ihr Kind zu allen Arten des guten Benehmens anregen« (11). Wenn Elternschaft bedeutet, das Kind in die richtige Richtung zu lenken, dann müssen Kinder ihre Hoffnung auf Glück/lichsein auf dieselben Dinge

65 Natürlich warten wir manchmal, wenn wir nervös, unsicher oder nicht selbstbewusst sind, auf Bestätigung, auf »das Ja«. In diesem Fall ist Bestätigung vernehmbar, da sie uns ermöglicht, das, was wir tun, mit größerer Selbstsicherheit zu ergreifen. Zögernde Subjekte werden vielleicht bei dem Klang des »Ja« ihr Tempo beschleunigen, auch wenn sie so weitermachen wie bisher.

setzen. Die Familie wird zu einem glücklichen Objekt, wenn wir diese Orientierung teilen.

Glück/lichsein beinhaltet in dem Fall den Luxus der Wiederholung, den Luxus, den Linien zu folgen, die bereits im Vorhinein gegeben waren. Für Polly wird dieser Pfad als der geradlinige Pfad beschrieben (199). Glück/lichsein umfasst die Arbeit, auf dem richtigen Pfad zu bleiben. Als Polly abweicht, fällt alles auseinander: Sie verliert »ihren Platz in ihrer Ehe, ihren Platz in ihrer Familie, ihren Platz in sich selbst« (78). Da sie sich nicht mehr am »Familientisch« orientiert, wird sie orientierungslos, verliert ihren Platz in der Welt. Als Polly von dem Pfad abweicht, der andere glücklich macht, zerstört sie alles; Sie verursacht sogar Zerstörung. Sie selbst ist an diesem Punkt gestört. Sie wird zu einer betroffenen Fremden. Der*die betroffene Fremde ist der*diejenige, der*die positive Gefühle in negative umwandelt und die Freude der Familie »abtötet«.[66] Die folgenden drei Kapitel dieses Buches untersuchen glückliche Familien aus dem Blickwinkel derjenigen, die vom Versprechen der Familie entfremdet wurden: feministische Spaßverderber*innen, unglückliche Queere und melancholische Migrant*innen.

66 Die Gewalt des Bildes eine*r Spaßverderber*in ist entscheidend. So zeigt uns R. D. Laing auf, dass diejenigen, die den Gedanken der Familie nicht in sich selbst erhalten, die sich nicht mit der Familie identifizieren, zur Ursache für Gewalt werden: »Die Vernichtung der ›Familie‹ kann eine Erfahrung sein, die schlimmer ist als Mord oder egoistischer Selbstmord.« ([1969] 1975: 28) Mit der Familie zu brechen, heißt, das Risiko einzugehen, mit allem zu brechen: »In manchen Familien können die Eltern nicht zulassen, daß die Kinder in ihrem Inneren mit der ›Familie‹ brechen, wenn die Kinder das wollen, weil sie darin den Zerfall der Familie sehen, und wo soll das enden?« (ebd.) Die Forderung nach der Reproduktion der Familie offenbart also die Schwachstelle ihrer Gestalt: Weil die Familie *nicht* ganz gesichert ist (mit der Familie zu brechen wird als gesetzlos betrachtet), gibt es eine Forderung, »sie« als unser glückliches Objekt durch Handlungen, die unsere Liebe und Loyalität bezeugen, zu erhalten. Es nicht zu tun, birgt das Risiko, als jemand zu gelten, der die Familie tötet, indem ihre Verbindung zur Freude abgetötet wird.

» Das Problem ohne Namen brach plötzlich im Jahre 1960 wie eine Sturmflut los und überspülte das Bild der glücklichen amerikanischen Hausfrau. In den Werbesendungen des Fernsehens strahlte die liebreizende Hausfrau noch immer über ihren dampfenden Kochtöpfen ... Aber mit einemmal war in der Presse und Rundfunk die Rede davon, daß die amerikanische Hausfrau tatsächlich unglücklich war, wenn auch fast jeder, der davon sprach, die Sache mit oberflächlichen Erklärungen abtat.

Betty Friedan

Zweites Kapitel

Feministische Spaßverderber*innen

Betty Friedan identifiziert in *Der Weiblichkeitswahn oder die Mystifizierung der Frau* ein Problem, das keinen Namen hat, indem sie heraufbeschwört, was sich hinter der Vorstellung der glücklichen amerikanischen Hausfrau verbirgt ([1963] 1966: 18). Das, was sich hinter dieser Vorstellung verbirgt, platzt auf wie ein Geschwür und gibt eine Infektion frei, die sich hinter ihrem strahlenden Lächeln versteckt. Friedan fährt fort, indem sie die Grenzen dieser öffentlichen Fantasie des Glück/lichseins aufdeckt. Die glückliche Hausfrau ist eine Fantasiefigur, die die Spuren der Arbeit unter der Maske/dem Schild des Glücklich/seins versteckt. Die Behauptung, dass Frauen glücklich sind und dass sich dieses Glück/lichsein in der Arbeit widerspiegelt, die sie vollführen, funktioniert als Rechtfertigung für geschlechtsspezifische Arbeitsformen und nicht als ein Produkt der Natur, des Gesetzes oder der Pflicht, sondern als Ausdruck eines kollektiven Wunsches und Strebens. Wie könnte man eine ungleiche Verteilung der Arbeit besser rechtfertigen, als zu behaupten, dass solch eine Arbeit Menschen glücklich mache? Wie könnte man den Konsens über unbezahlte oder schlecht bezahlte Arbeit besser sicherstellen, als den Konsens als Ursprung des guten Gefühls zu beschreiben?

Und doch, wen oder was sehen wir in dieser Vorstellung der glücklichen Hausfrau? Sie ist, wie Friedan betont, eine Fantasie. Dennoch ruft sie als Fantasie die verkörperte Situation von einigen Frauen eher wach als die von anderen. Im Grunde genommen waren viele Frauen zu der Zeit gar keine Hausfrauen: Für einige Frauen stellte die Hausarbeit eher eine Sehnsucht dar als eine Realität. Bell hooks weist in *Feminist Theory* auf diese Exklusivität der glücklichen Hausfrau hin, selbst wenn man davon ausgeht, dass es sich um eine Fantasie handelt: »Als Friedan *Der Weiblichkeitswahn* schrieb, arbeiteten mehr als ein Drittel aller Frauen. Obwohl viele Frauen sich danach sehnten, Hausfrauen zu sein, konnten nur Frauen, die Freizeit und Geld zur Verfügung hatten, tatsächlich ihre Identitäten um das Modell des Weiblichkeitswahns herum formen.« (2002: 2) Friedans Lösung für das Unglück/lichsein von Hausfrauen – dass sie sich vom Haus befreien sollten – hatte Konsequenzen für solche Frauen, die ihre Identitäten nicht um den Weiblichkeitswahn herum formen konnten. Wie hooks herausstellt, »würden sie nicht darüber diskutieren, wer herbeigerufen würde, um auf die Kinder aufzupassen und den Haushalt zu schmeißen, wenn mehr Frauen wie sie selbst von ihren Haushaltspflichten befreit würden und ihnen der gleiche Zugang zu Berufen ermöglicht würde wie weißen Männern« (1f.). Während die Fantasie der glücklichen Hausfrau die Spuren der Hausarbeit unter der Maske des Glück/lichseins verschleiert, kann es sein, dass die Fantasie der glücklichen Hausfrau, die durch die Befreiung vom Haus glücklich wird, auch die Arbeit anderer Frauen verschleiert, die vielleicht erforderlich ist, um die Macht über »das schäumende Spülbecken« zu übernehmen.

Wenn wir den Spuren der Figur der glücklichen Hausfrau folgen, müssen wir darüber nachdenken, was sie tut und wie diese Figur daran arbeitet, nicht nur Vorstellungen des Glück/lichseins, sondern auch davon, wem Glück/lichsein zusteht, sicherzustellen. *Weiße,* liberale Feministinnen wie Betty Friedan haben uns gelehrt, dass die Nähe zur Fantasie des guten Lebens nicht die Nähe zum Glück/lichsein beinhaltet. Sheila Rowbotham beschreibt, dass »im Schreiben der letzten Jahre ein Kampf darum herrscht, eine separate Identität geltend zu machen und das Zuhause als Fantasie des Glück/lichseins anzufechten« (1989: 3). Schwarze Feministinnen wie bell hooks zeigen auf, dass einige Frauen – Frauen aus der Arbeiterklasse und Schwarze Frauen – nicht einmal berechtigt sind, die Nähe zur Fantasie zu suchen, obwohl sie vielleicht andere dazu benutzen, ihren Formen näherzukommen. Es geht hier nicht darum, inwieweit Glück/lichsein als solches verteilt wird (das würde das Wichtige an der Kritik der Neuen Frauenbewegung (second-wave feminism) am Unglück/lichsein außer Acht lassen, die durch die Figur der glücklichen Hausfrau verborgen wurde), sondern die Verteilung der *relativen Nähe zu Vorstellungen des Glück/lichseins*. Oder wir können darüber spekulieren, dass es sich bei der ungleichen Verteilung um das Gefühl handelt, dass du von dem hast, was dich glücklich machen sollte, eine Verteilung des Versprechens auf ein Gefühl oder das Gefühl eines Versprechens, und nicht die Verteilung des Glück/lichseins an sich.

Sind Vorstellungen von glücklichen Hausfrauen durch andere, verzweifeltere Vorstellungen ersetzt worden? Während eine Differenzierung der Empfindungen stattfindet, die mit der Figur der glücklichen Hausfrau verbunden ist und ihr wiederum ein komplexeres Gefühlsleben beschert, wird das Glück/lichsein, das sich in dem befinden sollte, ›was‹ sie tut, sogar in Beschreibungen relativen Unglück/lichseins, nicht automatisch verdrängt. Unglück/lichsein kann als ein Zeichen von Frust darüber funktionieren, davon ›zurückgehalten‹ oder ›aufgehalten‹ zu werden, Dinge zu tun, die die Figur der glücklichen Hausfrau glücklich macht. Erklärungen für relatives Unglück/lichsein können funktionieren, um die Macht einer Vorstellung des guten Lebens in Form von Nostalgie oder Bedauern über das, was man verloren hat, wiederherzustellen.

Die glückliche Hausfrau behält ihre Kraft als Platzhalter für die Sehnsüchte von Frauen bei und sie soll wohl wieder im Kommen sein. Sehen wir uns folgende Textstelle aus Darla Shines *Happy Housewives* an: »Zu Hause zu sein, in einem warmen, gemütlichen Haus, sich im Pyjama und pelzigen Hausschlappen herumzutreiben, dabei Kaffe zu schlürfen während deine Babies auf dem Boden spielen und dein Ehemann hart arbeitet, um für das alles zu bezahlen, ist doch keine Verzweiflung. Werdet erwachsen! Haltet die Klappe! Seid dankbar für das, was ihr habt!« (2005: 15). Shine schwört für die Leser*innen ein ganz spezifisches Bild von dem herauf, was Hausfrauen glücklich macht. Indem sie dieses Bild – von Freizeit, Bequemlichkeit und Leichtigkeit – heraufbeschwört, fordert sie uns auf, zu einem gewissen Lebensstil zurückzukehren, als wenn dies das Leben wäre, das Frauen aufgäben, wenn sie Feminismus mit offenen Armen begrüßten: Ihre Fantasie der glücklichen Hausfrau kommt einer Fantasie der *weißen* Bürgerschaft der Vergangenheit gleich, einer Nostalgie für eine Vergangenheit, die für die meisten Frauen nie *als* Gegenwart möglich gewesen und erst recht nicht *in* der Gegenwart zugänglich ist. Shine behauptet, dass Frauen darin investiert hätten »verzweifelt zu sein« und von der feministischen Bewegung im Stich gelassen wurden, weil sie »ihnen das Leben zu Hause schwer gemacht hat« (19).

Als Beispiel dafür, was Frauen *nicht* wollten, führt Shine die Serie *Desperate Housewives* an, und ermutigt uns so, eine neue Vorstellung anzunehmen: »Ich möchte, dass Frauen überall auf der Welt diese schreckliche Vorstellung der Verzweiflung verwerfen und sich zusammentun, um die Vorstellung der glücklichen Hausfrau zu stärken.« (6) Diese neue Vorstellung geht einher mit einer Verpflichtung zu bestimmten Werten: »Respekt; Würde; Selbstbewusstsein; Leidenschaft; Freundschaft; ein sauberes schönes Zuhause; und am wichtigsten, eine enge Beziehung zu deinen Kindern« (2). Sowohl die Bemutterung als auch die Ehe als Institution, die bezogen auf heterosexuelle Intimität beschrieben wird, spielt eine bedeutende Rolle in dieser Anleitung zum Glück/lichsein. Shine sagt, dass »du niemals eine glückliche Hausfrau wirst, wenn du nicht mit deinem Ehemann intim bist« (53).

Shines Buch ist nichts Besonderes. Im Internet können wir eine neue Generation von Blogger*innen bezeugen, die diese Identität der »glücklichen Hausfrau« annehmen. Diese Blogger*innen nutzen die Öffentlichkeit, die durch neue Technologien hervorgebracht wird, um ihre Forderung auf Glück/lichsein öffentlich zu machen. Diese Forderung ist auch ein Bestehen auf dem Fehler des Feminismus und der Tragweite dessen, wenn man Frauen vorschreibt, wie sie glücklich sein sollten; Glück/lichsein bedeutet, gut als Hausfrau zu sein, als auch das, was daraus folgt, wenn sie gut ist. Solche Blogs schließen typischerweise Rezepte, Haushaltstipps, Gedanken zur Mutterschaft als auch Glaubensbekenntnisse ein, die die glückliche Hausfrau als wichtige soziale Rolle und Pflicht anerkennen, die verteidigt werden muss, als wenn die Sprechhandlung (»Ich bin eine glückliche Hausfrau«) an sich eine Rebellion gegen eine soziale Orthodoxie sei. Die Vorstellung der glücklichen Hausfrau wird wiederholt und erhält gefühlsbedingte Macht in ihrer Schilderung als Minderheitensubjekt, das etwas zurückfordern muss, das ihm weggenommen wurde. Diese gefühlsbedingte Macht stellt sich nicht nur feministischen Behauptungen in den Weg, dass hinter der Vorstellung der glücklichen Hausfrau ein unausgesprochenes, kollektives Unglück/lichsein liegt, sondern behauptet im Gegenzug, dass Glück/lichsein nicht das meint, was die Hausfrau hat, sondern eher das, was sie tut: *Sie ist dazu verpflichtet, Glück/lichsein zu erzeugen, indem sie diese Vorstellung verinnerlicht.*

In diesem politischen Kontext überrascht ein Ergebnis der Glücksforschung wohl nicht, nämlich, dass traditionelle Hausfrauen glücklicher sind als ihre arbeitenden Pendants, wie die amerikanische Journalistin Meghan O'Rourke in ihrem Artikel mit dem passenden Titel: »Desperate Feminist Wives« (2006) untersucht. Dort wird impliziert, dass der Feminismus

Frauen die Sehnsüchte zuschreibt, die sie unglücklich gemacht haben. Dieses Kapitel soll eine andere Art des Verständnisses über die Beziehung zwischen Feminismus und Unglück/lichsein liefern. Ich fange mit einer Reflektion über das Glück/lichsein an und wie es in der Geschichte als Argument benutzt wurde, um die geschlechterspezifische Arbeitsteilung aufrechtzuerhalten, und nehme als Ausgangspunkt die Arbeit des Philosophen Jean-Jacques Rousseau zum Thema Erziehung. In meiner Argumentation widerspreche ich Lesley Johnson und Justine Lloyds Behauptung, dass die glückliche Hausfrau ein feministischer Mythos gewesen sei – sie nennen ihn »Mythos eines Mythos« – durch den das feministische Subjekt die Hausfrau als »das andere« (2004: 2) hervorbringen konnte. Ich gehe davon aus, dass die glückliche Hausfrau aus einer sehr langen Genealogie hervorgeht und dass sie als Figur zumindest teilweise als Antwort auf feministische Forderungen auftaucht.

Indem wir eine Genealogie der glücklichen Hausfrau liefern, können wir über die politische Landschaft nachdenken, in der die Figuren der unglücklichen Hausfrau und der feministischen Spaßverderberin auftauchen. Mein Vorschlag ist, dass wir die Negativität solcher Figuren erneut hinsichtlich der Infragestellung der Behauptung lesen, dass Glück/lichsein aus der relativen Nähe zu einem sozialen Ideal folgt. Ich richte mein Augenmerk nicht nur auf die gefühlsbedingte Macht dieser Figuren, sondern auch auf feministisches Bewusstsein als eine Art des Unglück/lichseins und schlage vor, dass frühere feministische Sprachen des »Bewusstseinsbildung« und sogar ein »falsches Bewusstsein« nützlich sein könnten, um die Grenzen des Glück/lichseins als neuen Erfahrungshorizont zu ergründen.

Glück/lichsein, Erziehung und Frauen

Im vorherigen Kapitel habe ich die Behauptung aufgestellt, dass Glück/lichsein als Versprechen funktioniert, das dich zu gewissen Objekten lenkt, als würden diese dich mit den notwendigen Zutaten für ein gutes Leben versorgen. Glück/lichsein schließt eine Form der Orientierung mit ein: Die echte Hoffnung auf Glück/lichsein geht davon aus, dass wir auf bestimmte Art und Weise gelenkt werden, aufgrund der Überzeugung, dass Glück/lichsein nur aus manchen Lebensentscheidungen folgt, aus anderen jedoch nicht.

Wenn Glück/lichsein eine gefühlsbedingte Art der Orientierung ist, ist sie entscheidend für die Erziehung, die als Orientierungshilfe betrachtet werden kann. Das Kind – das, wir erinnern uns, von John Locke als unbeschriebenes Blatt bezeichnet wird – birgt das Potential in sich. Was dem Kind zustößt hat direkte Auswirkungen darauf, wie das Kind sich entwickelt; die dem Kind unterstellte Leere wird zur Notwendigkeit, seine Entwicklung zu formen. Dabei soll die Erziehung solch ein Potenzial steuern; sie soll das Kind in die richtige Richtung führen. Oder, um eine Metapher aus dem Gartenbau zu verwenden, in der Erziehung geht es um Kultivierung, mittels derer Pflanzen durch die Pflege der Erde, darin unterstützt werden, auf gewisse Weise zu wachsen, auf andere Weisen jedoch nicht. Zu erziehen bedeutet auszurichten, weshalb Erziehung eine zentrale Rolle in Debatten zum Thema Glück/lichsein zukommt. Nel Noddings beschreibt, dass »Glück/lichsein ein Ziel der Erziehung sein sollte und eine gute Erziehung maßgeblich zum persönlichen und kollektiven Glück/lichsein beitragen sollte« (2003: 1).[67]

Seit der Klassik nahm die Erziehung eindeutig die Rolle als eine Art Orientierung ein. In *Politeia* wird Erziehung als richtungsweisende Kunst beschrieben (vgl. Platon o.J.: 413f.). Erziehung sollte »von der Herumdrehung [handeln], auf welche Weise nämlich jenes Organ mit der möglichst größten Leichtigkeit und Wirksamkeit *sich umwenden lasse*, – nicht aber die Kunst [darstellen], jenem ein Sehvermögen einzusetzen; sie muß vielmehr annehmen, daß jenes Organ dieses Vermögen schon besitze, daß es aber noch nicht die gehörige Richtung genommen habe und noch nicht dahin sähe, wohin es sehen sollte [...]« (414; Hervorhebung von S. Ahmed). Erziehung ist eine Methode, um das vermeintliche Subjekt dazu zu bewegen, die richtige Richtung anzuvisieren, sodass es die richtigen Eindrücke erhalten kann. Erziehung bedeutet nicht nur, gelenkt zu werden, indem man verdreht wird, sondern es bedeutet ebenso in »die richtige Richtung« verdreht zu werden. Den Verstand zu verdrehen ist nur dann eine erzieherische Notwendigkeit, wenn vorausgesetzt wird, dass das vermeintliche Subjekt falsch ausgerichtet ist.

Das Glücksversprechen schließt ein ›Verdrehen‹ mit ein. Wir können sehen, wie Glück/lichsein ein Drehen mit einschließt, wenn wir uns Rousseaus *Émile oder über die Erziehung* anschauen ([1762] 1971), ein Buch, von dem gesagt wurde, es sei von Platon »besessen«: Rousseau selbst war der Meinung, dass die *Politeia* »das wunderbarste Buch über Erziehung war, das je geschrieben worden ist« (Strong 2002: 135).[68] *Émile* wird aus der Pers-

67 Obwohl, wie Robin Barrow herausstellt, Glück/lichsein und Erziehung nicht unbedingt miteinander verbunden sind, »kann man erzogen und unglücklich sein« (1980: 1).

68 Jedoch geht Jane Roland Martin davon aus, dass die Werke *Politeia* und *Émile oder über die Erziehung* sehr unterschiedliche Modelle der Erziehung von Frauen entwickeln: »Automatisch fragt man sich, inwiefern solche radikalen, unterschiedlichen Darstellungen zur Erziehung von Frauen von Philosophen gezeichnet werden konnten, die eigentlich dieselben fundamentalen Annahmen zur Erziehung haben.« (1995: 59)

pektive eines Ich-Erzählers erzählt, dessen Pflicht es ist, einen jungen Waisen namens Émile zu unterrichten, sodass er seinen Platz in der Welt einnehmen kann. Erziehung bedeutet für Émile, ein guter Mann zu werden. Im Verlauf dieses Buches spielt Glück/lichsein eine ausschlaggebende Rolle: Der gute Mann sucht nicht nach Glück/lichsein, kann aber aufgrund seiner Tugendhaftigkeit glücklich werden. Dieses Buch hatte großen Einfluss auf das europäische Denken und wurde zu einem bedeutenden Bezugspunkt innerhalb feministischer Debatten.[69] Rousseau entwickelt ein Modell dafür, was gute Erziehung für seinen Émile ist, aber auch für Émiles angehende Ehefrau Sophie, die er im fünften Buch einführt. Rousseaus Argument war, dass Frauen und Männer auf unterschiedliche Weisen erzogen werden sollten, die es ihnen ermöglichten, ihre jeweiligen Verpflichtungen als geschlechtsspezifische Wesen zu erfüllen.

In diesem Buch geht es für Sophie bei der Erziehung darum, wer sie werden soll, um eine gute Ehefrau für Émile zu sein. Glück/lichsein liefert ein Drehbuch für ihren Werdegang. So erklärt Rousseau, Frauen müssten »Ihnen [den Männern] gefallen und nützlich sein, ihnen liebens- und achtenswert sein, sie in der Jugend erziehen und im Alter umsorgen, sie beraten, trösten und ihnen das Leben angenehm machen und versüßen: das sind zu allen Zeiten die Pflichten der Frau, das müssen sie von ihrer Kindheit an lernen. Geht man nicht bis auf dieses Grundprinzip zurück, so entfernt man sich vom Ziel, und alle Vorschriften, die man ihnen macht, können weder zu ihrem noch zu

69 Insbesondere interessiert mich der Einfluss von *Émile oder über die Erziehung* auf Immanuel Kant. Bekanntermaßen wird erzählt, dass Kant seine Routine des täglichen Spaziergangs vergessen haben soll, als er dieses Buch las. In »Bruchstücke eines moralischen Katechismus«, das im ersten Teil der »Ethischen Methodenlehre« in *Die Metaphysik der Sitten* erscheint, schreibt Kant darüber, wie man Ethik unterrichten sollte, was automatisch mit den klassischen Begriffen übersetzt wurde, die sich dem Unterrichten der Tugendhaftigkeit widmen: »Daß Tugend erworben werden müsse (nicht angeboren sei), liegt [...] schon im Begriffe derselben. [...] Daß sie könne und müsse gelehrt werden, folgt schon daraus, daß sie nicht angeboren ist; die Tugendlehre ist also eine *Doktrin.* « ([1797]1922: 343) Der Stil der Unterhaltung zwischen Lehrer und Schüler hallt ganz deutlich in *Émile oder über die Erziehung* nach. Kant scheint eine andere Auslegung der Beziehung zwischen Glück/lichsein und Tugend zu liefern, in Anbetracht der Tatsache, dass er das pragmatische Recht des Glück/lichseins vom moralischen Recht der Tugend trennt. Und doch schlagen sowohl Rousseau als auch Kant vor, dass das tugendhafte Subjekt zwar nicht Glück/lichsein verfolgt, jedoch Glück/lichsein im Gegenzug zur Einhaltung des natürlichen Pfades (Rousseau) erhalten wird oder würdig sein wird, Glück/lichsein zu erhalten (Kant), obwohl Kant dies eher als Hoffnung denn als Garantie beschreibt. Siehe auch Fußnote 13 in meinem Fazit für weitere Diskussionen zu Kants »Bruchstücke eines moralischen Katechismus«.

unserem Glück dienen.« ([1762] 1971: 394) Jegliche Abweichung von den Geschlechterrollen, die im Bezug auf Frauen formuliert sind, die dahingehend trainiert werden, Männer glücklich zu machen, stellt eine Abweichung vom Glück/lichsein aller dar.

Für Rousseau ist die gute Frau dazu verpflichtet, die Familie zusammenzuhalten, die Integrität dieser Form zu wahren. Rousseau fragt uns: »Aber glauben Sie nicht, daß eine liebenswürdige und verständige Frau mit solchen Talenten, die sie der Unterhaltung ihres Mannes widmet, nicht das Glück seines Lebens vermehrte und ihn abhielte, seine Erholung außerhalb des Hauses zu suchen, wenn er erschöpft sein Arbeitszimmer verläßt? Hat denn niemand solche glückliche Familien gesehen, wo jeder vom Seinen zur gemeinsamen Unterhaltung beisteuert?« (406) Subjekte nehmen nicht gleichermaßen an »gemeinsamer Unterhaltung« teil. Frauen müssen lernen, Männer glücklich zu machen, um die Familie zusammenzuhalten, um dafür zu sorgen, dass die Neuerschaffung nicht irgendwo anders stattfindet. Es ist die Aufgabe der Frauen, das Glück/lichsein im Haus zu erhalten.

Die gute Frau ist zum Teil gut aufgrund dessen, was sie für gut hält, und wie sie dehalb ihr Glück/lichsein mit dem Glück/lichsein anderer in Einklang bringt. Die gute Frau wird von den Dingen glücklich gemacht, die gut sind. Rousseau beschreibt es folgendermaßen: »Sie liebt sie [die Tugend], weil es nichts Schöneres gibt als die Tugend. Sie liebt sie, weil die Tugend den Ruhm einer Frau ausmacht, und weil eine tugendhafte Frau einem Engel gleichzukommen scheint. Sie liebt sie als den einzigen Pfad des wahren Glücks und weil sie im Leben einer ehrwürdigen Frau nur Elend, Verlassenheit, Unglück, Schimpf und Schande sieht. Sie liebt sie, weil ihr geachteter Vater und ihre zärtliche und würdige Mutter lieben: sie woollen nicht nur durch ihre eigene Tugend glücklich sein, sie wollen es auch durch die ihrer Tochter sein. Deren höchstes Glück aber ist die Hoffnung, sie glücklich zu machen.« (433) Die Komplexität dieser Aussage sollte nicht unterschätzt werden. Sie liebt die Tugend, da sie der Weg zum Glück/lichsein ist; Unglück/lichsein und Schande folgen aus dem Schlechtsein. Die gute Frau möchte glücklich sein und möchte deshalb das, was gut ist. Die gute Frau liebt auch, was gut ist, weil es das ist, was ihre Eltern lieben. Die Eltern wünschen sich nicht nur das Gute; sie wünschen sich auch, dass ihre Tochter gut ist. Die Tochter ist gut darin, ihnen zu geben, was sie sich wünschen. Sie denken, dass ihre Tochter gut sein müsse, um glücklich zu sein, weil gut zu sein sie selbst glücklich macht und die Tochter kann wiederum nur glücklich sein, wenn ihre Eltern es sind.

Aussagen über die Bedingtheit von Glück/lichsein – wie die, dass das Glück einer Person von dem Glück einer anderen abhängt – stellen sicher, dass Glück/lichsein gelenkt wird: Glück/lichsein wird zu dem, was gegeben ist, wenn man sich gemeinsam auf das Gute ausrichtet. Vielleicht scheint es, als würde das, was ich ›bedingtes Glück/lichsein‹ nenne, eine Beziehung der Fürsorge und Wechselseitigkeit beinhalten: als würde man sagen, ich habe keinen Anteil an einem Glück/lichsein, das nicht gemeinsam geteilt werden kann. Und doch sind die Begrifflichkeiten der Bedingtheit ungleich.[70] Wenn gewisse Menschen an erster Stelle stehen – gehen wir mal von denjenigen aus, die bereits vorhanden sind (wie Eltern, Gastgeber*innen oder Bürger*innen) – kommt deren Glück/lichsein als erstes. Für diejenigen, die an zweiter Stelle positioniert sind, *meint Glück/lichsein, den Gütern von anderen zu folgen.*

Das Konzept des bedingten Glück/lichseins erlaubt es mir, meine Argumentation zur Sozialität des Glück/lichseins zu entwickeln. Im vorhergehenden Kapitel habe ich festgestellt, dass wir möglicherweise eine soziale Bindung aufbauen, wenn uns dieselben Dinge glücklich machen. Ich behaupte jetzt, dass Glück/lichsein an sich zum gemeinsamen Objekt werden kann. Oder, um präziser zu sein, wenn das Glück/lichsein einer Person von dem Glück/lichsein einer anderen Person abhängt, sodass das Glück/lichsein der anderen Person an erster Stelle steht, dann *wird das Glück/lichsein der anderen Person zu einem gemeinsamen Objekt.* Max Schelers Unterscheidung zwischen Gefühlsgemeinschaften und Mitgefühl könnte dabei helfen, die Bedeutung dieser Argumentation zu erklären. In Gefühlsgemeinschaften teilen

70 Ich möchte gerne einräumen, dass ich dieses Argument zum bedingten Glück/lichsein zum ersten Mal entwickelte, als ich *Émile oder über die Erziehung* gelesen hatte. Bedingtes Glück/lichsein bezieht sich normalerweise auf den Prozess, in dem Individuen für sich selbst verschiedene Bedingungen definieren, die erfüllt sein müssen, bevor sie glücklich sein können. Der klinische Psychologe Alan Gettis behauptet dazu, dass »die Vorstellung vom bedingten Glück/lichsein nicht wirklich funktioniert« und zitiert Joan Borysenkos Arbeit, um zu zeigen, dass solch ein Modell für das Glück/lichsein immer zu Enttäuschung führe, da immer wieder neue Bedingungen aufgestellt würden: »Wie oft hat dir dein Verstand bereits gesagt, dass du glücklich sein könntest, wenn du 4,5 Kilo abnehmen würdest? Wenn du mehr Geld hättest? Wenn sich dann all diese Dinge erfüllen, gehst du einfach über zur nächsten Sammlung von Bedingungen für das Glück/lichsein. Die Bedingungen sind wie die sprichwörtliche Karotte, die vor dem Esel baumelt. Du wirst sie nie erreichen.« (Gettis 2006: 41) Ich möchte eine andere Sichtweise auf die Vorstellung des bedingten Glück/lichseins anbieten, indem ich darauf eingehe, dass Bedingungen für das Glück/lichsein auch das Glück/lichsein anderer mit einschließen, sodass wir nur unter der Bedingung glücklich sein können, dass sie glücklich sind. Ich werde nicht bewerten, ob wir unser Glück/lichsein auf diese Weise abhängig machen sollten, sondern untersuchen, was daraus folgt, wenn das Glück/lichsein anderer zu unserer eigenen Bedingung wird.

wir Gefühle, weil wir dasselbe Gefühlsobjekt haben (also fühlen wir vielleicht Trauer über den Tod einer Person, die wir beide lieben; unsere Trauer wird auf ein gemeinsames Objekt gerichtet). Mitgefühl wäre dementsprechend vorhanden, wenn ich Trauer über deinen Kummer empfinde, obwohl ich dein Objekt des Kummers nicht teile: »alles Mitgefühl enthält die Intention des Fühlens von Leid und Freude am Erlebnis des Andern.« (Scheler 1923: 10) In diesem Fall ist deine Qual das, was mich quält; deine Qual ist das Objekt meiner Qual. Ich vermute mal, dass diese unterschiedlichen Arten geteilter Gefühle im alltäglichen Leben leicht durcheinander gebracht werden können, weil das Objekt des Gefühls für das Gefühl, das geteilt wird, manchmal, jedoch nicht immer ersichtlich ist.

Sagen wir, ich bin glücklich darüber, dass du glücklich bist. Dein Glück/lichsein ist mit x. Wenn ich x teile, werden dein Glück/lichsein und mein Glück/lichsein nicht nur geteilt, sondern können auch zunehmen, weil sie erwidert werden. Oder ich kann x einfach außer Acht lassen: Wenn mein Glück/lichsein ›nur‹ auf dein Glück/lichsein gerichtet ist, und dich x glücklich macht, dann kann das Äußerliche von x verschwinden oder keine Rolle mehr spielen (auch wenn es wieder in Erscheinung treten kann). Alternativ könnte ich mir, weil ich Glück/lichsein in deinem Glück/lichsein erfahre, wünschen, dass unser Gefühl der Verbundenheit im Glück/lichsein besagt, dass wir aufgrund derselben Dinge glücklich sind (eine Glücksgemeinschaft), sodass x als Wunsch nach Glück/lichsein geteilt wird. Selbstverständlich, wenn das Objekt, das dich glücklich macht, mein Wunsch nach Glück/lichsein ist, wäre das eine heikle Grundlage, um etwas gemeinsam zu teilen (da in dem Fall der Wunsch, glücklich über x zu sein, auch ein Eingeständnis sein kann, dass man nicht einfach mit x glücklich ist). In Fällen, in denen ich auch von x berührt bin und ich dein Glück/lichsein mit x nicht teile, kann es sein, dass ich unruhig und zwiespältig werde, da ich von deinem Glück/lichsein glücklich gemacht worden bin, aber ich nicht von dem glücklich gemacht wurde, was dich glücklich macht. Die Äußerlichkeit von x würde sich dann selbst als Krisenpunkt ankündigen: Ich möchte, dass dein Glück/lichsein das ist, was mich glücklich macht, aber ich werde daran erinnert, dass selbst wenn dein Glück/lichsein mein Glück/lichsein bedingt, dein Glück/lichsein von x abhängt und ich mit x aber nicht glücklich bin. In solchen Anlässen würde bedingtes Glück/lichsein erfordern, dass ich das, was dich glücklich macht *als das* annehme, was mich glücklich macht, was wiederum meine eigene Vorstellung von Glück/lichsein gefährden würde (also komme ich mit x zurecht, um dich glücklich zu machen, selbst wenn x mich nicht ›richtig‹ glücklich macht).[71] Damit alle glücklich sind, würden wir vielleicht sogar vor uns selbst unser Unglück/lichsein mit x verschweigen oder versuchen, uns selbst davon zu überzeugen, dass x weniger Wert sei als das Glück/lichsein des*der Anderen, der*die durch x glücklich gemacht wird.[72]

In *Émile* finden wir einen Hinweis auf die eher unruhige Dynamik des bedingten Glück/lichseins. Sophie, die ihre Eltern glücklich machen möchte, wird in eine gewisse Richtung gedrängt, ohne Rücksicht darauf, was sie selbst möchte oder nicht möchte. Wenn sie nur glücklich sein kann, wenn ihre Eltern glücklich sind, dann muss sie das tun, was ihre Eltern glücklich macht. In einem Vorfall spricht der Vater mit seiner Tochter über das Zur-Frau-Werden: »›Sophie, du bist nun ein erwachsenes Mädchen, aber man wird es nicht, um es zu bleiben. Wir wollen, daß du glücklich wirst. Wir wollen es um unsretwillen, denn unser Glück hängt von deinem ab. Das Glück eines ehrbaren Mädchens besteht darin, einen rechtschaffenen Mann glücklich zu machen. [...]‹« (Rousseau [1762] 1971: 436) Sophies Vater bietet eine Glücksvorschrift an: Nur um des eigenen Glückes Willen und dem ihrer Eltern zuliebe *soll* sie Glück/lichsein am richtigen Ort finden, also im Glück/lichsein eines guten Mannes. Es ist folglich nicht einfach so, dass Gruppen zusammenhalten/eine Einheit bilden, indem sie dieselben Objekte als Ursache für ihr Glück/lichsein annehmen; von einigen Subjekten wird erwartet, dass sie die Glücksursachen anderer annehmen. In diesem Fall würde die Ablehnung des elterlichen Wunsches, die Ehe einzugehen, nicht nur das Unglück/lichsein ihrer Eltern nach sich ziehen, sondern auch den Fortbestand der sozialen Form gefährden. Die Tochter hat eine Pflicht, die Familienform weiterzuführen, was bedeutet, *die Ursache des elterlichen Glück/lichseins als ihr eigenes anzunehmen.*

In diesem Beispiel macht Sophie ›glücklich‹, das, was ihre Eltern von ihr erwarten. Wir können uns vorstellen, dass sie durch dieselben Dinge glücklich gemacht werden möchte und ein wenig Trost durch die Verwirklichung

71 Für weitere Überlegungen zum Thema Glück/lichsein und Kompromisse, siehe der letzte Abschnitt des vierten Kapitels.

72 Vielleicht wird von dir erwartet, deine Sichtweise bezüglich x auszuklammern, um jemanden glücklich zu machen. Vor allem ist mir das im Fall von Hochzeiten aufgefallen. Von dir wird erwartet oder sogar aufgetragen, an einer glücklichen Veranstaltung wie einer Hochzeit teilzunehmen, weil es andere glücklich macht, wenn du mit ihnen das glückliche Ereignis teilst, auch wenn sie wissen, dass du mit dem Konzept der Ehe, das auf Hochzeiten zelebriert wird, nichts anfangen kannst. Du wirst oft als egoistisch bezeichnet, wenn du der Forderung nicht nachkommst, am Glück/lichsein anderer teilzunehmen, vor allem in Fällen, in denen Glück/lichsein durch das Gesetz, Bräuche oder Gewohnheiten unterstützt wird.

eines Wunsches nach Glück/lichsein erhält. Natürlich wissen wir nicht ›wirklich‹, ob Sophie bekommt, was sie sich wünscht. Das Buch liefert uns so ein Happy End, weil es uns *nicht* von Sophies Sehnsüchten berichtet, die jenseits des Wunsches liegen, ihre Eltern glücklich zu machen. Der Erzähler berichtet triumphierend: »Endlich sehe ich Emils schönsten und meinen seligsten Tag erscheinen. Ich sehe mein Werk gekrönt und beginne, seine Früchte zu genießen. Das würdige Paar vereinigt sich mit einem unauflösbaren Band. Ihr Mund und ihr Herz bestätigen die Schwüre, die nicht leer sein warden: sie sind Gatten.« (524.) Das Happy End schließt nicht nur einfach die Anpassung der Sehnsüchte mit ein, sondern die Bereitwilligkeit der Tochter, ihre eigene Sehnsucht an die Sehnsucht ihrer Eltern nach Glück/lichsein anzupassen.

Glück/lichsein meint das, wie das Gegebene zum Vorgegebenen wird. In *Émile* ist Glück/lichsein an die Natur gebunden: als etwas, das sich auf natürliche Weise aus dem ergibt, wie Dinge sind beziehungsweise wie Dinge sind, wenn es ihnen gestattet ist, zu gedeihen. Rousseau drückt es so aus: »›Ich hielt mich an den Gang der Natur und wartete, bis sie mir den Weg des Glücks zeigte. Es stellte sich heraus, daß es ein und derselbe Weg war, und daß ich ihm unbewußt gefolgt war.‹« (488) Glück/lichsein erfolgt, wenn man dem Pfad der Natur folgt. Abweichungen von der Natur werden zu Abweichungen vom gemeinschaftlichen Gut. Frauen, die dazu erzogen werden, etwas anderes zu werden als Ehefrauen für Männer, würden demnach von der Natur abweichen und deshalb auch von dem, was Glück/lichsein versprechen kann.

Es wird keine Überraschung sein, dass Rousseaus Betrachtung von Sophie zur wesentlichen Zielscheibe der feministischen Kritik wurde. Mary Wollstonecraft sprach sich in ihrem Werk *A Vindication of the Rights of Women* gegen Rousseaus Vorstellung davon aus, was Frauen glücklich macht.[73] Sie kommentiert auf ironische Weise seine Betrachtung von Sophie: »Ich hatte bestimmt die Gelegenheit, mehr Mädchen in ihrer Kindheit zu beobachten als J.J. Rousseau.« (1975: 43). Das politische Plädoyer in *A Vindication of the Rights of Women* richtet sich gegen das Recht von Männern, zu entscheiden, was Glück/lichsein für Frauen bedeutet. Wie Wollstonecraft argumentiert: »Stellen Sie sich mal vor, ich frage Sie als Abgeordneter, ob es nicht widersprüchlich und ungerecht ist, dass Männer für ihre Freiheit und das Recht, Entscheidungen bezüglich ihres eigenen Glücks zu treffen, kämpfen, während

73 Es existieren neuere feministische Kritiken an *Émile oder über die Erziehung*, auch wenn sie sich nicht speziell mit Rousseaus Argumentation zum Thema Glück/lichsein und Geschlecht befassen. Siehe beispielsweise Penelope Deutschers (1997) Analyse des sexuellen Unterschieds in *Émile oder über die Erziehung*.

Frauen von Ihnen unterjocht werden, nur, weil Sie davon überzeugt sind, dass Sie auch das Glück derer in ihren Handlungen einbezogen haben?« (5). Der Kampf um das Thema Glück/lichsein gestaltet den politischen Horizont, in dem feministische Forderungen gestellt werden. Meine Argumentation ist ganz einfach: Wir erben diesen Horizont.

Unruhestifter*innen

Aus dieser Geschichte nehmen wir mit, dass Glück/lichsein als eine Technologie oder ein Instrument gebraucht wird, was eine Umorientierung des individuellen Verlangens hin zu einem gemeinsamen Gut erlaubt.[74] Auch nehmen wir aus der erneuten Lektüre von Büchern wie *Émile* mit, dass Glück/lichsein nicht einfach benutzt wird, um soziale Beziehungen auf instrumentelle Weise zu sichern, sondern im alltäglichen Leben als Gedanke oder Bestrebung funktioniert und dort die Begrifflichkeiten formt, durch die Individuen ihre Welt mit anderen teilen und so ›Drehbücher‹ verfasst mit dem Inhalt, wie man gut leben sollte.

Wir können über geschlechtsspezifische Drehbücher als ›Glücks-Drehbuch‹ nachdenken, die eine Sammlung von Anweisungen enthalten, wie sich Frauen und Männer zu verhalten haben, um glücklich zu sein, wobei Glück/lichsein das ist, was aus dem Natürlichen und Guten folgt. Wir kommen zurecht, indem wir Glücks-Drehbücher befolgen: zurechtzukommen bedeutet,

74 Wenn man Glück/lichsein als eine Art Technologie betrachtet, sollte man Foucaults Aufsatz »Die politische Technologie der Individuen« hinzuziehen. Sein Aufsatz beginnt mit der Reflektion über das historische Zusammentreffen des Zweiten Weltkrieges mit der öffentlichen Sozialfürsorge und dem Gesundheitswesen und er behauptet, dass »die Lebensversicherung […] an ein Todeskommando gekoppelt [ist].« (2010: 48) Die Polizei, sagt er, stand damals in dem Zusammenhang für »die spezifischen Techniken, durch die eine Regierung im Rahmen des Staates in die Lage versetzt wurde, Menschen zu regieren« (54) und bietet eine Analyse des Handbuchs oder »systematische Enzyklopädie« an, die von N. Delamare im frühen achtzehnten Jahrhundert in Frankreich verfasst wurde (56). Foucault untersucht, inwiefern dieses Dokument Glück als »Voraussetzung für den Fortbestand und die Entwicklung des Staates [darstellt], als […] eine Vorbedingung, ein Instrument, nicht bloß eine Folge. Das Glück der Menschen wir zu einem Baustein des starken Staates.« (58) Glück/lichsein kann eine Technik der Steuerung sein: Lebensversicherung kann als Glücksversicherung beschrieben werden. Wenn Individuen Verantwortung für ihr eigenes Glück/lichsein und das der anderen übernehmen, nehmen sie solch eine Technik an. Dazu sagt Nikolas Rose: »Die Regulierung des Verhaltens wird zum individuellen Wunsch eines jeden, sein*ihr Verhalten frei zu bestimmen im Dienst der Maximierung einer Version seines*ihres Glück/lichseins und der Erfüllung, die das Individuum als Eigentum ansieht.« (1996: 58f.)

gewillt und in der Lage zu sein, Glück/lichsein in der Nähe zu den richtigen Dingen auszudrücken. Demzufolge hat das Kind eine Pflicht zum Glück/lichsein. Eine Pflicht kann als eine Verbindlichkeit funktionieren, als eine Möglichkeit, um das wiederzugeben, was geschuldet wird. In den vorangegangenen Kapiteln habe ich über Glück/lichsein gesprochen, das eine Logik der Verschiebung mit einschließt: Eltern verschieben ihre Hoffnungen auf das Glück/lichsein auf die nächste Generation, um den Gedanken des Glück/lichseins als Antwort auf Enttäuschung nicht aufgeben zu müssen (du kannst deinen Glauben an das Glück/ichsein behalten, während du enttäuscht wirst, solange du deine Hoffnungen auf das Glück/lichsein auf jemand anderen projizieren kannst). Die Verpflichtung des Kindes, glücklich zu sein, ist ein Zurückzahlen dessen, was das Kind den Eltern schuldig ist, angesichts dessen, was sie aufgegeben haben. Das Kind ist dazu verpflichtet, die Eltern glücklich zu machen und diese Pflicht auf glückliche Weise zu erfüllen, indem es glücklich ist oder indem es auf richtige Weise zeigt, dass es glücklich ist.

Mit dieser Pflicht zurechtzukommen, kann einfach heißen, sich den Zeichen des Glück/lichseins zu nähern – als glücklich durchzugehen – um Dinge am richtigen Ort zu erhalten. Feministische Genealogien können als Genealogien von Frauen beschrieben werden, die nicht nur ihre Hoffnungen auf das Glück/lichsein auf die falschen Dinge setzen, sondern auch ihre Unzufriedenheit über die Verpflichtung ausdrücken, durch solche Dinge glücklich gemacht zu werden. Die Geschichte des Feminismus ist demnach eine Geschichte des Unruhestiftens[75], eine Geschichte über Frauen, die es ablehnen, eine Sophie zu werden, indem sie es ablehnen, den Gütern anderer zu folgen oder indem sie es ablehnen, andere glücklich zu machen.

Die weibliche Unruhestifterin macht womöglich Schwierigkeiten, weil sie dem Glück/lichsein anderer im Weg steht. Judith Butler zeigt auf, wie die Figur der Unruhestifterin die enge Beziehung zwischen Rebellion und Bestrafung im Rechtswesen aufdeckt. So sagt sie in ihrem Vorwort zu *Das Unbehagen der Geschlechter:* »Im herrschenden Diskurs meiner Kindheit galt ›Schwierigkeiten machen‹ als etwas, das man auf keinen Fall tun durfte, und zwar gerade, weil es einen ›*in* Schwierigkeiten bringen‹ konnte. Die Rebellion und ihre Unterdrückung schien also in denselben Begriffen verfangen, ein Phänomen, das zu meiner ersten kritischen Einsicht in die subtile List der Macht führte: Das herrschende Gesetz drohte, einem ›Ärger zu machen‹, ja

75 Lynne Segals wundervolles Buch *Making Trouble: Life and Politics* (2007), über die Geschichte ihres eigenen Engagements in feministischer Politik, ist daher sehr treffend betitelt.

einen ›in Schwierigkeiten zu bringen‹, nur damit man keine ›Unruhe stiftete‹.« (1991: 7) Glück/lichsein mag das sein, was dich nur aus Schwierigkeiten heraushält, weil es das Unglück/lichsein daran erinnert, nicht in Schwierigkeiten zu geraten. Wir können darüber nachdenken, inwiefern von Frauen geschriebene Bildungsromane des neunzehnten Jahrhunderts eine Rebellion gegen *Émile anboten,* was die erzählerische Darstellung der Grenzen moralischer Erziehung für Mädchen und ihre kleinkarierten Grundsätze des Glück/lichseins angeht. In solchen Romanen dreht sich alles um die enge Beziehung zwischen Schwierigkeiten und Glück/lichsein.

Nehmen wir zum Beispiel George Eliots *Die Mühle am Floss*, das aus der Perspektive von Maggie Tulliver erzählt wird.[76] Die frühen Etappen des Buches schildern Maggies Kindheit, die schwierige Beziehung zu ihrem Bruder Tom und ihre immerwährende Angst, ihre Eltern zu enttäuschen. Der Roman stellt Tom und Maggie einander gegenüber, bezogen darauf, wie sie von ihren Eltern beurteilt werden: »Tom tat nie dergleichen törichte Dinge wie Maggie, denn er hatte eine wunderbare Gabe, instinktiv zu unterscheiden, was zu seinem Vorteil und was zu seinem Nachteil ausgehen würde, und so kam es, daß, obwohl er sehr viel eigensinniger und unbeugsamer war als Maggie, seine Mutter ihn kaum jemals ungezogen nannte.« (1983: 88) Verschiedene Vorfälle tragen zu Maggies Ruf als Unruhestifterin bei: Als sie Toms Kaninchen sterben lässt (47); als sie ihr schwarzes Haar schneidet (88); als sie Toms besonders hohes Kartenhaus umwirft (118); und als sie ihre Cousine Lucy in den Morast schubst (139).

Der Roman bringt zum Ausdruck, inwiefern Unruhe zu stiften nicht einfach in Individuen begründet liegt, sondern auch in der Art und Weise der Interpretation von Konflikten und Streitigkeiten. Solche Situationen zu interpretieren, bedeutet, die Ursache der gestifteten Unruhe zu verorten, was eine andere Möglichkeit ist, über Wendepunkte zu sprechen: Wer Unruhe stiftet ist jemand, der*die zerbrechliche Zustände des Friedens verletzt. Wenn

76 *Die Mühle am Floss* war eines meiner Lieblingsbücher im Seminar zum weiblichen Schreiben des neunzehnten Jahrhunderts, das ich 1988 an der Adelaide University belegte. Es war das erste Mal, dass ich in feministische Theorie eingeführt wurde. 1990 schrieb ich meine (Ehren-) Doktorarbeit über das erzählerische Ende dieses Buches. Immer wenn ich an die Figur der weiblichen Unruhestifter*in im Vergleich zum Spaßverderben dachte, kam mir als allererstes dieses Buch in den Kopf. Als ich es noch einmal las, war ich ganz sprachlos, weil es sich so explizit mit Glück/lichsein im Dialog zwischen den Charakteren, als auch in seiner erzählerischen Entwicklung beschäftigt. Das sollte uns natürlich nicht überraschen: Das Genre des Bildungsromans mit seinem Fokus auf moralischer Entwicklung, ist auf unvermeidliche Weise mit Gedanken zum Glück/lichsein verbunden.

Maggie bei all den Anlässen als Unruhestifterin bezeichnet wird, kommt die Gewalt, die sie dazu bringt, sich derart zu verhalten, als eine Gewalt der Provokation zum Ausdruck, die sich im Hintergrund versteckt hält. Selbst als Tom gescholten wird, ist Maggie der Dreh- und Angelpunkt des Problems. Mrs. Tulliver sagt zu Tom: »›Dann geh und hol sie jetzt sofort, du Taugenichts! Und wie konntest du einfach zum Teich gehen und deine Schwester mitnehmen, wenn es dort so schmutzig ist? Du weißt doch, daß sie Unheil anrichtet, wenn Unheil angerichtet werden kann.‹ Es war Mrs. Tullivers Art, Toms Vergehen, wenn sie ihn tadelte, immer auf irgendeine Weise auf Maggie zu beziehen.« (142) Maggie kommt in Schwierigkeiten, weil sie bereits als Schwierigkeit betrachtet wird, bevor etwas passiert.

Maggie gerät in Schwierigkeiten, wenn sie spricht: Zu sprechen ist bereits eine Art des Trotzes, wenn von dir erwartet wird, dass du in den Hintergrund trittst. Sie spricht, wenn etwas passiert, von dem sie glaubt, dass es falsch ist. Der Höhepunkt des Romans wird erreicht, als der Vater die Mühle verliert und er deshalb fürchtet, nicht mehr für die Familie sorgen zu können. Maggie ist schockiert von dem fehlenden Mitgefühl und der mangelnden Sorge ihrer Verwandtschaft. Sie widerspricht ihnen aus Fürsorge für ihre Eltern: »Maggie stand, nachdem sie so ihren Tanten und Onkeln ihre Herausforderung entgegengeschleudert hatte, still und blickte sie aus ihren dunklen Augen scharf an, als sei sie bereit, alle Folgen abzuwarten... ›Du hast noch nicht das Ende deiner Sorgen mit diesem Kind erlebt, Bessy‹, sagte Mrs. Pullet, ›sie übertrifft alles an Dreistigkeit und Undankbarkeit. Es ist fürchterlich. Ich hätt' besser nicht ihr Schulgeld bezahlen sollen, denn sie ist jetzt schlimmer als vorher.‹« (300) Mädchen, die ihre Meinung äußern, sind dreist und undankbar. Es ist wichtig, dass Maggie sich aus einem Gefühl der Ungerechtigkeit heraus, gezwungen sieht, ihre Meinung kundzutun. Hier können wir bereits die Beziehung zwischen Gerechtigkeitssinn und der Tatsache, als diejenige zu gelten, die für Unglück/lichsein verantwortlich ist, feststellen.

Der Roman verknüpft Maggies Tendenz, in Schwierigkeiten zu geraten, mit ihrem Verlangen, ihrem Willen, ihrer Vorstellungskraft und mit ihrer Liebe zu neuen Worten, die das Versprechen auf unbekannte Welten mit sich bringen. Zum Beispiel liebt sie Latein, denn »sie hatte Freude an neuen Wörtern« (205). »Diese geheimnisvollen Sätze, aus einem unbekannten Kontext gerissen – wie seltsame Hörner von Tieren und Blätter von unbekannten Pflanzen, die aus weit entfernten Gegenden kamen –, gaben ihrer Vorstellungskraft einen grenzenlosen Spielraum und waren umso faszinierender, als sie in ihrer eigenen sonderbaren Sprache waren, die sie zu übersetzen erlernen konnte.« (205f.) Die Verbindung zwischen Vorstellungskraft und Schwierigkeiten ist kraftvoll. Sie lehrt uns, dass die Pflicht zum Glück/lichsein für Frauen eine Horizontverengung bedeutet, eine Aufgabe von Interessen, die sich außerhalb der Familie befinden.

Um wieder auf *Émile* zurückzukommen, es ist interessant, dass die Gefahr des Unglück/lichseins gerade mit Frauen verbunden wird, die zu neugierig sind. An einer Stelle in der Erzählung schlägt Sophie die falsche Richtung ein. Ihre Fantasie und ihre Sehnsüchte werden aktiviert, als sie zu viele Bücher liest, sodass sie zu einer »Unglückliche[n] [wird], [deren] [...] geheimer Kummer [sie] drückt [...]« (Rousseau [1762] 1971: 442). Wird Sophie zu fantasievoll, bekommen wir kein Happy End, das bei Sophie vorausgesetzt, aber auf Émile übertragen wird. Der Erzähler sagt als Antwort auf die Gefahr vor solch einem unglücklichen Ende: »Geben wir also unserem Emil seine Sophie. Rufen wir also dieses liebenswürdige Mädchen wieder ins Leben zurück und geben wir ihm eine weniger lebhafte Phantasie und ein glücklicheres Los.« (443)[77] Zum Leben zurückgeführt zu werden, meint hier, wieder den geraden, schmalen Weg zu gehen. Fantasie führt dazu, dass Frauen hinter die Glücks-Drehbücher schauen und somit ein anderes Schicksal erblicken können. Erst als Sophie wieder zu einem süßen und fantasielosen Mädchen (gemacht) wird, gibt es ein Happy End.

Feministische Leser*innen wollen möglicherweise gerne diese Verbindung zwischen Unglück/lichsein und weiblicher Fantasie anfechten, die in der moralischen Ökonomie des Glücks die weibliche Vorstellungskraft zu einer schlechten Sache macht. Doch wenn wir nicht innerhalb dieser Ökono-

77 Rousseau verknüpft die Gefahr des Lesens für Mädchen mit ihrer Unfähigkeit, zwischen Fantasie und Realität zu unterscheiden. Die Erzählung besagt, dass Sophie unglücklich wird, weil sie sich in einen Charakter aus einem Buch verliebt hat (442). Hier wird angedeutet, dass Mädchen nicht die erkenntnissreichen Fertigkeiten besitzen, zwischen der Fantasie und der Realität zu unterscheiden; sie haben die Tendenz, das Fantasievolle zu wollen. Doch wir könnten diese Erzählung auch anders lesen. Sophies Unglück/lichsein könnte auch durch die Verliebtheit in einen fiktiven Helden verursacht worden sein, doch die Verliebtheit ist auch der Grund für ihre Enttäuschung über das, was das Leben zu bieten hat. Im Bezug auf ihre Verehrer, sagt sie zu ihrer Mutter: »Ich brauche Liebe und finde nichts, was mir gefällt.« (441) Das Lesen birgt für Mädchen nicht so sehr die Gefahr, ihr eigenes Glück/lichsein zu riskieren, sondern das der anderen: Lesen führt zur Ablehnung der Zufriedenheit mit der Realität. Das Happy End fordert Sophie dazu auf, ihre Bücher aufzugeben, sodass sie mit der Perspektive auf eine Ehe mit Émile zufrieden sein kann. Interessant ist auch, dass nach Rousseaus Tod ein Folgeband zu *Émile oder über die Erziehung* erschienen ist, in dem das Glück/lichsein ihres Schicksals umgeschrieben wurde. Sophie begeht Ehebruch (mit der Andeutung, dass sie zum Opfer einer Vergewaltigung wurde) und Émile verlässt sie und ihre Kinder. Siehe Rousseau 1783.

mie agieren – das heißt, wenn wir gerade nicht annehmen, dass Glück/lichsein etwas Gutes ist – können wir den Zusammenhang zwischen weiblicher Fantasie und Unglück/lichsein anders verstehen. Wir könnten untersuchen, inwiefern die Fantasie es Frauen ermöglicht, sich vom Glück/lichsein und der Beschränktheit dieses Horizonts zu befreien. Vielleicht wollen wir, dass Mädchen gerade die Bücher lesen, die es ihnen ermöglichen, vom Kummer überwältigt zu werden.

Es ist Sophies Vorstellungskraft, die ihrem Glück/lichsein und dementsprechend dem Glück/lichsein aller im Wege zu stehen droht. Fantasie ermöglicht es Mädchen, die Weisheit zu hinterfragen, die sie erhalten haben und sich die Frage zu stellen, ob das, was für alle gut ist, notwendigerweise auch für sie gut ist. Wir können einen Vorfall aus *Die Mühle am Floss* beschreiben, als Maggie zu Sophie wird (oder zu der Sophie wird, die Sophie werden muss, um die Erzählfunktion zu erfüllen). Maggie hat eine Offenbarung: »Es durchfuhr sie wie die plötzlich begriffene Lösung einer Aufgabe, daß all die Nöte ihres jungen Lebens daher rührten, daß sie ihr Herz zu sehr auf ihr eigenes Vergnügen gerichtet hatte, als sei dies die zentrale Notwendigkeit des Universums [...].« (404) Aus Sicht der Eltern ist ihre Tochter gut geworden, weil sie sich ihrem Willen unterworfen hat: »Ihr Mutter fühlte den Wandel in ihr mit einer Art verwirrter Verwunderung, daß die heranwachsende Maggie noch so gut werden sollte; es war erstaunlich, daß dieses einst verquere Kind so fügsam geworden war und gar nicht mehr seinen eigenen Willen durchsetzen wollte.« (409) So gut wie ein Mädchen zu sein heißt, seinen eigenen Willen aufzugeben. So kann die Mutter ihre Tochter lieben, die wie zu einem Möbelstück geworden ist, das die Familie dadurch unterstützen kann, dass es sich im Hintergrund aufhält: »Die Mutter begann, ihr großes braunes Mädchen gern zu haben, das einzige im Haushalt, auf das sie nun Sorge und Stolz verwenden konnte [...].« (409f.)

Es ist, als hätte Maggie zwischen Glück/lichsein und Leben gewählt, indem sie das Leben für das Glück/lichsein aufgegeben hat: »›Ich bin viel glücklicher‹, sagte sie schließlich zaghaft, ›seit ich aufgegeben habe, darüber nachzudenken, was leicht und angenehm ist, und unzufrieden zu sein, weil ich nicht meinen eigenen Willen haben konnte. Unser Leben ist für uns bestimmt – und es macht den Geist ganz frei, wenn wir das Wünschen aufgeben und nur daran denken, das zu ertragen, was uns auferlegt ist, und zu tun, was uns zu tun gegeben ist.‹« (421) Glück/lichsein wird hier mit dem Entsagen des Verlangens assoziiert.[78] In diesem Absatz spricht Maggie mit ihrem Freund Philip. Er weigert sich, hinzunehmen, dass Maggie ihr Leben auf diese Weise für das Glück/lichsein aufgibt. So sagt er ganz ungeduldig: »›Aber ich kann das Wünschen nicht aufgeben. […] Es scheint mir, daß wir das Sehnen und Wünschen niemals aufgeben können, solange wir noch vollständig am Leben sind.‹« (ebd.)

Philip liebt Maggie gerade für ihre Lebendigkeit, die sie aus Büchern nimmt, die ihre Sinne für das Interesse und die Neugier auf die Welt wieder zum Leben erwecken. Er gibt ihr ein Buch, das sie nicht zu Ende lesen kann, da sie in diesem Buch die Ungerechtigkeit des Glück/lichseins liest, die nur denen zuteilwird, die es wert sind, geliebt zu werden. »›Ich habe das Buch nicht zu Ende gelesen‹, sagte Maggie. ›Sobald ich zu der blonden jungen Dame kam, die im Park las, habe ich es zugemacht und beschlossen, nicht weiterzulesen. Ich sah voraus, daß das Mädchen mit dem zarten Teint alle Liebe zu Corinne für sich gewinnen und sie elend machen würde. Ich bin entschlossen, keine Bücher mehr zu lesen, wo die blonden Frauen all das Glück davontragen. Ich würde anfangen, Vorurteile gegen sie zu haben. Wenn Sie mir jetzt eine Geschichte geben könnten, wo die dunkle Frau triumphiert, würde es das Gleichgewicht wiederherstellen. Ich möchte Rebecca und Flora MacIvor und Minna und all die übrigen dunklen Unglücklichen rächen.‹« (463) Indem sie ein rassifiziertes Vokabular benutzt, deckt Maggie auf, inwiefern Dunkelheit zu einer Art des Unglück/lichseins wird, weil es ihr an den

78 An dieser Stelle sollte ich hervorheben, dass der Roman Maggies Lösung auf paradoxe Weise präsentiert, indem so getan wird, als gäbe sie freiwillig ihren Willen auf oder hege den Wunsch, ihre Sehnsüchte aufzugeben, und nicht eher als entsage sie völlig ihrem Willen oder ihren Sehnsüchten (siehe Shuttleworth 1984: 104). Maggie hat ihre Erleuchtung, nachdem sie *die Nachfolge Christi* von Thomas à Kempis gelesen hat, ein Buch, dessen Geist bekanntermaßen von George Eliot sehr bewundert wurde (siehe Cooke [1884] 2007: 236. Vielleicht impliziert das Buch sogar, dass wahrer Verzicht, der in *die Nachfolge Christi* verlangt wird, ein ethisches Ideal ist. Für eine weitergehende Diskussion dieses Abschnitts und dem Gedanken des Verzichts in *Die Mühle am Floss*, siehe Carroll 1992: 123-39. Außerdem sollte ich erwähnen, dass die Vorstellung, dass Glück/lichsein durch die Entsagung des Begehrens erreicht werden kann, eine lange Geschichte hat. Trotz ihrer Unterschiede, beruhen beide Modelle des Glück/lichseins, das epikureische als auch das stoische Modell, auf der strikten Beschränkung des Begehrens. Für eine Diskussion, siehe McMahon 2006: 55f. Siehe auch meine Gedanken zum Glück/lichsein und dem Schicksal im Schlussteil dieses Buches. Die Vorstellung, dass wir unsere Sehnsüchte aufgeben sollten (als Sehnsüchte nach Dingen, die außerhalb von uns existieren) ist verbunden mit der wahrgenommenen Notwendigkeit, den Dingen gegenüber gleichgültig zu werden, die sich unserer Kontrolle entziehen. Glück/lichsein wird an die Selbstkontrolle geknüpft: Du besitzt Selbstkontrolle, wenn du dein Glück/lichsein nur von dem abhängig machst, das sich innerhalb deiner Kontrolle befindet.

Eigenschaften mangelt, die als notwendig erachtet werden, um ein Happy End herbeizuführen.[79] Maggie gibt ihr Leben für das Glück/lichsein auf, indem sie sich gegen die Ungerechtigkeit des Glück/lichseins ausspricht und dass es einigen gegeben wird, anderen jedoch nicht.

Der Roman baut darauf, die beiden Cousinen Lucy und Maggie hinsichtlich ihrer Fähigkeiten, glücklich und pflichtbewusst zu sein, zu vergleichen. Maggie gesteht Lucy ihr Unglück/lichsein: »›Unglücklichsein kann zur schlechten Gewohnheit werden.‹« (517) Für Lucy hingegen ist Glück/lichsein eine Möglichkeit, keinen Ärger zu bekommen; sie kann nicht mit einer Realität leben, in der sie Ärger bekommt, denn sie sagt: »›Ich bin immer so glücklich gewesen. Ich weiß nicht, ob ich viel Leid ertragen könnte [...].‹« (ebd.) Glück/lichsein wird zu einer Möglichkeit, Dinge zu verhindern, die unerträglich sind.

Der Höhepunkt des Romans wird erreicht, als Stephen, Lucys Verlobter, sein Interesse an Maggie bekundet, die davon fortgerissen wird. Fast lässt sie sich auf ihn ein, doch stellt dann fest, dass sie das nicht kann: »›Viele Dinge sind schwierig und dunkel für mich, aber eines sehe ich ganz deutlich: daß ich nicht mein Glück suchen kann, nicht suchen darf, indem ich das anderer opfere.‹« (624) Maggie entscheidet sich für die Pflicht, als würde es ohne Pflicht nur die Lust des Augenblicks geben. Als gutes Kant'sches Subjekt sagt sie: »›Wenn die Vergangenheit uns nicht binden sollte, wo kann dann die Pflicht liegen? Wir hätten kein Gesetz, als die Neigung des Augenblicks.‹« (659), worauf Stephen antwortet: »›Aber es zählt nicht für dich, daß du mir das Glück *meines* Lebens raubst.‹« (662)[80] Obwohl Maggie die Pflicht wählt, kann sie das Unglück/lichsein nicht verhindern. Sie muss für ihren

---

79 Maggies Identifizierung als Fremde mit anderer ›Rasse‹ macht an einer früheren Stelle Sinn, wo sie wegläuft, um mit den Zigeuner*innen zu sein, mit denen sie sich blutsverwandt fühlt. Ihre Verbundenheit mit den Zigeuner*innen dient dazu, ihre fehlende Verbundenheit zur eigenen Familie zu kaschieren. Für eine gute Diskussion zum Thema ›Rasse‹ in viktorianischen Romanen, einschließlich der Bedeutung der Figur der Zigeunerin, siehe Meyer 1996. Offensichtlich impliziert der Gebrauch von ›Rassen‹-Schwierigkeiten, um weibliche Schwierigkeiten zu beschreiben, eine Handlung der Aneignung, die das *Weiß*-sein der Unruhestifterin freilegen kann. Wir können auch sehen, inwiefern die Störung einer Kategorie andere stören kann.

80 Ich spreche hier vom Kant'schen Subjekt, da der Gegensatz, den Maggie und Kant gemeinsam haben, zwischen der Pflicht und der Entsagung liegt – als würden wir ohne die Pflicht nur Entsagung haben. Doch wir sollten nicht vergessen, dass Maggie sagt, sie kann andere nicht ihrem eigenen Glück/lichsein zuliebe opfern. Ich werde mich dem Paradox widmen, dass Glück/lichsein zu einer Pflicht *als* eine Pflicht wird, das Glück/lichsein anderer voranzutreiben.

Augenblick der Sünde bezahlen. Indem sie vom Glücks-Pfad abgekommen ist, hat sie ihr Schicksal als Unruhestifterin erfüllt. In einem ihrer Briefe schreibt sie: »O Gott, gibt es ein Glück in der Liebe, das mich *ihren* Schmerz vergessen lassen könnte?« (699) Der Tod als Ergebnis einer Naturkatastrophe (eine Flut) befreit Maggie demnach von den unglücklichen Folgen des Unruhestiftens, davon, vom Glücks-Pfad abgekommen zu sein. Der Roman spricht sich durch die Ungerechtigkeit ihres Todes gegen das Glück/lichsein aus, das an sich als Entsagung des Lebens, der Fantasie und der Sehnsüchte dargestellt wird.

Selbst wenn Bücher, wie *Die Mühle am Floss*, ihre Heldinnen für ihre Sünden zu bestrafen scheinen, rufen sie die Ungerechtigkeit des Glück/lichseins wach und zeigen auf, was und wen Glück/lichsein aufgibt. Indem Glück/lichsein diejenigen aufgibt, die aufzugeben scheinen, gewinnt es an Kohärenz. Wir können Glück/lichsein einfach als eine Art Konvention beschreiben, sodass das Abkommen vom Glücks-Pfad mit einschließt, diese Konvention infrage zu stellen. Was ist eine Konvention? Der Begriff *Konvention* stammt von dem Verb ›einberufen‹ (convene). Einberufen heißt zusammenzukommen, sich zu versammeln oder sich zu treffen. Eine Einberufung ist ein Punkt, um den wir uns versammeln. Einer Konvention zu folgen, heißt, auf richtige Weise zusammenzukommen, sich zu versammeln. Feminismus stellt eine Zeit und einen Ort für die Sehnsüchte von Frauen zur Verfügung, die sich nicht um die Reproduktion der Familienform herum versammeln. Feminist*innen müssen also gewillt sein, Störungen zu verursachen. Feminist*innen müssen vielleicht sogar eigenwillig sein. Ein Subjekt wird als eigenwillig bezeichnet, wenn sein Wille nicht mit dem der anderen übereinstimmt, deren Wille als allgemeiner oder sozialer Wille konkretisiert wird.[81]

Die Figur der weiblichen Unruhestifter*in teilt also denselben Horizont mit der Figur der feministischen Spaßverderber*in. Beide Figuren sind verständlich, wenn sie durch die Linse der Geschichte des Glück/lichseins gelesen werden. Feminist*innen verderben womöglich den Spaß, einfach nur indem sie nicht die Objekte finden, die das Glück/lichsein als etwas Versprochenes versprechen. Der Begriff *Feminismus* ist folglich getränkt mit Unglück/lichsein. Feminist*innen werden bereits als diejenigen gelesen, die etwas zerstören,

81 Durch das Schreiben an diesem Buch über das Glück/lichsein wurde mein Interesse daran geweckt, eine Theorie über die Sozialität des Willens und die Arten und Weisen zu formulieren, wie Menschen als eigenwillig beschrieben werden, insofern sie zu viel oder zu wenig wollen oder etwas ›auf eine falsche Art und Weise‹ wollen. Mit anderen Worten, das eigenwillige Subjekt ist dasjenige, das seine Unstimmigkeit offenkundig macht.

das von anderen nicht nur als gut interpretiert wird, sondern als Grundlage für Glück/lichsein, einfach nur sobald sie sich als Feminist*innen bekennen. Die feministische Spaßverderber*in ›verdirbt‹ das Glück/lichsein von anderen; sie ist eine Spielverderber*in, weil sie sich weigert, für das Glück/lichsein zusammenzukommen, sich zu versammeln oder zu treffen.

In der dichten Sozialität alltäglicher Orte, werden Feminist*innen dementsprechend als Ursprung für negative Gefühle gesehen, als diejenigen, die die Atmosphäre stören, da man sich die Atmosphäre (rückblickend) als etwas Gemeinsames vorstellt. Um dich voranzubringen, musst du an gewissen Formen der Solidarität teilnehmen: Du musst an den richtigen Stellen lachen. Feminist*innen werden typischerweise als schlecht gelaunt und humorlos dargestellt, oftmals, um das Recht auf gewisse Formen sozialer Bindung zu schützen oder um an Dingen festzuhalten, die in Gefahr sein könnten.[82] Feminist*innen müssen nicht einmal etwas sagen, um als Spaßverderber*innen wahrgenommen zu werden. Eine feministische Kollegin sagte einmal zu mir, dass sie nur den Mund in Besprechungen zu öffnen braucht, um zu sehen, dass die anderen mit den Augen rollen, als würden sie denken: »Oh, die schon wieder«.

Meine Erfahrung als Feminist*in hat mich viel über das Augenrollen gelehrt. Aus diesem Grund bin ich nicht überzeugt, wenn Leute sagen, dass negative Gefühle von dieser oder jener Person ausgehen. Mein Skeptizismus stammt aus meinen Kindheitserfahrungen als feministische Tochter in einer relativ konventionellen Familie, die immer mit der Aufführung der guten Stimmung in der Familie haderte, von der immer angenommen wurde, dass sie anderen die Stimmung verdirbt, zum Beispiel, weil sie auf den Sexismus in Gesprächen hinweist. Sagen wir mal, wir sitzen am Esstisch. Um diesen Tisch herum versammelt sich die Familie, hält höflich Konversation, wobei nur bestimmte Themen angesprochen werden können. Jemand sagt etwas, das du als problematisch ansiehst. Vielleicht antwortest du ganz bedacht. Vielleicht sprichst du ganz ruhig; oder du ›regst dich über etwas auf‹ und stellst frustriert fest, dass sich jemand über dich aufregt, der dich aufregt. Die

82 Siehe Rita Felskis ausgezeichnete Beschreibung von feministischen Spaßverderber*innen in ihrem Werk *Literature after Feminism* (2003: 1f.). Sie kritisiert, dass Feminist*innen oftmals von männlichen Literaturkritikern als puritanisch, bitter gesehen und gemein lächerlich gemacht werden, die darauf erpicht sind, den Wert von Literatur gegenüber dem Feminismus zu verteidigen. Ich möchte vorschlagen, dass man sich mit der Figur der feministischen Spaßverderber*in in einer großen Vielzahl von Kontexten beschäftigen kann, überall dort, wo man das Gefühl hat, dass die Notwendigkeit besteht, sich an Machtformen zu halten, die durch den Feminismus angezweifelt werden.

Gewalt dessen, was gesagt wurde oder die Gewalt der Provokation, wird nicht bemerkt. Wie auch immer sie spricht, ist die Feministin normalerweise diejenige, die als ›Ursache für einen Streit‹ gesehen wird, als diejenige, die den zerbrechlichen Frieden stört.

Betrachten wir die Figur der feministischen Spaßverderber*in einmal ernsthaft. Verdirbt die Feminist*in anderen den Spaß, indem sie auf Sexismus aufmerksam macht? Oder enthüllt sie einfach nur die negativen Gefühle, die sonst unter Zeichen von Freude versteckt, verdrängt oder verneint werden?

Dringt ein negatives Gefühl in den Raum, wenn jemand seine Wut über Dinge äußert oder könnte es auch sein, dass die Wut der Augenblick ist, in dem negative Gefühle, die durch Objekte bereits im Umlauf sind, in gewisser Weise an die Oberfläche treten? Feministische Subjekte verderben vielleicht den Leuten die Stimmung, nicht nur, weil sie unglückliche Themen wie beispielsweise Sexismus ansprechen, sondern auch, weil sie aufzeigen, wie Glück/lichsein aufrechterhalten wird, wenn die Anzeichen nicht miteinander auszukommen ausgeblendet werden. In gewisser Hinsicht verderben Feminist*innen wirklich den Spaß: Sie (zer)stören die Fantasie, dass Glück/lichsein an gewissen Orten gefunden werden kann. Eine Fantasie zu töten, kann auch ein Gefühl abtöten. Es ist nicht nur so, dass Feminist*innen vielleicht nicht auf glückliche Weise von den Objekten berührt werden, die Glück/lichsein verursachen sollen, sondern, dass ihr Scheitern, glücklich zu sein, als eine Sabotage des Glück/lichseins anderer betrachtet wird.

Betrachten wir einmal die Beziehung zwischen der Negativität der Figur der feministischen Spaßverderber*in und der Frage, inwieweit bestimmten Körpern negativ ›begegnet‹ wird. Marilyn Frye behauptet, dass Unterdrückung die Aufforderung beinhaltet, dass du dich in der Situation, in der du dich befindest, glücklich zu sein hast. Wie sie es ausdrückt: »Oftmals wird von den Unterdrückten erwartet, dass sie lachen und fröhlich sind. Wenn wir uns fügen, signalisieren wir unsere Fügsamkeit und unsere Einverständnis in unserer Situation.« (1983: 2) Wenn du unterdrückt wirst, wird von dir erwartet, glücklich auszusehen, als Zeichen dafür, dass du angepasst bist oder wurdest. Frye folgert daraus, dass »uns nur die sonnigste Miene davor bewahrt, als gemein, bitter, wütend oder gefährlich wahrgenommen zu werden« (Ahmed 2017: 77). Wenn eine unterdrückte Person nicht lächelt oder zeigt, dass sie glücklich ist, wird sie negativ gelesen: als wütend, feindselig und so weiter. Glück/lichsein wird zur erwarteten ›vorgegebenen Position‹ für diejenigen, die unterdrückt werden, sodass es darauf hinausläuft, dass es die Sphäre der Neutralität definiert. Entweder du bist glücklich oder du bist es nicht.

Als Feminist*in erkannt zu werden, bedeutet, zu einer schwierigen Kategorie oder einer Kategorie von Schwierigkeiten zugeordnet zu werden: Du wirst ›bereits als schwierig gelesen‹, wenn du dich selbst als Feminist*in bezeichnest. Du musst beweisen, dass du nicht schwierig bist, indem du Zeichen des guten Willens und Glück/lichseins setzt. Frye spielt auf solche Erfahrungen an, wenn sie daraus folgert, dass »dies schlussendlich bedeutet, dass wir vielleicht als zu ›schwierig‹ oder zu unangenehm angesehen werden, um mit uns zu arbeiten, was genug ist, um einem die Lebensgrundlage zu entziehen« (2f.). Auch können wir eine Investition in feministisches Unglück/lichsein wahrnehmen (den Mythos, dass Feminist*innen Spaß verderben, weil sie keinen Spaß kennen). Es gibt eine Tendenz, zu glauben, dass Frauen Feminist*innen werden, *weil* sie unglücklich sind, vielleicht als Verdrängung des Neids denen gegenüber, die das Glück/lichsein erreicht haben, an dem sie selbst gescheitert sind.[83] Diese Tendenz funktioniert als eine Verteidigung des Glück/lichseins gegenüber feministischer Kritik. Das bedeutet nicht, dass Feminist*innen nicht auch einmal unglücklich sind; schon allein aufgrund der Darstellung des Feminismus als Folge des Unglück/lichseins könnten wir unglücklich sein. Ich möchte darauf hinaus, dass Feminist*innen als unglücklich gelesen werden, sodass Situationen des Konflikts, der Gewalt und Macht so dargestellt werden können, als würden sie *vom* Unglück/lichsein der Feminist*innen handeln und nicht selbst der Grund sein, *worüber* Feminist*innen unglücklich sind.

Selbstverständlich gibt es innerhalb des Feminismus einige Körper, die mehr als andere als Ursache für Unglück/lichsein betrachtet werden. Wir können die Figur der feministischen Spaßverderber*in neben der Figur der wütenden Schwarzen Frau[84] platzieren, die so ausführlich von Autor*innen

83 Innerhalb der Populärkultur wird regelmäßig davon ausgegangen, dass Feminist*innen ihre eigene Enttäuschung durch die Politik erhöhen. Aus diesem Grund gibt es eine verwandtschaftliche Beziehung zwischen Feminist*innen und anderen Figuren, wie der alten Jungfer oder der Lesbe, die genauso das Risiko der Enttäuschung verkörpern (von der angenommen wird, dass sie die angemessene Konsequenz aus dem ›Scheitern‹ eines heterosexuellen Glück/lichseins sei). Es ist absolut notwendig, dass wir weiterhin über den Sexismus und die Homophobie solcher Figurationen sprechen.

84 Ich mache Gebrauch von der sehr gut erkennbaren Figur der ›wütenden Schwarzen Frau‹ und beziehe mich damit auf alle Women of Color. Manchmal schaffen es Worte nicht, die Komplexität der Geschichte wiederzugeben, vor allem in der Übersetzung. Im Kontext des Vereinigten Königreichs von England würde das Sprechen über »Schwarzen Feminismus« automatisch auf die Werke aller Feminist*innen of Color verweisen und ich bin mir bewusst, dass das in den USA nicht der Fall ist. Doch über die Figur der ›wütenden Schwarzen Frau‹ wurde in unterschiedlichen Kontexten geschrieben. Siehe bei-

wie Audre Lorde (1984) und bell hooks (2009) untersucht wurden. Die wütende Schwarze Frau kann als Spaßverderber*in bezeichnet werden; vielleicht verdirbt sie sogar Feminist*innen den Spaß, indem sie beispielsweise Formen des Rassismus innerhalb feministischer Politik aufdeckt. Vielleicht muss sie nicht einmal so eine These aufstellen, um Spaß zu verderben. Du kannst aus dem Affekt heraus fremd sein, weil du auf falsche Weise von den richtigen Dingen berührt bist. Oder du kannst aus dem Affekt heraus fremd sein, weil du andere auf die falsche Art berührst: Deine Nähe steht der Freude anderer an den richtigen Dingen im Weg und funktioniert als eine ungewollte Erinnerung an Geschichten, die verstörend sind, die eine Atmosphäre stören. Schauen wir uns folgende Beschreibung von bell hooks an: »[...] eine Gruppe *weißer* Feminist*innen, die sich vorher nicht gekannt haben, [kommt zusammen], um über feministische Theorie zu diskutieren. Es kann sein, dass sie sich einander zugehörig fühlen, weil sie alle Frauen sind, aber die Stimmung ändert sich merklich, sobald eine Woman of Color den Raum betritt. Die *weißen* Frauen verkrampfen sich, sind nicht länger entspannt, nicht länger in Feierlaune« (Ahmed 2017: 227).

Nicht nur, dass Gefühle ›angespannt‹ sind, diese Anspannung ist auch irgendwo verortet: Einige Körper spüren diese Anspannung, die einem anderen Körper als Verursacher zugeordnet wird, der folglich abseits von der Gruppe steht, als etwas, das der substanziellen Freude und Solidarität der Gruppe im Wege steht. Der Body of Color wird als Ursache der Anspannung wahrgenommen, was auch einen Verlust der gemeinsamen Atmosphäre mit einschließt (oder wir könnten sagen, dass das gemeinsame Erlebnis des Verlustes dem entspricht, wie die Atmosphäre geteilt wird). Als Feminist*in of Color musst du nicht einmal etwas sagen, um Spannung hervorzurufen. Die bloße Annäherung an einige Körper umfasst eine gefühlsbedingte Umwandlung. Um weiter zu kommen, musst du mit Dingen zurechtkommen, die für einige vielleicht zur Folge haben, dass sie nicht einmal in der Lage sind, den Raum zu betreten. Das Beispiel zeigt uns, wie sich Geschichten in der Nichtgreifbarkeit einer Atmosphäre oder in der Nichtgreifbarkeit von Körpern, die im Weg zu sein scheinen, verdichten. Vielleicht werden Atmosphären geteilt,

---

spielsweise Suneri Thobanis Verweis auf diese Figur im Vergleich zu Immigrant*innen of Color im kanadischen Kontext (2003: 401) und Aileen Moreton-Robinson im Vergleich zu einheimischen Frauen im australischen Kontext (2002: 6). Wenn ich über die Figur schreibe, bleibe ich bei der Kurzversion ›wütende Schwarze Frau‹ und wenn ich unsere Beziehung im Vergleich zu dieser Figur meine, benutze ich den Ausdruck, der in den USA geprägt wird, ›of Color‹.

wenn es eine Übereinstimmung darüber gibt, wo wir die Anspannungspunkte verorten.

Spricht eine Woman of Color aus der Wut heraus, bestätigt sie ihre Position als Verursacher*in von Spannungen; ihre Wut ist das, was die soziale Bindung gefährdet. Audre Lorde beschreibt es folgendermaßen: »Wenn wir Women of Color aus der Wut heraus sprechen, die so viele unserer Kontakte zu Weißen Frauen gefährden, wird uns oft nachgesagt, dass wir eine ›Stimmung der Hilflosigkeit erzeugen würden‹ und ›*weiße* Frauen daran hindern würden, sich von ihren Schuldgefühlen zu befreien‹ oder, dass wir ›einer vertrauten Kommunikation und Handlung im Wege stünden‹.« (1984: 131) Die Aufdeckung von Gewalt wird zum Ursprung von Gewalt gemacht. Die Women of Color muss ihre Wut verfliegen lassen, damit die *weiße* Frau sich weiter entwickeln kann.

Die Figur der wütenden Schwarzen Frau ist auch eine Fantasiefigur, die ihre eigenen Folgen verursacht. Vernünftige, bedachte Argumente werden als Wut abgetan (was natürlich die Wut aus ihrer eigenen Ursache entleert), was dich wütend macht, sodass deine Antwort als Bestätigung des Beweises gelesen wird, dass du nicht nur wütend, sondern auch unvernünftig bist! Um diese Aussage einmal anders auszudrücken: die Wut von Feminist*innen of Color wird zugeschrieben. Also macht es dich womöglich wütend, wenn du daran denkst, wie Rassismus und Sexismus Lebensentscheidungen für Women of Color herabsetzen. Deine Wut ist ein Urteil darüber, dass etwas falsch ist. Doch wenn du als wütend wahrgenommen wirst, wird deine Rede als durch die Wut heraus motiviert interpretiert. Deine Wut wird als nicht zugeschrieben wahrgenommen, als wenn du gegen x wärst, weil du wütend bist und nicht, weil du gegen x bist. Du wirst wütend aufgrund der Ungerechtigkeit, als jemand wahrgenommen zu werden, die durch Wut motiviert handelt, was es schwieriger für dich macht, dich von deinem Objekt der Wut zu distanzieren. Du wirst in das verwickelt, was dich wütend macht, weil du wütend darüber bist, wie sie dich in deine Wut verwickelt haben. Indem du dich über diese Verwicklung ärgerst, bestätigst du ihre Übertragung deiner Wut als die Wahrheit ›hinter‹ deiner Rede, was wiederum deine Wut blockiert und verhindert, dass sie ausbricht. Du wirst blockiert, weil du nicht ausbrechen darfst.

Einige Körper werden zu Blockadepunkten, an denen die fließende Kommunikation stoppt. Sehen wir uns Ama Ata Aidoos wundervolles Prosagedicht *Our Sister Killjoy* an, in dem die Erzählerin Sissie, eine Schwarze Frau, sich besonders anstrengen muss, um die Annehmlichkeiten anderer zu erhalten. Auf einem Flug lädt eine *weiße* Flugbegleiterin sie dazu ein, sich nach hinten zu ›ihren Freunden‹, zwei Schwarzen Personen, zu setzen, die sie gar nicht kennt. Sie will gerade sagen, dass sie die Leute nicht kennt, zögert aber dann: »Hätte sie sich geweigert, sich neben sie zu setzen, wäre es zu einer unangenehmen Situation gekommen, oder? Außerdem darf man nicht vergessen, dass die Flugbegleiterin, abgesehen von der offensichtlichen Zivilisiertheit, die sie an den Tag legt, auch geschult wird, das Wohlergehen aller Passagiere im Blick zu haben.« (1977: 10)

Macht wird hier in dem Augenblick des Zögerns deutlich. Lässt du das mit dir machen? Was bedeutet es, es nicht mit sich machen zu lassen? Wenn man eine unangenehme Situation herstellt, wird man auch als unangenehm wahrgenommen. Das Wohlergehen der Öffentlichkeit zu erhalten, erfordert, dass gewisse Körper ›es mit sich machen lassen‹. Lehnt man es ab, es mit sich machen zu lassen, lehnt man den Ort ab, in dem man platziert ist und wird als Problem betrachtet, als jemand, der*die anderen ein unbehagliches Gefühl bereitet. Es gibt eine politischen Auseinandersetzung darüber, wie wir anderen gute und schlechte Gefühle zuschreiben, die bei der offensichtlich einfachen Frage ins Stocken gerät, wer welche Gefühle an wen weitergibt. Gefühle können mit bestimmten Körpern verknüpft werden, so wie wir auch Orte, Situationen und Dramen beschreiben. Und Körper können stecken bleiben, abhängig von dem, mit welchen Gefühlen sie assoziiert werden.

Bewusstsein und Unglück/lichsein

Sich gegen Formen der Macht und Gewalt auszusprechen, die unter den Zeichen des Glück/lichseins versteckt werden, bedeutet nicht notwendigerweise, auch unglücklich zu werden, selbst wenn es besagt, dass man sich Dinge nicht gefallen lässt, indem man so tut, als würde man sich die Dinge gefallen lassen. Es ist auffällig, dass Shulamith Firestones »Traumhandlung« für die Frauen-Befreiungsbewegung ein »Boykott des Lächelns« ist, bei dem die Frauen »ihr ›freundliches‹ Lächeln aufgeben und fortan nur noch dann lächeln, wenn *ihnen* etwas gefällt« (1970: 86). Das Glücksversprechen abzulehnen, heißt, die Erwartung abzulehnen, so zu tun, als sei man glücklich. Firestone folgert daraus einen Orientierungswandel; dieser besagt, dass man seine körperlichen Angewohnheiten verändert: »Ich selbst mußte mir dieses falsche Lächeln, das jeden Teenager wie ein nervöser Tick beherrscht, regelrecht abtrainieren. Das bedeutete, daß ich selten lächelte, denn wirklich zu lächeln hatte ich kaum Anlaß.« (ebd.) Für Firestone bedeutet eine Ablehnung des ständigen Lächelns keine Ablehnung der Freude oder anderer positiver Gefühle, die nicht auf den akzeptierten Glücks-Pfaden verteilt werden. Wenn überhaupt, hält das falsche Lächeln die psychischen und politischen Bedingungen des Unglück/lichseins aufrecht. Die Feminist*in, die nicht lächelt, wenn sie unglücklich ist, möchte ein aufregenderes Leben. Firestone drückt es so aus: »Erotik ist *erregend.* Keiner mag sie missen. Ohne wenigstens diesen Glanz wäre das Leben eine langweilige und düstere Routineangelegenheit. Das ist genau der Punkt. *Warum wurde alle Lust und Erregung konzentriert auf eine einzige, begrenzte und unzulängliche Schneise innerhalb der menschlichen Existenz gedrängt und alles übrige brach liegengelassen*?« (146; zweite Hervorhebung von S. Ahmed). Feminismus schließt ein, den ›Druck‹ des Glück/lichseins, die Art, wie es die Möglichkeiten auf Aufregung, auf das Aufgeregtsein, einschränkt, kritisch zu hinterfragen.

Das heißt nicht, dass Feminismus Frauen glücklich macht. Es ist nur so, dass Feminismus durch die Weigerung, in die öffentlichen Bekundungen des Glück/lichseins einzustimmen, eine Horizonterweiterung bewirken kann, die es möglich macht, Dinge zu finden. Feminismus garantiert nicht dafür, was wir durch diese Erweiterung körperlicher Horizonte finden. Er öffnet einfach nur die Orte, an denen wir schauen können. Die Tatsache, dass jegliche Öffnung als Zeichen der Feindschaft oder als Spaßverderben betrachtet wird, sagt uns etwas. Der öffentliche Einsatz für das Glück/lichsein ist eine Investition in ein sehr spezielles und beschränktes Modell des Guten; Glück/lichsein erfordert eine Verpflichtung, das zu finden, was Firestone so brillant als »schmale, schwer zu findende Allee« menschlicher Erfahrung beschreibt.

Ich habe untersucht, inwiefern Feminismus als Ursache für das Unglück/lichsein und als durch Unglück/lichsein verursacht dargestellt wird. Anstatt die Möglichkeit einer Verbindung zwischen Feminismus und Unglück/lichsein außer Acht zu lassen, möchte ich eine andere Denkweise darüber in Betracht ziehen. Wir könnten Bewusstseinsbildung als Bildung des Bewusstseins über das Unglück/lichsein beschreiben. Dazu sagt Gayle Green: »Denn obwohl Ausbildungen die Erwartungen von Frauen gehoben haben, *sind viele von ihnen auch unglücklich gemacht* und es sind Ambitionen erschaffen worden, die durch rigide häusliche Ideologien enttäuscht wurden, die sie zurück in den Haushalt zwangen.« (1991; Hervorhebung von S. Ahmed) In der Tat muss man Beschränkungen *als* Beschränkungen erfahren; die bloße Wahrnehmung von Beschränkungen kann das Leben noch beschränkter erscheinen lassen, anstatt befreiter. Wenn die Welt es dir nicht erlaubt, die Möglichkeiten zu ergreifen, die durch Ausbildungen eröffnet werden, wirst du noch mehr der Ungerechtigkeit solcher Beschränkungen gewahr. Die Welt zu öffnen, oder unsere Horizonte zu erweitern, kann bedeuten, dass man sich der vielen Dinge bewusst wird, über die man unglücklich sein könnte. Unglück/lichsein kann also auch eine gefühlsbedingte Methode sein, um unsere Aufmerksamkeit auf die Ursache des Unglück/lichseins gerichtet zu lassen. Du wärst unglücklich *mit* den Ursachen für Unglück/lichsein. Bewusstseinsbildung macht aus unglücklichen Hausfrauen keine glücklichen Feminist*innen, auch wenn wir uns manchmal vielleicht wünschen, dass dem so wäre!

Feminismus beinhaltet ein politisches Bewusstsein für die Dinge, die Frauen für das Glück/lichsein aufgeben sollen. Wenn sich Feminist*innen des Glück/lichseins als Verlust bewusst werden, kann das bereits als Weigerung betrachtet werden, ihre Sehnsüchte, Vorstellungskraft und Neugier dem Glück/lichsein gegenüber aufzugeben. Es kann eine Trauer mit sich bringen, wenn man sich bewusst wird, was man aufgegeben hat. Feministische Archive handeln deshalb hauptsächlich von Hausfrauen, die das Unglück/lichseins als eine Laune identifizieren, die sie zu umgeben scheint: Denken wir nur an Virginia Woolfs *Mrs Dalloway*. Das Gefühl ist überall, fast wie eine Schwere in der Luft. Wir spüren das Unglück/lichsein durch die Aufgaben des alltäglichen Lebens sickern. Da ist sie, kauft Blumen ein, genießt ihren Spaziergang durch London. Während des Spaziergangs verschwindet sie:

> »Doch oft schien ihr jetzt dieser Körper, den sie mit sich herumtrug (sie blieb stehen, um sich ein niederländisches Bild anzusehen), dieser Körper, mit all seinen Fähigkeiten, nichts zu sein – gar nichts. Sie hatte die höchst sonderbare Empfindung, dass sie eigentlich unsichtbar war, ungesehen, ungekannt; dass da jetzt kein Heiraten mehr war, kein Kinderkriegen, stattdessen nur dieses erstaunliche und ziemlich ernste Voranschreiten mit all den anderen, die Bond Street hinauf, dieses Mrs-Dalloway-Sein; nicht einmal mehr Clarissa; dieses Mrs-Richard-Dalloway-Sein.« (2013: 12f.)

Mrs Dalloway zu werden, ist an sich eine Art des Verschwindens: Den Pfaden des Lebens zu folgen (Hochzeit, Fortpflanzung) heißt, zu spüren, dass das, was vor dir liegt, eine Art des feierlichen Fortschritts ist, als würdest du das Leben einer anderen leben, einfach nur, indem du denselben Weg gehst, den andere gehen. Es ist, als hättest du den Sinn des Lebens hinter dir gelassen, als würde dein Leben durch Bewegungen hindurch gehen, die bereits in Bewegung waren, bevor du überhaupt existiert hast. Wie ich bereits in *Queer Phenomenology* (2006) argumentiert habe, muss ein Leben, das als gutes Leben gilt, genau die Richtung einschlagen, die als soziales Gut versprochen wurde, was bedeutet, sich eine Zukunft vorzustellen, um bestimmte Punkte entlang eines Lebensverlaufs zu erreichen. Wenn Glück/lichsein das ist, was uns erlaubt, gewisse Punkte zu erreichen, fühlst du dich aber nicht unbedingt auch glücklich, wenn du dort angekommen bist. Für Mrs Dalloway ist das Erreichen dieser Punkte gleichbedeutend damit, zu verschwinden. Der Punkt, an dem diese Punkte erreicht werden, scheint ein gewisses Verschwinden zur Folge zu haben, einen Verlust an Möglichkeiten, ein gewisses Versagen, die körperlichen Fähigkeiten genutzt zu haben, um herauszufinden, wozu der Körper imstande ist.[85] Sich Möglichkeiten bewusst zu werden, kann ein Trauern über deren Verlust mit einschließen.

Für Clarissa tritt dieses eher unheimliche Ereignis, zu Mrs-Dalloway zu werden, als Verlust einer Möglichkeit, als ein Nichtwerden oder ein ›Nichts‹-Werden nicht in Form von Trauer *über* etwas in ihr Bewusstsein.[86] Die Trauer des Buches – und es ist ein trauriges Buch – wird nicht als eine Sichtweise dargestellt. Stattdessen nimmt jeder Satz im Buch Gedanken und Gefühle auf, als wären sie Objekte in einer gemeinsamen Welt: die Straßen von London, die merkwürdige Situation, an anderen Leuten vorbeizugehen, ein Gefühl dieser Merkwürdigkeit. Manchmal kann sich die zufällige Begegnung mit anderen wie ein Zufall anfühlen. Zu sagen ›es ist nur ein Zufall‹ kann den Eindruck erwecken, als würde die Abwesenheit einer kausalen Beziehung zwischen Ereignissen eine Abwesenheit jeglicher Verbindung nach sich ziehen. Doch wenn man einen Zufall wahrnimmt, erkennt man womöglich, dass es sehr

85 Es mag den Eindruck erwecken, als würde ich meine Hoffnung auf die Fähigkeit setzen, als etwas, das durch das Geschlecht beschränkt ist. Bei Fähigkeiten geht es nicht nur um das Vergnügen, Dinge zugänglich zu machen. Fähigkeiten machen einige Dinge auch auf Kosten anderer Menschen möglich – selbst, wenn wir noch nicht wissen, wozu ein Körper imstande ist, können wir erkennen, dass er nur so viel zu einem bestimmten Zeitpunkt imstande ist, zu tun. In jeder Fähigkeit steckt ein wenig Kummer und Verlust – was eine Fähigkeit nicht zu etwas Leidvollem macht. Bei meiner Teilnahme an Konferenzen machte es mich sprachlos, wie sehr die ›Öffnung der Fähigkeit des Körpers, zur Handlung‹ als eine Art schwaches Erbe von Spinoza zu einem Mantra in Gefühlswissenschaften wurde, als wären solche Öffnungen notwendigerweise gut, oder als sollten sie als abgesprochenes *Telos* in der Politik eingesetzt werden. Wir sollten uns immer fragen: Fähigkeiten wofür und um was zu tun? Siehe das erste Kapitel meines Buches *Queer Phenomenology* (2006) für eine Reflektion über Fähigkeiten als eine Art der Richtungsweisung.

86 Mrs Dalloways Bewusstseinsstrom bietet sich selbst als Bewusstsein über den Tod an: »Spielte es da eine Rolle, fragte sie sich, Richtung Bond Street spazierend, spielte es eine Rolle, dass es unvermeidlich einmal ganz und gar würde aus sein mit ihr; all das würde ohne sie weitergehn; verdross es sie; oder war es nicht tröstlich zu glauben, dass der Tod allem tatsächlich ein Ende machte?« (2013: 11). Ich biete meine eigene Meinung an, indem ich das Bewusstsein über den Tod mit dem Bewusstsein über das Geschlecht verknüpfe: Also »muss [Clarissa] auf unvermeidliche Weise komplett verschwinden«, indem sie zu Mrs Richard Dalloway wird.

wohl eine Art Verbindung ist, in die gleiche Zeit und an denselben Ort wie andere zu fallen, mit anderen zu sein oder auf andere zu treffen. Als Clarissa mit ihrer Pflicht im Kopf hinausgeht (sie muss Blumen für ihre Party kaufen), tritt sie in eine Welt mit anderen. Du magst zwar in deiner Welt sein (mit deinen eigenen Pflichten, deinen eigenen Erinnerungen), dennoch teilst du, sei es nur für einen Augenblick, einen flüchtigen Augenblick, einen Augenblick, der verfliegt, die Welt der Straße. Dinge erscheinen als Methoden der Aufmerksamkeit: das Flugzeug oben, das Buchstaben in den Himmel schreibt, das Flugzeug, das von denen gesehen wird, die aneinander vorbeigehen. Fragen entfalten sich als gemeinsame Fragen: Was ist das für ein Buchstabe? Was ist das für ein Wort? »›Was sehen die sich da eigentlich an?‹, sagte Clarissa Dalloway« (32). Als würde die bloße Richtung eines Blickes reichen, um eine gemeinsame Welt zu erschaffen. Obwohl jede*r die Straße mit einer gewissen Art von Trauer, einer Beschäftigung mit diesem oder jenem betritt, kann die Straße an sich auch traurig werden, wenn ein Objekt, wie das Flugzeug, das Worte in den Himmel schreibt, Aufmerksamkeit erregt, obwohl es für jede Person, die hinaufschaut, vielleicht ganz unterschiedlich gesehen werden kann.

Wenn Unglück/lichsein sich zu einem kollektiven Eindruck entwickelt, besteht es zugleich auch aus Fragmenten, die nur lose an Sichtweisen anhaften. Insbesondere die Nähe zwischen Mrs Dalloway und der Figur des Septimus führt dazu, dass Unglück/lichsein geteilt wird, selbst wenn es nicht zwischen ihnen herumgereicht wird; zwei Charaktere, die sich nicht kennen, obwohl sie aneinander vorbeigehen, doch ihre Welten sind durch die Erschütterung des Unglück/lichseins verbunden. Wir haben die Immanenz des Schocks darüber, welche Auswirkungen das Leiden eines Menschen auf die Lebenswelt von anderen Menschen haben kann. Septimus leidet an einem Kriegstrauma; und wir fühlen seine Panik und Trauer, als das Grauen des Krieges sich ihm als Erinnerung aufdrängt. Sein Leid bringt die Vergangenheit in die Gegenwart, die lange Zeit des Krieges, sein Überdauern auf der Haut als Nachwirkung, seine Weigerung eines Danachs. Für diejenigen, die ihn aus der Entfernung beobachten, die an dem Tag die Straße mit ihm teilen, erscheint er als ein Geisteskranker, am Rande der respektablen Gesellschaft, ein Spektakel. Wenn du ihm auf der Straße begegnest, kennst du nicht die Geschichte hinter seinem Leid. Dem Leid nahe zu sein, bringt dir das Leid nicht zwangsläufig nahe.

Clarissa und Septimus erreichen auf diese Weise als Charaktere, die sich nicht begegnen, eine seltsame Intimität: Das nicht nur private Leid der Hausfrau und das nicht ganz öffentliche Leid des zurückgekehrten Soldaten werden ineinander gewoben. Wichtig ist, ihre Trauer ist unmittelbar, aber nicht ansteckend. Sie fangen ihre Trauer nicht voneinander auf; ihre Trauer hält Geschichten am Leben, die nicht geteilt werden, nicht geteilt werden können, als sie auf der Straße aneinander vorbeigehen. Und doch wird etwas geteilt, vielleicht solche Dinge, die nicht einfach aufgedeckt werden können. Clarissa denkt im Bus über ihre »eigenartigen Gemeinsamkeiten« mit Fremden nach, »mit denen sie noch nie gesprochen hat« und fragt sich, ob »dem unsichtbaren Teil von uns« womöglich ein Bezugspunkt zu anderen entgegengesetzt werden kann, der dafür sorgt, dass wir durch andere überleben »vielleicht – vielleicht« (161f.)

Rezia, Septimus' Frau, denkt am deutlichsten über die Schwierigkeit nach, Emotionen zu erfahren, die lediglich denjenigen offenbart werden, die uns unmittelbar nahe stehen. Rezia hat so eine Angst, ihr eigenes Unglück/lichsein zu offenbaren, dass sie »manchmal beinahe geglaubt [hatte], dass sie Leute auf der Straße anhalten müsse, wenn sie aussahn wie gütige, freundliche Leute, bloß um ihnen zu sagen: ›Ich bin unglücklich‹« (88). Sie ist sich dessen bewusst, dass sie ihre Gefühle und die von Septimus nicht einfach Vorbeigehenden offenbaren kann: »Gab es da überhaupt irgendetwas Auffälliges an ihnen, irgendetwas, das einen Passanten vermuten ließe, hier ist ein junger Mann, der die wichtigste Botschaft der Welt in sich trägt, und er ist außerdem der glücklichste Mensch auf der Welt und der elendste?« (ebd.) Eine Gefühlswelt zu bewohnen, erschafft keine Welt aus Gefühlen.

In dem Roman geht es hauptsächlich um ein Ereignis, das stattfinden soll. Mrs Dalloway plant eine Party. Einige Feminist*innen finden das Buch aufgrund der Beschäftigung mit der Party enttäuschend. Simone de Beauvoir liest Mrs Dalloways Leidenschaft für Partys als ein Zeichen für einen Versuch, ihre »Gefangenschaft in Herrlichkeit« umzuwandeln, als könnte sie als Gastgeberin die »Spenderin von Glück und Fröhlichkeit« (1968: 519) sein. Für Beauvoir verwandelt sich das Geschenk der Party schnell in eine Pflicht; sodass Mrs Dalloway, die »diese Triumphe ..., ihren Glanz [...] auch liebte, [...] doch ihre Leere« fühlte (520). Für Kate Millett ist Mrs Dalloway eine eher enttäuschende Figur; sie enthülle Woolfs Scheitern, ihr eigenes Unglück/lichsein in Politik umzuwandeln: »Virginia Woolf verherrlichte zwei Hausfrauen, Mrs. Dalloway und Mrs. Ramsay; sie schrieb in *The Waves* über das selbstmörderische Elend von Rhoda, ohne je die Ursachen dafür zu erklären.« ([1969] 1971: 165) Wir könnten behaupten, es läge an der Party, die Mrs Dalloway plant, dass wir nicht viel mehr über ihr Unglück/

lichsein offenbart haben, als die Trauer über die Erinnerung an die verlorene Vertrautheit mit Peter und Sally, die beide ganz unerwartet im Laufe ihres Tages auftauchen. In gewisser Weise wird impliziert, dass das nicht einfach so passiert, sondern es einen Bezug zu den Gedanken von Mrs Dalloway gibt: »den ganzen Tag hatte sie an Bourton, an Peter, an Sally gedacht« (Woolf [1925] 2013: 195). Solche verlorenen Vertrautheiten werden zu verlorenen Chancen, Spuren eines Lebens, dass sie hätte leben können, wenn Dinge sich nicht so gefügt hätten, wie sie es haben.

Sofern sich Mrs Dalloway von den Ursachen des Unglück/lichseins durch die Party ablenken lässt (und wir können die Notwendigkeit dieser Ablenkung gut nachvollziehen), ist die Party auch ein Ereignis, in dem Unglück/lichsein zutage kommt. Für Mrs Dalloway bedeutet ihre Party Leben; durch sie kann sie Dinge geschehen lassen; es ist ein Geschenk, ein Geschehen (130). Was geschieht? Dass dies überhaupt eine Frage ist, ist eine Wahrung des Geschenkes. Und es geschieht auch etwas. Dafür ›berührt‹ Septimus' Leben unmittelbar das von Mrs Dalloway. Es berührt sie durch den Tod. Lady Bradshaw sagt zu ihr: »›Grad als wir aufbrachen, mein Mann ans Telefon gerufen wurde, ein sehr trauriger Fall. Ein junger Mann (das nämlich erzählt Sir William grade Mr Dalloway) hatte sich umgebracht. Er war in der Armee gewesen.‹ Oh!, dachte Clarissa, mitten in meiner Gesellschaft, hier ist der Tod, dachte sie.« (194) Inmitten einer Party häufen sich die Worte zu einem Bericht, erzählen von der Geschichte eines Toten. Ein junger Mann bringt sich um und der Tod an sich (und nicht nur der Bericht von dem Tod) findet inmitten einer Party statt, inmitten einer lebendigen Party. Die Seele der Party ist tot. Der*die Leser*in hat bereits von dem Tod erfahren; wir wurden schon Zeug*innen dessen. Jetzt werden wir Zeug*innen der Wirkung dieses Todes; wie er ein eigenes Leben annimmt, wie er irgendwo in der Mitte stattfindet. Für Mrs Dalloway wird dieser Tod zu etwas, das die Fantasie anregt, etwas zu Leben erweckt durch die Kraft der Gedanken:

> »Wie kamen die Bradshaws dazu, auf ihrer Gesellschaft vom Tod zu sprechen? Ein junger Mann hatte sich umgebracht. Und sie sprachen davon auf ihrer Gesellschaft – die Bradshaws sprachen vom Tod. Er hatte sich umgebracht – aber wie? Stets durchlebte sie es am eigenen Leib, wenn man ihr, als Erster, unvermittelt, von einem Unglücksfall erzählte; ihr Kleid glühte, ihr Leib brannte. Er hatte sich aus dem Fenster gestürzt. Heraufgezuckt kam der Boden; durch ihn stießen, ungeschlacht, wundenschlagend, die rostigen Eisenspitzen. Da lag er mit einem dumpf-dumpf-dumpfen Schwärze. So sah sie es. Aber warum hatte er das getan? Und die Bradshaws sprachen davon auf ihrer Gesellschaft!

Sie hatte einmal einen Shilling in den Serpentine geworfen, nie mehr als das. Aber er hatte alles weggeworfen. Sie lebten weiter (sie würde zurückgehen müssen, in den Zimmern herrschte noch immer Gedränge, immer noch kamen Leute). Sie (den ganzen Tag hatte sie an Bourton, an Peter, an Sally gedacht), sie würden alt werden. Etwas gab es, das Bedeutung hatte; etwas, umwirrt von Geschwätz, entstellt, verdunkelt in ihrem eigenen Leben, verworfen mit jedem Tag in Unredlichkeit, Lügen, Geschwätz. Das hatte er bewahrt. Der Tod war Trotz. Der Tod war ein Versuch, in Verbindung zu treten, da Leute die Unmöglichkeit fühlten, zum Mittelpunkt vorzudringen, der sich ihnen, auf mystische Weise, entzog; Nähe trieb auseinander; Entzücken verging; man war allein. Im Tod lag eine Umarmung.« (195)

Septimus' Tod wird zu einem Problem, das Mrs Dalloway von der Party wegbringt; sie schenkt seinem Tod Aufmerksamkeit, grübelt darüber nach; sie wird zu einer rückblickenden Zeugin, auch wenn sie nicht da war und auch nicht hätte da sein können. Der Schauder: der Klang dessen; das Dröhnen, Dröhnen, Dröhnen dessen; der Boden, der aufzuckt; die rostigen Nägel. Sein Tod wird durch ihre Gedanken zu etwas Materiellem, etwas Körperlichem. Sein Tod kündigt nicht nur an, dass Trauer unerträglich sein kann, sondern auch, dass wir sie nicht ertragen müssen, dass man sie wegwerfen kann. Und in diesen Augenblicken, in denen der Tod auf das Leben einer Party trifft, wird das Leben zu Geschwätz, zu dem, was weitergeht, »sie lebten weiter«, zu dem, was kommt und geht »Menschen machten weiter.« Der Tod verkörpert das Leid, das bestehen bleibt, wenn das Leben zu Geschwätz wird.

An Mrs Dalloway verblüfft, dass das Leid von den Rändern in ihr Bewusstsein tritt, durch die Ankunft einer anderen Person, einem Eindringling, der nicht zur Party eingeladen war. Das Leid des Eindringlings enthüllt die Leere des Lebensgeschwätzes. Leiden tritt nicht als Selbstbewusstsein herein – als Bewusstsein über sein eigenes Leid – sondern als eine Erhöhung des Bewusstseins, ein Weltenbewusstsein, in dem dem Leid derer, die nicht dazugehören, erlaubt wird, eine Atmosphäre zu stören. Selbst wenn Unglück/lichsein ein vertrautes Gefühl ist, kann es wie ein*e Fremde*r ankommen, um das Vertraute zu stören oder zu enthüllen, was im Vertrauten verstörend ist.

Die Ankunft des Leids von den Rändern des sozialen Bewusstseins aus kann uns womöglich etwas über die Schwierigkeit, sich des Leids bewusst zu werden, oder über unseren Widerstand lehren, solche scheinbar ›kleinen‹ beunruhigenden Gefühle des Verlustes oder der Enttäuschung *als* Unglück/lichsein mit unserem Leben, anzuerkennen. Die Party offenbart vielleicht die

Notwendigkeit, beschäftigt zu bleiben und, trotz unseres eigenen Verschwindens, weiterzumachen. So viel Trauer offenbart sich in der Notwendigkeit, immer beschäftigt zu sein. So viel Kummer drückt sich durch die Notwendigkeit aus, sich nicht vom Kummer überwältigen zu lassen. Es ist harte Arbeit, Trauer und Enttäuschung einfach anzuerkennen, wenn du ein Leben lebst, das zwar dazu bestimmt ist, glücklich zu sein, es aber nicht ist, das zwar dazu bestimmt ist, gefüllt zu sein, sich jedoch leer anfühlt. Es ist schwierig, eine Vorstellung von seinem Leben aufzugeben, wenn man ein Leben gemäß dieser Vorstellung gelebt hat. Verlust anzuerkennen, kann bedeuten, gewillt zu sein, eine Intensivierung der Traurigkeit zu erleben, die das Gefühl der Zuversicht aufschiebt.[87]

Feminismus zu erben, kann bedeuten, Traurigkeit zu erben. Es liegt Traurigkeit darin, wenn man sich des Geschlechts als Beschränkung einer Möglichkeit bewusst wird, als auch der Tatsache, wie unnötig diese Beschränkung ist. Letztendlich haben wir das Buch *Mrs Dalloway* geerbt; wir haben das Buch weitergereicht und es ist in andere kulturelle Formen übergegangen.[88]

Nehmen wir den Film *The Hours – Von Ewigkeit zu Ewigkeit* (2002, Reg. Stephen Daldry) der auf dem Roman von Michael Cunningham *Die Stunden* ([1998] 2000) basiert, der wiederum seinen Titel von Woolfs Original *Mrs Dalloway* hat. *Die Stunden* stellt drei Generationen von Frauen nebeneinander und begleitet sie in ihrem Leben an einem einzigen Tag: Es gibt eine fiktionalisierte Darstellung eines Tages aus dem Leben von Virginia Woolf (Nicole Kidman), Laura Brown (Julianne Moore), der unglücklichen Hausfrau in den fünfziger Jahren, die *Mrs Dalloway* liest und dabei einen Kuchen backt und von Clarissa Vaughan (Meryl Streep), die wie Mrs Dalloway eine Party organisiert, dieses Mal für ihren ehemaligen aidskranken Geliebten und Freund Richard (Ed Harris). Der Roman *Mrs Dalloway* ist in vielerlei Hin-

87 Voller Hoffnung zu sein, kann die Erkenntnis darüber verzögern, dass man nicht glücklich ist, wenn man sich an einen bestimmten Pfad hält. Vielleicht bist du traurig, aber du hoffst dennoch, dass die Dinge ›unterwegs‹ besser werden. Je hoffnungsvoller du bist, desto mehr gibst du auf, indem du nicht aufgibst. Wenn du anerkennst, dass Situationen hoffnungslos sind, können dich all diese Formen der verzögerten Trauer treffen. Die Erkenntnis über den Verlust kann deshalb eine der schwierigsten Formen der Erkenntnis sein. Sie schließt oftmals mit ein, darauf vorbereitet zu sein, unsichtbar zu werden.

88 Ein anderes kürzlich erschienenes Buch, das als Ode an *Mrs Dalloway* beschrieben werden kann, ist Rachel Cusks *Arlington Park* ([2006] 2007). Dieses Buch kommt dem Aufbau von *Mrs Dalloway* recht nahe: Es gibt verschiedene Bewusstseinspunkte, eine Art des Unglück/lichseins, das allgegenwärtig ist, alles umgibt; die Handlung spielt nur an einem einzigen Tag; es gibt eine Party und die unterschiedlichen Charaktere im Buch treffen auf der Party aufeinander.

sicht im Roman *Die Stunden* aufgegriffen worden; wir erben den verlorenen Namen des Buches, das Buch an sich. Ebenso ahmt *Die Stunden Mrs Dalloway* auch darin nach, dass es seiner Orientierung folgt, seiner Richtungsweisung in der Zeit, indem es ein ganzes Leben an einem einzigen Tag erzählt. Der Film richtet sich sehr nach Gesten, die jede Generation mit der Figur der Mrs Dalloway verknüpfen: Clarissa beginnt ihren Tag beispielsweise, indem sie sagt, sie würde die Blumen für die Party besorgen. Die Gesten oder Aufgaben des Alltags werden zu Formen des Erbes.

Ich möchte mich vor allem auf Laura Brown fokussieren, die unglückliche Hausfrau der fünfziger Jahre. Sie liest *Mrs Dalloway* und wir hören die Stimme von Virginia Woolf, die in dem Film heraufbeschworen wird, und die Stimme reist durch die Zeit hindurch als Spur einer Geschichte, die noch nicht vorbei ist, einer Vergangenheit, die fortlebt. Laura sehnt sich danach, das Buch zu lesen. Sie liebt das Buch; sie möchte mit ihm im Bett liegen bleiben; sie möchte es weiterlesen, mehr und mehr lesen. Ihr Verlangen nach dem Buch spiegelt auch ihr Verlangen, dem Leben zu entkommen, der Zeit und seinem Rhythmus zu entfliehen: Sie möchte Zeit mit dem Buch verbringen, um keine Zeit mit ihrem Mann und ihrem Kind verbringen zu müssen.

Es ist ein Tag, ein einziger Tag. Es ist der Geburtstag ihres Mannes; doch Laura möchte mit ihrem Buch im Bett liegen bleiben; wir stellen uns vor, dass sie mit Virginia im Bett bleiben möchte. Später, als ihr Mann weg ist, kommt ihre Freundin Kitty und fragt sie über das Buch aus. Laura erzählt von Mrs Dalloway als wäre sie anwesend, als würden sie sich am selben Ort, in derselben Welt befinden. Sie sagt über Mrs Dalloway: »Weil sie selbstbewusst ist, denken alle, dass es ihr gut geht. Doch es ist nicht so.« Zufrieden zu sein, bedeutet, die Welt von einem Glück/lichsein zu überzeugen, das existiert; es bedeutet, mit dem glücklich zu erscheinen, was existiert. Du arbeitest, um den Glauben daran zu festigen, dass alles okay ist – wenn dem nicht so ist. Die Geschichte von *Mrs Dalloway* wird zu Lauras Beschreibung ihrer eigenen Gegenwart, dem, was sie umgibt, ihrer Lebenswelt. Sie identifiziert sich mit Mrs Dalloway durch das Leiden, indem sie ihren Kummer teilt, als einen Kummer, der nicht nach außen getragen wird, als würde sie sagen: Genauso wie dir, geht es mir nicht gut, wie dir, hält mein Leben den Anschein aufrecht, dass alles gut ist, einen Anschein, der auch ein Verschwinden ist.

Was geschieht, wenn häusliches Glück keine Glückseligkeit hervorbringt? Laura versucht, einen Kuchen zu backen. Sie schlägt ein Ei auf. Das Aufschlagen eines Eis wird zu einer thematischen Geste im Film und verbindet die Hausarbeit von Frauen durch die Zeiten hindurch. Einen Kuchen zu backen, sollte ein glückliches Unterfangen sein, ein Akt der Liebe. Stattdessen offenbart der Film eine Art Unterdrückung, die im Akt des Aufschlagens der Eier liegt. Im letzten Kapitel habe ich bereits angedeutet, dass es möglich ist, von likes umgeben zu sein, die nicht die eigenen sind, und von Versprechen, die einen in ihrer Leere jagen, wenn Glück/lichsein seinen eigenen Horizont als einen Horizont von likes herstellt. Nicht nur bewirken solche Objekte nicht dein Glück/lichsein, sie erinnern dich auch noch an dein Versagen, glücklich gemacht zu werden; sie verkörpern ein Gefühl der Enttäuschung. Die Schüssel, in die du die Eier schlägst, wartet auf dich. Du kannst den Druck ihrer Erwartung spüren. Die leere Schüssel fühlt sich an wie eine Anschuldigung. Feministische Archive sind voller Szenen von Häuslichkeit, in denen häusliche Objekte, glückliche Objekte, fremd, sogar bedrohlich werden.

In einer sehr bewegenden Szene in *Die Stunden*, in der Lauras Familie sich um den Tisch versammelt und ihre eigene Party mit dem Kuchen feiert, den sie schließlich doch gebacken hat, wird das Glücksversprechen hervorgerufen. Ihr Mann erzählt den Kindern die Geschichte, wie sie sich kennengelernt haben. Er sagt: »Ich habe mir immer gewünscht, sie in dieses Haus zu bringen. In ein Leben, das diesem hier sehr ähnelt. Und es war die Vorstellung des Glück/lichseins, die Vorstellung dieser Frau, die Vorstellung dieses Lebens, die mich dazu brachte, weiterzumachen. Ich hatte eine Vorstellung von Glück/lichsein.« Als er spricht, füllen sich Lauras Augen mit Tränen. Ihre Trauer schwingt in seiner Vorstellung von Glück/lichsein mit, in dem, was ihn dazu bringt, weiterzumachen, und in der Welt, die für sie geschaffen wird. Laura erklärt Clarissa am Ende des Films, wie es dazu kam, dass sie ihren Mann und ihr Kind verlassen hat: »Es wäre wundervoll, zu sagen, dass man es bereut; es wäre einfach. Doch was bedeutet es? Was bedeutet es, zu bereuen, wenn du keine Wahl hattest? Es ist das, was du ertragen kannst. So ist es. Niemand wird mir verzeihen. Es war der Tod. Ich wählte das Leben.« Ein Leben, das auf »einer Vorstellung von Glück/lichsein« gründet, wäre für Laura unerträglich gewesen. Solch ein Glück/lichsein wäre mit dem Tod gleichbedeutend. Sie verlässt dieses Leben nicht, um glücklich zu sein. Sie verlässt dieses Glück/lichsein, um zu leben.

Wir könnten hier fragen, warum also nicht das Glück/lichsein für eine andere Art von Glück/lichsein verlassen, ein Glück/lichsein, das ihr eigenes genannt werden könnte? Ist es nicht möglich, die Kreativität des Feminismus, sein Potential zum Erschließen neuer Horizonte, als etwas zu verstehen, das uns alternative Vorstellungen von Glück/lichsein liefert? Vielleicht wird durch Lauras Traurigkeit offenbart, wie Glück/lichsein von seiner eigenen

Geschichte durchtränkt ist, die zu schwer von einer Vorstellung zu trennen ist, von einer Vorstellung, die ihr Mann für sie hat. Für Laura bedeutet das Verlassen des Glück/lichseins, alles hinter sich zu lassen; es bedeutet, Unglück/lichsein für diejenigen herzustellen, die sie hinter sich gelassen hat, ein Unglück/lichsein, das von ihrem Kind ausgeht, das, wie wir am Ende des Films erfahren, Richard ist. Und Clarissa pflegt Richard in *Die Stunden* und schenkt seinem Unglück/lichsein Aufmerksamkeit, während er die Bruchstücke des Glück/lichseins aufsammeln muss, die Laura zerbrochen hat. Clarissa: Sie endet (wie Mrs Dalloway) damit, eine Party für ihren Freund zu organisieren und sich darum zu sorgen (wie Mrs Dalloway), dass ihre Partys oberflächlich sind. Clarissa versucht (wie Mrs Dalloway) verzweifelt, nicht traurig zu sein; das glückliche Ereignis, Richards Verleihung des Carrouthers-Preises für Poesie, die Party zu nutzen, um nicht mehr an die Traurigkeit seines bevorstehenden Todes denken zu müssen; damit der Kummer sie nicht überwältigt.

Der Film dramatisiert womöglich das selbst verschuldete Unglück/lichsein von Laura, der Frau, die das Glück/lichsein nicht ertragen kann, indem er Sympathie aus ihrer Notlage zieht. Ich denke, das ist der Fall. Vielleicht lernen wir von dieser Ablenkung der Sympathie. Wenn die Person, die Glück/lichsein hinter sich lässt, denjenigen Unglück/lichsein bringt, die sie hinter sich gelassen hat, darf sie nicht mitfühlend sein: Sie darf Gefühle nicht mit denselben Gefühlen erwidern (Glück/lichsein mit Glück/lichsein, Liebe mit Liebe), wenn sie vor der Verpflichtung wegläuft, wieder zurückzukehren. Mit anderen Worten, Glück/lichsein aufzugeben hat zur Folge, dass man unsympathisch wird. Dass Lauras Handlung nur als Extrem berichtet werden kann, sogar als Gewalt, als Ursache für das Leiden, das nicht repariert werden kann, zeigt uns nur, wie schwer es sein kann, den Gedanken an das Glück/lichsein aufzugeben, weil dieser Gedanke auch mit dem Impuls einhergeht, sich um das Glück/lichsein anderer zu kümmern. Ich denke, wir wissen genau, dass viele in Situationen des Unglück/lichseins bleiben, aus Angst, Unglück/lichsein zu verursachen, aus Angst, Sympathie zu verlieren, unsympathisch zu werden. Es ist schwierig, Glück/lichsein für das Leben zu verlassen. Es herrscht immer eine Lücke zwischen dem Bewusstsein davon, was verloren ist, indem man gemäß einer Vorstellung von Glück/lichsein lebt, und dem in der Lage sein, Glück/lichsein für das Leben zu verlassen; eine Lücke, in der Dinge passieren, in der Leben gelebt werden und Leben verloren gehen. Traurigkeit schwingt nicht nur dann mit, wenn man Geschlecht als den Verlust von Möglichkeiten erkennen muss, sondern auch, wenn man feststellt, dass das Erkennen eines solchen Verlustes nicht notwendigerweise Dinge möglich macht.[89] Schließlich verbringt Clarissa in *Die Stunden* ihre Zeit wie Clarissa in *Mrs Dalloway*, indem sie für das Glück/lichsein von Richard sorgt: Ihre Beziehung zu Sally leidet, doch damit beschäftigt sie sich nicht.[90] Möglicherweise lehrt uns der Film, dass Clarissas Unglück/lichsein einerseits ihr Erbe von Mrs Dalloway ist und andererseits das Versäumnis, von Laura, von ihrem Akt der Rebellion, etwas geerbt zu haben, anstatt die zu sein, die sie durch Richard ist, wie das Kind, das Laura zurückgelassen hat.[91] Am Ende fühlt Clarissas Tochter mit Laura mit. Wir lernen aus dieser intergenerationalen Sympathie: Vielleicht braucht es mehr als eine Generation, um ein feministisches Erbe wiederherzustellen, in dem wir Sympathie (vielleicht eine Sympathie für gefühlsbedingte Fremde oder fremde Gefühlslagen) denjenigen gegenüber

89 Dieses Gefühl, dass das Wahrnehmen von Möglichkeiten, Dinge nicht möglich macht, spukt in Kate Chopins *Das Erwachen* ([1899] 1999) herum. Die Heldin wird sich des Lebens außerhalb des häuslichen Glück/lichseins bewusst, was als eine »unbeschreibliche Bedrücktheit« beschrieben wird (14), nur um festzustellen, dass das, was sich außerhalb dieses Lebens befindet, auch zur Folge hätte, in Besitz genommen zu werden. Du erkennst, dass das, was du aufgegeben hast, nicht notwendig war, dass du aber nicht zurücknehmen kannst, was du gegeben hast, ohne dich selbst aufzugeben. Ihr Erwecken zu Leben führt aufgrunddessen zu ihrem Tod. Ihr Tod kann als Befreiung vom Glück/lichsein gesehen werden, eine feministische Verweigerung des Genommenwerdens, von Glücks-Drehbüchern weggenommen zu werden. Zur Bedeutung von unglücklichen Enden in weiblichem Schreiben, vor allem in Liebesromanen, siehe Radway 1984 und DuPlessis 1985.

90 Für diese Anmerkung bin ich Sarah Schulman zu Dank verpflichtet.

91 Ich sage nicht, dass Richards Erbe der Trauer keine Rolle spielt. Tut sie. Die Ungerechtigkeit dieser Trauer muss zugegeben werden. In der Geschichte haben Frauen, die vom Glücks-Pfad abgewichen sind (die sich nicht auf angemessene Weise darum gekümmert haben, das ›Familienglück‹ aufrechtzuerhalten, zum Preis ihres eigenen Glücks), teuer dafür bezahlt: Sie haben den Zugang zu ihren Kindern verloren, ihre Freiheit eingebüßt und ihre Leben verloren. Die unglücklichen Folgen für ihre Kinder sind Teil der Geschichte. Es ist falsch, Mütter für solch unglückliche Folgen verantwortlich zu machen. Feministische Kritik hat die Aufgabe, bessere Erklärungen für unglückliche Folgen von abweichenden Handlungen zu liefern, und nicht, sie zu verneinen. Als ich an Richards Trauer dachte, wurde ich an das relative Happy End des lesbischen Romans *Carol oder Salz und sein Preis* erinnert, der im Jahr 1952 veröffentlicht wurde (siehe Kapitel 3, Fußnote 2, für eine Diskussion über den Schluss). Dieser Schluss ist glücklich in dem Sinne, dass das lesbische Paar Therese und Carol zusammenbleiben; oder zumindest ein gemeinsames Leben planen, als würden sie zusammenbleiben. Doch sie müssen dafür bezahlen: Carol verliert den Kampf um das Sorgerecht für ihr Kind. Letztenendes erbt ihr Kind das Unglück/lichsein des Lebens, das sie hinter sich lassen. Wir sollten an dieser Stelle nicht vergessen, dass Kinder oft die Last der Sehnsucht tragen, den Schein des Familienglücks aufrechtzuerhalten. Wenn Eltern ›zum Wohle des Kindes‹ unglückliche Beziehungen führen, sind die Folgen für Kinder oft unglücklich. Einige Formen des geerbten Unglück/lichseins sind weniger offensichtlich, weil sie den Mythos infrage stellen, wo und wie Glück/lichsein gegeben werden sollte.

entwickeln, deren Handlungen ohne Sympathie öffentlich erinnert werden, weil sie andere unglücklich machen.

Glück/lichsein für das Leben zu verlassen, heißt, für die Möglichkeit, lebendig zu werden. Das Konzept des Feminismus als ›lebendig werden‹ war entscheidend für die Neue Frauenbewegung, selbst in der Art und Weise ihrer Kritik an der glücklichen Hausfrau, die auf einer gewissen Ebene feministische Hoffnungen auch auf Glück/lichsein setzte. In *Der Weiblichkeitswahn* erkennt Friedan, dass Frauen beispielweise als Hausfrauen glücklich sein können – damit deutet sie an, dass es im Feminismus nicht darum geht, Frauen glücklich zu machen.

Sie sagt: »Sicherlich gibt es viele Frauen in Amerika, die gerade glücklich sind als Hausfrauen und einige, die in ihrer Hausfrauenrolle gänzlich aufgehen. Doch Glück/lichsein ist nicht dasselbe wie Lebendigkeit, die man empfindet, wenn man in vollem Umfang gebraucht wird.« (1965] 1966: 223f.) Das Konzept der Lebendigkeit wird als alternatives soziales Gut zum Glück/lichsein hochgehalten. In der Tat argumentiert Friedan, dass Frauen, die in die Vorstellung der glücklichen Hausfrau passen, sich eher dieser Rolle anpassen können und dann andere Möglichkeiten, um »sich selbst zu finden«, aufgeben – ohne sich bewusst aufzuopfern (310). Hinter dieser Kritik steckt eine Kritik am Konzept der Anpassung, also inwiefern Glück/lichsein erfordert, dass dein Körper an eine Welt angepasst wird, die bereits Form angenommen hat. Wenn wir die Gestalt dessen annehmen, was vorhanden ist (was davon abhängt, ob man dazu in der Lage ist, diese Gestalt anzunehmen), erfahren wir den Luxus, die richtige Gestalt bekommen zu haben. Wie Charlotte Perkins Gilman es ausdrückt: »Annehmlichkeit und Glück/lichsein sind wahrscheinlich eine Frage der verlängerten Anpassung. *Wir mögen das, woran wir gewöhnt sind*« ([1903] 2002: 8; Hervorhebung von S. Ahmed). Hinter dieser Anpassung liegt der Verlust von anderen möglichen Lebenswegen, ein Verlust, der nicht betrauert werden darf, wenn du gut angepasst bleiben willst. So einen Verlust überhaupt erst anzuerkennen, bedeutet Trauer, weshalb es einfacher sein kann, Erkenntnis zu vermeiden. Feministische Subjekte betrauern nicht nur die Verluste, indem sie es ablehnen, gut angepasst zu sein, sondern eröffnen auch andere Möglichkeiten für das Leben, Öffnungen, die wir über Generationen hinweg erben.

Bewusstsein und Rassismus

Unser feministisches Archiv unterichtet uns über das Unglück/lichsein und was es bewirken kann. Feminismus schließt eine Sozialität des Unglück/lichseins ein, nicht nur, indem über das kollektive Wesen des Leidens gesprochen wird, das durch die Figur der unglücklichen Hausfrau verborgen und reproduziert wird (so könnten wir vielleicht *Bewusstseinsbildung* in Betracht ziehen), sondern auch durch die Weitergabe von Büchern. Unglück/lichsein aufgrund der Weitergabe von Büchern zu erben, heißt nicht notwendigerweise, dasselbe zu erben. Es ist nicht einfach so, dass Feminismus sich um das Erbe von Büchern wie *Mrs Dalloway* dreht, die über das Geschlecht als Verlust erzählen und dadurch alternative Bewusstseinsformen anbieten. Wenn wir davon ausgehen würden, dass das feministische Bewusstsein die Gestalt des Bewusstseins über das Geschlecht als Beschränkung von Möglichkeiten annähme, würden wir im Grunde genommen andere Arten des politischen Bewusstseins von unserer Vorstellung des Feminismus ausschließen. Schwarze Feminist*innen hatten am Ende doch viel zum Thema Glück/lichsein als politischen Mythos zu sagen, derart, dass sie nicht aus der Perspektive jener geschrieben haben, die glücklich sein sollten, weil sie hatten, was Glück/lichsein verspricht, sondern aus der Sicht derer, die bereits als unglücklich angesehen wurden, weil es ihnen an den Merkmalen und Eigenschaften fehlte, die das Leben zu einem guten Leben machen.

Schauen wir uns dazu Toni Morrisons *Sehr blaue Augen* an, das uns eine ganz andere Abhandlung zum Thema Unglück/lichsein anbietet als in Romanen über unglückliche Hausfrauen zu finden ist, obwohl hier auch die Vorstellung der glücklichen Familie kritisiert wird. *Sehr blaue Augen* beginnt bereits mit einer Kritik an der glücklichen Familie, indem sie zum Tode verurteilt wird: »Dies ist das Haus. Es ist grün und weiß. Es hat eine rote Tür. Es ist sehr hübsch. Dies ist die Familie. Mutter, Vater, Dick und Jane wohnen in dem grünweißen Haus. Sie sind sehr glücklich.« (1979: 8) Wenn man die Zeichensetzung aus dem Satz herausnimmt und es ›diesistdashausesist‹ heißt, wird die Bilderbuchgeschichte sinnlos, zu Gebrabbel. Um das Glücksversprechen zu zerstören, das wörtlich ausgelegt wird, sodass Glück/lichsein ›im Haus‹ ist, muss man die Technologien stören, durch die wir uns Bedeutungen erschließen.

Der Roman erzählt die Geschichte einer Familie, die vom sozialen Ideal abweicht, das nicht das »sie sind sehr glücklich« des Bilderbuches sein kann. Diese Familie ist nicht weiß, nicht mittelständisch, wo »nicht sein« unglücklich sein bedeutet. Unglück/lichsein wird zu einer Art Mangel. In diesem Roman wird die Familie als mangelhaft dargestellt, als eine, der es an Merkmalen und Eigenschaften mangelt, die für ein gutes oder glückliches Leben sorgen würden. Am eindringlichsten beschreibt der Roman die Diskurse des Glück/lichseins unter dem Aspekt der Verschmelzung von *Weiß*sein mit Schönheit und Tugend: Diejenigen, die glücklich sind, haben auch blaue Augen, diejenigen mit blauen Augen sind schön, die schönen Menschen sind die Guten, die Guten sind die Glücklichen. Die »nicht Familie«, die Breedloves sind hässlich, als wäre ihre Hässlichkeit ein Fluch: »Man sah sie an und fragte sich, wieso sie so häßlich seien; man sah sie näher an und fand nicht, woran es eigentlich lag.« (34) Für einige ist die Abweichung vom Glücks-Drehbuch an sich ein Erbe; du erbst Unglück/lichsein, indem du keine blauen Augen hast, als wenn »Der Meister [...] gesagt [hätte]: ›Ihr seid häßliche Menschen‹« (ebd.) Die Beschwörung des Meisters, des Masters, ist die Beschwörung der Geschichte der Sklaverei. Unglück/lichsein wird zu einem Erbe der Gewalt in der Geschichte.

Die Geschichte des Romans ist die Geschichte von dem, was den Breedloves zustößt, Gewalt, Verzweiflung und Elend, die folgen, wenn man nicht ist. Der Roman bietet uns unterschiedliche Erzählinstanzen an, angefangen bei den Schwestern Claudia und Frieda, bevor zu den Breedloves gewechselt wird: die Mutter Paulina, der Vater Cholly und ihre Tochter Pecola. In gewisser Weise erzählt der Roman die Geschichte vom Unglück/lichsein, das Pecola vererbt wurde, die von ihrem Vater vergewaltigt wird und ihr Kind, ein ungewolltes, Schwarzes Baby, das in einer Gewalthandlung entstanden ist, verliert. Wir können Pecolas Unglück/lichsein zum ersten Mal im ersten Abschnitt erkennen, der aus der Perspektive von Claudia geschrieben ist:

> »[...]so tief besorgt waren wir um die Gesundheit und glückliche Geburt von Pecolas Kind, daß wir an nichts denken konnten als an unsere eigene Zauberei: wenn wir beim Aussäen die richtigen Worte über die Samen sprachen, würden sie aufgehen, und alles würde in Ordnung kommen. Erst nach langer Zeit gestanden meine Schwester und ich uns ein, daß kein Grün aus unserem Samen sprießen würde. Als wir es dann wußten, war unser Schuldgefühl nur durch Zank und gegenseitige Anklagen zu erleichtern. Jahrelang glaubte ich, meine Schwester hätte recht, und es sei meine Schuld. Ich mußte sie zu tief eingesät haben. Weder ihr noch mir kam der Gedanke, daß die Erde selbst sich gesträubt haben könnte.« (9)

Ich habe Glück/lichsein als Technologie der Kultivierung beschrieben; eine, die Subjekte ›auf richtige Weise‹ kultiviert, sodass sie gedeihen. Diese Beschreibung zeigt ganz deutlich, dass die Subjekte nicht gedeihen können, weil die Erde nicht ertragreich ist und nicht aufgrund der fehlenden Pflege oder Orientierung. Für einige ist die Erde nicht ertragreich, unfähig, den Nährboden zu liefern, aus dem das Leben sprießen kann. Die nicht ertragreiche Erde liefert den Boden des *Weiß*seins, beschränkt Lebensmöglichkeiten, gibt einigen Leben, anderen jedoch nicht.

Unsere erste Erzählinstanz, Claudia, beobachtet, dass diese Erde nicht ertragreich ist. Sie drückt ihre Wut über die Welt, die von ihr erwartet, auf ganz bestimmte Weise zu leben, so aus:

> »Es hatte mit Weihnachten und den Puppen angefangen. Das große, besondere, liebevolle Geschenk war immer eine große blauäugige Babypuppe. An dem glucksenden Tonfall der Erwachsenen merkte ich, daß ihrer Meinung nach mit der Puppe mein Herzenswunsch erfüllt wurde. [...] die mir großes Vergnügen machen sollten, bewirkten genau das Gegenteil. [...] Zog mit dem Finger die Stubsnase nach, bohrte in die gläsernen blauen Augenbällen, zwirbelte das gelbe Haar. Ich konnte sie nicht liebhaben. Aber ich konnte sie untersuchen, vielleicht entdeckte ich, was alle Welt so liebenswert fand. [...] Ich zerstörte weiße Babypuppen.« (19-21)

Indem sie Vergnügen nicht auf richtige Weise, den richtigen Dingen gegenüber empfindet, muss sie Dinge zerstören, ihren Hass und ihre Wut von *weißen* Babypuppen auf *weiße* Babymädchen verlagern. Zu hassen, was man liebt, heißt, die Entfremdung von einer geliebten Person anzuerkennen.[92]

---

92 Indem ich Claudia als betroffene Fremde beschreibe, behaupte ich nicht, dass sie einfach nur auf ihrem Gefühl der Entfremdung besteht; solch ein Bestehen könnte am Ende doch ihre Fähigkeit einschränken, zu leben. Um sich nicht von der Entfremdung einschränken zu lassen, muss man lernen, Kompromisse einzugehen, strategisch mit dem, wie man lebt, umzugehen. Claudias eigene Überlebensstrategie ist Liebe: »Das beste Versteck war Liebe. Daher die Bekehrung von echtem Sadismus zu künstlichem Haß, zu betrügerischer Liebe. Es war ein kleiner Schritt auf Shirley Temple zu. Viel später lernte ich sie anbeten, so wie ich lernte, daß Sauberkeit etwas Schönes sei, doch auch wenn ich es lernte, wußte ich, daß die Veränderung Anpassung war und keine Besserung.« (Morrison 1979: 21f.). Ich würde solch einen Lernprozess als versagte Identifikation beschreiben: Vielleicht hat sie gelernt, die richtigen Dinge zu genießen, doch indem sie solch einen Lernprozess als Anpassung ohne Besserung angibt, stimmt sie nicht ›wirklich‹ zu, dass der Grund für den Genuss das Genussvollste ist, noch geht sie davon aus, dass sie selbst genussvoller geworden ist. Bei einigen Anpassungen geht es nicht darum, sich gut anzupassen, indem man das Existierende akzeptiert und an das Gute des Existierenden glaubt; es kann auch um pragmatische Umorientierungen hin zum Existierenden gehen, um eine Existenz möglich zu machen. Der Begriff *Anpassung* bedeutet nicht nur, sich an etwas zu gewöhnen, sondern auch, etwas näherzubringen. Claudias Kompromiss erlaubt es ihr, ein Subjekt des Wissens zu werden; sie lernt etwas über *Weiß*sein – indem sie dessen Genealogie durch häusliche Objekte zurückverfolgt – durch das, was nähergebracht wird. Durch die Nähe einer Anpassung wird Hoffnung erzeugt. Für eine gute Diskussion über Claudias komplexe Beziehung zum *Weiß*sein siehe Cheng (2001: 18) und Yancy (2008: 214-216).

Im Gegensatz dazu wünscht sich Pecola Glück/lichsein, also das, was als Ursache für das Glück/lichsein gilt: sehr blaue Augen. Pecola beschreibt:

> »Stundenlang saß sie vor dem Spiegel und betrachtete sich, um das Geheimnis der Häßlichkeit herauszufinden, der Häßlichkeit, wegen der sie in der Schule von Lehrern und Mitschülern gleichermaßen übersehen oder verachtet wurde. [...] Vor einiger Zeit war Pecola ein Gedanke gekommen: wenn ihre Augen – diese Augen, welche die Bilder festhielten und die Dingen kannten, die sie erblickten – wenn diese ihre Augen anders wären, nämlich schön – wäre sie selbst dann nicht auch anders?« (40)

Im folgenden Abschnitt kehren wir zurück zur Bilderbuchfamilie: »*Hübsche Augen. Hübsche blaue Augen. Große blaue hübsche Augen. Lauf, Jip, lauf. Jip läuft. Alice läuft. Alice hat blaue Augen. Jerry hat blaue Augen. Jerry läuft. Alice läuft. Sie laufen mit ihren blauen Augen. Vier blaue Augen.*« (ebd.)Die Sehnsucht nach blauen Augen ist die Sehnsucht danach, nicht *nicht weiß* zu sein; die doppelte Verneinung summiert sich nicht zu einem Positiv.

Dies ist ein trostloser Roman, trostlos, weil er uns aufzeigt, dass Unglück/lichsein mehr Unglück/lichsein zur Folge haben kann.[93] Sich des Unglück/lichseins bewusst zu sein, heißt, sich dessen bewusst zu werden, ›nicht‹ zu sein, oder ›un‹ zu sein, nicht die Qualitäten oder Eigenschaften für das Glück/lichsein zu besitzen. Nicht glücklich zu sein, heißt, in den Augen anderer, in der Welt des *Weiß*seins, in der Welt, die sich um *weiße* Körper herum dreht, nicht zu existieren. Ein Bewusstsein darüber, ›nicht zu sein‹, schließt Selbst-Entfremdung mit ein: Du erkennst dich als Fremde*r an. Nicht zu vergessen, dass Bewusstsein bereits weltgewandt ist, wenn du die Person bist, deren Ankunft eine Atmosphäre stört. Damit du dich als Fremde*r erkennen

93 Am Ende bekommt Pecola ihre blauen Augen auf Kosten ihres Verstandes. Es nimmt das Potential ihres Kindes weg. Und doch beinhaltet dieses Ende auch Hoffnung, die durch Claudias Umwandlung von Wut auf *weiße* Puppen in Fürsorge für ein ungewolltes, Schwarzes Baby ausgedrückt wird: »Stärker als meine Zärtlichkeit für Pecola empfand ich, wie nötig es war, daß jemand dieses Baby am Leben erhalten wollte – nur als Gegengewicht gegen die allgemeine Liebe zu weißen Babypuppen, Shirley Temples und Maureen Peals.« (151) Natürlich werden unglückliche Leben nicht notwendigerweise zu glücklichen Leben, indem eine Unzulänglichkeit in eine Sehnsucht umgewandelt wird. Wie Claudia einräumt: »Dieser Boden ist schlecht für gewisse Blumensorten. Gewisse Samen ernährt er nicht, gewisse Frucht will er nicht tragen, und wenn der Boden aus eigenem Willen tötet, nehmen wir es hin und sagen, das Opfer habe kein Recht auf Leben gehabt. Wir haben natürlich unrecht, aber das macht nichts. Es ist zu spät. Zumindest am Rande meiner Stadt, zwischen den Abfällen und Sonnenblumen meiner Stadt, ist es viel, viel, viel zu spät.« (165) Vielleicht ist es zu spät für ein Happy End, sogar zu spät für Möglichkeiten, doch zumindest wollte jemand das Kind. Das Ungewollte zu wollen ist ein Augenblick politischer Hoffnung, auch wenn dieser Augenblick schnell vorübergeht.

kannst, musst du dir der Gewalt bewusst zu werden, die auf dich gerichtet wird. Audre Lorde schildert dramatisch die Tatsache, dass das Bewusstsein über das Fremdsein eine rückwirkende Umbenennung offensichtlich zufälliger rassistischer Handlungen beinhaltet:

> »Die Stimmung auf den Straßen war angespannt, wie immer in rassisch gemischten Übergangszonen. Ich weiß noch, dass ich als sehr kleines Mädchen vor einem bestimmten Klang zurückschreckte, einem heiseren, scharfen, kehligen Räuspern, weil es oft einen Moment später einen hässlichen Flatsch grauen Schleims auf Mantel oder Schuh bedeutete. Meine Mutter wischte ihn mit den kleinen Stücken Zeitungspapier ab, die sie immer in ihrer Handtasche hatte. Manchmal zeterte sie über das niedere Pack, Leute, die ohne Verstand und Benehmen überall in den Wind spuckten, egal, wo sie gerade gingen, und vermittelte mir damit den Eindruck, diese Erniedrigung sei vollkommen zufällig. Es kam mir nie in den Sinn, sie anzuzweifeln. Erst Jahre später sagte ich einmal in einer Unterhaltung zu ihr: ›Ist dir aufgefallen, wie viel seltener die Leute jetzt in den Wind spucken als früher?‹ Und der Gesichtsausdruck meiner Mutter sagte mir, dass ich in eines jener geheimen Fettnäpfchen getrampelt war, über die niemals gesprochen werden durfte. Das war für meine Mutter so typisch, als ich klein war; wenn sie Weiße nicht daran hindern konnte, ihre Kinder zu bespucken, weil sie Schwarz waren, bestand sie darauf, dass es sich um etwas anderes handelte.« (Lorde [1982] 2012: 22)

Ein Ereignis geschieht. Und es geschieht wieder. Die Gewalt wird vom *weißen* Körper auf das Schwarze Kind projiziert, das die Gewalt erfährt, indem es sich vor dem Geräusch duckt, wegduckt. Doch die Mutter kann es nicht ertragen, dies als Rassismus zu benennen, und tut so, als wäre diese Gewalt nur zufällig. Rassismus ist ein Schmerz, der nur schwer zu ertragen ist. Man wird sich des Rassismus rückwirkend bewusst und die Frage, wann das passiert, spielt sehr wohl eine Rolle. Man lernt, Rassismus nicht als eine Methode zu sehen, den Schmerz zu ertragen. Um Rassismus zu sehen, musst du die Welt, die Unglück/lichsein verdeckt, weil sie die Ursachen des Unglück/lichseins überdeckt, anders als du es gelernt hast ent-decken (un-see). Man muss gewillt sein, sich an geheime Orte des Schmerzes vorzuwagen.

Einige Formen des ›Wegduckens‹ vor dem Schmerz – vor der Nichtbenennung der Ursachen des Schmerzes, in der Hoffnung, dass er weggehen werde – sind dazu da, diejenigen, die wir lieben, davor zu bewahren, verletzt zu werden oder auch uns davor zu bewahren, verletzt zu werden, zumindest sind sie als eine Art des Schutzes gedacht. Wenn Glück/lichsein eine Art »›Wegducken‹ darstellt, so wird dies doch nicht immer angeboten, um uns vor dem Schmerz zu bewahren. Wegducken kann auch dazu dienen, Schmerzursachen zu verbergen oder andere *zur Ursache ihres eigenen Schmerzes* zu machen. In

Auf Leben und Tod – Krebstagebücher bietet Audre Lorde eine sehr starke Kritik an der Politik des Glück/lichseins an. Sie schreibt als Schwarze, lesbische Feministin mit Brustkrebs: Lorde verneint nie die Macht des ›Schreibens als‹, noch nimmt sie an, dass sie eine Erfahrung abkürzen kann. Als sie mit dem medizinischen Diskurs konfrontiert wird, der Krebs mit Unglück/lichsein und Überleben oder dem Versuch, glücklich oder optimistisch zu sein, in Verbindung setzt, schreibt sie: »›Die Sonnenseite des Lebens‹ ist ein Euphemismus, der genauso wie oberflächliche Spiritualität dazu dient, gewisse Realitäten zu verschleiern, deren unverhohlene Betrachtung sich als bedrohlich oder gefährlich für den Status quo erweisen könnte.« ([1980] 2000: 79) Etwas zu verschleiern oder sich davor zu verstecken, indem man auf die schönen Dinge im Leben schaut, heißt, Dinge zu vermeiden, die die Welt so wie sie ist, in Gefahr bringen könnten. Lorde geht von dieser Beobachtung über zu einer weiter gefassten Kritik am Glück/lichsein als aufklärungshemmend: »Suchen wir lieber ›Freude‹ statt wertvolle Nahrung und saubere Luft und eine gesündere Zukunft aus einer lebensfähigen und lebenswerten Erde! Als könnte pures Glücklichsein uns vor den Folgen des Profit-Wahnsinss bewahren!« (ebd.) Lorde behauptet, dass sich der eigentliche Gedanke, dass wir zuallererst für unser eigenes Glück/lichsein verantwortlich sind, durch den politischen Kampf durchsetzen müsse, was bedeutet, dass man sich gegen die Vorstellung behaupten müsse, dass unser eigener Widerstand daraus resultiert, dass wir es nicht schaffen, Verantwortung für unser Glück/lichsein zu übernehmen: »Habe ich wirklich die Ausbreitung von radioaktiver Energie, Rassismus, Frauenschlächterei, chemischer Nahrungsvergiftung, Umweltverschmutzung, Mißbrauch und seelischer Zerstörung unserer Kinder bekämpft, nur um meiner dringendsten und vornehmsten Verantwortung auszuweichen: glücklich zu sein?« (ebd.)[94] Ich denke, Audre Lorde hat uns die Antwort auf ihre eigene Frage gegeben.

Dadurch lässt sich nun erkennen, wie man ein Modell von einem falschen Bewusstsein retten kann, indem man Erwartungen an das Glück/lichsein kritisiert. Man würde nicht sagen »Du hast unrecht, du bist unglücklich und glaubst nur, dass du glücklich bist, weil du an das Falsche glaubst.« Man

94 Siehe Auch Barbara Ehrenreichs Aufsatz »Welcome to Cancerland« (2001) für eine ähnliche Kritik an dem Anspruch, dass Krebspatient*innen fröhlich sein sollten. Ehrenreich sagt, »so durchdringend ist die Frechheit der Brustkrebswelt, dass Unglück/lichsein eine Art Rechtfertigung erfordert« (48), als würde »die Krankheit mehr als die unbegreiflichen Vorteile spiritueller aufsteigender Beweglichkeit bieten« (49). Indem sie dem Zwang zum Fröhlichsein widerspricht, bietet Ehrenreich einen Bericht über ihre »reinigende Wut« (53) an.

würde stattdessen sagen, dass etwas falsch an unserem Bewusstsein von der Welt sei; wir lernen, nicht aufmerksam zu sein, nicht zu sehen, was vor uns passiert. Glück/lichsein bietet eine Art Verschleierung von widerständigen Ansichten der Welt oder Weltanschauungen gegenüber an, indem es diese als harmonisch darstellt. Es ist nicht so, als würde ein Individuum unter einem falschen Bewusstsein leiden, sondern dass wir ein gewisses falsches Bewusstsein erben, wenn wir lernen, Dinge unterschiedlich zu betrachten.[95]

Begreifen – das Ablehnen des Versteckspiels – ist eine Art des politischen Kampfes. Ich habe darüber nachgedacht, was für eine Arbeit es ist, Rassismus und dessen Einfluss auf die Art und Weise, wie wir unsere Welt bewohnen und verstehen, zu begreifen. Es ist sicherlich harte Arbeit. Ich spreche mit einer Kollegin, einer Schwarzen Feministin, über Rassismus. Wir sprechen einfach, stellen fest, wie wir Rassismus in so alltäglichen Begegnungen mit Menschen erkennen, die wiederum damit, also dem Gedanken daran, nicht umgehen können. Das sagen sie immer, erzählt sie, dass ich alles immer direkt auf Rassismus reduziere. Rassismus wird zu deiner Paranoia. Natürlich deuten Sie damit an, dass Rassismus in der Art, in der du es meinst, nicht wirklich existiert. Als müssten wir Rassismus erfinden, um unser eigenes Gefühl der Ausgrenzung zu erklären, als würde uns Rassismus dazu bringen, uns nicht verantwortlich für die Orte zu fühlen, an die wir nicht gehen können. Es ist rassistisch, zu sagen, dass Rassismus nicht existiert. Das wissen wir.

Doch ich denke mehr an Paranoia und an die guten Gründe für negative Gefühle. Das Problem liegt wahrscheinlich darin, dass ich mich paranoid fühle, selbst wenn ich weiß, dass diese Paranoia begründet ist. Ich habe eine gewisse paranoide Sorge um Dinge, die bereits passieren und passieren könnten. Ich bin mir nie sicher, wann x passieren wird, ob es sich bei x um Rassismus handelt oder das Ergebnis von Rassismus ist. Ich bin mir nie sicher. Und weil ich mir nie sicher bin, wird x derart erlebt, als sei es Rassismus, obgleich es auch eine Erklärung dafür sein kann, wie du selbst die Welt bewohnst. Rassismus stellt Paranoia her, genau das tut er. *Weiß*sein entsteht sowohl durch die Fantasie der Paranoia (sie existiert nicht ›wirklich‹), als auch durch die Auswirkung dieser Fantasie, die uns paranoid machen soll. Unsere Gefühle werden wahr. Und wenn wir die Wahrheit herausschreien, sind wir die wunden Punkte. Einige Menschen beschreiben den Kampf gegen Rassismus als Mit-dem-Kopf-gegen-Mauern-Anrennen. Die Mauer bleibt an ihrem Platz, also wirst *du* verletzt.

95 In Kapitel 5 entwickele ich die Argumentation über Glück/lichsein und falsches Bewusstsein.

Eine der besten literarischen Beschreibungen dessen, wie das Bewusstsein über Rassismus einen in eine andere Welt befördert, bietet Andrea Levys' *Fruit of the Lemon* (1999). Der Roman erzählt die Geschichte von Faith Jackson, einem Schwarzen britischen Mädchen, dessen Eltern aus Jamaica nach England eingewandert sind. Sie kommt gut im Leben zurecht, macht ihr eigenes Ding. Sie zieht von Zuhause aus in eine Wohngemeinschaft mit ihren *weißen* Freunden. Ihre Eltern lassen sie gehen: »›Ach Faith, was sollen wir nur mit dir machen? Du wirst schon deinen eigenen, besonderen Weg gehen‹, hatten meine Eltern vor langer Zeit beschlossen. ›Deinen eigenen, besonderen Weg‹.« (19) Ich werde auf den Gedanken von Kindern immigrierter Familien, denen es gestattet ist, ihren eigenen »besonderen Weg« zu gehen, in Kapitel 4 eingehen. Hier folgt nun die Beschreibung eines Mädchens, das Schwarzsein als etwas erfährt, das ihr Bewusstsein erschüttert und sie in eine andere Welt befördert.

Und erneut gibt es ein Ereignis. Etwas geschieht. Faith und ihr Mitbewohner Simon werden Zeug*innen eines gewalttätigen Angriffs auf eine Schwarze Frau. Simon läuft den Tätern hinterher und sie werden gefasst. Du wirst von Ereignissen überrumpelt und eingeholt. Wir werden aus Sicht von Faith Zeug*innen dieses Ereignisses: »Eine Schwarze Frau stand im Eingang eines Buchladens. Sie sah gelassen aus, obwohl sie einen überraschten Gesichtsausdruck hatte – als hätte sie gerade eben im Lotto gewonnen und könnte es nicht glauben. Doch ließ man den Blick an ihr heruntergleiten, sah man auf einer Seite ihres Gesichts einige Blutspuren – dickes, glänzendes, rotes Blut. Ich stellte mich vor sie und fragte: ›Ist alles okay mit Ihnen?‹ und kam mir bescheuert vor, als sie zu Boden fiel.« (150) Und später wird die Geschichte dieses Ereignisses noch einmal erzählt.

Die Geschichte ruft eine Art Drama hervor, in dem Simon nicht bloß Zeuge oder Anwesender ist, sondern auch zum Retter, zum Helden und sogar zum Opfer wird. Die Hausbewohner versammeln sich um ihn herum, so als wäre ihm das passiert, als ob es bei dem Ereignis darum ginge, wie es ihn berührt hat: »Simons Hände zitterten, als er die Zigarette zu seinem Mund führte – er konnte sie nicht still halten. Marion legte ihre Hand auf seine, um sie zu stützen. ›Ich glaube, du bist im Schock. Du brauchst einen süßen Tee.‹, sagte sie während sie ihn direkt ansah. ›Mick, mach den Kessel an.‹« (156) Als sie sich um ihn herum versammeln, beobachtet Faith, wie die Schwarze Frau weggeht. Sie unterbricht die Versammlung. »Ich unterbrach zweimal die Geschichte: ›Sie war Schwarz.‹, sagte ich. Simon hatte gesagt, dass es die Frau war, die dort arbeitete. Zweimal musste ich ihnen sagen, dass die Frau

Schwarz war, wie ich. Und beide Male schauten mich Simon und Mick an und nickten.« (156) Faith identifiziert sich mit der Schwarzen Frau, die verletzt wurde; sie sagt, sie sei Schwarz, sie sagt, sie sei so *Schwarz wie ich*. Bei politischer Identifikation geht es genau um diese Anerkennung des Schmerzes, unter dem andere leiden.

Doch sie erzählen weiter, was vorgefallen war, als wäre ihr Schwarzsein nur ein Detail, das man übergehen könnte. Sie machen einen riesen Wirbel um Simon: kichern, machen ein Drama aus dem Vorfall. Und dann kann es Faith nicht mehr ertragen. Sie kann die Gewalt des Ereignisses, Gewalt, die ihre Kraft annimmt, indem sie gegen eine Schwarze Frau gerichtet wird, um weitergegeben zu werden, nicht mehr ertragen: »Doch dann kippte ich meinen Tee langsam über denTisch. ›Würdet ihr alle die Klappe halten! Haltet einfach die Klappe, verdammt! Das ist nicht lustig!‹ Es wurde komplett still, weil alle aufgehört hatten zu reden und mich anstarrten. Ich verließ das Haus.« (158) Durch das Sprechen über sowie das Benennen und Bewusstwerden von Rassismus, wird Faith in eine andere Welt befördert, eine Welt, in der Schwarzsein nicht übergangen werden kann. Die Schwarze Frau schreit, um gehört zu werden. Und, weil sie schreit, wird sie zur Ursache für negative Gefühle. Also muss sie gehen. Auch wenn sie zurückkehrt, wird sie zugrunde gerichtet. Sie kann ihre Freunde nicht anschauen; sie kann ihr eigenes Spiegelbild nicht ertragen, als würde der Spiegel zurückspiegeln, ihr Schwarzes Gesicht ist etwas, das sie jetzt sehen und deshalb nicht länger ertragen kann. Wie kann man von seiner eigenen Ankunft gestört werden? Das Bekannte verblasst für diejenigen, die es bewohnen. Demnach entfremdet man sich vom Bekannten, sobald es einem offenbart wurde. Das Bekannte offenbart sich in der Enthüllung deiner Entfremdung. Du lernst, dich so zu sehen, wie du von denjenigen gesehen wirst, die das Bekannte bewohnen können, weil sie in seiner Form verschwinden können, wie Frantz Fanon so eindringlich in *Schwarze Haut, weiße Masken* demonstriert ([2013] 2016).

Was folgt, ist eine Geschichte über Faith und wie sie nach Hause geht, ein Zuhause, an dem sie noch nie war, sie geht zurück zu den Wurzeln ihrer Eltern, zurück nach Jamaica. In gewisser Weise ist die Handlung dieses Romans einfach, als wäre nach Hause zu gehen, seine Wurzeln zu entdecken, die Lösung. Sie kann auf diese Weise gelesen werden – doch so würde ich sie nicht lesen. Das Bewusstsein über Rassismus wird zum Bewusstsein darüber, sich in einer Welt, die sich um *Weiß*sein herum dreht, am falschen Platz zu befinden. Damit Faith ihren Platz finden kann, muss sie von der Ankunft ihrer Eltern lernen, was wiederum bedeutet, zu lernen, woher sie kommen, wie sie zu denen geworden sind, die sie heute sind, über das Erbe der Vertreibung. Diese Geschichte erzählt uns nicht, wie sie ihr Glück gefunden hat. Es ist eine Geschichte über das Schwarz-werden als Akt des Widerstandes gegen das Übergangenwerden, in der das Schwarz-werden bedeutet, dass man familiäre Verbindungen wieder herstellt und etwas über Familiengeschichten erfährt. Bewusstseinsromane von *weißen* Feminist*innen beinhalten oftmals eine Freiheit von der Familie und ihren eng gefassten Drehbüchern voller Pflichten und Verbindlichkeiten. Bewusstseinsromane von Schwarzen Feminist*innen beinhalten womöglich eine Freiheit zur Familie, weil die Familie das ist, was durch die Entfaltung von Geschichten über Vertreibung und Enteignung verloren geht.

Bei einem feministischen Bewusstsein kann man also annehmen, dass es sich um ein Bewusstsein über die Gewalt und Macht handelt, die unter der Sprache der Höflichkeit und Liebe verhüllt wird, und nicht einfach um ein Bewusstsein über das Geschlecht als Ort der Möglichkeitsbeschränkung. Daraus lernen wir so viel, zu viel. Wir lernen, zu sehen, was durch Zeichen des Glück/lichseins verdeckt wird. Du kannst Unglück/lichsein verursachen, indem du bloß etwas wahrnimmst. Und wenn die bloße Wahrnehmung von etwas Unglück/lichsein verursachen kann, geht dir auf, dass die Welt, in der du lebst, nicht die Welt ist, von der du dachtest, dass du in ihr leben würdest. Feminismus wird zu einer Art Entfremdung von der Welt und schließt infolgedessen auch Augenblicke der Selbst-Entfremdung mit ein. Unser feministisches Archiv ist ein Archiv des Unglück/lichseins, obwohl die Ängste vor dem Unglück/lichsein unsere Geschichten nicht zusammenweben.

Indem ich uns dazu auffordere, anzuerkennen, dass feministische Politik den Spaß verdirbt, fordere ich uns auch dazu auf, uns umzudrehen, wieder zu feministischen Geschichten zurückzukehren, als eine Geschichte von denjenigen, die gegen Glück/lichsein gekämpft haben. Ich bin dementsprechend unsicher, was es in der heutigen Zeit heißt, zu einem bejahenderen Feminismus aufzurufen.[96] Rosi Braidotti hat einmal gesagt, dass der Fokus auf Negativität zu einem Problem innerhalb des Feminismus geworden ist. Sie bietet eine eher trostlose Lesart der Trostlosigkeit an: »Ich sehne mich aktiv nach einem Konzept der Sehnsucht, das mehr Freude bereitet und stark macht und nach einer Volkswirtschaft, die Optimismus und nicht Hoffnungslosigkeit im Vordergrund hält.« (2002: 57) Indem sie in ihrem Werk zur Bejahung und *nicht* zu Negativität aufruft, wendet sie sich ganz explizit dem Glück/lichsein

96 Für eine gute Kritik am positiven/affirmativen Feminismus siehe McRobbie 2008. Siehe auch meine Kritik an der affirmativen Ethik in der Schlussfolgerung dieses Buches.

zu. So behauptet sie: »Ich bin der Meinung, dass Glück/lichsein eine politische Angelegenheit ist, genauso wie Wohlergehen, Selbstbewusstsein und ein Sinn für Stärkung. Dies sind fundamentale, ethische Anliegen... Die feministische Bewegung hat die historische Rolle eingenommen, diese Punkte in den Mittelpunkt einer sozialen und politischen Agenda zu rücken: Glück/lichsein als fundamentales Menschenrecht und somit eine politische Angelegenheit.« (2006a: 230) Ich sehne mich danach, die feministische Kritik am Glück/lichsein als Menschenrecht und als angemessene Sprache der Politik neu zu beleben.

Die Kritik am Glück/lichsein neu zu beleben, bedeutet, gewillt zu sein, sich in der Nähe des Unglück/lichseins aufzuhalten. Ich habe bereits angedeutet, dass das feministische Bewusstsein auch das Bewusstsein über Unglück/lichsein einschließt, das uns sogar noch unglücklicher machen könnte oder zumindest erweckt es den Eindruck. Glück/lichsein kann funktionieren, indem es Unglück/lichsein zudeckt, teilweise, indem seine eigenen Ursachen überdeckt werden, sodass die Weigerung, in Deckung zu gehen, dazu führen kann, dass Unglück/lichsein auftaucht. Dieser Prozess des Bewusstseinsbildung beinhaltet nicht nur, sich des Unglück/lichseins bewusst zu werden, sondern auch, (mit anderen) bessere Methoden des Verständnisses für das Unglück/lichsein zu entwickeln. Wir können erkennen, dass Unglück/lichsein strukturiert ist, und dass das, was uns passiert, in gewisser Weise mit dem verbunden ist, was anderen passiert. Wir können nicht nur erkennen, dass wir nicht die Ursache für Unglück/lichsein sind, was uns vorgeworfen wurde, sondern auch die Folgen dessen, dass wir als Ursache gesehen werden. Wir können darüber sprechen, wie es ist, eine wütende Schwarze Frau oder feministische Spaßverderber*in zu sein; wir können diese Figuren zurückfordern; wir können über solche Konversationen sprechen, die wir beim Abendbrot an Tischen geführt haben oder in Seminaren oder Meetings; wir können lachen und die Vertrautheit erkennen, die darin besteht, den Ort zu bewohnen. Es besteht eine Solidarität im Erkennen unserer Entfremdung vom Glück/lichsein, auch wenn wir nicht dieselben Orte bewohnen (so ist es nun mal). Es kann sogar Spaß machen, Spaß zu verderben. Und den Spaß verderben, das müssen und tun wir auch.

» ›Vielleicht ist das eine gute Geschichte‹, sagte Dick, ›aber… du kannst Homosexualität nicht attraktiv machen. Es gibt kein Happy End…‹ Mit anderen Worten, müsste meine Heldin beschließen, dass sie doch nicht richtig queer ist… ›Genau. Und diejenige, mit der sie zusammen ist, müsste krank oder verrückt sein.‹

Vin Packer

Drittes Kapitel

Unglückliche Queers

In dieser Auseinandersetzung werden sich Vin Packer, die Autorin des erfolgreichen lesbischen Pulp-Magazins *Spring Fire*, das zum ersten Mal 1952 veröffentlicht wurde, und ihr Verleger einig. Der Roman wird publiziert, aber nur unter der Bedingung, dass es kein Happy End geben werde, da ein solches Ende »Homosexualität attraktiv machen« würde ([1952] 2004: vi). Seinerzeit konnte queere Belletristik ihren queeren Charakteren kein Glück/lichsein schenken; durch so ein Geschenk würden queere Menschen als ›gut‹ erscheinen: als wäre es »Werbung« für die soziale Wertigkeit von queerem Leben oder ein Versuch, Leser*innen dahingehend zu beeinflussen, queer zu werden.[97]

97 Die Angst vor glücklichen queeren Menschen ist ausschlaggebend für die Durchsetzung der Heterosexualität. Zum Beispiel verbot Paragraph 18 des Gesetzes des Vereinigten Königreichs Großbritanniens, der 1988 eingeführt und 2003 aufgehoben wurde, jede »Förderung« der Homosexualität durch lokale Autoritäten. Mit »Förderung« meinte die Gesetzgebung »die Veröffentlichung von Materialien mit der Intention, Homosexualität zu fördern« oder »die Akzeptanz von Homosexualität als angebliche familiäre Beziehung.« Interessanterweise war das Kinderbuch, *Jenny Lives with Eric and Martin*, ein ausschlaggebender Anhaltspunkt in der moralischen Panik, die zum Paragraphen 28 führte: 1983 berichtete die *Daily Mail*, dass sich eine Kopie des Buches in der Sammlung einer Schulbücherei befand. Der Roman beginnt damit: »Jenny ist ein kleines Mädchen. Martin ist Jennys Vater und Eric ist Martins Partner. Sie alle leben glücklich zusammen.« (Bösche 1983: 1) Glück/lichsein wird in dem Fall als eine Art der Förderung gelesen: die Geschichte einer queeren Familie als eine »glückliche« zu lesen, bedeutet, Homosexua-

Ein wenig ironisch wirkt es in dem Zusammenhang, dass das unglückliche Ende zu einem politischen Geschenk wird: Es bietet eine Möglichkeit, queere Fiktion zu veröffentlichen.[98] Wenn das unglückliche Ende eine Folge der Zensur wäre, würde es auch die Mittel zur Überwindung der Zensur zur Verfügung stellen. In ihrer Einleitung zur neuen Auflage von *Spring Fire* im Jahre 2004, drückt Vin Packer ihr Bedauern für die Notlösung des Endes aus. Doch sie schreibt auch, dass, obwohl es »vielleicht die nachträglichen Zensor*innen zufrieden gestellt hätte, es das homosexuelle Publikum nicht eine Sekunde lang geglaubt hätte. Es hätte ihnen aber auch nicht so viel ausgemacht, weil die Tatsache wichtiger war, dass es ein neues Buch über uns gab« (vii). Das unglückliche Ende stellt die Zensor*innen zufrieden und so gibt es dem schwulen und lesbischen Publikum die Möglichkeit, auch zufrieden zu sein; wir sind weder dazu verpflichtet, an das unglückliche Ende zu ›glauben‹, noch es als wortwörtlichen ›Beweis‹ zu nehmen, dass Lesben und Schwule schließlich heterosexuell werden, sterben oder krank werden müssen. Was damals wirklich zählte, war die Existenz eines »neuen Buches über uns«.

Es wird klar, dass das Lesen von unglücklichen Enden in queeren Archiven eine komplizierte Angelegenheit ist. Eine literarische Lesart suggeriert, dass die Unterscheidung zwischen glücklichen und unglücklichen Enden ›dazu da ist‹, um eine moralische Unterscheidung zwischen guten und schlechten Leben sicherzustellen. Wenn wir dieses unglückliche queere Archiv lesen (was nicht das einzige queere Archiv ist), müssen wir diesem Buchstabenglauben widerstehen, also müssen wir aktiv an der notwendigen Verbindung des Glücklichen mit dem Guten oder sogar an der moralischen Nachvollziehbar-

---

lität zu fördern. Dass einige Geschichten über das Glück/lichsein als Formen der Förderung betrachtet werden, zeigt, wie sehr angenommen wird, dass Glück/lichsein bereits in bestimmten Lebensweisen wohnt: in diesem Fall, in Form der Kleinfamilie. Auch könnte man einen angsterfüllten Glauben daran erkennen, dass queere Familienformen etwas Gefährliches an sich haben, das gefördert werden könnte.

98 Ein Roman sticht als eine Ausnahme heraus, weil er den lesbischen Charakteren ein relatives Happy End beschert: Patricia Highsmiths *Carol oder Salz und sein Preis*, der 1952 zunächst unter dem Pseudonym Claire Morgan veröffentlicht wurde. In ihrer Reflektion über die Bedeutsamkeit des Buches sagt Highsmith im Nachwort der Neuauflage: »Was den Leuten an *Carol oder Salz und sein Preis* gefiel, war, daß es ein Happy-End für die beiden Hauptpersonen gab oder zumindest die Chance einer gemeinsamen Zukunft. Bis zu diesem Buch hatten männliche und weibliche Homosexuelle in amerikanischen Romanen für ihre Aberration bezahlen müssen, indem sie sich die Pulsadern aufschnitten, sich im Swimmingpool ertränkten oder sich zur Heterosexualität bekehrten (!) oder einsam, elend und gemieden einer Depression anheimfielen, die der Hölle gleichkam.« ([1952]2015: 405) Wie dem auch sei, die Kosten für dieses Glück/lichsein sind hoch: Carol verliert das Sorgerecht für ihr Kind.

keit des Guten an sich zweifeln. Anstatt unglückliche Enden als Zeichen der Vorenthaltung moralischer Anerkennung gegenüber queeren Leben zu lesen, müssen wir erkennen, inwiefern Unglück/lichsein innerhalb und um dieses Archiv herum zirkuliert und *was es uns erlaubt, zu tun*.

Mein Ziel in diesem Kapitel ist es, unglückliche Queers als wichtigen Aspekt queerer Genealogie zu betrachten. Wie es Heather Love ausdrückt: »Wir brauchen eine Genealogie der queeren Empfindungen, die negative, beschämende und schwierige Gefühle nicht übersieht, da sie im letzten Jahrhundert so zentral waren für die queere Existenz.« (2007: 127) Wissenschaftler*innen wie Eve Kosofsky Sedgwick (2003), Elspeth Probyn (2005) und Sally Munt (2007) haben uns eindrucksvolle Verteidigungen von Schampotentialen für die queere Politik angeboten. Ich werde darauf eingehen, was es bedeutet, Unglück/lichsein anzunehmen oder zumindest, es nicht zu übersehen. Unglück/lichsein kann als Gefühlszustand auftauchen, den Individuen spüren – von gequälten Erzähler*innen bis hin zu schmerzerfüllten Liebenden – oder als Stimmung, die ohne Richtung, Ziel oder Absichten fortbesteht und nur lose an Sichtweisen geheftet ist, wie wir es bei *Mrs Dalloway* im vorhergehenden Kapitel gesehen haben. Unglück/lichsein kann Gefühle mit einschließen, die in gewisser Weise gelenkt sind und der Erzählung sogar eine Richtung geben. Wir können uns fragen, wie queere Belletristik Unglück/lichsein bezeichnet und verortet und wie queere Belletristik unterschiedliche Erklärungen für queeres Unglück/lichsein liefert, anstatt einfach nur die Hoffnung auf alternative Vorstellungen von glücklichen queeren Menschen zu setzen.

In meiner Untersuchung der queeren Politik des Unglück/lichseins wende ich mich dem klassischen Roman *Quell der Einsamkeit* zu. Lisa Walker kommentierte diesen Roman folgendermaßen: »Der Status des Romans *Quell der Einsamkeit,* als der lesbische Roman schlechthin, ist untrennbar mit seinem Ruf als *bedrückendster* lesbischer Roman verbunden, der jemals geschrieben wurde« (2001: 21). *Quell der Einsamkeit* wurde beschrieben als »Erzählung der Verdammnis«, die »Homesexuellen, insbesondere Lesben, rätselhafte Vorstellungen des Mitleids, Selbstmitleids und Schreckens« vermittelt (Stimpson 1988: 101). Das Buch wurde dafür kritisiert, dass es Leser*innen dazu bringt, sich traurig und erbärmlich zu fühlen, und vielleicht sogar queeres Unglück/lichsein herbeizuführen. Ich würde diese Kritiken nicht ablehnen: Sie gehören zu unserem gemeinsamen Archiv. In der Tat funktioniert das Archiv durch die Äußerung des Unglück/lichseins *über* das Unglück/lichsein; die Gedankengänge zu negativen Gemütsregungen weben ein gemeinsames Erbe. Natürlich können wir auf unterschiedliche Weise Unglück/

lichsein erben. Ich werde Romane wie *Quell der Einsamkeit* als Teil einer Genealogie unglücklicher queerer Menschen lesen und in dieser Genealogie auch einen Film behandeln, der auf der sozialen Hoffnung von glücklichen queeren Menschen zu beruhen scheint, *Women Love Women*. Ich werde auch darauf eingehen, inwiefern ein glücklicher queerer Mensch zu sein, eine andere Orientierung gegenüber den Ursachen für das Unglück/lichsein beinhaltet, indem ich die Romane *Rubinroter Dschungel* und *Die Physik des Vergnügens* beleuchte.

Einfach (nur) Glück/lichsein

Ich habe darauf hingewiesen, dass das Glücksversprechen uns in die Richtung gewisser Objekte bewegt, von denen angenommen wird, sie seien notwendig für ein gutes Leben. Anders ausgedrückt, für uns zeichnet sich ein gutes Leben durch die Nähe zu Objekten aus. Es besteht kein Zweifel daran, dass das gefühlsbedingte Repertoire des Glück/lichseins uns eine Vorstellung von einem bestimmten Leben vermittelt, einem Leben, das bestimmte Dinge hat und tut. Es besteht kein Zweifel daran, dass es schwierig ist, Vorstellungen eines guten Lebens vom historischen Bevorzugen heterosexueller Verhaltensweisen zu trennen, die sich in romantischen Liebesbeziehungen, Monogamie, als auch in der Idealisierung der häuslichen Privatsphäre ausdrücken. Lauren Berlant beschreibt es sehr treffend als »diffuse Fantasie des Glück/lichseins« in Bereichen der Privatsphäre (2000: 36). An empfindsamen Orten oder Orten der Empfindung werden die konstitutionellen Rechte derjenigen, deren Liebe gewisse erkennbare Gestalten annimmt, gesichert und Sicherheit ist das, was sowohl Trost als auch Wärme spendet. Das Glück/lichsein im häuslichen Glück nimmt uns mit Sicherheit irgendwo hin mit.

Es besteht auch kein Zweifel daran, dass das heterosexuelle Glück/lichsein in der öffentlichen Kultur oftmals durch eine besorgte Wiederholung von Bedrohungen und Hindernissen überrepräsentiert ist, die seiner eigenen Vollendung im Wege stehen. Somit dreht sich die heterosexuelle Liebe um die Möglichkeit auf ein Happy End; um den Sinn des Lebens, etwas Richtungs- oder Bedeutungsweisendes im Leben oder etwas, das eine Geschichte vorantreibt. Es ist schwierig, die Erzählweise als solche von der Reproduktion von glücklicher Heterosexualität zu trennen. Wie Julie Abraham es ausdrückt: »die Sehnsucht der Literatur« beruht nicht ausschließlich auf »der Fiktion der Sehnsucht«, sondern auch auf der »Fiktion der heterosexuellen Sehnsucht« (1996: 3).

Im letzten Kapitel habe ich über Glücks-Drehbücher als vergeschlechtlicht nachgedacht und inwieweit das Befolgen solcher Drehbücher dazu führt, dass sich Subjekte an Heterosexualität orientieren: Für Mädchen bedeutet das, sie müssen zu einer Frau werden, indem sie ihr Glück/lichsein im Glück/lichsein eines ›guten Mannes‹ finden. Glücks-Drehbücher können als begradigende Hilfsmittel betrachtet werden, als Methoden, um Körper dem anzunähern, was bereits geordnet ist. Die Punkte, die eine Linie bilden, können performativ sein: Ein Punkt auf einer Linie kann dazu auffordern, auf der Linie zu bleiben. Weicht man von der Linie ab, nimmt man Unglück/lichsein in Kauf. Das Unglück/lichsein der abweichenden Person hat eine machtvolle Funktion als umgekehrtes Versprechen (Wenn du dies tust, bekommst du das!), ein Versprechen, das gleichzeitig auch eine Warnung ist (Also tu es nicht!). Glücks-Drehbücher haben eine große Macht, selbst wenn wir es nicht schaffen oder uns weigern, ihnen zu folgen, selbst wenn Sehnsüchte von ihren Linien abweichen. Auf diese Weise sprechen die Drehbücher eine gewisse Wahrheit aus: Abweichung kann Unglück/lichsein nach sich ziehen. Glücks-Drehbücher ermuntern uns dazu, die unglücklichen Konsequenzen einer Abweichung zu vermeiden, indem diese Konsequenzen offengelegt werden. Es scheint vielleicht, als hänge die ›ganze Welt‹ von Subjekten ab, die in die richtige Richtung, auf die richtigen Dinge, gelenkt werden. Abzuweichen bedeutet immer auch, eine Welt zu riskieren, selbst wenn du nicht immer die Welt verlierst, die du riskierst. Queere und feministische Geschichten handeln von denjenigen, die gewillt sind, die Konsequenzen der Abweichung zu tragen.

Glück/lichsein bezeichnet nicht nur die Subjekte und wie sie über ihre eigenen Sehnsüchte sprechen, sondern auch Dinge, die sie bereit sind zu geben und zu nehmen. Glück/lichsein beinhaltet sowohl gegenseitige Formen der Bestrebung (Ich freue mich für dich. Ich möchte, dass du glücklich bist. Ich bin glücklich, wenn du es bist.) als auch Formen des Zwanges, die ausgeübt und von der Sprache der Gegenseitigkeit verdeckt werden, sodass das eigene Glück/lichsein nicht nur vom Glück/lichsein einer anderen Person abhängt, sondern von der Bereitschaft der Person, von denselben Dingen glücklich gemacht zu werden.

Wir tun Dinge, wenn wir von Glück/lichsein sprechen, wenn wir Glück/lichsein in Worte fassen. Nehmen wir die Aussage *Ich bin glücklich, wenn du es bist*. Solch eine Aussage kann als eine Möglichkeit gesehen werden, eine Bewertung über ein Objekt zu teilen. Ich könnte sagen, ich bin glücklich darüber, wenn du darüber glücklich bist. Die Aussage erfordert kein Objekt, um zwischen dem ›Ich‹ und dem ›Du‹ zu vermitteln: das ›Du‹ kann das Objekt sein, also das, wovon mein Glück/lichsein abhängt. Die Aussage kann folgendermaßen übersetzt werden: *Ich werde nur glücklich sein, wenn du es bist.* Wenn ich nur glücklich sein kann, wenn *du* glücklich bist, bin *ich* unglücklich, wenn du unglücklich bist. *Ich bin unglücklich, wenn du es bist.* Wenn ich glücklich wäre und du unglücklich, dann wäre ich wiederum nicht mehr glücklich. *Dein Unglück/lichsein würde mein Glück/lichsein in Gefahr bringen.* Wenn mein Glück/lichsein von deinem Glück/lichsein abhängt, hast du die Macht, mein Glück/lichsein zu bestimmen. Vielleicht fühlst du dich aufgrund dessen verpflichtet, dein Unglück/lichsein zu verbergen, um mein Glück/lichsein zu schützen. *Du bist verpflichtet, glücklich für mich zu sein.*

Ich sage nicht, dass solche Sprechakte immer genau auf diese Weise übersetzt werden. Doch man kann die Schnelligkeit der Umwandlung zwischen Sehnsucht und Pflicht erkennen; die Sehnsucht nach dem Glück/lichsein von anderen kann den Punkt darstellen, an dem andere sich verpflichtet fühlen, für uns glücklich zu sein. Wenn die Liebe zu jemandem bedeutet, dass man sich dessen Glück/lichsein wünscht, kann Liebe möglicherweise als Pflicht erfahren werden, für jemand anderen glücklich sein zu müssen.[99] Wir können die Beziehung zwischen Glück/lichsein und Liebe genauer unter die Lupe nehmen. Robert Heinlen definiert Liebe als »eine Bedingung, in der das Glück/lichsein einer anderen Person grundlegend für dein eigenes Glück/lichsein ist« (Lucas 2006: 74).[100] Gottfried Leibniz bietet auch eine Definition von

99 Die Glücks-Pflicht wird dementsprechend zu der Pflicht, kein Unglück/lichsein zu verursachen, indem man nicht über seine Enttäuschung spricht (das Scheitern, von x glücklich gemacht zu werden). Gehen wir beispielsweise mal davon aus, du gehst mit jemandem essen, den du liebst, dessen Glück/lichsein für dich eine Rolle spielt. Du möchtest wirklich, dass diese Person das Essen genießt. Du möchtest nicht, dass sie enttäuscht ist. Wenn sie enttäuscht ist, wirst du enttäuscht sein. Ihre Enttäuschung wird auch deine Enttäuschung zur Folge haben. Die Person empfindet vielleicht diese Sorge um die Möglichkeit ihrer Enttäuschung als einen Druck, nicht enttäuscht zu sein. Möglicherweise muss sie Vergnügen vorspielen, um deine Enttäuschung zu verhindern. Deine Sehnsucht nach dem Glück/lichsein deiner geliebten Person kann eine Illusion eines Glück/lichseins (›falsche Eindrücke‹) herstellen, die die Negation einschließt und nicht den Ausdruck der Sehnsucht. Wenn ich nach der Verbundenheit von Liebe und Glück/lichsein frage, behaupte ich nicht, dass wir Liebe nicht als eine Fürsorge um das erfahren, was unserer geliebten Person zustößt (egal, ob in der Form, dass wir ihr Glück/lichsein, also das, was gut für sie ist, wollen; wollen, dass sie bekommt, was sie möchte; wollen, dass ihr Gutes zustößt). Das können und tun wir auch. Ich sorge mich nur um einige der weniger glücklichen Auswirkungen der Liebe als Wille zum Glück/lichsein für die geliebte Person. Natürlich kann es sein, dass Glück/lichsein entsteht, wenn jemand dein Glück/lichsein möchte.

100 Über den Grundsatz, dass man durch die Liebe zu jemandem das Glück/lichsein desjenigen Menschen zur Grundlage für sein eigenes nimmt, ist man sich weitestgehend einig. Doch gilt der Grundsatz wirklich immer? Ich würde sagen, dass man sich wünscht,

Liebe an, die Glück/lichsein beinhaltet: »Die Liebe [besteht] darin […], daß man sich getrieben fühlt, an der Vollkommenheit, dem Wohl oder Glück des geliebten Gegenstandes Lust zu empfinden.« ([1765] 1971: 152)[101] Im vorhergehenden Kapitel bin ich auf einige Konsequenzen des sogenannten bedingten Glück/lichseins eingegangen. Nun können wir näher betrachten, was es für Glück/lichsein bedeutet, eine Bedingung der Liebe zu sein.

Vielleicht wünschen wir uns das Glück/lichsein der anderen Person oder wollen ihr Glück/lichsein schenken oder der Grund für ihr Glück/lichsein sein. Vielleicht wollen wir all diese Dinge gleichzeitig. Was folgt aus solchen

---

dass dieser Grundsatz wahr ist, doch diese Sehnsucht macht ihn nicht wahr, wie eine psychoanalytische Herangehensweise nahelegt. Wenn Liebe bedeutet, das Glück/lichsein eines anderen Menschen zu ersehnen, dann hängt das Glück/lichsein desjenigen, der liebt, womöglich vom Glück/lichsein desjenigen ab, der geliebt wird. Liebe als solche kann auch als Gefahr erfahren werden, dass der geliebte Mensch dir dein Glück/lichsein wegnehmen kann. Man könnte behaupten, dass dieses angsterfüllte Glück/lichsein, die Grundlage einer ambivalenten Sozialität bildet, in der wir diejenigen lieben, die wir lieben, doch sie auch hassen könnten, weil sie uns dazu bringen zu lieben, was uns wiederum verwundbar dafür macht, von dem berührt zu werden, was ihnen zustößt: anders ausgedrückt, Liebe erweitert unsere Verwundbarkeit über unsere Haut hinaus. Vielleicht ist Mitgefühl eine Art der sozialen Hoffnung: Wir würden uns gerne Glück/lichsein für unsere geliebten Menschen wünschen; Wir würden uns wünschen, dass unsere glücklichen Objekte auf dieselben Dinge hinauslaufen. Auch wenn wir ein schlechtes Gewissen haben, wenn wir uns Unglück/lichsein für unsere Feinde wünschen, ist es ein weniger schuldbewusster Wunsch als uns Unglück/lichsein für unsere Freunde zu wünschen. Mit anderen Worten, unsere angebliche Gleichgültigkeit dem Glück/lichsein von Fremden gegenüber könnte uns dabei helfen, die Fantasie zu erhalten, dass wir immer Glück/lichsein für diejenigen wollen, die wir lieben oder unsere Liebe ihr Glück/lichsein will.

101 Leibniz unterscheidet (in Anlehnung an anonyme Philosophen und Theologen) zwischen »Begehrlichkeit […], die nichts anderes ist als die Begierde oder das Gefühl für alles das, was uns Lust verschafft« und »Wohlwollen […], [als] Gefühl […] für den […], der uns durch seine Lust oder sein Glück Lust und Glück gewährt« ([1756] 1971: 152f.). Nehmen wir an, dass sich solche Gefühle an eine andere Person richten. Wir hätten eine Unterscheidung zwischen dem Anderen, der mein Vergnügen oder Glück/lichsein verursacht oder dem Vergnügen des Anderen, das mein Vergnügen oder Glück/lichsein verursacht. In beiden Fällen nimmt der Andere als Verursacher meines Vergnügens oder Glück/lichseins, dieselbe Position ein, egal, ob mein Vergnügen oder Glück/lichsein von ihm bedingt ist oder nicht. Den Einbezug des Glück/lichseins des Anderen in einem Diskurs der Nächstenliebe, schließt nicht notwendigerweise eine Veränderung der Position mit ein und kann den Anderen auch auf derselben Position stehen lassen. Diese Definitionen bietet Leibniz in *Neue Abhandlungen über den menschlichen Verstand* an, in denen er in einen imaginären Dialog mit Locke tritt. Er zeigt auf, welche Schwächen seiner Meinung nach Lockes Empirismus in *Essay über den menschlichen Verstand* aufweist, ein Buch, das ich nutzte, um meine These über glückliche Objekte in Kapitel 1 zu entwickeln. In diesem Textabschnitt, der mit Lockes Bericht über die Formen der Freude und des Schmerzes (261-267) übereinstimmt, fällt auf, dass Leibniz Locke scheinbar größtenteils recht gibt.

Wünschen? Interessanterweise kommt in der Formulierung des Wunsches nach Glück/lichsein für den anderen oftmals ein ›nur‹ vor. »Ich möchte *nur*, dass du glücklich bist.« Was bedeutet es, *nur* Glück/lichsein zu wollen? Was bedeutet es für ein Elternteil, so etwas zu seinem Kind zu sagen? Das ›nur‹ deckt womöglich etwas auf: Als würde der Wunsch nach Glück/lichsein für das Kind, nichts anderes einschließen, was vielleicht mehr von dem Kind abverlangen würden. In gewisser Weise scheint die Sehnsucht nach dem Glück/lichsein des Kindes eine Art des Friedens zu liefern, als würde man sagen: »Ich möchte nicht, dass du so oder so bist; ich möchte nur, dass du so bist oder das tust, *was auch immer* dich glücklich macht.« Man könnte sagen, dass das ›was auch immer‹ uns von der Verpflichtung des ›was‹ befreit. Die Sehnsucht nach dem Glück/lichsein des Kindes scheint die Freiheit einer gewissen Gleichgültigkeit gegenüber dem Inhalt einer Entscheidung zu bieten.[102]

Schauen wir uns das psychische Drama an, in dem sich das queere Kind befindet. Man könnte sagen, dass das queere Kind für viele Eltern ein unglückliches Objekt ist. In manchen elterlichen Antworten auf das Coming-Out des Kindes wird dieses Unglück/lichsein nicht so sehr ausgedrückt, indem sie behaupten, sie seien unglücklich aufgrund des queeren Kindes, sondern, *weil das Kind unglücklich sei.*[103] In dem Klassiker über Lesben- und Schwu-

102 Spricht man es auf gewisse Weise aus, kann dieses ›was auch immer‹ ein Ausdruck der Verachtung sein, ein ›was auch immer‹, das wir womöglich derbe und unreif mit der Pubertät in Verbindung bringen. Gleichgültigkeit kann sich als Fürsorge (ich werde für dich sorgen, egal was du tust) oder als eine Art der Gefühllosigkeit darstellen (Es ist mir egal, was du sagst oder tust). Sicherlich gibt es Unterschiede in der Gleichgültigkeit. Gleichgültigkeit kann auch eine Fantasie sein. Also sagen Eltern vielleicht, dass sie ›nur wollen‹, dass das Kind glücklich ist, wenn sie dem Kind widersprechen, aber es sich nicht leisten können (aus dem einen oder anderen Grund), ihre Ablehnung auszudrücken. Ich würde behaupten, dass Sprechakte mit höherer Wahrscheinlichkeit diese Gestalt annehmen, wenn die Person, die sie ausspricht, sich in einer Position relativer Macht befindet, Entscheidungen zu treffen oder die Bedingungen für das Glück/lichsein vorzuschreiben. Ein Kritiker, der solche elterlichen Sprechakte untersucht, ist Raymond Angelo Belliotti. Er behauptet, »Eltern [würden] oft sagen, dass sie sich am meisten für ihre Kinder wünschen, dass sie glücklich sind. Typischerweise äußern Eltern diese Binsenweisheit ganz selbstzufrieden darüber, dass sie so vorurteilsfrei und akzeptierend dem Pfad gegenüberstehen, den ihre Kinder wählen: ›Vielleicht bin ich nicht einverstanden mit dem, was meine Kinder tun, es ist nicht für mich, doch wenn es sie glücklich macht, kann ich nicht sagen, dass es falsch ist.‹« (2004: 1) Belliottis Lesart des Sprechaktes ist hilfreich. Er zeigt auf, dass die Sehnsucht nach dem Glück/lichsein des Kindes eine implizite Unstimmigkeit mit dem Verhalten des Kindes einschließt. Somit erscheint der Sprechakt als gleichgültig, weil er *das Urteil zurückhält, das er fällt* (Ich denke, dass sie falsch liegen, aber ich kann es nicht aussprechen).

103 In ihrem Buch *Icelandic Lives: The Queer Experience* schreibt Voon Chin Phua darüber, dass die Antwort ihrer Mutter auf ihr eigenes Coming-Out die Angst vor dem Unglück/

lenbefreiung *No Turning Back* (dt. Kein Zurückkommen) lautet eine typische Antwort der Eltern auf das Coming-Out des Kindes: »Ich möchte doch nur, dass du glücklich bist, Schatz, und das Leben ist manchmal so unglücklich.« (Goodman u.a. 1983: 17) Queere Fiktion ist voll ähnlicher Sprechakte, in denen Eltern ihre Angst ausdrücken, dass das queere Kind dazu bestimmt ist, ein unglückliches Leben zu führen.[104] Sehen wir uns folgenden Austausch aus dem lesbischen Roman *Annie on my Mind* (1982) von Nancy Garden an.

> »›Lisa‹, sagte mein Vater, ›Ich habe dir gesagt, dass ich dich unterstützen werde und das tue ich auch. Und gerade sind wir glaube ich zu verärgert, um das weiter zu diskutieren, also werde ich in ein, zwei Minuten mit dir und deiner Mutter Mittagessen gehen. Doch Liebling, ich weiß, es ist altmodisch, das zu sagen, aber naja, vielleicht liebe ich deine Mutter und dich und Chad so sehr, dass ich zugeben muss, nie angenommen zu haben, dass Homosexuelle glücklich sein könnten – zunächst einmal haben sie keine Kinder, kein rich-

---

lichsein beinhaltete: »Auch dachte sie, dass ich als Lesbe unglücklich sei. Davon ging sie einfach aus bei Schwulen und Lesben, die sich geoutet hatten. Sie waren alle unglücklich. Sie nahm an, dass Lesben und Schwule alle unglücklich waren, immer kämpfen mussten, nie glücklich waren mit ihrer Familie und keine Kinder hatten.« (2003: 107)

104 Es gibt so viele Beispiele dafür. Nicht nur *Annie on My Mind*, auch Julie Anne Peters' *Keeping you a secret* ist eines davon. In dem Buch sagt eine Mutter an einer Stelle zu der Freundin ihrer Tochter: »Ich möchte, dass sie glücklich ist. Das haben Tom und ich uns immer für unsere Kinder gewünscht. Wir wünschen uns so sehr, dass unsere Kinder aufwachsen und all die Dinge bekommen, die wir nie hatten. Wir setzen große Hoffnungen auf euch. Erwartungen, Träume. Und dann sowas.«(Peters [2003: 190]; dt. Du bist mein Geheimnis, 2005) Eine Lesbe zu werden, bedeutet, seine Eltern zu enttäuschen; Sie wollen, dass du glücklich bist, also, dass du nach einer Vorstellung von ihrem Glück/lichsein lebst oder ihrer Vorstellung deines Glück/lichseins. Im lesbischen Film *Eine Hochzeit zu dritt* (2005, Reg. Ol Parker), wird eine ganz andere Version dieses Sprechaktes dargestellt. Eine Frau verliebt sich in eine andere Frau, der sie auf ihrer eigenen Hochzeit begegnet. In dem Fall spricht der Ehemann: »Ich möchte, dass du glücklich bist. Ich wollte immer der Grund für dein Glück/lichsein sein. Doch, wenn ich es nicht bin, werde ich dir nicht im Weg stehen.« Hier lässt der Ehemann seine Frau gehen, als er merkt, dass sie sich in eine Frau verliebt hat und er erkennt, dass er sie nicht glücklich machen kann. Wenn man möchte, dass der geliebte Mensch glücklich ist und man einsieht, dass man denjenigen nicht glücklich machen kann, kann man ihn gehen lassen, um das Glück auf andere Weise zu suchen, selbst wenn das einen selbst unglücklich macht (weil es dich ja glücklich machen würde, denjenigen glücklich zu machen). In den meisten Beispielen bin ich bei meiner Forschung für dieses Buch der Sehnsucht nach dem Glück/lichsein der anderen begegnet, die nicht solch eine Anerkennung mit einschließt. So eine Art Sehnsucht besteht normalerweise auf dem, was das Glück/lichsein anderer beinhaltet oder beinhalten sollte, und nicht auf dem Zögern der Frage, ob das Subjekt zum Glück/lichsein anderer beitragen kann. Tatsächlich werden Formulierungen der Sehnsucht wie jemanden glücklich *machen* normalerweise nicht mit großer Sorge formuliert, ob man überhaupt jemanden glücklich *machen kann*. Dennoch untersucht dieses Kapitel einige der Probleme für die queere Politik, die damit einhergehen, dass Liebe von den Glücks-Ursachen abhängt.

tiges Familienleben. Schatz, du wirst vielleicht eine super gute Architektin – doch ich wünsche mir, dass du auch auf andere Weise glücklich wirst, so wie deine Mutter und einen Mann hast und Kinder. Ich weiß, du kannst beides haben…‹ *Ich bin glücklich*, versuchte ich ihm mit meinem Blick zu sagen. *Ich bin glücklich mit Annie*; sie und meine Arbeit sind alles, was ich je brauchen werde; sie ist auch glücklich – bis zu dem Zeitpunkt waren wir das beide.« (191)

Dieser Sprechakt hat eine große Wirkung. Das Elternteil identifiziert sich mit einer imaginierten Zukunft voller zwangsläufiger und unvermeidlicher unglücklicher Erfahrungen. Solch eine Identifikation mit dem Kummer über das, was das Kind verlieren wird, erinnert uns daran, dass das queere Leben bereits als unglückliches Leben konstruiert wird, als ein Leben ohne die ›Dinge‹, die dich glücklich machen oder als ein Leben, das deprimierend ist, da es gewisse Dinge nicht hat: ›Einen Ehemann, Kinder‹. Zu lieben bedeutet also in dem Fall, nicht zu wollen, dass das eigene Kind solche Dinge entbehren muss; du möchtest, dass dein Kind glücklich ist, ohne diese Dinge aufgeben zu müssen. Die Sehnsucht nach dem Glück/lichsein des Kindes ist von daher alles andere als gleichgültig. Der Sprechakt »Ich möchte nur, dass du glücklich bist« ist in seiner vorgestellten Gleichgültigkeit richtungsweisend.

Für die Tochter können nur die Augen sprechen; und sie versuchen, eine alternative Geschichte über Glück/lichsein und Unglück/lichsein zu erzählen. In ihrer Antwort besteht sie darauf, dass sie ganz sicher glücklich ist. Sie ist glücklich »*mit* Annie«, also glücklich mit *dieser* Beziehung und *diesem* Leben, dem sie sich voll und ganz hingeben wird. Die Macht der unausgesprochenen Antwort liegt im Gebrauch des Wortes *bis*: Wir waren glücklich *bis* das geschah, wobei das *bis* den Augenblick markiert, in dem der Vater seine Missbilligung ausdrückt. Die unglückliche Queere ist hier diejenige, die als unglücklich verurteilt wird: Das Urteil, unglücklich zu sein, löst das Unglück/lichsein aus, gerade weil es misslingt, das soziale Überleben queerer Beziehungen, queere Liebe überhaupt, anzuerkennen. Der Sprechakt des Vaters bewirkt Unglück/lichsein, das als unvermeidliches Resultat aus der Entscheidung der Tochter angenommen wird. Wenn ›das‹ passiert, folgt Unglück/lichsein.

Der soziale Kampf in Familien ist oft mit einem Kampf über die Ursachen des Unglück/lichseins verbunden. Der Vater ist unglücklich, weil er denkt, dass seine Tochter unglücklich sein wird, wenn sie queer ist. Die Tochter ist unglücklich, weil der Vater unglücklich damit ist, dass sie queer ist. Der Vater nimmt das Unglück/lichsein seiner Tochter als Bestätigung seiner Position:

dass sie unglücklich sein wird, weil sie queer ist. Selbst der glückliche queere Mensch wird an diesem Punkt unglücklich. Und offensichtlich kann die Familie nur als glückliches Objekt aufrechterhalten werden, als etwas, von dem angenommen wird, dass es Glück/lichsein verursacht, indem es sich das Unglück/lichsein des queeren Kindes zur Aufgabe macht.

Der Sprechakt »Ich möchte nur, dass du glücklich bist« kann auch als eine Art der Toleranz oder Akzeptanz in Geschichten des Coming-Outs genutzt werden. Ein gegensätzliches Beispiel zu *Annie on My Mind* wurde in Danas Geschichte des Coming-Outs vor ihren Eltern in der ersten und zweiten Staffel der Serie *Wenn Frauen Frauen lieben* (Orig. *The L Word*) präsentiert. Zuerst kann Danas Mutter Sharon Fairbanks mit der Vorstellung nicht umgehen und versucht, ihre Tochter zu überreden, heterosexuell zu werden.[105] Doch als ihre Tochter und ihre Partnerin Tonya irgendwann von ihrer Liebe zueinander sprechen, kann sie es besser akzeptieren. Sie sagt: »Ich sehe, dass du Liebe gefunden hast. Es spielt keine Rolle, welche Gestalt sie annimmt, solange du glücklich bist.« Es ist immer widersprüchlich, zu sagen, dass etwas keine Rolle spielt: Wenn du sagen musst, dass etwas keine Rolle spielt, heißt es normalerweise, dass es genau das tut. Vielleicht bietest du deine Wertschätzung an, unter der Bedingung, dass die Person, die du wertschätzt, versichert, dass der Unterschied, der eine Rolle spielt, gar keine Rolle spielt. Queere Liebe könnte unter der Bedingung anerkannt werden, dass solch eine Liebe als Liebe anerkennbar ist, während Liebe an sich vom Glück/lichsein abhängt. Wie ich bereits definiert habe, werden manche Dinge als

105 Allerdings können wir auch Sharon Fairbanks' Sehnsucht nach der Heterosexualität ihrer Tochter als melancholisch lesen, als etwas, bei dem es nicht unbedingt darum geht, dass ihre Tochter glücklich ist oder das Glück/lichsein aufgibt, oder darum, dass sie besonders sein und die Sehnsucht und das queere Glück/lichsein für das gute Leben opfern sollte. In dieser Folge zeigt die ›rückblickende‹ Eröffnungsszene zwei Mädchen mit ihren Pferden, bei denen es sich, wie wir später erfahren, um Sharon und ihre Freundin handelt. Sharon versucht ihre Freundin in einem queeren Augenblick stabiler Intimität zu küssen (es gibt viele queere Geschichten über Mädchen und Pferde) und ihre Freundin erschreckt sich und sagt: »Menschen haben alle möglichen Gefühle, das heißt aber nicht, dass sie sie ausleben müssen.« Später, als Sharon sich weigert, das Coming-Out von Dana zu akzeptieren, wiederholt sie die Worte ihrer Freundin etwas umgewandelt: »Wir alle haben Gefühle für unsere Freundinnen, Dana. Das heißt nicht, dass wir uns nach ihnen richten müssen.« Somit steckt hinter dem Unglück/lichsein ihrer Mutter über ihre queere Tochter, ihre eigene Trauer, dass sie die Möglichkeit des queeren Verlangens opfern muss, um nach den richtigen Gefühlen zu handeln, um richtig ausgerichtet zu sein, indem sie entscheidet, welche Gefühle sie ausleben möchte. Ich komme im letzten Abschnitt dieses Kapitels auf die umgekehrte Möglichkeit zu sprechen, auch als queerer Mensch glücklich zu werden.

Glücks-Ursachen verstanden, andere jedoch nicht. In diesem Fall möchte das Paar den Segen der Eltern für ihre Hochzeit: vielleicht ein direkter Weg, um queere Liebe auszuleben. Wenn queere Menschen den Zeichen des Glück/lichseins nahekommen müssen, um anerkannt zu werden, müssen sie womöglich die Zeichen des Queerseins minimieren.[106]

Es gibt natürlich gute Gründe, um Geschichten über das queere Glück/lichsein in Erwiderung und als Antwort auf die Annahme, dass ein queeres Leben zwangsläufig und unvermeidlich unglücklich sein muss, zu erzählen.[107] Wir müssen nur die Gewalt in Michaels tragischem Kommentar vernehmen: »Zeig mir einen glücklichen Homosexuellen und ich zeig dir eine schwule Leiche« aus Matt Crowleys Theaterstück (1968), um an diese Beweggründe zu erinnern (Sanderson 1999: 141f.). Und doch können wir gleichzeitig und vielleicht sogar aufgrund derselben Gründe sehen, warum es wichtig sein

---

106 In Büchern wie *How to Be a Happy Homosexual* überrascht es nicht, dass die Förderung von glücklicher Homosexualität eine Bekenntnis zum ›ent‹-queeren des schwulen Lebens beinhaltet. Das Buch kritisiert Sexpraktiken, wie beispielsweise anonymer Sex auf öffentlichen Toiletten, mit der Behauptung, dass »dadurch isolierte und unsichere Schwule die Vorstellung bekommen, dass der Kontakt mit Schwulen dreckig, unwürdig, nervenaufreibend und gefährlich sein müsste. Es trägt nichts zum Selbstbild dieser schwulen Männer bei, die bereits eine schlechte Meinung von ihrer eigenen Sexualität haben.« (Sanderson 1999: 64) Die Praxis des *Cruising* wird auch kritisiert, weil es »das Gefühl der Isolation bei denen verstärken kann, die bereits unglücklich mit ihrer Sexualität sind« (67). Sanderson übt Kritik am Hedonismus der queeren Kultur und behauptet, dass homosexuelle Männer eine Moral entwickeln müssten, die darauf gründet, andere glücklich zu machen (145). Obwohl Sanderson solch eine Moral nicht mit Begriffen der konservativen Familienwerte beschreibt (oder solchen, mit denen er heterosexuelle Beziehungen oder Familienformen nachahmt), wird eine eindeutige Verbindung zur Förderung einer Soziabilität hergestellt, die sich auf Mitgefühl gründet oder auf dem, was er »schöne Gefühle« nennt, im Gegensatz zur Oberflächlichkeit und dem Hedonismus der queeren Kulturen (145). Ich bin hier Vincent Quinn zu Dank verpflichtet für eine exzellente Abhandlung von *How to Be a Happy Homosexual* als Handbuch für sexuelle Handlungen.

107 Die Vorstellung vom angeborenen Unglück/lichsein queerer Menschen kann extrem gewaltsame und zerstörerische Folgen haben. Zum Beispiel haben Michael Schroeder und Ariel Shidlo analysiert, wie Kliniker*innen dieses Argument gebraucht haben – dass schwule Menschen zwangsläufig unglücklich werden – um die sexuelle Reparativtherapie zu rechtfertigen (2002: 134f.). Folglich werden schwule Patienten dazu aufgefordert, ihre Begierden für das Glück/lichsein aufzugeben. Viele dieser homophoben Diskurse in der Psychiatrie zielen darauf ab, den sogenannten »Mythos vom glücklichen Homosexuellen« zu widerlegen, um für »Heilung« zu argumentieren und nicht für »Anpassung« (siehe Conrad und Schneider 1980: 191). Sie sind komplett von der Notwendigkeit und Unvermeidlichkeit des queeren Unglück/lichseins überzeugt. Also, obwohl wir vielleicht die Förderung von glücklichen Homosexuellen infrage stellen wollen, von denen in der Fußnote 10 die Rede war, sollten wir auch nicht vergessen, dass der Zweifel an der Möglichkeit des queeren Glück/lichseins wesentlich ist für die Gewalt der Homophobie.

könnte, Geschichten über queeres Unglück/lichsein zu erzählen. Es könnte am Schmerz darüber liegen, nicht anerkannt zu werden. Es könnte an den Bedingungen der Anerkennung liegen. Es könnte auch an der Arbeit liegen, die erforderlich ist, um der Wahrnehmung deines Lebens als unglücklich entgegenzuwirken: Der Druck, glücklich zu sein, um zu zeigen, dass du nicht unglücklich bist, kann sicherlich auch Unglück/lichsein verursachen.

Unglück/lichsein hervorrufen

Auf die Welt zu kommen, bedeutet, die Welt zu erben, in die man kommt. Die Familie ist ein Ort des Erbes, formt, was für das Kind am nächsten ist (siehe Ahmed 2006). Das queere Kind schafft es nicht, die Familie zu erben, indem es deren Linie reproduziert. Dieses Scheitern ist gefühlsbedingt; du wirst zu einer Unglücks-Ursache. Wie ich in meiner Einleitung zu diesem Buch bereits angedeutet habe, wurde das Wort *Unglück/lichsein* zum ersten Mal gebraucht, um diejenigen zu beschreiben, die Unglück oder Ärger verursachen, und nicht diejenigen, die traurig sind oder sich erbärmlich fühlen. Wir können aus der schnellen Übertragung der Annahme, dass wir Unglück/lichsein verursachen auf die Annahme, dass wir selbst unglücklich sind, lernen. Wir müssen daraus lernen.

Du kannst unglücklich werden, *weil* du als Ursache für das Unglück/lichsein betrachtet wirst. Freuds Auslegung der Homosexualität einer seiner Patientinnen dramatisiert diese Angelegenheit. Was in diesem Beispiel auffällt, ist, dass die homosexuelle Frau als ›glücklich‹ mit ihrer Sexualität dargestellt wird: »Sie versuchte, mich nicht durch die Behauptung zu täuschen, daß es ihr ein dringendes Bedürfnis sei, von ihrer Homosexualität befreit zu werden.« (Freud 1952: 279) Weiter sagt Freud, »sie könne sich im Gegenteil gar keine andere Verliebtheit vorstellen [...]« (ebd.). Die homosexuelle Frau drückt Freuds Meinung nach ein therapeutisches Verlangen aus: nicht das Verlangen, ihre sexuelle Orientierung umzulenken, sondern, nicht die Ursache des elterlichen Unglück/lichseins zu sein. Sie wird durch deren Unglück/lichsein über ihre sexuelle Orientierung unglücklich.

Sarah Schulmans Roman *Einfühlung* beginnt mit einer Grabinschrift aus Freuds Fall. In diesem Roman geht Anna zu einem Therapeuten und sagt: »Nun, ich bin zufälligerweise eine glückliche Person, Doc. *Mein* Leben gefällt mir so, wie es ist.« (Schulmann [1992] 1993: 43) Anna ist mit ihrem Leben, so wie es ist, nicht unglücklich. Sie ist nicht unglücklich darüber, dass sie als Frau Frauen mag. Stattdessen sagt sie, dass es »Gedanken über Strukturen« (ebd.) sind, die sie unglücklich machen. Die Schlussfolgerung des Arztes ist, dass sie an Einfühlungsvermögen leidet (44). Einfühlend zu sein, heißt, zu leiden: Es bedeutet, dass man unglücklich wird durch das Unglück/lichsein anderer Menschen. Es heißt nicht notwendigerweise, dass du ihre Gefühle empfindest, sondern dass du mit ihrem Unglück/lichsein über deine Lebensentscheidungen leben musst (›Vorstellungen von Strukturen‹). Solch ein Unglück/lichsein ist auf diejenigen gerichtet, die nicht gemäß der richtigen Vorstellungen leben. Sie sind unglücklich über dich, weil du nicht bist, wie sie wollen, dass du bist.

Du kannst unglücklich gemacht werden, indem du nicht bist, wie die anderen dich haben wollen, selbst wenn du nicht so sein willst wie die anderen dich haben wollen.

Es ist schwierig, wenn deine Ankunft in der Welt zur Ursache für Unglück/lichsein wird. Wir könnten unzählige traurige queere Bücher nehmen und wir würden genau das zu sehen bekommen. Nehmen wir zum Beispiel Radclyffe Halls *Quell der Einsamkeit*. Der Roman erzählt die Geschichte von Stephen Gordon, die durchweg als invertiert beschrieben wird, deren Leben auf das »tragische [...] und elende [...] Ende« zuläuft, das der einzige greifbare Spielraum für Homosexuelle zu sein scheint (Hall [1982] 1991: 529)[108]. Im Roman hat Stephen eine Reihe von tragischen und dem Untergang geweihten Affären, die mit der Beziehung zu Mary Lewellyn enden, die als »das Kind, die Freundin, die Geliebte« beschrieben wird (409). Der Roman bietet kein Happy End an und darum scheint es teilweise auch zu gehen: Stephen gibt Mary auf, um sie von der Last ihrer Liebe zu befreien. Stephen stellt sich vor wie sie zu ihr sagt: »›Ich bin eine von denen, die Gott gezeichnet hat. Wie Kain bin ich gezeichnet und mit einem Makel behaftet. Wenn du dich mir anschließt, Mary, wird die Welt dich verabscheuen, wird dich verfolgen, wird dich obszön und schmutzig nennen. Mag unsere Liebe bis in den Tod

108 Ausgehend von der Sexualforschung, wurde der Begriff der sexuellen Inversion (Umkehrung) gebraucht, um lesbische Sexualität zu interpretieren (wenn sie Frauen begehrt, muss sie ein Mann sein). Angesichts dessen, steht die Invertierte sowohl für die Figur der Lesbe, eine Möglichkeit, um sie zu präsentieren, als auch dafür, dass sie ausradiert wird, was nicht bedeutet, dass wir annehmen sollten, dass Inversion nur derart gedeutet werden kann. Siehe Ahmed 2006 für eine Diskussion über die Beziehung zwischen der Figur der Lesbe und der Invertierten in *Quell der Einsamkeit,* als auch Prosser 1998, der die Inversion als Transsexualität bezeichnet. Siehe Bland und Doan 1998 für eine exzellente Kollektion an sexologischen Werken vom späten neuzehnten bis zum frühen zwanzigsten Jahrhundert, als auch Doan und Prossers herausgegebene Kollektion zu *Quell der Einsamkeit* (2002), die Artikel über die Beziehung zwischen Inversion, Transsexualität und Homosexualität enthalten.

und darüber hinaus dauern, mag sie noch so getreu und ehrlich sein – die Welt wird sie schmutzig und obszön nennen.‹« (392)

Ein Wendepunkt im Roman ist die Ankunft von Stephen und Mary in Alecs Bar, einem Ort, an dem sich die »Elendsarmee« (506) der Homosexuellen und Perversen aufhält. Adolphe Blanc, der »sanfte und gelehrte« (508) Jude, spricht Stephen an: »In diesem kleinen Raum herrscht heute nacht wie alle Nächte soviel Elend und Verzweifeltsein, daß es fast die Wände sprengt. [...] Außerhalb dieser vier Wände gibt es glückliche Menschen, die den sogenannten Schlaf des Gerechten schlafen. Wenn sie daraus erwachen, machen sie sich an die Verfolgung derer, die seit dem Tag ihrer Geburt nicht aus eigener Schuld abseits stehen müssen und alle Sympathie, jedes Verständniss für sie beraubt ist. Diese glücklich schlafenden Menschen sind gedankenlos [...]« (509). In diesem außergewöhnlichen Zitat spricht Adolphe Blanc, eine Randfigur im Buch, der »durch die Menge« in Alecs Bar ankommt, aus, was ich versucht wäre, als die Wahrheit des Romans zu beschrieben: Das Glück/lichsein der heterosexuellen Welt ist eine Art Ungerechtigkeit. Heterosexuelles Glück/lichsein wird als soziales Unrecht beschrieben, das auf dem unbedachten Ausschluss derjenigen basiert, deren Andersartigkeit sogar als Mangel dargestellt wird. Während einige glücklich sind, werden andere verfolgt: Es geht nicht nur darum, dass dieses Glück/lichsein ein soziales Unrecht entstehen lässt; es mag sogar sein, dass es davon abhängt. Das Unglück/lichsein von andersartigen Menschen stellt eine Forderung nach Gerechtigkeit dar. Jedes traurige Buch hat seine Augenblicke, Augenblicke, in denen alles ›zu viel‹ ist, in denen ein Körper, ein Leben, eine Welt, unerträglich wird. Über erträgliche und unerträgliche Leben nachzudenken, könnte eine neue Sichtweise auf Judith Butlers (2005) Konzept der lebbaren und nicht-lebbaren Leben ermöglichen. Ein erträgliches Leben ist ein Leben, das hochhalten kann, das seine Gestalt oder Richtung angesichts dessen, was es ertragen soll, halten kann. Zu ertragen, kann in dem Fall dann auch eine Fähigkeit sein; ein erträgliches Leben ist ein Leben, das wir ertragen können. Ein erträgliches Leben legt nahe, dass die Bedingungen der Lebensfähigkeit eine Beziehung zum Leid, zu dem, ›was‹ ein Leben erleiden muss, mit einschließen. Ein erträgliches Leben ist ein Leben, in dem das, was ertragen werden muss, dieses Leben nicht in Gefahr bringt, entweder, was die nackten Tatsachen seiner Existenz angeht, oder im Sinne seiner Zielsetzung, seiner Richtung oder seinem Zweck. Ein erträgliches Leben kann seinen Sinn erhalten, wenn es ertragen wird. Das unerträgliche Leben ist ein Leben, das nicht toleriert oder ertragen, dem nicht auf die Sprünge geholfen oder an dem nicht festgehalten werden kann. Das unerträgliche Leben ›zerbricht‹ oder ›zerrüttet‹ unter dem ›zu viel‹ dessen, was getragen wird. Hier sollte nicht vergessen werden, dass die Bedingungen des Erträglichen sich nicht ausschließlich auf das Objekt (was von einem erwartet wird, zu ertragen, obgleich es dieses *was* mit einschließt) oder das Subjekt (derjenige, der es erträgt, obgleich es denjenigen mit einschließt) beziehen. Was zu einem unerträglichen Leben führt, spielt sich *irgendwo* zwischen dem Subjekt und der Welt ab, die ›Dinge‹ aufwirft; manchmal wird etwas ›zu viel‹, um es ertragen zu können und das ›zu viel‹ wird als Bruch mit einer langen Geschichte der Verwicklungen oder Erduldungen erfahren, die dem Leiden standhält, insofern es erträglich ist. Wenn *es* zu viel wird, zerbrechen Dinge, du erreichst einen Tiefpunkt.

Einmal werden Stephen und Mary von einer Frau zurückgewiesen, die sich mit ihnen angefreundet hatte, um ihr eigenes Ansehen und das ihrer Tochter zu schützen. Sie schickt ihnen einen Brief, in dem sie verlautbaren lässt, das sie gezwungen war ihre »Freundschaft aufzukündigen« und sie die beiden bittet, sie an Weihnachten nicht in ihrem Haus zu besuchen, wie es geplant war (Hall [1928] 1991: 483). Mit anderen Worten, um das Glück/lichsein ihrer eigenen Familie zu schützen, muss sie die Nähe zu denjenigen ablehnen, die ihr Ansehen ›beschmutzen‹ könnten, die bereits als Unglücks-Ursachen gelten, die das Unglück/lichsein, das sie verursachen, per se sind oder es verkörpern. Somit sind sie nicht länger willkommen am Familientisch; sie können nicht am Fest teilnehmen.

Anhand dieses Beispiels können wir erkennen, inwiefern die Vorstellung der Ansteckung in der Selbstregulierung von Gefühlswelten heraufbeschworen werden kann.[109] Womöglich meidest du die Nähe zu jemandem, weil du Angst hast, sonst vom Unglück/lichsein angesteckt zu werden oder du suchst die Nähe zu jemandem, weil du hoffst, vom Glück/lichsein angesteckt

109 Ich erweitere meine Analyse des Konzeptes der Ansteckung, von dem im ersten Kapitel die Rede war, und schlage vor, dass die Möglichkeit, dass Gefühle ansteckend sind, zu einem Merkmal des Antagonismus oder des sozialen Drucks wird. Außerdem sollten wir die Tragweite unseres Verständnisses von Leid nicht außer Acht lassen. Es ist eine Binsenweisheit, dass geteiltes Leid den Druck des Leids mindert, indem seine Last geteilt wird. Doch wir können auch davon ausgehen, dass die Möglichkeit, Leid zu teilen, zu einer sozialen Verpflichtung wird. Wenn jemand als Reaktion auf mein Leid leidet, befürchte ich womöglich, dass ich Leid verursachen kann, indem ich mein Leid mit jemandem teile. Oder ich befürchte, dass, wenn die Person mein Leid erleidet, mein Leid sich nicht länger auf mich bezieht. Mit anderen Worten, die Möglichkeit, dass jemand, den ich liebe, leidet, wenn ich leide, kann mich damit unter Druck setzen, diejenigen, die ich liebe, nicht leiden zu lassen oder unter meinem Leid zusammenzubrechen. Die Geheimhaltung des Leids kann im Namen der Liebe geschehen.

zu werden. Eine gefühlsbedingte Geografie des Glück/lichseins nimmt feste Gestalt an.[110] Unglück/lichsein wird verdrängt, sodass auch bestimmte Körper verdrängt werden, damit verhindert wird, dass das Unglück/lichsein, von dem angenommen wird, dass es sich in diesen Körpern befindet, nicht das Glück/lichsein gefährdet, das gegeben wurde.

---

110 Kürzliche Forschungsarbeiten zum Glück/lichsein liefern »Glücks-Landkarten«, indem sie »Glücks-Anhäufungen« untersuchen und sie beruhen zumindest teilweise auf einem Modell der gefühlsbedingten Ansteckung. Zum Beispiel untersucht die Studie von James H. Fowler und Nicholas A. Christaki, die im Dezember 2008 in der medizinischen Fachzeitschrift *BMJ* (British Medical Journal) erschienen ist, (und eine weltweite Berichterstattung mit der Schlagzeile »Glück ist ansteckend« zur Folge hatte – vielleicht ist es die Vorstellung, dass Glück/lichsein ansteckend ist, die am meisten ansteckt) wie sich das Glück/lichsein in sozialen Netzwerken von einer Person auf die nächste übertragen kann und »Anhäufungen von glücklichen und unglücklichen Menschen« hervorbringt (1). In ihrer Analyse der Glück/lichseins-Verteilungen behaupten die Autoren, dass »Menschen im Innersten ihrer lokalen Netzwerke glücklicher zu sein scheinen als diejenigen, die sich an den Rändern befinden, denn die scheinen unglücklich zu sein«. (6) Das Glück/lichsein des Zentrums wird als Zeichen gedeutet, dass glückliche Menschen sich zueinander hingezogen fühlen. Diese Fantasie des Glück/lichseins, das sich im Zentrum befindet, könnte der Grund dafür sein, dass denjenigen in diesem Zentrum die Beziehung zwischen ihrem eigenen Glück/lichsein und dem Unglück/lichsein derer nicht klar ist, die an die Ränder gedrängt werden. Die Autoren geben zu, dass die Daten es ihnen nicht erlauben, Schlussfolgerungen über die kausalen Mechanismen hinter den Glücks-Anhäufungen zu ziehen. Sie vermuten, dass glückliche Menschen »ihr Schicksal teilen« oder »ihr Verhalten gegenüber anderen ändern« oder »lediglich eine Emotion ausstrahlen, die von Natur aus ansteckend ist«. Obwohl Ansteckung als nur ein möglicher kausaler Mechanismus unter anderen beschrieben wird, würde ich meinen, dass Ansteckung ein zentrales Kausalitätsmodell in den meisten Forschungsarbeiten zum Glück liefert. Also gehen wir davon aus, dass es Glücks-Anhäufungen gibt, weil Glück/lichsein sich einfacher verbreitet. Mein Ziel ist nicht, die Existenz solcher Glücks- und Unglücks-Anhäufungen zu verneinen (obgleich wir uns vielleicht vor Augen halten sollten, dass dies Anhäufungen von Leuten sind, die mehr oder weniger dazu neigen, sich selbst als glücklich zu beschreiben). Ich möchte stattdessen vorschlagen, dass sie aus komplexen sozialen Mechanismen resultieren, mittels derer diejenigen, denen Unglück/lichsein anhaftet, auf Distanz gehalten und somit an die Ränder des sozialen Lebens gedrängt werden, was wiederum ermöglicht, Glück/lichsein und Unglück/lichsein an gewissen Orten zu positionieren. Anders ausgedrückt, die Vorstellung, dass Glück/lichsein ansteckend ist, spielt eine entscheidende Rolle für Formen der sozialen Regulierung, die wiederum diese Anhäufungen erzeugt, die dann als Beweis dafür herhalten, dass Glück/lichsein ansteckend ist! Ansteckung bietet ein schwaches Modell der sozialen Kausalitäten an, dem es nicht gelingt, die komplexen Mechanismen zu erfassen, durch die sich bestimmte Eigenschaften, Materialien und Merkmale (egal, ob sie materiell oder immateriell sind) bei einigen Menschen anhäufen, bei anderen jedoch nicht. Die Schwachstelle der Ansteckung als Modell der sozialen Kausalitäten wird offensichtlich, wenn wir es nutzen, um die Verteilung von materiellen Dingen (Es wäre zum Beispiel absurd, die Ansammlung von Reichtum als Folge der Ansteckung zu erklären – dass Menschen das Geld von Menschen, die Geld haben, fangen); auch müssen wir seine Schwachstelle als ein Modell anerkennen, mit dem man die Verteilung von immateriellen Dingen erklären möchte.

Wenn du zurückgewiesen wirst, um das Glück/lichsein zu bewahren, kann es passieren dass du die dir zugeschriebenen Gefühle empfindest. Der Schmerz über die Zurückweisung stellt den Tiefpunkt im Roman dar: »Stephen wollte es so vorkommen, als sei aller Kummer und alles Leiden ihres Lebens nichts gegen den unerträglichen Schmerz, den sie jetzt empfand, als sie dieses Schluchzen hörte, als sie Mary so verletzt und völlig zermalmt sah, so beschämt und erniedrigt um ihre Liebe willen, so aller Würde und alles Schutzes beraubt.« (Hall [1928] 1991: 484) Stephen kann das Unglück/lichsein nicht ertragen, das sie im Gesicht ihrer Geliebten abliest. Nur weil die Welt unglücklich über queere Liebe ist, werden queere Menschen auch unglücklich, da queere Liebe eine Unglücks-Ursache für die anderen geliebten Menschen ist, mit denen sie zusammenleben. Es ist nicht so, als wären queere Menschen von Anfang an traurig oder deprimiert. Queeres Unglück/lichsein versorgt uns nicht mit einem Anfang. Gewisse Subjekte erscheinen unter Umständen traurig oder deprimiert, oder werden eventuell sogar traurig oder deprimiert, da ihnen unterstellt wird, nicht die Voraussetzungen zum Glück/lichsein zu besitzen und als Folge dieses Mangels Unglück/lichsein zu verursachen.

Wir sehen also jetzt, warum es so schwer ist, *als* queere Menschen anderen queeren Menschen das Glück/lichsein zuteilwerden zu lassen. Wie könnte das Ende aussehen? Ich würde meinen, dass der Roman uns zwei Enden bereitstellt. Das erste Ende stellt die Erfahrung von Jamie und Barbara dar, die *wie* Stephen und Mary vorgeführt werden: eine Invertierte und ihre Geliebte. Ihr Ende lässt ein mögliches Ende für unglückliche queere Menschen zu: »Im selben Moment kamen ihr die Tränen, und sie weinte wie eine Wahnsinnige. Sie klagte laut über das Leben im Exil voller Not und Mühsal, das Barbaras Kräfte untergraben und ihre seelische Widerstandsfähigkeit gebrochen hatte. Sie klagte über die grausame Schicksalsfügung, die sie beide gezwungen hatte, ihre Heimat, die Highlands zu verlassen, und sie führte darüber Klage, wie schrecklich es für Liebende ist, dem Tod ins Antlitz sehen zu müssen. Und doch schien der große Abschiedsschmerz vor einer weit subtileren Pein zu verblassen: ›Ich kann nicht über sie trauern, ohne Schande über ihren Namen zu bringen! Ich kann nicht heimfahren und sie betrauern‹, jammerte Jamie.« (Hall [1928] 1991: 524f.) Barbaras Tod wird als Resultat eines mühseligen Lebens dargestellt, das schicksalhaft für eine Invertierte ist. Ein mühseliges Leben als Vertriebene zehrt an deinen Kräften, schwächt deinen Geist; es ist ein Leben, das dich langsam, Tag um Tag, umbringt. In einer Szene, die sich so oft in unserem unglücklichen queeren Archiv wiederholt hat, wird der Schmerz über die Erfahrung des Todes einer geliebten Person durch die Unmöglichkeit zur Trauer intensiviert. So vertraut, zu vertraut: Die Vertrautheit einer Szene des Leids sollte uns nicht daran hindern, das Leid dieser Szene zu beschreiben. Jamie kann nicht mit Barbara nach Hause zurückkehren; sie kann zu Hause nicht über ihre Geliebte trauern, ohne noch mehr Unglück/lichsein zu verursachen. Die Nichtanerkennung des Lebens und der Liebe von Invertierten spiegelt sich auf qualvollste Weise in dieser Unfähigkeit, den Tod einer Geliebten zu betrauern, wider. In Verzweiflung über Barbaras Tod und der anschließenden Unmöglichkeit des Trauerns über ihren Tod, begeht Jamie Suizid: »Stephen führte sich immer wieder die letzten herzzerreißenden Tage mit Barbara und Jamie vor Augen und lehnte sich gegen das krasse Unrecht auf, das ihr tragisches und elendes Ende herbeigeführt hatte. In einem Anflug von Zorn ballte sie die Hände. Wie lange würde Gott die Verhöhnung seiner Schöpfung stumm mit ansehen, wie lange die absurde Feststellung tolerieren, Invertiertheit sei nicht Teil der Natur?« (Hall [1928] 1991: 529) Stephen spürt am eigenen Leib den Preis, den sie für die Ungerechtigkeit bezahlen muss, nachdem sie Zeugin dieses »tragischen und elenden Endes« geworden ist. So wird ihr ihr eigenes mögliches Ende mit Mary vor Augen geführt: dass sie weder das Leben noch den Tod ertragen werden, den ihre Liebe bringen wird.

Wir können dieses »tragische und miserable Ende« als erstes erzählerisches Ende des Romans lesen, als ein Ende, das erfordert, noch einmal neu geschrieben zu werden. Diese Szene ruft eine frühere Begegnung mit Adolphe in Alecs Bar in Erinnerung, in der Stephen sagt: »›Wenn man an einen Ort wir den hier kommt, dann gewinnt man den Eindruck, wie unwahrscheinlich der wirkliche Erfolg, der wirkliche Sieg ist. Woran so viele scheiterten, wer kann da noch auf Erfolg hoffen? *Vielleicht ist dies das Ende.*‹« (510; Hervorhebung von S. Ahmed). Adolphe antwortet: »Sie haben unrecht, sehr unrecht – *dies hier ist erst der Beginn.* Viele sterben, viele morden Körper und Seele. Aber was sie nicht umbringen können, ist Gottes Gerechtigkeit. Den unsterblichen Geist zu töten bringen nicht einmal sie fertig. Aus ihrer tiefsten Erniedrigung wird sich der Geist aufschwingen, um der Welt Gerechtigkeit und Erbarmen abzufordern.‹« (ebd. Hervorhebung von S. Ahmed) Das zweite Ende des Romans bietet einen schwachen, aber mutigen Versuch, ein alternatives Ende zum ersten zu schreiben, ein Ende zu finden, das nicht ausschließlich »elend und tragisch« ist (auch wenn es das sein *muss* und *wird*), jedoch eins, das in seiner Darstellung des Elends auch einen neuen Anfang liefern kann. Beim zweiten Ende gibt Stephen Mary auf, indem sie vorgibt, sie Martin zu überlassen. Für einige Leser*innen zeigt dieses Ende, dass der Roman seine eigenen Hoffnungen auf das Glück/lichsein nicht auf das Lesbentum setzt. Zum Beispiel argumentiert Jay Prosser, »dass Stephen Mary Martin Hallam überlässt, obwohl Mary ihr ergeben ist, zeigt, dass der*die Invertierte nicht als Figur lesbischer Liebe funktioniert – ein Köder oder ein Konstrukt – sondern gerade als dessen Ablehnung. Durch das Überlassen von Mary (also das Überlassen an sich und die Tatsache, dass sie sie Martin überlässt), bestätigt Stephen ihre Identifikation mit dem heterosexuellen Mann.« (1998: 166) Ich möchte Stephens Geste und das, wofür sie steht, anders deuten. Hat Stephen Mary Martin überlassen, wie Prosser es behauptet? Ich behaupte, dass es sich um eine andere Ökonomie des Schenkens handelt. Sehen wir uns folgenden Auszug an: »Niemals zuvor hatte sie so klar erkannt, was alles Mary Llewellyn entging. Kinder, ein allgemein geachtetes Haus, eine leidenschaftliche Bidnung, die die Welt für heilig hielt, die Segnung des Gesichtertseins und inneren Friedens dank der Erlösung von weiterem Verfolgtwerden – alles das würde Marys schwachen Händen vielleicht auf Nimmerwiedersehen entgleiten, wenn Martin abreiste. Auf einmal erschien ihr Martin mit unermeßlich großen Geschenken ausgestattet; er hatte all die kostbaren Gaben zu vergeben, die ein Bettler der Liebe niemals anbieten konnte. *Sie konnte ihrer großen Liebe, konnte Mary nur ein einziges Geschenk machen, und das war Martin selbst.*« (563f.; Hervorhebung von S. Ahmed). Stephen überlässt Mary nicht Martin. *Sie überlässt Martin Mary*. Sie überlässt Martin Mary, um ihr Zugang zum Glück/lichsein zu verschaffen, das sie selbst ihr nicht geben kann. Dieses Geschenk zeugt nicht von einer gescheiterten Liebe, sondern ist eine Form der Liebe: Da die Welt unglücklich über ihre Liebe ist, kann Stephen nicht Marys Glücks-Ursache sein.

Nun können wir besser verstehen, welche Probleme sich für eine queere Politik aus der Vorstellung ergeben, dass Liebe Glück/lichsein verursachen sollte oder gerne würde, in Anbetracht einer Welt, in der Queersein als minderwertig abgetan wird. Queere Liebende werden womöglich nie in der Lage sein, ihren Geliebten Glück/lichsein zu bescheren, wenn die Geliebten nicht die Ablehnung durch die heterosexuelle Welt ertragen können. Wir könnten natürlich Gegenbeispiele aus der Geschichte von queeren Menschen nennen, die andere queere Menschen durch ihre Liebe dazu gebracht haben, glücklich zu sein, selbst, wenn die Welt nicht glücklich über so eine Liebe war. Doch ich stelle mir die Frage, ob eine queere Definition der Liebe möglicherweise Liebe vom Glück/lichsein trennen sollte, in Anbetracht der Tatsache, dass Glück/lichsein hauptsächlich mit heterosexuellen Bedingungen ausgestattet zu sein scheint. Deshalb interpretiere ich Simone Weils Definition von Liebe als eine queere Definition: »Bei dem Glücklichen besteht die Liebe darin, daß er das Leid des unglücklichen Geliebten teilen möchte. Bei dem Unglücklichen besteht die Liebe darin, daß er seine volle Genüge darin findet, den Geliebten in der Freude zu wissen, ohne selbst an dieser Freude teilzuhaben, ja ohne diese Teilhabe ach nur zu begehren.« ([1947] 1989: 89) Queere Liebe schließt womöglich Glück/lichsein nur ein, wenn sie darauf besteht, dass solch ein Glück/lichsein *nicht* das ist, was geteilt wird.

Stephen pocht vielleicht nicht darauf, Marys Glück/lichsein zu teilen, doch nur aus ihrem Wunsch nach Marys Glück/lichsein heraus, kommt sie auf die Idee des seltsamen Geschenkes in der Person von Martin. Wir erfahren allerdings im Roman nicht, ob Mary das Geschenk erhält: Uns wird nämlich kein Ende für Mary angeboten, wie es Clare Hemmings behauptet (2001: 194). Vielleicht geht es gerade darum, dass Marys Glück/lichsein nicht erzählt werden kann, da ihre »wahre Geschichte noch erzählt werden muss«. Davon geht zumindest Esther Newton aus (2000: 188).[111] Für Mary stellt sich Stephens Geste jedenfalls als Gegenteil heraus und fühlt sich an wie der Tod: »Dunkel, undurchdringliches, pechschwarzes Dunkel. Jemand, der das Mädchen wortlos von sich wegstieß. Marys Stimme, gepreßt, abgerissen, fremd klingend... Wortfetzen, hier und da durch die stickige Luft: ›Mein ganzes Leben gab ich dir... du hast es umgebracht... ich liebte dich... grausam, o grausam! Du bist unaussprechlich grausam...‹ Dann wildes, jammervolles Schluchzen.« (Hall [1928] 1991: 571) Martin kommt genau in diesem Augenblick an, aber nur, weil Stephen ihn dort hingestellt hat. Unabhängig davon, wie das Ende aufgebaut ist, könnte Mary Stephens Geschenk auch noch ablehnen. Die Gewalt in Stephens Geste könnte darin liegen, dass sie die Unerträglichkeit, die sie zu dieser Handlung treibt, falsch verortet, da sie diese Unerträglichkeit in Mary ausmacht Stephen kann den Schmerz und das Unglück/lichsein über die Verfolgung auf dem Gesicht ihrer Geliebten nicht ertragen. Es ist ›zu viel‹ für Stephen, nicht für Mary. Wir könnten auch sagen, dass, wenn der Roman diese Gewalt und Misere in den Mauern der

111 Sowohl Hemmings als auch Newton behaupten, dass der Roman seinen Schwerpunkt auf »die männische Lesbe« legt, was darauf hinweise, dass die Position der *Femme* oder der femininen Lesbe außer Acht gelassen werde. Meine Lesart würde ihnen zustimmen und ich schlage vor, dass diese Lücke in Bezug zum Glück/lichsein gedeutet werden kann: Das Verlangen der *Femme* wird nicht jenseits des Verlangens nach dem Glück/lichsein präsentiert, von dem angenommen wird, dass es sie wieder zurück in die heterosexuelle Welt führen würde. Solche Lesarten gehen konform mit dem Roman und erkennen die Macht der eigenen Offenbarung der ungerechten heterosexuellen Welt an, auch wenn sie sagen, dass das Verlangen der *Femme* außerhalb der Glücks-Ökonomie thematisiert werden sollte.

Inversion anstatt in den Körpern der Invertierten verortet, dann wird das ›zu viel‹, wenn überhaupt, zu einer Gemeinsamkeit.

Unter Umständen besteht die Ungerechtigkeit des Endes in der Annahme, dass Marys Unglück/lichsein davon abhängt, aufgegeben worden zu sein. Oder gibt das Ende das Glück/lichsein auf, indem es Mary aufgibt? Dieses alternative Ende wandelt Unglück/lichsein nicht in Glück/lichsein um, aber macht etwas anderes mit Unglück/lichsein. In ihrem Schmerz über Barbara und Jamie beschreibt Stephen Schamgefühle nicht als gefühlsbedingte Situation des Bewohnens eines falschen Körpers, wie sie es in einer früheren Phase des Romans getan hat, sondern als Versagen, sich mit denjenigen zu identifizieren oder zu solidarisieren, die das Unglück/lichsein einer Situation von jemandem in der Welt teilen: »Männer und Frauen, nur wenige von ihnen geistig ausgebildet, [...] ohne den Mut, sich zu ihrer Invertiertheit offen zu bekennen, aber entschieden in allem ehrenhaft außer dem einen, das ihnen von der Welt aufgezwungen wurde, der unehrenhaften Lüge, die allein ihnen Frieden verschaffte und Hoffnung auf das Daseinsrecht.« (530). Was wirklich beschämend ist, ist die Tatsache, sich unter glücklicher Heterosexualität zu verstecken ›um der friedlichen Existenz willen‹, da es eine Bindung des geteilten Leids aberkennt.

In dem Augenblick da Stephen Glück/lichsein aufgibt, spürt sie eine Bindung des Unglück/lichseins mit denjenigen, die die Zeichen der Inversion teilen. Stephen hört die leidenden Stimmen anderer Invertierter, die ihren Namen rufen: »Wer waren diese fremden Menschen mit Augen, in denen das Elend geschrieben stand? [...] ›Stephen, Stephen!‹ Die Quicklebendigen, die Toten und die noch Ungeborenen – alle, alle riefen sie, erst leise, und dann immer lauter. Aye, und Alecw verlorene und fürchterliche Brüder riefen sie gleichfalls an: ›Stephen, Stephen, sprich zu deinem Gott und frag ihn, warum er uns im Stich läßt!‹« (572) Ihr Unglück/lichsein bietet eine queere Verwandtschaft: Du teilst nicht einfach nur Unglück/lichsein, sondern die unglücklichen Folgen dessen, dass du die Ursache für soziales und familiäres Unglück/lichsein bist. Die Rückkehr zu Alecs Bar, diese Wiedererkennung der Augen der Invertierten als eine Art des Sprechaktes, ermöglicht es Stephen, ihr Leben nicht aufzugeben (wie es Jamie vorher getan hat), vielmehr ihr Leben der Elendsarmee zu verschreiben:

> »Jäh aufschießender Schmerz, brennender Schmerz. *Ihr eigener* und *der der anderen* vereinten sich zu einer einzigen großen, verzehrenden Qual. Raketengleich schoß er hoch und zerplatzte, das Herz mit glühenden Funken versengend ... *ihr eigener* Schmerz und *der der anderen*... das ganze Elend bei

> Alec. Der Andrang und die Forderung jener Unzähligen ... sie kämpften, sie trampelten auf ihr herum, sie bekamen sie unter. *In ihrem irren Bestreben, sich durch sie vernehmlich zu machen*, rissen sie sie in Stücke, bekamen sie unter. Sie waren jetzt überall und nirgends, um ihr den Rückzug abzuschneiden; weder Schloß noch Riegel konnten vor ihnen retten. Vor ihnen *fielen die Wände zusammen und zerbröckelten*, sie zerbröckelten und zerfielen bei ihrem qualvollen Schrei: ›Wir sind im Anmarsch, Stephen! Ständig sind wir im Anmarsch, und unserer Namen ist Legion – wag es ja nicht, uns zu verleugnen!‹ Sie warf die Arme hoch in dem verzweifelten Bemühen, sie von sich abzuwehren, aber sie schlossen sie enger und enger ein. ›Wag es ja nicht, uns zu verleugnen!‹

Sie bemächtigten sich ihrer, *ihr leerer Schoß wurde fruchtbar*, er schmerzte unter seiner schrecklichen und sterile Bürde, er schmerzte, weil seine wilden hilflosen Kinder vergeblich nach Erlösung schrien.« (572f.; Hervorhebung von S. Ahmed)

Diese Textstelle ist ziemlich außergewöhnlich – mit einem eindeutigen religiösen Unterton, das zumindest sagt Sally Munt (2001: 200) im Allgemeinen über das Buch. Mich überrascht vor allem der Wechsel zwischen »ihr eigener Schmerz« und »der, der anderen«; die Textstelle webt die Leidensgeschichten zusammen. Sie verkörpert schließlich diesen Schmerz, um ihn auszusprechen, zu artikulieren.[112] In diesem Augenblick, dem Augenblick, da sie am meisten auf sich gestellt zu sein scheint, ist ihre Verbindung zu anderen am größten. Und genau in diesem Augenblick, dem Augenblick des Wahnsinns, »die Wände fielen zusammen«. Das ist ein Bild der Revolution: Die Wände voller Elend werden zu Fall gebracht; ein Nicht-Wohnen, das nicht nur eine Kampfansage ist, sondern eine Störung in den Tiefen des Glück/lichseins darstellt, insofern als dass das glückliche Volk, diejenigen, die schlafen, diejenigen, die nicht denken, um zu denken, davon abhängen, dass das Elend unter der Erde bleibt. Gewissermaßen ist der Augenblick der Revolution eine neue Form der Reproduktion, eine Reproduktion einer anderen Lebensform, einer queeren Lebensform, vielleicht. Queeres Unglück/lichsein ermöglicht eine eher abweichende Art der Fruchtbarkeit.

---

112 In *Feeling Backward* bietet Heather Love eine nützliche Reflektion über das Ende des Romans an und zeigt wie »Stephen sich von Angesicht zu Angesicht mit dem Schmerz darüber konfrontiert sieht – einschließlich ihres eigenen und Marys Schmerz – dass sie das Ende des Romans verleugnet hat« (2007: 125). Meine Lesart bietet eine optimistischere Sichtweise auf das Teilen von Stephens Schmerz mit dem anderer Homosexueller. Für mich stellt das Ende eine Revolution dar: die Mauern, die das Leid in sich tragen, werden zu Fall gebracht.

Das alternative Ende in diesem Roman wandelt Elend und Unglück/lichsein in eine Revolution: Stephen weigert sich, nur ein Ende für sich und Mary in dieser Welt zu sehen, nicht einfach, indem sie Mary aufgibt, sondern indem sie sich gegen die Welt auflehnt. Das Versprechen auf eine Revolution – durch das Elend zum Kampf aufzurufen – belebt das unglückliche Ende dieses Buches. Der Roman erklärt nicht nur das Unglück/lichsein seines Endes als Folge der Gewalt des Glück/lichseins, das in der heterosexuellen Welt seinen Platz hat, sondern er verortet das Glücksversprechen für queere Menschen im Umsturz gegen die Strukturen – die Mauern – die diese Welt bestehen lassen.

Quell der Einsamkeit lehrt uns über queere Geschichten: »die traurigen alten Tunten und leidgeprüften Lesben, die in den historischen Aufzeichnungen herumspuken« (Love 2007: 32). Auch kann der Roman uns dabei behilflich sein, die Gegenwart zu beschreiben. Wir können *Qell der Einsamkeit* mit dem Film *Lost and Delirious* (2001) vergleichen, Regieführung Léa Pool, der (sehr frei) auf Susan Swans Roman *Böse Mädchen* (1997) beruht. Es ist ein düsterer, trauriger und seltsamer Film, der sich seinen Weg zu einem scheinbar unvermeidlichen tragischen Ende bahnt, das offenbar nichts und niemand ändern kann; wie es in *Quell der Einsamkeit* der Fall ist, scheint es teilweise genau um diese Verbindung des queeren Schicksals mit ›Verhängnissen‹ zu gehen. Der Film dreht sich hauptsächlich um ein Mädcheninternat in Kanada und folgt einer leidenschaftlichen Liebesaffäre zwischen zwei Mädchen, Paulie (Piper Perabo) und Tori (Jessica Paré). Wir erfahren durch Mouse (Mischa Barton) von dieser Liebe, die nach dem Tod ihrer Mutter auf die Schule kommt und die sich ein Zimmer mit Paulie und Tori teilt. Der Film präsentiert sich selbst von Beginn an als eine Geschichte der ›verlorenen Mädchen‹: als Mouse sich mit Paulie und Tori anfreundet, sagt Paulie: »Jetzt gehörst du zu den bösen Mädchen. Willkommen im Klub.«

Eine der eindrucksvollsten Szenen im Film ist die, in der die drei Mädchen fiktive Briefe an ihre Mütter schreiben: Paulie schreibt an ihre Mutter, die sie nicht kennt, die sie zur Adoption freigegeben hat; Mouse an ihre tote Mutter, deren Gesicht sie sich nicht traut, vorzustellen; und Tori an ihre lebende und allgegenwärtige Mutter. In der Szene nehmen alle Mädchen die Unmöglichkeit wahr, Glück/lichsein mit ihren Müttern zu teilen; reihum weint jede von ihnen um die Geschichten der anderen Mädchen über Verluste und Verrat. Der schmerzlichste Brief, der in gewisser Weise das Unglück/lichsein des Filmendes vorwegnimmt, ist der von Tori, die einzige der Mädchen, die ihrer Mutter nahe sein kann. Sie schreibt: »Liebe Mama, ich hasse dich wegen vieler Gründe, der jüngste Grund ist, weil du mich vor den Augen deiner blöden

Freunde an Ostern die ganze Zeit fertig gemacht hast wegen meiner Zähne. Du möchtest, dass ich dein perfektes Vereinsmädchen werde und groß werde, um Wohltätigkeitsbälle zu organisieren und die Konkubine für irgendeinen zu werden, wie du. Aber die Wahrheit ist, dass ich so süchtig nach dir bin wie nach Schokolade. Ich möchte immer in deiner Nähe sein. Ich bin wie eine dumme, kleine Puppe und du trittst mit deinen Worten und deinem Ton immer wieder gegen meine Zähne. Manchmal wünschte ich, du wärst tot.« Dieser ausdrucksstarke, ambivalente und leidenschaftliche Ausdruck der Verbundenheit durchsticht den Film. Es ist eine schockierende Ansprache, die sich durch den Schock auf Paulies und Mouses Gesicht ablesen lässt. Die Tochter, die nicht so sein kann, wie es sich die Mutter wünscht, die nicht sein kann wie ihre Mutter, die es gar nicht erst ertragen kann, wie ihre Mutter ist, kann sie und die Möglichkeit, mit ihr zusammen zu sein, nicht aufgeben. Diese Sehnsucht danach, bei der Mutter zu sein, die sich wünscht, dass ihre Tochter jemand ist, der sie nicht sein kann, ist eine Art Todessehnsucht.

Der Film erreicht seinen Höhepunkt als Toris Schwester Tori und Paulie zusammen im Bett erwischt. Für Tori scheint das ›gesehen werden‹ mit Paulie ihre Welt in Gefahr zu bringen; Es ist ›zu viel‹. Als Paulie versucht, Tori zu beruhigen, antwortet diese: »Sie wird ausrasten. Sie wird es direkt meiner Mutter und meinem Vater erzählen.« Darauf folgt der Anfang vom Ende. Um sich ihre Fähigkeit zu sichern, ihre Mutter glücklich zu machen, muss Tori beweisen, dass sie *wirklich* heterosexuell ist und deshalb muss sie Paulie aufgeben. Auf die Frage ihrer Schwester, ob sie sicher sei, dass sie keine Lesbe ist, entgegnet Tori: »Ali, ich liebe Männer. Ach, was sag ich, ich bin verrückt nach Männern.« Sie wird heterosexuell, indem sie so spricht – und mit ihrer Schwester über Jungs quatscht – eine Hinwendung zur heterosexuellen Welt, gelebt als eine Abwendung von einem queeren Objekt. Für Tori ist ›heterosexuell werden‹ melancholisch, in der Weise, in der es Judith Butler in *Psyche der Macht* (2001) beschreibt. Heterosexuell zu werden, heißt, sich von einer queeren Objektwahl zu entfernen, was sich als Kummer niederschlägt, bevor der Kummer überdeckt werden kann. Sie performt verzweifelt und eher schlecht Heterosexualität als eine Verteidigung gegen das Queerwerden und als eine Methode, um nicht durch dessen Verlust zerstört zu werden. Heterosexuell zu sein bedeutet, nicht zerstört zu werden, weil man die queere Liebe aufgibt.[113]

113 Der Film wiederholt eine gängige Geschichte innerhalb lesbischer Fiktion: zwei Mädchen verlieben sich; eine kann es nicht ertragen, die heterosexuelle Welt hinter sich zu lassen und gibt deshalb ihre Liebe auf. In Nancy Toders Klassiker *Die Wahl des Glücks* ([1980] o.J.) hat Jenny beispielsweise Angst vor der Liebe zu Sandy und verlässt sie, um zu

Tori würde selbst unglücklich werden, wenn sie mit Paulie eine Beziehung führte, weil ihre Mutter unglücklich wäre. Wenn Tori nur glücklich sein kann, wenn ihre Mutter glücklich ist (wenn sie, um zu meiner Diskussion im vorhergehenden Kapitel zurückzukommen, zu Sofie werden möchte), muss sie Paulie aufgeben. Also ja, Queersein wäre für Tori unerträglich. Sie würde sich die Möglichkeit verspielen, die Liebe der Familie zu erhalten, die Ursache für das Familienglück zu sein und was sonst noch so erwartet wird. Später sagt sie zu Mouse: »Du kennst meine Eltern nicht. Sie sind sehr, sehr konventionell. Meine Mutter würde nie wieder ein Wort mit mir sprechen. *Ich könnte es nicht ertragen, sie zu verlieren.* Ich liebe Paulie. Du weißt, dass ich sie liebe. Es gibt dieses Leben, das für mich *vorgesehen* ist. *Es gibt einen Traum, den meine Mutter und mein Vater für mich haben.* Und obwohl es mich umbringt, werde ich niemals mit Paulie zusammen sein, nie niemals wieder.« Tori hat zwei Enden in Aussicht, beide sind eine Art des Todes: sie liebt Paulie und verliert ihre Familie und gibt das Leben auf, das für sie ›vorgesehen‹ ist, das Leben, das sich ihre Eltern für sie gewünscht haben; oder sie gibt Paulie auf, obwohl es sie ›umbringt‹. Sie gibt Paulie, und eben nicht dieses Leben auf, auch wenn sie Paulie liebt: Die kann den Gedanken nicht ertragen, dass sie nicht das Leben lebt, das ihre Eltern sich für sie vorgestellt haben. Für Tori bedeutet Queersein, ihren Platz in der Geschichte, ihr Zuhause, ihre Geschwister, Eltern, ihr Leben wie sie selbst und andere es sich vorgestellt haben, zu riskieren, selbst wenn der Inhalt dieses Lebens nicht das ist, was sie sich wünscht.

Für Paulie fühlt sich der Verlust von Tori wie der Tod an. Der Rest des Films zeichnet größtenteils ihren Niedergang in eine entfremdete, verzweifelte, leidenschaftliche Wut einer Welt gegenüber, die ihr ihre Liebe weggenommen hat und von Mouse als ein Niedergang in die »Dunkelheit« und den »Wahnsinn« beschrieben wird. Sie freundet sich mit einem Geier an, einem Raubvogel. Das tragische Ende besteht darin, dass Paulie mit ihrem Geier vom Schuldach springt, als wolle sie ›davonfliegen‹. Genau in diesem Augenblick wird ihr Niedergang zum Aufstieg. Sie blickt nicht nach unten; sie geht nicht nach unten. Die Kamera schwenkt nach oben und zeigt nur den Aufstieg; sie und der Vogel steigen über die Köpfe der Lehrerinnen und Schülerinnen, die sich diese Szene mit passivem Entsetzen und Fassungslosigkeit anschauen.

heiraten. Sandy erlebt Jennys Angst als etwas, das auf der Annahme basiert, dass Glück/lichsein eine Heirat erfordert: »Geärgert hat mich, daß du so getan hast, als seien verheiratete Leute die einzigen glücklichen und erfolgeichen Menschen. Das heißt implizit, daß Singles – eine Kategorie, die übrigens die meisten Lesben und Schwulen einschließt – unglücklich sind.« (384f.)

Der Film endet mit ihrem Tod und somit mit dem Fliegen: Es gibt keinen Endpunkt – und darum geht es letztendlich. Paulie ›fliegt‹ nicht im Alleingang davon, sondern mit ihrem Freund, einem wilden, verletzten Vogel, der sie rettet: »Wir fliegen einfach von hier weg«, sagt sie, »wir fliegen zusammen weg«. Auch wenn dieses Zusammensein weit entfernt vom Versprechen einer queeren Gemeinschaft scheint, ist es vielleicht vielversprechender als wir erkennen.[114] In diesem Ende wird Paulie zu dem Vogel oder der Vogel wird zu Paulie, während der weite Himmel über der Schule sowohl das Versprechen auf eine andere Welt als auch die jämmerliche Leere der Welt darstellt, die sie hinter sich lassen. Sowohl in *Quell der Einsamkeit* als auch in *Lost and Delirious* endet das unglückliche Ende nicht einfach dort; wir enden nicht mit Unglück/lichsein als solchem. Die Darstellung der Folgen von glücklicher Heterosexualität schließt die Arbeit der sozialen Kritik mit ein: eine kollektive Rebellion gegen dieses Drehbuch oder zumindest eine Flucht vor der Gewalt seiner Forderung.

Die Deutung von *Quell der Einsamkeit* und *Lost and Delirious,* einem Roman des frühen zwanzigsten Jahrhunderts und einem Film des einundzwanzigsten Jahrhunderts, ist einleuchtend. Die Tatsache, dass es einleuchtend ist, sagt etwas über die Politik des unglücklichen Endes als ein beständiges Zeichen dafür, wie unerträglich es noch immer sein kann, als queere Person in dieser Welt, dieser Welt voller ›glücklicher Menschen‹ zu leben. Auch können wir erkennen, wie wichtig es ist, unglückliche Queerswahrzunehmen und nicht einfach auf eine alternative Figur des glücklichen Queers zu hoffen. Der unglückliche queere Mensch ist unglücklich über eine Welt, die Queers als unglücklich betrachtet. Die Gefahr, die durch eine Unterstützung von glücklichen Queers entsteht, liegt darin, dass das Unglück/lichsein dieser Welt verschwinden könnte. *Wir müssen unglücklich über diese Welt bleiben.*

Einige der Reaktionen auf *Lost and Delirious* zeigen uns die Risiken auf, die mit der Unterstützung von queerem Glück/lichsein einhergehen. Einige Kritiker behaupteten, dass dieser Film überholt war. Cynthia Fuchs zum Beispiel beschreibt ihn sogar als »zeitverzerrt«.[115] Diese Beschreibung impliziert, dass Queers sich jetzt outen können und damit akzeptiert und glücklich sein können. Diejenigen von uns, die sich einem queeren Leben verschrieben haben, wissen, dass Formen der Anerkennung entweder auf prekäre Weise von Bedingungen abhängen – du musst auf die richtige Art queer sein, in-

114 Wie ich im nächsten Abschnitt diskutieren werde, kann die Pflege kranker Vögel wie eine queere Verwandtschaftsgeschichte wirken.

115 www.popmatters.com (07.07.2018).

dem du deine Hoffnungen auf das Glück/lichsein in die richtigen Orte setzt (selbst mit perversem Verlangen kannst du heterosexuelle Sehnsüchte haben) – oder es gibt gar keine Anerkennung. Nicht nur gibt es keine Anerkennung, sie existiert auch oft nicht an den Orten, die von denjenigen nicht wahrgenommen werden, die nicht anerkannt werden müssen, was die Illusion beinhaltet, dass es Anerkennung gibt (das heißt wiederum, wenn du behauptest, dass es sie nicht gibt, wirst du für paranoid gehalten). Tatsächlich verschweigt die Illusion, dass die gleichgeschlechtliche Wahl akzeptiert und akzeptabel geworden ist (zum Beispiel, dass zivile Partnerschaften auch queere Zivilität mit einschließen), die andauernde Realität der Diskriminierung, Nicht-Anerkennung und der Gewalt und macht es erforderlich, dass wir uns den heterosexuellen Zeichen der Zivilität nähern. Also ja, wir müssen unglücklich über diese Welt bleiben.

Die Anerkennung von Queers kann als die Hoffnung oder das Versprechen auf ein Akzeptiertwerden erzählt werden, was bedeutet, dass du, wenn du akzeptabel *bist*, für eine Welt akzeptabler *werden* musst, die bereits entschieden hat, was akzeptabel *ist*. Anerkennung wird zu einem Geschenk, das die heterosexuelle Welt den Queers gibt, was die queere Arbeit und den Kampf verschleiert (siehe Schulman [1992] 1993: 101), die Lebenswelten, die vom queeren Aktivismus erzeugt werden. Es ist, als wenn solch eine Anerkennung eine Art der heterosexuellen Gastfreundschaft wäre, die der Reihe nach glückliche Queers als Gäste in das Zuhause von anderen Menschen positioniert und sich auf deren kontinuierliche gute Absichten verlässt. In solch einer Welt wirst du dazu aufgefordert, für die kleinen Bissen und Stücke dankbar zu sein, die dir gereicht werden. Gast zu sein, heißt, eine moralische Verpflichtung zu haben, dich von deiner besten Seite zu zeigen, sodass eine Ablehnung, dieser Verpflichtung nachzukommen, dein Recht auf Koexistenz bedrohen würde. Glückliche Queers mit guten Manieren, die auf richtige Weise am Tisch sitzen, könnten eine Strategie sein, um eine unfreundliche Welt in Besitz zu nehmen. Doch strategische Besitzergreifungen können Dinge an Ort und Stelle belassen. Oder wir bleiben an Ort und Stelle durch den Versuch einer Besitzergreifung. Queere Aktivismen erzeugen »einen Platz am Tisch« in der Hoffnung, dass der Tisch nicht an seinem Platz bleibt (Ahmed 2006: 174). Eine Revolution des Unglück/lichseins könnte ein Heimatlosigkeit erfordern; sie würde erfordern, Beziehungen, Häuser, sogar Tische nicht mehr zu legitimieren, und stattdessen die Welt, die nur bestimmte Körper »beheimatet«, nicht zu legitimieren. Die politische Energie der unglücklichen Queers hängt vielleicht davon ab, nicht zu Hause zu sein.

Glückliche Queers

Natürlich reduziert man ein queeres Archiv nicht auf Unglück/lichsein, wenn man es als unglückliches queeres Archiv beschreibt. Unglück/lichsein zu beschreiben, kann bejahend sein; es kann auf eine andere Welt hindeuten, selbst wenn uns keine Vision der Welt zur Verfügung steht, die es geben könnte, nachdem die Mauern des Elends gefallen sind. Ich möchte den Film *Women love Women* (2000) (Orig. *If these Walls Could Talk 2*) als einen Film in Betracht ziehen, der in seiner Erzählung eine Umwandlung vom Unglück/lichsein, vom Tod und vom Verlust zum Glück/lichsein, zur Hoffnung und zum Leben beinhaltet. Schließt Glück/lichsein für Queers eine Revolution in der Organisation der Sexualität, des Verlangens und des Körpers mit ein, oder macht es Queers einfach zum Teil derselben Welt, der Welt der ›glücklichen Leute‹, ungeachet der Tatsache, dass wir arbeiten müssen, um dorthin zu gelangen?

In der Geschichte geht es jedoch nicht bloß um das Vorwärtskommen in Richtung queeres Glück/lichsein. Der Film besteht eigentlich aus drei kurzen Filmen, jeder mit einem anderen Regisseur und einer anderen Besetzung; jeder Film beinhaltet eine Geschichte über eine andere Generation und rückt mit der Zeit ›voran‹: von 1961 (Reg. Jane Anderson) über 1972 (Reg. Martha Coolidge) bis 2000 (Reg. Anne Heche). Die Verbindung der Generationen stellt das Haus dar. Könnten die Wände sprechen, würden sie die Geschichte erzählen. Tatsächlich können wir die Bedeutung von ›Wänden‹ als Motiv auch in *Quell der Einsamkeit* erkennen: die Wände erzeugen Räume; sie markieren die Begrenzungen zwischen dem, was sich drinnen und draußen befindet. Die Wände enthalten Dinge, indem sie ihnen standhalten; sie tragen das Gewicht des Wohnsitzes. In *Quell der Einsamkeit* enthalten die Wände das Elend und die Revolution des Endes schließt ihr Zufallbringen mit ein. In diesem Film sind die Wände Containervorrichtungen, doch ›was‹ sie beinhalten, hängt vom Fortlauf der Zeit ab, wird geformt durch das Kommen und Gehen verschiedener Körper. Im Haus sind wir beschäftigt. Dinge geschehen.

Die Handlung von *Women love Women* findet größtenteils im Inneren des Hauses statt. Dennoch ist das bindende Element der drei Filme, das den größeren Anteil des Films ausmacht, das Filmmaterial über die feministischen, lesbischen und schwulen Demonstrationen: Während sich das Drama jedes Ausschnitts im privaten Bereich abspielt oder im halböffentlichen Bereich queerer Bars, wird der Film durch den öffentlichen Bereich des Aktivismus zusammengehalten: den Straßen. In der Eingangsszene, werden die unterschiedlichen Zeitzonen, durch Generationen verkörpert, nebeneinander gestellt, wie ein Rahmen. Auf der linken Seite haben wir die glückliche Hausfrau (siehe Kapitel 2). In der Mitte haben wir ein Bild des Aktivismus: eine Straßendemonstration. Auf der rechten Seite haben wir das Bild einer glücklichen queeren Familie. Feministische und queere Aktivismen sind die vermittelnden Punkte, das ›was‹ geschehen muss, um von glücklicher Heterosexualität (die, wie wir wissen, unglückliche Bedingungen für Queers schafft) zu queerem Glück/lichsein zu gelangen. Aktivismus wird als etwas vorgestellt, das unglückliche Queers in glückliche verwandelt.[116] Der Gebrauch von Archiven im Film ist überzeugend: uns wird eine Geschichte des queeren Glück/lichseins als eine Geschichte präsentiert, die im Geflecht des Films zum Leben erweckt wird: eine Geschichte, in der es nicht einfach um das Leid geht, sondern auch um den Kampf, die Arbeit, um das Zusammenkommen und um die Liebe. Doch wie stellen wir uns queeres Glück/lichsein vor, wenn wir einmal dort angekommen sind? Was bedeutet es, sich durch diese zeitliche und räumliche Abfolge von unglücklichen zu glücklichen Queers zu bewegen? In meiner Interpretation möchte ich mich auf die Beziehung zwischen dem ersten und dem letzten Film fokussieren, mit der Fragestellung, wie Glück/lichsein und Unglück/lichsein innerhalb und zwischen ihnen verteilt ist.

Der erste Film erzählt die Geschichte eines lesbischen Paares, Edith (Vanessa Redgrave) und Abby (Marian Seldes) und davon, was passiert, als Abby stirbt. In einer der ersten Szenen klettert Abby, eine Vogelliebhaberin, auf einen Baum, um sich um die Vögel im Vogelhaus zu kümmern, während Edith in der Küche ist. Der Film beginnt mit der Stille ihrer Intimität, mit der alltäglichen Häuslichkeit ihrer gemeinsamen Welt. Alles wird zunichte gemacht, als Abby abrutscht und herunterfällt. Darauf folgt vielleicht eine der bewegendsten Darstellungen verkannter Trauer, die ich je gesehen habe. Es erinnert an das Trauma von *Quell der Einsamkeit*, als Jamie nicht um ihre

116 Wir haben einen interessanten Kontrast zum Film *Kick it Like Beckham,* über den es im vierten Kapitel geht, wo ich behaupte, dass die Wirkung des *weißen* Mannes dazu führt, dass unglücklicher Rassismus zum multikulturellen Glück/lichsein umgewandelt wird. Also spielt es sehr wohl eine Rolle, wo wir den ›Wendepunkt‹ zwischen negativen und positiven Gefühlen platzieren: Er beinhaltet nicht nur unterschiedliche Verhandlungen über die Geschichte (und wie soziale Veränderungen geschehen), sondern auch Verteilungen der Wirkung, die existierende Machtverteilungen infrage stellen oder unterstützen können. Zum Beispiel wird in einigen Veranschaulichungen von queerem Glück/lichsein in den Massenmedien impliziert, dass Queers jetzt wertgeschätzt werden, weil die heterosexuelle Welt ihnen diese Wertschätzung entgegenbringt, was den Wendepunkt zwischen unglücklichen und glücklichen Queers mit glücklichen Heterosexuellen platziert.

Geliebte trauern kann. In vielen Szenen dieses Films bleibt die Kamera auf Ediths Gesicht haften, das gleichermaßen ausdruckslos wie ausdrucksstark ist, als wäre das, was sie durchmacht, zu schlimm, um ausgesprochen zu werden, oder, als würde dessen Kraft nicht genug Anerkennung bekommen, wenn man darüber spräche. Tatsächlich erkundet der Film die Bedeutsamkeit von geheimnisvollen Bindungen, die sich nicht ›outen‹, und die Frage, wie der Verlust an sich zu einem Geheimnis, einem existentiellen Schmerz wird, der alleine ausgestanden, und selbst vor dem bezeugenden ›Auge‹ der Kamera, auf Distanz gehalten werden muss. Ediths Augen »füllen sich mit Tränen«, aber sie spricht nicht über ihre Trauer, außer über Abby und über die Art von Leben, das sie gelebt hat.

Die Szene nach dem Sturz spielt sich im Wartezimmer des Krankenhauses ab. Edith wartet. Eine andere Frau kommt herein, offensichtlich aufgebracht, und sagt: »Mein Ehemann wurde gerade eingeliefert, er hatte einen Herzinfarkt.« Edith tröstet sie. Doch der Trost wird nicht erwidert: Als Edith erklärt, warum sie da ist – »meine Freundin ist von einem Baum gestürzt, wahrscheinlich hat sie einen Schlaganfall« – fragt die Frau stattdessen: »Lebt ihr Mann noch?« Auf Ediths Antwort: »Ich war nie verheiratet«, entgegnet die Frau: »Dann haben Sie Glück, weil Sie dann nie die Erfahrung eines gebrochenen Herzens machen werden, der mit dem Verlust einhergeht.« Heterosexualität wird zu einer Art des Beinhaltens der Artikulation von Verlust. Wir könnten sogar sagen, dass die Geschichte der Heterosexualität eine Geschichte von gebrochenen Herzen ist, oder einfach die Geschichte von Herzen. Um als Person anerkannt zu werden, die ein Herz hat, muss man als solche anerkannt werden, der theoretisch das Herz gebrochen werden kann.[117] Mit solch einer Anerkennung folgt Fürsorge, Trost, Unterstützung. Ohne Anerkennung, kann nicht einmal der eigene Kummer unterstützt oder von der Freundlichkeit von jemandem getragen werden.

Und so wartet Edith. Die Zeitlichkeit dieses Wartens fühlt sich wie ein Schauder an; während die Zeit vergeht, wir mit ihr warten, wird die Stimmung im Film unerträglich traurig, sie weilt eine Weile über ihrem Verlust.

---

117 Ich muss an eine unerträglich traurige Szene aus *Wenn Frauen Frauen lieben* denken, als Bette zu ihrem Vater über ihre Mutter spricht. Er sagt zu ihr: »Du kannst nicht verstehen, wie sehr ich deine Mutter verletzt habe, solange du nicht verheiratet warst.« Meiner Meinung nach ist eine der beeindruckendsten Darstellungen im Film Bettes Beziehung zu ihrem Vater. Seine Ablehnung ihrer lesbischen Beziehung ist ein Kummer, den nichts überdecken kann. Und dieser Kummer kann nicht damit kompensiert werden, dass sich den konventionellen Formen eines guten Lebens (einer stabilen Beziehung, einem erfolgreichen Job, einem schönen Haus, einem Kind) angenähert wurde.

Als sie das Krankenhauspersonal fragt, ob sie Abby sehen darf, wird ihr gesagt: »Nur Familienmitglieder dürfen rein.« Sie wird aus dem Bereich der ›Vertrauten‹ ausgeschlossen: Sie ist kein Familienmitglied, sie ist Nichtfamilie. Die Krankenschwester sagt: »Stehen Sie in einer Beziehung zu ihr, Madame?« Edith antwortet: »Ich bin eine Freundin, eine sehr gute Freundin.« Eine weitere Frage folgt: »Hat sie Familie?« Die Freundin verschwindet in der Bedeutung der Ansprache. Die Anerkennung der Familienbindungen, als einzige Bindungen, die bindend sind, hat zur Folge, dass Abby alleine stirbt; es bedeutet, dass Edith die ganze Nacht lang alleine wartet. Dort wird Beziehung unter dem Zeichen der Freundschaft versteckt, während Freundschaft an sich als schwächeres Band hervorgeholt wird, ein Band, das nicht bindend ist, das nicht hält, was das Leben und den Tod betrifft. Die Macht dieser Unterscheidung zwischen Freund*innen und Familie ist gesetzlich geregelt, als würde nur die Familie zählen, als wären andere Beziehungsarten nicht real, oder als gäbe es sie nicht. Wenn queerer Kummer nicht anerkannt wird, weil queere Beziehungen nicht anerkannt werden, wirst du zu einem ›Nichtfamilienmitglied‹, zu einem Unverwandten, zu einem Nichts. Du bist mit deiner Trauer alleine. Du musst alleine warten.

Der Rest dieses kurzen Films zeigt die Ankunft von Abbys Neffen Ted (Paul Giamatti), seiner Frau Alice (Elizabeth Perkins) und der Tochter Maggie (Marley McLean) zur Beerdigung. Bevor sie ankommen, lässt Edith die Spuren der Beziehung von ihr und Abby im Haus verschwinden, einschließlich der Fotos an der Wand, die hellere Stellen darunter freilegen, als Spuren ihrer Abwesenheit. Das Haus wird als ein intimer Bereich dargestellt; ihre Liebe nimmt buchstäblich die Wände ein, belebt sie. Das Haus wird nicht als Eigentum dargestellt, sondern als Bereich, in dem sie sich ausgebreitet haben: Erinnerungen, Karten, Fotos; queere Intimität hinterlässt einen Eindruck auf den Wänden. Es sind glückliche Objekte, die Edith herunternimmt; Objekte, die ihre Liebe verkörpern, die ihren eigenen Horizont erschafft. Diese Objekte verraten ihr Geheimnis. Wenn Queers sich in einer Welt, die queere Abweichungen nicht erträgt, mit Objekten umgeben können, die ihr Glück/lichsein verkörpern, ist dieses Glück/lichsein prekär, sogar gefährlich. Wenn ihr Glück/lichsein einen Horizont erschafft, ist es keiner, der mit anderen geteilt werden kann. Das Entfernen der Zeichen von queerer Intimität leert das Haus, stellt es wieder als einen freistehenden Bereich her, als würden die Wände auch warten müssen.

Als Abbys ›Familie‹ ankommt – ihr Neffe Ted, seine Frau Alice und ihre Tochter Maggie – verwandelt sich das Haus von einem Bereich queerer Intimität in Eigentum. Das Haus lief auf Abbys Namen. Es gibt keinen Nachlass. Die Objekte, das Haus an sich, gehören nun ›ihnen‹. Als sie ankommen, behandeln sie das Haus als ihr Eigentum, als wäre Edith ein Gast. Also antwortet Ted auf Ediths Aussage, dass sie beide, Abby und sie selbst, die Hypothek abbezahlt haben, »Ich habe kein Problem damit, dass du hier wohnen bleibst. Vielleicht können wir eine Art Mietverhältnis vereinbaren.« Bleiben bedeutet, Teds Gastfreundlichkeit anzunehmen: Er besitzt die Macht, das Haus zu vergeben und zu nehmen. Und tatsächlich werden die Objekte, die die glückliche Intimität von Abby und Edith verkörpern, weggenommen, zum Teil, indem sie zu Eigentum werden, zu etwas, das *weggenommen* werden *kann*: Die Frage ›Was gehörte Tante Abby?‹ ist nur eine Art, um zu fragen, ›Was gehört uns?‹

Das Drama dieser Situation offenbart sich durch die Objekte; sie verkörpern Ediths Leben und das mit Abby. Doch für Abbys Familienmitglieder gehören diese Dinge Abby, Objekte, die man besitzen und vererben kann. Insbesondere Abbys Porzellanvögel, ihre geliebtesten und wertvollsten Objekte, werden zum Streitpunkt über Familienwerte und den Wert der Familie. Alice sagt zu Edith: »Sie sind wunderschön« und als Alice einen in die Hand nimmt, entgegnet Edith: »Den habe ich ihr geschenkt, ein hübsches Geschenk.« Im folgenden Austausch zwischen Edith und Alice haben wir eine einseitige Erkenntnis des Verlustes – die durch seine nicht genügende Anteilnahme dazu führt, dass die Macht der Erkenntnis zunichte gemacht wird. »Es muss sehr traurig für dich sein, eine so gute Freundin zu verlieren.«, worauf Edith unzureichend antwortet: »Ja, das ist es.« In diesem Augenblick wird Edith ganz blass, ihre Augen glänzen; sie schweigt. Die zustimmende Antwort, das »Ja, das ist es« wird zu einer Verleugnung des Verlustes, eine Methode, um die Wahrheit des Verlustes geheim zu halten.

Genau in diesem Augenblick ist es für Edith vorbei. Weil sie *ja* geantwortet hat, bietet ihr Alice an: »Ich denke, du solltest etwas von ihr als Erinnerung behalten. Es wäre mir eine Freude, wenn du dir einen der Vögel aussuchst, als Andenken an sie.« Diese Objekte, die für Abbys und ihre gegenseitige Liebe zueinander stehen, werden gleichzeitig weggenommen und zurückgegeben: Sie werden in ein Geschenk verwandelt, ein Andenken, als müsste sie dankbar für diese Gabe sein. Die Vögel werden Teil der Familie als Besitztümer: »Du weißt, sie sind einfach Teil der Familie ... Maggie wird sie bestimmt eines Tages haben wollen.« Die Objekte, die Abby am meisten liebte, die Teil von ihr waren, werden zu Verwandtschaftsobjekten für Teds Familie. Die Objekte werden zu Familienmitgliedern, zu etwas, das vererbt werden kann, das von Generation zu Generation weitergegeben wird, wieder zusammengefügt, um der Familie ihre Form zu geben. Der Verlust dessen, was ihre Geliebte liebte, der Verlust dessen, was ihre Geliebte glücklich machte, dieser Verlust, ist ›zu viel‹.

Als Edith zusammenbricht, wird die Tochter Maggie Zeugin und erkennt ihren Schmerz. Maggie bietet Edith ein Taschentuch an – Abbys Taschentuch – und sagt, dass sie es haben kann. Edith antwortet: »Kleines, es ist nicht an dir, mir zu sagen, was ich haben kann und was nicht. Es ist auch nicht an deinen Eltern, zu sagen, was du nehmen kannst und was nicht.« Maggie entgegnet: »Entschuldige.« Es ist ein Augenblick; ein Augenblick des Mitgefühls, vielleicht ein fremdes Mitgefühl, wie ich im vorhergehenden Kapitel erläutert habe, wenn auch nur klein und zerbrechlich. Nachdem sie Mitgefühl erfahren hat, spricht Edith zum ersten Mal über Abby und ihre Güte und wie sie »es nicht ertragen konnte, jemanden leiden zu sehen« und über die Vögel, um die sie sich kümmerte, die Vögel, die aus ihrem Nest gefallen waren. Die Vögel werden zu queeren Verwandtschaftsobjekten, Objekten, die ein anderes Versprechen verkörpern: das Versprechen auf Pflege für diejenigen, die heimatlos sind, die nicht die Sicherheit und den Schutz von Wänden haben. Edith bietet Maggie, indem sie ihr diese Geschichte erzählt, ein andere Art des Erbes. Maggie, die die Geschichte von ihrer Tante gehört hat, findet ein Starenei auf dem Boden und gibt es Edith, die es später in das Vogelhäuschen zurückbringt. Dieser Kreislauf von Geschenken ist vielversprechender. Als sie gehen, schütteln sich Edith und das Mädchen die Hände, als wären inmitten des Leids neue Verbindungen entstanden und mit ihnen die Grundlage, um das Leid zu lindern, das ausgestanden werden muss oder das als Leid aussteht.

Dieser kurze Film zeigt uns den Schmerz auf, der folgt, wenn es an Anerkennung mangelt. Tatsächlich erinnert uns das Unglück/lichsein des Films daran, dass die Sehnsucht nach Anerkennung nicht notwendigerweise mit dem Wunsch nach einem guten Leben zu tun hat. Es ist nicht einmal unbedingt ein Streben nach etwas: Es kommt eher aus der Erfahrung des Unerträglichen, dessen, was nicht ausgehalten werden kann. Die Sehnsucht nach einem erträglichen Leben ist eine Sehnsucht nach einem Leben, in dem das Leid nicht bedeutet, dass du deine Erträge verlierst, wenn du dein Zuhause verlierst. Während der Schmerz in *Quell der Einsamkeit* eine imaginierte Zukunft von einer Revolution als Projekt der Heimatlosigkeit einschließt, beginnt der Film mit dem Haus und zeigt, dass ein queerer Aufenthalt prekär ist, dass Queers auch heimatlos werden können (nicht willentlich als Revolutionshandlungen, sondern gegen ihren Willen), und das Unglück/lichsein solch einer Heimatlosigkeit.

Der letzte Kurzfilm in *Women love Women* erzählt die Geschichte eines anderen lesbischen Paares, Fran (Sharon Stone) und Kal (Ellen DeGeneres). Sie sind sehr viel ›im Haus‹. Die Handlung ist einfach: Sie wollen eine Familie gründen; ein Kind bekommen. Die Geschichte ist humorvoll und spielerisch – sie müssen einen Samenspender aussuchen und auf diesem Weg gibt es Hindernisse, Unebenheiten und Verwirrungen. Der Soundtrack ist optimistisch und erhebend, beinhaltet Lieder wie »Women Doing It for Themselves« und »Celebration«.

Dieser Kurzfilm bewegt uns von der Sehnsucht nach einem erträglichen Leben zur Sehnsucht nach einem guten Leben, nimmt uns mit vom Tod zum Leben, von der Aberkennung zur Anerkennung, von unglücklichen Queers zu glücklichen. Was ist das soziale Versprechen der glücklichen Queers? Was machen glückliche Queers? Was nimmt ihre Aufmerksamkeit ein? In zwei Szenen im Film blicken Fran und Kal sehnsüchtig zu Kindern auf dem Spielplatz. Der Film gestaltet sich durch ihre Sehnsucht nach Kindern, als auch der Sehnsucht, mit anderen Müttern auf dem Spielplatz zu sein, was als Grundlage für Glück/lichsein überbestimmt ist. Es ist die Sehnsucht danach, ›dort zu sein‹, in und auf den Fundamenten der Welt der ›glücklichen Leute‹ zu stehen. Mit anderen Worten, queere reproduktive Sehnsucht steht bereits unter Verdacht, die Sehnsucht nicht nur nach einer Familie abzubilden, sondern auch die, so zu sein wie andere Familien, zu haben, was sie haben.

Es ist eine Sehnsucht, nach einer respektablen Art der Reproduktivität. In einer Szene suchen Fran und Kal die Spermien aus, was dargestellt wird wie die Wahl eines Konsumenten, die sich um die Sehnsucht nach einem respektablen Spender herum organisiert: Sie halten Ausschau nach ›guten Spermien‹«, die anhand zur Verfügung gestellten Familiengeschichte des Spenders nachweisbar sind. Queere Sehnsucht nach einer Familie richtet sich in diesem Fall nach der Sehnsucht, gute Familienlinien zu reproduzieren.

Als sie sich darüber unterhalten, welche Spermien sie aussuchen sollen, schlägt Fran vor: »Vielleicht sollten wir über ein Schwarzes Baby nachdenken. Schwarze Babys sind so schön«, woraufhin Kal entschlossen sagt: »Ich fände es schön, wenn es mir ein wenig ähnelt.« *Weiß*sein hat hier eine starke Bedeutung: sowohl als Sehnsucht nach einer anderen ethnischen Abstammung (die sind »so schön«) als auch der Sehnsucht nach Ähnlichkeit: sich zu ähneln würde bedeuten, dass das Kind *weiß* sein müsste. Sie wollen eine Familie sein; wie eine Familie auszusehen, würde bedeuten, sich zu ähneln, was wiederum bedeuten würde, *weiß* auszusehen. Diese Sehnsucht spiegelt nicht nur die Sehnsucht, eine Familie neben anderen zu sein; die Sehnsucht dreht sich darum, als eine Familie anerkannt zu werden, indem ihre Form als die eigene genommen wird. Glück/lichsein scheint hier eine Geschichte der Anpassung im spezifischen Sinn des Werden *wie* mit einzuschließen. Ich bin bereits darauf eingegangen, dass Queers möglicherweise die Zeichen ihres Queerseins minimieren müssen, wenn ihre Anerkennung vom Glück/lichsein abhängt. Wir könnten auch fragen, ob queeres Glück/lichsein eine verstärkte Nähe zu sozialen Formen zur Folge hat, die bereits als Glücks-Ursachen beschrieben werden (die Familie, die Hochzeit, Klassenmobilität, *Weiß*sein), was natürlich heißt, dass die Förderung von queerem Glück/lichsein die Förderung von sozialen Formen mit einschließen würde, an denen andere Queers nicht teilnehmen könnten.

In diesem Film gibt es zwei Augenblicke, in denen eine unglückliche Sprache verwendet wird, Sprache, die eine Art Verletzung oder Ungerechtigkeit an die Oberfläche bringt. Die erste bezieht sich auf Fran und Kals Wut, nicht imstande zu sein, ohne einen Mann schwanger zu werden. Sie unterhalten sich darüber, welche von ihnen mehr die Tatsache hasst, dass sie nicht zusammen schwanger werden können: »Als ich mich in dich verliebte, entschloss ich mich dazu, nie wieder einen Mann in mein Leben oder zumindest in mein Schlafzimmer zu lassen. Und jetzt muss ich, um schwanger zu werden, einen anderen Mann oder zumindest einen männlichen Teil im Schlafzimmer haben und *das ist nicht fair*, dafür hasse ich es umso mehr.« In dem Fall wird der soziale Ausschluss auf den Ausschluss aus die Welt der heterosexuellen Reproduktion reduziert: Es ist nicht fair, dass Frauen nicht zusammen schwanger werden können. Der zweite Moment ist der, als sie sich über das Leben Gedanken machen, das ihr Kind haben wird. Fran fragt: »Denkst du, es ist egoistisch, ein Kind auf diese Welt zu bringen? Ich meine, mal abgesehen von all den Verrücktheiten und der Gewalt, es ist unser Kind, es wird gehänselt werden und uns verteidigen müssen.« Kal entgegnet: »Vielleicht, aber Kinder werden nun mal gehänselt. Alle Kinder werden gehänselt. Das gehört einfach zur Kindheit, oder nicht? Und hoffentlich wird sich die Welt ein wenig verändert haben, wenn unser Kind alt genug ist, um zu verstehen, was Diskriminierung bedeutet.«

Fran und Kal stellen sich die Zukunft vor, indem sie sich ihr Kind in der Zukunft vorstellen. Die Möglichkeit der Verletzung wird in die Zukunft verlagert, die zu einem Versprechen wird, als würde die Zukunft an sich Verletzungen oder andere Zeichen des Schmerzes überwinden. In diesem Austausch wird Diskriminierung als etwas Mögliches, als Teil der Gegenwart und als etwas Gewöhnliches dargestellt (als eine Art der Hänselei, von der man annehmen könnte, dass sie nicht besonders diskriminierend ist, insofern, als dass Hänseleien über alle Arten von Unterschieden umherwandern können) und auch als etwas, das vielleicht oder sogar mit Sicherheit in der Zukunft überstanden sein wird. Anders ausgedrückt, die störenden Gedanken an Diskriminierung dürfen das queere Glück/lichsein nicht behindern. Glückliche Queers sind eine Art der sozialen Hoffnung, ein Zeichen dessen, ›wie weit wir gekommen sind‹ oder eine Hoffnung auf eine Welt, in der Diskriminierung überwunden ist. Die Gefahr dieser Hoffnung ist, dass sie die Welt neu vorstellt *als* gäbe es keine Diskriminierung: und als würde die Welt an sich durch die Entstehung von neuem Leben im Augenblick seiner Ankunft erträglicher werden. Als sie sich die Zukunft vorstellen, stellen sie sich das Kind nicht nur als Produkt ihrer Liebe, sondern auch als Zeuge für ihre Liebe vor: »Schatz, ich bitte dich, alles, was ich möchte, ist, dich zu lieben. Dich und unser Kind zu lieben und dass unser Kind unsere Liebe bezeugt... alles geschieht aus Liebe, was könnte daran falsch sein?« Queere Liebe liefert ihr eigenes Glücksversprechen.

Es gibt eine Happy End: Sie werden schwanger. Sie tanzen im Badezimmer; das Versprechen auf ein Kind wird zum Glücksversprechen. Es endet mit diesem Versprechen, diesem Versprechen auf ein neues Leben und mit dem, was wie ganz gewöhnliche Fruchtbarkeit von queerem Glück/lichsein zu sein scheint. Natürlich beinhaltet diese gewöhnliche Fruchtbarkeit Arbeit: Man wird nicht einfach so schwanger; man muss die Technologien der künstlichen Befruchtung anwenden sowie aktiv darüber verhandeln, was es bedeutet, eine Familie zu gründen. Die Familie ist eine Entscheidung (in ihrer ursprünglichen Bedeutung einer Krise) und kein Punkt im Leben. Queers müssen auf sehr spezifische Art und Weise ›Babys machen‹.

Was also wird hier mit diesem glücklichen Bild der queeren Reproduktion reproduziert?

Letztendlich, selbst wenn queeres Glück/lichsein Babys erzeugt, sind die Bedingungen der Ankunft für solche Babys nicht ganz gewöhnlich: Das Baby an sich erbt Punkte der Abweichung in der Art, die Welt zu bewohnen. Wenn die queere Familie vielversprechend ist, verspricht sie einen Zufluchtsort, an dem (zumindest einige) Zeichen der Abweichung nicht von dem ausgeschlossen werden, was bereits zu Hause residiert. Dieser letzte Film in *Women love Women* könnten so interpretiert werden, dass sie queeres Glück/lichsein als etwas lesen, das der Familienform nahekommt, als etwas, das Zugang zu solchen ›Dingen‹ hat, die sich als Familienbesitztümer anhäufen. Oder er könnte so interpretiert werden, dass er eine andere Art des Glück/lichseins erschafft, in der das Glücksversprechen nicht als Punkt auf einer geraden Linie positioniert ist, was, wenn wir bei der Familie bleiben, dazu führen könnte, dass die vertrauten Wände des Hauses, die Wände, die die Zuflucht sichern, eher etwas seltsam wirken.

Der Film zeigt den Aktivismus, der notwendig ist, um vom verkannten Kummer zum anerkannten Glück/lichsein zu kommen. Unsere Frage lautet demnach: Können wir den Kampf um Anerkennung aushalten, den Kampf, um die Welt für Queers erträglich zu machen, ohne sich den Formen von glücklicher Heterosexualität anzunähern? Welche Arten der alternativen Verwandtschaftsgeschichten sind möglich, die nicht von der Sehnsucht nach Reproduktion, oder dem Wunsch, wie andere Familien zu sein, oder dem Glücksversprechen als ›zu sein wie‹ organisiert werden? Müssen glückliche queere Enden die politische Kraft und Energie der unglücklichen Queers zerstören?

Die Enttäuschung dieses Films – dass der Schmerz einfach ›dazu‹ führen kann – sollte uns nicht daran hindern, das mitzudenken. Denn selbst, wenn uns die Vorstellung von Ellen und Sharon, die gemeinsamen tanzen, nicht glücklich macht, erlaubt uns dieser Film, die queere Sehnsucht nach Glück/lichsein, egal, wie sie aussieht, innerhalb einer längeren Genealogie der negativen Empfindungen und des Aktivismus zu positionieren. Der Film endet vielleicht mit einer eher negativen Sicht auf glückliche Homonormativität.[118] Und doch erlaubt er uns, unsere eigene Wahrnehmung der Homonormativität in einfacher Weise als oder bloß als Zeichen der Anpassung zu hinterfragen: Im Grunde genommen ist es der Kampf um ein erträgliches Leben, der uns vielleicht hierher bringt. Mit anderen Worten, wenn wir den Film nicht als eine fortschrittliche Erzählung interpretieren, als würde es darum gehen, nur ans Ende zu kommen, können positive und negative Gefühle zusammenkommen und ein »Archiv der Gefühle« erschaffen, um Ann Cvetkovichs (2003) Beschreibung zu benutzen.

118 Siehe Duggan 2003 und Halberstam 2005 für eine wichtige Kritik an der neuen Homonormativität. Ich unterstütze deren Argumentation, aber schlage auch vor, dass die Sehnsucht nach der Nähe zum Normativen nicht einfach daraus resultiert, dass man sich nach einem guten Leben sehnt, als einer Art Anpassung, sondern auch durch Geschichten des Kampfes um ein erträgliches Leben geformt wurde.

Glücklicherweise Queer

Es kann sein, dass Queers mit Glück/lichsein belohnt werden, wenn sie sich Zeichen der Heterosexualität annähern. Oder es kann auch sein, dass es ohne diese Hoffnung, die uns zu gewissen Punkten im Leben führt, schwierig ist, auf Glück/lichsein zu hoffen, selbst wenn wir das Gefühl haben, dass uns einige dieser Punkte sowieso von unserem queeren Kurs abbringen würden. Und doch sind queere Archive voller verdrehter Sehnsüchte, Körper, die ›auf falsche Weise ersehnen‹ und gewillt sind, den Zugang zum guten Leben aufzugeben, um ihren Sehnsüchten zu folgen. Queers können sich fremd fühlen, weil sie ihre Hoffnungen auf Glück/lichsein auf die falschen Objekte setzen, als auch, weil sie durch die konventionellen Routen des Glück/lichseins unglücklich gemacht werden, ein Unglück/lichsein, das eine Folge davon sein kann, dass unser Glück/lichsein andere unglücklich macht. In diesem Abschnitt möchte ich mich auf queeres Glück/lichsein in Bezug auf ›schlechte Objektwahlen‹ konzentrieren, um einige Überlegungen darüber anzustellen, dass das Glück/lichsein als Queers (und nicht glückliche Queers zu sein) nicht zwingenderweise eine Vorstellung vom Glück/lichsein begünstigt, das auf dem konventionellen Repertoire von Vorstellungen beruht. Wie Elizabeth Freeman behauptet, können wir möglicherweise in unseren Archiven »historisch spezifische Arten des Vergnügens« erhaschen, die nicht »zu institutionellen Formen subsumiert wurden« (2005: 66). Auf queere Weise glücklich zu sein, kann heißen, glücklich darüber zu sein, die Ursache für Unglück/lichsein darzustellen (zumindest im Sinne, dass jemand sich damit einverstanden erklärt, die Ursache von Unglück/lichsein zu sein, selbst, wenn man nicht glücklich gemacht wird, indem man Unglück/lichsein hervorruft), als auch glücklich darüber zu sein, wohin wir kommen, wenn wir über die geraden Linien der Glücks-Drehbücher hinausgehen.

Um das Thema glücklicher Queers zu vertiefen, fange ich mit einer Betrachtung von Rita Mae Browns Roman *Rubinroter Dschungel* an, der zum ersten Mal 1973 veröffentlicht wurde und die Geschichte von Molly Bolt erzählt. Als eines der ersten lesbischen Bücher, die ich gelesen habe, ist es für mich ein glückliches Objekt. Ich habe es geliebt, teilweise, weil ich Molly für ihre Wildheit, ihren Trotz, ihre Mutwilligkeit, in Schwierigkeiten zu geraten, geliebt habe. Molly Bolt ist Teil der Genealogie von weiblichen Unruhestifterinnen, von denen ich im zweiten Kapitel gesprochen habe, neben Maggie Tulliver in George Eliots *Die Mühle am Floss*.

Judith Butler (1991) hat uns geholfen, etwas über das *Unbehagen der Geschlechter* (gender trouble) zu lernen und wie wir dem Geschlecht Unbehagen bereiten, wenn wir nicht den konventionellen Routen folgen, die die Identität von der Sehnsucht trennen (ist man ein Mädchen, will man Junge sein, ist man ein Junge, will man Mädchen sein). Im zweiten Kapitel habe ich die These aufgestellt, dass wir uns Unruhestiften (trouble) als eine affektive Politik vorstellen können; Abweichungshandlungen haben zur Folge, Unruhe zu stiften, als auch konventionelle Vorstellungen davon zu stören, was es bedeutet, ein gutes Leben zu haben, das Dingen bestimmte Orte zuweist. Unruhe zu stiften, hat Folgen. Unruhestifter*innen werden bestraft und an ihren Platz verwiesen. Bücher wie *Rubinroter Dschungel* sind einflussreich, weil sie von der Weigerung erzählen, sich *wieder zurück auf seinen Platz verweisen zu lassen*. In der Anfangsszene gerät Molly tatsächlich in Schwierigkeiten: Wie eine richtige Unternehmerin verdient sie sich Geld, indem sie Schulkinder dazu bringt, dafür zu zahlen, sich den unbeschnittenen Penis von Brockhurst Detwiler anzuschauen. Als sie von ihrer Mutter Carrie verärgert ausgeschimpft wird, denkt sie bei sich: »Was soll's, und wenn ich schon ein Bastard bin! Es kümmert mich nicht. Sie versucht mich einzuschüchtern. Immer versucht sie mir Angst einzujagen. Zum Teufel mit ihr und zum Teufel mit allen anderen, denen es etwas ausmacht.« (2002: 16) Molly verkörpert die Energie oder Vitalität des aufmüpfigen Subjekts, das gewillt und imstande ist, Autoritäten zu trotzdem, das sich von anderen nicht herunterkriegen lässt.

Der Roman schildert unzählige Versuche, Molly umzukehren, um ihre eigenwilligen Sehnsüchte wieder in richtige Bahnen zu lenken. Ein Mädchen, Cheryl Spiegelglass, sagt zu Molly: »›Wart's mal ab. Du meinst, du könntest das machen, was Jungens machen, aber du wirst eine Krankenschwester sein, und damit basta. Gehirn ist nicht wichtig, Gehirn zählt nicht. Was zählt ist, ob du ein Mädchen oder ob du ein Junge bist.‹« (38) Mollys Antwort ist brutal: »Ich holte aus und klatschte ihr eine. Shirley Temple Spiegelglass sollte mir nicht erzählen, ich könnte kein Arzt werden, auch niemand anders.« (ebd.) Mollys Wut erinnert an Claudias Wut in *Sehr blaue Augen*, die sich auch gegen Shirley Temple richtete, die symbolhaft für die gute *weiße* bürgerliche Weiblichkeit steht.[119] Bei Molly erzeugt das Aussprechen, was sie tun oder nicht tun darf, weil sie ein Mädchen ist, nicht Unterwerfung, Gehorsam oder Angst vor Unglück/lichsein, sondern weitere widerständige

119 Siehe zweites Kapitel, Fußnote 26, der vorliegenden Arbeit.

Handlungen. Die Wut gegenüber den guten *weißen* Mädchen macht Molly, so wie Claudia, zu einer betroffenen Fremden.

Unruhestifter*in zu sein, bedeutet, bestimmte Verhaltensnormen oder Erwartungen an das Verhalten zu stören. Einmal streitet sich Molly mit ihrer Mutter: »Die ganze Mannschaft bekam Carries Version von meinen Sünden aufgetischt, und ich konnte zu meiner Verteidigung nicht einmal den Mund öffnen. Ich nahm an, sie meinte, sie würde mich vor all den anderen schamrot machen, aber als ich ins Schlafzimmer marschierte, starrte ich sie mit richtigem Stolz an. Die würde mich schon nicht in die Knie zwingen, wahrlich nicht. Sollen die doch alle gegen mich toben, ich werde keinen Fußbreit zurückweichen, nicht einen.« (46) Blamiert zu werden, bevor man sich selbst verteidigen kann, heißt nicht, diese Scham zu empfinden. In diesem Augenblick des queeren Stolzes wird das eigene Schamgefühl abgelehnt, weil man sich dessen bewusst wird, dass die anderen wegen einem selbst beschämt sind.

Molly ist ein Mädchen, das an Mädchen interessiert ist, und das Buch erzählt eine Geschichte über sie, die Mädchen möchte und auch die Mädchen bekommt, die sie möchte. So antwortet sie auf die Frage, mit wie vielen Frauen sie geschlafen habe: »›Hunderten. Ich bin unwiderstehlich.‹« (208) *Rubinroter Dschungel* bietet uns eine Geschichte über ein queeres Mädchen, das es nicht einsieht, ihre Sehnsüchte aufzugeben, selbst wenn es sie außerhalb der Parameter des Glück/lichseins bringt, selbst wenn sie dadurch in Schwierigkeiten gerät.

Queers, die auf glückliche Weise queer sind, begegnen dennoch einer Welt, die unglücklich mit queerer Liebe ist. Aber sie lassen sich nicht von dieser Begegnung unglücklich machen. Ich habe behauptet, dass das Risiko der Förderung von glücklichen Queers darin besteht, dass das Unglück/lichsein dieser Welt aus dem Blickfeld verschwinden kann. Auf glückliche Weise queer zu sein, kann auch dieses Unglück/lichsein erkennen; in der Tat kann auf glückliche Weise queer zu sein bedeuten, dass man das Unglück/lichsein erkennen muss, das durch die Förderung der glücklichen Normativität verdeckt wird. Genau das lernen wir von Molly, unserer unaufhaltsamen Heldin. Nachdem sich herumgesprochen hatte, dass sie lesbisch ist, wird sie in das Büro der Dekanin an der University of Florida zitiert und über ihre Probleme mit Mädchen befragt:

> »›Miss Marne, ich habe kein Problem bei meinen Beziehungen zu Mädchen, und ich liebe meine Zimmergenossin. Sie macht mich glücklich.‹
> Ihre spärlichen roten Augenbrauen, wo der braune Stift durchschimmerte, schossen hoch.

›Ist die Beziehung zu Faye Raider, hm, intimer Natur?‹
›Wir ficken miteinander, wenn es das ist, was Sie meinen.‹
Ich glaube, ihr fiel die Gebärmutter raus. Stotternd drängt sie weiter: ›Halten Sie das nicht für etwas abwegig? Stört Sie das nicht, meine Liebe? Immerhin ist es nicht normal.‹
›Ich weiß, daß es für die Leute auf dieser Welt nicht normal ist, glücklich zu sein, und ich bin glücklich.‹« (134f.)

Anstatt sich davon stören zu lassen, als störend empfunden zu werden, performt Molly den ultimativen Akt der Verteidigung, indem sie ihr Glück/lichsein als anormal darstellt. Auf glückliche Weise queer zu sein, bedeutet, das Unglück/lichsein dessen zu erforschen, was als normal gilt. Es ist, als würden Queers, indem sie machen, was sie wollen, das Unglück/lichsein über den Zwang enthüllen, dass sie ihre persönlichen Sehnsüchte, ihre verqueren Aufs und Abs, für das Glück/lichsein anderer opfern müssen.[120]

Trotz all ihres Charmes und ihres eher ansteckenden Enthusiasmus für queere Lebenswelten, sind Mollys Erlebnisse nicht glücklich, in dem Sinne, dass sie durch sie ihren Weg findet und macht. Denn ihre Erfahrungen sind tatsächlich durchgehend mit Diskriminierung, Gewalt und der Ablehnung durch mögliche Geliebten verbunden, die die Konsequenzen nicht ertragen können, ihren queeren Sehnsüchten nachzugehen – gegen die Formen der Anerkennung durch die heterosexuelle Welt. Sie lässt sich von diesen Erfahrungen einfach nicht unterkriegen. Natürlich müssen wir aufpassen, dass wir Charaktere wie Molly nicht zu einem Paradebeispiel machen: als würden wir ein moralisches Gebot aus dem Beispiel ihres fiktiven Lebens erschaffen. Und doch kann das Lesen über Charaktere, die auf glückliche Weise queer sind, im Angesicht einer Welt, die mit queeren Leben und Lieben unglücklich ist, belebend sein und Hoffnung machen. Selbst das Ende des Romans ist nicht glücklich. Molly bekommt keine Arbeitsangebote in der Filmindustrie, außer solche, die ein Aufhebens um ihre Andersartigkeit machen. Ein »berühmter Mann« fragte sie, »ob [...] [sie] bereit sei, in seinem nächsten Film als Hermaphrodit aufzutreten.« (Brown 2002: 253) Während also einer ih-

120 Die soziale Investition in unglückliche Queers kann folglich neben dem Neid gegenüber queerer Freude existieren: Queere Freude umgeht die Pflicht zur Reproduktion der sozialen Form und ist somit einfach gegeben, ohne verdient zu sein. Indem queere Freude außerhalb der Logik zur Pflicht und Aufopferung existiert, verkörpert sie das, was an Freiheit erschreckend ist. Siehe der letzte Abschnitt des fünften Kapitels für eine Diskussion über die Radikalisierung der Freiheit als Freiheit, unglücklich zu sein, von der ich behaupte, dass sie auch die Freiheit mit einschließt, das Leben zu genießen, ohne an die Glücks-Pflicht gebunden zu sein.

rer Schulkameraden »direkt [...] zu CBS« geht, wird ihr gesagt, dass dort »keine Stelle« frei sei (ebd.). Molly ist gezwungen, aus dem zu lernen, zu dem sie keinen Zugang hat: »Nein, ich war nicht überrascht. Aber es entmutigte mich trotzdem. Wider aller Hoffnung hoffte ich weiter, daß ich die strahlende Ausnahme sein würde, das große Talent, das alle Sex- und Klassenbarrieren einriß. Ein Hurra auf sie. Immerhin war ich die beste in meiner Klasse, zählte das nichts?« (ebd.)

Dennoch endet der Roman nicht mit diesem Augenblick der Herabwürdigung. Er endet mit einer Molly, die sich etwas wünscht: »Verdammt! Ich wünschte, die Welt ließe mich so sein, wie ich bin. Aber ich wußte es besser, in jeder Beziehung. Ich möchte, daß ich meine Filme machen kann. Für diesen Wunsch kann ich etwas tun. So oder so, ich werde diese Filme machen, und ich glaube nicht, daß ich darum kämpfen muß, bis ich fünfzig bin. Aber falls es doch so lange dauert, dann sei auf der Hut, Welt, denn ich werde die schärfste Fünfzigjährige diesseits des Mississippi sein.« (254) Molly begreift, dass einige ihrer Ziele nicht einfach zu erreichen sein werden, indem sie sich diese wünscht. Doch sie kann an ihren Wünschen arbeiten – und sie kann sich ihre Arbeit wünschen. Nicht nur das: Sie erkennt, dass, wenn solche Wünsche erfüllt oder vergönnt sind, sie sich noch immer etwas wünschen kann, das zu ertragen ist, sogar glücklich zu ertragen ist, als eine Queer.

Somit ist es möglich, von glücklichen Queers zu sprechen, die keine Zeichen des Kampfes vertuschen. Ein anderer, neuerer Roman, der von einem glücklichen queeren Subjekt erzählt, ist *Babyji* von Abha Dawesar (2005). Das Buch spielt in Indien und ist aus der Perspektive von Anamika Sharma geschrieben, einer intelligenten, geistreichen und sexy Teenagerin, die drei Frauen verführt: eine ältere geschiedene Frau namens India, ein Dienstmädchen namens Rani und ihre Schulfreundin Sheela. Als Charakter ist Anamika sehr reizvoll. Alle begehren sie, wollen etwas von ihr, sodass die Leser*in auch dazu ermutigt wird, sie zu begehren und sich mit ihrem Begehren zu identifizieren. In diesem Buch gibt es viele Begierden.

Glück/lichsein wird nicht benutzt, um von Anamika zu fordern, ihre Sehnsucht aufzugeben. Stattdessen besitzt der erste Gebrauch von Glück/lichsein als ein Sprechakt eine queere Konnotation: »›Ich möchte dich glücklich machen‹, sagte ich, als ich ging. ›Du machst mich doch glücklich‹, sagte India. ›Nein, so meine ich das nicht. Ich meine im Bett.‹« (31) Anamika trennt ihren eigenen Wunsch, ihre Geliebte glücklich zu machen, von der gewöhnlichen Art und Weise, vielleicht, dass du jemand anderen glücklich machen möchtest, indem du ihr den Zugang zu einem guten Leben verschaffen willst. Stattdessen möchte Anamika India im Bett glücklich machen, der Grund für ihr Vergnügen sein. Diese Beschränkung des Wunsches nach dem Glück/lichsein des anderen auf das Glück/lichsein im Bett ist wichtig – es lässt nicht zu, dass Glück/lichsein die Macht hat, ein spezifisches Bild dessen herzustellen, was als gutes Leben begriffen werden könnte.

Auf jeden Fall handelt *Babyji* vom verdrehten Potential des Vergnügens. Das heißt nicht, dass Anamika nicht rebellieren muss oder in Schwierigkeiten gerät. Die Schwierigkeiten drehen sich vor allem um die Beziehung zwischen dem Vater und der queeren Tochter und wieder dreht es sich um die Achse des Glück/lichseins. Anamika sagt zu ihrem Vater: »›Du magst Tee und ich mag Kaffee. Ich möchte Physikerin werden und Vidur möchte in die Armee. Ich möchte nicht heiraten und Mama hat es getan. Wie kann dasselbe Schema uns alle gleichermaßen glücklich machen?‹« (177) Daraufhin antwortet er: »›Was meinst du damit, du möchtest nicht heiraten?‹« (ebd.) Anamika erkennt wider, was ich als idiosynkratisches Wesen von glücklichen Objektwahlen bezeichnet habe: unterschiedliche Menschen werden von unterschiedlichen Dingen glücklich gemacht; wir haben eine Vielfalt an Vorlieben und Abneigungen und einschließlich Heirat als eine glückliche Objektwahl unter anderen. Die Einbeziehung von Heirat als etwas, das du mögen könntest oder nicht, wird von dem Vater aufgefangen, der queere Sehnsucht zu einer Fragestellung macht, die den Gesprächsfluss unterbricht.

Dieser Austausch zeigt uns, dass Entscheidungen für die Auswahl von Objekten nicht äquivalent sind, dass manche Entscheidungen, wie heiraten oder nicht heiraten zu wollen, nicht einfach als idiosynkratische Vorlieben oder Abneigungen präsentiert werden können, weil sie uns über den Horizont der Intimität hinausbringen, in dem solche Vorlieben als gemeinsame Form aufeinandertreffen können. Obwohl der Roman einen queeren Liberalismus auszudrücken scheint, demzufolge das queere Subjekt frei ist, auf seine eigene Weise glücklich zu sein, bringt er die Grenzen dieses Liberalismus ans Licht, indem er aufzeigt, wie die Verschmelzung von Heirat mit dem guten Leben als Antwort auf queere Abweichung erhalten bleibt. Während Queers sich über die Heirat hinwegsetzen, heißt es nicht, dass sie dafür im Gegenzug Glück/lichsein erhalten. Obwohl wir ohne das Glücksversprechen leben können und wir so ›glücklich‹ sein können, leben wir mit den Konsequenzen, eine Unglücks-Ursache für andere zu sein, weshalb der Prozess des Outings und des Coming-Outs ein immerwährender Schauplatz der Möglichkeiten und des Kampfes ist.

Babyji endet mit einer Diskussion zwischen Anamika und einem Schulbeamten über Stipendien und Unis in den Vereinigten Staaten. Es ist ein Augenblick, in dem sich ziemlich konventionelle Ziele für ein gutes Leben in Anamikas eigenem Selbstvertrauen bezüglich ihrer Zukunft ausdrücken: Besonders zu sein und ein besonderes Leben zu führen, wird mit Bildung und Reisen in Verbindung gesetzt. Doch das Gespräch deckt andere Arten der Sehnsucht auf: »›Ich habe Infomaterial von Hochschulen für dich aufgehoben. Ich denke, du bist die beste Kandidatin aus Delhi, die in diesem Jahr durch diese Tür gekommen ist‹, sagte sie und deutete auf ihre Bürotür. ›Danke‹, entgegnete ich. ›Es gibt Schüler, die auch so gute Noten haben, aber du hast die besten außerschulischen Aktivitäten.‹ Ich lächelte verlegen. Plötzlich konnte ich nur noch an die außerschulischen Aktivitäten namens Sheela, India und Rani denken. Mein Gesicht wurde heiß.« (354) Ich denke, diese Textstelle ist so verblüffend, weil der queere Augenblick sich in den Weg des Gesprächs stellt: Der verlegene Körper, der Körper, der sich aufheizt, erinnert sich an die vergangenen queeren Erfahrungen, die nichts mit dem zu tun haben, was die Schulbeamtin meinte. Einerseits stimmt die Investition des Romans in die Freiheit, glücklich für Queers zu sein mit den konventionellen Klassenwünschen nach Aufstiegsmöglichkeiten überein, in denen das gute Leben mit dem Auf- und Ausstieg assoziiert wird. Doch andererseits kommt Queersein dem in den Weg und erlaubt es dem Körper, mit einem anderen Wunsch zu stören. Solche Sehnsüchte könnten sogar unsere Ziele durchkreuzen.

Wir müssen mehr an die Beziehung zwischen dem queeren Kampf um ein erträgliches Leben und an ehrgeizige Hoffnungen auf ein gutes Leben denken. Vielleicht geht es darum, dass es ohne Ziele schwierig ist zu kämpfen, und es schwierig ist, Ziele zu haben, ohne ihnen eine Form zu geben. Erinnern wir uns, dass der lateinische Ursprung des Wortes *Aspiration* ›atmen‹ bedeutet. Ich denke, der Kampf um ein erträgliches Leben ist der Kampf für Queers, einen Raum zum Atmen zu haben. Raum zum Atmen zu haben oder dazu imstande zu sein, frei zu atmen, wie Mari Ruti es beschreibt (2006: 19), ist eine Aspiration. Mit dem Atem kommt die Vorstellung. Mit dem Atem kommt Möglichkeit. Wenn queere Politik sich um Freiheit dreht, kann sie einfach die Freiheit meinen, zu atmen.

» Multikulturelle Gemeinschaften sind oftmals weniger vertrauensvoll und glücklich …
Stehen Menschen unter Druck, mögen sie es, ganz offen gesagt, in einer Komfortzone zu leben, die sich durch ›Rassen‹gleichheit auszeichnet … Menschen sind glücklich, wenn sie mit Menschen zusammensind, die wie sie selbst sind.

Trevor Phillips
(Vorsitzender, Gleichstellungs- und Menschenrechtsausschuss, UK, 2006)

Viertes Kapitel

Melancholische Migrant*innen

Trevor Phillips behauptet, dass das Problem des Multikulturalismus darin bestehe, dass er Menschen unglücklich mache. Oder wir könnten sagen, dass er Multikulturalismus in ein Problem verwandelt, indem er ihn als Ursache für Unglück/lichsein bezeichnet: als ob wir uns *im* Multikulturalismus *außerhalb* unserer ›Komfortzone‹ befänden. Philips machte diese Kommentare in der dritten Folge des BBC Programms *The Happiness Formula,* das 2006 im Vereinigten Königreich ausgestrahlt wurde.[121] Die Folge handelt von dem sozialen Projekt »Menschen glücklicher zu machen«, was so viel bedeutet wie ›Gesellschaften geschlossener zu machen‹ oder ›Gemeinschaften wieder zu kitten‹. Die Mission, Gemeinschaften wieder zu kitten, deutet nicht nur an, dass es Gemeinschaften an solchem Kitt mangelt, sondern auch, dass sie ihn einst hatten. Das Programm bietet als Idee des Glück/lichseins ein Bild einer Welt an, in der Menschen körperlich und sozial gesehen weniger mobil sind: zum Beispiel beschreibt es ein kleines französisches Dorf, in dem Menschen über Generationen hinweg bleiben, weil es das glücklichste Zusammenleben

121 Informationen zur BBC Sendung The Happiness Formula können unter diesem Link abgerufen werden: https://www.bbc.co.uk/news (29.07.2018).

ist, das dort möglich ist. Diese nostalgische Vision einer Welt, ›an Ort und Stelle zu bleiben‹, schließt eine Nostalgie für das *Weiß*sein ein, für eine Gemeinschaft von *weißen* Menschen, die glücklich mit anderen *weißen* Menschen zusammenleben. Die nostalgische Vision des *Weiß*seins ist gleichzeitig eine Vorstellung von ›Rassen‹ähnlichkeit oder Gleichheit. Wenn man den Verlust einer solchen Welt betrauert, betritt Migration die Erzählung als Unglücksursache, als etwas, das Menschen, die sich ›unähnlich‹ sind, zwingt, zusammen zu leben.

Geht man davon aus, dass Multikulturalismus als Unglücks-Verursacher betrachtet wird, überrascht es nicht, dass *Multikulturalismus* an sich zu einem unglücklichen Begriff geworden ist. Das Vorwort zum Ratgeber für *Gute ›Rassen‹beziehungen*, der vom ›Rassen‹gleichstellungsausschuss des Vereinigten Königreichs veröffentlicht wurde, geht davon aus, dass »Multikulturalismus nicht länger die richtige Antwort auf die komplexe Natur heutiger ›Rassen‹beziehungen liefert. Integration basierend auf geteilten Werten und Loyalitäten ist der einzige Weg nach vorne.«[122] Die Überschrift zu diesem Dokument lautet: »Integration ist kein Traum: Sie bedeutet Überleben.« Wenn man sagt, dass etwas Überleben bedeutet, bezieht man sich damit gewöhnlicherweise auf das, was bedroht ist. Multikulturalismus wird als Bedrohung für das nationale Überleben dargestellt. Multikulturalismus wurde sogar für tot erklärt.[123]

Daraus folgt nicht, dass Multikulturalismus nicht länger Teil des nationalen Ideals ist. Diese BBC Sendung zum Beispiel gibt nicht einfach Multikulturalismus auf, sondern geht davon aus, dass wir verpflichtet sind, Multikulturalismus glücklicher zu machen, basierend auf dem Modell des »Brückenbauens«.[124] Trevor Phillips ruft unglückliche Fälle von Gemein-

122 Kommission für Rassengleichheit, *Good Race Relations Guide*, 2005: https://www.gov.uk/government/organisations/commission-for-racial-equality. Diese Kommission verschmolz 2007 mit anderen Gleichstellungskommissionen und heißt jetzt Gleisstellungs- und Menschrechtskommission (Equality and Human Rights Commission); siehe: https://www.equalityhumanrights.com/en (29.07.2018).

123 Paul Gilroy beschreibt in seiner Vorlesung »Multi-Culture in Times of War« (Multikulturell in Zeiten des Krieges), dass »Multikulturalismus im Juli 2005 offiziell für tot erklärt wurde«, Eröffnungsrede, London School of Economics (10.05.2006).

124 Das Argument, dass Diversity Unglück/lichsein verursacht, erscheint vielleicht, um die soziale Hoffnung aus dem Gedanken der Diversity herauszunehmen – oder, sogar Mulitkulturalismus als vorgestellte Gemeinschaft diverser Kulturen. Doch die Darstellung beinhaltet dann eine gewisse Akzeptanz der Diversity und der Möglichkeit des Unglück/lichseins durch die Heraufbeschwörung einer grauenhaften Vorstellung einer glücklichen Gleichheit: dem Ku-Klux-Klan. Der KKK ist der Beweis dafür, dass offenbar glückliche

schafskonflikten oder Gewalt zwischen Gemeinschaften in Erinnerung, indem er behauptet, »*das* sei genau das, was passiert, wenn Menschen, die sich äußerlich sehr voneinander unterscheiden und auch denken, dass sie sehr unterschiedlich seien, nie miteinander in Berührung kommen und interagieren.« Dieses ›das‹ steht für unglückliche Fälle der Gewalt, sodass sie in Erinnerung gerufen werden, ohne genannt zu werden (von persönlichem Misstrauen hin zu Konflikten zwischen Gemeinschaften und internationalem Terrorismus). Unglück/lichsein wird als etwas wahrgenommen, dass nicht einfach durch *Diversity*[125] verursacht wird, sondern durch das Versagen der Menschen, die diese Diversity verkörpern, um »miteinander in Berührung zu kommen und zu interagieren«. Phillips schlägt vor, dass Gemeinschaften sich integrieren, indem sie »eine Aktivität teilen«, wie beispielsweise Fußball, »die uns aus unserer Ethnizität herausbringt und uns mit Menschen unterschiedlicher Ethnizitäten zusammenbringt, sei es nur für einige Stunden in der Woche.« Er sagt, wenn wir dies täten, »dann könnten wir das Problem knacken.«

Der Wandel vom unglücklichen zum glücklichen Multikulturalismus schließt die Forderung nach Interaktion mit ein. Glück/lichsein ist ein Projekt für die Zukunft: Wenn wir »das Problem geknackt haben« durch Interaktion, können wir glücklich sein mit Diversity. Dass Fußball zu einer Technik wird, um glücklichen Multikulturalismus zu erzeugen, ist kein Zufall.[126] Die Fantasie des Fußballs besteht hier in seiner Überschreitung der Ethnizität. Fußball schafft eine nationale Grundlage, insofern er dem Glück/lich-

Gemeinschaften – Gemeinschaften, die die Zutaten haben, von denen angenommen wird, dass sie für ein gutes Gemeinschaftsleben notwendig sind – Rassismus verursachen können. Mit anderen Worten, sie verkörpern die Möglichkeit, dass Gemeinschaften auf glückliche Weise rassistisch oder sogar insofern glücklich sein können, als dass sie rassistisch sind. Die Sendung folgert schließlich, dass es unsere moralische Aufgabe und die der Regierung sei, dafür zu sorgen, dass das, was Unglück/lichsein herbeiführt, in Zukunft Glück/lichsein herbeiführt, in dem das Erzeugen von Glück/lichsein auf Konzepten wie dem Brückenbau und der Integration beruht.

125 Anm. d. Ü.: Eine einfache deutsche Übersetzung von *diversity* beispielsweise als ›Vielfalt‹ wäre problematisch, da der Begriff sich sowohl auf äußerliche Merkmale (Behinderung, Hautfarbe, Geschlecht) als auch auf subjektive Kriterien (Erziehung, Bildung, Religion) sowie gesellschaftlich-kulturelle Dimensionen (Nationalität, ethnische Zugehörigkeit) von ›Vielfalt‹ bezieht. (Ahmed 2017: 15)

126 Ich werde nicht auf die Beziehung zwischen Fußball und Multikulturalismus über die symbolische Funktion im Film *Kick it like Beckham* hinaus eingehen. Für eine wichtige Analyse des Fußballs in Relation zu Rassismus und nationaler Identität, siehe Back, Crabbe and Solomos 2001. Ich gestehe an dieser Stelle dem Fußball einen Stellenwert als lokalen und internationalen Sport zu, auch wenn ich mich darauf konzentriere, wie Fußball ein nationales Ideal liefert.

sein den Boden bereitet. Multikulturalismus wird vielleicht glücklich, wenn dem bereits vorhandenen nationalen Ideal Loyalität entgegenbringt. Somit wird Glück/lichsein als Gegenleistung zur Loyalität der Nation gegenüber versprochen, wo Loyalität im Hinblick darauf definiert wird, sein Spiel zu spielen.

In diesem Kapitel untersuche ich die Beziehung zwischen Geschichten des Empire und dem Glücksversprechen, mit besonderem Augenmerk auf die britisch-asiatischen Beziehungen. Ich fange damit an, zu betrachten, wie die imperiale Mission durch die utilitaristische Aufforderung, Glück/lichsein zu maximieren, legitimiert wurde und wie das Imperium als Geschichte des Glück/lichseins erinnert wird. Dann werde ich der Sache auf den Grund gehen, wie die Figur melancholischer Migrant*innen auftaucht, indem ich mich den Umkehrpunkten zwischen unglücklichem Rassismus und multikulturellem Glück/lichsein in zwei britisch-asiatischen Filmen widme: *Kick it like Beckham* und *East is East*. Schließlich gehe ich auf die Beziehung zwischen Migration, Erfahrungen mit Rassismus und ›fremde Empfindungen‹ ein, indem ich über Erzählungen nachsinne, die aus der Perspektive von Töchtern aus der zweiten Generation geschrieben sind.

Utilitarismus und Empire

Utilitarismus beinhaltet die ethische Aufforderung, das Glück/lichsein als »das größte Glück der größten Zahl« zu maximieren. Friedrich Nietzsches niederschmetternde Kritik des Utilitarismus bietet eine Kritik an dieser »größten Zahl« als eine Art der Staatenbildung an: »Zuletzt wollen Sie Alle, dass die englische Moralität Recht bekomme: insofern gerade damit der Menschheit, oder dem ›allgemeinen Nutzen‹, oder ›dem Glück der Meisten‹, nein! dem Glücke Englands am besten gedient wird; sie möchten mit allen Kräften sich beweisen, dass das Streben nach englischem Glück, ich meine nach *comfort* und *fashion* [...] zugleich auch der rechte Pfad der Tugend [...]« ([1886] 1901: 184)Die Verschiebung in dieser Passage von der englischen Moral zum Glück/lichsein von England zu englischem Glück/lichsein funktioniert gut, um anzudeuten, dass die Maxime »das größte Glück der größten Zahl« eine Verschmelzung des moralischen und nationalen Charakters erlaubt. Für Nietzsche umfasst die Aufforderung zum maximalen Glück/lichsein die Universalisierung der englischen Moral. Utilitaristisches Glück/lichsein, also das Glück der größten Zahl, stellt eine Technik zur Verfügung, um das Englische zu fördern.

Utilitaristisches Glück/lichsein ist sicherlich eigennützig. Letztendlich spielten utilitaristische Denker eine Schlüsselrolle in der Verteidigung des Britischen Empires. Das heißt nicht, dass der Utilitarismus eine singuläre Rechtfertigung für das Empire geliefert hat. Wie es H.S. Jones herausstellt, gab es eine »Vielfalt an utilitaristischen Herangehensweisen im Zusammenhang mit der Frage des Empires« (2005: 82)[127]. Utilitaristische Denker, einschließlich Jeremy Bentham, James Mill, Henry Sidgwick und John Stuart Mill knüpften an den Diskurs des maximalen Glück/lichseins an, zugunsten der Mission des Empires, auch wenn sie das auf unterschiedliche Weise taten (siehe Schultz und Varouxakis 2005). Utilitarismus bot eine Möglichkeit an, um ›abzuwägen‹, um die relativen Kosten und den Nutzen des Empires zu überdenken. James Mill argumentierte beispielsweise, dass die Kosten des Empires die Nutzen für die Siedler überstiegen (Jones 2005: 182).[128] Utilitaristische Rechtfertigungen für das Empire stützen sich vornehmlich auf dessen Nutzen für die Kolonisierten und beruhten größtenteils auf einem wirtschaftlichen Grundgedanken: Damit das Empire den Grundsatz des größten Glücks erfüllen konnte, musste der Nutzen des Empires für die Ko-

127 Wir erwarten vielleicht eine substantielle postkoloniale Literatur zum Schnittpunkt von Utilitarismus und Empire (und dementsprechend zur Rolle des Prinzips des größten Glücks, um die imperiale Mission zu rechtfertigen), aber die gibt es nicht. Es gibt aber historische zentrale Werke zu diesem Schnittpunkt, die postkoloniale Kritiken beeinflusst haben, wie Eric Stokes' *The English Utilitarians and India* (1959), auf das sich Homi Bhabha in *Die Verortung der Kultur* ([1994] 2011) stützte. Dennoch haben poststrukturalistische Autor*innen, wie Bart Schultz und Georgios Varouxakis in ihrer Einleitung zur wichtigen, überarbeiteten Sammlung *Utilitarianism and Empire* (2005: 3) herausstellen, den Utilitarismus in ihren Kritiken des kolonialen Diskurses nicht betont. Schultz und Varouxakis gehen davon aus, dass diese relative Abwesenheit mit der Tendenz erklärt werden kann, sich eher auf den Liberalismus anstatt auf den Utilitarismus als vornehmliches Objekt der Kritik zu konzentrieren. Es ist beachtlich, dass Bhabha ([1994] 2011) eine Lesart von John Stuart Mill anbietet, aber nur bezugnehmend auf den Liberalismus.

128James Mill und Jeremy Bentham werden oft als gemäßigter in ihrer Unterstützung des Empires dargestellt, im Vergleich zu John Stuart Mill, der als einer der ersten bedeutenden Utilitaristen betrachtet wird, »der eine mehr oder weniger untaugliche Verteidigung des Empires entwickelt hat« (Jones 2005: 183). Allerdings, wie Jennifer Pitts in ihrer wertvollen Studie zum imperialistischen Liberalismus (2005) behauptet, legen die historischen Aufzeichnungen hingegen nahe, dass Bentham gar nicht James Mills Rechtfertigungen des Empires unterstützte, wie es vor allem in *History of British India* präsentiert wurde, worauf ich später eingehen werde. Sie zitiert aus Benthams Beschreibung von Mills Buch: »Dieses Buch über das britische Indien ist voll von schlechtem Englisch, was es für mich zu einem misslichen Buch machte. Seine Darlegungen des Aberglaubens der Inder*innen, machten mich melancholisch« (105). Bedenkt man, dass Mills Fokus auf dem lag, was an der hinduistischen Kultur widerwärtig ist, wird die Wichtigkeit von Benthams Kritik an Mill deutlich.

lonisierten die Kosten für die Siedler überschreiten. James Mill behauptete, dass das Empire den Grundsatz des größten Glücks genau zu diesen Bedingungen erfüllte.

Utilitaristische Rechtfertigungen des Empires waren nicht nur ausschlaggebend für die koloniale Regierung, sondern auch für wirtschaftliche Interessen. Was viele wissen, aber vielleicht nicht ganz verstehen, beide, sowohl James Mill als auch sein Sohn John Stuart Mill waren an der East India Company beteiligt.[129] In einem Artikel, der in der Zeitschrift *Monthly Review* erschienen ist, bediente sich John Bruce, ein Chronist der Ostindien-Kompanie, des utilitaristischen Vokabulars, um die »Bildung einer europäischen – *britischen* – Bevölkerung in Indien« zu rechtfertigen, von der er einräumte, dass sie zum »Schreckensobjekt« für die Briten zu Hause werden könnte (1813: 29). Er argumentierte, dass sie Bevölkerung Indiens davon profitieren würde, von einer Klasse von »menschenfreundlichen Männern« regiert zu werden: »Die Zivilisation wird beispiellos an Tempo zulegen. Die Gerichte, das Wissen und die Umgangsformen von Europa werden ihnen nahegelegt und durch einen unwidersetzlichen moralischen Druck auf ihre Einwilligung erzwungen. *Das Glück der menschlichen Rasse wird folglich auf außerordentliche Weise gesteigert*« (30, Hervorhebung von S. Ahmed).[130] Das Empire wird mittels der Steigerung des menschlichen Glück/lichseins gerechtfertigt.

---

129 Für eine gute Darstellung der Geschichte der Ostindien-Kompanie, siehe Mia Carters Einleitung zum Band »Company to Canal: 1756-1860« in *Archives of Empire* (2003), als auch dem Band an sich, das faszinierendes Archivmaterial enthält. Ich sollte an dieser Stelle betonen, dass James Mill seine Position in der Ostindien-Kompanie angeboten wurde, die er siebzehn Jahre lang behielt, teilweise als Folge der Veröffentlichung von *History of British India*. John Stuart Mill begann seine Arbeit für die Kompanie als unbezahlter Diener seines Vaters. Später hielt er als Prüfer in seinem Schriftverkehrsbüro hin und verteidigte die Richtlinien der Kompanie, bevor das Parlament 1857 in Kraft trat. Für die historischen Aufzeichnungen ist es interessant, anzumerken, dass Mill in seiner Autobiographie über die *History of British India,* die von seinem Vater verfasst wurde, als »Buch [spricht], das im besten Sinne des Wortes sehr viel zu [s]einer Erziehung beitrug« ([1873] 1874: 20). Ich werde mich in diesem Kapitel auf James Mills Rolle als utilitaristischer Verteidiger des Empires konzentrieren. Für eine Darstellung von John Stuart Mills Rolle in der Ostindien-Kompanie, siehe Zastoupil 1994. Siehe auch Anderson 1998 für eine Studie zu John Stuart Mills Philosophie der moralischen Erziehung, die auch die Unterschiede zwischen James Mill und John Stuart Mill, was die Bildungspolitik in Indien angeht, und Sullivan 1983 für eine Analyse der Beziehung zwischen John Stuart Mills Sichtweise über Indien und den Liberalismus.

130 Ich möchte hier meinen Dank Man-tao Leung (1998) gegenüber für sein wichtiges Werk zu James Mills Utilitarismus und Empire ausdrücken, das mein Denken in eine bestimmte Richtung führte. Er bezieht darin Stellung zum *Bruce Report,* obwohl er ihn fälschlicherweise Mill selbst zuschreibt.

Wenn die koloniale Herrschaft zur »Bürde des weißen Mannes« wird (um Kiplings berühmtes Gedicht zu zitieren), wird diese Bürde als eine Pflicht verstanden, um »das Glück der menschlichen Rasse« zu begünstigen. Diese Pflicht spiegelt sich in der Sprache der Philanthropie wider: die Liebe der Menschen wird zum Willen, Glück/lichsein zu steigern. Philanthropie wird gegeben, um das Leid von anderen oder die Verarmung einer Existenz abzumildern. Der Wille, Glück/lichsein zu steigern, ist plötzlich eine Mission, um andere vom Leid zu befreien. Dieses philanthropische Geschenk ist auch ein Opfer: Wenn man bedenkt, dass weitgehend angenommen wurde, dass die Kolonien mehr Kosten verursachten, als sie Gewinne einbrachten, wurde der Anstieg des Glück/lichseins oftmals als entsprechender Preis für das Glück/lichsein der Siedler dargestellt.

Das Geschenk des Glück/lichseins wird sich hier in Form von Anstand vorgestellt. Das Glück/lichsein der Menschen ist durch die Gerichte (Gesetz/Gerechtigkeit), das Wissen (Vernunft) und die Umgangsformen (Kultur, Bräuche) vermehrt worden. Zivilisation wird erstens damit assoziiert, dass sie »als Geschenk dargebracht« wird und zweitens mit einem unaufhaltsamen moralischen Druck. In der ersten Vorstellung wäre der Zivilisierte der Gast, der auf das Öffnen der Tür wartet. Im Gegensatz dazu nutzt die zweite Vorstellung die Sprache der Gewalt. Der Zivilisierte bleibt vielleicht Gast, aber erwartet den Zutritt, einen Zutritt, der nicht verweigert werden darf. Empire wird zu einem Geschenk, das nicht verweigert werden darf, ein aufgezwungenes Geschenk. Wenn das Empire als Glücksversprechen verstanden wird, benennt das Glück/lichsein vielleicht die Kraft dieses Geschenks.

Die zivilisierende Mission kann als eine Glück/lichseins-Mission neu beschrieben werden. Damit Glück/lichsein zu einer Mission wird, muss der*die kolonisierte Andere für unglücklich gehalten werden. Das imperialistische Archiv kann als ein Archiv des Unglück/lichseins verstanden werden. Koloniales Wissen erschafft den*die Andere nicht nur als ein Objekt des Wissens, eine zu entdeckende Wahrheit, sondern auch als unglückliche Andere, als jene, denen die Eigenschaften oder Attribute fehlen, die erforderlich sind, um einen glücklicheren Existenzzustand herbeizuführen.[131] James Mills eigene

131 Wir können auch darüber nachdenken, wie wichtig die Erzeugung von Mythen des Glück/lichseins ist, wie bspw. der Mythos glücklicher Sklav*innen, wobei es sich um einen Mythos handelt, der Glück/lichsein in der Gewalt der kolonialen Unterwerfung findet. Der Mythos glücklicher Sklav*innen hat eine starke ideologische Funktion und deutet an, dass Sklaverei den*die Andere durch Glück/lichsein befreit. Schauen wir uns Frederick Douglass' Entzaubering dieses Mythos an: »Ich war oft überrascht und verwundert, als ich in den Norden kam, wie manche Menschen dort von den Liedern der Sklaven spre-

History of British India ist ein entscheidender Text innerhalb dieses unglücklichen kolonialen Archivs, wenn man bedenkt, wie er das Elend der indigenen Kultur als Rechtfertigung für die koloniale Herrschaft konstituiert.[132]

Für Mill liefert Glück/lichsein eine Möglichkeit, um Anstand zu messen. Er ist der Meinung, dass »wir genau in dem Maße, wie *Nützlichkeit* das Ziel allen Strebens ist, eine Nation als zivilisiert betrachten sollten. Genau in

---

chen und sie als Ausdruck von Zufriedenheit und Lebensfreude nehmen. Nichts könnte falscher sein. Die Sklaven singen gerade dann besonders viel, wenn sie sehr unglücklich sind. In seine Lieder legt der Sklave alle Sorgen seines Herzens; und sie bringen ihm die Erleichterung, die sonst Tränen einem wunden Herzen bringen. Das ist zumindest meine Erfahrung. Ich habe oft gesungen, um meine Sorgen zu ersticken, nur selten aus Lebensfreude.« ([1845] 2006: 36) In seinem späteren *My Bondage and My Freedom* erweitert er auf beeindruckende Weise seine Überlegungen zu Sklavenliedern folgendermaßen: »Sklaven singen eher, um sich selbst glücklich zu machen, als um ihr Glück/lichsein auszudrücken.« ([1855] 2005: 86). Gerade die Notwendigkeit, sich selbst glücklich zu machen, ist ein Zeichen des Unglück/lichseins. Wir können uns auch W.E.B. Du Bois' *Die Seelen der Schwarzen* für eine Beschreibung von Sklavenliedern als »Klagelieder« zuwenden: »Sie sind die Musik des unglücklichen Volkes, enttäuschter Kinder, sie sprechen von Tod, Leiden und unausgesprochener Sehnsucht nach einer wahreren Welt, deren Wege für den, der im Nebelschleier wandelt, nicht erkennbar sind.« ([1903] 2008: 255) Siehe auch Saidiya V. Hartmans aussagekräftiges Buch *Scenes of Subjection* für eine Kritik dieses Mythos des Glück/lichseins, das Sklavenlieder nicht nur als »Klagelieder« interpretiert, sondern auch ihre Undurchsichtigkeit der Gefühle anerkennt (1997: 48). Die Verteidigung der Sklaverei besteht darauf, das Elend als Glück/lichsein misszuverstehen, und auch auf den Beschreibungen des Unglück/lichseins der Anderen, die versklavt werden sollen. Der Chirurg William Chancellor aus Pennsylvania schrieb 1751: »Von unzähligen Menschen wurde berichtet, dass eine Reise nach Afrika in punkto Sklavenkauf sehr abscheulich ist, doch meiner Meinung nach, und ich denke, dass ich es wissen muss, ist es nicht im Geringsten so, es ist ein Erretten von unglücklichen Menschen aus undenkbarem Elend« (Blassingame 1992: 28). Die erste Ausgabe der Encyclopedia Britannica aus dem Jahr 1798 beschreibt »die Neger« als eine »unglückliche ›Rasse‹« (Feagin 2000: 81). Beschreibungen »der Anderen« als unglückliche Menschen, die befreit werden müssten, nähren das koloniale Archiv. Die Indigenen in Queensland wurden auch als »unglückliche ›Rasse‹ beschrieben« (siehe Reid 2006).

132 Man beachte, dass Misere sich vom lateinischen *miseria* ableitet und sich auf Jämmerlichkeit bezieht. Ich sage nicht, dass koloniale Archive voller Elend sind (wir sollten solche Archive als Beleg dafür lesen, dass »die Eingeborenen« traurig waren, wie ich in Fußnote 10 angedeutet habe). Ich sage nur, dass wir in kolonialen Archiven eine Investition in das Elend der Kolonisierten verzeichnen können, die unglückselig sind und Unglück verursachen. Koloniale Herrschaft wird bezogen auf das gute Schicksal (für die Beherrschten) gerechtfertigt. Ich würde *History of British India* als ein Werk beschreiben, das viel Energie darauf verwendet, die kulturelle Misere der ›Hindus‹ in etwas außergewöhnlicher Art und Weise darzustellen. Ich werde keine Lesart dieser umfangreichen Reihe liefern, die 1997 erneut bei Routledge in zehn Bänden erschienen ist. Für eine meisterhafte Lesart, die sich der Komplexität der Bände als auch dem politischen Hintergrund widmet, in dem sie geschrieben wurden, siehe Majeed 1992.

dem Maße wie sein Einfallsreichtum an verächtliche oder boshafte Ziele verschwendet wird, obgleich es sich um einen Einfallsreichtum nicht gewöhnlicher Natur handelt, könnte die Nation gefahrlos als barbarisch bestimmt werden« ([1818] 1997: 105). Das Glück/lichsein der imperialistischen Kultur wird in einer Glücksformel garantiert: Weil wir Glück/lichsein zu unserem Ziel machen, können wir unser Ziele auferlegen. Wir können unsere Ziele denjenigen auferlegen, die Glück/lichsein nicht zum Ziel haben: Barbarismus bedeutet einfach Abweichung vom Ziel des Glück/lichseins. Um wieder auf Nietzsches Kritik am utilitaristischen Glück/lichsein als Universalisierung der englischen Moral zurückzukommen, können wir abschließend sagen, dass seine Kritik sein Objekt findet: Das Ziel des Glück/lichseins, das durch den Utilitarismus definiert ist, stimmt mit dem Ziel der kolonialen Regierung überein. Glück/lichsein könnte genau von solch einer Übereinstimmung handeln. Koloniale Herrschaft wird als Pflicht definiert, andere dazu zu bringen, gemäß ihrem Glücks-Ziel zu leben.

Mills *History of British India* ist eine höchst strategische Aufstellung der Geschichte: Die Darstellung des Unglück/lichseins des nicht britischen Indiens war ein Weg, um das Glück/lichsein mit den kolonialen Zielen zu verteidigen. Im ersten Band dieser Reihe rechtfertigt Mill sich selbst auf unkonventionelle Weise als eine Autorität für Indien: Er beschreibt sich selbst als Expertenzeuge für Indien, *weil* er nie da gewesen ist. Er behauptet, dass man, wenn man irgendwohin geht, dermaßen von seinen Eindrücken »beeinflusst« werde, dass eine Meinung entstehen könne ([1818] 1997: xxiii). Er sagt weiter, dass gerade die Orientierung am Vergnügen darauf hinweise, dass Eindrücke keine glaubwürdige Wissensquelle darstellen: »Das altbekannte Vergnügen, das ein Mann bei jedem Schritt (emp)findet, bei dem er auf Beweise dafür stößt, dass er im Recht ist, regen zu einem Eifer an, nach dieser Quelle der Zufriedenstellung Ausschau zu halten; und zweitens, die altbekannte Abneigung, die ein Mann normalerweise empfindet, wenn er auf Beweise dafür stößt, dass er im Unrecht ist, bringen eine Versuchung hervor, der man üblicherweise widersteht, um solche unangenehmen Dinge zu übersehen.« (xxv) Mill ist der Meinung, dass du, wenn du nach Dingen suchst, die mit den bereits gefällten Urteilen übereinstimmen, Vergnügen in der Übereinstimmung erfährst. Er vergleicht die Sehnsucht nach Übereinstimmung mit primitiven Formen des Fetischismus: »Vor der Erfahrung und der Anweisung gibt es eine Tendenz in der Vorstellungskraft, alles mit Leben zu füllen, das wir in Bewegung sehen; oder ganz allgemein, was als Ursache für ein Ereignis in Erscheinung tritt. Ein Kind schlägt das leblose Objekt, von dem es verletzt wurde und streichelt das, durch das es erfreut wurde. Der Wilde betrachtet die Sonne, die der Grund für den Tag ist, als wohlwollende Gottheit.« (230) Für Mill sind sich das Kind und der*die Indigene ähnlich, insofern als dass sie Objekte mit magischen Eigenschaften bestücken: Diese Tendenz, das Objekt, das Vergnügen bereitet, als gut anzusehen, wird zu einem Zeichen des Ungebildetseins oder der Unreife. Der vorurteilsfreie Zeuge – der zivilisierte Mann – tritt zurück und schaut auf die wahren Ursachen der Handlung in der Welt.

Es mag den Anschein erwecken, als wäre solch eine Darstellung des Fetischismus der Sinneseinbeziehung weit entfernt von unserer Analyse des Glück/lichseins und des Empires. Ist sie aber nicht. Im Grunde genommen bringt Mill das Scheitern der Indigenen an die Oberfläche, sich als Symptom ihrer Unreife von Objekten der Begierde fernzuhalten: Das Schreiben des Buches an sich wird zu einem Lehrbeispiel für das Glück/lichsein, zu einer Möglichkeit, Dinge wertzuschätzen, ohne von ihnen übermannt zu werden. Obwohl oft angenommen wird, dass Utilitarismus sich am Vergnügen orientiert und unfähig ist, Vergnügen vom Glück/lichsein als höherer Form des Guts zu unterscheiden[133], können wir sehen, dass bereits eine Hierarchie besteht, die auf dieser Unterscheidung beruht: Glück/lichsein bleibt zurück und kann aus der Distanz heraus beurteilen, was gut ist, während Vergnügen zu nah am Objekt ist und so die Ursache für das Vergnügen für das Gute hält. Für Mill irren sich die Indigenen, weil sie von ihren Neigungen beeinflusst und im Objekt eingetaucht sind, das ihnen Vergnügen bereitet: So wie es bei Kindern der Fall ist, wird angenommen, dass sie in eine neue Richtung gelenkt werden müssten.

Mill platziert Fetischismus im Körper des Kindes und der*dem Indigenen und schafft so den Eindruck, dass dieses Buch in gewisse Objekte kein Glück/lichsein platziert. Und doch, in diesem Band folgt eine Diskussion über das, was an der indischen und hinduistischen Kultur geschmacklos, wir könnten sogar sagen böse oder widerlich, ist; sie werden zu schlechten Objekten für Mill, genau wie sein Glück/lichsein zu einer Ursache für das Gute wird. Laut Mill, empfinden die Indigenen nicht nur Vergnügen an den falschen Dingen auf falsche Weise, sondern sie sind auch noch »unanständig«. Die Wiederholung dieses Adjektivs hat eine seltsame Wirkung auf gegenwärtige

133 Dies ist besonders der Fall in Benthams Modell, auch wenn er eine eher verdrehte Definition des Vergnügens hat (siehe erstes Kapitel, Fußnote 2). Martha Nussbaum argumentiert, indem sie Bentham mit John Stuart Mill vergleicht, dass für Bentham »nichts gut ist, außer das Vergnügen; Vergnügen und das Gute sind dieselben Dinge« (2005: 111).

Leser*innen: Heute nennen wir Menschen unanständig, wenn sie etwas Anstößiges sagen. In diesem früheren Gebrauch wird Unanständigkeit aber zum Zeichen von fehlenden Manieren als auch geringer Tugendhaftigkeit: »Niemand, egal wie unanständig und ignorant, der so weit entwickelt war, um uns Erinnerungen seiner Gedanken in Schriftform zu hinterlassen, hat jemals ein ordinäreres und widerlicheres Bild des Universums gezeichnet, als das, was man in hinduistischen Schriften wiederfindet.« (267) Mill ist von dem angewidert, was er als widerlich empfindet, als wenn seine eigene Art und Weise, von etwas berührt zu sein, die Wahrheit dieser Sache enthüllt. Unanständigkeit wird zu einem Charakterzug oder einer kulturellen Qualität, als auch zu einem Zeichen der Primitivität, zu dem, was überwunden werden muss; tatsächlich wird in dieser Dringlichkeit dieser Beschreibung eine Fantasie impliziert, die die Überwindung der Unanständigkeit in der Beschreibung von etwas *als* unanständig zum Inhalt hat.

Das Problem des Anstands ist verknüpft mit dem Problem des Geschlechts: »Die Stellung der Frau ist eine der außergewöhnlichsten Sachverhalte im Verhalten von Nationen. Unter unanständigen Menschen werden Frauen gewöhnlich degradiert; unter zivilisierten Menschen werden sie verherrlicht. Bei den Barbaren ist die sexuelle Leidenschaft ein brutaler Impuls, der keine Zärtlichkeit durchdringen lässt; und sein undiszipliniertes Wesen bringt ihn zum Missbrauch seiner Macht über jede andere Kreatur, die schwächer ist als er selbst. Die Geschichte der unkultivierten Nationen stellt die Frau durchweg in einem Zustand der demütigen Sklaverei dar, aus dem sie langsam heraustritt, weil die Zivilisation voranschreitet.« (309) Das Empire wird zu einem moralischen und pädagogischen Projekt zur Verbesserung von Verhaltensweisen, ein Projekt der Kultivierung, beschrieben in bekannten Begrifflichkeiten des Hervortretens von Frauen aus einem Zustand der »demütigen Sklaverei«. In Bezug auf Indien argumentiert Mill, dass »nichts die notorische Verachtung übertreffen kann, die die Hindus ihren Frauen gegenüber ausüben« (311). Die »notorische Verachtung« ist das, wovon sich Frauen befreien müssen. Sich für die erniedrigten kolonisierten Frauen einzusetzen, kann dazu dienen, das Empire als Befreiung der Frauen von der Erniedrigung zu rechtfertigen. Gayatri Spivaks Beschreibung dieses Einsatzes als »*weiße* Männer retten dunkelhäutige Frauen vor dunkelhäutigen Männern« (1988: 297) ist einzigartig präzise.

Das Empire wird als *Befreiung von der Erniedrigung* gerechtfertigt. Wird man von der Erniedrigung befreit, wird man auch vom Leid befreit, selbst wenn dies wiederum Leid verursacht. Also, obwohl Mill im neunten Band zugesteht, dass Kolonialismus Leid für die Indigenen mit einschließt, geht er davon aus, dass das Gute, das der Kolonialismus Indien bringt, jedes Leid aufwiegt: »Denn obwohl das Land viele und große Nachteile durch die Ersetzung seiner eigenen Funktionsträger, seiner eigenen Häuptlinge, seiner eigenen Herrscher erlitten hat und weiterhin viele und große Nachteile erleidet, wurde es in gewisser Weise dadurch für seien Verlust entschädigt, dass es von den fatalen Folgen der ursprünglichen Missherrschaft befreit wurde – durch den Schutz vor äußeren Feinden – durch die Aufrechterhaltung der internen Ruhe – durch das Wachstum des Handels – dem Wachstum der Landwirtschaft – und der fortschreitenden Einführung europäischer Künste und Wissenschaften, Intelligenz und Zivilisation.« (396) Vorkolonialistische Selbst-Regierung wird hier als ein Todestrieb konstruiert. Kultiviert und zivilisiert zu werden, bedeutet, Europäer*innen zu werden, sowohl als Kompensation für den vergangenen Verlust, als auch zur Vermeidung von zukünftigem Elend.

Das utilitaristische Hauptaugenmerk auf das Empire als einen Akteur relativen Glück/lichseins (weil es mehr Glück/lichsein als Leid verursacht) bedeutete auch eine Investition in das, was Eric Stokes sehr treffend als »profane Bekehrung« bezeichnet: die »Umsetzung der Bekehrung auf völlig profane Objekte« (1959: 308). Utilitarier und Evangelisten glaubten an die liberale Strategie der Anpassung: eine Strategie, die einige der Ideologien kolonialer Regierung insofern infrage stellte, als dass sie sich auf den Glauben berief, dass Indigene konvertiert werden könnten. Stokes behauptet, dass sowohl Utilitarismus als auch Evangelismus auf einer Darstellung der Umwandlung beruhen: »Der Prozess der Umwandlung, der ›Rechtfertigung und Heilung‹, besteht darin, dass die Seele sich in sich selbst umwandelt und das Gewand der Gewohnheit abstreift, indem sie ihr Bewusstsein erstickt und so in einer kompletten Transformation der Persönlichkeit endet« (29). Für Utilitaristen war die Umwandlung eine Befreiung vom Individuum; sie waren bemüht, »das Individuum von der Sklaverei der Gewohnheit zu befreien« (54). Das Wort *Gewohnheit (custom)* hat denselben Ursprung wie *Angewohnheit* (*habit*). Doch das Wort Gewohnheit impliziert auch *schlechte* Gewohnheiten. Schlechte Manieren zu haben, soll sagen, sich von der Gewohnheit bremsen zu lassen, wo die Gewohnheit an die Oberfläche bringt, was gewöhnlich ist. Gute Angewohnheiten werden von dem unterschieden, was ›bloß‹ gewöhnlich ist.

Kolonialismus wird als etwas Notwendiges gerechtfertigt, um das Glück/lichsein der Menschen zu steigern, als auch, um die Indigenen zu lehren, wie man glücklich ist. Das allgemeine Ziel des Glück/lichseins wird übertragen in das spezielle Ziel des Individuums: Die Erschaffung von ›Individuen‹ wird zur Aufgabe der kolonialen Erziehung oder des kolonialen Trainings. Auf diese Weise glücklich zu werden, erfordert vom Individuum, dass es sich von der Gewohnheit befreit, um an sich zum Ziel zu werden. Wie ich bereits in Kapitel 2 angemerkt habe, beinhaltet Glück/lichsein, ›umgeleitet‹ zu werden oder umzukehren. *Andere zu Individuen zu machen, heißt, sie umzukehren, sie also sie zu den Normen, Werten und Handlungen der Kolonisatoren hinzuwenden.*

Wie James Mill es in seinen Schriften zur Erziehung klarstellt, spielt Glück/lichsein eine Schlüsselrolle in dieser Kehrtwendung. Mill sagt, dass »das Ziel der Erziehung« darin bestünde, »das Individuum, so gut es geht, zum Instrument des Glück/lichseins« zu machen (1828: 12). Er sagt weiterhin, dass die frühesten Empfindungen die nachhaltigsten Folgen haben und dass in dem Fall die »Erziehung oder die Sorge um die Gestaltung der Gewohnheiten, so gut es geht mit dem Zeitpunkt der Empfindung beginnen sollte« (32). Gerade, weil das Kind sich am einfachsten beeindrucken lässt, muss ein Eindruck auf das Kind gemacht werden. Mill folgert, dass es »bei der gekonnten Erziehung darauf ankommt, die Bedingungen, die das Kind umgeben, so zu arrangieren, dass die Eindrücke, die auf es gemacht werden, in der Reihenfolge sind, wie sie diesem glücklichen Ergebnis am meisten zuträglich sind.« (35) Wenn die Indigenen, laut Mill, wie Kinder sind, können sie beeindruckt werden und müssen lernen, die richtigen Eindrücke zu erhalten. Erziehung ist ein Arrangement von Bedingungen dergleichen, dass Glück/lichsein resultiert.

Das koloniale Projekt wird somit als eine Art des moralischen Trainings oder der Gewöhnung vorgestellt. Wie es Achille Mbembe beschreibt: »Der Kolonialherr kann dem Kolonisierten Gewohnheiten beibringen, ihm bei Bedarf Gewalt antun, mit ihm wie mit einem Kind sprechen, ihn tadelnn ihn beglückwünschen.« ([2000] 2016: 77) Die Erziehung des Indigenen wurde zu einem Gegenstand der Moral, es ging darum, den Indigenen den Glücks-Pfad nahezubringen *als* den Pfad zur Zivilisation: »Die Erhebung des Indigenen bis zu einem Punkt, an dem er die Wiedererlangung seiner Rechte ins Auge fassen kann, vollzieht sich über seine moralische Bildung.«(89) Gebildet zu werden heißt, die Fähigkeit anzunehmen, die eigenen Rechte zu entdecken: Du hörst auf, ein*e Fremde*r zu sein, wenn du deine unverzichtbaren Rechte als das Recht, dem Glück/lichsein zu folgen, wiedergewinnst (was bedeutet, dass du das Recht verlierst, nicht dem Glück/lichsein zu folgen oder den Gedanken des Glück/lichseins zu deinem Ziel zu machen).

Die Aufdeckung der Rechte durch moralische Erziehung macht die Indigenen zu Subjekten mit gewissen Manieren, Gewohnheiten und Vorlieben. Indem den Indigenen »gute Angewohnheiten« beigebracht werden, schafft koloniale Erziehung eine neue »Klasse von Menschen«, die bekanntermaßen von Thomas Babington Macaulay in seinem Artikel »Minute on Indian Education« als »indisch, was das Blut und die Farbe angeht, aber englisch, was den Geschmack, die Einstellungen, die Moral und den Intellekt angeht« ([1835] 2003: 237) beschrieben werden. Zu einem Individuum zu werden, heißt demnach, Englisch zu werden. In diesem Werden, werden Kolonisierte auch zu ›Imitatoren‹, wie Homi Bhabba ([1994] 2011) so eindringlich gezeigt hat, indem er sich auf eine scharfsinnige Lektüre dieses Abschnittes aus Macaulay stützte. Die utilitaristische Förderung des Glück/lichseins schließt Technologien der Imitation ein: das Gebot, die koloniale Elite ›zu uns‹ zu machen, was den Geschmack, die Sichtweisen, die Moral und den Intellekt angeht. Indem die Anderen die Kolonisator*innen imitieren, werden die Anderen glücklich, nicht in dem Sinne, dass sie sich glücklich fühlen, sondern in dem Sinne, dass sie gute Angewohnheiten annehmen, die eine gefühlsbedingte Neigung einschließen könnten: Du lernst, auf richtige Weise von den richtigen Dingen berührt zu werden. So zu werden ›wie‹ die Kolonisator*innen heißt noch immer, Körper zu besitzen, die sich deutlich von denen der Kolonisator*innen unterscheiden. Wie Bhabha zeigt, produziert die Nachahmung ein hybrides Subjekt, das »*fast, aber doch nicht ganz dasselbe*« (126), »*das fast dasselbe, aber nicht weiß*« (132) ist.

Folglich wird Glück/lichsein zu einer Rechtfertigung des Empires, nicht nur in dem Sinn, dass es der Existenz der Kolonien einen Sinn verleiht, sondern auch, weil es das ist, was vom Empire gesteigert werden soll. Wir erwarten vielleicht, dass diese Geschichte des Glück/lichseins zu einer eher unglücklichen Geschichte geworden ist: Dieses Schamgefühl über die koloniale Vergangenheit und die Gewalt dieser Vergangenheit haben möglicherweise einen Rückzug von der verpflichtenden utilitaristischen Logik bewirkt.

Und doch würde ich behaupten, dass die gegenwärtige ›Rassen‹politik im Vereinigten Königreich nicht nur ein direktes Erbe dieser Geschichte beinhaltet, sondern auch eine gesellschaftliche Verpflichtung, diese Geschichte des Empires *als* eine Geschichte des Glück/lichseins zu erinnern.

Diese Erinnerung an das Empire als Glück/lichsein ist sogar zu einem Aspekt der nationalen Staatsgründung geworden. Ein nationales Subjekt zu sein, könnte bedeuten, Glück/lichsein *über* die Geschichte des Empire auszudrücken. In solchen Ausdrücken, wird der Imperialismus als ›glücklich‹

erinnert, als Akteur relativen Glück/lichseins. Eine Rede von Trevor Phillips »We Need a Highway Code for al Multi-Ethnic Society« (2005) bringt die Geschichte des Imperialismus folgendermaßen an die Oberfläche: »Und wir können unsere eigene Geschichte betrachten, um zu zeigen, dass die Briten nicht von Natur aus fanatisch sind. Wir erschufen etwas, das sich Empire nannte, in dem wir mit Leuten verkehrten und uns mit ihnen mischten, die ganz anders waren als die auf dieser Insel.«[134] Das Empire wird hier zu einem Beweis, dass Briten »nicht fanatisch«, sondern fähig sind, sich mit Leuten zu »mischen«. Tatsächlich wird das Empire selbst zum Zeichen einer britischen Tendenz hin zu glücklicher Diversity; hin zu einer Vermischung, Liebe und Koexistenz mit anderen.

Im Kontext der »Krise des Multikulturalismus«, auf die ich zu Beginn dieses Kapitels eingegangen bin, kommt der gesellschaftlichen Verpflichtung, *über* die imperialistische Geschichte Glück zu empfinden, eine gefühlsbedingte Kraft zugute. Allerdings ist diese Verpflichtung nicht einfach neutral; sie betrifft auf ungleiche Weise Subjekte, abhängig von ihrer eigenen Beziehung zu dieser Geschichte. Migrant*innen unterliegen immer mehr dem, was ich die Glücks-Pflicht nenne, in einer Kontinuität zu der Glücks-Pflicht der Indigenen während der kolonialen Mission. Wenn der*die Indigene im neunzehnten Jahrhundert britisch(er) werden musste, um als Subjekt des Empires angesehen zu werden, müssen Migrant*innen in einem gegenwärtigen Kontext britisch(er) werden, um als Bürger*innen des Staates anerkannt zu werden. Staatsbürgerschaft erfordert heutzutage einen Test: Wir sollten vielleicht mutmaßen, dass dieser Test ein Glücks-Test ist.

Das Innenministerium hat einen Leitfaden für Migrant*innen verfasst, auf dem Tests zur Staatsbürgerschaft beruhen, *Life in the United Kingdom:*

---

134 Diese Rede ist auf der Seite der Kommission für ›Rassen‹gleichheit verfügbar: http://83.137.212.42/sitearchive/cre/Default.aspx.LocID-0hgnew07y.RefLocID-0-hg00900c002.Lang-EN.htm (diese Seite ist nicht mehr verfügbar, 29.07.2018). Wir sollten den offensichtlichen Widerspruch zwischen dieser glücklichen Präsentation der imperialistischen Geschichte als »kunterbuntes Miteinander und Trevor Phillips' Kommentar über unglückliche Diversity beachten, mit dem ich mein Kapitel eröffnet habe. Demnach ist die *weiße* britische Gemeinschaft auf glückliche Weise vielfältig (gewillt und fähig, sich mit anderen zu vermischen), während andere Gemeinschaften (vielleicht solche, mit denen sie sich vermischen) glücklicher werden mit Menschen, die ihnen ähneln. Phillips berief sich auf eine BBC-Sendung, in der es hieß, die nostalgische Traumvorstellung von französischen Dörfern, in denen die Menschen über Generationen hinweg wohnen bleiben, wäre die Glücks-Fantasie schlechthin. Er widerlegt diese Annahme, weil er davon ausgeht, dass Ähnlichkeit in der heutigen Zeit vielmehr mit Minderheitenkulturen assoziiert wird. Um glücklich zu werden, müssen Menschen ihre Ähnlichkeiten aufgeben und vielfältig werden, ›wie wir‹.

A Journey to Citizenship (2005b). Was können wir von diesem Buch lernen? Interessanterweise steht die Vorstellung vom Britischsein offensichtlich im Zusammenhang mit Diversity: Britisch zu werden, heißt, auf positive Weise Diversity zu akzeptieren, wo Diversity an sich zu einem nationalen Kennzeichen wird: »Wir wollen, dass sich die britische Staatsbürgerschaft auf positive Weise die Diversity der Herkunft, der Kultur und des Glaubens zu eigen macht, die das Leben im modernen Britannien mit sich bringt« (3). Die Nation wird als glücklich vielfältig wahrgenommen beziehungsweise als glücklich mit seiner Diversity.[135]

Diversity wird auch zu einer Möglichkeit, um dem Empire zu gedenken. Ich habe bereits erwähnt, wie die Geschichte des Britischen Empires auf glückliche Weise als Zeichen eines guten Charakters heraufbeschworen wird. In *Life in the United Kingdom* wird die imperialistische Vergangenheit bei wenigen Gelegenheiten und in allen davon in positiver Hinsicht erwähnt.[136] Zum Beispiel in dieser Textstelle:

---

135 Ich arbeitete von 2003 bis 2006 an diesem Forschungsprojekt zur Diversity-Arbeit, das Interviews mit Diversity-Beauftragten an australischen und britischen Universitäten beinhaltete. Eine meiner Erkenntnisse war, dass Diversity als anerkennender Begriff betrachtet wurde, der Ungleichheiten verdecken soll. Wie ein*e Fachkraft so scharfsinnig beschrieb: »Diversity ist wie ein großer glänzender, roter Apfel, oder? Alles sieht wundervoll aus, doch wenn du dann den Apfel aufschneidest, findest du dort einen verfaulten Kern und du weißt eigentlich, dass alles wegfault und das wird überhaupt nicht benannt. Alles sieht wundervoll aus, doch die Ungleichheiten werden nicht angesprochen.« Als ich mit Diversity-Fachkräften sprach, wurde ich an die neue Frauenbewegung erinnert, die Kritik an der Figur der glücklichen Hausfrau übte, worüber ich im zweiten Kapitel gesprochen habe: Betty Friedan beschreibt einen Infekt hinter ihrem Lächeln. Diversity bietet eine lächelnde Oberfläche an, die die Illusion der Gleichheit erzeugt, und deshalb dazu führt, dass Ungleichheiten verdeckt und reproduziert werden. Siehe Ahmed 2007a, 2007b für Artikel, die sich mit diesem Thema beschäftigen.

136 Das Buch erwähnt den transatlantischen Sklavenhandel als »eine teuflische Seite zu dieser kommerziellen Expansion und dem Wohlstand« (31) und geht dann schnell über zur Diskussion über die britische Beteiligung am Abolitionismus, der Bewegung zur Abschaffung der Sklaverei, was dem nationalen Subjekt die Möglichkeit gibt, wieder als Befreier von der Sklaverei zu erscheinen und nicht als Sklavenhändler. Nicht einmal Sklaverei darf das Glück/lichsein der imperialistischen Geschichte stören. Um es mit Frantz Fanons Worten auszudrücken: »Man sprach nicht mehr davon, eine böse Erinnerung.«([1952] 2016: 98). Ich könnte hier auch erwähnen, dass Abolitionismus der Name ist, der von einer biomedizinischen Organisation aufgegriffen wurde, die Glück/lichsein mithilfe der Wissenschaft fördert: »Abolitionist*innen fördern eine rationale/wissenschaftliche Herangehensweise an die Minimierung des unfreiwilligen Leidens und Maximierung des freiwilligen Glück/lichseins, das zur Abschaffung des unfreiwilligen Leidens und zur Fähigkeit für unendliches freiwilliges Glück/lichsein als primärer ethischer Befehl für die Menschheit führt.« Siehe: https://www.abolitionist.com/ (30.07.2018).

> »für viele in Afrika, auf dem indischen Subkontinent und anderorts brachte das Britische Empire oftmals regelmäßigere, akzeptablere und unvoreingenommenere Rechts- und Ordnungssysteme als unter ihren eigenen Herrschern oder unter fremden, nichteuropäischen Herrschern. Die Verbreitung der englischen Sprache half dabei, ungleiche Stammesgebiete zu vereinen, die sich immer mehr als Nationen sahen. Das Gesundheitswesen, der Frieden und der Zugang zur Bildung können normalen Menschen mehr bedeuten als gerade denjenigen, die ihre Herrscher sind. Ein Vermächtnis des Empires war, dass, wenn Nationalismus aufkam, der meist dort entstand, wo als erstes eine Selbstregierung eingefordert wurde, dann lag das schwer auf Europa, im Speziellen auf britischen Idealen von Freiheit und repräsentativer Regierung.« (32)

Das Britische Empire wird damit in Zusammenhang gebracht, dass es Indigenen in der Welt gute Dinge beschert – Gesetz, Einheit, Selbstregierung, Freiheit und so weiter. In der Tat ist die Sprache des Empires die eines Geschenkes: durch das Empire bekommen andere die Gestalt einer nationalen Identität, die auf europäischen, im Speziellen, britischen Idealen basiert. Es ist wichtig, daran zu denken, dass diese Textstelle in dem Buch erscheint, auf dem Texte zu Staatsbürgerschaft für Migrant*innen basieren. Um britisch zu werden, muss man das Empire als Geschenk des Glück/lichseins akzeptieren, was eine implizite Aufforderung einschließen kann, die Gewalt der kolonialen Herrschaft zu vergessen oder zumindest nicht in Erinnerung zu rufen. Das Buch kommentiert ausdrücklich die britische Herrschaft in Indien:

> »Veränderungen und Transplantationen funktionieren selten so, wie sie vorgesehen sind, und werden oft zurückgenommen, doch Indien ist ein interessantes Beispiel einer nationalen Identität, die schrittweise entsteht und inmitten von politischen Institutionen, die offensichtlich Abarten des Heimatlandes vom Heimatland der imperialistischen Ära darstellen. Ängste der Eingeborenen, dass das Christentum die muslimische oder hinduistische Religion ersetzen könnte, waren deutlich übertrieben, denn oft waren die britischen Verwalter vor Ort in erster Linie mit zivilen Anordnungen, die eine gewisse Faszination ausübten, beschäftigt, so wie es ihnen von den lokalen Traditionen beigebracht wurde, was nicht hilfreich war für die religiösen Missionare. Zu einem gewissen Grad hat die englische Toleranz gegenüber den unterschiedlichen Nationalkulturen im Vereinigten Königreich an sich vielleicht den Charakter ihrer imperialistischen Herrschaft in Indien beeinflusst.« (32)

Man sagt, dass das moderne Indien die politischen Institutionen Englands geerbt sowie auf seine eigene Art verändert habe. Die Beteiligung ist klar: das Britische Empire wird heraufbeschworen, um zu zeigen, dass die britischen Verwalter ›gute Herrscher‹ waren, die, anders als ›religiöse Missionare‹, von den lokalen Traditionen fasziniert und empfänglich für sie waren. Die guten

Herrscher stehen ihrerseits für die Qualität des nationalen Charakters und der Kultur (›englische Toleranz‹).

Somit kann Glück/lichsein ein Projekt einer gesellschaftlichen Beschreibung beinhalten: In glücklicher Weise zu sehen bedeutet, vor keine Gewalt, Asymmetrie und Herrschaft wegzusehen. Wenn wir dazu aufgefordert werden, uns das Empire als glückliche Geschichte in Erinnerung zu rufen, benutzen wir *dieselben Begriffe*, mit denen das Empire in der Geschichte gerechtfertigt wurde. Glückliche Begrifflichkeiten zu benutzen, heißt natürlich nicht, dass glückliche Gefühle einfach hervorgerufen werden. Paul Gilroy hat behauptet, dass die britische Nation unter einer postkolonialen Melancholie leidet, einer Unfähigkeit »sein verlorenes Empire zu betrauern« (2004: 111), sodass dieses Großbritannien ›die Schrecken‹ der imperialistischen Geschichte anerkennen muss. Möglicherweise nehmen wir das Versäumnis wahr, dass es etwas zu betrauern gibt, den Zweifel an der Existenz von Verletzungen oder daran, dass das Empire insgesamt verletzend war. Solche Fehler werden durch die Glücks-Anordnung reproduziert: Die soziale Verpflichtung, sich an die koloniale Geschichte als Geschichte des Glück/lichseins zu erinnern, beinhaltet eine Anpassung an die Geschichte als Geschichte von Anpassungen. Gut angepasst zu sein, heißt, an die koloniale Geschichte angepasst zu sein. Mit anderen Worten, die britische Nation war ziemlich gut darin, sich selbst gegen Scham zu verteidigen. Teilweise tut sie es durch die rückwirkende Fantasie, dass solch eine Scham obligatorisch geworden sei, sodass das nationale Glück/lichsein und die Würde so dargestellt werden, als seien sie nebensächliche Gefühle.[137]

Wenn Glück/lichsein eine einflussreiche Technologie für die gesellschaftliche Beschreibung liefert, erweckt es den Eindruck, als gäbe es nichts, das betrauert werden müsse. Ich werde später auf die Unterscheidung zwischen

137 Die Würde wurde auch als Verteidigung gegen extremistische Tendenzen gebraucht: »Wir müssen uns versichern, dass alle britischen Staatsbürger*innen ein Gefühl der Würde wahrnehmen und ein Gefühl der Zugehörigkeit zu diesem Land und zueinander, und sicherstellen, dass unsere nationalen Symbole, wie der Union Jack und die Flaggen der Nationen, nicht zu Werkzeugen von Extremist*innen werden, sondern auf lebendige Weise unsere Einheit demonstrieren, wie wir es in den Feierlichkeiten zum goldenen Jubiläum getan haben.« (United Kingdom Home Office, 2005a) Die Botschaft hier ist, dass wir stolz sein sollten, um nicht die Zeichen der Würde dem Faschismus zu überlassen. Also ist die Flagge an sich als glückliches Objekt zurückgekehrt, als eine Möglichkeit, um sich als stolze britische Bürger*innen zu sehen und um zu verhindern, dass die Liebe zur Nation aufgrund von Bedenken derjenigen verboten wird, denen es um politische Korrektheit oder andere politische Ideologien geht, die sowohl unser Recht auf Redefreiheit als auch unser Glück/lichsein über die Nation einschränken.

Melancholie und Trauer eingehen. Es ist hilfreich, sich Freuds Beschreibung der Trauer anzuschauen: » Trauer ist regelmäßig die Reaktion auf den Verlust einer geliebten Person oder einer an ihre Stelle gerückten Abstraktion wie Vaterland, Freiheit, ein Ideal usw.«([1917] 1949: 428f.). Das Britische Empire war eine geschichtliche Realität, aber es war auch ein Ideal; tatsächlich ist das Ideal des Empires an seiner Rechtfertigung als moralisches Projekt beteiligt. Das Ideal des Empires wird *aufrechterhalten*, indem es durch das moralische Verständnis des Empires als Geschenk des Glück/lichseins umgelenkt wird. Wir müssen die Folgen dieser Aufrechterhaltung verstehen.

Freiheit, um glücklich zu sein

Wenn wir verstehen, was für eine Rolle das Glück/lichsein in der imperialistischen Geschichte einnimmt, haben wir eine Perspektive, aus der wir die Beziehung zwischen dem Glück/lichsein, nationale Einheit und Staatsbürgerschaft betrachten können. Im britischen Kontext ist »das Streben nach Glück« nicht als Recht verankert, wie im Fall der in Unabhängigkeitserklärung der Vereinigten Staaten (1776). Und doch habe ich behauptet, dass Glück/lichsein noch immer als Technologie der Staatsbürgerschaft benutzt wird, um Migrant*innen an ein nationales Ideal zu binden. *An* Glück/lichsein gebunden zu sein, besagt, *durch* die Dinge gebunden zu sein, die schon als Gut etabliert wurden. Selbstverständlich brauchen wir eine Annäherungsweise, die dafür Verantwortung übernehmen könnte, wie solche Güter in erster Linie etabliert werden. Im zweiten Kapitel habe ich das Konzept des ›bedingten Glück/lichseins‹ eingeführt, in dem das Glück/lichsein einer Person von dem einer anderen abhängig gemacht wird. Ich habe angedeutet, dass die Begriffe der Bedingtheit ungleich sind: Für diejenigen, die ›an erster Stelle kommen‹, ›kommt‹ ihr Glück/lichsein ›an erster Stelle‹, so bekommen einige das Recht, die Bedingungen des Glück/lichseins für andere zu definieren. Staatsbürgerschaft stellt eine Technologie zur Verfügung, um zu entscheiden, wessen Glück/lichsein als erstes kommt. Was bei der Staatsbürgerschaft zur Diskussion steht, ist die Unterscheidung zwischen denjenigen, die Staatsbürger*innen *sind* und denjenigen, die es *noch nicht* sind (die ich als ›angehende Staatsbürger*innen‹ bezeichne), wo das ›noch nicht‹ als Versprechen auf das angeboten wird, was kommen soll. Wenn das Versprechen auf Staatsbürgerschaft als Versprechen auf Glück/lichsein dargeboten wird, musst du beweisen, dass du es wert bist, dieses Versprechen zu empfangen.

Was bedeutet es, des Glück/lichseins wert zu sein? Wie wird das Glücksversprechen als Gegenleistung für die Annahme der britischen Staatsbürgerschaft erteilt? Um solchen Fragen nachzugehen, biete ich eine Interpretation des Films *Kick it like Beckham* an (2002, Reg. Gurinder Chadha) an. Der Film wurde beworben als eine »köstliche Gute-Laune-Komödie« und präsentiert ein sehr glückliches Bild des britischen Multikulturalismus. Glück/lichsein spielt eine bedeutende Rolle in der Handlung des Films. Tatsächlich wird der vorrangige Konflikt oder die Hürde im Film durch einen Sprechakt des Vaters gegenüber seiner Tochter gelöst, der in etwa »Ich möchte nur, dass du glücklich bist« lautet. Im dritten Kapitel bin ich auf einige Widersprüche dieses Sprechaktes eingegangen, mit dem Fokus darauf, wie die Sehnsucht nach Glück/lichsein dem*der Anderen eine gewisse Art der Freiheit zu geben scheint und diese*n doch zu dem lenkt, was bereits übereinstimmend als Glücks-Ursache gilt.

Bevor wir auf die Rolle des Glücks-Sprechakts in *Kick it like Beckham* eingehen, sollten wir den Konflikt des Films oder die Hürde für das Happy End beschreiben. Der Film handelt vom Generationskonflikt innerhalb einer indischen Migrantenfamilie in England. Jess, die Tochter (Parminder Nagra) ist eine gute Fußballspielerin. Ihre Vorstellung von Glück/lichsein wäre es, so zu spielen wie Beckham, was bedeutet, dass sie die Regeln verbiegt, die vorschreiben, was ein indisches Mädchen tun darf und was nicht. Der Generationskonflikt zwischen den Eltern und der Tochter wird als ein Konflikt zwischen den kulturellen Ansprüchen dargestellt. Als Jess sagt: »Jeder kann Alo Gobi kochen, aber wer kann schon so Fußball spielen wie Beckham?« Bei diesem Kontrast wird das alltägliche und gewöhnliche »Ali Gobi kochen« der Alternative des Ruhms, des Individualismus und des Talents vergleichend gegenübergestellt.

Im vorhergehenden Abschnitt habe ich behauptet, dass das Gewöhnliche mit dem assoziiert wird, was hauptsächlich gewohnt ist und nicht mit dem, was als eine Art der kreativen Handlung verstanden wird. Obwohl der Film den Gedanken des *cultural clash* zu verkörpern scheint, in dem Migrant*innen sich zwischen zwei Kulturen gefangen fühlen, schildert er nicht einfach die zwei Kulturen nicht auf dieselbe Weise als ›Kulturen‹. Wenn überhaupt, dann erscheint die Kultur der Migrant*innen, als etwas, das gegeben ist oder besessen wird, und wird mit der individualistischen Kultur des Westens verglichen, in der du frei bist, zu tun und zu sein, ›wer auch immer‹ du sein willst, was wiederum als Freiheit zum Glück/lichsein verstanden wird. An dieser Stelle sollten wir Stokes' Ausführung zur weltlichen Missionierung in Erinnerung rufen, die er als »die Befreiung des Individuums von der Gewohnheit« bezeichnet. Der Kampf des Films könnte demnach als ein Kampf zwischen den individuellen Sehnsüchten und Gewohnheiten, um Freiheit und Pflicht und um Glück/lichsein und Loyalität beschrieben werden.[138]

Die Geschichte eines Individuums, das »so spielen will wie Beckham«, ist sicherlich eine Geschichte über eine Sehnsucht, die mit den familiären Konventionen in Konflikt gerät. Einerseits scheint es um die Sehnsüchte der fußballiebenden Tochter zu gehen und wie solche Sehnsüchte mit der Sehnsucht der Familie kollidieren, ihre Form zu reproduzieren. Wenn wir die Geschichte hinsichtlich Jess' Sehnsucht interpretieren, könnten wir das Problem der kulturellen Unterschiede auf eine Seite stellen. Wir könnten die Geschichte auch als eine Geschichte der Rebellion der Tochter verstehen und als Versuch, ihrer Neudefinition eines guten Lebens Gültigkeit zu verschaffen. Wir können Jess zujubeln, weil sie ›trifft‹ und Glück/lichsein irgendwo anders findet, als dort, wo sie es finden soll. Wir würden uns über ihre Freiheit und ihre Ablehnung der Erwartungen, ein gutes Mädchen oder sogar eine glückliche Hausfrau zu sein, freuen.[139] Wir könnten diesem Film applaudieren, weil er das Glück/lichsein demonstriert, das in Erscheinung treten kann, wenn man die Erwartungen der Eltern hinter sich lässt und weniger ausgetretenen Pfaden folgt. Doch solch eine Lesart wird nicht erreicht. Sie würde keine Lesart dessen anbieten, ›wo‹ das Glück/lichsein dieser Vorstellung von Freiheit uns hinführt.

---

138 Solche Kontraste scheinen in Widerspruch mit meinem Argument zu stehen, dass Glück/lichsein zu einer Pflicht für Migrant*innen geworden ist, weil ich Glück/lichsein und Freiheit in Widerspruch zur Pflicht zu verorten scheine. Ich würde argumentieren, dass es beim Glück/lichsein nicht so sehr um Pflicht geht, sondern um Freiheit. Die Glück/lichsein-Pflicht ist eine Pflicht, die sich selbst hinter den Zeichen der Freiheit verbirgt.

139 Wir werden ermuntert, den Film auf diese Weise zu interpretieren. Nicht nur spielt der Film mit der Metapher des »Verdrehens der Regeln der Weiblichkeit«; er suggeriert auch eine Beziehung der Äquivalenz zwischen Jess' und Jules' Geschichten. Beide werden als Mädchen repräsentiert, die Fußball lieben; beide haben Konflikte mit ihren Müttern, die sich darum sorgen, dass sie ihre Weiblichkeit verlieren könnten; beide verlieben sich in ihren Trainer; beide gehen nach Amerika. Diese spiegelnden Funktionen als eine Möglichkeit, um ihre Freundschaft innerhalb der Diegese des Films ›real‹ zu machen. Doch ich denke, diese Spiegelungen zeigen auch, dass die Geschichte in gewisser Weise dieselbe Geschichte ist: dass das *wirklich* die Geschichte von Mädchen ist, die die Regeln brechen. Aber damit wir die Äquivalenz ihrer Geschichten akzeptieren, müssten wir einige Schlüsselunterschiede übersehen: Wie ich aufzeigen werde, bedeutet der Aufstieg für Jess, ihre Kultur hinter sich zu lassen. In gewisser Weise verschwindet dieses Opfer, indem die Geschichte als weiblicher Ungehorsam verschriftlicht wird. Siehe auch Fußnote 23 für eine Interpretation des Gebrauchs der Äquivalenz zwischen Jess und Joe.

Kulturelle Unterschiede werden mit unterschiedlichen Gefühlsregungen in Verbindung gebracht: Wir haben einen Kontrast zwischen dem offenen Raum des Fußballfeldes, in dem Bewegung, Geräusche und Gelächter herrschen und dem häuslichen Raum von Jess' Zuhause, das voller Beschränkungen, Erwartungen und Konflikte ist. Anders ausgedrückt, diesen zwei Welten wird nicht dieselbe gefühlsbedingte Wertigkeit zugesprochen. Das Glück/lichsein, das durch den Fußball versprochen wird, ist natürlich überdeterminiert. Die Sehnsucht, so zu sein wie Beckham, hat eine erzählerische Funktion im Film. In den humorvollen Anfangsaufnahmen des Films, die als Jess' Fantasie dargestellt werden (sie starrt ein Poster von Beckham an, bevor sich die Szene entfaltet), nimmt Jess auf dem Spielfeld eine Position neben Beckham ein und ist diejenige, die das Tor schießt. Fußball steht nicht nur für das Nationalspiel, sondern auch für neue Identifikationsmöglichkeiten, durch die du die Hoffnung der Nation verkörpern kannst, indem du einen freien Platz an der Seite ihres Nationalhelden einnimmst. Im Umkehrschluss verspricht die Welt des Fußballs Freiheit und erlaubt es dir, nicht nur glücklich zu sein, sondern auch, ein glückliches Objekt zu werden, indem du anderen Glück/lichsein bringst, die dir applaudieren, wenn du Tore machst. Die Aufnahme von Jess in das Nationalspiel kann als Jess' Fantasie eingerahmt werden, aber funktioniert auch wie eine nationale Fantasie über Fußball, der als ›Spielfeld‹, auf dem ›jede*r‹ Beifall erhält, der*die Tore schießt, von Diversity zeugt.

In ihrer anderen Welt macht Jess frustrierende, schmerzhafte und traurige Erfahrungen. Die Aufnahmen zeigen alle häusliche Innenräume: dunkle, beengte Räume, in denen Jess dies oder das tun muss. Tatsächlich ist sie in ihrem indischen Zuhause das Objekt der elterlichen Schande. Ihre Mutter, Mrs. Bhamra (Shaheen Khan), sagt zu ihr: »Ich möchte der Familie keine Schande bringen. Jetzt ist Schluss. Kein Fußball mehr.« Für Jess heißt das, sie muss heimlich Fußball spielen: Das, was sie glücklich macht, wird zum Zeichen der Schande, während ihre Schande zum Hindernis für Glück/lichsein wird. In diesem geheimnisvollen Leben geht sie neue Bindungen und intime Beziehungen: erst mit Jules (Keira Knightley), die sie in die Mädchenmannschaft bringt, und dann mit Joe (Jonathan Rhys Meyers), ihrem Fußballtrainer, in den sie sich verliebt. Diese andere Welt, die Welt der Freiheit, die durch den Fußball versprochen wird, bringt sie in eine intime Beziehung mit einem *weißen* Mädchen und einem *weißen* Mann. Freiheit nimmt ihre Gestalt als Nähe zum *Weiß*sein an.

Jess ist in einem Dilemma: Wie kann sie zur gleichen Zeit in beiden Welten sein? Als sich das Fußballfinale mit der Hochzeit ihrer Schwester Pinky

(Archie Panjabi) überschneidet, wird der Höhepunkt des Films erreicht. Jess muss zur Hochzeit gehen, was bedeutet, dass sie nicht zum Spiel gehen kann. Unglück/lichsein wird dadurch aufgedeckt, dass Jess auf der Hochzeit »fehl am Platz ist«. Sie ist unglücklich, weil sie nicht dort sein kann, wo sie sein möchte. Jess' Freundin Tony (Ameet Chana) mischt sich ein und schlägt vor, dass sie die Hochzeit verlässt und das Spiel spielt. Jess entgegnet: »Ich kann nicht. Schau nur, wie glücklich sie sind, Tony. Ich möchte ihnen nicht den Tag verderben.« In diesem Augenblick akzeptiert Jess ihr eigenes Unglück/lichsein, indem sie sich mit dem Glück/lichsein ihrer Eltern identifiziert: Sie stellt ihre eigene Sehnsucht nach Glück/lichsein beiseite. Doch ihr Vater, Mr. Bhamra (Anupman Kher), bekommt es mit und sagt: »Pinky ist so glücklich und du siehst aus, als seist du zur Beerdigung deines Vaters gekommen. Wenn das die einzige Möglichkeit ist, damit ich dich am Hochzeitstag deiner Schwester lächeln sehe, dann geh. Und wenn du zurückkommst, möchte ich dich glücklich sehen.« Der Vater ist nicht glücklich, wenn sie unglücklich ist, auch wenn sie möchte, dass er glücklich ist. Er lässt sie gehen, weil er sie glücklich sehen möchte. Ihr Unglück/lichsein lässt ihn nicht kalt. Später sagt er zu seiner Frau: »Vielleicht konntest du dir ihr trauriges Gesicht angucken, ich nicht.«

Einerseits ist diese Sehnsucht nach dem Glück/lichsein der Tochter eine Art der Gleichgültigkeit demgegenüber »wohin« sie geht. Aus der Perspektive des Films ist die Sehnsucht nach Glück/lichsein keineswegs Gleichgültigkeit: In Wirklichkeit funktioniert der Film teilweise, indem die offensichtliche Gleichgültigkeit gegenüber dem Geschenk der Freiheit »gelenkt« wird. Im Grunde genommen ist das der Augenblick, in dem der Vater von einer Sehnsucht, die nicht auf direktem Wege zum Happy End des Films führt (dass er nicht will, dass Jess spielt) zu einer Sehnsucht wechselt, die direkt dorthin führt (er lässt sie gehen). Wichtig ist, das Happy End dreht sich um den Zufall von glücklichen Objekten. Die Töchter sind glücklich (sie leben das Leben, das sie führen wollen), die Eltern sind glücklich (weil ihre Töchter glücklich sind), und wir sind glücklich (weil sie glücklich sind). Ein gutes Gefühl geht mit diesen ›Punkten‹ der Übereinstimmung einher. Wir könnten sagen, dass positive Empfindungen den Film durchziehen und so die Spaltung zwischen den Generationen und den Kulturen lösen: Sobald Jess erlaubt wird, an dem Fußballspiel teilzunehmen, kommen die zwei Welten in einem gemeinsamen Augenblick der Freude zusammen. Während die glücklichen Objekte sich aus Sicht der Töchter unterscheiden (Fußball, Hochzeit), ermöglichen sie es uns, zum selben Punkt zu gelangen.

In diesem Film geht es auf politischer Ebene offensichtlich darum, dass die Töchter die Freiheit haben sollten, Glück/lichsein auf ihrem eigenen jeweiligen Weg zu finden. Wie es der Vater ausdrückt: »Zwei Töchter, die am selben Tag glücklich gemacht wurden, was kann ein Vater sich mehr wünschen?« Und doch spricht der Film den Objekten, auf die die Töchter ihre positiven Gefühle richten, nicht dieselbe Wertigkeit zu. Jess' Glück/lichsein wird mit dem ihrer Schwester Pinky verglichen, die im Film verspottet wird, nicht nur, weil sie weniger möchte, sondern, weil sie weniger ist, was die Richtung ihrer Wünsche angeht. Pinky fragt Jess, warum sie »das« nicht will. Jess sagt nicht, dass sie etwas anderes will; sie sagt, dass sie »mehr« will. Das Wort ›mehr‹ klingt nach und rahmt das Ende des Films ein, das Bilder von der Zukunft einblendet, wie sie aussehen könnte (Pinkys Schwangerschaft, Fotos von Jess mit ihrer Sportmannschaft, ihre Liebe zu Joe und ihre Freundschaft zu Jules). Während dieser Sequenzaufnahmen macht sich Jess fertig für das Fußballfinale, die Kamera schwenkt nach oben, um ein Flugzeug zu sehen. Überall in dem Film kommen Flugzeuge vor, weil es oft in diasporischen Filmen der Fall ist. Ich würde behaupten, dass sie als Flugtechnologie eine Rolle spielen und dafür stehen, was hinaufsteigt und wegfliegt. Glück/lichsein wird durch das versprochen, was »hinaufsteigt und wegfliegt«.

Das ›hinauf und weg‹ signalisiert keine Linie der Verbindung mit der Welt, die sie hinter sich gelassen haben, sondern eine Möglichkeit, um eine Welt hinter sich zu lassen. In einer früheren Szene wird das Lied »Movin on Up« gespielt, während Jess und Jules auf uns zulaufen. Sie überholen zwei indische Frauen, die traditionelle *shalva kamises* tragen, und lassen sie hinter sich zurück. Ich behaupte, dass das räumliche Versprechen des »hinauf und weg« als Weitermachen erzählt wird, als das Zurücklassen der indischen Kultur, auch wenn Jess als Charakter eine unerschütterliche Loyalität ihrer Familie und Kultur gegenüber zum Ausdruck bringt. Deine Bräuche sind das, was dazu führen würde, dass du ›zurückbleibst‹. Die Sehnsucht, Fußball zu spielen, am Nationalspiel teilzunehmen, wird als Aufsteigen interpretiert, weil du deine Herkunftskultur hinter dir lässt. Durch die Gegenüberstellung der glücklichen Objekte der Töchter, deutet der Film an, dass *diese Sehnsucht eine bessere Rückkehr verschafft*.

Die Freiheit, um glücklich zu sein, ist folglich ein Befehl: Er beinhaltet einen Identifikationsakt, »der Umwandlung, die sich im Subjekt vollzieht«, wenn es eine Vorstellung annimmt (Lacan 2006: 1f.). Die Freiheit, um glücklich zu sein, wird nicht nur unter der Bedingung der Freiheit *von* der Familie oder der Tradition angenommen, sondern auch als Freiheit *zur* Identifikation mit der Nation als Inbegriff des Glücksversprechens. Wenn du dich mit der Nation identifizierst, wirst du zu einem Individuum: Du nimmst den Körper eines Individuums an, einen Körper, der hinausziehen und aufsteigen kann. So wird Glück/lichsein zu einer Vorwärtsbewegung: Glück/lichsein wird, fast wie ein Propeller, als etwas vorgestellt, dass Subjekten erlaubt, die Zukunft anzuvisieren, die Vergangenheit hinter sich zu lassen, in der das Vergangene mit Brauchtum und Gebräuchlichkeit assoziiert wird. Mit anderen Worten, wenn du ein Individuum wirst, nimmst du einen Freiheitssinn an: Du nimmst Fähigkeiten, Energien und Projekte an. Andersherum werden diese Fähigkeiten, Energien und Projekte zu einem Zeichen für das Gute deiner Freiheit. Ein Individuum zu werden, heißt, eine Vorstellung anzunehmen: Sich frei zu machen, um glücklich zu sein, lenkt den Körper in eine gewisse Richtung.

Sieht man die ›gelenkte‹ Natur der Erzählungen über Freiheit, muss man beachten, wie der Film sich auf einen weiter gefassten Diskurs des öffentlichen Guts bezieht. Er positioniert die ›Druckpunkte‹ in der Migrantenfamilie, die Jess unter Druck setzt, ein Leben zu leben, dass sie nicht leben will. Und doch ist es so, dass Migrant*innen immer mehr unter Druck stehen, sich zu integrieren, weil Integration der Schlüsselbegriff für die Förderung des multikulturellen Glück/lichseins ist. Obwohl Integration nicht als ›Verlassen der eigenen Kultur‹ definiert wird (zumindest nicht offiziell), ist sie ungleichmäßig verteilt, als eine Aufforderung, dass neue oder angehende Einwohner*innen eine gemeinsame Kultur, die bereits vorgegeben ist, ›übernehmen‹. Die Tochter von Migrant*innen, die sich mit dem Nationalspiel identifiziert, ist demnach bereits ein Ideal. Die Tochter, die von den Familienkonventionen abweicht, wird zu einem Symbol für das Glück der Integration. Die unkonventionelle Tochter von Migrant*innen liefert vielleicht sogar eine konventionelle Form der sozialen Hoffnung.

Melancholie und Umwandlung

Das Glück/lichsein des Films liegt teilweise darin, dass er die Vorstellung hervorruft, dass Multikulturalismus sein gesellschaftliches Versprechen Migrant*innen gegenüber, unter der Bedingung anbietet, dass sie sein Spiel annehmen. Wenn Glück/lichsein bedingt versprochen wird, ist Unglück/lichsein demnach die Folge, wenn man diese Bedingung nicht erfüllt. Obgleich *Kick it like Beckham* ein glückliches Bild des britischen Multikulturalismus präsentiert, ruft er die Folgen des Unglück/lichseins hervor. Der Hintergrund des Films – wir könnten sagen, das, was hinter dem Film steckt – ist das

Risiko oder die Gefahr der Melancholie. Ich gebrauche hier ganz bewusst das Wort *Melancholie*: Das Risiko, das vom Film heraufbeschworen wird, besteht nicht einfach darin, sich schlecht zu fühlen, oder in einem schlechten Gefühl, sondern darin, in negativen Gefühlen festzustecken oder negative Gefühle als eine Art des Feststeckens. Wenn der Film vom Glück/lichsein eingewanderter Subjekte handelt, müssen solche Subjekte erst ihr Leiden beenden; sie müssen sich befreien. Die Freiheit, um glücklich zu sein, beinhaltet zumindest für einige die moralische und emotionale Arbeit des Befreiens. Das bedeutet nicht, dass negative Gefühle die Hintergrundgefühle des Films sind: Es gibt wenig, was sich der glücklichen Affektivität aufdrängt; der fröhliche Soundtrack führt dazu, dass sich die Zuschauer*innen gut fühlen. Das Risiko der Melancholie wird durch das präsent, was über die vergangenen Erfahrungen des Vaters mit Rassismus gesagt wird, Erfahrungen, die sich vor der Zeit des Films zugetragen haben.

Bevor wir auf diese Umwandlung zwischen Melancholie und Glück/lichsein eingehen können, muss ich noch erklären, was ich überhaupt mit Melancholie meine. Der klassische Bezugspunkt ist Freuds Aufsatz »Trauer und Melancholie« ([1917] 1949). In diesem Aufsatz beschreibt Freud Trauer als einen relativen gesunden Prozess des Kummers über ein verlorenes Objekt: Das Ziel dieses Kummers ist es, von dem Objekt loszukommen beziehungsweise das Objekt gehen zu lassen. Das Objekt ›geht weiter‹ und ist frei, um neue Verknüpfungen herzustellen, was wiederum eine Art Rückkehr ins Leben oder am Leben zu bleiben bedeutet: »Wie die Trauer das Ich dazu bewegt, auf das Objekt zu verzichten, indem es das Objekt für tot erklärt und dem Ich die Prämie des am Leben Bleibens bietet, so lockert auch jeder einzelne Ambivalenzkampf die Fixierung der Libido an das Objekt, indem er dieses entwertet, herabsetzt, gleichsam auch erschlägt.« (445)

Die Unterscheidung zwischen Trauer und Melancholie kann einfach in ethische Imperative übersetzt werden: ›gehen zu lassen‹ wird zu einer gesunden Beziehung zum Verlust und ›festzuhalten‹ zu einer Art der Pathologie. In seinem späteren Werk hinterfragt Freud jegliche strikte Unterscheidung zwischen Melancholie und Trauer und versteht das Einschließen von Verlust als Teil des gewöhnlichen Prozesses der Erschaffung des Egos ([1923] 1967: 237-242; siehe auch Butler [1997] 2001). Doch die Unterscheidung zwischen guten schlechten Wegen, mit dem Verlust von Objekten umzugehen, bleibt auf der Ebene der kulturellen Diagnose bestehen. Die melancholische Person erscheint womöglich *als eine Figur*, insofern wir sie als diejenige anerkennen, die an einem Objekt ›festhält‹, das verloren wurde, diejenige Person, die etwas nicht gehen lässt oder über einen Verlust nicht hinwegkommt, indem sie über das Objekt hinwegkommt.

Die wichtige Frage für mich ist der Status des Objektes an sich, des ›es‹, über das wir hinwegkommen oder nicht. In Freuds Aufsatz ist eine Sache ganz klar, egal wofür Kummer gut sein soll: dass wir von einem Verlust in der Geschichte sprechen, einem Verlust, der real ist oder in der Geschichte gegeben oder ihr zugefügt wurde, auch wenn das, was verloren ist, unsicher oder abstrakt sein kann. Nehmen wir einfach mal den Fall des Todes einer geliebten Person. Jemand ist gestorben. Damit der Tod zu einem Ereignis werden kann, müssen wir diese*n Tote*n gekannt, geliebt haben.[140] Trauer würde zumindest zwei Tode beinhalten: Wenn jemand gestorben ist, muss diese Person für tot erklärt werden, damit der Tod Wirklichkeit wird. Wir erleben nicht unbedingt mehr als einen Tod. Die Zeit ist nicht bindend in schweren Zeiten. Der zweite Tod wäre dann der erste Tod für den*die Trauernde*n. Das Objekt muss als tot für den Tod begriffen werden, um Wirklichkeit zu werden. Wie David L. Eng und Shinhee Han argumentieren, ist die Erkenntnis des Todes das, was das Objekt endgültig tötet; wir könnten also sagen, dass die Erkenntnis des Todes das Objekt für das Subjekt tötet, also wie ein erneutes Töten ist (2003: 365).

Wenn der zweite Tod der erste Tod ist, wenn der Tod von jemandem abverlangt, den Tod zu erklären, kann die Erklärung falsch sein? Es ist möglich aufgrund eines Missverständnisses, dass jemand tot sei, zu trauern. Solch eine Möglichkeit kann als eine Art der Hoffnung ausgeführt werden. Das heißt, der*die Trauernde hofft insgeheim auf Bestätigung, dass der Tod ein Missverständnis ist, eine Art der Hoffnung, die die Erkenntnis des Todes hinausschiebt. Doch um diese unbehagliche psychische Dynamik geht es mir nicht. Mir geht es darum, was es bedeutet, Verlust anzuerkennen, wenn er nicht die Form des Verlustes von jemandem annimmt. Wie ich bereits erwähnt habe, ist Trauer für Freud »die Reaktion auf den Verlust einer geliebten Person oder einer *an ihre Stelle gerückten* Abstraktion wie Vaterland, Freiheit, ein Ideal usw.« ([1917] 1949: 428f.; Hervorhebung von S. Ahmed). Wenn der Verlust einer

140 Das bedeutet nicht, dass der Tod eines*einer Fremden nicht zu einem Ereignis werden kann, in dem Sinne, dass es Bedeutung erhält. Tatsächlich können die Medien den Tod eines*einer Fremdem zu einem Ereingnis für dich machen. Die Mediation des Todes hängt aber vielleicht noch immer von Diskursen der Liebe ab. Also wird der Tod von einigen Fremden bedeutsamer als die Tode anderer, insofern, als dass einige präsent gemacht werden wie andere, die du hättest lieben können, zu denen du eine Verbindung *hättest haben können*, weil ihr eine Art der Verwandtschaft, Gleichheit oder Nähe geteilt hättet. Für eine Reflektion zur Verwandtschaft des fremden Todes, siehe Eng 2002 und Butler 2004. Siehe auch eine kurze Diskussion zum Tod und zu Identifikation in Ahmed 2004: 156-61.

Abstraktion eine Verschiebung ist, könnte der Verlust der geliebten Person der wahre Verlust in diesem Modell bleiben. Oder wir könnten annehmen, dass der Verlust der geliebten Person der wahre Verlust ist, insofern als dass die Person das vorrangige Objekt der Liebe ist (die Liebe eines Ideals wird bereits als Verschiebung einer Liebe für eine Person angenommen, zum Beispiel, wenn Subjekte ihre Liebe dem Vaterland schenken, dann nimmt das Vaterland den Platz des Vaters ein). Ich möchte nicht davon ausgehen, dass die Liebe oder der Verlust einer Vorstellung oder eines Ideals einfach die Verschiebung einer ursprünglichen Liebe oder eines Verlustes darstellt. Ich würde behaupten, dass der Verlust einer Abstraktion *seine Sicherheit als Verlust borgt*, indem er als eine Verschiebung des Verlustes einer geliebten Person angenommen wird.

Wenn wir die Liebe zu einer abstrakten Idee in Betracht ziehen, ist klar, dass es möglich ist, das Verlorene zu betrauern, ohne mit Sicherheit zu wissen, ob wir das Betrauerte verloren haben. Freud selbst sagt: »Die Realitatsprüfung hat gezeigt, daß das geliebte Objekt nicht mehr besteht, und erläßt nun die Aufforderung, alle Libido aus ihren Verknüpfungen mit diesem Objekt abzuziehen.« (430) Wenn man in die Vorstellung investiert, dass »Realitätsprüfung« eigentlich »Prüfung der Realität« meint, folgt man natürlich nicht der Lektion der Psychoanalyse, die uns dazu auffordert, der Realität als psychisch unstabil Gehör zu verschaffen, als etwas, das nicht einfach von der Richtung eines Wunsches getrennt werden kann. Die Trennung von Bindungen zu einem Objekt könnte an sich ein Wunsch sein, ein Wunsch, dass das Objekt gegangen ist, dass wir seinen Tod erklären können. Letztendlich ist die Sehnsucht nach dem Tod des*der geliebten Anderen die klassische Szene der Ambivalenz, die von Freud beschrieben wird, als Kern dessen, was die soziale Bindung in erster Linie in Form einer irreparablen Schuld aufgrund des Wunsches nach einem solchen Tod, bindet. Die Melancholie ist demnach Gegenstand, nicht nur des Verlustes, sondern auch der Sehnsucht, wobei die Sehnsucht für den Verlust das sein kann, was ersehnt wird.

Wir können damit anfangen, die Bedeutung solcher Gedanken wahrzunehmen, wenn wir daran denken, dass das Melancholische für Freud niemals sicher ist, sondern das, was verloren wurde, selbst wenn der Verlust an sich affektiv betrachtet, auf und durch den Körper wahrgenommen wird. Was verloren geht, wird dem Bewusstsein entzogen.. Das bedeutet nicht, dass das Gefühl des Verlustes unbewusst ist, sondern dass wir uns dann nicht bewusst sind, was verloren ist, selbst wenn wir das Gefühl haben, dass wir es verloren haben. Das Objekt des Verlustes fehlt den melancholischen Menschen; sie wissen nicht, was ihnen fehlt.

Doch wenn wir andere als melancholisch beurteilen, wissen wir dann, was ihnen fehlt? Oder wird Melancholie zu einem Urteil gegen andere, aufgrund der Vorstellung, dass sie etwas vermissen, wenn sie von ihrem Verlust sprechen? Anstatt anzunehmen, dass andere melancholisch sind, weil sie es nicht geschafft haben, ein Objekt gehen zu lassen, das verloren wurde, möchte ich mich darauf besinnen, Melancholie als eine Möglichkeit des Lesens oder Diagnostizierens von anderen zu betrachten, dass sie ›etwas verloren‹ haben und es nicht geschafft haben, das gehen zu lassen, was verloren wurde. Andere als melancholisch zu lesen, würde bedeuten, ihre Bindungen als Todeswünsche, als Bindungen an Dinge zu lesen, die bereits tot sind. Um zu diagnostizieren würde Melancholie zu einer Möglichkeit der Bekundung dessen werden, dass ihre Liebesobjekte tot sind. Andere würden als melancholisch gelten, weil sie es nicht geschafft haben, ihre Objekte aufzugeben, die wir *in ihrem Interesse* für tot erklärt haben. Die Diagnose der Melancholie würde dementsprechend eine ethische Aufforderung oder moralische Verpflichtung mit einschließen: der*die Andere muss loslassen, indem er*sie die Objekte, die wir für tot erklärt haben, ebenfalls für tot erklärt, auf dieselbe Weise wie wir es tun.

Hier können wir aus den gefühlsbedingten Formen gemeinsamer Trauer lernen. Zugehörigkeit zu einer gefühlsbedingten Gemeinschaft kann nicht nur erfordern, dass du eine Orientierung hin zu gewissen Objekten als gute Objekte teilst, was ich einfach glückliche Objekte genannt habe, sondern auch, dass du dieselben Objekte als verloren erkennst. Also, wenn eine gefühlsbedingte Gemeinschaft erzeugt wird, indem Objekte des Verlustes geteilt werden, was heißt, die Objekte auf richtige Weise gehen zu lassen, würden melancholische Menschen betroffene Fremde sein, in dem wie sie lieben: Ihre Liebe wird zu einem Versagen, über einen Verlust hinwegzukommen, der sie in die falsche Richtung laufen lässt. Die melancholischen Menschen sind folglich diejenigen, die umgelenkt oder umgedreht werden müssen.

Melancholie verleiht Gefühlen eine Richtung. Für Freud beinhaltet Melancholie Selbstverletzung – das verlorene Objekt wird vom Ego introjiziert, sodass die Aggressivität gegenüber dem verlorenen Objekt auf sich selbst übertragen wird: »Die Melancholie ist seelisch ausgezeichnet durch eine tief schmerzliche Verstimmung, eine Aufhebung des Interesses für die Außenwelt, durch den Verlust der Liebesfahigkeit, durch die Hemmung jeder Leistung und die Herabsetzung des Selbstgefühls, die sich in Selbstvorwürfen und Selbstbeschimpfungen äußert und bis zur wahnhaften Erwartung von Strafe steigert.« ([1917] 1949: 429) Melancholische Subjekte erwarten es, verletzt zu werden, und sind unfähig zu lieben, neue Bindungen einzugehen. Wie Freud es ausdrückt: »Der melancholische Komplex verhält sich wie eine offene Wunde, zieht von allen Seiten Besetzungsenergien an sich [...]« (439). Wenn die offene Wunde des*der Melancholischen Einsatz erfordert, erschöpft sie auch diese Energie. Wund zu bleiben heißt, von Energie erschöpft zu sein. Wir könnten auch vorschlagen, dass die melancholische Figur ›uns‹ eine Wunde bereit hält; indem sie uns einen wunden Punkt liefert, erlaubt sie uns vielleicht, das zu behalten, was zu diesem Zeitpunkt verletzt ist. Auf diese Weise *wird* der*die Migrant*in *zur Figur*: Wenn der*die Migrant*in ein wunder Punkt ist, dann kann Verletzung Migrant*innen als Eigenschaft zugeschrieben werden.[141]

Wir kommen nun zurück zu *Kick it like Beckham*. Obwohl sich dieser Film scheinbar um das Glücksversprechen dreht, denke ich, dass Verletzung und negative Gefühle eine wichtige Rolle in der erzählerischen Funktion des Films einnehmen. Mich interessiert, inwiefern negative Gefühle in positive umgewandelt werden. Welches sind die Wendepunkte in diesem Film? Wir können unser Augenmerk an dieser Stelle auf zwei Ansprachen von Jess' Vater legen. Die erste kommt am Anfang des Films vor und die zweite am Ende:

> »Als Teenager in Nairobi war ich der beste, schnellste Bowler in unserer Schule. Unser Team gewann sogar den East African Cup. Doch als ich in dieses Land kam, war ich ein Niemand. Und diese verdammten Engländer (gora) im Klubhaus machten sich über meinen Turban lustig und schickten mich weg... Sie wird genauso enttäuscht werden wie ich.
> Als mich diese verdammten Kricket-Spieler aus ihrem Klub warfen wie einen Hund, habe ich mich nicht beklagt. Andererseits schwor ich mir, dass ich nie wieder spielen würde. Wer hat darunter gelitten? Ich. Doch ich möchte nicht, dass Jess auch leidet. Ich möchte nicht, dass sie dieselben Fehler macht wie ihr Vater, ihr Leben so hinnimmt, Situationen hinnimmt. Ich möchte, dass sie kämpft. Und ich möchte, dass sie gewinnt.«

141 Indem ich die Erschaffung melancholischer Migrant*innen als Figur berücksichtige, werde ich nicht im Detail auf die Melancholie als eine gelebte Erfahrung eingehen, einen Körper zu bewohnen, der als anders betrachtet wird. Für eine ausgezeichnete Darstellung der rassistischen Melancholie, siehe Cheng 2001, eine scharfsinnige Analyse der »psychischen Verwicklungen der quälenden Negativität, die nicht nur mit der Kategorie des*der Rassifizierten verbunden war, sondern auch geholfen hat, sie zu erschaffen« (25). Siehe auch Eng und Hans Analyse der Komplexität der Immigration als eine Form des Kummers: »Die Erfahrung der Immigration an sich basiert auf einer Struktur der Trauer. Wenn jemand seine Heimat verlassen muss, egal, ob freiwillig oder unfreiwillig, dann muss er*sie eine Vielzahl an abstrakten und konkreten Verlusten betrauern. Dazu zählen das Heimatland, die Familie, die Sprache, die Identität, der Besitz, der Status in der Gemeinschaft« (2003: 352). Das Besondere an meinem Beitrag könnte meine Betonung der *Figur* melancholischer Migrant*innen sein, die es der Nation erlaubt, Schmerzhaftigkeit an einen gewissen Punkt zu platzieren und auch, sich darum zu sorgen, wie das sich bewusst sein von Rassismus *an sich* als melancholisch diagnostiziert wird.

In der ersten Ansprache sagt der Vater, sie *solle nicht spielen*, damit sie nicht so leiden werde wie er. In der zweiten Ansprache sagt er, sie *solle spielen*, damit sie nicht so leide wie er. Die implizierte Sehnsucht beider Ansprachen ist die Vermeidung des Leids der Tochter, was in Bezug auf die Sehnsucht ausgedrückt wird, dass sie sein eigenes Leid nicht wiederholen solle. Die zweite Ansprache deutet an, dass die Weigerung, ein Nationalspiel zu spielen, die ›Wahrheit‹ hinter dem Leid der Migrant*innen ist: Du leidest, weil du das Spiel nicht spielst, weil, es nicht zu spielen, als Selbstausschluss betrachtet wird. Damit Jess glücklich ist, lässt ihr Vater es zu, dass sie eingeschlossen wird, als eine Art des Loslassens. Im Umkehrschluss lässt nicht nur er sie gehen; er lässt auch sein eigenes Leid gehen, das Unglück/lichsein, dass durch Rassismus verursacht wurde, als den ›Punkt‹ seines Ausschlusses. Ich behaupte, dass der Vater in der ersten Ansprache als melancholisch repräsentiert wird: weil er sein Leid nicht loslassen will, weil er das Objekt seines eigenen Verlustes einschließt. Seine Weigerung, Jess gehen zu lassen, kann als Symptom der Melancholie betrachtet werden: als ein hartnäckiges Anhängsel seiner eigenen Verletztheit. So sagt er: »Wer hat darunter gelitten? Ich.«

Die Figur des*der melancholischen Migrant*in erscheint als diejenige, die nicht am Nationalspiel teilnehmen möchte. Leiden wird zu einer Möglichkeit, an ein verlorenes Objekt gebunden zu bleiben. Wir können sicherlich sehen, wie die Vorstellung des Vaters von sich selbst, oder von seinem idealen Selbst, durch die Erfahrung des Rassismus bedroht ist (»ich war der beste, schnellste Bowler in unserer Schule«). Rassismus wird zu einer Erklärung für das Scheitern, nach einem Ideal zu leben (» als ich in dieses Land kam, war ich ein Niemand«). Der*die melancholische Migrant*in erscheint als eine Figur in dieser Übersetzung der Erfahrung zur Erklärung. Rassismus als eine Erklärung des migrantischen Leids (sie »machten sich über meinen Turban lustig und schickten mich weg«) funktioniert, um eine Verbindung zur eigentlichen Szene des Leids zu erhalten. Negative Gefühle haben ihren Ursprung demnach in den Migrant*innen, die Rassismus immer wieder als Skript benutzen, um Leid zu erklären.

Denken wir über die Bedeutsamkeit des Turbans nach. Wir könnten sagen, dass der Turban die Verbindung zur Kultur, zur Religion, zum Heimatland aufrecht erhält. Der Turban ist das, was der*die Migrant*in aufgeben sollte, um das nationale Ideal zu verinnerlichen. Oder, wenn der*die Migrant*in den Turban behalten möchte (letztendlich kann die Nation einige Differenzen auch integrieren), sollte er ihn zumindest in ein glückliches Objekt verwandeln, das mit anderen Objekten koexistieren kann, wie der Flagge. Der*die melancholische Migrant*in kann diese Umwandlung nicht bewerkstelligen. Er*Sie hält nicht einfach am Unterschied fest, an dem, was ihn auf Distanz hält, sondern auch am Unglück/lichsein des Unterschieds als eine historische Route. Anders ausgedrückt, er*sie wird von der Erinnerung verletzt, wegen des Turbans gehänselt zu werden, und diese Erinnerung verbindet den Turban mit einer Geschichte des Rassismus. Das Objekt der Liebe wird in eine Erinnerung an Rassismus verwandelt, wodurch das Objekt bewahrt werden kann.[142]

Bewusstsein über Rassismus wird ein wenig gegen die eigene Intuition als eine Art der Melancholie lesbar. Dieser Punkt ist gegen die Intuition gerichtet, weil Melancholie normalerweise mit unbewussten Prozessen und mit Dingen, die dem Bewusstsein nicht zugänglich sind, assoziiert wird. Wenn Bewusstsein über Rassismus als melancholisch gilt, wird es zu einer Art falschem Bewusstsein, in dem Sinne, dass es als eine Möglichkeit in Betracht gezogen wird, sich nicht dessen bewusst zu werden, was man verloren hat, und als eine Möglichkeit, an dem festzuhalten, was gegangen ist. Ich würde sogar so weit gehen, zu behaupten, dass Rassismus lesbar wird als das, wor*an* der*die Migrant*in gebunden ist, eine Anbindung an eine Verletzung, die es Migrant*innen erlaubt, an ihre Weigerung, am Nationalspiel teilzunehmen, festzuhalten (»verdammten Kricket-Spieler in ihrem Klubhaus«). Folglich verursacht die Wiederholung der Erzählung der Verletzung erneut die Verletzung: Migrant*innen schließen sich selbst aus, wenn sie darauf bestehen, ihren Ausschluss *als* ein Zeichen des andauernden Rassismus zu verste-

142 Für eine hervorragende Betrachtung der Affektivität des Turbans, siehe Puar 2007. Wir können die Aufregung um den Turban mit der Burka verbinden. Nehmen wir Jack Straws Kommentare über die Burka aus dem Jahr 2006, als er Innenminister war: dass er sich durch die Burka unwohl gefühlt habe und dass das Scheitern der bedeckten Frau, ihr Gesicht zu zeigen, eine Ablehnung zur Kommunikation bedeute. Als er seine Äußerungen einer muslimischen Frau gegenüber verteidigen musste, sagte er: »Wenn wir uns auf der Straße begegnen würden, könnten Sie mir Hallo sagen. Ich würde das aber nicht können. Der offensichtliche Grund ist, dass ich ihr Gesicht nicht sehen kann. Zufällige Gespräche machen die Gesellschaft stärker.« Die muslimische Frau wird zur Fremden; sie hält uns von unserer Fähigkeit ab, Hallo zu sagen, als ein glücklicherweise schwacher Ankündiger der sozialen Solidarität. Wir könnten sagen, dass die Muslima als unfreundlich dargestellt wird, als jemand, der die Grundlagen der Freundschaft ablehnt. Unglückliche Differenz wird zu einem Blockadepunkt; der Punkt, an dem Dinge stoppen, an dem die Gemeinschaft es nicht schafft, ihr soziales Versprechen einzulösen. Nicht zu vergessen, wie das Unbehagen hier als ein Anspruch verwendet wird: dass der *weiße* Körper sich wohl fühlen soll und der andere den Schleier fallen lassen müssen. Solche Differenzen werden unglücklich; sie werden zum Ursprung des nationalen Unglück/lichseins, sodass die Entschleierung als Befreiung zum Glück/lichsein verstanden wird.

hen.[143] Die implizite Erzählung in der Lösung des väterlichen Traumas ist nicht, dass Migrant*innen ›Rassismus erfunden haben‹, um ihren Verlust zu erklären, sondern, dass sie seine Macht bewahren, das soziale Leben zu steuern, weil sie nicht drüber hinwegkommen. Die moralische Aufgabe ist folglich, »darüber hinwegzukommen«, als ob es weg wäre, wenn du drüber stehst.

Sprich, die Aufgabe ist, Rassismus hinter sich zu lassen. Jess *nimmt sich dieser Aufgabe an*. Die Erfahrung ihres Vaters des Ausschlusses aus dem Nationalspiel wird in Jess' eigener Begegnung mit Rassismus auf dem Fußballfeld wiederholt (sie wird eine ›Paki‹ genannt), was zur Ungerechtigkeit führt, dass sie weggeschickt wird. Jess' Wut und Verletzung bleiben nicht kleben. Sie lässt ihr Leid los. Wie lässt sie los? Als sie zu Joe sagt: »Du weißt nicht, wie es sich anfühlt«, entgegnet er: »Natürlich weiß ich, wie sich das anfühlt. Ich bin Ire.« Diese Identifikation mit dem Leid bringt Jess zurück zum Nationalspiel (als würde man sagen: »Wir alle leiden, nicht nur du.«).[144] Der Film

143 An dieser Stelle sollte ich anmerken, dass die Ansprache des Vaters (die sich an Joe richtet) seine Darstellung von ihrer Ablehnung, Jess spielen zu lassen, mit einem Kommentar über Rassismus im Sport *in der Gegenwart* ergänzt, indem er sich auf das Fehlen von asiatischen männlichen Fußballspielern bezieht. Es ist bezeichnend, dass seine Erinnerung an Rassismus zu einer Kritik des Rassismus als andauernde gelebte Realität für britische Asiat*innen wird, indem er nicht behauptet, dass die Erinnerung falsch sei, sondern dass das Bewusstsein über Rassismus zu einer Art der Sorge um die Verletzung wird, die die Möglichkeit aufgibt, überhaupt zu spielen.

144 Wenn ich Joes Sprechakt hinsichtlich der Identifikation und des *Weiß*seins lese, könnte es den Eindruck erwecken, dass ich die Bedeutung seines Irischseins mit seiner postkolonialen Geschichte, die davon handelt, dass Irischsein bedeutet, nicht richtig *weiß* zu sein auf richtige/*weiße* Weise. Selbstverständlich ist es maßgeblich, dass Empathie seitens eines Iren angeboten wird, als eine Art der geteilten Anerkennung dessen, was es heißt, Angriffsfläche einer Beleidigung zu sein. Es spielt eine Rolle, dass uns Joes gegenwärtiger Kommentar erlaubt, den Augenblick von Jess' Beleidigung zu übergehen. Was die Erzählung angeht, erschafft dieser Sprechakt eine Äquivalenzbeziehung zwischen Jess und Joe, was vielleicht eine Möglichkeit ist, in der sie versucht, Universalität gegenüber der Erfahrung der Verletzung wiederherzustellen. Im Umkehrschluss teilen sich beide, Jess und Joe, einen gemeinsamen Grund als Empfänger rassistischer Anschuldigungen. Doch die Analogien gehen weiter. Der Film legt auch besonderes Augenmerk auf ihre Narben, als Formen der Verletzung, die sie gemeinsam haben. Jess hat eine Narbe an ihrem Bein, die eine Quelle des Schams ist. Joe hat eine Narbe auf seinem Knie. In einer Szene sprechen sie über ihre Narben. Sie teilen sich ein gemeinsames Geständnis über vergangene Schmerzen und dies ist auch der Augenblick, in dem die Liebesgeschichte anfängt, Form anzunehmen. Jess offenbart Joe, wie ihre Verletzung verursacht wurde. Sie war Zuhause, während ihre Mutter am Flughafen in Heathrow arbeitete. Sie kochte sich Bohnen, rutschte aus und verbrannte sich. Man bemerke, dass die Verletzung mit dem Zuhausesein assoziiert wird und mit der Abwesenheit der Mutter. Der Flughafen ist ein unglückliches Objekt, das durch die Handlung des Films in ein glückliches Objekt verwandelt werden muss. Bei Joe ist es

deutet an, dass es von der individuellen Wahl und Fähigkeit abhängte, ob Rassismus eine*n verletzt: Wir können Rassismus hinter uns lassen als etwas, das passiert, eine Fähigkeit, die einer Fertigkeit zugeschrieben wird (wenn du gut genug bist, wirst du zurechtkommen oder dich gut schlagen), als auch als unmittelbares Geschenk der Empathie, in der die Verletzung durch Rassismus als Gemeinsamkeit neu gedacht wird.

Es ist wichtig, zu sehen, dass die Fixierung des*der melancholischen Migrant*in mit Verletzung nicht nur als Hindernis für sein*ihr eigenes Glück/lichsein gelesen wird, sondern auch für das Glück/lichsein der darauffolgenden Generation und sogar für das nationale Glück/lichsein. Diese Figur könnte sogar schnell in der nationalen Vorstellung zum*zur »angehenden Terrorist*in« werden (Ahmed 2004). Der Wut, der Schmerz und das Elend des*der Migrant*in (alle interpretiert als Formen schlechten Glaubens, insofern als, dass sie etwas nicht gehen lassen, von dem erwartet wird, dass es bereits gegangen ist) wird zu »unserem Schrecken«. Um solch beängstigende Endpunkte zu vermeiden, hat der*die Migrant*in die Pflicht, sich mit einem anderen glücklicheren Objekt zu verbinden, eins, das Glück bringen kann, wie das Nationalspiel. Der Film endet mit dem Glück dieser neuen Verknüpfung. Jess geht nach Amerika, um ihren Traum zu verwirklichen, eine professionelle Fußballspielerin zu werden, in einem Land, das das Streben nach Glück zu einem ursprünglichen Ziel macht.

Die Liebe zwischen Jess und Joe bietet einen anderen Anknüpfungspunkt. Heterosexualität wird an sich zu einer Form der glücklichen Rückkehr und verspricht die Überwindung der Verletzung. An dieser Stelle lohnt es sich zu erwähnen, dass die Regisseurin des Films, Gurinder Chadha, ursprünglich geplant hatte, dass Jess und Jules sich ineinander verlieben. Diese Entscheidung, die lesbische Handlung zu verwerfen, wurde natürlich getroffen, damit der Film sich besser vermarktet.[145] Hier wird die Wichtigkeit der ›Wirkung‹ als eine Art des Kapitals deutlich und inwiefern Glück/lichsein als moralische Wirtschaft funktionieren kann, eine Möglichkeit, um Dinge zu etwas Gutem zu machen, die *als* Güter zirkulieren.

---

so, dass seine Verletzung nicht nur vom Fußballspielen kommt, sondern auch von seiner schlechten Beziehung zu seinem Vater. Er spielte mit einer Verletzung, als sein Vater ihn dazu zwang, weiterzumachen-. Also haben die Narben Geschichten, jede auf ihre Weise mit einem Elternteil desselben Geschlechts verbunden, als verblüffende Umkehrungen des Anderen (die Abwesenheit der Mutter, die Gegenwart des Vaters). Der Akt der Identifikation, der geteilten Formen des Schmerzes, erlaubt es den Verletzungen zu heilen.

145 Für eine Diskussion über diese Entscheidung, siehe Warn 2003.

In *Kick it like Beckham* beinhaltet das heterosexuelle Skript die Nähe zum Queersein. Nicht nur spielt der Film mit der Möglichkeit einer weiblichen Rebellion als Lesbianismus (Mädchen mit kurzen Haaren, die Sport-BHs tragen werden als ›mögliche‹ Lesben dargestellt, nicht als ›wirkliche‹ Lesben); der Film nutzt auch einen männlichen queeren Charakter, Toni, auf den eine Reihe an Sehnsüchten projiziert wird. Gayatri Spivak deutet an, dass der Film »im Endeffekt die Zuschauer beruhigt, dass fußballliebende Mädchen wirklich ordentliche Heterosexuelle sind, indem wieder einmal die männliche schwule Figur als der ›echte‹ queere Charakter im Film benutzt wird« (2005: 129). Allerdings können wir die Behauptung aufstellen, dass die Erzählung vom Verbiegen der Regeln der Weiblichkeit mit einer begradigenden Methode einhergeht: Du kannst Dinge nur insofern verbiegen, als dass du wieder zur geraden Linie zurückkehrst, die zur Verfügung gestellt wird, als wäre sie unser Endpunkt. Also führen fußballspielende Mädchen zum männlichen Fußballtrainer. Erzählungen der Rebellion können Abweichungen von der heterosexuellen Linie zum Gegenstand haben, wenn sie uns wieder zurück an diesen Punkt bringen.

Heterosexualität verspricht auch, die Verletzung oder den Schaden durch Rassismus zu überwinden.

Die Akzeptanz der heterosexuellen Liebe zwischen ›Rassen‹ ist eine konventionelle Erzählung der Versöhnung, als ob Liebe vergangene Antagonismen überwinden und das erschaffen könnte, was ich hybride Verwandtschaftlichkeit nenne: *Weiße mit Dunkelhäutigen, Weiße mit Anderen.*[146] Sol-

146 Hybride Verwandtschaftlichkeit kann auch eine queere Verwandtschaftlichkeit sein – interrassische queere Liebe kann ihre eigene Versöhnungsfantasie anbieten. Ein sinnvoller Kontrast zu *Kick it like Beckham* ist er Film *Chicken Tikka Masala* (2005, Reg. Harmage Singh Kalirai), der von zwei Männern handelt, die sich ineinander verlieben: Jimi (Chris Bisson), ein britischer Asiate, und Jack (Peter Ash), der aus der Arbeiterklasse stammt. Jimi soll eigentlich Simran (Jinder Mahal) heiraten. In einer Komödie der Irrungen, denken seine Eltern, dass er unglücklich über die Hochzeit ist, weil er sich in einer Beziehung mit Vanessa (Sally Bankes), Jacks Tante, und dem Vater ihrer Tochter Hannah (Katy Clayton) befindet. Sie arrangieren dann für Jack und Vanessa eine Hochzeit, mit der Jimi und Jack einverstanden sind, weil es bedeutet, dass sie sich weiterhin ein Haus teilen können als queere Familie. Das Außergewöhnliche an diesem Film ist das Ausmaß seines Verlasses auf Glück/lichsein als ein Sprechakt. Ich zitiere aus dem Dialog. Auf der Verlobungsparty mit Simran, sagt seine Großmutter: »Jimi, warum machst du denn so ein bedrücktes Gesicht? Lächel doch mal, es ist deine Verlobung. Du ruinierst die Fotos mit dieser Laune.« Sein Vater sagt: »Das ist für dein Glück, mein Sohn.« Seine Großmutter sagt später: »Ich bin ja so stolz auf dich. Das war ein schöner Tag«, woraufhin Jimi antwortet: »Das ist großartig, Oma, zumindest ist eine*r von uns glücklich.« Als Jack von der Verlobung erfährt, sagt er: »Es geht hier nicht nur um dein Leben oder dein Glück. Ich meine, was ist mit dem

che Fantasien der Nähe basieren auf folgendem Glauben: Wenn wir uns nur näher sein könnten, wären wir eins.[147] Nähe wird zu einem Versprechen: das Glück/lichsein im Film ist das Versprechen »des*der Einen«, als könnten wir durch die Liebe zum *weißen* Mann als nationales Subjekt oder als ideales Subjekt der Nation am Versprechen beteiligt sein.

Die Schlussszene ist eine Kricket-Szene: die erste im Film. Wie wir wissen, ist Kricket ein unglückliches Objekt im Film, assoziiert mit dem Unglück des Rassismus. Jess' Vater schlägt. Joe wirft im Vordergrund. Er lächelt, während er uns näherkommt. Er dreht sich herum, wirft und der Vater trifft nicht. In einer ausgelassenen Szene ›feiert‹ Joe sich und imitiert mit seinen Gesten ein

---

Mädchen, das du heiratest? Hast du mal an ihr Glück gedacht? Denkst du wirklich, dass deine Eltern dich unglücklich sehen wollen?« Als Jack Jimi fragt, was der will, sagt dieser: »Ich möchte nur glücklich sein, aber unglücklicherweise bin ich nur glücklich, wenn ihr alle glücklich seid und das schließt auch meine Eltern ein.« Darauf lautet Jacks Antwort: »Sag ihnen, was dich glücklich macht.« Als Jack und Jimi zu seinen Eltern gehen, macht Jack frustriert einen queeren Witz Simran gegenüber: »Er verbiegt sich komplett, damit alle Menschen glücklich sind.« Als die Eltern denken, dass Vanessa Jimis Freundin ist, sagt Simrans Vater zu ihnen: »Du musst Jimi vergeben. Letztendlich ist er der einzige Sohn. Unsere Zukunft liegt in seinem Glück.« Als sie dafür sorgen, dass Jimi, Vanessa und Hannah zu ihrem Haus gehen (für die, wie sich herausstellt, zweite Verlobungsparty), sagt sein Vater: »Wir dachten, wir könnten die Bräute tauschen. Wenn es das ist, was euch glücklich macht, ist es auch das, was uns glücklich macht.« Nach der Party fragt Jimis Vater seine Frau: »Sag mir nur eins. Sieht Jimi für dich glücklich aus?« Sie antwortet: »Ob er glücklich aussieht? Natürlich sah er glücklich aus. Das ist das, was er möchte.« Am Hochzeitstag sagt Jimis Mutter zu Vanessa: »Alles, was wir wollen ist, dass du und Jimi glücklich seid.« Als Jimis Vater brüllt: »Stoppt die Hochzeit«, fragt er Jimi, wen er liebt und dieser nennt Jack. Als er Jimi fragt: »Wie ist das passiert?«, antwortet Jimi: »Ich wollte es dir immer recht machen. Dich glücklich machen. Dich stolz machen. Als du wolltest, dass ich Arzt werde, habe ich Medizin studiert. Doch wann und wie ich mich verliebte, das weiß ich nicht. Das einzige, was ich weiß, ist, dass ich Jack mehr als alles andere auf der Welt liebe. Doch für dich könnte ich das sogar opfern.« Sein Vater entgegnet das, was zum wahren Versöhnungsmoment des Films wird: »Mein Sohn, du bist mein Fleisch und Blut, ich will, dass du glücklich bist, nicht dass du dich opferst.« Glück/lichsein stellt letztendlich eine Verbindung zwischen Vater und Sohn her und gibt ihnen die Möglichkeit, Differenzen und Antagonismen zu überwinden, als eine Versöhnung des Wunsches, der auf dem elterlichen Wunsch beruht, das Glück/lichsein ihres Kindes über allen anderen Wünschen haben zu wollen. Der Film begradigt die queere Sehnsucht, indem er diese bezogen auf das Glück/lichsein darstellt. Wir sehen keine queere Intimität zwischen Jack und Jimi und sie sprechen eine Sprache, die mehr mit heterosexuellen Formen der Romantik gemeinsam zu haben scheint. Man wundert sich, ob Queersein in Glück/lichsein eingegliedert werden kann, nur indem es den Zeichen der Heterosexualität näherkommt. Siehe der erste Abschnitt des dritten Kapitels für eine Diskussion darüber, was es heißt, wenn Queere glücklich sein müssen, um Anerkennung als Queere zu erhalten.

147 Für eine längere Erklärung der Ethik der Proximität im Multikulturalismus, siehe Ahmed 2004: 133-41.

Flugzeug, wie bei der klassischen Fußballergeste. Wie ich bereits angedeutet habe, sind Flugzeuge glückliche Objekte im Film und werden mit dem Fliegen, mit dem Abheben und Fortgehen in Verbindung gebracht. Indem er ein Flugzeug imitiert, wird Joe zum Akteur, der negative Gefühle (unglücklicher Rassismus) in positive Gefühle (multikulturelles Glück/lichsein) wandelt. Es ist der *weiße* Mann, der es dem Vater ermöglicht, seine rassistische Verletzung gehen zu lassen und wieder Kricket zu spielen. Es ist der *weiße* Mann, der den melancholischen Migranten zurück in den nationalen Schoß holt. *Sein Körper ist unser Wendepunkt.*

Wir können *Kick it like Beckham* mit *East is East* (1999, Reg. Damien O'Donnell) vergleichen, der Melancholie nicht auf dieselbe Weise in Glück/lichsein umwandelt. Das Versäumnis des Films, eine gefühlsbedingte Umwandlung anzubieten (auch wenn er als Gute-Laune-Film vermarktet wurde), könnte mit der eigenen Sorge um die Figur des muslimischen Vaters erklärt werden, der sich vielleicht nicht so einfach mit einer glücklichen Vorstellung von Multikulturalismus unter einen Hut bringen lässt. Tatsächlich hilft uns der Kontrast zwischen den beiden Filmen dabei, unser Verständnis darüber zu erweitern, wie Melancholie in gewissen Verbindungen zu finden ist, die zu Todeswünschen werden, und der Beziehung zwischen solchen Verbindungen und dem Bewusstsein des Rassismus.

In *East is East* stellt sich die Sehnsucht des Vaters danach, dass seine Kinder gute Muslime sind, vor allem durch die Sehnsucht danach dar, Hochzeiten für sie zu arrangieren. Diese Sehnsucht wird brutaler und verzweifelter präsentiert als in *Kick it like Beckham.* Sie stellt sich als eine Art des Schadens für seine fünf Kinder heraus, die unterschiedliche Beziehungen zu ihm und zu Großbritannien haben: die Tochter, die ein Wildfang ist, der gute Muslim, der Homosexuelle (dem der Vater den Tod wünscht, nachdem er die Ehe abgelehnt hat), der Casanova und der Friedensstifter das einzige Kind, das möchte, dass alle glücklich sind.

Der Film ›fühlt sich nicht gut an‹, teilweise aufgrund der behutsamen Darstellung der Unmöglichkeit und Gewalt der Sehnsucht des Vaters. Selbst in Szenen, die eigentlich lustig sein sollen (der Vater versucht, seine Söhne mit zwei ›hässlichen Schwestern‹ zu verheiraten), sehen wir mit an, wie die Sehnsucht des Vaters, aus seinen Kindern gute Muslime zu machen, sowohl zu ihrem als auch zu seinem Leid beiträgt. Der Film steht für die traumatischen Folgen des notwendigen Scheiterns seines Identitätsprojektes: seine Kinder können nicht wollen, was dem Vater die Möglichkeit gäbe, so zu sein, wie er sein will. Am Ende des Films sagt der Vater zu seiner

Verteidigung: »Ich versuche euch einen guten Ort zu zeigen, an dem ihr leben könnt. Die Engländer werden euch nie akzeptieren. Im Islam sind alle gleich. Es gibt weder schwarze noch *weiße* Menschen. Nur Muslime.« Die Sehnsucht danach, dass sie zu Muslimen werden, ist mit seinem Bewusstsein des Rassismus verknüpft. Es ist eine komplizierte Verknüpfung. Eine Lesart der Rede des Vaters wäre, zu sagen, dass Rassismus selbst zu einem Verteidigungsmechanismus wird, einer Möglichkeit, um sich der glücklichen Diversity, die durch das Leben in Großbritannien versprochen wird, zu entziehen. Diese Andeutung, dass England Unterschiede nicht akzeptiert, wird zu einem Symptom der Gewalt seines Festhaltens am Islam als einem liebenswerten Objekt. Seine Investitionen in den Islam werden zu Sublimierungen der Aggressivität oder zu Möglichkeiten, Aggressivität auf die Gastnation zu projizieren.

Die Gewalt des Vaters überschreitet den Rahmen der Versöhnung: in einer traumatischen Szene gegen Ende des Films, schlägt er den Sohn, der sich wie er als guter Muslim versteht. Seine Gewalt wird zu einer an sich selbst-gerichteten Gewalt, eine Art der Selbstverletzung. Solch eine Verinnerlichung der Aggression ist sogleich eine Umlenkung der Aggressivität durch das muslimische Subjekt. Muslim zu sein heißt, die Ursache deiner eigenen Gewalt zu sein. Als er seinen Sohn schlägt, greift seine Frau ein und sagt zu ihm: »Ich werde nicht dabeistehen und zusehen wie du sie einen nach dem anderen schlägst, weil du ein ignorantes Schwein bist.« An dieser Stelle bricht seine Gewalt wieder aus und er greift sie körperlich an: »Du nennst mich Schwein? Du Schlampe!« Bedeutsam dabei ist, dass seine Gewalt eine Antwort auf eine Sprechhandlung ist, die sich beleidigend gegen Muslime richtete. Seine Gewalt wird aus der Kränkung heraus erklärt. In einem weiteren Kontext wird die Kränkung von Muslimen als etwas verstanden, das unsere Meinungsfreiheit als auch unser Glück/lichsein gefährdet.[148] Sich gekränkt zu fühlen, bedeutet, zu verletzen, weil man verletzt wird. Migrant*innen, die in ihrer eigenen Verletzung eingeholt und

148 In einem Interview zum Jonathan Dimbleby Programm 2006, argumentierte Trevor Phillips, dass die Meinungsfreiheit die Freiheit einschließe, beleidigend zu sein. Er richtete seine Kommentare ganz ausdrücklich an Muslime, teilweise, als Antwort auf die Kontroverse zu den dänischen Karikaturen. Die ›Angreifbarkeit‹ von Muslimen wird zu Beschränkung unserer Freiheit. Meinungsfreiheit wird, genau wie Freiheit, um glücklich zu sein, verpflichtend. Auch wird sie zu einer Eigenschaft, die nur einigen zugeschrieben wird, anderen aber nicht. Sie ›müssen‹ unsere Freiheit und unser Glück/lichsein akzeptieren oder gehen. Siehe: http://news.bbc.co.uk/2/hi/uk_news/4752804.stm für weitere Informationen zu dieser Diskussion (30.07.2018).

eingeschlossen sind, werden zum Ursprung von sozialer und sexueller Gewalt.[149]

Somit wird die Sehnsucht des Vaters, ein guter Muslim zu sein (indem er darauf besteht, dass seine Kinder gute Muslime werden), als melancholisch dargestellt; er schafft es nicht, zu erkennen, dass seine eigene Verbindung mit einem Objekt, das bereits verloren ist, ein Versagen darstellt, das zu ›schmetternder‹ Gewalt führt, durch die alle verletzt werden. Nicht nur schafft er es nicht, ein Objekt gehen zu lassen, das bereits verloren ist, sondern dieses Versagen steht auch der Freiheit seiner Kinder im Weg, glücklich zu sein. Der Vater wird als jemand präsentiert, der kein Interesse am Glück/lichsein seiner Kinder hat. Seine Frau sagt zu ihm: »Nein, du solltest dich schämen, George. Dir ist es völlig egal, ob deine Kinder glücklich sind. Du willst ihnen nur beweisen, was für ein toller Mann du bist. Weil du dich für mich und für unsere Kinder schämst, George.« Der melancholische Migrant schämt sich für seine Familie, weil sie nicht so ist, wie er sie sich wünscht. Als einer seiner Söhne ihn fragt: »Bist du glücklich, Papa? Ist es das, was du wolltest?«, entgegnet er: »Ich möchte dir nur helfen, mein Sohn. Ich möchte dich nicht verletzen.« Die Aussage »Ich möchte dich nicht verletzen« steht im Gegensatz zur Rede des Vaters in *Kick it like Beckham*, die lautet »Ich möchte nicht, dass du verletzt wirst.« In dem Fall wird die Verletzung offensichtlich als das formuliert, was der Vater den Kindern, durch seine Unfähigkeit, ihr Glück/lichsein auf Kosten seines eigenen Glück/lichseins zu ermöglichen, angetan hat. Selbst seine Sorge um deren Glück/lichsein wird zu einer Selbstsorge, einer Sorge um das, was er getan hat (»euch verletzen«) und nicht, was ihnen angetan wurde (»verletzt wirst«).

Glück/lichsein kann in diesem Film nur auf die Zukunft projiziert werden: Wir stellen uns vor, dass die Kinder frei sind, das zu tun, was auch immer sie glücklich macht, sobald der Wille des Vaters zunichte gemacht wurde. Eine Fantasie der Versöhnung ist im Film gegeben, selbst wenn sie nicht auf der Umwandlung des Vaters beruht. Die Frau und Mutter, die *weiße* Frau, verteidigt ihren Mann und ist ihm gegenüber loyal, trotz seiner Gewalt: »Das

149 Das ist ein komplizierter Punkt. Auf politischer Ebene bleibt es wichtig (und wird weiterhin wichtig bleiben), häusliche Gewalt wo auch immer und wann auch immer sie geschieht, darzustellen. Und doch müssen wir auch den Rassismus hinter dem enthüllen, wie Gewalt in migrantischen Familien und Gemeinschaften dargestellt wird. In vielen Fällen, wird Gewalt in migrantischen Kulturen als intrinsich gegenüber geschildert. Die Gewalt des muslimischen Vaters wird der Gewalt des Islam zugeschrieben. In Fällen der Gewalt innerhalb von Mehrheitskulturen, wird diese Gewalt normalerweise als individuell und außergewöhnlich dargestellt.

Arschloch, von dem du sprichst, ist mein Mann. Und was immer ihr auch von ihm denkt, er ist noch immer euer Vater. Also, wenn ich noch ein schmutziges Wort von einem von euch höre, dann Gnade euch Gott.« Sie kehrt zu ihm zurück, wodurch er zurückkommen kann. Das letzte Gespräch im Film spricht die einfühlsame und behagliche Sprache der Intimität: »Möchtest du eine Tasse Tee?«, fragt sie ihn und er antwortet: »Ich nehme eine halbe Tasse.« Dieser Austausch bringt uns zurück zur Intimität zwischen ›Rassen‹ als Grundlage der Versöhnung, eine Rückkehr, die sich um einen Vorboten des Englischseins dreht, das eng mit der politischen Ökonomie des Empires und der Verbreitung und des Konsums von Tee verbunden ist (Chatterjee 2001). Die ruhige Intimität der Familie verschafft einen Horizont, in dem Vorlieben zu einer gemeinsamen Form zusammenkommen. In diesem Beispiel ist es die *weiße* Frau, die den melancholischen Migranten in den nationalen Schoß zurückführt. Ihre Fähigkeit zur Vergebung wird als Sorge um sein Glück/lichsein dargestellt (selbst angesichts seiner Gleichgültigkeit gegenüber dem Glück/lichsein). Indem sie sich um sein Glück/lichsein und das der Familie sorgt, können sie sich einen Horizont teilen. Ihr Körper ist unser *Wendepunkt*.

In beiden Filmen taucht Rassismus am offensichtlichsten *in* der Erinnerung des Vaters an einen ungelösten Schmerz auf und *als* das, was vom Vater als Hindernis zur Teilnahme von Migrant*innen am nationalen Glück/lichsein betrachtet wird. Der melancholische Migrant stellt demnach eine eher gespenstische Figur dar, die in der Gegenwartskultur als eine Art unnötige und schmerzhaft Erinnerung an Rassismus herumspukt. Wir können die Gespensterhaftigkeit dieser Figur verstehen, wenn wir darüber nachdenken, wie Geschichten des Empires hinsichtlich des Glück/lichseins erzählt wurden. Der Migrant, der andere, schmerzhaftere Aspekte solcher Geschichten in Erinnerung hat, steht in der Gefahr, zu viel zu enthüllen. Die Aufgabe der Politik ist eine Art der Umwandlung: Wenn Rassismus *nur* in der Erinnerung und im Bewusstsein von Migrant*innen aufrechterhalten wird, würde Rassismus ›verschwinden‹, wenn sie ihn einfach gehen lassen würden, wenn auch sie ihn als vergangen sehen würden. Wendet man sich von solchen Geschichten ab, wendet man sich Glück/lichsein und anderen zu, die sich um unser Glück/lichsein sorgen, die es erlauben, ihr Glück/lichsein zu teilen. Aus diesem Grund kann das leise Gemurmel der Familienintimität eine Fantasie der Versöhnung anbieten, eine Fantasie, wie wir Rassismus vergessen können und wie wir solche Geschichten des Leids hinter uns lassen können.

Meine Lesarten dieses Films enthüllen eine nationale Sehnsucht für die zweite Generation, Sehnsüchte zu haben, die Familienkonventionen ablehnen – eine Sehnsucht, die die Form von Freiheit annimmt, auf eigene Weise glücklich zu sein. In Filmen wie *Kick it like Beckham* und *East is East* wird der Einsatz von guten und schlechten Migrant*innen auf der Ebene der Generationen verteilt: Die Kinder der zweiten Generation sind diejenigen, die ihr eigenes Glück/lichsein ersehnen. Die Nation muss einschreiten, um die zweite Generation vor der ersten zu beschützen, denjenigen, die es nicht geschafft haben, ihre früheren Bindungen loszulassen, weil sie nur deshalb leiden und dieses Leid weitervererben, das schnell in Terror und Wut verkehrt werden kann.[150] Die Nation wird zur guten Familie, die den Kindern die Freiheit schenkt, auf eigene Weise glücklich zu werden. Dennoch, meine Deutung dieser Filme im Hinblick auf die nationale Sehnsucht schließt nicht die Sehnsüchte der zweiten Generation mit ein. Die Tatsache, dass ich selbst eine Tochter der zweiten Generation einer gemischten Familie mit einem pakistanischen, muslimischen Vater und einer englischen, christlichen Mutter bin, mag der Tatsache widersprechen, dass ich die unkonventionelle Tochter mit Migrationshintergrund bloß als gutes Objekt für die Nation

150 Bei muslimischen Familien ist die Investition ins Glück/lichsein der zweitem Generation gesteigert, aufgrund der ›anhaftenden‹ Assoziation des Islams mit Terror (Ahmed 2004). Tatsächlich wurde die Möglichkeit des selbstgemachten Terrorismus sogar als das Scheitern beschrieben, die zweite Generation vor der Weitergabe der Melancholie bewahrt zu haben, sodass sie zu einfachen Zielobjekten für einen fanatisierten Islam werden konnten, der die Empfindungen der zweiten Generation stiehlt und sie in Hass wandelt oder sie vom Glück/lichsein zum Hass verkehrt. Wie es in einem Zeitungsartikel beschrieben wird: »Eine Gruppe muslimischer junger Leute … sieht sich vor die Probleme gestellt, während sie nur die Unterstützung der Eltern haben, deren Weltansichten und Werte wohl geeigneter sind für die Dörfer Warziristans … Wenn das Problem der Indoktrination auch als Problem der Ausbeutung gesehen wird, offenbart sich ein deutlicheres Bild der Dynamik, die Islamist*innen in ihrer Anvisierung von Individuen unterstützt. Doch während das Problem vielleicht besser verstanden wird, wird der Job, der getan werden muss, plötzlich härter, da es in der Diskussion nun darum geht, wie Eltern, Großfamilien und erweiterte Gemeinschaften ihre Kinder großziehen.« (Rahman 2007) Die Ausbeutung der zweiten Generation wird dem Scheitern der ersten Generation zugeschrieben, die es nicht geschafft habe, ihre Kinder auf richtige Weise zu erziehen, was wiederum, so würde ich behaupten, auf einer weiter gefassten Wahrnehmung der ersten Generation als melancholisch beruht, die nicht in der Lage war, ihre Kinder gehen zu lassen (sie glücklich sein zu lassen) in der Sehnsucht, ihre kulturelle Identität auszuleben.

betrachte.[151] Sie scheint eher zu keinem Ort zu gehören, wenn sie als angekommen betrachtet wird.

Was ist mit den Sehnsüchten der Töchter? In diesem Abschnitt gehe ich auf das Werk zweier Autorinnen ein, Meera Syal und Yasmin Hai, die in ihren Erinnerungen aus frühen Kindheitserfahrungen den Sehnsüchten von Töchtern eine Stimme gegeben haben, deren Eltern in den Fünfzigern und Sechzigern aus Indien oder Pakistan gekommen sind und die uns auf diese Weise ermöglichen, die Ambivalenz solcher Sehnsüchte zu ergründen, die sich nicht einfach nur an oder gegen die Familie richten. Ihr Buch lehrt uns über das, was Shirley Tate sehr gut als »Hybridität des Alltags« (2005: 7) beschrieben hat.

Anita and Me, Meera Syals erstes Buch, ist ein halbautobiografischer Roman über das Mädchen Meena, die Tochter der einzigen Familie aus dem Punjab in der Bergbausiedlung Tollington. In der Beschreibung des Klappentexts stehen Meenas Wünsche im Vordergrund: »Sie möchte Fischstäbchen und Pommes, nicht nur Chapati und Dhal; sie möchte ein englisches Weihnachten, nicht nur die üblichen pandschabischen Feierlichkeiten – doch mehr als alles andere, mehr als Miniröcke und die Freiheit, die Talentshow *Opportunity Knocks* zu schauen, wünscht sich Meena mit der temperamentvollen Anita Rutter und ihrer Gang die Hinterhöfe des Tollingtons der Arbeiterklasse zu durchstreifen.« Diese Wünsche werden nicht einfach als Widersprüche dargestellt: Sie möchte *nicht nur* Chapatis und Dhal, *aber auch* Fish and Chips. Damit wird impliziert, dass ihre Eltern wollen, dass sie nur Chapatis und Dhal bekommt. Die Fantasie vom Glück/lichsein, die in diesem Ausdruck der Sehnsucht impliziert wird, ist *für mehr als nur das*, wobei das ›nur das‹ hinsichtlich der Ursprungskultur definiert wird.

151 Mein großer Dank gilt Ali Rattansi, dessen hilfreiche Kommentare zu früheren Versionen dieses Kapitels geholfen haben, zu verstehen, dass ich diese Frage stellen musste. Eine sympathischere Lesart von dem wie Jess in *Kick it like Beckham* porträtiert wird, ist möglich und sie würde in ihrer verkörperten Situation einige dieser Zwänge, Konflikte und Sorgen der Töchter der zweiten Generation anerkennen. Gleichzeitig gebe ich zu, dass ich einige der unglücklichen Folgen als glückliches Zeichen der Diversity, als jemand, der auf eher »seltsame Weise« eine konventionelle Form der sozialen Hoffnung darstellt, erfahren habe. Einmal, als ich über *Weiß*sein sprach und ein Handout verteilte, antwortete jemand aus dem Publikum: »Aber Sie sind eine Professorin«, so als würde man sagen, dass sobald Frauen of Color Professorinnen werden, das *Weiß*sein der Welt verschwindet. Wenn du für die Hoffnung stehst, die unglückiche Geschichte des Rassismus zu bezwingen, kannst du als Zeichen seiner Bezwingung dazwischenkommen. Wenn du ein glückliches Zeichen der Diversity bist, wird die Rede über Rassismus oder *Weiß*sein zu einer Form der Undankbarkeit, des Scheiterns, die Gastfreundlichkeit zu erhalten, indem du am Glück/lichsein beteiligt bist, das dir gegeben wurde.

Es ist wichtig, zu sehen, dass das Erwachsenwerden für gewöhnlich als Generationskonflikt dargestellt wird: Das Kind möchte das, was die Eltern nicht für das Kind wollen. Geschichten über glückliche Familien werden als Versöhnung des Willens präsentiert: Entweder übernimmt das Kind die Weisheit der Eltern und passt seinen Wunsch dem der Eltern an, oder die Eltern übernehmen die Weisheit des Kindes und passen ihre Wünsche denen des Kindes an; alternativ (und normalerweise) wird irgendein Kompromiss gefunden. Ein Kompromiss ist glücklich, wenn er sich darauf bezieht, was gewollt wird.[152] In Darstellungen von migrantischen Familien wird der Konflikt zwischen den Wünschen der Generationen überdeterminiert, sodass die Wünsche der Eltern mit der Ursprungskultur (aus der du kommst) und der Wunsch des Kindes mit der Zielkultur (wohin du möchtest) assoziiert werden. Doch sobald wir in den Text eintauchen, merken wir, dass die Dinge nicht ganz so einfach liegen.[153]

Meena ist eine Unruhestifterin schlechthin und *Anita and Me* könnte sicherlich als Teil unserer Genealogie der weiblichen Unruhestifterinnen-Fiktion gelesen werden, die ich in diesem Buch untersucht habe. Ihre Selbstiden-

---

152 Ich vermute, dass ich hier eine überaus glückliche Version des Kompromisses anbiete. Ein klassisches Sprichwort über Kompromisse besagt, dass es sich dabei um Entscheidungen handelt, mit denen niemand glücklich ist. Wenn man einen Kompromiss eingeht, verliert jede*r »dieses oder jenes« Maß an Glück/lichsein. Die Lösung bestände darin »dieses oder jenes« so gleich wie möglich zu machen, sodass wir alle fröhlich unser Glück/lichsein aufgeben würden. Ein glücklicher Kompromiss beruht womöglich auf der Wahrnehmung einer Gleichheit des Glück/lichsein. Wir sollten auch zur Kenntnis nehmen, dass ein Kompromiss ein gemeinsamer Kompromiss ist. Wir könnten auch spekulieren, dass das Glücksversprechen als gemeinsames Versprechen auf der Verteilung von Unglück/lichsein beruht. Glück/lichsein könnte zu einer sozialen oder persönlichen Krise werden, wenn diese Verteilung unfair erscheint, also, wenn einige Menschen den Eindruck erwecken, mehr Glück/lichsein aufzugeben als andere. In solchen Situationen würde das Glücksversprechen als äußerst kompromittierend erscheinen.

153 Ich vereinfache hier wegen der Auseinandersetzung oder weil ich darauf hindeute, dass diese Übervereinfachung Teil des Problems ist, wie generationale und kulturelle Konflikte miteinander verbunden werden. In *Kick it like Beckham* stellt die Aussage »Wer will schon *alo gobi* kochen, wenn er den Ball so kicken kann wie Beckham« den Konflikt dar, in der »kicken wie Beckham« so interpretiert wird, als würde man etwas anderes als *alo gobi* kochen wollen, was an sich zur kulinarischen Metapher für die Reproduktion der Kultur wird. Wie dem auch sei, ich würde sagen, dass der Film ausdrücken ›will‹, dass diese Wünsche nicht zusammenprallen: dass man beides machen und haben kann, oder, dass man sie auf beide Arten haben kann. Ich habe mich gefragt, ob es dem Film gelingt, solch eine glückliche Lösung anzubieten, und behauptet, dass einigen Wünschen mehr Wert zugesprochen wird, als Zeichen der Freiheit, um glücklich zu sein. Unsere Aufgabe, wenn wir solche typischen Erzählungen über Migration lesen, ist, sie für die Verortung und Verteilung von sozialen Wünschen zu lesen.

tifikation mit Ärger treibt ihre Freundschaft zu Anita vorwärts, als würde ihr abweichendes Verhalten sie zu Freundinnen machen: »Und Anita sah mich nie an wie es meine angepassten Cousinen taten; es gab nie Angst oder Kritik oder Zusammenzucken in diesen grünen, kalten Augen, nur die Anerkennung einer Seelenverwandten, einem anderen bösen, unartigen Mädchen, das gefangen war in einem oberflächlich gehorsamen Körper. Tatsächlich konnte ich manchmal, wenn ich in ihre Augen blickte, nur mein eigenes fragendes Spiegelbild sehen und daran hängenbleiben« ([1996] 2004: 150). Meenas Selbstwahrnehmung als »böses, unartiges Mädchen« schließt eine Nähe zur Rebellion, ein Gefühl der Fremdartigkeit und die Weigerung, die richtigen Dinge zu wollen, mit ein. Einmal, als sie Ärger bekommt, weil sie gelogen hat, sagt ihre Mutter: »Da ist Reis und Dhal drin. Geh' und wasch' deine Hände.« Meenas Reaktion lautet: »Ich will das ... das Zeug nicht! Ich will Fischstäbchen! Frittiert! Und Pommes! *Warum kann ich nicht essen, was ich essen will?*« (60; Hervorhebung von S. Ahmed). Im Kontext der Erzählung ist Meenas Ausdruck des Wunsches nach Fischstäbchen eine Art des Ungehorsams, vielleicht sogar eine Art der Rache an ihren Eltern, weil sie etwas anderes will, als sie sich für sie wünschen.

Unterschiede zwischen Generationen und Kulturen – die als Unterschiede des Geschmacks präsentiert werden – können eindrucksvoll innerhalb von Konfliktsituationen mobilisiert werden. Es ist nicht so, dass solche Unterschiede notwendigerweise zu Konflikten führen; sie ›kommen eher auf‹ zum Zeitpunkt des Konflikts, in der Hitze des Gefechts, fast schon wie etwas, mit dem du etwas machen kannst.[154] Meena sagt, sie möchte *dies* und nicht *das*, weil sie für ihre Lügen Ärger bekommt, weil sie dabei ertappt wird, etwas zu wollen. Ihre Sehnsucht danach, zu tun, was sie möchte, was ich in diesem Buch als Freiheit, zu tun, was auch immer dich glücklich macht, bezeichnet habe, scheint sie auf direktem Wege in Richtung des Englischseins und von Indien weg zu lenken. Und doch, wenn der Wunsch nach Fischstäb-

154 Dies war sicherlich meine Erfahrung des Aufwachsens in einer gemischten migrantischen Familie. Wenn unser Vater unser Versagen, gute Muslime zu sein, ins Spiel brachte, war es in Augenblicken des Streits oder wenn er bereits ein Urteil gefällt hatte, dass wir etwas falsch machten. Ich verstand das damals und war deshalb nicht sonderlich wütend, wenn ich für fehlerhaft gehalten wurde. Und das einzige Mal, dass andere seine muslimische Identität zur Sprache brachten, war, wenn etwas schief ging. Als mein Vater und meine Mutter sich trennten, sagte einer seiner *weißen* Freunde zu meiner Mutter: »Das passiert, wenn man einen Muslim heiratet.« Ich fand diese Art des Sprechaktes viel ärgerlicher. Wir müssen lernen, über den sogenannten ›faulen Rassismus‹ nachdenken, wenn rassistische Einstellungen, die sich im Hintergrund befinden und unbemerkt sind, als Erklärungen für Konflikte in den Vordergrund gebracht werden (oftmals rückwirkend).

chen eine Antwort darauf ist, als jemand zu gelten, der immer alles will, können wir fragen: Was will sie wirklich?

Aus *Anita and Me* können wir lernen, dass individuelle Wünsche nicht der Anfang der Geschichte sind. Woher weißt du, was du willst? Die Undurchsichtigkeit der Sehnsucht kann pädagogisch sein. Nur, weil sie tun kann, was sie will, ist Meena nicht glücklich. Glück/lichsein betritt die offensichtlichen Begrifflichkeiten des Romans als etwas, das sie verloren hat und das durch den Vater. Der Vater ruft immer wieder in Erinnerung, was für ein »glückliches Mädchen [Meena] zu sein pflegte«. Selbstverständlich kann das Wachrufen der verlorenen glücklichen Tochter als ein elterliches Klischee beschrieben werden: Eltern denken oft nostalgisch an die glücklichen Tage, wenn sie mit der Launenhaftigkeit des Kindes, das zum Teenager wird, konfrontiert werden. Ihr Vater fragt sie immer wieder, was los sei: »Papa räusperte sich und atmete tief ein: ›Meena, gibt es etwas, worüber du dir Sorgen machst?‹ Ich schüttelte den Kopf ... Papa fuhr fort: ›Du warst immer so ... glücklich. Du hast mir alles erzählt. Was hat sich geändert?‹ « (147). Als Antwort darauf ist Meena »unsicher und perplex« (ebd.). Mit dem eigenen Unglück/lichsein konfrontiert zu werden, macht dich orientierungslos. Ihr Vater fügt später hinzu: »›Ich mag es nicht, wie du geworden bist, Meena ... Ich habe gesehen, wie du dich verändert hast, von einem süßen, glücklichen Mädchen zu irgend so einem ungezogenen, trotzigen Monster‹ « (249). Es besteht kein Zweifel daran, dass es hier nicht nur um das Glück/lichsein der Tochter geht, sondern auch darum, dass sie ein gutes Kind ist: Trotzig zu werden, bedeutet seinen Platz innerhalb der Familie zu verlieren oder einen Platz als Ursache für das Unglück/lichsein der Familie einzunehmen, als jene*r, der*die sich der Freude der Familie »in den Weg stellt«.

Wir brauchen nicht anzunehmen, dass der Vater recht oder unrecht hat, um die Tochter genauso zu beschreiben. Was mich interessiert, ist, die Beziehung zwischen der Beschreibung des Kindes als wollend und die Wahrnehmungen des Glück/lichseins. In *Kick it like Beckham* ist Jess unglücklich, da sie nicht macht, was sie möchte, obwohl sie ihre Eltern glücklich machen möchte. Sie wird glücklich, als ihr gestattet wird, zu tun, was sie möchte, was voraussetzt, dass ihr Vater sein eigenes Leid gehen lässt, das sowohl seinem als auch ihrem Glück/lichsein im Wege steht. In *Anita and Me* wird die Tochter auch als unglücklich dargestellt, da sie nicht tun darf, was sie möchte. Doch als sie dann bekommt, was sie möchte, wird sie nicht glücklich. Der Vater nimmt in gewisser Weise ihre Stimmung auf, weil er merkt, wie unglücklich sie ist.

Indem es sich Gedanken über Meenas Gefühle macht, gibt uns das Buch einen Verlauf ihrer Sehnsüchte. Es ist nicht einfach so, dass sie glücklich sein möchte, sondern, dass sie sich nach dem sehnt, wonach sie sich sehnt, weil sie unglücklich ist. Also ist es nicht so, dass sie möchte, was sie möchte, weil sie es möchte. Wir lernen über die seltsame Natur des Willens, als sie von ihrem Wunsch spricht, *weiß* zu sein, was wiederum heißt, dass sie den Körper nicht möchte, den sie hat: »Ich wollte nie jemand anderes sein als ich selbst, nur älter und berühmt. Doch jetzt, warum auch immer, würde ich gerne meinen Körper abstreifen wie ein Schmetterling, der die Haut der Raupe abstreift und neugeboren, bunt und nicht wiederzuerkennen auftaucht. Ich begann, Spiegel zu meiden, ich weigerte mich, indische Kleidung zu tragen, die meine Mutter für mich auf dem Bett bereitlegte, wenn Gäste zum Abendessen kamen, ich versteckte mich im Haus, wenn Tante Shaila sich im Vorgarten laut auf Pandschabi von meinen Eltern verabschiedete, ich ging immer einige Meter vor oder hinter meinen Eltern, wenn wir Einkaufen gingen, und kontrollierte mein Spiegelbild in Schaufenstern, um enttäuscht festzustellen, dass sie noch immer da war.« (146) Meena möchte *weiß* sein oder dem *Weiß*sein näherkommen, weil sie ihr eigenes Spiegelbild nicht ertragen kann. Die Sehnsucht nach *Weiß*sein wird ausgelebt als Sehnsucht nach Abstand von ihrer Familie, die nur ihr Scheitern, *weiß* zu sein, spiegelt. Sie möchte nicht nur mit Anita befreundet sein, sondern Anita sein, so *weiß* wie Anita sein.

Anstatt Glück/lichsein in Dinge zu projizieren, die aus der wachsenden Nähe zum *Weiß*sein entstehen, deutet das Buch an, dass die Sehnsucht nach der Nähe zum *Weiß*sein eine Form des Unglück/lichseins ist, mit einem Gefühl des am falschen Ortseins, des nicht richtig zu Hause Seins, des nicht imstande Seins, das Glück/lichsein anderer zu teilen. Bei der Feierlichkeit des *Diwali* zum Beispiel wartet Meena darauf, dass andere das Ereignis begehen: »Ich habe den ganzen Morgen hier im Hof herumgehangen und dachte, das wäre der allgemeine Ausdruck des Feierns. Die Gleichgültigkeit aller hat mich verblüfft und jetzt verstehe ich, warum meine Eltern sich bemühen, den Geburtstag von Jesus zu begehen.« (92) Der Wunsch, Weihnachten zu feiern, dreht sich teilweise darum, das zu feiern, was andere feiern, glückliche Objekte zu teilen. Feiern zu wollen, was andere feiern, ist auch eine Auswirkung von anderen, die deine Feierlichkeit nicht anerkennen, von der Gleichgültigkeit anderer gegenüber deinem Glück/lichsein. Die Sehnsucht, an der englischen Kultur teilzuhaben ist demnach nicht einfach eine Art der Assimilation, sein zu wollen wie, sondern eher der Wunsch, Teil einer geteilten Gemeinschaft von Wünschen zu sein. *Anita and Me* spiegelt durchgehend die

Schwierigkeit wider, zu einer Welt zu gehören, die ihre Punkte ders Glücks-Routen entnimmt, denen du nicht folgst.

In einem einschneidenden Vorfall im Roman stellt sich eine Gang aus Meenas Freund*innen einem indischen Mann entgegen. »Sam hielt inne mit einem hinterhältigen Grinsen auf dem Mund. ›Du tust nichts als reden, alter Mann. Und gibst alles irgendwelchen Pakis, die wir noch nie gesehen haben. Wir scheren uns einen Dreck um irgendjemanden. Dies ist unser Pflaster. Kein Almosen von irgend so 'nem Kanacken.‹ Es fühlte sich an, als hätte mir jemand in den Bauch geboxt. Meine Beine fühlten sich wie Wackelpudding an und eine heiße Panik machte meine Eingeweide ganz weich.« (193) Der Schock über diesen Vorfall ist der Schock, des Erkennens, dass die Welt, in der du bist, dir nicht zugänglich ist, dass du nicht in diese Welt gehörst, von der du angenommen hast, dass sie dir Glück/lichsein verschafft, als Gegenleistung dafür, auf gewisse Weise zu sein. Natürlich spricht Sam nicht von Meena, auch wenn sie eine von ›ihnen‹ ist. Später sagt er: »›Als ich *ihnen* sagte... habe ich nicht dich gemeint, Meena! Alle anderen, nur nicht dich!‹« (313) Meena antwortet: »›Ich *bin* die Anderen, Sam. Du meintest mich sehr wohl.‹« (314) Die Macht dieser Aussage »Ich bin die Anderen« ist die Macht einer Identifizierung, des Erkennens von einem Selbst in der Beleidigung, die gegen andere gerichtet ist, selbst wenn man nicht als eine*r der Anderen gesehen wird. Indem du dich selbst als der*die Andere siehst, der*die beschimpft wird, versicherst du deine Loyalität mit anderen *als* anders.

Den Wendepunkt im Roman stellt die Ankunft von Meenas Großmutter aus Indien dar. Erst fühlt sich Meena zwiegespalten: »Normalerweise waren Mama und Papa die höflichsten und umsichtigsten Nachbarn, brachten mich immer zum Schweigen, wenn ich zu laut war am Eingang, immer darauf achtend, die Fenster geschlossen zu halten während Papas musikalischen Abenden. Doch heute Nacht, bemerkte ich missbilligend, dass sie genauso laut und hysterisch waren wie alle anderen. Ich habe noch nie gesehen, dass meine Alten so aus sich herauskommen und unbekümmert sind und wusste, dass das irgendwas mit Nanima zu tun hatte.« (204) Die Anwesenheit ihrer Großmutter erlaubt es Meena, zu verstehen, dass ihre Familiengeschichte nicht einfach hinter ihr liegt. Sie bekommt einen Kontext für die Geschichten der Orte, an denen sie noch nie gewesen ist: »Doch allmählich gewöhnte ich mich an Nanimas Welt, eine Welt bestehend aus alten und bitteren Familienfeden ... sie alle banden für mich Mamas Rickschageschichte und Papas nicht explodierte Bombengeschichte in einen Kontext ein; die Erfahrungen meiner Eltern mit dem Nahtod waren keine Einzelfälle, sie waren nur zwei

Ereignisse mehr in einem Land, das schien, als würde es vor lauter Trubel, Drama und Leidenschaft und Geschichte, die entsteht, platzen und zum ersten Mal wollte ich unbedingt nach Indien, um behaupten zu können, dass etwas dieser Magie zu mir gehörte.« (210f.)

Die Erkenntnis der Bedeutung der Familie und des Landes, das zurückgelassen wurde, geht einher mit der Erkenntnis dessen, was verloren gegangen ist. Die Erkenntnis des Verlustes beinhaltet keinen Pathos des Erkennens, das etwas weg ist, was nicht zurückgeholt werden kann, sondern eine Aufregung darüber, erkannt zu haben, was sehr wohl zurückgeholt werden kann, was noch möglich ist, auch wenn es gegenwärtig nicht erreichbar ist. Die Tochter beginnt, einen Sinn für Dinge zu erhalten, die sie missen könnte. Das heißt nicht, dass Migration nicht mit einem Verlust von Dingen einhergeht, sondern dass der Verlust von etwas auch heißen kann, eine Spannung anzunehmen, um etwas zu finden (nicht nur für das Subjekt, das einwandert, sondern auch für diejenigen, die ihre Verschiebung und Ankunft erben), selbst wenn die Dinge, die man vorfindet, nicht dieselben sind wie die, die man verloren hat.[155]

Der Roman endet damit, dass Meena Anita einen Brief schickt, in dem sie erzählt, dass sie aufs Gymnasium geht, ein Ende, das sich in *Babji* im letzten Kapitel wiederholt; ›zur Schule zu gehen‹ bedeutet das Versprechen auf neue Formen der Mobilität und der Freiheit. In gewisser Weise ist das, was Meena hinter sich lässt, nicht nur die Vorstellung, dass sie Anita sein könnte (dass sie *weiß* sein könnte wie sie), sondern auch die Lebenswelt der *weißen* Arbeiterklasse, die vornehmlich in Bezug auf Gewalt und Rassismus dargestellt wird. Aufzusteigen hat für Meena sicherlich etwas mit Begrifflichkeiten der bürgerlichen Bestrebungen nach einem besseren Leben zu tun, als wenn Beweglichkeit zwischen den Klassen zum Ablegen des Rassismus beitragen würde. Wenn *Kick it like Beckham* durch Fantasie strukturiert ist, dass individuelles Talent es mit sich bringen kann, nicht von Rassismus betroffen zu sein, handelt *Anita and Me* von der Fantasie, dass Migrant*innen Rassis-

155 Wenn ich daran zurückdenke, nach Pakistan gefahren zu sein und davon als Kind zu hören, ging es dabei nicht einfach um das Unglück/lichsein darüber, nicht aus dem Land zu kommen, in dem ich lebte oder dazu aufgefordert zu werden, mich mit dem zu identifizieren, was ich nicht war (obwohl ich auch die unglücklichen Auswirkungen erlebte, von denjenigen, mit denen ich meinen Wohnort teilte, als Fremde wahrgenommen zu werden, als ein Körper, der fehl am Platz ist), sondern auch um ein Gefühl der Aufregung über intime Geschichten, die nicht im Gewebe des Ortes verflochten sind, an dem ich lebte. Siehe das letzte Kapitel »The Orient and Other Others« aus *Queer Phenomenology* für eine Erklärung dieser Aufregung und seiner Relation zur Geheimhaltung (dessen, was nicht aus einer Sichtweise enthüllt werden kann).

mus überschreiten können, indem sie die Kultur der Arbeiterklasse hinter sich lassen.[156]

Wir können *Anita and Me* mit Yasmin Hais jüngeren Memoiren *The Making of Mr Hai's Daugther: Becoming British* (2008) vergleichen. Das Wichtige an diesen Memoiren ist, dass sie aus der Sicht der Tochter geschrieben sind, deren Vater möchte, dass sie sich anpasst und britisch wird (obwohl es als Sehnsucht nicht ohne Ambivalenzen war). Das Buch verbindet also frühere Berichte über migrantische Erfahrungen, wie Hanif Kureishis Novelle *My Son the Fanatic* ([1994] 2008) und zweifelt den Maßstab der ›Richtungsweisung‹ des Integrationsdiskurses an, der auf der Sichtweise der ersten Generation von Migrant*innen fußt, die von Natur aus nicht gewillt ist, sich zu integrieren (sodass Integration als etwas erzählt wird, das erzwungen oder wieder neu vorgestellt werden muss, als eine Form des Widerstandes der zweiten Generation).[157] Memoiren und Fiktionen von Migrant*innen verleihen migrantischen Erfahrungen Struktur und Komplexität, den unterschiedlichen Möglichkeiten, in denen Hoffnung, Angst, Sorge, Sehnsucht und Begierde die Entscheidungen prägen, das Heimatland zu verlassen, als auch den Erfahrungen der Ankunft und des Heimischwerdens in einem neuen Land.

Yasmin beginnt ihre Memoiren mit einer Reflektion über die Darstellung ihres Vaters von seiner Erfahrung als Migrant und wie sehr sie von der Sehnsucht nach Glück/lichsein getrieben war. Ihr Vater ist eher unkonventionell, ein politische Andersdenker, ein Kommunist. Dieses Detail ist wichtig: Ei-

156 Das Problem dieser Fantasie ist, dass sie Unglück/lichsein innerhalb der *weißen* Arbeiterklasse lokalisiert. Dieses Problem wurde durch die Filmversion des Romans verschlimmert, die, aufgrund ihrer Lächerlichmachung der *weißen* Arbeiterklassenkultur und dem scharfen Kontrast, der zwischen gebildeten Migrant*innen und den ungebildeten *weißen* Arbeiterklassen aufgestellt wurde, für mich fast unmöglich war, anzusehen.

157 In *My Son the Fanatic* möchte der Vater Parvez, dass sein Sohn relativ nah ans gute Leben herangeführt wird: »War es zu viel verlangt, sich für Ali zu wünschen, dass er jetzt einen guten Job finden, das richtige Mädchen heiraten und eine Familie gründen würde? Sobald dies der Fall wäre, wäre Parvez glücklich.« ([1994] 2008: 6) Das Glück/lichsein des Vaters beruht darauf, dass sein Sohn in der englischen Gesellschaft integriert ist. Der Sohn, Ali, kann diese westliche Vorstellung des Glück/lichseins nicht ertragen und wird zu einem Fanatiker, der sich weigert, sich mit ›dem Mix‹ der englischen Kultur zu identifizieren. Die Novelle erhält den Ort des ›selbstgemachten‹ islamischen Fundamentalismus als ein Rätsel oder Mysterium (wie konnte das passieren?), aber bietet eine eher andere Darstellung seines Aufkommens als eine Form des Ungehorsams gegenüber den elterlichen Wünschen nach Glück/lichsein an. Gleichzeitig würde ich behaupten, dass Kureishis Novelle auf einer Reduzierung des Islams auf Fundamentalismus fußt (was implizit den liberalen Säkularismus als einen Horizont idealisiert, der die Diversity von Vorlieben anerkennt).

ner der Mythen des Integrationsdiskurses ist, dass Migrant*innen der ersten Generation immer konventionell sind, dass Migrant*innen sich immer im Kreise ihrer Kultur bewegen, Kultur zu einem Fetisch machen, aus Angst, dass sie sie verlieren könnten. Yasmin stellt sich vor: »Ich hätte gedacht, dass die Aufgabe einer solchen glorreichen und gefährlichen politischen Karriere zu Hause für ein normales Leben im kalten und feuchten England ärgerlich sein würde. Und doch, um einer guten Geschichte Willen, gab mein Vater gerne vor, dass dies der Fall war, obwohl es gelogen war. Er war sehr glücklich, hierher gekommen zu sein. Sehr glücklich.« (8) Migration kann sein eigenes Glücksversprechen beinhalten; du kannst glücklich sein zu migrieren, deinen Aufenthaltsort für einen Ort aufzugeben, an den du gehst.

Yasmins Erfahrung des Aufwachsens stehen im Gegensatz zu Jess' und Meenas Erfahrungen: Ihr Vater möchte, dass sie ein gutes englisches Mädchen wird, kein pakistanisches Mädchen. Um ein gutes englisches Mädchen zu sein, muss sie sich für ihre Ursprungskultur schämen. In einer Szene isst sie mit den Händen wie ihre Mutter. Ihre (*weiße*, englische) Tante fragt »Bist du eine Paki?« und Yasmin ist erschüttert: »Ich schüttele den Kopf. Mein Gesicht wird heiß und mein Kopf dreht sich. Aus dem Augenwinkel heraus, kann ich erkennen, dass mein Vater verzweifelt den Kopf schüttelt. Das Wort beleidigt ihn kein bisschen. Ich kann sehen, dass er ihr sogar zustimmt.« (52) Sie wird durch Schamgefühle zur Anpassung gedrängt, indem die Beleidigung als Zeichen des Scheiterns angenommen wird, richtig zu sein. Sie müssen sie in ein englisches Mädchen verwandeln, das gute Manieren hat. Also schneidet ihre Mutter ihr die Haare ab: »Als meine Mutter den Spiegel hoch hielt, sah ich einen perfekten kleinen Bob, genauso wie den von Milly-Molly-Mandy, der englischen Heldin des Buches, das ich las. Ich sah aus wie ein anständiges englisches Mädchen.« (54) Englisch zu werden, heißt, das richtige Erscheinungsbild im Spiegel zurückzuwerfen.

Eines Tages wird Yasmin dazu aufgefordert, nicht mehr Urdu zu sprechen. »Meine Mutter spricht weiterhin mit uns auf Urdu, aber wir Kinder sprechen nur noch auf Englisch mit ihr.« (60) Nicht Urdu zu sprechen, wird als ein Verlust wahrgenommen, vor allen Dingen, weil ihre Mutter kein Englisch spricht. Yasmin stellt fest, dass »sie ihre Mutter für immer verlor, nachdem sie aufgehört hatte, Urdu zu sprechen« (61). Anstatt dass Integration eine Möglichkeit darstellt, einen Verlust anzuerkennen, führt die Sehnsucht nach Integration dazu, dass etwas verloren geht. Als Yasmin Urdu verliert, verliert sie ihre Mutter und ihre Verbindung zu einer Geschichte, die nicht bloß oder einfach hinter ihr liegt.

Der Vater glaubt, dass Glück/lichsein folgt, wenn man Engländer*in wird (auf richtige Weise), in dem Sinne, dass man als Engländer*in auch kultiviert wird. Als Sehnsucht ist dies nicht ohne Ambivalenz: es setzt der Ausprägung des Englischen, zu dem seine Tochter werden soll, Grenzen, was bedeutet, dass einige Ausprägungen der englischen Kultur verboten bleiben. Zum Beispiel möchte Yasmins Vater nicht, dass sie *Top of the Pops* schaut. »›Aber Papa‹, wollte ich sagen, ›alle meine Freund*innen gucken das.‹ Aber was nützten meine Einwände? Er würde sich niemals überzeugen lassen. Dennoch wunderte ich mich über seine Haltung. Hatte er uns nicht immer gesagt, dass *modern* zu sein, etwas Gutes war?« (77) Später lässt er sie den Film *Grease* nicht sehen, den er als »niveaulosen Blödsinn des Westens« bezeichnet. Yasmin deutet an, dass ihr Vater einen Unterschied zwischen dem Westen (schlecht) und dem Modernen (gut) macht, aber was entscheidend ist, er trennt intellektuell von niveaulos. Englisch zu werden, wird mit einem ethischen Imperativ in Zusammenhang gebracht, uns zwar, Englisch auf intellektuelle Weise zu werden.

Dieses ›Werden‹ ist nicht reibungslos oder einfach. Die Geschichte ist voller Ambivalenzen, die hinsichtlich des glücklich und traurig Seins beschrieben wird, wenn man Engländer wird: »Ich wusste nicht, ob ich glücklich oder traurig darüber sein sollte, wie englisch ich war.« (76) Das Scheitern, Glück/lichsein dafür zu erhalten, britisch geworden zu sein, wird als die Unmöglichkeit dargestellt, der*die zu sein, der*die du werden solltest. Yasmin geht auf eine konfessionslose Schule, eine weltliche Schule. Weltlichkeit wird zu einem kulturellen Ideal, insofern als es als neutral gilt. Als sie alle versammelt da sitzen, ist Yasmin schockiert, dass sie das Vaterunser singen und stolpert über ihre Worte: »Mein Vater hätte bestimmt versucht, mir etwas über das Christentum beizubringen, damit ich mir nicht fremd vorkam, aber je mehr ich mich mit dem christlichen England vertraut machte, desto mehr stellte ich fest, dass es etwas gab über England und die Art und Weise, wie die Engländer lebten, von dem ich nie Teil sein würde. Es war, als würde ich in einer Parallelwelt leben.« (68) Die Nähe zum *Weiß*sein erzeugt einen Punkt der Entfremdung.

Der Gebrauch des Begriffes »Parallelwelt« ruft im britischen Kontext das Spektrum der ›Rassen‹trennung hervor, in der Gemeinschaften, die sich nicht vermischen, als Minderheitengemeinschaften verleumdet werden, auf eine Art und Weise, die nicht einmal offensichtlich gemacht werden muss: »Wir können nicht behaupten, eine echte multikulturelle Gesellschaft zu sein, wenn die unterschiedlichen Gemeinschaften, wie es Cantle ausdrückt, parallele Leben leben, die sich nicht an einem einzigen Punkt berühren.«[158] Parallele Linien werden nicht von Migrant*innen hervorgerufen, die sich nicht integrieren wollen, sondern dadurch, wie die vorgestellten neutralen und offenen Orte gewisse Körper als Norm ansehen. In einer Parallelwelt zu leben, heißt, unfähig zu sein, den Linien dieser Welt zu folgen, die nicht einmal als Linien sichtbar sind. Unsichtbare Linien könnten als Lebensformen beschrieben werden. Sich als Fremde*r zu fühlen, bedeutet, solche Formen nicht bewohnen zu können.

Yasmin möchte, was ihr Vater möchte; sie möchte wie die anderen Mädchen sein, in die Schulgemeinschaft reinkommen, englisch sein, wie sie. Doch sie kann nicht das haben, was die haben; sie kann nicht sein, was sie möchte. Einmal streitet sie sich mit Lulu, einem anderen britisch-asiatischen Mädchen, darüber, wer mehr englisches Essen isst. Lulu nennt Yasmin eine Curry-Liebhaberin und Yasmin schüttet Orangensaft über sie (86f.). Yasmin ist diejenige, die Schwierigkeiten bekommt und sie wird in Schwierigkeiten gebracht, was sie als Unbehagen wahrnimmt, als Verlust der Fähigkeit, um glücklich zu sein: »Der Schulalltag kehrte schnell wieder zur Normalität zurück. *Ich hätte glücklich sein sollen, aber ich war es nicht.* Etwas hatte sich verändert. Es ist nicht so, dass ich bloßgestellt wurde, weil ich weniger englisch bin als Lulu. Aus irgendeinem Grund war es mir egal. Es war nur so, dass ich seitdem, egal was ich tat oder wo auch immer ich hinging, wusste, dass ich fehl am Platz war. Es war nicht so, als hätte ich das vorher nicht auch schon gemerkt. Aber vorher hatte ich geglaubt, dass ich es mit ein wenig Wissen und Willensstärke schaffen würde, irgendwo dazuzugehören. Jetzt glaubte ich da nicht mehr dran.« (89; Hervorhebung von S. Ahmed)

Sich vom Glück/lichsein zu entfremden, bedeutet, zu begreifen, dass man der*diejenige ist, der*die fehl am Platz ist, als auch, dass man nichts daran ändern kann, fehl am Platz zu sein, dass man nicht herbeiführen kann, ›irgendwohin‹ zu gehören. Solch eine Erkenntnis hat eine Entfremdung von dem abstrakten Potential des Individuums zur Folge, das auf dem Glauben basiert, dass man

158 Dieses Zitat ist dem Bericht des Innenministeriums im Vereinigten Königreich *Secure Borders, Safe Haven: Integration with Diversity in Modern Britain* (United Kingdom 2002) entnommen. Dieses Dokument berichtete über die sogenannten (problematischen) »Rassenunruhen«, die 2001 in Nordengland stattgefunden haben. Die Metapher der parallelen Linien impliziert, dass Nähe zwischen Gemeinschaften fehlt und dass Nähe nationales Glück/lichsein erzeugen kann. Gewöhnliche Nähe, die existiert, wird nicht anerkannt; auch nicht, dass die fehlende Nähe auch eine Folge des Rassismus und der Macht des *Weiß*seins, seinen Hafen zu sichern. Für weitere Diskussionen zu diesem Bericht, siehe mein Kapitel »In the Name of Love« (Ahmed 2004).

tun und sein kann, was immer man tun oder sein möchte. Ohne diesen Glauben an sich selbst, scheint das Glück/lichsein von ›dort‹ zu verschwinden, wo man ist, als wenn im Verlust des ›was auch immer‹ auch der Verlust eines ›wo auch immer‹ steckt. Wir werden daran erinnert, dass die Freiheit, glücklich zu sein, selbst als Fantasie, ›irgendwo‹ an die Oberfläche kommen kann, als ein wo, an dem nur einige sein können. Als diejenige, die Yasmin ist, wo sie ist, ist sie von diesem ›was auch immer‹ des Glück/lichseins entfremdet.

Die Memoiren bieten eine Darstellung der guten Migrantentochter (die gut für die Nation ist, weil sie Engländerin sein möchte), die unglücklich mit dem Englischsein wird und ihr Glücksversprechen als leer empfindet. Als sie merkt, wie leer das Versprechen ist, wird Yasmin böse. Die unkonventionelle Tochter einer migrantischen Familie kann folglich ihre Nähe zur nationalen Hoffnung verlieren: »Trotz unserer guten Jobs beim Fernsehen, hat uns etwas an unserem lebendigen sozialen Leben, etwas am Leben in Großbritannien gestört und wir beide wussten, dass ›Rasse‹ eine große Rolle in unserer Angst spielte … Wir fuhren immer wieder aus der Haut, wenn es um ›Rasse‹ und Identität ging, unfähig, sich von der in ›Rassen‹fragen toleranten Umgebung trösten zu lassen, in der wir angeblich lebten. Die Dynamik unserer Wut war es auch, die uns half, unsere kreativen Leidenschaften zu nähren, aber manchmal fühlte es sich einfach überwältigend an.« (267) Toleranz bietet ihr eigenes Glücksversprechen an: Als ob die Welt dir offen stünde, als ob du machen könntest, was du möchtest, in der Welt, in der du bist. Deine Erfahrung des Lebens in der Welt offenbart diese Offenheit als eine Fantasie. Wut füllt die Lücke zwischen dem Versprechen und dem, was passiert. Manchmal kann diese Wut kreativ sein, manchmal nicht.

Und selbstverständlich passieren Ereignisse. Wir folgen Yasmin, als sie auf Ereignisse reagiert: der elfte September 2001, der Antiterrorkrieg, der von den USA angeführte Einmarsch in Afghanistan. Zu reagieren heißt nicht notwendigerweise, auf dieselbe Sache zu reagieren: »›Ich kann es nicht glauben‹, sagte ich zu Jay, überrascht von dem Ausmaß der Unterstützung für den Einmarsch. Es war das erste Mal in meiner Erinnerung, dass ich mich auf so beängstigende Weise nicht im Einklang mit der allgemeinen Stimmung befand. Das wollte ich nicht sein.« (287) Das Kind, das britisch sein möchte, wird zu einer Erwachsenen, die weiß, dass das Versprechen leer ist: »Seit dem elften September hatte mich der muslimische Teil meiner Identität gequält. Doch jetzt habe ich festgestellt, dass mein Britischsein genauso störend war. Ich war immer stolz darauf gewesen, britisch zu sein, doch die Art, wie Politiker und die Medien uns ihre verlogenen Bestimmungen aufzwingen wollten – dabei ganz nebenbei die Prinzipien der Aufklärung ausriefen – führte dazu, dass ich mich weniger britisch als in meinem ganzen bisherigen Leben fühlte.« (329) Yasmin beschreibt so gut, wie es sich anfühlt, durch das entfremdet zu werden, wie man von der Welt berührt wirst. In dem Fall fühlt man sich als Fremde*r, weil man fremde Gefühle erfährt – nicht im Einklang mit der öffentlichen Stimmung zu sein, nicht so zu empfinden, wie andere in Bezug zu einem Ereignis empfinden.

Dieses Buch ist auch eine Art der Trauer um Yasmins Vater, dem guten Migranten, der sich wünscht, was sich die Nation von ihm wünscht, sich ihrem Wunsch gemäß zu integrieren, zu leben und zu sterben. Sie kehrt an sein Grab zurück. Sie schreibt über seine Sehnsucht. Sie schreibt über das Scheitern dieses Traums: »Er hatte nie verstanden, warum es in dem England, in dem ich aufgewachsen war – inklusive britischen Flaggen, Untergangsreden von Thatcher, Paki-Prügel und späterer Aufforderungen zu Loyalitätstests – so wichtig war, mein ›anderes‹ Ich anzunehmen. Und war es nicht so, dass die Nähe zu meinem kulturellen Erbe mir auch die Möglichkeit gab, meiner Mutter nach dem Tod meines Vaters wieder näher zu sein? Ich hatte ein Elternteil verloren und würde es nicht ertragen, noch eins zu verlieren.« (332f.) Uns wird die ethische Wichtigkeit dessen aufgezeigt, an einer Erinnerung festzuhalten, um eine Verbindung zu den Dingen und Menschen aufrechtzuerhalten, im Hier und Jetzt zu überleben. Die Memoiren helfen uns, zu verstehen, dass der Figur der*des melancholischen Migrant*in, wie sie in der gegenwärtigen ›Rassen‹politik behandelt wird, etwas fehlt. Es ist die Sehnsucht nach Assimilation, die Sehnsucht nach dem Loslassen der Vergangenheit, die wiederkehrt, um die Nation zu verfolgen. Es sind die Migrant*innen, die sich integrieren möchten, die Zeug*innen dieser Leere des Glücksversprechens werden.[159]

159 Die Nation wird zum Universellen, indem sie als Überbringerin des Glücksversprechens vorgestellt wird. Es ist kein Zufall, dass V.S. Naipauls (1990) Identifikation mit universeller Kultur fortfährt, indem der Idealzustand des Glück/lichseins aufrechterhalten wird: »Es ist ein dehnbare Gedanke; er passt zu allen Menschen. Er beinhaltet eine gewisse Art der Gesellschaft, eine gewisse Art des erwachten Geistes. Ich kann mir nicht vorstellen, dass die hinduistischen Eltern meines Vaters dazu imstande gewesen wären, diesen Gedanken nachzuvollziehen. So vieles ist in ihm enthalten: der Gedanke des Individuellen, Verantwortung, Wahl, das Leben des Verstandes, der Gedanke der Berufung und Vollkommenheit und des Erfolgs. Es ist ein gewaltiger menschlicher Gedanke. Er kann nicht auf ein festes System reduziert werden. Er kann keinen Fanatismus erzeugen. Aber er soll bekanntlich existieren und deshalb fliegen andere strengere Systeme am Ende weg« (o.S.). Die Universalität des Glück/lichseins ist eine, die sich um bestimmte Körper herum aufbaut: Sie kann Fanatiker*innen nicht zustehen, die sich außerhalb des menschlichen Horizontes befinden. Ich würde Naipauls Identifikation mit Universalität als melancholisch beschreiben; sie kann den Verlust der Großeltern nicht betrauern, die nur als dieje-

Und doch bleibt Integration ein nationales Ideal, eine Art, um sich nationales Glück/lichsein auszumalen. Dementsprechend werden Migrant*innen als angehende Staatsbürger*innen immer mehr von der Glücks-Pflicht aufgefordert, weder über Rassismus in der Gegenwart, noch vom Unglück/lichsein der kolonialen Geschichte oder von Bindungen zu sprechen, die nicht mit der farbenfrohen Diversity der multikulturellen Nation in Einklang gebracht werden können. Das Glücksversprechen bedeutet für Migrant*innen, dass sie eine bestimmte Geschichte über ihre Ankunft als gut, oder über das Gute ihrer Ankunft erzählen. Das Glücksversprechen ist eine positive Pflicht, über das zu sprechen, was gut ist, aber kann auch als negative Pflicht bezeichnet werden, nicht über das zu sprechen, was nicht gut ist, nicht über oder aus dem Unglück/lichsein heraus zu sprechen. Es ist, als würdest du den Schmerz des Rassismus loslassen, *indem du Rassismus loslässt, um diesen Schmerz zu begreifen*. Es ist so, als ob du eine Pflicht hättest, nicht von der gegen dich gerichteten Gewalt verletzt zu werden, sie gar nicht erst wahrzunehmen, sie einfach vorbeigehen zu lassen, als würde sie an dir vorbeiziehen. Sprichst du aus dem Bewusstsein für solche Geschichten heraus und mit dem Bewusstsein für Rassismus, wirst du zum*zur betroffenen Fremden. Betroffene Fremde *können* Dinge mit fremder Betroffenheit tun und *tun* Dinge, die wir tun *soll(t)en*.

Gleichzeitig besteht ein wenig Hoffnung in meiner Kritik an der Glückspflicht. Ich habe darauf hingewiesen, dass gefühlsbedingte Gemeinschaften durch ihre gemeinsame Orientierung gewissen Dingen gegenüber als gute Dinge Form annehmen. Die Erfahrung der Migration zeigt auf, wie wir immer mehr als nur eine Gemeinschaft bewohnen; wenn die Möglichkeit, dass wir mehr als eine Gemeinschaft bewohnen, strukturell ist, dann beinhaltet sogar eine Gemeinschaft die Erfahrung von mehr als einer Gemeinschaft. Für diejenigen von uns, die sich der Bindung zu mehr als einer Gemeinschaft bewusst sind, scheint es vielleicht so, als wären sie ertappt worden, als würden sie Dinge wollen, die sich widersprechen. Der klassische Test, der »mehr als eine« Form der Loyalität als eine Opposition positionieren ist der Kricket-Test, der auch ein Staatsbürger*innentest ist und ein Glücks-Test: Wen würdest du unterstützen, wenn die englische Mannschaft gegen die Nation spielen würde, aus der du kommst? Dieser Test stellt dich vor die Wahl und

---

nigen erscheinen können, die Glück/lichsein nicht verstehen, die unter dem leiden, was wir »Glücks-Analphabetismus« nennen können. Auch kann sie seine Unfähigkeit, diese Universalität zu bewohnen, nicht überdecken, wenn man bedenkt, dass seine Familie bereits ihre Spuren hinterlassen hat. Mit Bezug zu Douglas Crimps' Analyse der Melancholie (2004: 13), könnte die Identifikation mit universellem Glück/lichsein als migrantisches Subjekt *eine Identifizierung mit dem einschließen, das einen ablehnt*.

nimmt an, dass deine Glücks-Wahl deine wahre Identität aufdeckt, eine Coming-Out-Geschichte solcher Art. Wenn es mich glücklich macht, dass England gewinnt, wäre ich Engländer*in. Wenn es mich glücklich macht, dass die andere Mannschaft gewinnt, wäre ich anders, also kein*e Engländer*in.

In Erwiderung auf solche Identitätstests könnten wir sagen, dass von den falschen Dingen glücklich gemacht zu werden (sagen wir, wenn wir glücklich sind, wenn die pakistanische Kricket-Mannschaft England schlägt) nicht bedeutet, dass man England *auf andere Weise* unterstützt, dass man England *auf andere Weise* liebt. Aus Sicht der Migration über Kultur nachzudenken könnte uns sogar helfen, Glück/lichsein und Identität anders zu beurteilen. Wenn Migration als Teil einer nicht aufgedeckten Kulturgeschichte begriffen wird, und nicht als etwas, das der Kultur passiert, wird Kultur zu dem, was über die Zeit hinweg aufgedeckt wird. Wenn Kultur das ist, was sich nicht offenbart, würde das Teilen von etwas nicht davon abhängen, auf dieselbe Weise ausgerichtet zu sein. Wir könnten Zusammensein etwas lockerer fassen und sagen, dass es nicht erforderlich ist, unsere Hoffnungen auf Glück/lichsein in dieselben Dingen zu setzen.

Selbstverständlich könnte so ein locker gefassteres Model der nationalen Zugehörigkeit einfach in Begrifflichkeiten des liberalen Multikulturalismus beschrieben werden, was idiosynkratische Unterschiede auf einer nationalen Ebene erlauben würde. Wir müssen mehr tun als glückliche Objektwahlen zu unterscheiden. Letztendlich gibt es den politischen Streit über nationale Zugehörigkeiten, weil einige glückliche Objekte als überwiegend kompromittierend betrachtet werden, weil sie die eigentliche Vorstellung von dem, wer oder was das nationale Subjekt ist, aufgeben. Einige glückliche Objekte, man könnte jetzt an den Turban oder die Burka denken, werden zur Ursache für das nationale Unglück/lichsein, und zwar nicht einfach, weil sie nicht neben anderen glücklichen Objekten der Nation existieren können, sondern weil sie durchdrungen sind von unglücklichen Geschichten, Geschichten des Empires, die unter dem Zeichen des Glück/lichsein gelöscht werden. Objekte werden unglücklich, wenn sie die Hartnäckigkeit von Geschichten verkörpern, die nicht vom Glück/lichsein weggewünscht werden können. Unglück/lichsein anzuerkennen, würde bedeuten, zu erforschen, wie die Diversifizierung des Glück/lichseins Feindseligkeit nicht aus der politischen Erinnerung eliminieren kann und es auch nicht macht, was gleichzeitig die Gegenwart der nationalen Zeit ist. Wir würden die Unmöglichkeit erkennen, gewisse Geschichten hinter uns zu lassen; diese Geschichten bleiben bestehen und wir müssen darauf bestehen, unser Unglück/lichsein mit ihrem Bestehen zu erklären.

» Der Weise, der sich am Erreichten freuen kann, ohne ständig nach Ersatz zu suchen, findet darin etwas, woran er sich in der Stunde der Unbill klammern kann. Wer aber immer alles von der Zukunft erwartet hat, wer sein Leben lang die Augen nur auf die Zukunft gerichtet hat, findet in seinem vergangenen Leben nichts, was ihm bei den Mißgeschicken der Gegenwart helfen könnte; denn die Vergangenheit war für ihn nichts als eine Reihe von Etappen, die mit Ungeduld durcheilt wurden. Er konnte sich ständig im Irrtum befinden, weil er immer hoffte, das Glück, das er noch nicht erjagt hatte, in der Zukunft zu finden. Jetzt aber ist sein Streben zu Ende. Es ist weder im Vergangenen noch im Kommenden ein fester Punkt, an den er sich halten könnte.

Emile Durkheim

Fünftes Kapitel

Glückliche Zukunftsaussichten

Seine Hoffnungen auf die Zukunft zu setzen heißt, sich Glück/lichsein als etwas vorzustellen, das vor uns liegt. Für Durkheim würde eine Anbindung an die Zukunft bedeuten, etwas zu vermissen, unfähig zu sein, die Vergangenheit oder die Gegenwart nicht nur als flüchtig, als etwas, durch das wir durch müssen, durchrasen müssen, um irgendwo anders zu sein, zu betrachten. Wenn sich Glück/lichsein vor uns befindet, kann es sogar sein, dass wir auf unseren Wegen gestoppt werden. Im Verlauf dieses Buches bin ich auch auf die Zukünftigkeit des Glück/lichseins eingegangen, inwiefern uns Glück/lichsein ein Versprechen anbietet, das wir nur flüchtig in der Entfaltung der Gegenwart sehen. Die Sehnsucht nach Glück/lichsein schickt glückliche Objekte voran, erschafft Linien und Pfade auf ihrem Kurs, als würden wir Glück/lichsein finden, indem wir diesen Pfaden folgen.

Das heißt nicht, dass wir einfach Glück/lichsein mit der Zukunft verbinden oder in die Zukunft befördern können. Die Zukunft kann letztendlich auf Arten und Weisen gedacht werden, die nicht im Entferntesten glücklich sind: Wenn wir das Gefühl haben, dass wir die Möglichkeit glücklich zu sein verloren haben, wenn wir das Gefühl haben, dass wir die Hoffnung verloren haben, Glück/lichsein irgendwo auf dem Weg zu finden, wird die Zukunft diesen Verlust der Möglichkeit verkörpern. Also können wir uns Glück/lichsein auch als vergangen vorstellen, als etwas, das man einmal hatte, als etwas, das wir verloren haben, nachdem wir irgendwo angekommen sind, oder sogar das, was wir aufgegeben haben, damit andere irgendwohin kommen konnten. Nostalgische und versprechende Arten des Glück/lichseins gehören zum gleichen Horizont, insofern als dass sie Glück/lichsein als etwas annehmen, das nicht dort ist, wo wir uns in der Gegenwart befinden. Und wenn Glück/lichsein gegenwärtig ist, kann es verblassen, besorgniserregend werden, zu dem werden, was wir im Fortgang der Zeit verlieren können. Wenn Glück/lichsein gegenwärtig ist, kann es sein, dass wir defensiv werden, sodass wir uns aus Angst vor Dingen und Leuten zurückziehen, die uns unser Glück/lichsein wegnehmen könnten.

Doch können wir unsere anhaftende Denkweise an glücklichere Zukunftsaussichten oder die Zukunft des Glück/lichseins einfach ablegen? Queere Theoretiker*innen haben sich am lautesten geweigert, auf die Zukunft zu setzen, und sich geweigert, die Zukunft in Form einer Bekenntnis-Politik anzunehmen. Lee Edelman schreibt in seinem provokativen Text *No Future: Queer Theory and the Death Drive*: »Anstatt diese Zuschreibung der Negativität Queers gegenüber mit einem liberalen Diskurs abzulehnen, sollten wir sie, meiner Meinung nach, lieber akzeptieren und sogar annehmen. Nicht in der Hoffnung, dadurch eine perfekte soziale Ordnung zu schaffen – solch eine Hoffnung würde letztendlich nur das einschränkende Mandat der Zukünftigkeit reproduzieren, genauso wie jede Ordnung die Negativität der Queers hervorrufen würde – sondern um das Beharren der Hoffnung an sich als Bejahung abzulehnen, die immer eine Bejahung einer Ordnung darstellt, deren Ablehnung als undenkbar, unverantwortlich, unmenschlich registriert wird.« (2004: 4) Für Edelman muss queere Theorie hoffnungslos sein, darf sie »keine Zukunft« haben, was bedeutet, nein zur Zukunft zu sagen.[160] Eine

160 Eher ironisch wird diese Aussage »keine Zukunft« auch von Robert Holden, einem Vorreiter der Positiven Psychologie, gemacht. Er sagt: »Es gibt keine Zukunft!« und »Geben Sie *jetzt* Ihr Bestes!« ([1998] 2007: 351) und leistet somit eine Kritik der Zukunft des Glücks-Diskurses, da er eine Angst vor dem Glück/lichsein bzw. eine »Happychondrie« beinhalte (60). Seiner Meinung nach ist »das *Jetzt* heilig« (13) und »eine ewige Schatzkiste« (12). Wir können sehen, inwiefern »keine Zukunft« unterschiedliche Dinge in einer Aussage beinhalten kann, genauso wie es Formen der Politik annehmen kann, dass die Gegenwart unterschiedliche Dinge bejahen kann oder Formen der Politik, die vernei-

Ordnung zu bekräftigen, kann bedeuten, das zu definieren und zu regulieren, was denkbar ist, noch bevor das Denken beginnt.

Bezugnehmend auf Edelmans Polemik, möchte ich ganz ernsthaft die Frage aufwerfen, ob alle Arten politischer Hoffnungen, alle Arten des Optimismus als auch der Utopie, alle Träume von »einer besseren Ordnung« als Logiken der Zukünftigkeit beschrieben werden können, was wiederum bedeuten würde, dass die Negativität in denjenigen verhaftet bliebe, die diese Zukunft nicht erben können. Und doch bejaht Edelman etwas, indem er Zustimmung ablehnt. Ich erkenne etwas Optimistisches und Hoffnungsvolles in Edelmans Polemik, in der die Hoffnung in der Möglichkeit liegt, die durch das Bewohnen des Negativen geöffnet wird. Michael Snediker geht davon aus, dass die queere Übernahme der Negativität auch »optimistisch motiviert« sein könnte (2009: 15). Er argumentiert für einen »queeren Optimismus«, der kein Optimismus gewöhnlicher Sorte sei. Für Snediker »kann queerer Optimismus nicht garantieren, wie solch ein Glück/lichsein aussehen, wie sich solch ein Glück/lichsein anfühlen würde. Und weil er keinen goldenen Weg verspricht, nutzt *queerer Optimismus* ein neues Terrain kritischer Untersuchung, was eine Glückseligkeit an sich zu sein scheint.« (30) Glück/lichsein wird interessant für queere Optimist*innen. Snediker behauptet, dass wir uns Glück/lichsein besser als »theoretisch mobilisierend, als konzeptuell gesehen schwierig« vorstellen sollten, anstatt die Normativität des Glück/lichseins anzunehmen. Er fragt: »Was wäre, wenn Glück/lichsein nicht bloß selbst reflexartig glücklich wäre, sondern interessant?« (ebd.)

Ich stimme zu: Glück/lichsein ist interessant. Je mehr ich dem Begriff *Glück/lichsein* folge, desto mehr interessiert er mich. Wir können noch immer die Bedeutung des queeren Pessimismus als eine fremde Empfindung erkennen: Eine queere Politik, die es ablehnt, ihre Hoffnung auf Glück/lichsein um die Figur des Kindes oder anderer Tropen der Reproduktivität und des Überlebens herum zu organisieren hat sich bereits von der Gegenwart entfremdet. Queerer Pessimismus zählt als ein Pessimismus *über* eine gewisse Art des Optimismus, als eine Weigerung, optimistisch zu sein über »die richtigen Dinge« auf richtige Art und Weise.[161] Gewisse Arten der politischen Negati-

nen, dass die Gegenwart unterschiedliche Dinge verneinen kann. Vielleicht geht es um die Arten der Orientierung, die wir in Richtung der Vergangenheit, der Gegenwart und der Zukunft haben, die sich nicht auf ein Ja-Sagen oder Nein-Sagen reduzieren lassen.

161 Optimismus und Pessimismus sind Möglichkeiten, um Empfindungen in die Zukunft auszurichten. Also geht es nicht so sehr um die Frage, *ob* wir Hoffnung oder Verzweiflung empfinden, sondern *worauf* wir hoffen oder *an was* wir verzweifeln. Einige Formen der positiven Gefühle und einige Formen der negativen Gefühle können Punkte der Entfrem-

vität werden als dickköpfig oder als eine Art des Festgefahrenseins betrachtet. Wir haben über diese Dynamik von der Figur melancholischer Migrant*innen gelernt, die dadurch charakterisiert wird, dass sie an etwas, das bereits durch den Akt des Wahrnehmens von Rassismus verschwunden ist, festhalte, wie an etwas, das weiter und weitergeht. In der Tat wird der Akt der Wahrnehmung von Ungerechtigkeit in der Gegenwart als Raub des Optimismus gelesen, ein Spaßverderben, ein Scheitern, weiterzumachen oder bestimmte Geschichten hinter uns zu lassen. Queerer Pessimismus wird interessant als eine fremde Empfindung, obwohl man, wenn man nur aus Prinzip pessimistisch wird, riskiert, optimistisch über Pessimismus an sich zu werden.

Snediker hat recht, wenn er betont, dass queere Affirmationen der Negativität nicht einfach negativ sind. Das Negative anzunehmen oder ein Nein zu bejahen, kann nicht ausschließlich als negative Geste bezeichnet werden. Negation zu bejahen ist noch immer eine Bejahung, die ein gewisses Ja als den eigentlichen Signifikanten der queeren Politik wiederherstellen könnte, sogar als ein Ja zu dem, was nicht ist (siehe Ahmed 2006: 175). Ich bin dazu geneigt, diesen Schritt als ›dafür und dagegen zu sein‹ zu bezeichnen. Meine Antwort auf die Bejahung der Negation wäre keine Bejahung oder Verneinung der Bejahung als Gegenleistung, sondern die Frage nach einer anderen Orientierung zu dem, was bejaht oder nicht bejaht wird. Meine Aufgabe in diesem Buch war es nicht, positive und negative Empfindungen zu bejahen, sondern zu schauen, wie sich positive und negative Empfindungen verteilen und inwiefern diese Verteilung pädagogisch ist – wir lernen über Empfindung, indem wir über das Wie ihrer Verteilung lesen. Ich möchte in diesem Kapitel über die Umverteilung von Empfindungen nachdenken, die bei der Schaffung dessen, was wir ›revolutionäres Bewusstsein‹ nennen, möglich ist und wie diese Umverteilung Zeit braucht und unsere Beziehung zur Zeit belebt. Formen des politischen Bewusstseins müssen erreicht werden, wie uns Georg Lukács in *Geschichte und Klassenbewußtsein* ([1923] 1976) gelehrt hat. Es ist wichtig, solch einen Fortschritt nicht als individuell zu betrachten, sondern die Rolle der kollektiven Arbeit im Prozess der Bewusstmachung von klassis-

dung erzeugen. Wie ich im letzten Abschnitt des dritten Kapitels untersucht habe, können Queers sich auch als Fremde fühlen, insofern sie positive Gefühle in die falsche Richtung richten. Ich hatte dazu »auf glückliche Weise queer« gesagt. Aus diesem Grund würde ich queere Würde nicht als normativ beschreiben. Stolz auf etwas zu sein, was für andere als Schande gilt, ist eine Art des gefühlsbedingten Ungehorsams. Ereignisse zur Stärkung der queeren Würde, wenn Queers die Straßen bevölkern und Zeichen des Queerseins feiern, bleiben sowohl umstürzlerisch und politisch wichtig, als auch amüsant. Unangebrachte Gefühle können weiterhin Räume für politische Handlungen schaffen.

tischen, rassistischen und sexistischen Unterdrückungen anzuerkennen, was eine notwendige Entfremdung von der Gegenwart mit einschließt.

Wir können die seltsame und verdrehte Mischung aus Hoffnung und Verzweiflung, Optimismus und Pessimismus innerhalb von Formen der Politik untersuchen, die als Ausgangspunkt eine Kritik an der Welt wie sie ist nehmen und einen Glauben, dass die Welt anders sein kann. Ich werde genau das tun, indem ich eine Betrachtungsweise von dystopischen Formen anbiete, einschließlich dessen, was ich Glücks-Dystopien nenne. Warum Dystopie? Warum nicht Utopie, die viel mehr mit Visionen von glücklichen Zukunftsaussichten zu tun haben? Natürlich können Utopien nicht auf glückliche Zukunftsaussichten reduziert werden. Wie Jean Baudrillard behauptet, »Utopie schreibt sich nicht selbst in die Zukunft. Sie ist von jetzt an und immer, das, was der Ordnung des Tages fehlt.« ([2001] 2006: 62) Fredric Jameson stimmt dem zu, dass Utopien uns keine glücklichen Vorstellungen eines Lebens nach diesem Leben schenken: »Deshalb ist es falsch, Utopien mit positiven Erwartungen entgegenzutreten, als würden sie Visionen von glücklichen Welten darlegen.« (2005: 12) Die utopische Form beweist die Möglichkeit einer Alternative und beinhaltet Hoffnung in der Art ihrer negativen Kritik. Tatsächlich geht Jameson davon aus, dass »die utopische Form an sich die Antwort auf die universelle ideologische Überzeugung ist, dass keine Alternative möglich sei.« (232) Die utopische Form macht nicht die Alternative möglich, sondern zielt darauf ab, den Glauben daran zu zerstören, dass es keine Alternative gebe.

Jamesons stärkstes Argument handelt von der Notwendigkeit, unsere gefühlsbedingten Beziehungen zur Zukunft neu zu orientieren. Er weist darauf hin, dass »wir eine Sorge um den Verlust der Zukunft entwickeln müssen.« (233) In diesem Kapitel biete ich Lesarten von dystopischen Formen an, insofern sie als Ausgangspunkt die Möglichkeit annehmen, dass die Zukunft etwas sein könnte, was wir bereits verloren haben – dies ist keine Vision, die ausschließlich auf einer unglücklichen Zukunft basiert, sondern von der Möglichkeit ausgeht, dass es überhaupt keine Zukunft gibt, wo sich Zukunftslosigkeit nicht als Unglück/lichsein vorgestellt wird (was auf dem Überleben eines Subjekts beruhen würde), sondern als kein Zufall, keine Chance, keine Möglichkeit. Ich möchte darüber nachdenken, was es für das Glück/lichsein heißt, von dem Dasein als Zukunft abzuhängen, eine Abhängigkeit, die eine gewisse Sorge um die Möglichkeit seines Verlustes erforderlich macht. Ich biete eine neue Lesart einiger klassischer Ausdrücke des Pessimismus und Optimismus in der Philosophie an (Schopenhauer und Leibniz), neben einer

Analyse der gefühlsbedingten Orientierungen einer Zukunft im Film *Children of Men* (2006, Reg. Alfonso Cuarón), basierend auf dem Roman von P.D. James (1993). Der Film basiert auf dem Glauben, dass wir nicht genug Angst vor dem Verlust der Zukunft haben, indem er uns nicht nur aufzeigt, dass wir eine Zukunft verlieren könnten, sondern auch, dass wir die Zukunft verlieren werden, wenn wir nicht über sie als etwas nachdenken, das verloren gehen kann. Ich möchte den Gedanken des Films verfolgen, um mehr darüber nachzudenken, inwiefern politischer Kampf mit der Zukunft kämpfen könnte, als ein Kampf über das Glück/lichsein, in der Erkenntnis, dass die Zukunft eine Zeit des Verlustes sein könnte.

Die dystopische Vision des Films besteht aus globaler Unfruchtbarkeit: keine Zukunft heißt keine Kinder. Er scheint, wie James' Roman auch, den wiederum Lee Edelman zu Recht kritisiert, auf reproduktiver Zukünftigkeit zu gründen, indem die Hoffnung auf Erlösung in das Außergewöhnliche der Geburt eines Kindes gesetzt wird.[162] Ich möchte behaupten, dass wenn wir den Film ausschließlich auf diese Weise interpretieren, uns etwas über seine eher seltsam anmutenden Temporalitäten fehlen wird. Dieser Film ist gewiss ein Ereignis, in dem sich die Zukunft als Frage der Gegenwart entfaltet. Als er auf DVD herauskam, schloss er noch eine Reihe an Interviews mit prominenten Akademiker*innen mit ein, einschließlich Slavoj Žižek und Saskia Sassen, die sich in ihren Kommentaren auf gegenwärtige Politik der Verzweiflung, Hoffnung, Utopie und Angst mit speziellem Hinweis auf die Politik der Einwanderung, Sicherheit und Umweltkatastrophen konzentrierten. Der Held im Film ist Theo (Clive Owen), ein Gewohnheitspessimist; sein Leben ist schrecklich und ihm ist alles egal, während er die gefühlsbedingte Situation einer Welt ohne Zukunft verkörpert. Doch Theo wird dazu gebracht, sich um etwas zu sorgen; er ist das Subjekt eines Aufrufs seiner Ex-Frau Julian (Julianne Moore), einem Mitglied der revolutionären Gruppe The Fis-

162 Ich stimme Lee Edelmans Lesart des Romans zu: Er behauptet, dass der Roman Unfruchtbarkeit mit sexueller Freiheit gleichsetzt (2004: 11-13). Der Film bietet eine progressivere Darstellung der Fruchtbarkeit an, selbst wenn er sie zu einem Problem macht. In einer Szene ist Theo im Bus, der an bekannten Dingen vorbeifährt: einer Gruppe von Menschen, die in ein Megafon rufen, protestieren, irgendwelche Aktivist*innen mit Schildern und Sprüchen. Sie werden »repenters« (dt. Büßer) genannt und ähneln christlichen Fundamentalist*innen. Auf den Plakaten steht: »Unfruchtbarkeit ist Gottes Strafe«; »Er hat uns sein wertvollstes Geschenk genommen«. Die Kamera lehnt eine Identifikation mit ihnen ab. Theo dreht sich weg und es wird Musik aus den sechziger Jahren gespielt, die für die sexuelle Freiheit steht. Mit anderen Worten, heißt das, der Film bezieht sich zurück auf den Roman, indem er Unfruchtbarkeit nicht zur sexuellen Freiheit zählt. Vielleicht ist die Welt, die Unfruchtbarkeit zur sexuellen Freiheit zählt, die Welt, die keine Zukunft hat.

hes. Sie haben entdeckt, dass eine Geflüchtete namens Kee (Clare-Hope Ashitey) schwanger ist und Theo soll sie auf das Boot *Morgen* bringen, sodass sie an einem utopischen Projekt teilnehmen kann, dem *Projekt Mensch*. Die Film handelt von ihrer Reise. Der Albtraum im Film basiert auf einer offensichtlich politischen Vision einer ungerechten Gegenwart: eine Welt, in der Ausländer*innen und Flüchtlinge als Fremde betrachtet und behandelt werden und in der die Umweltverschmutzung mit der Behandlung von anderen als Dreck einhergeht. Ich möchte eine Lesart des Films anbieten, um die Rolle der Verzweiflung und Hoffnung im Kampf für ein ›Morgen‹ und was es bedeutet, für eine Zukunft zu kämpfen, wenn ein ›Heute‹ so hoffnungslos erscheint, zu analysieren.

Entfremdung und revolutionäres Bewusstsein

In diesem Buch habe ich über ›gefühlsbedingte Fremde‹ geschrieben: Gefühlsbedingte Fremde sind diejenigen, die aufgrund dessen, wie sie von der Welt berührt werden oder wie sie andere in der Welt berühren, entfremdet werden. In welchem Bezug stehen Entfremdung und die Möglichkeit eines revolutionären Bewusstseins? Können wir heutzutage überhaupt von revolutionärem Bewusstsein sprechen? Selbstverständlich ist es eine oft wiederholte Annahme, dass Geschichte an sich das Konzept der politischen Revolution unmöglich gemacht hat: Das Scheitern des Kommunismus, sein Versprechen einer alternativen Zukunft einzuhalten, wurde als Beweis der Unmöglichkeit einer anderen Zukunft als der des globalen Kapitalismus betrachtet. Doch das ist zu einfach: Es gibt zu viele Beweise für das Scheitern des globalen Kapitalismus, sein eigenes Versprechen eines guten Lebens der Weltbevölkerung gegenüber einzulösen, damit er als Beweis für die Unmöglichkeit von Alternativen gelten könnte. Wir können viel daraus lernen, wie allein die Idee von Alternativen zum globalen Kapitalismus als Dummheit dargestellt wird.[163] In seiner phänomenologischen Anthropologie des Anarchismus sagt David Graeber über Alternativen: »wenn sie mit irgendetwas konfrontiert werden, das in entferntestem Sinne kreativer, nichtbefremdlicher Erfahrung ähnelt, tendieren sie dazu, genauso lächerlich auszusehen wie eine Deo-Werbung in Zeiten von nationalen Katastrophen.« (2007: 410) Das dumme und lächerliche Wesen von Alternativen lehrt uns nichts über das Wesen solcher Alternativen, sondern darüber wie angsteinflößend es sein kann, sich Alternativen

163 Ich werde in der Schlussfolgerung dieses Buche auf die ›dummen‹ Arten des Glück/lichseins eingehen.

zu einem System auszumalen, das überlebt, indem es sich selbst auf Alternativlosigkeit gründet.

Es ist wichtig, hier anzumerken, dass Bewusstsein nicht einfach so Menschen in Revolutionär*innen verwandelt – solch eine Aussage würde eine Art des Idealismus konstituieren und die Dringlichkeit eines marxistischen Erbes entkräften. Was ich beschreiben möchte, ist, inwieweit ein gescheitertes Bewusstsein, ein falsches Bewusstsein über die Welt, andere mögliche Welten blockiert, als eine Blockade, die Möglichkeiten unmöglich macht, sodass diese Möglichkeiten verloren sind, bevor sie gelebt, erfahren oder ausgemalt werden können. Es ist wichtig, an dieser Stelle anzumerken, dass falsches Bewusstsein kein Begriff war, der von Marx gebraucht wurde. Wie Joseph McCarney herausstellt, der erste geschriebene Verweis auf »falsches Bewusstsein« erscheint in einem Brief von Engels: »Die Ideologie ist ein Prozeß, der zwar mit Bewußtsein vom sogenannten Denker vollzogen wird, aber mit einem falschen Bewußtsein. Die eigentlichen Triebkräfte, die ihn bewegen, bleiben ihm unbekannt; sonst wäre es eben kein ideologischer Prozeß. Er imaginiert sich also falsche resp. scheinbare Triebkräfte.« (Engels [1893] 1968: 97)

In diesem Verweis wird falsches Bewusstsein genutzt, um die Unmöglichkeit zu beschreiben, dass das Bürgertum weder seine eigenen Motive noch den Zusammenhang zwischen seinen Überzeugungen und seinen Interessen kennt. Bewusste Überzeugungen sind Ideologien; sie unterstützen Interessen durch die Zurücknahme des interessierten Wesens solcher Überzeugungen aus dem Bewusstsein. Wir nehmen vielleicht an, dass die Vorstellung vom ›falschen Bewusstsein‹ von falschen/wahren Dichotomien abhängt, die nicht länger existenzfähig sind – solch eine Annahme ist so überzeugend, dass die Phrase »falsches Bewusstsein« bestenfalls veraltet klingt. Doch wie ich im zweiten Kapitel angemerkt habe, gibt es Gründe, um dieses Konzept wieder aufzufrischen, ausgehend davon, dass wir Bewusstsein nicht als etwas denken, das zu einem individuellen Subjekt gehört. Bewusstsein könnte darüber handeln, wie die Gesellschaftlichkeit durch das Teilen von Täuschungen arrangiert ist, die der Ankunft des Subjekts vorangehen. Wie Lukács so gut darlegt: »Aber die Verschleierung des Wesens der bürgerlichen Gesellschaft ist auch für die Bourgeoisie selbst eine Lebensnotwendigkeit.« ([1923] 1976: 148). Der Schleier hat womöglich teil an der Reproduktion der sozialen Ordnung, indem er die Reproduktion der Ordnung überdeckt.

Der Schlüssel ist vielleicht nicht so sehr die Unterscheidung zwischen Wahrheit und Unwahrheit, sondern die Rolle der Unwahrheit in der Reproduktion der Wahrheit. Mit anderen Worten, Bewusstsein ist falsch, weil es nicht imstande ist, mit sich selbst übereinzustimmen, wodurch sich eine gewisse Ordnung wiederholt und den Horizont der Intelligibilität oder Wahrheit definiert. Die Wiederholung könnte demnach davon abhängen, ob das Scheitern der Übereinstimmung erkannt wird. Sich der Ordnung bewusst zu werden, heißt nicht, mit sich selbst übereinzustimmen in dem Sinne, dass man ein wahres Bewusstsein oder ein Bewusstsein von der Wahrheit erlangt. Revolutionäre nehmen vielleicht einfach das Scheitern dieser Übereinstimmung wahr; der Schleier ist nicht entschleiert, um eine Wahrheit zu enthüllen; der Schleier ist enthüllt und stellt eine Offenbarung dar, die einseitig und fehlerhaft ist.[164]

Die Erkenntnis des Scheiterns der Übereinstimmung ist eine andere Möglichkeit, um über die Bewusstwerdung der Falschheit des Bewusstseins und über den interessierten Charakter gesellschaftlicher Überzeugungen zu sprechen. Wie stehen solche Formen der Erkenntnis zur Entfremdung? Kommen wir zu Marx' frühem Werk über Entfremdung. Marx macht, in Anlehnung an Hegel, die Arbeit zum Schlüssel für das Verständnis des menschlichen Handelns. Dirk J. Struik beschreibt in seiner Einleitung zu *The Economic and Philosophical Manuscripts of 1844,* wie der Arbeitsprozess dieser »Prozess des handfesten, lebenden Menschen ist, dessen Existenz von alltäglichen Handlungen erschaffen wird, in denen er atmet und isst und liebt und leidet.« (1969: 41) Der Mensch ist sinnlich und weltlich; Menschen brauchen notwendigerweise Interaktion mit der Umwelt, sodass diese Umwelt mehr als einen Wohnraum (Essen zu Ernährung, Luft zum Atmen) und Interaktion

164 Wenn wir also Glück/lichsein als falsches Bewusstsein beschreiben, dann würden wir es nicht auf der Ebene der Überzeugungen anzweifeln: Wir würden nicht sagen, dass dieses oder jenes Glück/lichsein schlecht oder falsch ist oder dass diese oder jene Person falsch ist, wenn sie sich selbst als glücklich bezeichnet. Wir würden Glück/lichsein als einen Schleier bezeichnen, der nicht einfach Glück/lichsein verschleiert, sondern eine gewisse Ordnung der Dinge erschafft, indem er die Bedingungen der Intelligibilität und Wahrheit definiert. Wir würden vielmehr die interessierte Natur der Überzeugungen bezeugen, als die Überzeugungen selbst abzulehnen. Ein gutes Beispiel dafür sind die glücklichen Signale der Diversity, die im vierten Kapitel besprochen wurden; sie verdecken nicht nur die Kämpfe und Antagonismen des Rassismus, sondern erschaffen Rassismus in dem Augenblick, in dem nicht länger an ihn ›geglaubt‹ wird. Glückliche Diversity als einen Schleier zu entlarven, hat nicht die Enthüllung der Wahrheit zur Folge. Der Schleier ist nicht das, was die Wahrheit verbirgt; er trägt zur Erschaffung der Wahrheit bei. Darüber hinaus müssen wir lernen, Dinge über die Zeit hinweg zu sehen. Bei antirassistischer Arbeit geht es folglich darum, Rassismus und das Wie und Wo seiner Reproduktion zu erkennen. Beim Antirassismus geht es nicht darum, rassistische Überzeugungen zu durchblicken, sondern zu verstehen, wie sie durch das Verschwinden erhalten werden.

mit anderen, mit denen wir uns eine Existenz aufbauen können, bietet. »Der Mensch als ein gegenständliches sinnliches Wesen ist daher ein leidendes und, weil sein Leiden empfindendes Wesen, ein leidenschaftliches Wesen. Die Leidenschaft, die Passion ist die nach seinem Gegenstand energisch strebende Wesenskraft des Menschen.« (Marx [1844] 1968: 578)

Arbeiter*innen sind von dem entfremdet, was sie tun und schenken dem Objekt der Arbeit all ihre Energie, die dann wieder weggenommen und zur Ware wird: »Der Arbeiter legt sein Leben in den Gegenstand; aber nun gehört es nicht mehr ihm, sondern dem Gegenstand.« (Marx [1875], MEW Bd. 40: 512). Für Marx wird der Prozess der Entfremdung, in dem Arbeiter*innen sich von sich selbst entfremden, gleichzeitig als »Verlust des Gegenstandes« und »Gebundenheit an ihn« beschrieben (ebd.). Anders ausgedrückt, der*die Arbeiter*in ist an das verlorene Objekt gebunden: Kapitalismus als solcher beruht vielleicht auf Melancholie.

Der*die Arbeiter*in fühle sich »nicht wohl, sondern unglücklich« (34). Marx schildert das Leben der Arbeiter*in als eine Art »*Lebensmittel*«, weil es nur »ein Mittel [mit] Bedürfnisse[n]« sei (36). *Lebensmittel* zu sein wird als eine Art des ›Unglücks‹ umschrieben (120). Die Aneignung von Arbeit lässt den*die Arbeiter*in leiden; je mehr der*die Arbeiter*in arbeitet, desto mehr produziert er*sie, desto mehr leidet er*sie. Entfremdung ist sowohl eine Entfremdung von den Produkten der eigenen Arbeit – eine Art der Selbstentfremdung – als auch eine Gefühlsstruktur, eine Art des Leidens, das formt, wie der*die Arbeiter*in die Welt bewohnt. Arbeiter*innen leiden unter dem Verlust der Verbindung zu sich selbst, angesichts der Tatsache, dass die Welt, die sie erschaffen haben, eine Erweiterung ihrer Selbst ist, eine Erweiterung, die angeeignet ist.

Ein Bewusstsein über die Entfremdung umfasst sowohl die Erkenntnis des Leidens als auch dessen, was dieses Leid erzeugt. Wird man sich der Entfremdung bewusst, wird man sich auch dessen bewusst, wie sein eigenes Ich gestohlen wurde. Damit ist nicht nur eine Entfremdung von der Welt gemeint, sondern sich dessen bewusst zu werden, inwiefern die Entfremdung bereits, sagen wir mal, in der Welt ist. Man wird entfremdet von seiner Entfremdung. Wir können diese »doppelte Entfremdung« formulieren, indem wir die antikolonialen Formen des revolutionären Bewusstseins betrachten. Kommen wir zu Frantz Fanons Klassiker *Die Verdammten dieser Erde* ([1961] 1981). Fanon schildert, wie es dazu kommt, dass Indigene ihre Waffen zücken und sich gegen die Kolonisatoren stellen, also gegen die Welt der Kolonisatoren rebellieren. Wie ist so etwas möglich? Fanon ist der Meinung, dass Indigene nur durch ihr Bewusstsein rebellieren können: Sie müssen sich erst der Welt der Kolonisatoren als fremd bewusst werden, bevor sie die Waffen zücken können. Doch dies bedeutet nicht, dass sie sich die Kolonisatoren als fremde Menschen oder als Ausländer*innen oder Hochstapler*innen bewusst werden. Es heißt eher, die eigene Entfremdung der Indigenen zu ›durchschauen‹, die als Sichtweise zu einer unerkennbaren Wahrheit verkehrt worden ist: »Der Kolonisierte entdeckt also, daß sein Leben, sein Atmen, seine Herzschläge die gleichen sind wie die des Kolonialherrn. Er entdeckt, daß die Haut eines Kolonialherrn nicht mehr wert ist als die Haut eines Eingeborenen. Diese Entdeckung *teilt der Welt einen entscheidenden Stoß mit.*« (38; Hervorhebung von S. Ahmed) Die Entfremdung der Indigenen ist eine Entfremdung von der Entfremdung, die eine Akzeptanz von einem untergeordneten Ort garantierte. Die Welt ›wackelt‹. Die Indigenen erkennen in dieser zweiten Entfremdung, dass sie nicht die Fremden sind, von denen sie dachten, dass sie sie sind und dieses Bewusstsein führt sie zurück zur Anerkennung ihrer lebendigen Körper als nicht mehr oder weniger lebendig als die Körper der Kolonisatoren. Sie erkennen, dass ihre Leben gestohlen wurden und sie erkennen den Diebstahl des Lebens, indem sie sich dem Leben zuwenden. Der Körper, der atmet, weigert sich, fremd gemacht zu werden; das erfordert und verlangt folglich Maßnahmen gegen diejenigen, die ihre Leben gestohlen haben.

Wenn koloniale Besatzung durch einen utilitaristischen Diskurs des Glück/lichseins gerechtfertigt wird, wie ich im letzten Kapitel angedeutet habe, wird der*die Indigene nicht nur vom Leben entfremdet, sondern auch vom guten Leben. Indigene Gewalt ist die *Antwort auf diese Wirkung des Guten*: »Es geschieht aber, daß der Kolonisierte, wenn er eine Rede über die westliche Kultur hört, seine Machete zieht oder sich doch versichert, daß sie in Reichweite ist.« (36) Der*die Indigene hört die Gewalt der Worte ›westliche Kultur‹ als eine Form der Gewalt, die unter dem Schleier der Liebenswürdigkeit gedämpft wird und antwortet auf die Gewalt *im Wesen*. Die Gewalt der Revolution erfordert Gewalt nicht nur gegen diejenigen, die besetzen, sondern auch gegen die Werte und Verhaltensweisen, die Andersartigkeit als relative Nähe domestiziert haben. Um die Gewalt solch einer Geschichte ungeschehen zu machen, muss der*die Indigene diese aufdecken und sich ihr selbst entgegenstellen: »Aber kommen wir auf die Gewalt zurück, die überall in der Luft liegt. Wir haben gesehen, wie sie reift, wie sie sich mitteilt und überträgt und wie sie schließlich zum Ausbruch kommt. Das koloniale Regime versucht sie abzulenken auf lokale Stammesfehden. Sie aber macht sich dennoch auf ihren Weg; der Kolonisierte identifiziert seinen Feind, *gibt allen seinen Mißgeschi-*

cken einen Namen und wirft die ganze, bis zum äußersten gereizte Kraft seines Hasses und seiner Wut in die Waagschale.« (59f.; Hervorhebung von S. Ahmed) Die Verdammten dieser Erde entlarven die Verdammnis dieser Erde. Die Verdammten richten ihre Wut und ihren Hass gegen die Welt, die sie zu Verdammten macht. Die Erkenntnis der Verdammnis ist revolutionär. Sie beinhaltet die Erkenntnis, dass Verdammung keine unvermeidliche Konsequenz daraus ist, auf gewisse Weise zu sein, sondern eine Folge der Besetzung und Gewalt der Kolonisatoren. Missgeschick und Unglück/lichsein werden verursacht. Das Leid zu erkennen – anzuerkennen, dass jemand *zu einem*r Fremden gemacht* wurde, was auch bedeutet, dass man erkennt, dass jemand nicht der*diejenige ist, zu dem*der er*sie gemacht wurde – meint hier, seine Ursache zu erkennen. Das Leid anzuerkennen, indem man die Ursache des Leids erkennt, ist also Teil der revolutionären Sache. Falsches Bewusstsein ist das, was eine gefühlsbedingte Situation aufrechterhält (das Leid des*der Arbeiter*in und des*der Indigenen), aber erkennt die Ursache nicht richtig, sodass diese falsche Erkenntnis über die Ursache die Möglichkeit beinhaltet, Leid zu ›verursachen‹.

Es ist kein Zufall, dass revolutionäres Bewusstsein heißt, dass man sich uneins mit der Welt fühlt oder das Gefühl hat, dass die Welt merkwürdig ist. Du wirst von der Welt entfremdet, wie sie gegeben war: die Welt der guten Gewohnheiten und Manieren, die dir Annehmlichkeiten im Gegenzug für Gehorsam und guten Willen verspricht. Als Gefühlsstruktur ist Entfremdung auf intensive Weise präsent; es ist ein Gefühl, dass vor anderen auftritt, von denen man entfremdet ist, und das kann sich wie ein Gewicht anfühlen, dass dich gleichzeitig niedergedrückt und auf Distanz hält. Du bewegst dich, lässt deinen Kopf fallen, schwitzt, fühlst dich nervös und unsicher. Alles drückt sich gegen dich; du fühlst gegen die Welt und die Welt fühlt gegen dich. Du bist nicht mehr gut zurechtgerückt?: Du kannst die Welt nicht mehr zurechtrücken. Das Revolutionäre ist ein*e gefühlsbedingte*r Fremde*r in diesem speziellen Sinn. Du fließt nicht; du bist gestresst; du erfährst die Welt als eine Form des Widerstands, indem du einer Welt widerstehst.

Wie ich bereits in der Einleitung zu diesem Buch erörtert habe, ist die Fließerfahrung in der Positiven Psychologie die optimale positive, psychische Realität. Für das gestresste Subjekt ist dein Dasein ›außerhalb‹, da du außerhalb der Zeit bist. Wie es Charlotte Bloch umschreibt: »Stresserfahrungen haben die Eigenschaften gemeinsam, dass wir gegen unser Dasein in der Zeit kämpfen, dass sich Realität als Widerstand ausdrückt, dass andere Menschen als Hindernisse erfahren werden, dass gegen die für selbstverständlich gehaltene Erfahrung des verkörperten Selbst angekämpft wird.« (2002: 107) Also während ein »Fluss Eigenschaften der Mühelosigkeit und Leichtigkeit impliziert«, behauptet Bloch, dass »Stress Eigenschaften des Druckes und des Widerstandes impliziert« (101). Wenn wir an Revolution und Empfindung denken, merken wir vielleicht, dass Fluss und Stress verteilt und neu verteilbar sind: Du kannst von einer Welt gestresst sein, in der du geflossen bist, die du als konform und einfach erfahren hast, alleine dadurch, dass du diese Welt als eine Welt neu betrachtest. Zugegebenermaßen kann es sein, dass ein revolutionäres Bewusstsein nur als eine Bereitschaft zum Stress möglich ist, wenn man die Gegenwart unter die Haut gehen lässt. Rebellion ist dann die Erfahrung, »aus der Haut zu fahren.

Wenn revolutionäres Handeln einen Willen zum Stress erfordert, birgt sie auch eine Ablehnung des sogenannten »*glückliche[n] Bewusstsein[s]* [...], was die Hinnahme der Untaten dieser Gesellschaft erleichtert.« ([1964] 1977: 95) Natürlich ist es wichtig, dass wir kein heroisches Modell des unglücklichen Revolutionären erzeugen, dessen Leid ein Geschenk für die Welt darstellt. Du kannst unglücklich sein als eine Art Nichtstun; Unglück/lichsein aus Überzeugung kann hingegen eine Möglichkeit sein, um an der Gegenwart festzuhalten, indem du Objekten mit einer gewissen Gleichgültigkeit begegnest (du bist unglücklich mit allem, was jede Sache vorwegnimmt, sodass du unglücklich mit etwas bist, bevor es passieren kann).[165] Ich möchte mich an dieser Stelle dem Film *Children of Men* zuwenden, der uns eine Vor-

165 Glück/lichsein oder Unglück/lichsein kann auf diese Weise zwanghaft werden, sodass das, was dir passiert, dir als Angst vor einem Gefühl begegnet, das anhalten muss. Ich vermute, dass wir dazu neigen, wahrzunehmen, wenn Menschen sich an ihrem Unglück/lichsein festkrallen (und sehen sie als dickköpfig in ihrer Beharrlichkeit). Wir neigen aber nicht dazu, so einfach zu sehen, wenn Menschen sich an das Glück/lichsein klammern, vielleicht, weil wir annehmen, dass solch eine Hartnäckigkeit nur gut sein kann, weil es ein Bestehen auf etwas Gutem ist. Doch hartnäckiges Glück/lichsein kann problematische Folgen haben. Man kann übersehen, darüber hinwegsehen, was einem in den Weg des Glück/lichseins kommt. Man kann auch auf problematische Weise handeln, um seine Hartnäckigkeit zu sichern. Beides, Glück/lichsein und Unglück/lichsein können eine Art des Steckenbleibens sein. Also, obwohl ich in meinen Überlegungen zur Melancholie und Umwandlung im vierten Kapitel die Reduzierung des Unglück/lichseins auf das Anhaften hinterfragt habe, leugne ich nicht, dass Unglück/lichsein auch Anhaftungen zur Folge haben *kann*. Die Reduzierung könnte ein Ausdruck der Ruhe sein, mit der Unglück/lichsein erkennbar ist, egal, ob sie dann anhaften bleibt oder nicht. Aufgrund dieser Ruhe muss man vielleicht auf dem eigenen Unglück/lichsein bestehen: Es besteht so ein Druck, Unglück/lichsein in Glück/lichsein umzuwandeln (selbst, wenn die Ursache des Unglück/lichseins anhält), dass wir vielleicht sogar noch stärker daran festhalten müssen, was bedeuten könnte, dass man so stur bleibt, wie man wahrgenommen wird.

stellung von Revolutionären, The Fishes, anbietet, die als irrationale Subjekte präsentiert werden, die auf eine bestimmte Wahrheit ›fixiert‹ sind. Im Film werden die Revolutionäre, deren Motto »The Fishes sind im Krieg mit der Regierung, bis sie allen Migrant*innen in Großbritannien dieselben Rechte gewährt hat«, lautet, dargestellt, als würden sie »sinnlose Gewalt« ausüben, obwohl ihre Beweggründe gerecht zu sein scheinen. Es ist, als sei das wofür sie kämpfen zum Kampf an sich geworden, was bedeutet, dass der Kampf sie zu Gegner*innen dessen macht, wofür sie kämpfen.

Man kann viel dazu sagen. Einerseits könnten wir das Stereotyp der Aktivist*innen als Terrorist*innen hinterfragen: als diejenigen, die auf Gewalt fixiert sind, wo Gewalt zu ihrer eigenen Ursache geworden ist. Und doch, können wir andererseits in der Beschreibung der Gewalt einer Revolution eine gewisse Wahrheit erkennen: die Gewalt des Aufstandes ›wiederholt‹ die Gewalt, die dessen Ursache ist. Der Konservatismus dieses Films könnte das Ausmaß sein, bis zu dem diese Wiederholung notwendigerweise als Verlust einer Ursache betrachtet wird.

Die Figur des*der tobenden Revolutionär*in oder wütenden Aktivist*in lehrt uns etwas: Diejenigen, die für alternative Zukunftsaussichten kämpfen, werden wahrgenommen, als würden sie sinnlose Gewalthandlungen vollziehen, *was zur Ignoranz von Situationen führt, in denen Revolutionen Sinn machen*.

Tatsächlich können wir die Politik dessen, wer oder was als Ursprung von Gewalt gilt, in Betracht ziehen: Die Revolutionär*innen decken Gewalt auf, aber die Gewalt, die sie aufdecken, wird nicht als Gewalt geltend gemacht. Strukturelle Gewalt ist Gewalt, die verschleiert ist. Wie Raymond Williams in *Modern Tragedy* suggeriert: »Der essentielle Punkt ist, dass Gewalt und Chaos sowohl Institutionen als auch Handlungen sind. Wenn wir eine revolutionäre Veränderung durchlebt haben, können wir das für gewöhnlich klar sehen. Die alten Institutionen, die nun tot sind, nehmen ihren wahren Wert als systematische Gewalt und Chaos an; in diesem Wert liegt die Quelle der revolutionären Handlung.« (2006: 91, siehe auch Arendt [1961] 1963: 34)[166] Wenn das Aufdecken von Gewalt als Ursprung der Gewalt interpretiert wird, wird die Gewalt, die aufgedeckt wird, nicht offenbar.

---

166 Wir könnten hier auch auf Žižeks Unterscheidung zwischen subjektiver und objektiver Gewalt (einschließlich systematischer und symbolischer Gewalt) eingehen. Žižek behauptet, dass unsere kulturelle Beschäftigung mit subjektiver Gewalt (wo es ein Subjekt gibt, das die Gewalt ausübt, das ganz klar identifiziert werden kann) uns erlaubt, objektive Gewalt zu übersehen, die zu einem Hintergrund wird und definiert, was Žižek

Der Film bietet uns ein alternatives Modell von Revolutionären an, über die gesagt wird, dass sie eine ›verlorenen Anlass‹ hätten oder dass sie ihren Grund verloren hätten. Die Revolutionäre, die ihren Grund verloren haben, sind keine richtigen Revolutionäre.[167] So wie unser Held Theo, der als ›ehemaliger Aktivist‹ dargestellt wird und unberührt, zynisch, traurig,

»Nullebene, auf der es keine Gewalt gibt« nennt (2011: 10). Ich denke, dass Žižek einige Nuancen hier fehlen: Einige Subjekte der Gewalt sind genau deshalb ersichtlich, weil andere Formen der subjektiven Gewalt in den Hintergrund treten und untrennbar von dem sozialen und symbolischen System werden. Die Figur der Spaßverderber*in lehrt uns folgendes: der*die Spaßverderber*in verdirbt nur den ›objektiven Frieden‹, wenn die Gewalt, die von gewissen Subjekten ausgeht, verdeckt bleibt oder ihre Gewalt durch die Identifizierung des Subjektes, das diese Gewalt *als* gewaltsam enthüllt, verdeckt bleibt. Der*die Spaßverderber*in könnte auch durch die Figur des Whistle-Blowers betrachtet werden: Indem sie das Fehlverhalten einer Organisation öffentlich macht, wird sie, oftmals als jemand gesehen, der ein Problem verursacht, und nicht, ein Problem aufdeckt. Etwas auszuplaudern ist eine Handlung der institutionellen Illoyalität: Er legt nahe, dass die Forderung nach Loyalität eine Forderung darüber ist, dass Subjekte ›zustimmen‹, Fehlverhalten geheim zu halten, für das sie als Gegenleistung etwas bekommen. Glück/lichsein wird denjenigen versprochen, die zustimmen, die Ursachen des Unglück/lichseins zu verdecken: Das Glücksversprechen ist ein Versprechen der Gegenleistung. Wenn man über Gewalt und Ungerechtigkeit spricht, lehnt man dieses Versprechen ab.

167 Tatsächlich könnte man sagen, dass Theo eher noch als grundloser Rebell beschrieben wird, obgleich er vielleicht nicht wirklich einer ist. Ich bin mir ziemlich sicher, dass meine Analyse dieses Films keine Analyse der Revolution ist, die, wie Hannah Arendt gut aufzeigt, mehr erfordert als individuelle oder kollektive Rebellion: »›Das Wort *revolutionär* darf nur angewendet werden auf Revolutionen, deren Ziel die Freiheit ist.« ([1961] 1963: 34). Es ist kein Film *über* Revolution, obwohl er, wie Dystopien, von dem Albtraum der gegenwärtigen Welt handelt (einer Vision der Zukunft, die auf fehlender Entfernung basiert) und folglich handelt er in gewisser Weise von der Notwendigkeit einer Revolution. Also, warum habe ich die Figur der Revolutionär*in ins Spiel gebracht? Ich habe es aus strategischen Gründen getan: Ich möchte darauf zu sprechen kommen, was Michel Foucault »das Rätsel des Aufstands« nennt (1979: 132), und zwar so, dass revolutionäre Hoffnung nicht in traditionelle Modelle der revolutionären Handlung gesetzt wird. Arendt stellt Reflektionen zur Emotion und Revolution an und suggeriert, dass revolutionäre Leidenschaft eine gewisse Beziehung zum Mitgefühl hat: »*Le peuple* ist das Schlüsselwort zu jedem Verständnis der Französischen Revolution, und alle Assoziationen, die sich mit diesem Wort verbanden und auch heute noch verbinden, sind von denen geprägt, die damals gleichsam zum ersten Male sich dem Schauspiel der Nöte und Leiden des Volkes exponiert sahen, die sie selbst doch nicht teilten. Zum erstenmal meinte man mit diesem Wort mehr und anderes als diejenigen, die selbst nicht teilhatten an der Macht und der Regierungsgewalt, nicht so sehr die Einwohner und potentiellen Bürger überhaupt wie das ›gemeine Volk‹. Das aber heißt, daß die Definition des Wortes gleichsam aus dem Mitleiden geboren ward, so daß der Begriff mit Mißgeschick und Unglück so eng zusammenwuchs, daß die Worte ›das Volk‹ und die ›Unglücklichen‹ nahezu synonym wurden« (Arendt [1961] 1963: 94f.). Arendts Überlegungen implizieren nicht, dass die revolutionäre Aufgabe darin besteht, Leidenschaft zu empfinden, sondern eine Umorientierung gegenüber den Ursachen des Leidens, die nicht geteilt werden. Ich interessiere mich für Theo insofern, als dass ich

deprimiert sowie stumm ist. Dieses negative Gefühl wird zu einer Art des Un- oder Nicht-Gefühls oder sogar zu einem Nicht-Fühlen, das uns etwas erzählt: negative Gefühle schweben, halten an, drücken bis das, was gefühlt wird, nichts mehr ist.

Wir können Theo als den gefühlsbedingten Fremden im Film bezeichnen. Das erste Geräusch, das wir in der Anfangsszene hören, ist die typische Stimme eines BBC Moderators, der die Nachrichten des Tages präsentiert. Die Geschichten könnten sich auch heutzutage zutragen: »Die muslimische Gemeinschaft verlangt ein Ende der militärischen Besetzung von Moscheen.« »Das Heimat-Abkommen wurde verabschiedet. Nach acht Jahren bleiben jetzt die britischen Grenzen geschlossen. Die Abschiebung von illegalen Migrant*innen wird weitergehen.« Und dann, der Hauptaufmacher: »Guten Morgen, unser Hauptaufmacher. Heute wurde die Welt durch den Tod von Baby Diago, dem jüngsten Menschen auf dem Planeten, in Atem versetzt.« Der Tod eines Individuums ist die Titelgeschichte, weil das individuelle Leid vor dem kollektiven Leid steht. In der Eröffnungsszene befinden wir uns in einem Café. Eine Gruppe von Leuten starrt traurig nach oben zu einem Bildschirm und wir hören die schreienden und keuchenden Geräusche der Trauer. Die Gruppe bildet eine Einheit durch das Teilen einer Richtung: ihre Trauer über ein verlorenes Objekt, den Verlust des jüngsten Menschen auf der Erde, der den Verlust einer Zukunft als einen gemeinsamen Verlust symbolisiert. Theo geht durch die Menge hindurch und schaut nicht nach oben zum Bildschirm. Er bestellt einen Kaffee geht wieder raus.

Theo ist entfremdet von der Gruppe, weil er die gemeinsame Trauer dem verlorenen Objekt gegenüber ablehnt, einem Objekt, das auch als Symptom und Erinnerung an eine verlorene Fruchtbarkeit funktioniert, der wahre Grund für die menschliche Trauer. Später geht er zur Arbeit. Wir sehen ein Großraumbüro: Alle Mitarbeiter*innen sitzen vor ihren Bildschirmen. Wir erinnern uns hier an Marx: Die Entfremdung der Arbeiter*innen drückt sich so gut in der Antisozialität des Großraumbüros aus, in dem jede*r Arbeiter*in von anderen Arbeiter*innen abgeschirmt ist, eine Gewalt, die durch die Illusion des gemeinsamen Raumes noch verstärkt wird. Sie schauen die Geschichte von Diagos Tod, die sich auf ihren einzelnen Bildschirmen ausbreitet, als wäre das, was geteilt wird, dieselbe Sache. Die Nachrichten berichten, dass »Diago in seinem Leben eine tragische Erinnerung an die Unfruchtbarkeit war, die die Menschheit durchstehen musste und an die Folgen, die sie

---

wissen möchte, was passiert, wenn er seine Aufgabe annimmt. Ich danke Elena Loizidou für ihre Ermutigung, mit Arendts Gedanken mitzugehen.

auf die Welt hatte, in der wir nun leben.« An dieser Stelle steht Theo auf und geht zu seinem Chef, um ihm zu sagen: »Ich glaube, mich hat das mit Baby Diagos Tod mehr mitgenommen als ich dachte«, als eine Möglichkeit, um rauszukommen, indem er Rührung als selbstgemachtes Narrativ einsetzt. Er verlässt das Büro und geht zu seinem Freund Jasper. Theo ist von dem allgemeinen Ausdruck der Trauer entfremdet. Als er zu Jasper sagt: »Das war sogar schlimmer. Alle haben geweint. Baby Diago – komm schon, der Typ war ein Wichser.«

Wenn man ein*e gefühlsbedingte*r Fremde*r ist, muss man nicht zwangsläufig dieselben Ereignisse mit einem anderen Gefühl beantworten (unglücklich gemacht zu werden durch das Glück/lichsein anderer Leute). Es kann sogar eher sein, dass der*die gefühlsbedingte Fremde dieselben Gefühle erfährt, aber in Relation zu anderen Objekten, die von anderen als die ›falschen Objekte‹ beurteilt werden. Theo teilt das negative Gefühl, das um den Film herumschwebt, in den brutalen Rändern seiner dystopischen Vision. Doch sein Unglück/lichsein ist nicht auf die richtige Weise ausgerichtet, und zwar nicht auf Diago und das Versagen der Menschheit, sich fortpflanzen zu können. Er fühlt sich einfach scheiße. Und so sagt er zu Jasper (Michael Caine): »Dasselbe wie jeden Tag. Bin aufgestanden. Fühlte mich scheiße. Ging zur Arbeit. Fühlte mich scheiße.« Theo trägt eine nicht zugeschriebene Trauer in sich, eine Trauer über irgendetwas oder alles, einen allgemeinen Sinn der Verzweiflung über die Möglichkeit, ein Leben zu leben, das anders ist, als das, was gerade vonstattengeht. Der Film sucht nach der Ursache seiner Verzweiflung, was wiederum dazu führt, dass sich die Handlung entfaltet.

In diesem Gespräch geht es zwischen Theo und Jasper um das »Projekt Mensch«. Das Projekt Mensch beginnt als ein Gerücht über eine alternative Zukunft, eine Gemeinschaft, die das Überleben der Menschheit sichern soll. Theo ist ein Skeptiker. Jasper macht Witze. Theo entgegnet: »Das Projekt Mensch. Warum glauben Leute diesen Mist? Selbst wenn sie ein Heilmittel gegen die Unfruchtbarkeit entdeckt haben. Spielt keine Rolle. Zu spät. Die Welt ist den Bach runtergegangen. Weißt du was? Es war zu spät bevor das mit der Unfruchtbarkeit passiert ist, verdammte Scheiße.« Es ist nicht nur »zu spät«, sondern es »war zu spät« bevor es überhaupt passiert ist. Für Theo heißt das, es gab nichts, was man hätte tun können, als auch, dass man jetzt nichts tun kann. Es *gab* nichts mehr, was man tun konnte, denn es *war* bereits zu spät.

Das »zu spät« verschafft sowohl eine Kritik der Zuversicht als auch des rückblickenden Zweifels daran, dass irgendetwas hätte getan werden können, ein Hinweis darauf, dass es niemals eine Hoffnung gab, auf die man hätte hoffen können.

Theo ist ein gefühlsbedingter Fremder, selbst an diesem Punkt. Trotzdem macht Jasper einen Witz: »Ich habe nur versucht, einen Witz zu machen, Alter.« Theo entgegnet: »Okay, sorry, erzähl.« Die Szene zeigt den gefühlsbedingten Knoten des Ausbruchs: diesen Moment, wenn negative Gefühle überschwappen, die sich gegen diejenigen oder das richten, die oder das gerade da sind. Du richtest das, was in der Luft schwebte; du rastest aus (snap). Allein die Worte »Projekt Mensch« rufen diese Reaktion hervor, diese Wut und Entrüstung stören den Fluss einer Unterhaltung. Für das unglückliche Subjekt ist das Versprechen auf etwas anderes als die Ursache des Unglück/lichseins skandalös. Für diejenigen, die verzweifelt sind, stellt sich die Möglichkeit einer Alternative nicht nur als empörend dar, sondern auch als verletzend: es verletzt, wenn damit gedroht wird, die Verletzung wegzunehmen, oder es trivialisiert die Verletzung als ein Gefühl, das einfach ›weggehen‹ könnte.

Die Energie des Films besteht darin, Theos Elend in eine Aufgabe umzulenken, was nicht zwingenderweise dazu führt, dass Theo weniger leidet, aber es wendet ihn anderen möglichen Welten zu. Im folgenden Abschnitt möchte ich untersuchen, wie Optimismus und Hoffnung an dieser Wendung teilhaben. Ich habe nicht vor, zu behaupten, das Optimismus und Hoffnung immer gut oder notwendige Werkzeuge für Revolutionär*innen seien. Gewendet zu werden meint nicht immer, *in* eine Handlung gedreht zu werden, sondern kann sich auch darum drehen, wie man *durch* die Handlungen anderer gewendet wird.

Optimismus und Pessimismus

Es mag scheinen, dass man, um Revolutionär*in werden zu wollen, einen Glauben in die Möglichkeit einer Revolution braucht. Und man würde annehmen, dass man dafür überzeugt sein muss, dass eine Revolution notwendig ist. Mit anderen Worten, du würdest zustimmen, dass das Existierende etwas ist, wogegen wir rebellieren sollten. Revolutionäre sind womöglich pessimistisch gegenüber der Gegenwart, aber optimistisch für die Zukunft. Das heißt nicht, dass revolutionäre Handlungen von Subjekten abhängen, die die richtige Art von Orientierungen einer Gegenwart oder Zukunft gegenüber annehmen.

Für gewöhnlich denken wir bei Optimismus und Pessimismus an Formen der psychologischen Disposition, die unterschiedliche Sichtweisen oder Perspektiven auf dieselbe Sache einschließen. Du kannst optimistische und pessimistische Tendenzen haben. Du kannst oder kannst nicht dazu tendieren, Dinge »von der Sonnenseite des Lebens« aus zu betrachten. Optimismus/Pessimismus offenbaren sich klassischerweise in der Frage: »Ist das Glas halb voll oder halb leer?«. Dies ist eine Frage der Wahrnehmung, wie wir das Glas in Begriffen der Leere und Fülle wahrnehmen. Natürlich könnten wir auch sagen, dass das Glas, unabhängig von der Wahrnehmung, sowohl halb voll als auch halb leer ist (wenn es halb voll ist, ist es halb leer und wenn es halb leer ist, ist es halb voll – diese Aussage wäre wahr, aufgrund der Bedeutung des Wortes *halb*). Optimist*innen und Pessimist*innen sehen das Glas nur auf die eine oder andere Weise: Der*die Optimist*in sieht das Glas als halb voll (»Schau, ich habe noch was zu trinken!«) und der*die Pessimist*in als halb leer (»Schau, ich habe schon so viel getrunken!«). Optimismus und Pessimismus sind nicht so sehr mit der Wahrheit verbunden (das Glass ist halb leer, wenn es halb voll ist und halb voll, wenn es halb leer ist), sondern mit Art und Weisen der Wahrnehmung von Dingen, in Bezug darauf, wie sie uns berühren, als auch als eine Orientierung gegenüber Dingen, hinsichtlich dem, was sie geben können.

Doch selbstverständlich ist die Geschichte nicht ganz so einfach. Sagen wir, du willst wirklich nicht, was im Glas war, doch dir würde gesagt, dass du es trinken sollst. Du siehst das Glas anders an. Du sagst vielleicht, das Glas ist halb leer als optimistische Orientierung dem Objekt gegenüber (»Schau, ich habe schon so viel getrunken!« oder »Schau, ich muss nicht mehr so viel trinken!«). In dem Fall eines ungewollten Getränkes, würde der Pessimist das Glas als halb voll sehen (»Schau, ich habe noch nicht so viel getrunken!« oder »Schau, ich muss noch viel trinken!«).

Pessimismus und Optimismus sind also nicht einfach zwei Möglichkeiten, um auf dasselbe zu schauen: unsere Orientierung zu der Sache an sich, egal, ob wir die Sache als Ursache für Glück/lichsein oder Unglück/lichsein sehen, formt unser Verständnis von der Sache bezogen auf das, was sie uns zu einem zukünftigen Zeitpunkt geben könnte oder nicht. Optimismus und Pessimismus sind demnach Bewertungen dessen, was uns in der Gegenwart begegnet (egal, ob gut oder schlecht, ob es Glück/lichsein oder Unglück/lichsein verursacht) und sie sind zukunftsorientiert. Einerseits sind Optimismus und Pessimismus Möglichkeiten, um die Fülle oder Leere von Objekten als Zeichen einer Auseinandersetzung mit ihm zu begreifen (man muss sich bereits mit dem Objekt auseinandergesetzt haben, um seine Halbheit als Wert messen zu können). Andererseits wird das Objekt als auf einen

Punkt zugespitzt begriffen, wo die Spitze des Objektes sich an ein zukünftiges Potential oder eine Möglichkeit richtet (wie viel oder wenig habe ich noch zu trinken). Solche Orientierungen sind sowohl evaluierend als auch antizipierend; es sind Orientierungen einer Zukunft gegenüber, die leer oder voll ist, in denen Leere und Fülle bereits eine gefühlsbedingte Wertigkeit zugeschrieben wurde (etwas ist immer leer oder voll). Angesichts dessen, beinhalten Optimismus und Pessimismus eine Zeitlichkeit des Versprechens: sie sehen die Zukunft hinsichtlich dessen, was sie verspricht, zu geben oder nicht zu geben, hinsichtlich dessen, was vom Getränk des Glases der Gegenwart übrig ist oder nicht.

Wenden wir uns einen klassischen Philosophen des Pessimismus aus dem zwanzigsten Jahrhundert zu: Arthur Schopenhauer.

Einer der interessantesten Aspekte seiner Arbeit ist seine Tendenz, die menschliche Sehnsucht als Mangel, als eine Art der Leere zu betrachten, die nicht gefüllt werden kann (wir können sehen, wir sehr die Psychoanalyse ihr Modell der Sehnsucht von Schopenhauer übernommen hat). Für ihn ist das menschliche Wesen leer, was bedeutet, dass das Glücksversprechen leer ist. So sagt er: »Keine auf der Welt mögliche Befriedigung könnte hinreichen, sein Verlangen zu stillen, seinem Begehren ein endliches Ziel zu setzen und den bodenlosen Abgrund seines Herzens auszufüllen.« (1983: 657) Das Glücksversprechen *hält sein Wort nicht*: »Hat es [Glücklichsein] versprochen, so hält es nicht; es sei denn, um zu zeigen, wie wenig wünschenswert das Gewünschte war.« (ebd.) Sobald man das Objekt hat, von dem man erwartet, dass es Glück/lichsein verursacht, ist man unzufrieden. Glück/lichsein existiert für Schopenhauer nicht zwingenderweise im Hier und Jetzt: »Der Zauber der Entfernung zeigt uns Paradiese, welche wie optische Täuschungen verschwinden, wann wir uns haben hinäffen lassen. Das Glück liegt demgemäß stets in der Zukunft, oder auch in der Vergangenheit, und die Gegenwart ist einer kleinen dunkeln Wolke zu vergleichen, welche der Wind über die besonnte Fläche treibt: vor ihr und hinter ihr ist Alles hell, nur sie selbst wirft stets einen Schatten.«(657f.)

Wir können sicherlich an dieser Stelle erkennen, dass Schopenhauers Pessimismus Glück/lichsein als eine Unglücks-Ursache vorwegnimmt. Die Leere des Glück/lichseins ist explizit verbunden mit der Negativität des Vergnügens. Dazu sagt er: »Wir fühlen den Schmerz, aber nicht die Schmerzlosigkeit; wir fühlen die Sorge, aber nicht die Sorglosigkeit; die Furcht, aber nicht die Sicherheit.« (659), denn »nur Schmerz und Mangel können positiv empfunden werden« (ebd.).[168] Wir können uns fragen, ob Vergnügen einfach die Abwesenheit von Gefühlen ist. In meinem vorherigen Werk habe ich die Bequemlichkeit als ein Nichtgefühl betrachtet: Meistens nehmen wir Bequemlichkeit nicht war, bis wir sie verlieren, bis es uns unbequem wird (Ahmed 2004: 147f.; Ahmed 2006: 134f.). Damit wir es bequem haben, das heißt, dass wir es nicht unbequem haben, müssen wir möglicherweise das Gefühl der Bequemlichkeit wahrnehmen, auch wenn solch eine Bequemlichkeit mit der Zeit weniger wahrnehmbar wird. Doch vielleicht ist das, was in Sichtweite ist oder nicht ist nicht einfach eine Sache des guten oder schlechten Gefühls. Man kann auch Unbehagen empfinden aufgrund seiner Vorgeschichte, dessen man sich erst bewusst wird, wenn man an einen bestimmten Punkt ankommt (du konzentrierst dich stark auf eine Sache und du merkst, dass dein Fuß wehtut, wo das Gefühl der Plötzlichkeit die eigentlichen Zeichen seiner Ankunft verschiebt). Mit anderen Worten, die Intensivierung des Gefühls ist das, was man merkt: Gewisse Empfindungen können im Hintergrund bleiben, wie deine gefühlsbedingte Situation, dein »Umfeld« oder deine Umgebung, die dir durch die Steigerung der Intensität gewahr wird. Ein gutes Beispiel ist Irritation: Vielleicht läufst du herum und merkst, dass du irritiert bist und begründest es mit etwas (du suchst nach der Ursache für das Gefühl als eine Folge der Erkenntnis *dieses* Empfindens). Das Gefühl zuzuordnen kann das Gefühl lenken oder auf es ›deuten‹. Vielleicht irritiert dich x, als wenn x die Ursache der Irritation wäre, obgleich x nichts damit zu tun hat, aber der*diejenige oder das, mit dem*der du in dem Augenblick in Kontakt kommst, in dem du deine Irritation erkennst. Diese Hintergrundirritation, die zugeschrieben und gelenkt wird, kommt der Gefühlslandschaft, die in *Children of Men* erzeugt wird, sehr nahe.

168 Schopenhauers Argument über die Positivität des Schmerzes kann an die Rolle angeknüpft werden, die er dem Mitgefühl und dem Wohlwollen in seiner Ethik zuschreibt. Er geht in *Über die Grundlagen der Moral* davon aus, auch wenn uns das Glück/lichsein anderer erfreut: »Der Glückliche, Zufriedene *als solcher* läßt uns gleichgültig« ([1840] 2007: 109). Unsere »unmittelbare Teilnahme« wird erweckt »durch das Leiden, de[n] Mangel, die Gefahr, die Hülflosigkeit des Andern direkt und als solche« (ebd.). Obwohl ich dem nicht zustimme, dass uns moralisch gesehen das Glück/lichsein eines anderen egal ist, denke ich, dass uns Schopenhauer nützliche Einsichten in die Beziehung zwischen Mitgefühl und Identifizierung liefert. Er behauptet, dass Identifizierung durch »Wohl und Wehe« stattfindet. Angenommen das Wohl ist das Positive, findet die Identifikation, laut Schopenhauer, vornämlich durch das Unglück/lichsein statt, sodass ich die Schläge gegen das Glück/lichsein des*der Anderen als Schläge gegen mein eigenes Glück/lichsein spüre. Siehe auch Kapitel 1, Fußnote 28, für eine ähnliche Diskussion über die Sympathie und das Glück/lichsein mit Bezug zu David Hume und Adam Smith.

Ein weiteres Beispiel wäre Heiterkeit: Du könntest vor ihr übersprudeln, vor dich hinsummen, und etwas passiert und du wirst dir deiner Heiterkeit bewusst und willst sie irgendwie zuordnen (dies kann oft das Erinnerungsvermögen beanspruchen, *ach ja, das ist passiert*). Wenn du deine Heiterkeit erkennst, kann es sein, dass du dein Gefühl auf die Gegenwart richtest; vielleicht lächelst du Menschen an, die an dir vorbeigehen, als wären sie der Grund deiner Freude und sie schauen dich vielleicht verdutzt an. Ich würde nicht behaupten, dass negative Gefühle Gefühle sind und positive Gefühle keine Gefühle sind, ich würde eher sagen, dass positive und negative Gefühle nur durch Prozesse der Intensivierung ins Bewusstsein treten, in der Intensität an sich ein Objekt des Gefühls darstellt, das zugeordnet und gerichtet ist. Die Erkenntnis des Gefühls kann Gefühle generieren, was bedeutet, dass, sobald du einmal ein Gefühl erkannt hast, ihm ein Objekt zuschreibst, das sein Form ändert.

Glück/lichsein gibt dem Gefühl, das es erkennt, eine Gestalt. Schopenhauers Werk bietet eine Kritik dieser Gestalt an, eine Kritik des Optimismus *in seiner Gestalt* an. Denn er sagt ganz trocken:

»Man versetze dies Geschlecht in ein Schlaraffenland, wo alles von selbst wüchse und die Tauben gebraten herumflögen, auch jeder seine Heiß-Geliebte alsbald fände und ohne Schwierigkeiten erhielte – Da werden die Menschen zum Teil vor Langeweile sterben, oder sich aufhängen, zum Teil aber einander bekriegen, würgen und morden und so sich mehr Leiden verursachen als jetzt die Natur ihnen auferlegt.« ([1851] 1986: 345) Die eigentliche Erwartung des Glück/lichseins als ein Überwinden der negativen Gefühle führe dazu, dass Glück/lichsein Unglück/lichsein verursachen kann. In seiner Interpretation von Schopenhauers Pessimismus schreibt Christopher Janaway: »Ein Teil der Sündhaftigkeit des Optimismus besteht darin, dass er Unglück/lichsein verursacht, indem er diese falschen Vorstellungen über das Glück/lichsein eintrichtert, Vorstellungen, die Schmerz und Ernüchterung zur Folge haben.« (1999: 324)

Pessimismus könnte folglich eine Kritik des Optimismus anbieten, die wir in der modernen Welt übernommen haben, an dem, wie Optimismus mit Neutralität verwechselt wurde. Wie Joshua Foa Dienstag folgert: »In einer unerbittlich optimistischen Welt, reicht es, das Glücksversprechen abzuschreiben, um als Pessimist zu gelten.« (2006: xi) Wir werden dazu ermutigt, das Glas tendenziell als halb voll zu sehen, sofern es Vergnügen bereitet hat. Es wird angenommen, dass es ein besserer Weg ist, zu sehen, was besser ist.

Nehmen wir mal an, die Welt sei unser Glas. Der*die Optimist*in legt vielleicht den Bereich der politischen Neutralität insofern fest, als dass Politik dazu tendiert, die Ressourcen der Welt in Begriffen der Fülle und nicht der Leere zu beschreiben, um sich an dem zu erfreuen, was für unseren Konsum übrig bleibt und nicht zu erkennen, was bereits erschöpft ist. Zeigt man die Entleerung der Welt durch Überentwicklung auf, ist man ein*e Spaßverderber*in, weil man der zukünftigen Freude in die Quere gerät. Der*die Pessimist*in glaubt nicht an das Versprechen des Halbvollen. Das heißt jedoch nicht, dass wir das Glas immer als halb leer sehen müssen. Wie ich später noch argumentieren werde, geht es vielleicht darum, dass Leere und Fülle nicht der Punkt sind. Oder wir könnten erkennen, dass sowohl Optimismus als auch Pessimismus gerichtet sind; es gibt richtige und falsche Arten und Weisen, optimistisch und pessimistisch zu sein, in denen Richtigkeit und Unrichtigkeit als Bewertungen von Objekten hinsichtlich ihrer Bereitwilligkeit oder ihres Potenzials bestimmt werden.

Wir müssen uns nicht zwischen Optimismus und Pessimismus als Orientierungsformen in Bezug auf die Ursachen des Glück/lichseins oder Unglück/lichseins entscheiden. Denn, wenn wir uns Gottfried Wilhelm Leibniz zuwenden, können wir sehen, dass Optimismus nicht notwendigerweise mit einschließt, dass man sich nur auf das konzentriert, was besser ist. Leibniz' Optimismus steht im Einklang mit seinem Glauben an die Perfektion Gottes, der das, was möglich *ist*, ›möglich‹ *macht*. Es gibt Frieden, weil viele Welten möglich sind. Doch nur einige Dinge werden schließlich existieren. Was existieren wird, muss am besten sein, weil Gott perfekt ist: »Göttliche Perfektion kann niemals darin scheitern, das Beste auszuwählen.« ([1714] 1965: 128). Doch wie er aufzeigt, steht ein solches Argument im Gegensatz zur Erfahrung: Den Besten geht es oft am schlechtesten: »Weil meistens die besten Menschen die unglücklichsten Leben haben.« (91). Was existiert, würde nicht als das Beste, sondern als ein »verwirrtes Chaos« erscheinen. Für Leibniz ist dieses Chaos nur ein falscher Eindruck, ein Resultat dessen, dass man zu nah an bestimmte gute und schlechte Dinge herangetreten ist. Indem wir zurücktreten, sehen wir die Ordnung im Chaos: »Doch bei näherem Betrachten, wird man das Gegenteil feststellen. Aufgrund der Argumente, die wir angebracht haben, hat es eine gewisse Priorität, die größtmögliche Perfektion zu erreichen.« (ebd.). Leibniz ist der Meinung, dass negative Gefühle – Schmerz, Sorge und so weiter – dazu da sind, um die Intensität des Vergnügens zu steigern oder sogar zu erlauben: »Der Zuhörer, der sich darum sorgt, was passieren wird; wenn nach kurzer Zeit alles wieder zur Ordnung zurückkehrt, wird seine Freude umso größer sein. « (92). Negative Gefühle *verursachen*, laut Leibniz, *die Intensivierung des Vergnügens*, sodass das Vergnügen ohne Schmerz nicht vergnüglich ist: »Derjenige, der noch nie etwas Bitteres probiert hat, der verdient nichts Süßes und wird es auch nicht zu schätzen wissen. Dies ist das Gesetz des Vergnügens, dass es durch Gleichheit nicht dieselbe Intensität aufweist, sondern zu Sattheit und Unlust/Langeweile führt, anstatt Genuss zu verursachen. « (ebd.). Als Erweiterung der Gesetze des Vergnügens, behauptet er auch, dass gute Menschen schlechte Dinge zu ihrem »größeren Vorteil« wenden werden, genauso wie »im Allgemeinen angenommen wird, dass Leid vorläufiges Unheil ist, das aber positive Folgen hat, weil es die Abkürzung zur großartigen Perfektion darstellt.« (93). Leibniz ist der Meinung, dass es bei schlechten Dingen gewiss darum ginge, Dinge besser zu machen. Optimismus umfasst eine Art, negative Gefühle zu lesen und diesen Punkt als Fortschritt zu nehmen. Die Ursache von Schmerz oder der Schmerz, der verursacht wird, wird zur Ursache für ein höheres Vergnügen.

Zwischen den Zeilen von Schopenhauer und Leibniz zu lesen ist möglich und erforderlich: Beide sprechen über die Umwandlung des Gefühls, aber sind der Meinung, sie gehe in entgegengesetzte Richtungen: für Ersteren wandelt sich das Versprechen auf positive Gefühle in negative Gefühle (Enttäuschung, Leere); für Letzteren wandelt sich die Existenz von negativen Gefühlen (Schmerz, Unglück) in positive Gefühle (Fortschritt, ein größeres Vergnügen). Beide verstehen die Umwandlung zwischen positiven und negativen Empfindungen als gerichtet oder in Richtung einer Fülle oder Leere orientiert. Pessimistisch zu sein, würde ein Zugeständnis zum Unglück/lichsein als den Endpunkt menschlichen Handelns einschließen, als etwas, wo alle Glücksversprechen uns hinführen. Optimistisch zu sein, würde ein Zugeständnis zum Glück/lichsein als Endpunkt menschlichen Handelns einschließen, als etwas, das uns alle Erfahrungen mit negativen Gefühlen erlauben, zu erreichen. Optimismus und Pessimismus sind Möglichkeiten, um sich mit Dingen zu befassen, mit positiven oder negativen Gefühlen als Anhaltspunkten, als Anhaltspunkten für menschliches Handeln oder als das, wo menschliches Handeln hindeutet, selbst wenn sie Ambivalenzen und Widersprüche erkennen.[169] Ein uneinsichtigerer Ansatz wäre, die Ambivalenz der

169 In Anbetracht dessen können wir sehen, dass viele Texte, die als pessimistisch gelesen werden, als eine Art des Optimismus, zumindest was ihre Punkte affektiver Umwandlung angeht, gelesen werden können. Zum Beispiel könnte Lee Edelmans Kritik des reproduktiven Futurismus, auf die ich in der Einleitung zu diesem Kapitel eingegangen bin, nicht nur als »optimistisch motiviert« (Snediker 2009 15) betrachtet werden, sondern auch als optimistisch in einem präziseren Sinn. Indem er die Verneinung des Wortes Queer aus der normativen Kultur »aufgreift« verkehrt Edelman das ›Nein‹ in ein ›Ja‹: mit anderen Worten, negative Gefühle in positive umzuwandeln (das ungefähr so aussehen könnte:

Empfindungen nicht als gerichtet zu betrachten: Vielleicht geht es gerade darum, dass es keinen Punkt gibt, der auf einen zukünftigen Horizont gerichtet ist. Gefühle sind womöglich uneinsichtig, weil sie nicht immer logisch sind.

Wie können wir folglich den Wechsel zwischen Pessimismus und Optimismus in *Children of Men* verstehen? Sind das Wendepunkte, also Punkte der Uneinsichtigkeit? Wie ich bereits angedeutet habe, beginnt der Film mit Theo, der negative Gefühle zum Ausdruck bringt: bei seinem Pessimismus geht es um die Möglichkeit, dass eine Zukunft existiert, um die Möglichkeit einer Möglichkeit. Wir können den Glauben an Alternativen als eine Fantasie befragen, die sich gegen die Schrecken der Gegenwart verteidigt. Mit anderen Worten, der Glaube, dass Dinge »nur besser werden« ab einem bestimmten Punkt, der immer gerade »am Horizont verschwindet«, kann eine Möglichkeit sein, um die Auswirkung des Leids in der Welt, die vor uns existiert, zu vermeiden. Doch wir können auch Zweifel an der Möglichkeit einer anderen Welt als eine psychische Verteidigung gegen das Leid befragen. Vielleicht wissen wir nur zu gut: wenn man daran glaubt, dass etwas möglich ist, riskiert man, falsch zu liegen und enttäuscht zu werden. Ist es da nicht besser, Enttäu-

---

Wir sind glücklich, dass wir unglücklich für dich sein können, sodass dein Unglück/lichsein mit uns, uns glücklicher macht, dass wir uns sind, anstatt du zu sein, oder nicht zu sein). Diese affektive Umwandlung ist näher an Leibniz als auch Schopenhauer, obgleich Edelman explizit den Gedanken der Hoffnung und Progression kritisiert. In einer späteren Äußerung in seinem Beitrag »The Anti-Social Turn in Queer Theory« zur Sonderausgabe der Modern Language Association (PMLA) können wir sehen, wie die queere Negativität als Utopie funktionieren kann. Er sagt, dass »*No Future*... Negativität als konstitutiven Antagonismus der Gesellschaft behandelt, der sich selbst auf das Versprechen der Lösung in der Zukunftszeit, die kommen wird, stützt, beinahe so wie der Kapitalismus sich selbst erhalten kann, indem er neue Märkte findet und ausbeutet. Wie die Figur der Nichtproduktivität und der ironischen Inkohärenz des Systems, gefährdet und konsolidiert der*die Queere das universelle Empire der Zukunft. Doch die größte Bedrohung geht von der queeren Negativität aus, die positive Identität durch einen triebhaften Widerstand gegen die Gewalt, der ursprünglichen Missachtung, die, wie Adorno schreibt, ›durch das allesunterwerfende Identitätsprinzip‹ bewirkt wird, ablehnt« (2006: 822). Wenn queer zu einer Figur der Nichtproduktivität wird, ist solch eine Nichtproduktivität auch durch die Figur erhalten, die als Figur mit einigen mehr als anderen verbunden bleibt (das Subjekt, das die Subjekte der Queeren Theorie sind, fragt man sich). Wir sollten zur Kenntnis nehmen, inwiefern der Gedanke, dass queer das universelle Empire der Zukunft gefährdet und konsolidiert‹, im zweiten Satz, eine Betonung auf queer legt, als das, was die Gewalt der Identität im dritten Satz ›gefährdet‹. Ich würde sagen, dass queer als Figur der absoluten Negativität, als das, was die Gewalt der Identität gefährdet, einen Traum von einer perfekten Ordnung anbieten kann. Solch ein Traum könnte für diejenigen zugänglich sein, die der Gewalt der Identität widerstehen können, die unter Umständen von der Fähigkeit abhängt, Identitätskategorien zu übersteigen, und zwar, auf das nicht gekennzeichnete und unscheinbare Wesen des Privilegs.

schung zu vermeiden als den Glauben an die Möglichkeit abzulehnen, dass überhaupt etwas passiert? Die meisten von uns haben bestimmt schon einmal Pessimismus als eine Überlebenstaktik erfahren: diese Momente, in denen du dich auf eine Enttäuschung gefasst machst, indem du versuchst, keine Hoffnungen zu haben, indem du dich bereits im Voraus dazu entschließt, dass es keine Hoffnung darauf gibt, diese Sache zu erreichen, selbst wenn du dich ›dranmachst‹.[170]

Pessimismus wird hier zu einer Möglichkeit, um sich auf Enttäuschung vorzubereiten, zu einer Art der Gewohnheit, die ihre Kraft durch die Wiederholung anwachsen lässt. Pessimismus kann eine Möglichkeit darstellen, um die Welt zu bewohnen, indem man sich selbst von Möglichkeiten abschirmt. Anders ausgedrückt, Handlungen der Vorbereitung auf Enttäuschung kön-

170 Selbstverständlich funktionieren solche Taktiken nicht immer: Wir können hoffnungsvoll sein, vielleicht sogar ›insgeheim hoffnungsvoll‹, einfach, weil wir daran glauben. Investiert man Zeit in etwas, heißt das letztendlich auch, dass man sich mit etwas beschäftigt. Hoffnung kann einfach als Folge von etwas entstehen, an das man glaubt. Selbst wenn du dich auf Enttäuschung eingestellt hast, kannst du dennoch enttäuscht sein, wenn du nicht bekommst, was du möchtest. Ich würde sogar sagen, vielleicht gegen die Intuition, dass du enttäuscht sein kannst, ohne Hoffnung zu haben. Du kannst auch etwas wollen, wenn du bereits die Hoffnung aufgegeben hast, es zu bekommen. Um den Glauben aufzugeben, kannst du etwas erwerben, das nicht ersetzt, dass du etwas willst, und es kann eine Möglichkeit sein, um etwas zu wollen, ohne zuzugeben, dass du es willst. Und, etwas aufzugeben, um es nicht zu verlieren, erlaubt es dem Subjekt, ein Gefühl für Herrschaft zu erreichen. Du würdest einen potentiellen Verlust beherrschen, indem du diesen Verlust wahr machst: als würdest du zum Objekt »geh weg« sagen, anstatt darauf zu warten, dass es weggenommen wird. Freuds Analyse des Kinderspiels *Jenseits des* Lustprinzips ([1920] 1964) – das als *Fort-Da*-Spiel beschrieben wird, bei dem das Kind eine Spule für Wolle wegwirft und gelegentlich wieder zurückzieht – könnte auf diese Weise neu beschrieben werden. Auch wenn das Kind das Trauma des Weggehens der Mutter zu wiederholen scheint, indem es das Objekt wegwirft, bereitet es dem Kind ein gewisses Vergnügen, weil es die Herrschaft über die Spule hat und weil es sich wie Rache anfühlt, weil es dazu imstande ist, sie »gehen zu lassen« (siehe Caruth 1996 und 2001 für eine gute Analyse der Dynamiken des Weggangs und Verlusts in Freuds Beschreibung des Spiels). Wir könnten das Spiel auch in Bezug zur Hoffnung interpretieren: Du würdest eher das Objekt der Hoffnung aufgeben, als dass du es verlieren könntest, als wenn es besser wäre, Dinge wegzuschmeißen als dass sie einem weggenommen würden, als wenn es besser wäre, aktiv zu sein als passiv, wenn es um Verlust geht. Du würdest vielleicht eher etwas aufgeben, als es zu verlieren, oder, ›sicherheitshalber‹, würdest du etwas verlieren, eine Dynamik, die mit Lauren Berlants sogenanntem »grausamen Optimismus« verknüpft werden könnte. Du gibst auf, in Hoffnung auf etwas, *weil* du hoffnungsvoll demgegenüber bist, das der Nähe zu dieser Sache folgen würde. Zu dem Zeitpunkt hast du nicht wirklich die Hoffnung aufgegeben , es zu bekommen. Also, wenn du die Sache nicht bekommst, auf die du die Hoffnung aufgegeben hast, sie zu bekommen, kannst du noch immer enttäuscht sein. Vielleicht kannst du mit dieser Enttäuschung leben durch die Freude, dass du dir und anderen sagen kannst: »Siehst du, ich habe gesagt, dass das nichts wird!«

nen als Methoden der Subjektentwicklung funktionieren. Der*die ständige Zyniker*in könnte der*diejenige sein, der*die sich am meisten gegen die Möglichkeit einer Enttäuschung wehrt, und die Erfahrung der Enttäuschung genießt, bevor etwas Schlimmes passiert, oder die Enttäuschung anderer genießt weil sie darin scheitern, vorbereitet zu sein. Wir können den Zynismus des Zweifels sowohl als Verteidigung gegen Eventualitäten, die Möglichkeiten, die durch den ›Zufall‹ (hap) dessen, was passiert, offengelassen wurden, als auch als eine vernünftige Antwort auf hoffnungslos erscheinende Situationen analysieren.

Doch obwohl Theos Welt scheiße ist, gibt es Formen des Leids, die über die Anzeichen ›zu spät‹ hinausgehen, die im Geiste des Pessimismus vorgebracht werden. Es gibt nur einen Punkt, an dem er durch die Trauer aufgelöst ist: als Julian getötet wird. Sein Körper zeigt es; er sinkt zu Boden. Er ist aufgelöst von der Trauer. Durch den gesamten Rest des Films hindurch, trägt er das negative Gefühl mit sich; es ist auf gewisse Weise eine Art Dasein in der Welt, kein Nichtsein. Tatsächlich erfahren wir von anderen den Grund für seine Trauer: der Verlust seines Kindes Dylan. Dieser verlorene Grund ist vielsagend. Pessimismus kann eine Verteidigung gegen Leid als auch ein Ausdruck von Leid sein: als würde man sagen: »das tut weh« oder »es tut weh«, als eine Art, um den Schmerz hinter sich zu lassen, die Welt ist scheiße, selbst, mein Leben ist scheiße, kann eine Möglichkeit sein, um die Ursache des Leids zu überdecken: in diesem Fall, den Verlust eines Kindes. Ich werde im Verlauf auf die Bedeutung des Kindes als Objekt einer unausgesprochenen Trauer eingehen. Was mich interessiert, ist, wie Pessimismus als eine Methode der Subjektentwicklung das Leid nutzen kann, um das Leid zu vermeiden. Oliver Bennett legt in seiner Reflektion zum »kulturellen Pessimismus« seinen Standpunkt dar. Er bezeichnet Pessimismus als eine »Verteidigung gegen Depression und Sorge an sich, die Projektion einer Negativität auf die äußere Welt, die andernfalls gegen einen selbst gerichtet wäre« (2001: 183). Indem der Pessimismus vorwegnimmt, dass das, was folgt, nichts ist, verdeckt er dieses etwas, worum es in dieser Sehnsucht geht, damit es nichts ist. Während fröhliche Optimist*innen das Leid übersehen können, indem sie auf die Sonnenseite des Lebens schauen, und Fülle anstatt Leere sehen, wo immer sie auch hinschauen, können Pessimist*innen auch diese Leere des schädlichen Inhalts leeren, indem sie Leere als bereits angekommen ansehen, bevor etwas passieren kann, bevor scheiße passiert.

Selbstverständlich erlaubt es der Film Theo nicht, an seine eigene Verzweiflung geheftet zu bleiben, an sein eigenes »Zuspätsein«, das dazu führt, dass seine Untätigkeit als Weisheit selbst erzählend ist. Theo handelt. Naja, so einigermaßen. Im Film spielt Theo keinen Anführer mit einem Sinn für die moralische Bestimmung und Vision; der Film zeigt nicht, wie er das Kommando übernimmt. Stattdessen passieren ihm Dinge. Julian bringt Theo als Mitaktivisten hinein und fragt, ob er die Dokumente besorgen kann, um dabei zu helfen, einem geflüchteten Mädchen bei der Flucht aus dem Land zu verhelfen. Er macht mit, obwohl er das Subjekt der Adressierung ablehnt. Julian sagt: »Du hättest ihn früher sehen sollen, als er noch ein richtiger Aktivist war«, woraufhin er entgegnet: »Du warst der Aktivist. Ich wollte nur Sex haben.« Er lehnt die Identität des Aktivismus ab. Und doch zieht er mit. Er wird darin verwickelt. Und Dinge passieren. Julian wird getötet und Theo findet heraus, dass die Geflüchtete schwanger ist: wie sein Freund Jasper später sagt, es ist »das Wunder, auf das die ganze Welt gewartet hat.«

Die Schwangerschaft ist einfach so da; es gibt keine Erklärung dafür. Es ist ein Wunder und die Religiosität dieser Sprache hat ihre eigene gefühlsbedingte Realität. Pessimismus ist keine adäquate Verteidigung gegen Dinge, die passieren. Oder wir könnten sagen, Pessimismus kann sich gegen die Möglichkeit von Wundern verteidigen, bis sie geschehen. In Anbetracht dessen, können wir uns nicht angemessen gegen die Möglichkeit verteidigen; wir können uns nicht einmal darauf vorbereiten, selbst wenn wir darauf warten, dass Dinge passieren. Ja, etwas passiert. Der Zufall, der passiert, schließt ein gewisses Ja im Aktuellwerden von dem mit ein, was nicht möglich ist. Es ist nicht so, dass Theo sich von einem Pessimisten in einen Optimisten verwandelt, indem er dieses Ja auf der Ebene der Überzeugung oder Gesinnung annimmt. Stattdessen hat er eine sehr praktische Aufgabe, etwas, das er tun muss: Er muss das schwangere Mädchen zum Boot namens Morgen bringen, sodass sie an dem Projekt Mensch teilnehmen kann. Wir wissen bereits, dass er nicht in das Projekt Mensch als Symbol der Möglichkeit einer Zukunft glaubt (vorher sozusagen der Utopismus einer alternativen Zukunft)

und die Möglichkeit von solch einem Projekt verursacht für ihn eine Intensivierung seiner Wut und Verzweiflung (es ist zu spät, die Welt war bereits scheiße bevor das passiert ist). Und doch muss er sie dort hinbringen, *ob er nun an seine Existenz glaubt oder nicht.*

Der Film handelt nicht von der Verfügbarkeit des Glaubens als eine Art des Optimismus (»Es gibt sie wirklich!«);

noch idealisiert er Pessimismus als eine Form der Weisheit (»Sie existieren nur, damit sich dein Leid besser anfühlt!«). Etwas außerhalb der Technologie des Glaubens wird hier ausgedrückt. Theo findet heraus, dass sich The

Fishes nie zum Projekt Mensch geäußert haben; sie wissen, wo man das Boot finden kann, weil jemandem mal etwas zugeflüstert wurde: Miriam (Pam Ferris), eine der Fishes, sagt: »Luke hat keine Möglichkeit, das Projekt Mensch zu kontaktieren. Oder sonst irgendwer... Der Kontakt zum Projekt Mensch wird mithilfe von Spiegeln aufrechterhalten. Julian war unser Mittelsmann.« Theo antwortet: »Was meinst du mit Mittelsmann?« Und Miriam erklärt: »Mittelsmänner, ... sie kontaktieren eine unserer Personen und diese Person kontaktiert jemand anderen und so weiter, bis es an Julian herangetragen wird.« Theo ist wütend darüber, dass sie an etwas glauben wollen, das vielleicht gar nicht existiert, nur aufgrund eines verrückten Gerüchts: »Scheiße man, sag mir jetzt nicht, dass du noch nie wirklich mit ihnen gesprochen hast.« Und doch belässt er es bei der Verrücktheit. Eine Verrücktheit wird typischerweise als eine »launenhafte Idee« oder ein »ungewöhnlicher Einfall« bezeichnet. Es ist nicht so, dass du an etwas Ungewöhnliches glaubst, sondern, dass du gewillt bist, diese Sonderbarkeit weitergehen zu lassen. Du handelst, nicht, weil du anfängst zu glauben, dass etwas möglich ist, an das du vorher nicht geglaubt hast. Du gehst weiter, weil etwas von dir erwartet wird, weil du aufgefordert wirst, etwas zu tun, selbst wenn dieses Tun nicht mit deinen Erwartungen oder Überzeugungen übereinstimmt. Du wartest nicht auf Übereinstimmung.

Die Schwangerschaft erschafft also weder eine Zukunft; noch ist sie der Grund für die Zukunft. Es ist eher so, dass die Zukunft das ist, was durch die Arbeit passiert, die erforderlich ist, um nah genug an das Flüstern zu kommen, was wiederum ein Flüstern ist, das jemand anderes gehört haben muss. Du wirst zum Subjekt einer Adressierung, die du nicht hörst. Ihre Ankunft auf dem Boot bietet keine Vorstellung einer glücklichen Zukunft an; wenn überhaupt, ist die Ankunft der Wendepunkt oder erschafft die Möglichkeit einer zukünftigen Wende. Die Ankunft ist auch das, was Zeit in Anspruch nimmt. Wenn Zeit das ist, was vergeht, dann ist die Zeit, die erforderlich ist, damit etwas passiert, die Zeit der Wende. Wir könnten sagen, dass Zeit das ist, was die Zukunft umdreht. Im ersten Kapitel bin ich auf das Spiel Stille Post eingegangen, das wir als etwas beschreiben können, das von der angenehmen Umkehrung der Übertragung handelt. Wir lachen darüber, wie die geflüsterten Worte abweichen, sodass die Worte am Ende nicht mehr als die ausgesendeten Worte erkennbar sind.

Bei dem Spiel geht es um Abweichung und Vergnügen.

Hoffnung und Sorge

Optimismus und Pessimismus werden normalerweise nicht als Gefühle beschrieben, obgleich wir uns sicherlich optimistisch und pessimistisch fühlen können. Ich möchte zu der Frage nach Hoffnung zurückkommen, um die Zeitlichkeit des Gefühls zu überdenken; wie Gefühle auf Objekte in der Gegenwart gerichtet sind, wie sie das vergangene Leben bewahren und wie sie eine Art der Erwartung oder Vorwegnahme dessen, was folgt, beinhalten (die Zukunft ist immer ›das Das‹ was folgt, das nie ankommt, immer oder nur morgen, selbst, wenn wir vergangene Zukünfte hinter uns haben). Ich habe darauf hingewiesen, dass das Glücksversprechen Dinge vielversprechend macht; das Versprechen ist immer ›vor‹ sich selbst. Vorwegnahme ist gefühlsbedingt als eine Orientierung zu einer Zukunft, als das, was vor uns ist, als das, was kommen wird.

Klassischerweise wird Hoffnung als zukunftsorientierte Emotion bezeichnet. John Locke definiert zum Beispiel Hoffnung als eine Emotion, die etwas, das noch nicht gegenwärtig ist, als gut wahrnimmt, in der Vorstellung eines zukünftigen Vergnügens: »*Hoffnung* ist die geistige Freude, die jeder empfindet, wenn er an den voraussichtlichen künftigen Genuß eines Dinges denkt, das geeignet ist, ihm Vergnügen zu bereiten.«([1690] 1913: 265) Hoffnung ist eine geistige Freude , die gegenwärtig ist aber richtet sich auf ein Objekt, das nicht gegenwärtig ist. Obwohl natürlich Hoffnung auf etwas zu hegen, von vergangenen Erfahrungen abhängen kann: Du erwartest, dass etwas erfreulich sein würde oder wird. Ich habe bereits geäußert, dass Glück/lichsein zukunftsorientiert ist, selbst wenn wir Glück/lichsein in der Gegenwart erfahren; dir wird Glück/lichsein durch die Nähe zu Objekten versprochen, was Glück/lichsein »erwartbar« macht. Wir könnten Glück/lichsein als eine »Technologie der Hoffnung«(1997: 203) beschreiben, um es mit Sarah Franklins Worten zu sagen: Wenn wir auf dieses oder jenes hoffen, schreiben wir diesem oder jenem eine Bedeutung als Ursache für Glück/lichsein zu, was ein Glück/lichsein wäre, das man an irgendeinem zukünftigen Punkt erreichen würde.[171] Oder, wie Zygmunt Bauman es ausdrückt, wir werden wohl solange glücklich sein, wie wir Hoffnung haben: »Glück ist für uns die

171 Dennoch würde ich Immanuel Kant nicht folgen, der sagt, dass »alles Hoffen auf [die] Glückseligkeit [...] der Dinge [geht]« ([1781] 1990: 728). Ich denke, du kannst auf andere Dinge hoffen. Hoffnung macht Dinge gut – insofern als auf etwas zu hoffen bedeutet, dass man möchte, dass die Sache eintrifft – obwohl, wenn du natürlich bekommst, worauf du gehofft hast, wird das Gute der Sache nicht unbedingt erhalten bleiben. Wenn du bekommst, was du dir erhofft hast, kann es sogar sein, dass du deine Hoffnung verlierst.

Hoffnung darauf, eines Tages glücklich zu sein.« ([2008] 2010: 30) Wenn wir auf Glück/lichsein hoffen, können wir womöglich solange glücklich sein, bis wir diese Hoffnung aufrechterhalten können (ein Glück/lichsein, das uns paradoxerweise ermöglicht, glücklich mit dem Unglück/lichsein zu sein).

Hoffnung impliziert, dass Glück/lichsein kommen wird. Ernst Bloch schildert Hoffnung als ein »antizipatorische[s] Bewusstsein«; wir sind uns dessen »noch nicht« in der Entfaltung der Gegenwart bewusst (Damus 1971: 62f.). Für Bloch ist Hoffnung ein »›Richtungsakt kognitiver Art‹« (62). Hoffnung, könnten wir behaupten, ist eine wohlüberlegte Art, in die Zukunft gerichtet zu sein, oder eine Art, den Gedanken an die Zukunft als etwas zu erzeugen, das irgendwohin führt. Wenn Glück/lichsein das ist, worauf wir hoffen, wenn wir auf diese oder jene Sache hoffen, heißt das nicht, dass wir auch glücklich *sein werden*, sondern, dass wir uns vorstellen, dass wir glücklich *sein könnten*, wenn Dinge richtig ablaufen. Wir haben ein gewisses Vertrauen in das Ergebnis, das auf der Möglichkeit basiert, dass das, was herauskommt, *genau das* sein könnte. Wenn die Zukunft das ist, was nicht existiert, was immer vor uns liegt, dann beinhaltet Hoffnung auch eine Fantasie, ein Wunschdenken, woraus wir lernen, wonach wir in der Gegenwart streben. Hoffnung ist ein Wunsch und eine Erwartung, dass eine ersehnte Möglichkeit ›wahr wird‹.

Aus diesem Grund bedeutet die antizipatorische Logik der Hoffnung für Durkheim eine Art der Orientierung, die vergangen ist oder über das Vergangene handelt. In meiner Einleitung zu diesem Buch habe ich Bezug zu Durkheims Kritik des Optimismus im utilitaristischen Diskurs genommen. Er war auch ein Kritiker des Pessimismus. Wie er in seinem klassischen Werk über die Verteilung der Arbeit unterbreitet, erklären Pessimist*innen Hoffnung als eine Illusion, die den Willen erhalten, um »am Leben festzuhalten«. Durkheim argumentiert, dass Pessimist*innen »behaupten, daß wir, wenn wir trotz der Enttäuschungen, wie sie die Erfahrung lehrt, am Leben festhalten, zu Unrecht hoffen, daß die Zukunft die Vergangenheit aufwiegen wird« ([1893] 1977: 285). Er weigert sich, davon auszugehen, dass Optimismus eine solche Täuschung des Glaubens oder durch den Glauben mit sich bringt. Er deutet an, dass wir aufgrund dessen, was in der Vergangenheit ist, eine Hoffnung haben und so das Leben kalkulieren. In solch einem Leben »muß das Glück das Unglück im Durchschnitt der Existenzen übertreffen. Wäre das Verhältnis umgekehrt, dann würde man nicht verstehen, woher die Anhänglichkeit bestehen bleiben könnte, wo sie doch in jedem Augenblick durch die Ereignisse verletzt wird.« (284) Mit anderen Worten, er betrachtet die Existenz der Hoffnung als Beweis für das, was er als »relative Güte« beschreibt (286). Doch wir alle wissen, dass hoffnungsvolle Menschen mehr oder weniger begünstigt sein können. Durkheim vertritt dazu die Meinung, dass die Vorstellung, dass man mehr oder weniger begünstigt sein kann, nur Sinn macht, wenn wir »Augenblicke der Hoffnung« als auch »Schicksalsschläge« (ebd.) erlebt haben. Wir brauchen nicht darüber zu diskutieren, dass die Geschichte uns Lektionen über die Relativität des guten Schicksal mitgegeben hat, die man Durkheims Werk entnehmen kann.[172] Was er aufzeigt, ist, dass unsere Geschichte, unsere Ankunft, Momente des Glücks und Unglücks umfasst, und dass Hoffnung eine Orientierung hin zu solchen vergangenen Momenten als Relativität des Schicksals darstellt. Wir sind hoffnungsvoll – wir können uns begünstigt fühlen – vorausgesetzt, dass wir Momente des Glücks erlebt haben, selbst wenn wir in unserer gegenwärtigen Lebenssituation nicht begünstigt sind. Die Hoffnung auf die Beständigkeit des Lebens schließt womöglich die Tendenz mit ein, solchen Momenten des Glücks einen gefühlsbedingten Wert *als* glücklich zu verleihen.

In der Einleitung zu diesem Kapitel, bin ich auf mein Interesse an dystopischen Formen unter Bezug zu Jamesons Argument eingegangen, dass wir uns um die Zukunft Sorgen machen sollten. Wir können annehmen, dass wir *eher* besorgt *als* hoffnungslos sind.

Hoffnungsvoll zu sein als eine Orientierung hin zu vergangenen Momenten, könnte eine Möglichkeit sein, um die Sorge um die Zukunft als etwas, das verloren gehen könnte, zu vermeiden. Ich möchte von einer Vertrautheit zwischen Sorge und Hoffnung ausgehen. Wenn wir hoffen, *werden* wir besorgt, weil Hoffnung darin besteht, etwas zu wollen, das passieren kann oder eben auch nicht. Hoffnung handelt vom Ersehnen des ›möglicherweise‹, was nur ›möglicherweise‹ ist, wenn es die Option des ›möglicherweise auch nicht‹ offen lässt.

Ich möchte, dass wir über dystopische Filme wie *Children of Men* als Lehrstücke in hoffnungsvoller Sorge und ihre Übertragung auf eine eher besorgte Hoffnung nachdenken. *Children of Men* beruht auf der Auffassung, dass wir uns nicht genug Sorgen darüber machen, die Zukunft zu verlieren, weil er uns nicht nur aufzeigt, dass eine Zukunft verloren gehen kann (die Welt ist »den Bach runtergegangen«), sondern auch, weil er behauptet, dass wir die Zukunft verlieren werden, wenn wir an sie nicht als etwas denken, das verloren gehen kann. Der Verlust der Fähigkeit, sich fortzupflanzen, wird zu

172 Siehe Neves 2003 für eine ausgezeichnete Analyse von Optimismus, Pessimismus und Hoffnung in Durkheims Soziologie.

einem Symptom für den Verlust der Fähigkeit auf eine Zukunft. Es wird keine Menschen mehr geben, die Zeug*innen der Vergangenheit sind, was bedeutet, dass die Vergangenheit keine Zukunft haben wird. Theo fragt seinen Cousin, warum er sich die Mühe macht, die Schätze der Welt zu erhalten: »In einhundert Jahren wird es niemanden geben, der einen Scheiß darauf gibt, sich etwas davon anzuschauen. Warum machst du weiter?« Sein Cousin antwortet: »Weißt du warum, Theo? Ich denke einfach nicht darüber nach.« Die Aufrechterhaltung der Vergangenheit wird undenkbar ohne den Gedanken an die Zukunft. Er ist es, der »dich weitermachen lässt«.

Da wir alle endliche Wesen sind, könnte der Gedanke an die Zukunft der Gedanke an die Menschheit sein oder der Gedanke an das, was Marx »Gattungswesen« nennt. Ohne, dass wir uns als Spezies bezeichnen, wird das individuelle Dasein im Umkehrschluss sinnlos, also »denkst du einfach nicht darüber nach«, bei dem was du tust. Natürlich können wir diese humanistische Logik hinterfragen, die davon ausgeht, dass die nächste Generation der einzige Punkt ist, der uns zum »reproduktiven Futurismus« von Lee Edelman führt. Es ist nicht so, dass »keine Kinder« einfach »keine Zukunft« bedeutet, sondern dass »keine Kinder« bedeutet, dass eine Fantasie der Zukunft verloren geht, die mich für mein Leid entschädigen kann; es geht um die Fantasie, dass es etwas oder jemanden gibt, für das oder den*die ich leide, das oder der*die in Gefahr ist. Wenn es *für* das ist, was *danach* kommt, dann wird in dieser Überlebenslogik des Aufschubs der Verlust des ›danach‹ als Verlust des ›für‹ erfahren.

Die Abwesenheit von Kindern ist ein Vorbote für die Abwesenheit von jemandem, auf den ich meine Hoffnung projizieren kann, mit dem ich mein gegenwärtiges Leid rechtfertigen kann. Kinder tragen, mit anderen Worten, die Last dieser Fantasie. Das bedeutet nicht, dass die Annahme, dass das Leben ohne Kinder sinnlos sei, nicht hinterfragt werden sollte: Viele von uns, die das Leben, ohne ›eigene Kinder‹ leben, sind es leid, gesagt zu bekommen, dass unsere Existenz sinnlos sei, und darauf hinzuweisen, dass das Leben auch einen Sinn haben kann, wenn man keine Kinder hat. Wie auch immer wir diese Annahme von einer sinnlosen Existenz ohne Kinder interpretieren, sie drückt die Sorge darüber aus, dass die Zukunft als eine Vorstellung verloren gegangen ist, und dass wir die Vorstellung, dass wir eine Zukunft haben, wiederherstellen müssen, indem wir uns um deren Verlust sorgen.

Wie findet die Umwandlung von Verzweiflung zur Sorge um die Hoffnung statt? Was sind die Wendepunkte in der Geschichte? Vielleicht liefert die Figur Kee die Lösung. Wir wissen, dass Kee schwanger ist. Das Projekt des

Films – das zu Theos Projekt wird – besteht darin, sie zu einem Boot namens *Morgen* zu bringen. Ich werde gleich auf die Bedeutung des Bootes zurückkommen. Im Film steht das »zu dem Boot kommen« dafür, »die Zukunft möglich zu machen«, oder »es möglich zu machen, dass es eine Zukunft geben wird«.

Wir könnten beschreiben, inwiefern Theos Projekt, dass er von den Ereignissen »eingeholt« wird, einen hoffnungsvollen Sinn erhält. Es ist nicht so, dass Theo selbst hoffnungsvoll wird. Wenn überhaupt, handelt er hoffnungslos. Wie es Jean-Paul Sartre in seiner Verteidigung des Existentialismus gegen den Vorwurf des Quietismus anführt, indem er eine »alte Formel« wiederholt: »›Man braucht nicht zu hoffen, um etwas zu unternehmen‹« ([1946] 1989: 22). Wenn man ohne Hoffnung arbeitet, ist man aufgearbeitet. Erinnern wir uns, dass das Projekt Mensch mithilfe von Spiegeln kommuniziert: Nachrichten werden zwischen nahestehenden Körpern ausgesendet, wodurch das Weitergeben es erfordert, dass jede Nähe wieder zurückweicht. Das Zurückweichen einer gegebenen Nähe ist die Bedingung der Möglichkeit für die Schaffung einer weiteren. Vielleicht gibt es Hoffnung im Zurückweichen des Weitergebens. Das Geflüster, das Worte weitergibt, erzeugt eine Verbindung von einer Person zur anderen. Ein Band der Hoffnung ist die Hoffnung auf eine Verbindung. Du weitest dieses Band aus, das die Körper verbindet, auch wenn du nicht weißt, was *was* ist, auch wenn du nicht weißt, was du verbindest, oder ob es ein Ende des Bands gibt. Tatsächlich ist das Ende des Bands nicht das, worum es bei der Verbindung geht: Es ist kein Zufall, dass, wenn wir sagen, dass wir das Ende des Bands erreicht haben, es gleichbedeutend damit ist, die Hoffnung verloren zu haben.

Es kann Hoffnung darin bestehen, etwas weiterzuleiten wobei das Weiterleiten an sich das Projekt oder die Aufgabe ist. Der Film zeigt uns, dass es uns Energie geben kann, wenn wir ein Projekt haben – etwas, zu tun, für oder mit anderen, das uns von den alltäglichen Routinen unseres Lebens wegbringt – und dass Energie ihre eigene Stärke annehmen kann: Wenn wir kein Projekt, kein Zielbewusstsein, kein Ziel haben, sollten wir vielleicht eins finden. Doch haben wir ein Projekt, kann es sein, dass manches ans Tageslicht kommt, indem andere Dinge weniger sichtbar werden. Žižek sagt in seinem Interview, dass die Macht des Films solange anhaftet, wie das Leid sich im Hintergrund abspielt; es ist zu intensiv, um direkt hinzusehen, also können wir es nur indirekt sehen, hinter der Handlung des Films. Wir könnten behaupten, dass hier der Film begrenzt ist. Die an sich nach vorne weisende Richtung der Erzählung, Theos ›Aktivwerden‹, das gleichzeitig das Wirklichkeitwerden des Möglichen beinhaltet, hält das Leid im Hintergrund. Theo sieht das Leid nicht, als er sich darum bemüht, Kee zum Boot *Morgen* zu bringen; in der Tat, wenn wir seine Sichtweise annehmen, erlaubt uns unser ›Aktivwerden‹ auch, das Leid nicht zu sehen. Wenn wir uns fokussieren, können wir den das Leid aus dem Blick verlieren. Andererseits heißt das aber nicht, dass, wenn wir das Leid aus dem Blick verlieren, es kein Leid hier gäbe oder dass es sich nicht hinter unserer Handlung verstecken würde, in dem Sinne, dass es ein Ziel, eine Richtung, oder einen Zweck geben würde. Eine gute Frage ist, ob es immer der Fokus auf das Leid ist, der es uns ermöglicht, etwas gegen das Leid zu tun – Handlung erfordert womöglich die Fähigkeit, den Fokus sowohl zu verlieren als auch wieder zu erlangen.[173] Wenn es so ist, dass der Verlust des Fokus die Wiedererlangung des Fokus auf einer Aufgabenebene möglich macht, können wir fragen, was es tatsächlich bewirkt, etwas zu tun.

Eine Aufgabe oder ›etwas zu tun‹ zu haben, nimmt in diesem Film eine eher konventionelle geschlechtsspezifische und rassistische Form an. Der *weiße*, männliche Staatsbürger soll die Schwarze geflüchtete Frau retten, die die Last tragen muss, nicht nur für das neue Leben ein Kind zu gebären, sondern auch für die Menschheit als Spezies. In einer Szene ruft Kee Theo zum Stall (das biblische Thema ist offensichtlich) und zeigt ihm ihren schwangeren Körper. Erst ist er sprachlos, dann sagt er: »Sie ist schwanger.« Er wiederholt die Äußerung, als wenn Worte notwendig wären, um die Wahrheit zu bestätigen. Die Schwarze Frau wird zu einem filmischen Instrument, durch das ihm Worte verliehen werden, als Zeichen der Hoffnung, als eine Art Beweggrund, um etwas zu tun, wobei Hoffnung ein verkörpertes Projekt beinhaltet. Mit anderen Worten, durch sie erlangt er einen Sinn für das Ziel. Sogar als ungewollter Held, hilft Theo ihr, beschützt sie, führt sie und lenkt sie in Richtung eines glücklichen Endes des Bands, insofern als dass sie zum Boot kommt, was uns die Möglichkeit auf ein Morgen eröffnet. Sie ist das Objekt unserer Hoffnung: Wir hoffen, dass sie ein Kind gebären wird. Sie hofft, ein Kind zu gebären. Unsere Hoffnung in ihrer Hoffnung hängt vom *weißen* Mann ab, der sie zum Boot *Morgen* bringen muss.

173 Wir könnten zu *Kick it like Beckham* zurückkehren und eine symphatischere Lesart von Jess' Situation anbieten. Wir könnten die Fähigkeit erkennen, den Fokus auf Rassismus zu verlieren als eine Möglichkeit, um mit ihm umzugehen, anstatt sich zu weigern, sich mit ihm auseinanderzusetzen. Solch ein Erkennen heißt nicht, dass wir unsere Kritik dessen widerlegen müssen, wie die Umwandlungen in der Geschichte im Film diese Überwindung des Rassismus als eine Schuld des *weißen* Mannes postulieren. Und wir müssen uns immer noch mit dem Risiko befassen, Rassismus für Minderheiten zu übersehen – selbst als eine Überlebenstaktik. Siehe Kapitel 4, Fußnote 30 für eine zugehörige Diskussion.

Meiner Meinung nach geht es im Film um Theos Wandlung. Er ist nicht so sehr der Wendepunkt, wie Joe in *Kick it like Beckham*, derjenige, der verspricht, negative Gefühle in positive Gefühle zu verwandeln. Es ist eher Theo, der gewandelt wird, der sich von Verzweiflung zur Hoffnung und von gefühllos (die Stummheit, die wir als Alltagsreizbarkeit wahrnehmen können: »es ist zu spät, die Welt ist scheiße«) zu einer Person intensiver Gefühle wandelt. Er wandelt seine Gleichgültigkeit – die offensichtliche Heuchelei des »was auch immer« – in Fürsorge, was bedeutet, für jemanden zu sorgen, jemanden zu haben, für den man sorgen kann und folglich, sich darum zu sorgen, was passiert, darum, ob es eine Zukunft geben wird oder nicht. Solch eine Fürsorge ist nicht an die Fürsorge um das Glück/lichsein gebunden, was der Fürsorge eine gewisse Form verleiht, indem man möchte, dass der*die Empfänger*in der Fürsorge auf bestimmte Weise ist, wie ich im vorhergehenden Kapitel bemerkt habe. Es kann eine zufällige (hap) Fürsorge sein, anstatt eine Glücks-Fürsorge: sich um jemanden zu sorgen, heißt, sich darum zu sorgen, was dem*derjenigen passiert. Eine zufällige Fürsorge würde nicht danach streben, die Angst aus der Fürsorge zu nehmen; sie könnte sogar als Fürsorge für den Zufall beschrieben werden. Es gibt nichts Verletzlicheres als für jemanden zu sorgen; es bedeutet nicht nur, dass man seine Energie einer Person zukommen lässt, die nicht man selbst ist, sondern auch sich um diejenige zu sorgen, die jenseits oder außerhalb der eigenen Kontrolle ist. Sich zu sorgen, ist beängstigend – voller Sorge zu sein, sorgsam zu sein, heißt, sich um Dinge zu sorgen, indem man ängstlich um deren Zukunft wird, wo die Zukunft in der Zerbrechlichkeit eines Objekts verkörpert ist, dessen Beharrlichkeit eine Rolle spielt. Fürsorglich zu werden, hat nichts damit zu tun, dass man gut oder nett wird: Menschen, die »fürsorglich zu sein« als ihr Ego-Ideal betrachten, handeln oftmals auf ziemlich gleichgültige Art, um ihr gutes Image von sich selbst zu beschützen. Sich zu sorgen, heißt nicht, dass man ein Objekt gehen lässt, sondern dass man an einem Objekt festhält, indem man sich selbst gehen lässt, sich selbst etwas überlässt, das nicht sein eigen ist.

Wenn der Film von Theos Umwandlung handelt, wird die Geschichte beunruhigender. Dann würde man annehmen, er handelt von Vaterschaft (wenig überraschend, in Anbetracht des Titels, aber es ist einfach, nicht vom Titel überrascht zu sein). Theos verlorenes Kind wird als wahrer Grund für seinen Pessimismus heraufbeschworen. Wir begegnen dem verlorenen Kind zum ersten Mal durch die Fotos an der Wand in Jaspers Haus, einschließlich eines Fotos von Theo mit einer Frau und einem Kind, als auch als glückliche

Bilder des vergangenen Aktivismus. Die Frau und das Kind werden nicht genannt; doch die Trauer um dieses glückliche Bild, auf dem Glück/lichsein auf ein Abbild von etwas reduziert werden kann, das nicht länger ist, das verloren wurde, bleibt bestehen. Kummer wird hier nicht ausgesprochen, aber hat eine Beziehung zum Verlust der Möglichkeit, glücklich zu sein, die sich in dem Bild widerspiegelt, zur Folge. Der Verlust der Familie wird zur Unglücksursache, die wiederum umgelenkt wird zur Gleichgültigkeit oder Apathie: Es ist besser, nicht berührt zu werden, als unglücklich zu sein.

Wir bekommen diesen Verlust zum ersten Mal durch Julian mit, als er sagt: »Es fällt mir schwer, dich anzugucken. Er hatte deine Augen.« Er sieht mit seiner Trauer. Vaterschaft wird hier als Trauer über ein Erbe heraufbeschworen; das Kind erbt die Augen des Vaters, sodass man, wenn man den Vater anschaut, direkt den Verlust des Kindes vor Augen hat. Man kann annehmen, dass der Film von Theo handelt, der seine Trauer überwindet, indem er Vater wird. Denn, als er Kee zum Boot führt, dreht sie sich um und sagt zu ihm: »Dylan. Ich werde mein Baby Dylan nennen. Es ist auch ein Mädchenname.« Der Film belohnt Theo mit Vaterschaft. Das sind die letzten Worte, die er hört, bevor er stirbt.

Also wandelt die Geschichte Theos Gleichgültigkeit in Fürsorge um und belohnt ihn mit dem Geschenk der Vaterschaft. Kein großer Unterschied zu vorher: außer, dass er diesmal eine Tochter hat, obwohl sie denselben Namen trägt. Als ein utopischer Augenblick, ist das bei Weitem nicht sehr ambitioniert. Sehen wir uns Theos Umwandlung an, können wir erkennen, wie sehr die Konventionen der Hoffnung dem Vaterwerden des *weißen* Mannes vorherbestimmt sind, wo er nicht nur ›Vater‹ eines neuen Lebewesens, sondern auch einer neuen Spezies sein wird. Durch Theos Umwandlung haben wir eine neue Chance, Mensch zu werden. Obwohl Theo stirbt, wird das Kind zu seinem Kind und tauscht das tote Kind gegen das Geschenk eines Namens aus. Wenn der Film impliziert, dass es besser ist, sich zu sorgen, als sich nicht zu sorgen, weil es unserer Sorge um die Zukunft erlaubt, Alternativen möglich zu halten, entlässt er uns mit der Frage, wie uns die Fürsorge, selbst wenn wir uns *gerecht oder berechtigterweise* darum kümmern, was passiert, zu den sozialen Formen lenkt, in denen die Hoffnung auf Glück/lichsein bereits deponiert wurde. Dieses Scheitern, eine Alternative anzubieten, die unsere Erzählung vom guten Lebens umschreiben würde, kann aufschlussreich sein, nicht, weil es andeutet, dass wir nicht an Alternativen glauben sollten, sondern weil es zeigt, dass Alternativen nicht einfach über das hinausgehen können, was sich bereits herausgebildet oder Form angenommen hat. Das Scheitern der Transzendenz macht den politischen Kampf notwendig.[174]

Ich möchte diesen Abschnitt beenden, indem ich *Children of Men* mit dem dystopischen Film *Die Insel* (2005, Reg. Michael Bay) vergleiche. Der Albtraum des Films basiert erneut auf seinem Mangel an Distanz. Er erzählt aus der Perspektive von Klonen, die nicht wissen, dass sie Klone sind, die im »Glauben gelassen« wurden, sie seien die einzigen Menschen, die eine Umweltkatastrophe überlebt haben. Dies ist die Wahrheit, an die sie glauben müssen; ihr Glaube wird zur Wahrheit, die es ihnen erlaubt, in der Welt zu bestehen, in der sie leben. Die Klone wurden als Ersatzteile, Organspender für Menschen erschaffen, die Langlebigkeit kaufen wollen und als Mutterleibe für Frauen, die ihre reproduktive Zukunft sichern wollen.

Der Albtraum des Films handelt nicht so sehr vom Klonen oder den Fortschritten in der Genetik, sondern vielmehr von der Transformation von Menschen in Instrumente oder sogar die Instrumentalisierung der Spezies als solche. Klonen wird zum Symptom, nicht zur Ursache der Instrumentalisierung des Lebens. Die Klone verkörpern schließlich die entfremdeten Arbeiter*innen, als auch die Sklav*innen, als die anderen, die befreit werden müssen, die sich ihrer Entfremdung bewusst werden müssen, um zu rebellieren.

Die Lebensbedingungen der Klone sind nicht viel schlechter als die Lebensbedingungen vieler Menschen im globalen Kapitalismus: Sie arbeiten, aber wissen nicht, was sie herstellen oder für wen sie es herstellen. Es stellt sich heraus, dass ihre Arbeit das ist, was ihre Entfremdung erhält. Die Flüssigkeit, die sie in die Tuben füllen, ist die Flüssigkeit, die erforderlich ist, um neue Klone zu erzeugen. Die Klone werden ›Produkte‹ genannt; sie werden erzeugt, um gekauft und verkauft zu werden; sie sind, um Marx' vielsagenden Begriff zu benutzen: »lebendes Kapital«. Ihr Leben wird vom großen Anderen technologisiert, kontrolliert, beobachtet, dem sie im Gesicht des Physikers als auch auf unzähligen Bildschirmen begegnen, die vorgeben, was sie sehen und machen können.

Die Klone sind vielleicht wir. Oder, die Klone sind der*die Andere, der*die leidet und arbeitet, damit wir »das gute Leben« haben können. Ihre

174 Die Figur der Revolutionär*in ist vielleicht schwierig von der Sehnsucht des weißen Mannes zu unterscheiden, heroisch zu sein. Beispielsweise fand im Mai 2009 eine Konferenz über Kommunismus am Birkbeck College statt, bei der alle Sprecher*innen *weiß* waren und alle Sprecher*innen, außer einer, männlich waren. Feminist*innen of Color mussten Spaßverderber*innen der linken Seite bleiben: Der Körper der (selbstidentifizierten) Revolutionär*in lässt sich derweilen schwer vom Körper des*der Privilegierten unterscheiden.

mangelnde Hoffnung wird in unsere Hoffnung auf eine Zukunft umgewandelt: »Der einzige Grund eurer Existenz ist, dass jede*r ewig leben will. Das ist der neue amerikanische Traum.« Wir haben eine politische Wirtschaft der Hoffnung, wie es Ghassan Hage (2003) beschreiben würde, in der die Hoffnung an sich ungleich verteilt ist, da einige nicht nur mehr Hoffnung haben als andere, sondern ihre Hoffnung annehmen, indem sie die Hoffnung anderer wegnehmen, was gleichzeitig dazu führt, dass andere »sind«, damit einige »haben« können, worauf andere gehofft haben.[175]

175 Dies ist eine Möglichkeit, um eine politische Glücks-Ökonomie zu beschreiben. Hoffnung wird unterschiedliche Dinge tun, abhängig davon, wer sich was erhofft. Ich beendete gerade die letzten Überarbeitungen zu diesem Buch im Februar 2009, genau nach dem Amtsantritt von Barack Obama als Präsident der Vereinigten Staaten von Amerika. Obama spricht redegewandt über Hoffnung und seine Wahl, die einen gewissen Augenblick der Hoffnung verkörpert. Wir können solchen Augenblicken einen Wert zuschreiben: Hoffnung oder jede andere positive Emotion muss nicht unbedingt unkritisch betrachtet werden. Es ist interessant, festzustellen, dass Obamas eigene Hoffnung in die Hoffnung dramatisiert, dass Hoffnung einen affektiven Ungehorsam anbieten kann. Diejenigen, von denen man annimmt, dass sie hoffnungslos seien – vielleicht Frantz Fanons »Die Verdammten der Erde« – gehorchen nicht, indem sie auf eine andere Zukunft hoffen, in der sie nicht länger verdammt sind. In dieser Eröffnungsrede auf dem Parteitag der Demokratischen Partei 2004 fragte Obama: »Sind wir Teil einer Politik des Zynismus oder einer Politik der Hoffnung? … Ich meine hier nicht blinden Optimismus, die fast mutwillige Ignoranz, zu glauben, dass Arbeitslosigkeit weggehen wird, wenn wir nur nicht daran denken, oder dass das Gesundheitswesen sich selbst aus der Krise retten wird, wenn wir es einfach ignorieren. Davon spreche ich nicht. Ich spreche von etwas Bedeutenderem. Es ist die Hoffnung von Sklaven, die um ein Feuer herumsitzen und Lieder der Freiheit singen; die Hoffnung von Migrant*innen, die sich aufmachen zu fernen Ufern; die Hoffnung von einem Marineleutnant, der im Mekong Delta heldenhaft patrouilliert; die Hoffnung des Sohnes eines Fabrikarbeiters, der sich entgegen aller Erwartungen traut; und auch die Hoffnung eines dürren Kindes mit einem lustigen Namen, das daran glaubt, dass ihm auch ein Platz in Amerika zusteht. Hoffnung trotz Schwierigkeiten, Hoffnung trotz Unsicherheiten: Mut zur Hoffnung.« An dieser Stelle können wir sehen, dass Hoffnung, wenn auch ungehorsam, dennoch als eine Art der Assimilation funktionieren kann: Die Hoffnung auf Freiheit wird in Hoffnung auf einen Platz in der Nation umgewandelt, auf eine Weise, die die Nation zum Verteiler der Hoffnung macht. Wir sehen, wie wagemutige Hoffnung in etwas weniger wagemutiges gleiten kann, in Anbetracht der Tatsache, dass Obama seine eigene Geschichte in die Geschichte der Hoffnung einbringt. Die Hoffnung, dass wir Rassismus überwinden können (dass einem »dürren Kind mit einem lustigen Namen« ein Platz in Amerika zusteht, dass es am amerikanischen Traum teilhaben kann und, in die Zukunft gedacht, dass solch ein Kind sogar Präsident werden könnte) kann auch eine Fantasie anbieten, dass der Rassismus bereits überwunden wurde. Mit anderen Worten, Obamas Hoffnung darauf, postrassistisch zu werden, kann in eine Fantasie des Postrassistischseins übersetzt werden. Es könnte womöglich hilfreich sein, diese Rede neben seine kürzlich gehaltene Rede in Philadelphia 2008 zu stellen (auf die sich jetzt oftmals als die »›Rassen‹-Rede« bezogen wird), in der Obama darüber sprach, wie Wut und Verletzung über Rassismus nicht weggewünscht werden können: »Für die Männer und Frauen

Wichtig ist, dass die Klone nicht leiden: Ungerechtigkeit funktioniert hier *in der Abwesenheit von Leid oder sogar indem das Leid abwesend gemacht wird.* Der Film zeigt uns, inwiefern Optimismus, Hoffnung und Glück/lichsein Technologien der Kontrolle sein können. Die Klone werden sicher auf ihrem Platz gehalten durch Angst, die als falsche Erinnerung fungiert. Wie Dr. Merrick (Sean Bean), der Psychologe, der dafür zuständig ist, die Klone zu erzeugen, es ausdrückt: »Wir kontrollieren sie mit der Erinnerung an ein gemeinsames Ereignis, die globale Kontamination, die sie dazu bringt, dass sie Angst haben, rauszugehen.« Der andere Mechanismus der Kontrolle ist die Hoffnung: »Die Insel ist das Einzige, was ihnen Hoffnung gibt, einen Sinn.« Die Insel ist das, worauf sie hoffen; die Insel wird als Ursache für zukünftiges Glück/lichsein antizipiert. Die Insel funktioniert als tägliche Lotterie und wird als utopische Welt außerhalb dargestellt, die von »Auserwählten«, bewohnt wird. Doch diejenigen, die ausgewählt werden, sind in Wirklichkeit für den Tod bestimmt; anstatt auf die Insel zu gehen, werden ihnen ihre Organe entnommen, und sie werden auf Teile ohne ein Ganzes reduziert. Das Objekt der Hoffnung ist am Leid und Tod beteiligt: nicht nur hoffen die Klone auf das, was Leid und Tod verursacht (das Ticket zur Insel), sondern die Hoffnung überdeckt dieses Leid und den Tod *als* Glück/lichsein (die Glückseligkeit der Insel ist tatsächlich das Grauen des chirurgischen Tisches).

Tatsächlich werden die Klone durch Hoffnung glücklich gemacht; ihre Umgebung erschafft Glück/lichsein . »Unsere Aufgabe ist es, euch glücklich zu machen«, sagt Dr. Merrick zum Helden Lincoln Six Echo (Exan McGregor), so »dass ihr damit einverstanden seid.« Der Film ist ein Lehrstück darüber, dass das Glücksversprechen Dinge an Ort und Stelle belässt; glückliche und hoffnungsvolle Subjekte sind gut angepasst, weil sie einer Aufforderung folgen, von der sie nicht wissen, dass sie gemacht wurde. Hoffnung wird normalerweise als transformative Emotion betrachtet, als Schlüssel zu einem

der Generation von Reverend Wright sind die Erinnerungen der Erniedrigung und des Zweifels und der Angst nicht weggegangen; noch die Wut und die Bitterkeit dieser Jahre... Die Wut ist real; sie ist stark; und sie einfach wegzuwünschen, sie ohne ihre Ursprünge zu verteufeln, würde nur dazu dienen, die Kluft der Missverständnisse, die zwischen den ›Rassen‹ existieren, zu vergrößern.« Wenn wir von Wut und negativen Gefühlen als Antagonismen sprechen, die nicht weggewünscht werden können (wir können uns so einen Wunsch als Glück/lichsein Wunsch denken), können wir mehr Sinn aus dem Wagemut der Hoffnung schöpfen. Wir haben Hoffnung, *aufgrund* der Wut; wir haben Hoffnung, wenn wir unserer Hoffnung auf eine andere Welt nicht erlauben wollen und werden, dass sie als Zeichen der Überwindung genommen wird.

Projekt, das darauf abzielt, die Welt zu einem besseren Ort für das Leben zu machen. In einiger psychoanalytischer Literatur ist Hoffnung als konservative Emotion beschrieben worden: Für Anna Potamianou zum Beispiel, ist Hoffnung gleichbedeutend mit »extrem Dickköpfigsein« (1997: 4), als ein Verteidigungsschild gegen das Leben mit seinen Veränderungen, Verlusten und Unsicherheiten. Hoffnung könnte als eine dickköpfige Anheftung an ein verlorenes Objekt beschrieben werden, die das Subjekt daran hindert, »weiterzumachen«. Hoffnung kann sogar als eine Art der Melancholie funktionieren, als eine Möglichkeit, um an etwas festzuhalten, das weg ist, selbst wenn Hoffnung sich anders anfühlt als eine Beziehung zu dieser Sache. Woher wissen wir, ob wir an etwas festhalten, das gegangen ist, oder dass wir etwas gehen lassen haben, was gegenwärtig ist? In gewisser Weise sind alle Objekte der Emotion Fantasien von dem, was uns Objekte geben können. Hoffnung ist eine gute Fantasie von dem, was uns ein Objekt geben wird. Die Insel ist genau diese Art Objekt; wir wünschen uns etwas, das nicht da ist, was dazu führt, dass das Objekt *als* Wunsch da ist.

Dieser Film handelt von Rebellion; wir könnten sogar behaupten, die Erzählung wird als Revolution der Klone vorbereitet. Ein Klon, Six Echo, ist natürlich der Held, derjenige, der die Revolution anführt. Six Echo ist ein gefühlsbedingter Fremder; er wird durch sein Scheitern, glücklich zu sein, entfremdet. Er ist nicht gut angepasst und weigert sich, sich an die Welt anzupassen. »Was ist los?«, fragt Dr. Merrick, woraufhin er antwortet: »Dienstagabend ist Tofuabend. Und ich frage mich, wer entschieden hat, dass alle Tofu mögen? Und was soll das überhaupt sein? Und warum kann ich nicht einfach Bacon haben? Und ich darf zum Frühstück kein Bacon haben. Und was ist mit diesem Weiß? Warum müssen wir alle die ganze Zeit weiß tragen? Es ist unmöglich, sauber zu bleiben. Ich bekommen nie etwas Farbiges. Ich möchte Antworten und mehr... mehr als nur darauf zu warten, zur Insel zu kommen.« Rebellion beginnt, wenn man anfängt zu erkennen, dass die Gegenwart nicht genug ist, wenn man sich darüber Sorgen macht, wie das, was gegeben ist, gegeben ist und wenn man mehr möchte als das, was gegeben ist.

Zu hinterfragen heißt, auf Gefühlsebene ein*e Fremde*r zu sein. Six Echos Sorge bleibt; er macht sich wegen allem und jedem Gedanken mit der energischen Kraft der Frage »aber warum?« bringt er die kuschelige Wärme des guten Gefühls durcheinander. Dr. Merrick sagt über ihn: »Er war der erste, der diese Umgebung, seine gesamte Existenz hier, hinterfragte« und später sagt er: »Unser gesamtes System beruht auf Vorhersehbarkeit... Six Echo hat diese eine Eigenschaft aufgezeigt, die es untergräbt, menschliche Neugier.«

Es ist normal, Verwunderung und Neugier als positive Emotionen zu betrachten. In diesem Film werden Verwunderung und Neugier, während sie als gute Dinge dargestellt werden (als die Bedingungen für die Möglichkeit auf Freiheit), mit negativen Gefühlen in Verbindung gebracht. Es ist das Subjekt, das sich schlecht fühlt, das neugierig ist, sich wundert.

Six Echo erlangt Wissen über das, was außerhalb des Hoffnungshorizontes existiert, als Ziel ihrer kollektiven Existenz. Als er nach draußen befördert wird, wird er nicht einfach zu einem Revolutionär. Er nimmt nicht nur einen politischen Willen an, um die anderen Klone vor ihrem Glück/lichsein zu beschützen. Erst sucht er nach dem Menschen, aus dem er geklont wurde, in der Annahme, dass dieser Mensch sich dafür interessieren würde, was ihm zugestoßen ist: nur um festzustellen, dass der Mensch nichts darauf gibt und nur seine Investition beschützen will, was bedeutet, sich selbst davor zu schützen, vom Klon gesehen zu werden, vor dem Beweis, dass der Klon Gefühle hat. Als er sich selbst als Klon sieht, wird Six Echo die Ungerechtigkeit dessen bewusst, was sich hinter seiner Existenz befindet, oder sogar der Ungerechtigkeit seiner Existenz. Er nimmt sich vor, zu rebellieren, dadurch dass er seine eigene körperliche Verwicklung in die Ungerechtigkeit erkennt.

Auch durch die Liebe nimmt Six Echo dieses Zielbewusstsein an. Als seine Geliebte Jordan Two Delta (Scarlett Johansson) einen Platz auf der Insel gewinnt, weiß er, dass sie der sichere Tod erwarten wird. Er flieht mit ihr und schenkt ihr Hoffnung, indem er enthüllt, dass die Insel nur leere Versprechungen ist. Der Gegensatz zwischen den beiden Filmen ist an dieser Stelle sehr interessant. Beide Filme drehen sich um einen Mann, der eine Frau rettet, obwohl sich diese Handlung in *Die Insel* um die Romanze des heterosexuellen Paares herum dreht. In *Children of Men* nimmt Theo seine Bestimmung an, indem er Julian verliert; faktisch gesehen, nimmt er seinen Platz an, indem er sein Projekt übernimmt, Kee zum Boot *Morgen* zu führen. In *Die Insel* bringt Six Echo die Liebe zu Two Delta dazu, das Kommando zu übernehmen; Befreiung beginnt mit seiner Sehnsucht, seine Geliebte zu retten. Ihre Liebe wird als Rebellion vorbereitet: jegliche Nähe ist für Klone verboten; ihre Gefühle füreinander entfernen sie »vom Programm«. Das heterosexuelle Paar, dessen Liebe verboten ist, ist oftmals Vermittler einer sozialen Transformation. Heterosexualität wird zur Grundlage für Erzählungen der Versöhnung, als könnte solch eine Liebe die Wunden der Vergangenheit heilen, worauf ich im vierten Kapitel eingegangen bin. Nachdem sie Sex hatten, flüstert Two Delta: »Die Insel gibt es wirklich; wir sind sie.«

Six Echo und Two Delta verkörpern eine alternative Liebe. Sie flüchten und kommen zurück, um die anderen Klone zu retten. Es geht nicht darum, dass der Film für Hoffnungslosigkeit steht; wenn überhaupt, *sagt er eine Umwandlung voraus, die eine Empfindung aufrechterhält.* Mit anderen Worten, die Empfindung wird erhalten, indem das Objekt getauscht wird: falsche Hoffnung (die Insel), wird in wahre Hoffnung (Liebe, Befreiung) umgewandelt. Es ist der *weiße* Mann, ob Klon oder nicht, der einen Wendepunkt darstellt und den Klonen wahre Hoffnung gibt, indem er sie von der falschen Hoffnung befreit, die durch ihr Glück/lichsein gesichert ist. An einer Stelle macht Albert Laurent (Djimon Hounsou), ein Schwarzer Mann, der dazu bestimmt war, die geflüchteten Klone umzubringen, eine Kehrtwendung und nimmt seinen Platz an der Seite von Six Echo und Two Delta als Befreier ein. Er schaut zu, wie Jordan ihr eigenes Brandzeichen berührt, mit Tränen, die ihr über die Wangen laufen und ist berührt. Er erkennt in ihrem Kampf um die Freiheit seine eigene Geschichte und sagt: »Mein Bruder und ich, wir waren gebrandmarkt, sodass wir wussten, dass wir weniger wert waren als ein Mensch.« Das Brandzeichen ist ein anhaftendes Zeichen; es führt dazu, dass der Freiheitskampf der Klone zu einem Freiheitskampf von Schwarzen Menschen und all den anderen wird, die als weniger wert als Menschen deklariert wurden durch die Markierung auf ihrer Haut. Ich würde behaupten, dass dieser Film, anstatt den Schwarzen Körper zu einem Umwandler zu machen, ihn zum Empfänger des Geschenks macht, genauso wie es in *Children of Men* der Fall ist. Revolution wird zum Geschenk des *weißen* Mannes.

Wir könnten argumentieren, dass die Erzählstränge in *Children of Men* und *Die Insel* die Revolution beinhalten, die geschehen könnte, insofern die revolutionäre Hoffnung auf der Vaterschaft oder dem repräsentativen *weißen* Mann beruht. Und doch können wir vielleicht in der dystopischen Form ein Potential dafür erkennen, dass andere Dinge passieren, die nicht einfach in der Erzählung enthalten sind. Wir werden Zeugen der Erschaffung von Solidarität angesichts dessen, was passiert, von einem Gespür für das, was möglich ist, wenn Menschen zusammenkommen, um eine Situation zu überwinden. Was passiert, wenn die normalen Einsatzregeln aufgehoben sind? Was tun wir in solchen Augenblicken, bevor eine neue Welt angefangen hat, wenn die alte Ordnung als Gewalt offenkundig wird? Diese Augenblicke der Verzögerung sind keine Augenblicke der Transzendenz und doch können wir solche Augenblicke verzögern. Der Augenblick der Verzögerung erzeugt das, was Slavoj Žižek einen »Kurzschluss zwischen der Gegenwart und der Zukunft« nennt (2005: 247), in dem wir handeln können, als wenn das »noch nicht« bereits hier wäre und kein Versprechen auf etwas, was noch kommen könnte. In *Children of Men* ist es das Geflüchtetenlager in Bexhill, wovor die meisten sich scheuen, hinzugehen, der Ort, an dem die Elendsten wohnen, gleichzeitig der gefährlichste als auch der vielversprechendste Ort; und dort findet bereits ein Aufstand oder eine Rebellion statt. Žižek beschreibt ihn als »eine [...] Art befreite[s] Territorium, jenseits der alles umfassenden und erstickenden Unterdrückung.« (2011: 33) An solchen Orten sind die Regeln, die das soziale Leben regeln, aufgehoben, was bedeutet, dass, zumindest in dem Augenblick, das, was es heißt, bestimmte Formen zu bewohnen, nicht entschieden wurde. Wir wären in dem Fall nicht länger sicher, was es bedeutet, zu sagen: eine Familie ist *das*, ein Freund ist *das*, ein*e Geliebte*r ist *das,* und ein Leben hat *das*. Wir wären nicht einmal sicher, was es bedeutet, zuzugeben, ein Mensch zu sein oder am Leben zu sein. Wenn wir nicht wissen, was es heißt, zu sein oder *etwas* zu haben, müssen wir herausfinden und uns durch das arbeiten, was es heißt. Eine Revolution würde nicht einfach nur erfordern, dass Subjekte revoltieren; sie würde eine Revolution der Aussage erfordern, von dem, was mit den Subjekten dieser Aussage verbunden ist. Die Subjekte wären im Plural, denn das ›wir‹ wird nicht nur herangezogen, um eine Entscheidung über *das* zu treffen, sondern wird als ein Resultat *dieser* Entscheidung erzeugt. Zufallsgemeinschaften nehmen ihre Form in solchen Augenblicken der Verzögerung an, in denen ein »wir« versammelt wird, indem es zusammengeworfen wird, und so ein Zielbewusstsein annimmt durch die Hinterfragung der Bedeutungen dieses *das*.

Die Freiheit, unglücklich zu sein

Um die Augenblicke der Verzögerung zu erhalten, müssen wir womöglich Glück/lichsein verzögern. Wir könnten rebellieren, indem wir uns gegen die Forderung nach Glück/lichsein stellen. Die dystopische Form präsentiert uns wenig überraschend Visionen des Glück/lichseins als Albtraum. Wir könnten sogar das Untergenre der dystopischen Fiktion als ›Glücks-Dystopien‹ bezeichnen, von Aldous Huxleys Klassiker *Schöne Neue Welt* zu James Gunns *Wächter des Glücks* oder Ursula Le Guins heraufbeschwörender Kurzgeschichte »The Ones Who Walked Away from Omelas.«[176] Was können wir aus den Horrorgeschichten dieser Bücher lernen?

176 Mein Dank gilt Michael Rothberg und denjenigen, die an meinem Workshop zum Thema Kritik an der University of Illinois teilgenommen haben, die mich durch einen Essay von Elizabeth Povinelli auf eine Kurzgeschichte brachten. Diese Kurzgeschichte beruht frei

Huxleys Prolog zu *Schöne Neue Welt* eröffnet uns eine aussagekräftige Lesart dessen, was Wissenschaftler*innen als ›das Problem des Glück/lichseins‹ bezeichnen. Er skizziert das Problem des Glück/lichseins als Problem »wie man Menschen dazu bringt, ihr Sklaventum zu lieben« ([1932] 2012: 17). Die Welt, die unerschrocken und neu ist, ist die Welt des Glück/lichseins, in der Menschen »bekommen, was sie begehren, und [nichts] begehren, was sie nicht bekommen können« (217). Glück/lichsein ist das, was Dinge zusammenhält, indem es bekommt, wonach du dich sehnst und indem es ersehnt, was du bekommst. Du musst damit aufhören, zu ersehnen, was du nicht bekommen hast und nicht bekommen kannst. »›Und darin‹, warf der Direktor salbungsvoll ein, ›liegt das Geheimnis von Glück und Tugend: Tue gern, was du tun mußt! Unser ganzes Normungsverfahren verfolgt dieses Ziel: die Menschen lehren, ihre unumstößliche soziale Bestimmung zu lieben.‹« (32) Durch Glück/lichsein bedingt zu sein, heißt, deine Bedingung zu mögen. Die glückliche Welt ist berauscht; die Gute-Laune-Droge *Soma* führt dazu, dass sich Menschen gut fühlen; Einigkeit wird darüber hergestellt, dass glückliche Objekte geteilt werden, sodass eine Decke entsteht, deren Wärme das Potential des Körpers bedeckt, auf andere Weise betroffen zu werden.

Genauso wie es im Film *Die Insel* der Fall ist, den ich als eine ›hoffnungsvolle Dystopie‹ beschreiben würde, ist der Revolutionär derjenige, der Glück/lichsein ablehnt, was heißt, dass er nicht nur daran gescheitert ist, glücklich zu sein, sondern auch nicht glücklich sein möchte. Bernard, der Psychologe und Ausgestoßene, bietet der Leserschaft die ersten Zeichen der Revolte, des Rebellischseins. »›Ich will lieber ich bleiben‹ [...] ›Ich, das Ekel. Und nicht ein anderer werden, auch wenn der noch so lustig wäre.‹« (98) Wenn ›ich bleiben‹ als Kampfansage gegenüber der sozialen Orthodoxie fungiert, scheint es auch Unglück/lichsein im Körper eines Individuums zu lokalisieren. Bernard möchte nicht »nur eine Zelle in einem sozialen Körper« sein. Ich muss an die zwei Animationsfilme über Insekten denken, *Antz* (1998, Reg. Darnell und Johnson) und *Bee Movie – Das Honigkomplott* (2007, Reg. Hickner und

auf William James' Essay: »The Moral Philosopher and the Moral Life«, in dem er diese Frage stellt: »Oder wenn uns eine hypothetische Welt angeboten würde, in der die Utopien der Herren Fourier, Bellamy und Morris alle übertroffen würden und Millionen permanent glücklich wären, unter der einfachen Voraussetzung, dass eine bestimmte verlorene Seele fernab von allem ein Leben voll einsamer Qual leben sollte, um was für eine Art der Emotion kann es sich handeln, außer einer spezifischen und unabhängigen, die uns unmittelbar dazu bringen würde, die Scheußlichkeit dieses Vergnügens zu empfinden, mit Absicht die Früchte eines solchen Tauschgeschäftes zu genießen, obwohl ein Impuls in uns erwächst, sich an das auf diese Weise angebotene Glück/lichsein zu heften?« ([1891] 1956: 188).

Smith). Beide Filme drehen sich um die Figur eines revolutionären Insektes, das rebelliert, weil es nicht glücklich mit dem ist, was ihm gegeben wurde. Tatsächlich radikalisiert sich in diesen Filmen ein individuelles Insekt durch Unglück/lichsein.[177] Die Ameise oder Biene, die mit den Dingen nicht zurechtkommt, ist unglücklich, neugierig und sehnsüchtig; sie möchte mehr als sie bekommt. Andererseits retten diese individuellen heroischen Insekten ihren Bienenstock oder ihre Kolonie durch ihr Andersdenken. Ihr Unglück/lichsein wird zu einem alternativen sozialen Geschenk. Die Vorstellung von unglücklichen Revolutionär*innen ist in seiner Investition der revolutionären Hoffnung auf den Körper eines Individuums beschränkt.

In *Schöne Neue Welt* basiert die Alternative für Glück/lichsein gewiss auf individueller Freiheit. Einerseits wird diese Freiheit als Freiheit ausgedrückt, auf eigene Weise glücklich zu sein. Bernards Antwort auf Leninas ausgedrückte Sehnsucht nach Glück/lichsein ist die Bestätigung dessen, was sie sagt: »›Ja, jeder ist ja heutzutage glücklich. Bei den fünfjährigen Kindern fangen wir damit an. Aber möchtest du nicht frei sein, um auf irgendeine andere Art glücklich sein zu können, Lenina?‹« (100) Das Buch hinterfragt sogar die Vorstellung der Freiheit, *auf irgendeine andere Weise* glücklich zu sein durch die Figur des Wilden, der in diese glückliche Welt kommt, ohne von ihr beinflusst zu sein. Der Wilde ist derjenige, der für die Weisheit des Buches steht. »›Gut denn‹, erwiderte der Wilde trotzig, ›ich fordere das Recht auf Unglück.‹« (236) Unglück/lichsein wird zu einem Recht in einer Welt, die Glück/lichsein zur Pflicht macht. In James Gunns späterer Glücks-Dystopie *Wächter des Glücks* nimmt das revoltierende Subjekt auch das Recht wahr, unglücklich zu sein: »›Aber das ist doch ein freies Land, oder?‹, fragte Berns. ›Ein Mensch kann doch unglücklich sein, wenn er das will, oder?‹ ›Nein!‹ donnerte der Hedonist. ›Dieses Märchen ist schon vor fünfzig Jahren widerlegt worden. Die grundlegende Freiheit ist die Freiheit, glücklich zu sein.‹« ([1961] 1966: 56).

---

177 Man könnte beide Filme *Happy Feet* (2006) gegenüberstellen, in dem der Pinguin, der seine Gemeinschaft rettet, glücklich ist. Als er geboren wird, merkt sein Vater, dass er etwas ›komisches‹‹ mit seinen Füßen macht. Er fragt ihn warum und der Sohn sagt, weil seine Füße glücklich sind. Glückliche Füße zu haben, heißt, abzuweichen: In diesem Film wird davon ausgegangen, dass das Glück/lichsein für Pinguine in der Stimme (die singt) und nicht in den Füßen (die tanzen) steckt. Unsere Held hat also ein falsch gerichtetes Glück/lichsein, was zu seiner Entfremdung von der Gemeinschaft führt und seiner letztendlichen Fähigkeit, den Tag zu retten, indem er sich Wissen darüber aneignet, was sich hinter dem Horizont des Glück/lichseins befindet. Judith Halberstam hat hingegen drauf hingewiesen, dass die Erzählung durch Individualismus, seine Organisation der Verteidigung als Kampf des Individuums gegen die Konformität des Kollektivs (vgl. 2008: 272).

Die Freiheit, glücklich zu sein, schränkt die menschliche Freiheit ein, wenn du nicht frei bist, unglücklich zu sein.[178] Vielleicht wird Unglück/lichsein zu einer Freiheit, wenn die Notwendigkeit des Glück/lichseins als Freiheit maskiert wird.

Beide, *Schöne Neue Welt* und *Die Wächter des Glücks* könnten als Kritiken der utilitaristischen Herangehensweise an Glück/lichsein interpretiert werden, was als Glücksforschung bezeichnet wird, mit ihrer Überzeugung, dass die Maximierung des Glück/lichseins die Messlatte für das gesellschaftlich Gute darstellt. Der erste Teil des *Wächter des Glücks* skizziert für uns das Auftauchen der hedonistischen Wissenschaft aus Sichtweise von Josh, einem Skeptiker: »›Die Techniken der Hedonik sind keine Zauberei. Sie sind eine Neuorientierung und eine Disziplin [...]. Das Glück ist in uns. [...] Das ist eine schwere Arbeit [...]. Aber es ist der Mühe wert.‹« (34f.) (Die Unabhängigkeitserklärung war schon immer besorgt um das Glück der Menschen. Das Streben nach Glück. Damals war das Glück noch eine Kunst. Heute ist es eine Wissenschaft. Wir haben es lange genug verfolgt. Nun ist es Zeit, dass wir das Glück einholen.) (Gunn 1961: 22)

Hedonismus überträgt die Glücksansteckung auf die Glücks-Pflicht: »Ihr ganzes Glück muß darin bestehen, andere glücklich zu machen.«(35) Der Horror von Hedonist*innen besteht in Gunns Roman im Horror des Glück/lichseins, das zum Endpunkt wird; die Geschichte endet mit Menschen, die in Embryos verkehrt werden, eine Geschichte vom Leben aus Mutterleib in den Mutterleib, vom glücklichsten Leben, also der Verschiebung der Unterscheidung zwischen Geburt und Tod. Es wir angedeutet, dass die Glücksforschung ein Rückzug vom Leben ist: Der Mensch hatte »sich eine letzte Zuflucht gegen das Leben gebaut und zog sich dorthin zurück, bis zu einem langsamen, glücklichen Tod.« (151)

Im Gegensatz dazu kritisiert Ursula Le Guins Geschichte »The Ones Who Walk Away from Omelas« ein robusteres, klassisches Modell des Glück/lichseins als das gute und tugendhafte Leben. Die Menschen aus Omelas leben auf bedeutungsvolle Weise ein glückliches Leben: »Sie waren keine naiven

178 Wir können den ermüdeten Gedanken von Winston in *1984* lauschen, als dieser die Argumente der Partei voraussagt: »Daß die Menschheit die Wahl zwischen Freiheit und Glück hatte und daß, für die Masse der Menschheit, Glück besser sei. Daß die Partei die ewige Beschützerin des Schwachen war, eine aufopfernde Sekte, die Böses tat, um Gutes zu wirken, und die ihr eigenes Glück dem der anderen opferte.« (Orwell [1948] 1984: 265). Wir können aus der Müdigkeit in der Nähe von Worten etwas über Worte lernen: In dem Fall bedeutet, Müdigkeit zu hören, zu lernen, dass glücklich zu sein erfordert, Freiheit aufzugeben.

und glücklichen Kinder – obwohl ihre Kinder sehr wohl glücklich waren. Sie waren reife, intelligente, leidenschaftliche Erwachsene, deren Leben nicht miserabel waren.« ([1973] 1987: 278) Ihr Glück/lichsein, würdest du sagen, ist ein gutes Glück/lichsein, steht für Würde, für ein Leben und eine Gemeinschaft, die blüht. Sie verdienen es, glücklich zu sein, würden wir vielleicht sagen. Doch hinter ihrem Glück/lichsein verbirgt sich ein dunkles Geheimnis. Es hängt vom Elend eines Kindes ab, einem Kind, das im Keller gehalten wird: »Das Kind schrie immerzu um Hilfe und weinte viel, aber jetzt wimmert es nur noch, ›eh-haa, eh-haa‹ und spricht weniger und seltener. Es ist so dünn, es besteht nur noch aus Knochen; sein Bauch ragt hervor; es lebt von einer halben Schüssel Getreideflocken und Fett am Tag. Es ist nackt. Seine Pobacken und Oberschenkel sind eine Masse verfaulter Wunden, während es die ganze Zeit über dasitzt in seinen eigenen Exkrementen. Alle wissen, dass es da ist, alle Menschen in Omelas. Einige von ihnen kommen, um es zu sehen, andere sind mit dem Wissen zufrieden, dass es einfach da ist. Sie alle wissen, dass es da sein muss. Einige verstehen warum, andere nicht, aber sie alle verstehen, dass ihr Glück/lichsein, die Schönheit der Stadt, die Sanftheit ihrer Freundschaften, die Gesundheit ihrer Kinder, die Weisheit der Wissenschaftler, die Fähigkeiten ihrer Produzenten, sogar der Überfluss ihrer Ernten und das schöne Wetter ihres Himmels, voll und ganz vom schrecklichen Elend dieses Kindes abhängen.« (281f.)

Die Geschichte handelt von der Ungerechtigkeit solch einer Abmachung: die Perversion eines kollektiven Glück/lichseins, das vom Elend eines einzigen Kindes abhängt. Wenn das Glück/lichsein der Mehrheit durch das Unglück/lichsein einer Person verursacht wird, wird solch ein Glück/lichsein immer falsch sein. Wir könnten, in Anlehnung an Alain Badiou, Glück/lichsein als eine Art des Nihilismus beschreiben, basierend auf dem Recht einiger, vor dem Elend bewahrt zu sein und auf den Ursachen des Elends oder dem Recht, zu entscheiden, wie viel Leid jemand ertragen kann ([1993] 2015: 55).[179] In Omelas, ist das Glück/lichsein der Welt abhängig von der notwen-

179 Badiou bietet eine konkrete Beschreibung eines solchen Nihilismus: »Wenn ein Premierminister, politischer Vorsänger einer Ethik der Polis, erklärt, dass Frankreich ›nicht das ganze Elend der Welt aufnehmen kann‹, dann verwahrt er sich wohl, uns die Kriterien und die Methoden zu nennen, die für die Entscheidung benutzt werden würden, welchen Teil dieses Elends man aufnehmen wird und welchen Teil man sicherlich in den Auffanglagern bitten wird, wieder an den Ort des Todes zurückzukehren, damit wir unseren Reichtum, ohne zu teilen, genießen können, Reichtum, der, wie man weiß, zugleich unser Glück und unsere ›Ethik‹ bedingt. Und gleichermaßen ist es sicherlich unmöglich, genau anzugeben, welches die ›verantwortlichen‹ und natürlich ›kollektiven‹ Kriterien

digen Gleichgültigkeit gegenüber dem Unglück/lichsein des Kindes. Das Unglück/lichsein des Kindes liefert den moralischen Kompass.[180] Wie alle guten Dystopien, ruft Omelas die Leser*innen dazu auf, unsere Welt in der offensichtlich nicht existierenden Welt der Geschichte wiederzuerkennen, die Möglichkeit dessen zu erkennen, was unmöglich erscheint.

Wir erkennen sehr viel in Omelas. Wir erkennen, wie sehr das Glücksversprechen von der Verortung des Leids abhängt; andere leiden, sodass ein gewisses ›Wir‹ das gute Leben weiterhin genießen kann. Kommen wir zur aufrüttelnden Sprache aus *Quell der Einsamkeit* zurück, hält das Glück/lichsein ›aller‹ das Elend innerhalb seiner Mauern. Das Falsche am Glück/lichsein ist, dass es an der Verortung und dem Verschluss des Elends beteiligt ist, dem Elend derjenigen, die das offensichtlich leere Zeichen des Glück/lichseins nicht bewohnen können, die nicht seine Form bevölkern können. Man geht nur von solch einem Glück/lichsein weg, wenn man vom Leid berührt ist. Von jemand anderem berührt zu sein, heißt nicht, vom Gefühl des Leids des Anderen abzuhängen. Die Sympathie des Mitgefühls, die Gefühl mit dem gleichen Gefühl zurückgibt, ist eine Art der Berührung, die nur wenig, fast nichts berührt. Vom Glück/lichsein wegzugehen, wäre ganz einfach eine Ablehnung der Gleichgültigkeit, ein Wille, dem Glück/lichsein nahezubleiben, *wie auch immer* wir berührt werden.[181]

---

sind, in deren Namen die Kommissionen für Bio-Ethik die Unterscheidung zwischen Eugenik und Euthanasie, zwischen der wissenschaftlichen Verbesserung des weißen Mannes sowie seines Glücks und der ›würdevollen‹ Vernichtung des Monsters, der Leiden und peinlichen Schauspiele treffen.« ([1993] 2015: 55)

180 Das elendige Kind wird oftmals innerhalb des humanitären Diskurses in einer Art heraufbeschworen, die unsere Sympathie anspricht. Dass unsere Fähigkeit zu Identifizierung auf der Figur des Kindes beruht, ist kein Zufall. Das Kind wird als unschuldig betrachtet; das unglückliche Kind kann also sein Unglück/lichsein nicht verdienen. Henry Jenkins behauptet, dass uns die ideologische Annahme der Unschuld des Kindes »erlaubt, Wut gegen jegliche soziale Kraft zu richten, die unsere Kinder unglücklich macht« (1998: 9). Der Gebrauch der Figur des Kindes enthüllt unseren Verlass auf eine Unterscheidung zwischen verdientem und unverdientem Unglück/lichsein, einer Unterscheidung, die die Gewalt des Glück/lichseins offenbart, die auch eine »wohlverdiente Strafe« sein kann. Der Gedanke, dass du Glück/lichsein verdienen musst, macht Unglück/lichsein zu einem Zeichen, dass du unwürdig bist. Dieser Logik nach sind die Unwürdigen diejenigen, die ihr Unglück/lichsein verdienen.

181 Es ist interessant, sich an dieser Stelle mit Kant zu befassen. In *Die Metaphysik der Sitten* macht Kant Gebrauch von dem Gedanken der Ansteckung (definiert als teilnehmende Empfindung), um zu argumentieren, dass Mitgefühl keine Pflicht sein kann. Er treibt das eher seltsame Argument voran, dass man das Gefühl des Mitleids eines Menschen gegenüber nicht in eine Pflicht umgewandelt werden kann, da solch ein Mitgefühl mehr Leid erzeugen würde und es kann keine Pflicht sein, das Leid zu vergrößern. Also

Der politische Wille, von Unglück/lichsein berührt zu werden, würde als politische Freiheit umgeschrieben werden. Wir würden Freiheit *als* die Freiheit, unglücklich zu sein, radikalisieren. Die Freiheit, unglücklich zu sein, handelt nicht davon, sich elend und traurig zu fühlen, obwohl sie auch die Freiheit beinhalten könnte, solche Gefühle auszudrücken. Die Freiheit, unglücklich zu sein wäre dann die Freiheit, von dem berührt zu sein, das unglücklich ist und ein Leben zu führen, dass andere auf unglückliche Weise berühren könnte. Die Freiheit, unglücklich zu sein, wäre die Freiheit, ein Leben zu leben, das von den Pfaden des Glück/lichseins abweicht, wo auch immer uns diese Abweichung hinführt. Sie würde folglich die Freiheit bedeuten, Unglück/lichsein durch abweichende Handlungen zu verursachen.

Ich schlage hier nicht vor, dass es unser Ziel ist, Unglück/lichsein zu verursachen. Es ist nicht so, dass Unglück/lichsein zu unserem Telos wird:[182] eher, dass wir Unglück/lichsein nicht nur als etwas wahrnehmen, das im Weg ist, wenn wir nicht länger annehmen, dass Glück/lichsein unser Telos ist. Wenn wir uns nicht länger sicher sind, was uns in den Weg kommt, dann wird »der Weg« an sich zu einer Frage. Die Freiheit, unglücklich zu sein, könnte die Grundlage für eine neue politische Ontologie liefern, die, indem sie Glück/lichsein nicht als einen übereinstimmenden Endpunkt der menschlichen Handlung betrachtet,

---

würde nicht nur eine Person unter x leiden, sondern zwei Personen würden unter x leiden, obwohl die erste Person die einzige Person wäre, die ›wirklich‹ von x betroffen wäre. Für Kant würde demnach das Empfinden von Mitleid »die Übel in der Welt [...] vermehren« ([1797] 1922: 314). Doch Kant sagt auch, dass, während wir nicht verpflichtet sind, Leid zu teilen, wir eine indirekte Pflicht haben, die Fähigkeit der Mitfreude oder des Mitgefühls auszubauen, die er in ziemlich praktischer Hinsicht dadurch beschreibt, wohin das moralische Subjekt nicht ›nicht gehen‹ sollte: »So ist es Pflicht: nicht die Stellen, wo sich Arme befinden, denen das Notwendigste abgeht, zu umgehen, sondern sie aufzusuchen, nicht die Krankenstuben oder die Gefängnisse der Schuldner und dergl. zu fliehen, um dem schmerzhaften Mitgefühl, dessen man sich nicht erwehren kann, auszuweichen [...]« (315). Obwohl Kant davon ausgeht, dass wir das menschliche Leid nicht ansteigen lassen wollen, indem wir das Leid teilen, sagt er auch, dass wir eine indirekte Pflicht hätten, Nähe zu den Schauplätzen des Leids nicht zu vermeiden. Er lehnt die Teilnahme an dem, was ich in Kapitel 3 als Selbstregulierung von Gefühlswelten beschrieben habe, ab, in der man die Nähe zum Unglück/lichsein vermeidet, um das Glück/lichsein zu beschützen.

182 Wie ich bereits angedeutet habe, bietet Schopenhauers Pessimismus Unglück/lichsein als ein *Telos* an, als Endpunkt allen menschlichen Handelns. Meine Kritik am Glück/lichsein beinhaltet keinen solchen Pessimismus. Ich rufe nicht zu Optimismus (das Glücks-*Telos*) oder zu Pessimismus (das Unglücks-*Telos*) als Grundlage der Politik auf. Ich würde stattdessen zu einer Politik ohne Grundlage aufrufen, einer Politik ohne Endpunkte annehmen, die Handlungen beherrschen. Solch eine Politik soll einen queeren Mix aus Optimismus und Pessimismus, Hoffnung und Verzweiflung anbieten: Was wir vermischen, wird davon abhängen, was wieder herausgespuckt wird.

imstande wäre, nach dem Wirkungsort zu fragen. Wir sollten vielleicht politisch handeln, weil wir nicht mit den Zielen der Handlung übereinstimmen.

Es gehört demnach zu unserem politischen Auslöser, die Ursachen für Unglück/lichsein zu erkennen. Deshalb wird jede Politik des Rechts Unglück/lichsein herbeiführen, auch wenn das nicht der Sinn unseres Handelns ist. So viel Glück/lichsein beruht auf und wird versprochen durch die Verdeckung des Leids, der Freiheit, von dem wegzusehen, was das eigene Glück/lichsein gefährdet. Zu rebellieren kann wehtun, nicht nur, weil du dem Verletztsein nah bist, sondern auch, weil du Unglück/lichsein verursachst, indem du die Ursachen des Unglück/lichseins enthüllst. *Du wirst zur Ursache für das Unglück/lichsein, das du enthüllst.* Es ist schwere Arbeit, unter dem Zeichen des Unglück/lichseins zu leben und zu arbeiten. Die unglücklichen Archive, über die ich im Buch gesprochen habe, spiegeln demzufolge die Kollektivität des Unglück/lichseins. Sie widerstehen dem Individualismus, der das Unglück/lichsein eines Einzelnen gegen das Glück/lichsein vieler positioniert. Wir erkennen nicht nur an, dass Unglück/lichsein kollektiv oder geteilt ist; wir merken auch, dass die Anfechtung des Glück/lichseins nur als gemeinsames Projekt stattfinden kann. Es ist zu schwer, als Einzelne*r das Unglück/lichsein vieler zu verursachen.

Aus diesem Grund sind feministische, queere und antirassistische Archive kollektives Gewebe des Unglück/lichseins, selbst wenn wir für etwas kämpfen, selbst im Augenblick der Erwartung, selbst wenn wir in der Lücke zwischen dem Erbe und der Reproduktion tanzen. Wenn man das Recht auf Glück/lichsein hinterfragt und deshalb vom geradlinigen Weg abkommt, dann beinhaltet politische Bewegung das Teilen der Abweichung mit anderen. Teilen bedeutet Freude, Verwunderung, Hoffnung und Liebe. Wenn das Teilen der Abweichung das Teilen der Unglücksursachen mit sich bringt, sind Freude, Verwunderung, Hoffnung und Liebe immer Möglichkeiten, um *mit*, anstatt *ohne* Unglück/lichsein *zu leben.*

Teilt man das, was vom Glück/lichsein abweicht, öffnet man die Möglichkeit, um für die Möglichkeit am Leben zu sein. Politische Bewegungen drehen sich auch um das Eröffnen der Möglichkeiten für diejenigen, die für Unglücksursachen gehalten werden, als Ursprung der Negation, wenn, wie ich angedeutet habe, nicht glücklich zu sein heißt, nicht zu sein. Möglichkeiten zu eröffnen , nicht glücklich zu sein oder nicht zu sein, bedeutet nicht, Mensch zu werden – oder glücklich zu werden. Bei politischen Bewegungen geht es darum, dass das »nicht nichts«-Werden zu etwas anderem wird als nichts. Wir arbeiten in einer immanenten Utopie, könnte man sagen; wir leben in der Gegenwart, die, um es in Lauren Berlants Worten auszudrücken: »sinnlich gelebte Potentialität« (2008b: 272) genannt wird. Politische Bewegungen stellen sich vor, was möglich ist, wenn Möglichkeit scheinbar abgelehnt oder verloren wurde, bevor sie erkannt werden konnte. Politische Bewegungen umfassen »Freiheitsträume«, wie es Robin D.G. Kelley in so überzeugender Sprache ausdrückt.[183] Für Kelley ist Schwarze Politik utopisch, weil Menschen von der Freiheit träumen, weil sie nicht zulassen, dass die Beschränkung der Möglichkeit zur Beschränkung der Vorstellungskraft wird. Schwarze Politik ist utopisch, weil sie auf der Vorstellung gründet, dass »wir möglicherweise an einen Ort gehen könnten, der nur in unserer Vorstellung existiert« (2002: 2). Indem wir uns vorstellen, was möglich ist, indem wir uns vorstellen, was noch nicht existiert, sagen wir ja zur Zukunft. In diesem Ja, hat die Zukunft keinen Inhalt: die Zukunft wird weder als Überwindung des Elends betrachtet noch als glücklich. Die Zukunft ist das, was offengehalten wird als die Möglichkeit, dass Dinge nicht so bleiben wie sie sind oder sind wie sie bleiben. Revolutionäre müssen träumen; wenn ihre Vorstellungen auf der Ungerechtigkeit dessen verweilen, wie Dinge bleiben, verweilen sie nicht einfach *in* dem, was bleibt.

Zu rebellieren heißt, etwas aufzulösen – es bedeutet nicht, ein Vermächtnis zu reproduzieren. Und doch entleert eine Revolution die Welt nicht ihrer Bedeutung; sie erzeugt keine leeren Seiten. Das Schreiben mag an der Wand sein, selbst wenn die Wände zusammenbrechen. Wenn wir zu den dystopischen Filmen dieses Kapitels zurückkehren, ist es gut, daran zu denken, wie sie sich kommende Revolutionen vorstellen und wie nicht. In *Children of Men* haben wir keine vergleichbare Revolution wie in *Die Insel*: Der Film impliziert, dass die zurückgelassene Welt – unsere Welt – zerstört ist (die Rebellion wurde von der Kraft einer stärkeren Macht zerstört, als das Boot ankommt) und dass eine neue Welt irgendwo erschaffen werden könnte, aus den Ruinen der zurückgelassenen. Die Aufgabe unseres Helden ist es, nicht die Menschen zu befreien, sondern das schwangere Mädchen zu beschützen.

In *Children of Men* enden wir mit der Ankunft des Bootes namens *Morgen*. Die letzten Worte werden von Key gesprochen, nachdem Theo gestorben ist. Sie sagt: »Theo, das Boot! Theo, das Boot! Es ist okay, wir sind jetzt sicher. Wir sind sicher.« Das Boot kennzeichnet die Möglichkeit auf ein Morgen, ein Morgen, dessen Ankunft uns womöglich vor dem Heute retten könnte.

183 Mein Dank gilt Toni Birch für einen inspirierenden Aufsatz, der an der australischen Critical Race and Whiteness Studies Conferenz 2007 vorgetragen wurde. Birch bezog sich auf *Freedom Dreams* und sein Aufsatz inspirierte mich, hoffnungsvoller gegenüber der Hoffnung zu sein.

Wenn der Film hoffnungsvoll ist, ist er das in Bezug auf das, was möglich ist, wenn wir die Zukunft nicht weggeben. Für Žižek liefert das Boot die schlüssigste Lösung für den Film. In seinem Interview sagt er über das Boot: »Es hat keine Wurzeln, es ist wurzellos, es treibt umher«, woraus er folgert: »Du entwurzelst dich einfach, das ist die Lösung.«. Wie auch immer, ich argumentiere, dass solch eine Lesart das Boot vorzeitig mit einer Bedeutung füllt, als eine Art des Optimismus (das Boot als Ursache für Vergnügen bekommt großes Potential).[184]

Es ist augenscheinlich, dass der Film *Die Insel* auch die Metapher des Bootes nutzt. Das Boot ist in Six Echos Traum. Er skizziert das Boot seines Traums für den Psychologen. Das Boot hat ein lateinisches Wort an der Seite, aber es wurde ihm kein lateinisches Wort in sein Bewusstsein implementiert. Das Boot ist ein Zeichen der Umkehrung, weil es nicht nur ein Traum ist, sondern auch eine Erinnerung. Six Echo erinnert sich an das Boot, was so viel heißt, als, dass er sich als Klon daran erinnert, was der Klient erlebt hat, ein Zeichen davon, dass der Klon zu einem Menschen wird. Wenn der Klon zu einem Menschen wird, wird er anders als ein Mensch oder zeigt die Möglichkeit des Menschen auf, der er später werden könnte. Später, als Six Echo den Platz des Menschen eingenommen hat, für den er geklont wurde, nimmt er das Boot an. Das Boot wird zu einer revolutionären Hoffnung für Klone und nimmt den Platz der Insel als Ursache für zukünftiges Glück/lichsein an, indem es die Möglichkeit andeutet, anders zu werden. Wenn das Boot die Spur der Erinnerung ist und als Erinnerung eine Rolle spielt, impliziert es, dass Hoffnung auf die Zukunft in den Objekten liegt, die hinter uns sind.

Wir können darüber nachdenken, wie wir von der Ankunft von etwas berührt werden, in das wir unsere Hoffnungen gesetzt haben. Das Boot, das ankommt, könnte leer sein, oder es könnte voll sein. Wir wissen vor seiner Ankunft nicht, ob es leer oder voll ist. Also geht es vielleicht darum, dass wir unsere Emotionen nicht auf Objekte unseres Beweggrundes richten. Denken

184 Žižeks Optimismus über das Boot ruft Foucaults eigene Reflektion zum Boot als »Heterotopie schlechthin« (1986: 27) hervor. Foucault erklärte: »Das Boot ist ein Teil des Raumes, ein Ort ohne einen Ort, der für sich selbst existiert, der in sich selbst geschlossen ist und gleichzeitig der Unendlichkeit des Meeres übergeben wird, und das von Hafen zu Hafen, von Kurs zu Kurs, von Bordell zu Bordell, bis zu den Kolonien fährt, auf der Suche nach den wertvollsten Schätzen, die sich in den Gärten verbergen, Sie werden verstehen, warum das Boot nicht nur für unsere Zivilisation vom sechzehnten Jahrhundert bis zur Gegenwart gut war, das große Instrument der industriellen Entwicklung (ich habe darüber heute nicht gesprochen), sondern auch gleichzeitig das große Reservat der Vorstellungskraft darstellte.« (26) Aus Foucaults Beschreibung nehmen wir mit, wie sehr die Technologien der Utopie auch Technologien des Kapitels und Empires sind.

wir an das glücklich Boot, wie das Boot *Morgen* oder das Boot mit dem lateinischen Namen: das Boot, das ankommt, ist das, von dem wir erwarten, dass es unser Glück/lichsein in der Zukunft verursachen wird. Anstatt unser Glück/lichsein auf das Boot zu richten, indem wir es als voller Potential ansehen, würden wir Glück/lichsein als sinnlos akzeptieren, als eine Art, um auf die Möglichkeit seiner Ankunft zu antworten. Das Boot kommt an oder nicht. Wir müssen hart arbeiten, um an den Punkt der Bootsankunft zu gelangen, egal, ob die Ankunft geschieht oder nicht. Wenn es ankommt, wissen wir nicht, ob das Boot uns das gibt, was wir uns erhoffen. Das Boot würde nicht länger als glückliches Objekt an Ort und Stelle gehalten werden; die Aussicht darauf, dass es voll ist, wäre nicht der Sinn unserer Reise.

Sinnlose Emotionen sind nicht bedeutungslos oder unnütz; sie sind nur nicht auf die Objekte gerichtet, von denen angenommen wird, dass sie sie erzeugen. Vielleicht ist ein revolutionäres Glück/lichsein möglich, wenn wir unseren Booten erlauben, zu flüchten.[185] Solch ein Glück/lichsein würde für die Gelegenheit leben, für gelegentliche Ankünfte, für das Vielleicht eines Ereignisses. Wir würden nicht darauf warten, dass Dinge passieren. Zu warten, heißt, den Zufall (hap) zu eliminieren, indem man das Erbe seiner Eliminierung akzeptiert. Wenn man dieses Erbe ablehnt, passieren Dinge. Wenn du Dinge geschehen lässt, lässt du sie geschehen und machst sie. Ein Ereignis ist eine Begegnung, die Gelegenheit auf eine Begegnung, oder sogar eine Gelegenheitsbegegnung. Solche Begegnungen stellen den Boden wieder her, auf dem Dinge geschehen. Wenn man einen Boden wieder herstellt, weicht man von einer Vergangenheit ab, die noch nicht aufgegeben wurde. Wenn Dinge verloren gehen, können andere Dinge passieren. Wir haben eine Zukunft, vielleicht. Wie Jacques Derrida sinniert: »Was da *vielleicht* kommen wird, ist nicht bloß dieses oder jenes. Es ist letztendlich das Denken des *vielleicht*, das *vielleicht* selbst.« ([1994] 2000: 54) Vielleicht sollten wir uns selbst daran erinnern, dass das ›vielleicht‹ seinen ›Zufall‹ (hap) mit ›Glück/lichsein‹ (happiness) teilt. Die glückliche Zukunft ist die Zukunft des Vielleichts.

185 Es ist nützlich, an dieser Stelle zur Kenntnis zu nehmen, dass Daniel Gilberts Überlegung zu glücklichen Zukunftsvorstellungen auch etwas mit einem Boot zu tun haben: »Wir wollen die Richtung unseres Bootes kontrollieren, weil bestimmte Zukunftsmöglichkeiten besser sind als andere." Doch dann räumt er ein: »In Wahrheit aber ist der Großteil unserer Steuerungsversuche vergeblich«, da »die Zukunft grundsätzlich anders aussieht, als sie im Fernrohr der Prospektion erscheint.« ([2006] 2008: 57). Eine instrumentelle Beziehung zur Zukunft – und zum Glück/lichsein – könnte eine Fantasie beinhalten, dass wir unsere Boote kontrollieren könnten: dass wir wüssten, wohin wir gehen, wohin wir gehen wollen und wie wir dort hinkämen.

Schlussfolgerung

Glück/lichsein, Ethik, Möglichkeiten

Das Wort *Glück/lichsein* macht Dinge. So viel ist sicher. Im Verlauf dieses Buches bin ich darauf eingegangen, inwiefern Glück/lichsein seinen Platz als Objekt der Sehnsucht, als Endpunkt, als Telos, als das, wozu alle Menschen tendieren, einnimmt. Wie Darrin McMahon beobachtet, wird Glück/lichsein oft als das beschrieben, was am Ende eines »gut markierten Pfades« erreicht wird und als »*summum bonum,* ein höchstes Gut [ist], [...] ein *Telos*, ein Ende, und eine Tugend, das grundsätzliche Mittel, um den Weg zu weisen.« (2006: 137) Glück/lichsein beschreibt nicht nur, wohin wir tendieren (um Glück/lichsein zu erreichen, müssen wir unsere Form oder Potential erlangen), sondern auch, wohin wir tendieren *sollten* (als ein Prinzip, das moralische Entscheidungen darüber lenkt, wie wir gut leben sollten). Glück/lichsein scheint schon fast einen doppelten Telos zu liefern: das Ende des Lebens und das Ende des guten Lebens.

Glück/lichsein kann das sein, was wir wollen, eine Möglichkeit, um das zu bekommen, was wir wollen, und ein Zeichen, dass wir bekommen haben, was wir wollen. Wenn wir glücklich sind, geht es uns gut; oder wir haben es gut gemacht. Glück/lichsein kann auch ein Urteil sein, dass es anderen gut geht, selbst wenn wir nicht annehmen, Zugang zum Inneren von anderen zu haben oder dass die Existenz anderer Innerlichkeit mit einschließt. Wir könnten zum Beispiel sagen, dass eine Pflanze glücklich sei, um zu sagen, dass es der Pflanze gut geht, oder dass sie gut gedeiht. Die Assoziation zwischen Wohlergehen und Gefühl kann eindringlich sein bei solchen Gelegenheiten. Wenn ich sage, dass die Pflanze glücklich sei, ich stelle mir beinahe vor, dass die Pflanze fröhlich ist, was mich fröhlich macht über die Pflanze und sogar über mich, weil ich die Pflanze fröhlich gemacht habe. Es ist, als ob das Wort ein Gefühl beschert, als sei Wohlergehen voller Gefühle oder ein vollständiges Gefühl. Wenn wir von Glück/lichsein sprechen, kann es so aussehen, als würde dies das Glück erzeugen, von dem gesprochen wird: zumindest aber liefert es uns eine Fantasie davon, dass Glück/lichsein ›ist‹, wenn es ausgesprochen wird.

Das Wort *Glück/lichsein* ist demnach motiviert und energisch. Wenn wir davon ausgehen, dass Glück/lichsein ein Gefühlszustand oder ein Zustand des Seins ist, nach dem wir uns sehnen, wird der Begriff häufig mit Optimismus und Hoffnungen artikuliert, als würde bereits es auszusprechen dazu führen, dass man es hat, als würden unsere Gefühle das Wort einholen, wir das Gefühl des Wortes sozusagen einfangen. Glück/lichsein zu erzeugen, könnte sogar mit der Verbreitung des Wortes einhergehen. Glück/lichsein legt sogar nahe, was wir ›eine hoffnungsvolle Sprechhandlung‹ nennen könnten. Wir hoffen, dass die Wiederholung des Wortes *Glück/lichsein* uns tatsächlich glücklich machen wird. Wir hoffen, dass das Wort *Glück/lichsein* sein Versprechen liefern wird.

Positive Psychologie als Fachgebiet gründet auf diesem Versprechen: Wenn du sagst, »Ich bin glücklich« oder andere positive Selbsterklärungen machst (wenn du übst, optimistisch zu sein, bis es zur Gewohnheit oder Routine wird, immer die positiven Dinge im Leben zu sehen), dann wirst du glücklich. In solch einem Gefüge kannst du dich selbst *ins* Glück/lichsein sprechen, indem du über dich *als* glücklich sprichst. Das Versprechen kann ein Fünkchen Wahrheit beinhalten. Das Wort *Glück/lichsein* könnte auch als ein glückliches Wort beschrieben werden. Letztendlich können Worte auch Dinge zum Entstehen bringen; Worte können Dinge machen, selbst wenn wir nicht immer wissen, was genau sie bewirken werden. Und dennoch, wenn du dir die ganze Zeit sagst: »Ich bin glücklich«, kann es sich anfühlen, als würdest du versuchen, dich selbst von etwas zu überzeugen, sodass, selbst dann, wenn du dich überzeugst. Die Notwendigkeit, dass du dich überhaupt erst überzeugen musst, zeigt, dass du nicht wirklich überzeugt bist.[186] Meine Frage lautet dementsprechend nicht so sehr, ob wir Glück/lichsein durch die Wiederholung des Wortes an sich hervorbringen können, sondern, was für eine Sehnsucht die Sehnsucht nach dem Glück/lichsein erst einmal ist und

186 Jean-Paul Sartre beschreibt diesen Prozess des Sich-Selbst-Überzeugens vom Gefühl in phänomenologischen Begrifflichkeiten. Er sagt: »Wenn ich mich selbst traurig mache, ist es, weil ich nicht traurig bin – das Dasein der Traurigkeit entflieht mir im und durch den Akt, in dem ich selbst von ihr berührt bin.« ([1965] 1993: 170–71) Obwohl du dich selbst traurig machen kannst, »steht« der Wert eines solchen Gefühls »als eine regulative Bedeutung meiner Traurigkeit, nicht als ihre konstitutive Modalität.« (171) Also machst du dich selbst glücklich, insofern du nicht glücklich bist – und indem du glücklich wirst oder indem das Dasein des Glück/lichseins entflieht, weil du auf glückliche Weise berührt bist.

was es für Subjekte bedeutet, dafür verantwortlich zu sein, ihre eigenen Folgen zu verursachen, oder eine Pflicht zu haben, dieses Wort zu verbreiten.

Es ist genau diese Sehnsucht nach Glück/lichsein, die durch die Wiederholung des Wortes artikuliert wird. Die Sehnsucht zensiert eventuell sogar die Beweise für ihr eigenes Scheitern. In Anbetracht dessen, spricht man, wenn man von Glück/lichsein spricht, nicht zwingenderweise auch von etwas, das vor uns liegt. Mein eigenes Interesse daran, wie Glück/lichsein in Worte gefasst wird, entzündete sich ursprünglich durch den Sprechakt »Ich möchte nur, dass du glücklich bist.« Wir können uns den*die Sprecher*in vorstellen, wie er*sie aufgibt, zurücktritt, seine*ihre Arme nach oben schleudert, seufzt. Ich möchte nur. Dieses »nur« ist eine nähere Bestimmung des Willens und kündigt eine Unstimmigkeit an, mit dem, was der*die Andere möchte, ohne die Unstimmigkeit offensichtlich zu machen. Aussagen der Sehnsucht für »nur Glück/lichsein« implizieren einen anderen unausgesprochenen Äußerungszustand: »Ich werde glücklich sein, wenn du glücklich bist«, was sich in folgenden Satz übersetzen lässt: »Wenn du *das* tust oder bist, wirst du unglücklich sein, also werde ich auch unglücklich sein.« Solch ein Sprechakt, der sich insgeheim darum sorgt, dass Unglück/lichsein auf *das* folgen wird, erzeugt genau den Zustand, der als *das* vorgestellt wird (nur Glück/lichsein = Unglück/lichsein). So würde ich einen ›umgekehrten Sprechakt‹ nennen: der Sprechakt ruft das hervor, was nicht als etwas zugegeben werden kann, das man möchte oder sogar genau diese Sache, von der gesagt wird, dass sie nicht gewollt wird (das Unglück/lichsein, das dir zeigt, dass du nur glücklich wärst, wenn du tätest, was ich von dir will). Auch wenn Glück/lichsein performativ ist, so meldet es seine Wünsche nicht immer an.

In welcher Form auch immer, die die Form des ›auch immer‹ ist, es gehört sicherlich zum Stoff des sozialen Lebens, über Glück/lichsein zu sprechen; das Gewebe der Reziprozität, der Zivilität, des Konflikts und des Antagonismus, macht Glück/lichsein zu einem Werkzeug, sogar zu einem Geschoss, als auch zu einem Liebesobjekt, das ausgesendet wird, wieder zurückkehrt, sodass das Wort selbst zirkuliert, herumzieht, immer irgendwohin geht, immer beschäftigt. Wir könnten Glück/lichsein als ein Modewort bezeichnen. Es erschafft einen Klang dadurch, dass es genutzt wird, sodass du, sobald du das Wort *Glück/lichsein* hörst, dem Klang seiner Geschäftigkeit lauschst.

Glück/lichsein als ein Wort ist sowohl beweglich als auch wahllos; es kann ganz leicht artikuliert werden, irgendwo auftauchen, sogar überall. Ziyad Marar hat behauptet, dass »der Begriff *glücklich* so langweilig und allgegenwärtig ist, dass er abgedroschen ist; abgetragen durch konstanten, sorglosen Gebrauch« (2003: 7). Während Glück/lichsein darauf hinweisen kann, wie wir uns mit unserer Lebenssituation fühlen, oder worauf wir hoffen, ob wir nun für uns selbst oder für andere hoffen, können wir das Wort einfach benutzen, um eine Einstellung, ein Gefühl oder eine Präferenz in der Gegenwart auszudrücken und wir können das ganz einfach, beiläufig tun, ohne jegliches beklemmende Zucken, selbst ohne groß nachzudenken: »So ein glücklicher Zufall, dich zu sehen«, »Ich bin glücklich, dass...«, »Dies ist ein glücklicher Anlass.« Die Flexibilität dieses Wortes weist nicht immer auf seine Fähigkeit hin, Vollständigkeit zu erzeugen, egal an wen es sich richtet. Das Wort kann auch gesellschaftliche Ereignisse überdecken; Glück/lichsein als ein Wort macht nicht immer das, was es bedeutet, was uns womöglich die Gelegenheit gibt, es immer und immer wieder zu sagen. Anders ausgedrückt, die Fähigkeit des Wortes, sich zu bewegen, kann es empfindsamer oder weniger empfindsam machen. In der Tat, wenn das Wort unabhängig von Selbsterklärungen oder Urteilen über andere ist, kann es sich auch ganz einfach im Hintergrund aufhalten, wenig sagen, nichts sagen.

Also, auch wenn Glück/lichsein seine Rolle als Objekt der Sehnsucht behält, bedeutet es nicht immer etwas, ganz zu schweigen davon, dasselbe auszusagen. Glück/lichsein kann seine Rolle womöglich nur behalten, wenn es leer ist, ein Behälter, der ziemlich sonderbar werden kann, weil er mit unterschiedlichen Dingen gefüllt ist. Jacques Lacans Beschreibung der Geschichte des Glück/lichseins (neu durchdacht als Sehnsucht danach, zu wissen, ob jemandes Objekt der Sehnsucht es wert ist) als ein Seconhand-Laden bleibt zeitgemäß: »Das Ergebnis ist eine Art Katalog, der in vielerlei Hinsicht mit einem Secondhand-Laden verglichen werden könnte, in dem man die unterschiedlichen Urteile aufgetürmt/aufgschichtet finden kann, die unsere menschlichen Sehnsüchte in ihrer Vielfalt und sogar ihrem Chaos über die Jahre hinweg und bis heute bestimmt haben.« ([1986] 1992: 14). Ich habe angedeutet, dass Glück/lichsein als *Behälter* diverser Objekte auch die Formen *enthalten* könnte, in denen Sehnsucht realisiert werden kann. Durch die idiosynkratische Natur der Auswahl glücklicher Objekte und die Intimität, andere Vorlieben zu erkennen, teilen wir einen Horizont. Es gibt eine Ordnung für das Chaos des Glück/lichseins. Genau die Diversity von glücklichen Objekten hilft dabei, Glück/lichsein als einen Bereich der Wahl (magst du dies oder das oder was auch immer) zu erschaffen, als eine Illusion von Freiheit.

Wenn die Glücksobjekte unterschiedlich sind, sind es auch die Gefühle, die sich unter seinen Namen tummeln. Glück/lichsein als positive Emotion kann die Wärme und Ruhe der Bequemlichkeit oder die starke Intensität der Freude nahelegen. Es kann ein vorübergehendes Gefühl sein, wie ein Blitz, der in den nächtlichen Himmel eindringt, nur um wieder zu gehen, oder das ruhige, langsame Seufzen, wenn man über etwas nachdenkt, das gut gelaufen ist. Glück/lichsein kann der Anfand oder das Ende einer Geschichte sein, oder kann das sein, was eine Lebensgeschichte unterbricht, weil es in einem Moment ankommt, um wieder weg zu sein. Glück/lichsein kann all diese Dinge sein, und indem es all diese Dinge ist, riskiert es, nichts davon zu sein. Wenn Glück/lichsein Dinge macht, macht es dann zu viel? Hört Glück/lichsein auf, Dinge zu machen, indem es zu viel macht?

Wir können innerhalb der Philosophie sicherlich eine Treue zum Glück/lichsein erkennen, sodass die Geschichte des Glück/lichseins eine Geschichte der Treue zu sein scheint. Glück/lichsein könnte auch als philosophische, grundlegende Tautologie funktionieren: Alles Gute ist glücklich und alles Glückliche ist gut. John Stuart Mills Modell des Glück/lichseins beinhaltet solch eine Tautologie: Glück/lichsein ist das, was wir uns ersehnen, sodass wir das, was auch immer wir uns ersehnen, nur deshalb ersehnen, weil es uns Glück/lichsein beschert. Er ist der Meinung, dass sich »die Menschen [...] das Glück [wünschen]« und »sie sich [...] jedes Verhalten anderer ihnen gegenüber, von dem sie glauben, daß es ihrem Glück zuträglich ist [wünschen und loben].« ([1863] 2006: 43) Später sagt er, dass Glück/lichsein ersehnenswert ist: »Die utilitaristische Lehre besagt, daß das Glück wünschenswert ist, und zwar als das einzige, was als Zweck wünschenswert ist.« (53)[187]

187 Trotzdem bleibt Glück/lichsein ziemlich unsicher für John Stuart Mill. Im Grunde genommen geht er davon aus, dass einige Formen des Glück/lichseins besser sind als andere, was er als eine »qualitative Verschiedenheit von Vergnügen« ([1863] 2006: 14) beschreibt, ein kontroverser Gedanke, würden einige vielleicht argumentieren, bringt ihn außerhalb eines utilitaristischen und hedonistischen Systems (für eine gute Diskussion zu Mills »qualitativem Hedonismus«, siehe West 2004). Es ist interessant, wie schnell diesen unterschiedlichen Qualitäten des Gefühls verschiedene Qualitäten von Menschen angehängt werden: »Ein Wesen von höheren Fähigkeiten benötigt mehr, um glücklich zu sein« (Mill [1863] 2006: 15), was Mill zu seiner bekannten Schlussfolgerung veranlasst: »Es ist besser, ein unzufriedener Mensch zu sein, als ein zufriedenes Schwein, besser ein zufriedener Sokrates, als ein zufriedener Narr.« (16) So eine Aussage könnte als eine Ablehnung des Grundsatzes interpretiert werden, dass Glück/lichsein zwangsweise gut ist (es ist besser weise und unglücklich zu sein, als glücklich und dumm) und weist auch auf gewisse Grenzen des Glück/lichseins hin, vielleicht, damit die Menschen mit dem zufrieden sind, was existiert (ein Herabsinken der Horizonte). Doch wir sollten anmerken, wie schnell die moralische Unterscheidung zwischen gutem und schlechtem Glück/lichsein zu einer sozialen Unterscheidung zwischen denjenigen, die es mehr wert sind und denjenigen, die es weniger wert sind, werden kann.

Wir ersehnen, was ersehnenswert im Ersehenen des Glück/lichseins ist. Hat diese Formulierung überhaupt eine Aussage?

In gewisser Weise sagt sie uns vielleicht etwas, indem sie uns nichts sagt. Ohne das Wort *Glück/lichsein* hätten wir womöglich gar kein Wort, auf das die Sehnsucht hindeuten könnte: Glück/lichsein erlaubt es uns womöglich, die eindeutigere Tautologie zu vermeiden, dass wir uns ersehnen was wir ersehnen. Natürlich können wir andere Worte benutzen, im leeren Platz, der frei wird, wenn wir das Wort *Glück/lichsein* herausnehmen. Wir können x oder y ersehnen oder irgendeine Nummer einer abwegigen Kombination. Wir können einfallsreich sein bei unseren Objektauswahlen. Solche Kombinationen wären nicht gleichermaßen trickreich. Glück/lichsein könnte zu unserem besten Trick werden, weil es seine Rolle als das behalten kann, was wir ersehnen, wenn wir x oder y ersehnen. Wir können x oder y vertrauen, indem wir dem Glück/lichsein vertrauen, als das, was uns x oder y geben wird.

Glück/lichsein wird zu einem Haltepunkt; Glück/lichsein erlaubt uns, an einem gewissen Punkt anzuhalten, ähnlich wie das Wort *darum*. Das Kind fragt dich etwas oder ich frage etwas auf eine Weise, von der andere sagen, dass sie »kindlich« sei. Warum ist das so? Wenn das passiert, was dann? Warum dies, dann das...? Alles kann den Platz dieser drei Pünktchen einnehmen; der leere Ort, der immer die Möglichkeit einer weiteren Frage markiert, der endlose Aufschub, der uns daran erinnert, dass alle Antworten nach Fragen betteln und dass eine Antwort zu geben bedeutet, die Bedingungen für die Möglichkeit auf eine andere Frage zu schaffen. Schließlich hörst du auf. Du musst aufhören. Du musst aufhören, um die Fragen zu stoppen, weil es andere Dinge gibt, die du mit deiner Zeit anfangen kannst. Also sagst du: »darum«. Warum darum? »Darum!« Wenn darum zu einer Antwort auf eine Frage wird, kann die Unterhaltung enden. Glück/lichsein liefert solch ein Darum, ein »weil darum«. Wir ersehnen uns Dinge wegen des Glück/lichseins. Wegen des Glück/lichseins, ersehnen wir uns Dinge. Durch Glück/lichsein können wir eine Unterhaltung darüber beenden, warum wir uns das ersehnen, was wir ersehnen. Glück/lichsein stellt uns einen Punkt zur Verfügung, eine Möglichkeit, um eine Antwort daran zu hindern, zu einer Frage zu werden.

Wir können die Unterhaltung beenden, indem wir es als selbstverständlich nehmen, dass Glück/lichsein das ist, was wir wollen oder Unglück/lichsein das, was wir nicht wollen. David Hume richtet sein Augenmerk mehr auf Letzteres, indem er uns eine aussagekräftige Darstellung genau dieser Art von Konversationshaltepunkt liefert: »Man frage einen Menschen, *warum er Gymnastik mache*; er wird antworten, *weil er seine Gesundheit erhalten wolle.*

Wenn man dann fragt, *warum er Gesundheit anstrebe*, wird er sofort antworten, *weil Krankheit schmerzhaft sei*. Treibt man seine Nachforschungen weiter und will wissen, *warum er den Schmerz hasse*, so wird er unmöglich einen Grund angeben können. Dies ist ein letzter Zweck, und er wird niemals auf ein noch anderes Objekt zurückgeführt.« ([1748] 1984: 224f.) Du kannst die Unterhaltung mit so einem Punkt beenden, weil er keinen anderen Anhaltspunkt erforderlich macht.

Sich auf Glück/lichsein zu beziehen, kann die Verpflichtung verschieben, sich auf irgendetwas anderes zu beziehen, indem man ein gutes Argument vorbringt. Glück/lichsein wird zu unserer Verteidigung; du kannst alles damit verteidigen, indem du sagst, es sei wichtig für das Glück/lichsein, egal, ob es sich um das Glück/lichsein einer bestimmten Person handelt oder um das Glück/lichsein vieler Personen. Du kannst alles attackieren, indem du behauptest, dass es die Ursache für Unglück/lichsein sei. Glück/lichsein verleiht Argumenten ein größeres Gewicht. Wenn du auf der Seite des Glück/lichseins stehst oder für das Glück/lichsein bist (als eine Möglichkeit, für das Dafür-Sein zu sein) heißt, dass du auf der Seite des Guten stehst. Die Sprache des Glück/lichseins verwandelt sich ganz zügig in eine missionierende Sprache, wie wir im vierten Kapitel gesehen haben, als das, was wir anderen geben, die wiederum als Empfänger*innen eines Glück/lichseins, das nicht ihr eigenes ist, eine Glücks-Pflicht annehmen.

Man könnte das Gegenargument einbringen, dass Aussagen über das Glück/lichsein richtig oder falsch sein können. Zum Beispiel kann die Forschung vielleicht aufzeigen, dass Feminismus dazu führt, dass Frauen unglücklich sind (indem er die Erwartungen der Frauen steigen lässt, indem er traditionelle Geschlechterrollen hinterfragt und so weiter), wie ich im zweiten Kapitel bereits besprochen habe. Wie reagieren wir? Wir können reagieren, indem wir dieselben epistemologischen Verbindlichkeiten nutzen, die in dieser Untersuchung impliziert sind, indem wir wiederum beweisen, dass Feminismus kein Unglück/lichsein verursacht, dass Feminismus Frauen glücklich macht oder dass dem Feminismus das Glück/lichsein von Frauen gleichgültig ist.

Ich nehme an, dass das nicht ganz einfach ist. Glück/lichsein ist eine bewegliche Verteidigung, teilweise, weil es bereits beweglich ist. Es ist schwierig, es genauer zu bestimmen; wir hängen von den Korrelationen, Erwartungen, Antworten, Wünschen ab. Wie ich bereits in der Einleitung angeregt habe, fahren Glücksforschungen weiter damit fort, Zusammenhänge in Kausalitäten umzuwandeln. Der Zusammenhang zwischen Glück/lichsein und Ehe wird genutzt, um aufzuzeigen, dass die Ehe Glück/lichsein mit sich bringt und wir folglich die moralische Pflicht haben, die Ehe zu fördern. Glück/lichsein ist gefühlsbedingt, weil du es finden kannst, selbst, wenn es fehlt, sodass der Verlust des Glück/lichseins als Verlust von dieser oder jener Sache erklärt wird, die Glück/lichsein verursacht. Einem Argument zu widersprechen, indem man einer Behauptung über Glück/lichsein mit einer Gegenbehauptung zum Glück/lichsein widerspricht, lässt dich folglich auf wackeligem Boden zurück, um eine Behauptung zum Glück/lichsein zu verteidigen, die deiner eigenen widerspricht. Vielleicht müssen wir unsere Argumente verteidigen, indem wir Glück/lichsein nicht zu unserer Grundlage machen, während wir die Wackeligkeit des Glück/lichseins als Grundlage freilegen. Simone de Beauvoirs Argument in *Das andere Geschlecht* kann als eine Offenlegung der Wackeligkeit beschrieben werden: »es ist immer leicht, die Situation als glücklich zu erklären, zu der man jemanden zwingen will« ([1949] 1968: 21).

Und doch, trotz meiner Schlusskommentare zu »sinnlosen Emotionen« im fünften Kapitel, scheint es auf überwältigende Weise der Fall zu sein, dass ohne Glück/lichsein das Ziel des Lebens, der Sinn des Lebens, die Wertigkeit, Ethik und das Potential des Lebens schwer vorstellbar sind. Aus diesem Grund muss sich die Kritik an dem Anspruch zum Glück/lichsein dennoch mit Glück/lichsein als Anspruch auseinandersetzen. Glück/lichsein ist gewichtig, nicht aufgrund seines Sinns, als hätte es einfach einen Sinn, sondern, weil Glück/lichsein einen Sinn heraufbeschwört, der woanders liegt, genau entlang des Horizonts, in der Art, dass es nach etwas trachtet. Von all den Worten, die wir uns als ›Emotionsworte‹ vorstellen können, als Worte, die wirken, als wären sie Zeichen von Emotionen, scheint *Glück/lichsein* das am meisten ausgerichtete zu sein, weil Glück/lichsein so eng an die Ethik gebunden wurde. Für einige ist das gute Leben ein glückliches Leben. Oder die tugendhafte Person ist die glückliche Person. Oder die beste Gesellschaft ist die glücklichste Gesellschaft. Glück/lichsein wird nicht nur zu der Sache, die wir wollen, egal, was es ist, sondern zu einem Maßstab für das Gute, sodass das Glück/lichsein zu einem Zeichen wird, dass das Gute bereits erreicht werden musste. Wir müssen die Intimität des Glück/lichseins mit der Ethik berücksichtigen, um die Gewichtigkeit des Wortes Glück/lichsein mehr zu schätzen.

Eine Genealogie des Glück/lichseins

Zum Abschluss biete ich eine schlichte Genealogie des Glück/lichseins an, indem ich überdenke, wie Glück/lichsein in dem impliziert ist, was Nietzsche *die Genealogie der Moral* genannt hat. Nietzsche ist der Meinung, dass uns eine Genealogie der Moral lehrt, dass das Gute und Böse als Konzepte ankommen und dass sie ankommen, indem sie Form annehmen. Um gut und böse zu interpretieren, müssen wir ihrer Ankunft eine Form geben, anstatt ihre Form einfach nur zu lesen. Nietzsche stellt Herrenmoral und Sklavenmoral als zwei Formen von Moralsystemen gegenüber, die etwas bestätigen und negieren. Seine *Genealogie der Moral* kann als Zurückverfolgung der Geschichte der Bejahung und Verneinung bezeichnet werden.

In feministischer Theorie ist uns Nietzsches Kritik an der Sklavenmoral vielleicht vertrauter, als eine Kritik der Passivität des *Ressentiments* und verletzungsbasierten Formen der Identitätspolitik (Brown 1995: 73; Skeggs 2004: 181f.).[188] Für Nietzsche beginnt Sklavenmoral, wenn man ›nein‹ zu dem sagt, was draußen ist und auf unvermeidliche Weise in dieser Geste der Verneinung eingeschlossen ist, als ein Mensch, der auftaucht, indem er dagegen ist ([1887] 1964: 26), ein Mensch, der vielleicht sogar die Gestalt des Dagegenseins annimmt. Der Sklavenaufstand ist eine Reaktion der Schwachen und der Vielen gegen die Macht und das Glück/lichsein der Starken und Wenigen; die moralische Psychologie des Aufstandes beinhaltet sowohl die Verinnerlichung der Feindseligkeit als auch die Sehnsucht nach Revanche.

Nietzsche argumentiert, dass, während die Sklavenmoral nein zu einem Äußeren sagt, »Das Umgekehrte ist bei der vornehmen Wertungsweise der Fall: sie agiert und wächst spontan, sie sucht ihren Gegensatz nur auf, um zu sich selber noch dankbarer, noch frohlockender ja zu sagen, – ihr negativer Begriff ›niedrig‹ ›gemein‹ ›schlecht‹ ist nur ein nachgeborenes blasses Kontrastbild im Verhältnis zu ihrem positiven, durch und durch mit Leben und Leidenschaft durchtränkten Grundbegriff ›wir Vornehmen, wir Guten, wir Schönen, wir Glücklichen!‹« ([1887] 1964: 26) Er ist der Meinung, dass die Geste, wenn man sagt, »wir Glücklichen!« eine bewundernswerte Geste sei, eine Selbstbestätigung, eine Erschaffung von etwas aus dem Nichts.

Wiederholt Nietzsche die Geste der Bejahung, indem er die Geste bejaht? Seine Genealogie zeigt uns, dass die Glück/lichseins-Unterscheidung

188 Für einen herausragenden Aufsatz zum feministischen Gebrauch des Wortes *Ressentiment*, um die eigenen Anhaftungen des Feminismus zu beschreiben, siehe Stringer 2000. Ich habe einige Sorgen um die Kritik des feministischen *Ressentiments* im achten Kapitel von *The Cultural Politics of Emotion* (2004) ausgedrückt.

eine Vergegenständlichung einer sozialen Unterscheidung ist. Sein Ziel ist nicht, die Rückkehr zur Herrenmoral zu fordern. Und doch identifiziert er sich offensichtlich mit der Geste »wir Glücklichen«, indem er sie als völlig schöpferisch beschreibt. Er behauptet, dass solche Selbsterklärungen erst später den*die Unglück/liche*n erschaffen, als solche, die nicht das besitzen oder haben, was es ist, das wir haben: »Man überhöre doch die beinahe wohlwollenden nuances nicht, welche zum Beispiel der griechische Adel in alle Worte legt, mit denen er das niedere Volk von sich abhebt; wie sich fortwährend eine Art Bedauern, Rücksicht, Nachsicht einmischt und anzuckert, bis zu dem Ende, daß fast alle Worte, die dem gemeinen Manne zukommen, schließlich als Ausdrücke für ›unglücklich‹ ›bedauernswürdig‹ übriggeblieben sind [...]«(ebd.). Nietzsches eigene (nicht unbedingt notwendige oder gar offensichtliche) Annahme ist, dass der Sprechakt der Herren »wir, die Glücklichen« keine Verneinung erforderlich macht: Die anderen werden nur als eine Art des Nachgedankens verneint, und werden zu Objekten des Mitleids, werden mitleidig und unglücklich mit der Zeit. Es sind die anderen, die Verneinten, die mit der Verneinung anfangen, die nur handeln können, indem sie nein sagen.

Die Grenze dieser Genealogie der Moral liegt nicht so sehr darin, dass sie Glück/lichsein in das gute Schicksal platziert (ich denke, diese Positionierung hilft uns, worum es beim Glück/lichsein geht), sondern dass sie Schicksal mit Schöpfung identifiziert. Nietzsche sagt, dass das Schicksal ein Gefühl ist, das den »Guterzogenen« erlaubt, Glück/lichsein mit Handlung gleichzusetzen. »[...]alles sehr im Gegensatz zu dem ›Glück‹ auf der Stufe der Ohnmächtigen [...] bei denen es wesentlich als Narkose, Betäubung, Ruhe, Frieden, ›Sabbat‹, Gemüts-Ausspannung und Gliederstrecken, kurz *passivisch* auftritt.« (27)

Ich hinterfrage die Vorstellung, dass die Erklärung des Glück/lichseins *aus* dem Schicksal heraus ein Bestätigungsakt ist, oder sogar wirksam ist, und dass es nicht *von Anfang an* Verneinung mit einschließt (das »un-glückliche« als das »un-wirksame«). Ich denke, dass die Schlussfolgerung aus Nietzsches eigener Genealogie ist, dass die Aussage »wir, die Glücklichen« nicht wirklich viel aussagt. Oder, wenn sie etwas aussagt, dann offenbart sie einfach, dass diejenigen, die die Macht haben, um sich selbst als glücklich zu beschreiben, sich für gewöhnlich auch als glücklich beschreiben (und andere als nicht glücklich). So eine Aussage ist nicht gut beschrieben als Akt der Neuartigkeit und Schöpfung.

Wir können die Annahme infrage stellen, dass diejenigen, die als unglücklich gelten, nicht handeln: dass ihr Glück/lichsein (als *Anästhetika*) als auch als Unglück/lichsein (als *Ressentiment*) passiv sind. Im Verlauf dieses Buches habe ich Unglück/lichsein als eine Form der politischen Aktion untersucht: der Akt des Neinsagens oder das Betonen von Verletzungen als fortdauernde Gegenwart, bestätigt etwas, gleich von Anfang an. Und, wenn überhaupt, habe ich darauf hingewiesen, dass das Glück/lichsein, das als Zeichen menschlicher Aktivität und Wertigkeit beurteilt oder bestätigt wird, als etwas neu interpretiert werden kann, dass *Anästhetika*, einen Verlust der Fähigkeit oder des Willens beinhaltet, sich von etwas berühren zu lassen.

Nietzsche erlaubt es uns, die *Geschichte des Glück/lichseins als eine Genealogie der Selbsterklärung* zu betrachten, in der die Fähigkeit, »wir, die Glücklichen« aussprechen zu können, als ausreichende Grundlage für die Wahrheit dieser Aussage genommen wird. Wir könnten sagen, dass die Genealogie des Glück/lichseins untrennbar von der Geschichte des Schicksals ist. Wenn wir von Nietzsche lernen, dass die vom Schicksal begünstigten sich selbst als glücklich bezeichnen, können wir Glück/lichsein neu lesen als die *Verdrängung des Schicksals*. Wie ich im ersten Kapitel angedeutet habe, war eine der ersten Bedeutungen des englischen Wortes *Glückseligkeit* mit dem Gedanken des Schicksals verbunden, also begünstigt zu sein vom Schicksal oder glücklich zu sein. Und doch umfasst die Geschichte des Glück/lichseins die Sorge darum, dass Glück/lichsein sich einfach nur auf das gute Schicksal beziehen könnte. Wir können diese Sorge zum Beispiel in der stoischen Tradition sehen. Wie Seneca bekannterweise beschrieben hat: »Das Schicksal kann nur das wegnehmen, was Es gegeben hat, aber Tugend gibt es nicht, deshalb kann es sie auch nicht wegnehmen« (DeBrabander 2007: 22). Das Schicksal wird als eine Figur des Zufalls personifiziert, die es möglich macht, dass das, was gegeben wurde, genauso auch wieder weggenommen werden kann. Glück/lichsein wird zu einer Tugend, als das, was jede*r erreichen kann ohne Güter von außen: »Es war die Absicht der Natur, dass es keinen Bedarf an einer großen Ausstattung für ein gutes Leben geben sollte: jedes Individuum kann sich selbst glücklich machen« (Seneca 1997: 6). In der Tat befindet sich das Schicksal außerhalb der Reichweite des glücklichen Menschen: »Kein Mensch wurde jemals vom Wind des Schicksals weggeweht, außer er wurde von ihren Vorzügen reingelegt.« (7)

Der Ausschluss des Schicksals vom Glück/lichsein könnte auf derselben Ebene funktionieren wie der Ausschluss des Empirischen und des Anteils: all diese Dinge, *die uns passieren*, die sozusagen nicht von uns kontrolliert werden können, sind von den Bedingungen des Glück/lichseins ausgeschlossen. Was haben Möglichkeiten, Schicksal und Empirie gemeinsam? Sie alle beruhen auf dem Zeichen des ›Zufalls‹ (hap). Eine Geschichte des Glück/lichseins könnte als Geschichte der Entfernung des Zufalls (hap) vom Glück/lichsein bezeichnet werden. In seiner *Theorie der ethischen Gefühle* deutet Adam Smith an, dass wir unser Glück/lichsein nicht in die Hoffnung setzen sollten zu gewinnen, sondern darauf, das Spiel gut zu spielen:

> »Wenn wir unser Glück auf den Gewinn des Einsatzes einstellen, dann setzen wir es in etwas, was von Ursachen abhängt, die über unsere Macht hinausgehen, und die außerhalb unserer Verfügung stehen. Wir setzen uns damit notwendig beständiger Furcht und Unruhe und häufig auch kummervollen und kränkenden Enttäuschungen aus. Wenn wir es aber darein setzen, gut zu spielen, anständig zu spielen, gescheit und geschickt zu spielen, wenn wir es, kurz gesagt, in die Schicklichkeit unseres Betragens setzen, dann haben wir es damit in etwas verlegt, das infolge richtiger Selbstzucht, Erziehung und Aufmerksamkeit durchaus im Bereich unserer Macht und unserer Verfügung stehen kann. Unsere Glückseligkeit ist dann vollkommen sicher und dem Einfluß des Schicksals gänzlich entrückt.« ([1759] 1977: 468)

Wir können die Darstellung der »Glückseligkeit [...] [die] dem Einfluß des Schicksals gänzlich entrückt [ist]« (ebd.) bezüglich dessen untersuchen, was sie verspricht: Sie verspricht, dass wir Glück/lichsein sicherstellen können. Wir können Glück/lichsein sicherstellen, wenn Glück/lichsein unserer eigenen Richtung folgt, als ein Hinweis für unser eigenes Verhalten. Diese Fantasie des Glück/lichseins ist eine Fantasie der Selbstkontrolle, als könnten wir Glück/lichsein kontrollieren, indem wir unsere Hoffnungen darauf nicht in etwas setzen, was sich außerhalb unserer Kontrolle befindet. Die weise und tugendhafte Person wird nicht ängstlich, unruhig oder enttäuscht sein, weil ihr Glück/lichsein darauf beruht, weise und tugendhaft zu sein. Die Genealogie des Glück/lichseins lehrt uns, wie Glück/lichsein in den Fähigkeiten der Begünstigten zu finden ist. Wie Smith es artikuliert, wenn wir spielen, müssen wir die »richtige [...] Selbstzucht, Erziehung und Aufmerksamkeit« besitzen. Das Schicksal kann sich genau *in dem Augenblick anhäufen, wenn es verschoben*, und zur bloßen Fähigkeit wird, gut zu spielen, glücklich und tugendhaft zu sein. Tut man das Schicksal wieder zurück ins Glück/lichsein, heißt das nicht, dass die vom Schicksal begünstigten wirklich glücklich sind, sondern man zeigt damit auf, dass Glück/lichsein den vom Schicksal begünstigten erlaubt, von sich selbst als gut, tugendhaft und weise zu denken, *ungeachtet* ihres Schicksals. Nun ist es schwer, über das Schicksal nachzudenken, ohne über Reichtum nachzudenken. Wir kommen vielleicht zu den frühen

Bedeutungen des Schicksals zurück, als eine Form des Glücks und der Gelegenheit, indem wir die Vertrautheit des Glück/lichseins und des Schicksals theoretisieren. Glück/lichsein mag genauso risikoreich sein wie Schicksal.

Glück/lichsein, Passivität, Aktivität

Vielleicht hört die von Nietzsche angebotene Genealogie der Moral zu früh auf: Eine Genealogie des Glück/lichseins muss vielleicht auch eine Genealogie der Aktivität und Passivität anbieten.[189] Solch eine Genealogie des Glück/lichseins würde nicht bloß die Konkretisierung der Unterscheidung zwischen Gut und Böse und zwischen niederen und höheren Gütern analysieren, sondern auch wie diese Unterscheidung abgestimmt ist mit der Unterscheidung zwischen aktiv und passiv, als auch zwischen Aktion und Reaktion. Die Unterscheidung zwischen aktiv und passiv nimmt ihre Stärke an, indem sie von Körpern gelöst ist, sodass sie wieder an Körper geheftet werden kann, in Form von unterschiedlichen Qualitäten oder Kapazitäten.

Zunächst einmal wurden alle Formen der Leidenschaft als passiv betrachtet; tatsächlich, teilen sich das Wort Leidenschaft (*Passion*) und das Wort *passiv* dieselbe Herkunft im lateinischen Wort *passio*, das Leiden. Aktiv/passiv können ganz einfach als Unterscheidung zwischen Aktion und Passion/Emotion funktionieren. Doch einige Formen der Emotion werden als »aktiv« im Vergleich zu anderen interpretiert. Glück/lichsein wird zu einer Form der Aktivität, dadurch, dass es negativen Emotionen gegenübergestellt wird; glücklich zu sein würde dann bedeuten, aktiv in der Bestimmung deines

189 Es ist spannend, sich mit der Rolle der passiven/aktiven Unterscheidung in Kants Argumentation über die Lust und das Sittengesetz auseinanderzusetzen. In *Kritik der praktischen Vernunft* beschreibt Kant alle Gefühle als passiv und pathologisch, als Möglichkeiten, berührt oder beeinflusst zu werden (vgl. [1788] 1974: 195). Doch er relativiert dieses Argument, indem er »Achtung« als ein moralisches Gefühl beschreibt, das einfach durch den Verstand erzeugt werde (vgl. ebd.). Achtung sei moralisch, insofern diese dem Sittengesetz gegenüber gezollt werde (vgl. 196). In einer Fußnote in *Grundlegung zur Metaphysik der Sitten* verteidigt Kant diese Unterscheidung folgendermaßen: »Man könnte mir vorwerfen, als suchte ich hinter dem Worte *Achtung* nur Zuflucht in einem dunkelen Gefühle, anstatt durch einen Begriff der Vernunft in der Frage deutliche Auskunft zu geben. Allein wenn Achtung gleich ein Gefühl ist, so ist es doch kein durch Einfluß *empfangenes*, sondern durch einen Vernunftbegriff *selbstgewirktes* Gefühl und daher von allen Gefühlen der ersteren Art, die sich auf Neigung oder Furcht bringe lassen, spezifisch unterschieden.« ([1785] 1976: 40) Passive Gefühle – die durch Einfluss empfangen werden – beziehen sich auf Neigung oder Furcht. Achtung ist »selbstwirkend«. Achtung versorgt Kant mit einer Fantasie, dass das rationale Subjekt nicht berührt oder beeinflusst ist. Ich würde behaupten, dass das Subjekt gerade unter dem Einfluss des Gesetzes steht.

Schicksals zu sein, während unglücklich zu sein bedeuten würde, dein Schicksal zu erleiden. Die Unterscheidung wird schärfer. Einige Formen des Glück/lichseins werden als aktiver gesehen als andere. In Nietzsches *Also sprach Zarathustra* wird der Übermensch als der fröhlichste und der »glücklichste Mensch« beschrieben, dessen Freude »frei von dem Glück der Knechte« ([1883–85] 2000: 106) ist, den »die Anderen den Schaffenden [...], den, der Tafeln bricht und alte Werte« nennen, »den Brecher – den [...] Verbrecher«. (215)[190]

Die immerwährende Verfeinerung der Unterscheidung zwischen aktiv und passiv erlaubt es der Aktivität und Passivität, zu Eigenschaften von Körpern zu werden.[191] Die Unglückseligen sind die Emotionalen, diejenigen, die

---

190 Ich zweifle die Überlegung an, dass das Glück/lichsein des Übermenschen das Glück/lichsein des Leibeigenen übertreffen kann. Wie Mari Ruti beobachtet hat, wird Authentizität oftmals gegen die »Schutzherrschaft der Gleichförmigkeit« definiert (2006: 121). Das philosophische Subjekt hat vielleicht das Ziel, das ›Ich‹ vom Horror des ›Sie‹ zu trennen. In dem Fall wäre authentisches Glück/lichsein das Glück/lichsein eines Einzelnen gegenüber dem Glück/lichsein von vielen. Diese Angst oder die Abscheu vor der Gleichförmigkeit gegenüber dem ein ›Ich‹ erscheinen kann, führt uns womöglich zur Frage der Gleichberechtigung zurück. In der Einleitung zu diesem Buch sprach ich davon, dass die Ursprünge der politischen Wirtschaft auf dem Glück/lichsein basieren: der Schritt von der Gleichberechtigung dessen, was Adam Smith als »ärmste Schicht« bezeichnet zu einer Arbeitsteilung, in der sogar der Ärmste mehr hat als »ein Angehöriger eines primitiven Volkes« ([1776] 1978: 3). Ich bin der Meinung, dass sich im zeitgenössischen politischen Diskurs ein Erbe dieser Betrachtungsweise erkennen lässt, und zwar in der Wahrnehmung der Gleichberechtigung und gleichberechtigter Möglichkeiten als Elends- oder Anpassungsmethoden: um andere runterzumachen (die Mittelmäßigen und Elendigen werden vermischt), um dem Glück/lichsein in die Quere zu kommen, das von Rechts wegen denjenigen, die darüber stehen, gehört (ihr Glück/lichsein wird als Verdienst verstanden). Der Kampf um Gleichberechtigung wird als *die Verallgemeinerung des Elendszustands* neu formuliert. Die Beseitigung der Ungleichheit funktioniert also bereits als Infragestellung des Glück/lichseins und den Begrifflichkeiten seiner Wirkung.

191 Ich bin mir dessen bewusst, dass dies ein Argument ist, das gegen die Intuition spricht. Die Verfeinerungen der Unterscheidung zwischen aktiv/passiv hängt sicherlich von der Beweglichkeit der Begriffe ›Aktivität‹ und ›Passivität‹ ab und sprengen somit ihre Anheftung an bestimmte Körper. Ich stelle die Behauptung auf, dass, je gelöster diese Begriffe von Körpern sind, desto eher bewegen sie sich umher, *desto anhaftender werden sie.* Also können wir diese Begriffe aufgreifen, ›als wenn‹ sie keine verweisende Funktion hätten, was Worten eher mehr als weniger affektive Kraft verleiht. Wir können dann einen Elitismus haben, der seinen Referenten nicht in literarischen Körpern oder in sozialen Kategorien platziert: Aus meiner Sicht ist so ein Elitismus genauso ›verkörpert‹ wie die Formen des Elitismus, die explizit das Wertesystem von aktiv/passiv (und damit auch höher/niedriger) an unterschiedliche Arten von Körpern heften. Vielleicht ist die Sehnsucht für Nietzsche, die wir in einigen zeitgenössischen Theorien erkennen können, auch eine Art der Identifikation, eine Möglichkeit, um in ›einer Elite‹ zu sein, die nicht auf sozialen Kategorien des Privilegs beruht: Sich mit Nietzsche zu identifizieren, ist eine Möglichkeit,

leiden, und wenn sie sich glücklich fühlen, ist ihr Glück/lichsein schwach, wie *Anästhetika*.

Wir können die binäre Opposition zwischen aktiv und passiv hinterfragen, wenn wir uns darauf fokussieren, wie die Eigenschaften von Aktivität und Passivität verteilt sind. Passivitäten finden sich eher in Körpern wieder, die wir aufgegeben haben. Etwas aufzugeben, kann bedeuten, die Qualität einer Aktion nicht zu sehen. Ich würde sogar darauf spekulieren, dass die Beschreibung des Passivs als grammatikalischer Fehler eine Art der Aufgabe beinhaltet. Das Passiv wird vornehmlich auf die Form des Verbs angewandt, in der »die Handlung, die von ihr gekennzeichnet ist, als eine Einstellung der Sache behandelt wird, in die die Handlung gerichtet ist«. Wir lernen, dass wir sagen müssen, das Huhn hat die Straße überquert. Wir dürfen nicht sagen, dass die Straße vom Huhn überquert wurde. In solch einem Fall macht die Straße nichts und doch ist sie das grammatikalische Subjekt des Satzes. Wir müssen die Fantasie erhalten, dass das Subjekt, sogar das Tier-Subjekt, dasjenige ist, das eine Handlung vollzieht. Das Huhn muss als erstes im Satz vorkommen.

Doch macht die Straße wirklich nichts bei dem Ereignis des Überquerens? Die Straße ist ein Versorger; sie versorgt uns mit dem Punkt, an dem wir sie überqueren können, an dem wir von der einen zur anderen Seite gehen können. Die Straße ist eine Folge vergangener Handlungen, Entscheidungen, die getroffen wurden, die das Überqueren der Punkte erlauben. Anstatt an der binären Gegenüberstellung aktiv/passiv festzuhalten, können wir die Gegenüberstellung an sich anzweifeln und das können wir tun, indem wir aufzeigen, wie das, was als passiv beurteilt wurde, als einfach da, nichtstuend, etwas tut und sogar die Bedingungen der Möglichkeit zur Verfügung stellt, um etwas zu tun. Die Aufgabe ist nicht, Passivität und Aktivität neu zu definieren (sie zu erschaffen, als gehörten sie zu einem verallgemeinernden Bereich der Handlung), sondern über Passivitäten nachzudenken, als etwas, das verschiedene Arten der Handlung mit einschließt.

Eines meiner Vorhaben in diesem Buch war es, aufzuzeigen, inwiefern das Leiden eine Art der Aktivität ist, eine Möglichkeit, etwas zu tun. Zu leiden

---

um unter ›den Höhergestellten‹ zu sein. Wir könnten diese Art der Politik ganz sicher als Avantgardismus bezeichnen (siehe Bauman [2008] 2010: 117, für eine eher kryptische, doch bezugnehmende Lesart von Nietzsches ›gegenwärtiger Popularität‹). In meiner Beschreibung solch eines Elitismus behaupte ich nicht, dass Nietzsche kein wichtiger und hilfreicher Philosoph zum Mitdenken ist: In diesem Buch habe ich mich auf sein Werk hinsichtlich der Affekte und Kausalität und seiner genealogischen Methode, als auch seiner Kritik des utilitaristischen Glück/lichseins bezogen.

kann bedeuten, deine Uneinigkeit mit dem, was als gut beurteilt wurde, zu spüren. In Anbetracht dessen ist Leiden eine Aufnahmebereitschaft, die die Fähigkeit zur Handlung erhöhen kann. Um vom Glück/lichsein zum Leid zu kommen – oder sollten wir sogar sagen, um den Verlust einer Vorstellung des Glück/lichseins durch Enttäuschung zu erleiden – kann dich sogar in Aktion bringen. Und Glück/lichsein kann eine Art des Zurechtkommens mit dem sein, was von dir erwartet wird, wie Nietzsche es selbst beschreibt. Damit sage ich nicht, dass Unglück/lichsein als das Aktive gegen das passive Glück/lichsein in Stellung gebracht werden muss . Nein, das nicht. Das nicht, ganz und gar nicht. Wir sollten eine Sprache entwickeln, um qualitative Unterschiede in Bezug auf unsere Erfahrung mit Aktivitäten und Passivitäten zu beschreiben. Dafür müssen wir gerade die Trennung von aktiv und passiv anzweifeln, und wie diese Trennung verschiedene Klassen des Daseins, von glücklichen Menschen und überquerenden Hühnern zu leidenden Seelen und untätigen Straßen, absichert.

Wir können die Unterscheidung zwischen Glück/lichsein als Aktivität und Unglück/lichsein als Passivität kritisieren, indem wir zeigen, wie das Aktive und Passive die Seiten tauschen können. Schauen wir uns die Deleuze'sche Lesart von Spinoza an. Für Deleuze gehört Spinoza zum selben bejahenden Horizont wie Nietzsche: »Daher der ganze Kampf Spinozas, die radikale Anklage aller Leidenschaften, die auf Unlust beruhen, wodurch Spinoza sich in eine große Linie fügt, die von Epikur bis zu Nietzsche reicht.« ([1970] 1988: 103) Die radikale Anklage aller trauriger Leidenschaften, wird zu einer alternative Linie der Abstammung innerhalb der Philosophie. Im Umkehrschluss ist diese Linie der Abstammung auch eine Linie des Widerspruchs von denen, die sich von traurigen Leidenschaften nicht entfernen. Und doch, haben wir, trotzdem gesehen, wie durchgängig Philosophen Glück/lichsein als eine Seite des Guten präsentieren, obgleich Glück/lichsein nicht immer in Begriffen der Leidenschaft definiert wird. Wenn Epicur, Nietzsche und Spinoza eine Verpflichtung zum Glück/lichsein als etwas Gutes teilen, dann würden solche gemeinsamen Verpflichtungen eher mit einem philosophischen Vermächtnis übereinstimmen, als es nicht zu tun.

Für Deleuze, ist Spinozas Ethik Ethnologie, eine Beschreibung der Macht, der Fähigkeit, wie Körper von anderen Körpern berührt werden. Deleuze fragt: »Was kann passieren, wenn mein Körper so gemacht ist, eine bestimmte Beziehung zwischen Bewegung und Ruhe, die sich zu einer Endlosigkeit von Teilen summiert? Zwei Dinge können passieren: Ich esse etwas, das ich mag oder ein anderes Beispiel, ich esse etwas und breche vergiftet zusammen.

Wörtlich gesehen, hatte ich in einem Fall eine gute Begegnung und im anderen Fall eine schlechte.« (1978: 6) Wie ich im ersten Kapitel angesprochen habe, geht John Locke auch darauf ein, was es bedeutet, das zu mögen, was man isst. Er nutzt das Beispiel der geliebten Trauben, weil sie köstlich schmecken und für die Mannigfaltigkeit von Geschmäckern stehen: »Wohlgeschmack [...] [ist] davon abhängig [...], ob sie [die Dinge] dem oder jenem Gaumen zusagen.« ([1690] 1913: 312) Für Deleuze führt uns die schlechte Begegnung außerhalb des Horizonts der Vorlieben. Er sagt nicht: »Ich esse etwas, das ich mag«, gefolgt von »Ich esse etwas, das ich nicht mag.« Er ruft stattdessen eine eher drastische und dramatische Vorstellung hervor. Die schlechte Begegnung ist, wenn das Subjekt vergiftet wird, zusammenbricht und stirbt. Dass die »schlechte Begegnung« als Tod dargestellt wird, sagt uns etwas. Die Begegnung mit etwas, das du magst, nimmt einen rückwirkenden Optimismus als eine Form des Überlebens an (du wirst nicht vergiftet). Ich habe bereits darauf aufmerksam gemacht, dass, , wenn Einzelne unter einer radikalen Dissenz leiden, die sie jenseits des Horizonts führt, in der Vorlieben als gemeinsame Form zusammenkommen, ihr Leben riskieren.

Deleuze beschreibt nicht nur die ungenießbaren Folgen der Dissenz. Das Unangenehme an der Dissenz ist, dass du darunter leidest: Uneinigkeit an sich wird als eine Form der Passivität eingerahmt. Deshalb sagt Deleuze, dass für Spinoza jene, die sich wie der Despot oder der Priester in einer Machtposition befinden, »die Trauer ihrer Subjekte braucht« (4). Die Massen müssen durch das Leiden geschwächt werden. Sie müssen vergiftet werden, durch das, was unangenehm ist. Also steht mein Leben auf dem Spiel, wenn ich unter einer Unstimmigkeit leide: Wir könnten sagen, dass der Tod das Scheitern des Subjekts ausdrückt, in seinem*ihrem eigenen Dasein zu bestehen; Tod durch gänzliche Eliminierung des Subjekts ist die Radikalisierung der Bedrohung durch Passivität.

Für Deleuze erhöht die gute Begegnung die Handlungsfähigkeit: Wir könnten die guten Begegnungen als angenehme Folgen einer Übereinstimmung beschreiben. Eine gute Begegnung würde von den »Beziehungen der Übereinstimmung zwischen diesen oder jenen Körpern und meinem« abhängen (11). In schlechten Begegnungen »stimmt dieser Körper nicht mit meinem überein« (5). Es besteht kein Zweifel daran, dass einige Dinge mehr als andere mit uns übereinstimmen werden. Unsere Vorlieben sind zumindest teilweise von dem bestimmt, was mit uns übereinstimmen *könnte*, angesichts dessen wie wir bereits sind.

Wir können noch immer fragen, wie es sein kann, dass wir zu den Menschen werden, die wir werden. Angesichts »einer Begegnung« fragt sich Deleuze, was passieren würde, wenn der oder der sich mit dem oder dem trifft. In einem anderen Beispiel aus derselben Vorlesung, »gehe [ich] vielleicht die Straße entlang«, wo mir Pierre und Paul begegnen: »Ich treffe Pierre« und »plötzlich sehe ich Paul«. (3) Ich treffe sie zufällig auf der Straße und die Begegnung kann eine gute oder schlechte Begegnung sein. Ob es eine gute oder schlechte Begegnung ist, hängt davon ab, wie ich von Pierre und Paul berührt werde: Wenn ich mich freue oder nicht freue, bekomme ich eine Vorstellung von Pierre und Paul geliefert. Ich tendiere dazu, zu fragen, ob diese Begegnung ein Zufall ist; sicher, wir könnten uns auf der Straße begegnen, aber wir treffen uns vielleicht, weil wir auf der Straße entlanggehen. Wir sind bereits mit der Rolle der Straße in Berührung gekommen. Die Straße stellt nicht nur einen Überquerungspunkt (für Hühner und andere) zur Verfügung, sondern auch einen Treffpunkt. Selbst zufällige Begegnungen, sagst du vielleicht, hängen von gewissen Grundlagen ab, die für Handlungen verfügbar sein müssen. Wir werden davon gelenkt, was unsere Handlungen erdet: die Pfade erlauben es uns, unseren Weg zu finden, selbst wenn wir nicht wissen, was wir auf unserem Weg finden werden.

Indes begegnen wir uns gegenseitig, ich begegne Pierre und Paul und die Begegnung ist entweder angenehm – oder nicht. Was bedeutet es für eine Begegnung, angenehm zu sein? Wie werden einige angenehm für andere? Meine Analyse des Glück/lichseins hat ein alternatives Vokabular angeboten, um das zu beschreiben, was in einer Übereinstimmung passiert. Glück/lichsein kann eine Immanenz des Zwangs beinhalten, den Anspruch auf Übereinstimmung. Zwang wird normalerweise mit einer äußeren Kraft in Verbindung gebracht, die den Gehorsam von Subjekten erfordert, durch den Gebrauch von Drohungen, Einschüchterungen oder Bedrängnis. Wenn wir darüber nachdenken, genötigt zu werden, denken wir vielleicht auch daran, gezwungen zu werden, etwas ›gegen unseren Willen‹ zu tun. Doch Nötigung kann die Richtung des Willens gestalten, als *den Willen zu wollen*. Was unserem Willen angenehm ist, ist uns nicht immer als Objekt des Bewusstseins zugänglich. Arthur Schopenhauer geht in seinem Buch *Von der Nichtigkeit und dem Leiden des Lebens* davon aus, dass »wir nie wirklich bemerken oder uns dessen bewusst werden, was unserem Willen entspricht« (3). Vielleicht bemerken wir andere nicht, wenn sie in Übereinstimmung mit unserem Willen sind. Eine Übereinstimmung könnte eine Begegnung davon abhalten, als eine Begegnung erkannt zu werden. Wenn Dinge in Übereinstimmung sind, sind sie sogar hinter uns.

Übereinstimmungen findet eventuell statt bevor dieser oder jener Körper auf diesen oder jenen Körper trifft. Jeder Körper trägt eine Geschichte von Übereinstimmungen mit sich, von denen nicht alle offengelegt werden, sodass er sich in gewisser Art und Weise neigt, als Art und Weise des Willens.

Wir können auf das Beispiel des Gaumens zurückkommen. Selbst ein Philosoph wie John Locke, der die Mannigfaltigkeit der glücklichen Objekte wahrnimmt, behauptet, dass der Gaumen korrigierbar ist. Wir könnten guten Geschmack annehmen, wie im ersten Kapitel angerissen. Die Möglichkeit der Annahme ist ein Bereich der Immanenz, davon, was du bekommen kannst, und was du bekommen solltest, übersetzt als die Pflicht des Subjekts, es besser zu machen. Vergnügen oder Freude beinhalten nicht nur, dieses oder jenes angenehm zu finden, sondern die Erfahrung, bejaht zu werden, *weil* man die richtigen Dinge schön findet. Diejenigen um dich herum ›stimmen‹ mit deiner Zustimmung ›überein‹. Letztendlich kann Übereinstimmung ›die Handlung des Erfreuens oder Gefallens‹, aber auch ›die Handlung des Zustimmens‹ bedeuten. Die gute Begegnung umfasst womöglich Unterwerfung, im Sinne von, gewillt zu sein, die eigenen Bedingungen zu mögen, was ich in meinen Überlegungen zum Glücks-Dystopien im fünften Kapitel untersucht habe. Übereinstimmung legt auch ›gefühlsmäßige Übereinstimmung‹ nahe. Wenn gefühlsmäßige Übereinstimmung ein Ziel des sozialen und politischen Lebens ist, würde es erforderlich machen, dass du mit dem übereinstimmst, was bereits existiert. Harmonie wäre eine Forderung nach Übereinstimmung. Deswegen würde ich argumentieren, dass die Machthaber*innen ihre Subjekte eher glücklich als traurig sehen wollen würden.[192] Und, weil sie unser Glück/lichsein

192 Wenn man Deleuze und Spinoza an dieser Stelle genauer folgt, könnte man behaupten, dass meine Argumentation in diesem Buch Glück/lichsein als positive Emotion, als soziales Gut, darstellt, das sanktioniert werden könnte, aber nicht dass es ein trauriger Affekt sein kann, insofern als dass Glück/lichsein die Fähigkeit zur Handlung schmälert (siehe auch Kapitel 1 Fußnote 1, für eine Diskussion über die Probleme, wenn man auf eine Unterscheidung zwischen Affekt/Emotion pocht). Ich bin der Auffassung, dass wir zu diesem Zeitpunkt den Zusammenhang von positiven und negativen Affekten mit wachsenden und sinkenden Kräften der Handlung infrage stellen müssen. Nach dieser Aussage und in direkter Hinwendung zu Spinoza, würde ich nicht verneinen, dass traurige Affekte eine Rolle beim Regieren spielen. Spinoza fokussiert sich auf den Gebrauch der Angst (und Hoffnung, die er zur Angst hinzuzählt) in der Herrschaft durch den Aberglauben, der die Menschen dazu bringe, die »Weisheit eitel [zu] schelten«, anstatt sich der Tugend zu bedienen. Solch ein Fokus ist verständlich in Anbetracht des Kontextes, in dem er geschrieben hat. Für zeitgenössische Leser*innen brauchen wir ein Verständnis über die Regierung, die nicht nur mithilfe von Angst und Hoffnung wirkt, sondern auch als Anreiz, gut, freudig und glücklich zu sein. Eine andere Geschichte des Affekts würde demnach eine Geschichte der Freude beinhalten, die die Fähigkeiten zu Handlung verringert, doch

wollen, verbieten sie womöglich die Erkenntnis der Trauer, die sich nicht nur dem Glück/lichsein, sondern auch seinem Wunsch, in den Weg stellt.[193]

Dementsprechend können wir einen anderen Blickwinkel auf das Beispiel der guten Begegnung von Deleuze anbringen. Die gute Begegnung könnte dafür stehen, dass Körper an Ort und Stelle bleiben *oder einen Platz einnehmen, an dem sie bleiben können*, indem sie sich damit arrangieren, was ihnen zugestanden wird. Die schlechte Begegnung kann dafür stehen, dass Körper es ablehnen, platziert zu werden, indem sie ablehnen, was ihnen zugestanden wird. Dieses Buch hat Unglück/lichsein als wertend, als gefühlsbedingten Punkt der Dissenz betrachetet. Wenn Revolutionen, das Niederreißen von Mauern, als Protest gegen das Glück/lichsein verstanden werden können, können wir solche Handlungen auch *als Proteste gegen die Kosten der Übereinstimmung* deuten. Wenn übereinstimmen gleichgesetzt wird mit unterwerfen, können gute Begegnungen Unterwerfung mit einschließen – obgleich nicht zwingend, und nicht nur. Wir können daraus lernen, dass Dinge, die als aktiv gelten, auch als passiv durchgehen können und Dinge, die als passiv gelten, auch als aktiv durchgehen können. Aktivitäten und Passivitäten sind Möglichkeiten, um eine Begegnung einzurahmen, und nicht, um diese an sich zu beschreiben.[194]

---

es wird und sollte andere Geschichten der Freude geben (siehe, zum Beispiel, Ehrenreich 2007). An einer Stelle in *Die Ethik* spielt Spinoza darauf an, wie Freude (Lust) und Kummer (Unlust) auf ähnliche Weise als Formen der Regierung wirken können: »Denn da die Eltern die ersteren tadelten und die Kinder ihretwegen häufig schalten, wogegen sie die andern empfahlen und lobten, so bewirkten sie, daß sich mit den ersteren die Regungen der Unlust, mit den andern die der Lust verbanden.« ([1677] 1908: 92). Für mich ist dies eine wunderbar scharfsinnige Analyse der Beziehung zwischen Affekt, Brauch und Gewohnheit: Und wir können Spinoza hier folgen, wenn wir darüber nachdenken, wie Kummer und Freude verursacht werden (auf verwirrende und unangebrachte Art und Weise), indem wir annehmen, dass sie durch bestimmte Handlungen hervorgerufen werden.

193 Theodor Adorno deckt in *Minima moralia: Reflexionen aus dem beschädigten Leben* auf, dass »die Ermahnung zur happiness« eine Form der Dominanz sein könne. ([1951] 1975: 74). Er beschreibt sie als »Mechanismus der Herrschaft, [der] die Erkenntnis des Leidens, das sie produziert, [...] verbiete[t]« (75). Wir könnten auch sagen, dass Formen des Leidens und der Traurigkeit erlaubt sind, solange sie keine Anerkennung der Beherrschung einschließen.

194 Ich biete diese Lesart als Umdeutung der guten Begegnung, die in Deleuzes Auseinandersetzung mit Spinoza beschrieben wird (was nicht die einzige Möglichkeit ist, wie wir Spinoza begegnen können). Es ist nicht als negative Kritik gedacht, sondern als eine andere Sichtweise auf die Prozesse, die Deleuze wiedergibt. Für andere Möglichkeiten der Auseinandersetzung mit Deleuze und Spinoza, die sich im Speziellen um die Frage der Freude und der guten Begegnungen drehen, siehe Macherey 1996 und Hardt 1993. Macherey fragt, ob Deleuze ehrlich zu Spinoza ist in seinem Vorschlag, dass freudige Leidenschaften dem »Sprung« zu angemessenen Gedanken helfen können, insofern als alle Leidenschaften auf unangebrachten Gedanken beruhen (153). Hardt geht davon aus, dass

Meine Lesart des Glück/lichseins bietet eine Umdeutung einer Begegnung. Wir könnten die soziale Gefahr des*r Spaßverderber*in auf diese Weise neu schreiben. Der*die Spaßverderber*innen sind diejenigen, die zwischen Körper kommen, die übereinstimmen würden oder sollten.[195] Spaßverderber*innen sind diejenigen, die sich einer organischen Solidarität in den Weg stellen. Oder wir könnten sagen, dass Solidarität organisch wird, indem sie die Unstimmigkeit dort platziert, wo sie in den Weg einer Begegnung gerät. Solidarität könnte sogar durch die Übereinstimmung mit dem, was im Voraus einer Begegnung unangenehm ist, Form annehmen. Das Beispiel des*der Spaßverderber*in bringt uns bei, dass das Wesen der elementaren Übereinstimmung von der Lokalisierung der Unstimmigkeit demgegenüber abhängt, ›was auch immer‹ sich in den Weg stellt.

Wenn Ethik dazu da ist, um die Freiheit des Widerspruchs zu erhalten, kann sie nicht einfach *von* Bejahung oder *für* Bejahung stehen, die als gute Begegnung verstanden wird, als das, was die Handlungsfähigkeit erhöht. Aus diesem Grund würde ich meine Kritik des Glück/lichseins erweitern, um das einzuschließen, was wir als ›die Hinwendung zur Zustimmung‹ bezeichnen könnten. Die zustimmende Wende kann nicht auf die Glücks-Wende reduziert werden. Viele dieser Schriften stehen im Widerspruch zur Arbeitsweise innerhalb der Glücksforschung; das ist philosophisches Schreiben , das keine normativen Verpflichtungen gegenüber dem Glück/lichsein als gutes und tugendhaftes Leben enthält und das sich selbst in Opposition zu den moralisierenden Referenzrahmen schreibt, die die Glücksstudien charakterisieren. Tatsächlich lehnen viele Autor*innen, die in dieser Stimmung arbeiten, die »schwere« Sprache des Glück/lichseins ab und bevorzugen stattdessen die Positivität der Freude (Massumi 2002a; Colebrook 2008). Also warum sprechen wir von der zustimmenden Wende, die demselben Horizont angehört wie die Glücks-Wende? Ich tue das aus einem einfachen Grund: die zustimmende Wende verpflichtet sich auch den positiven Gefühlen – was nicht ganz einfach ›gute Gefühle‹ mit einschließt – als Orte des Potenzials und des Werdens.

»freudig zu werden« das »Mandat Spinozas« sei (95), obwohl ich denke, ›gepriesen zu werden‹ wäre die genauere Beschreibung.

195 Ein weiteres Beispiel für den*die Spaßverderber*in als den*diejenige*n, der*die einer substantiellen Übereinstimmung in den Weg kommt, ist ›Theorie‹. Wie oft führten wir, als ich noch Studentin der Literatur in den späten Achtzigern war, Diskussionen darüber, wie die Theorie zwischen die Leserschaft und ihr Lesevergnügen gerät! Theorie ›stoppt‹ die substantielle Natur eines*einer solchen oder solchen Lesers*Leserin, die so einen oder so einen Text mag. Theorie steht dem Leserhythmus im Weg. Theorie wird zum Gift, der zu Magenverstimmung und sogar zum Tod der Literatur führt.

Die zustimmende Wende hat postuliert, was wir ›eine zustimmende Ethik‹ nennen könnten. Zustimmende Ethik kehrt Deleuzes Beispiel der guten Begegnung in einen Aufruf zu guten Begegnungen. Anders ausgedrückt, zustimmende Ethik beschreibt nicht nur, was geschieht, wenn Körper zustimmen, sie ruft auch zu guten Begegnungen auf, die »dem Leben mehr« geben, mehr, vielleicht als Elend und Leid. Brian Massumi schlägt »Ethik, Empirik – und Kreativität [vor], weil deine Beteiligung in dieser Welt Teil eines globalen Werdens ist. Also geht es darum, Freude anzunehmen in diesem Prozess, wo auch immer er hinführt, und ich denke, es geht darum, eine Art des Vertrauens in die Welt zu haben, einfach die Hoffnung darauf, dass sie weitergeht... Doch noch einmal, es ist nicht die Hoffnung, die einen bestimmten Inhalt oder ein bestimmtes Ziel hat – es ist die Sehnsucht nach mehr Leben, oder nach mehr zu leben.« (2003a: o.S.) Massumi behauptet ganz vorsichtig, dass gute Gefühle nicht zwingenderweise auch bedeuten, dass man sich gut fühlt. Aber das Wort *Freude* impliziert Erfahrungen des Vergnügens und der Entzückung. Worte sind haftend; sie bewahren Assoziationen, selbst wenn wir sie unterschiedlich benutzen. Gewissermaßen vergrößern wir die Macht des Wortes, wenn wir Freude als gutes Gefühl, als das, was die Fähigkeit zur Handlung steigert, neu definieren: sich gut zu fühlen, wird zum guten Gefühl; sich gut zu fühlen, wird zu dem, was dein Potenzial zur Handlung steigert.

Massumi schreibt hier darüber, Freude in einen Prozess zu nehmen. Und doch verleiht Freude auch diesem ›mehr im Leben‹ eine gefühlsbedingte Form. In der zustimmenden Wende eröffnet Freude die Potentialität des Lebens. Was bedeutet es, für Freude zu sein? Macht es einen Unterschied, ob wir für Freude sind oder für das Glück/lichsein? Wir müssen aufpassen, damit wir Freude nicht mit Glück/lichsein zusammenfallen lassen; es besteht kein Zweifel darin, dass diese Wörter unterschiedliche Geschichten haben, die teilweise mit dem zusammenhängen, worauf sie sich immer bezogen haben. *Freude* ist ein weniger gewichtiges Wort; es wird häufig gebraucht, um die Intensität eines Gefühls auszudrücken, das vergänglich ist und vergänglich sein muss, wenn es als Intenstität erfahren werden soll. Doch wenn Freude an die Stelle des Glück/lichseins gestellt wird, als etwas, worauf wir hinzielen sollten, haben sie womöglich ähnliche Auswirkungen. Rosi Braidotti zum Beispiel führt dazu an, dass »freudige oder positive Leidenschaften und die Transzendenz der gegenwirkenden Empfindungen die wünschenswerte Art und Weise sind« (2006b: 4).[196] So vieles ist bewundernswert an Braidottis

196 Für ein weiteres Beispiel, siehe den Aufsatz von Ben Anderson. Darin sagt er, dass »politische *Gefühlsbetontheit* demnach den Aufbau eines Protests gegen die Affektivitäten

visionärem Feminismus. Und doch, frage ich mich, was es für die Freude heißt, zu einer wünschenswerten Art und Weise zu werden, einer Möglichkeit, um negative Leidenschaften zu überwinden, von denen man annimmt, dass sie reaktiv seien. Braidotti erkennt die Bedeutung des Schmerzes und des Leids innerhalb ihrer Ethik an. Für sie »ist der Ausgangspunkt die Berücksichtigung des Leids; das wahre Ziel des Prozesses ist dagegen, das Streben nach Wegen, um die lähmenden Auswirkungen der Passivität zu überwinden, die durch Schmerz herbeigeführt werden«(8). Wir können uns fragen, ob Schmerz mit dem Ausdruck lähmende Passivität wirklich gut beschrieben ist (oder ob er nur in solchen Begrifflichkeiten erfahren wird) und ob jede Passivität lähmend ist. Mein Ziel bei solchen Fragestellungen ist nicht, Schmerz oder andere negative Gefühle in Erwiderung auf diese Bestätigung der positiven Gefühle zu bejahen. Ich würde ganz einfach nur behaupten, dass wir im Vorhinein nicht wissen können, was für unterschiedliche Auswirkungen der Körper erfährt, bevor wir auf diese oder jene Weise betroffen sind. Wie ich im fünften Kapitel gefolgert habe, schließt das Berührtsein die Uneinsichtigkeit des Hin-und-hergewendet-Seins mit ein.

Die affektive Ökonomie, die Freude mit guten Dingen und Schmerz mit schlechten Dingen assoziiert, könnte Dinge voreilig an Ort und Stelle halten. Wenn wir Freude haben wollen, wollen wir jenseits von Schmerz landen. Negative Gefühle stehen dem im Weg, was im Jenseits landet: Sie werden von Braidotti als »schwarze Löcher« (13) beschrieben. Anstatt negative Gefühle als Hindernisse, als ›im Weg stehend‹ zu bezeichnen, habe ich in diesem Buch skizziert, *was daraus folgt*, wenn negative Gefühle auf diese Weise gedacht werden. Einige werden eher als andere mit negativen Gefühlen in Verbindung gebracht, als etwas, das sich dem Glücksversprechen in den Weg stellt. Wir lernen aus Blockierungen und dem Wo und Wie ihrer Verteilung. Also habe ich nicht angenommen, dass »der wahllose Zugang zu diesem Phänomen die Ursache für den Schmerz ist« (13), sondern beschrieben, wie diejenigen, die das Glücksversprechen zurückweisen, zur Ursache für negative

---

des Leidens beinhalten muss, um eine Reihe von Techniken zu erwerben, die auch darauf abzielen, ›gute Begegnungen‹ zu entwickeln und ›etwas besseres‹ vorwegzunehmen« (2006: 749). Gute Begegnungen sollten als eine Reihe von Techniken entwickelt werden. Wenn Ethik auf gute Begegnungen abzielt, könnte das Leiden in denjenigen verortet sein, die sich diesem Ziel nicht hingeben, denjenigen, die nicht die richtigen Techniken entwickelt haben. Ich sollte hier erwähnen, dass Anderson einen Vorbehalt gegen dieses Argument hat, das davon ausgeht, dass Zustimmung nicht immer positiv ist. Wie er vorsichtig beschreibt: »Es gibt unzählige Gelegenheiten, in denen die Inszenierung von Hoffnung Beziehungen der Ungerechtigkeit beschleunigt.« (749)

Gefühle werden, was wiederum dazu führt, das Unglück/lichsein eine gewisse Gestalt annimmt. Während manchmal einfach schlimme Dinge geschehen, während du erfolglos oder unglücklich sein kannst (wie in dem Sprichwort: ›zur falschen Zeit am falschen Ort zu sein‹), würde ich behaupten, dass unser Zugang zu den Ursachen des Schmerzes alles andere als zufällig ist.

Wir können zu Audre Lordes Werk zurückkommen, das ich im zweiten Kapitel behandelt habe. Sie zeigt auf, dass allein der Gedanke, dass Gewalt zufällig ist, uns davon abhält, zu sehen, was bei einer Begegnung auf dem Spiel steht: ihre Mutter sagt zu ihr, dass die Frau, die ausspuckt, nicht auf sie, ein Schwarzes Kind, spuckt, sondern in den Wind, um das Kind vor dem Schmerz des Rassismus zu beschützen. Es ist eine Sehnsucht nach Schutz, die verständlich ist – doch sie beschützt nicht. Lorde argumentiert in ihrem Werk, dass wir nicht vor den Dingen beschützt werden sollten, die schmerzen. Wir sollten nicht so viel daran arbeiten und kämpfen, verletzt zu werden, sondern zu sehen, was diese Verletzung verursacht, also, ein Umlernen demgegenüber, was wir zu ignorieren gelernt haben. Wir müssen diese Arbeit tun, wenn wir kritische Überlegungen darüber anstellen wollen, wie Gewalt als eine Beziehung der Kraft und des Schadens auf manche Körper gerichtet wird, andere jedoch nicht. Während wir Raymond Williams (1977) folgen können und sollten, um »Gefühlsstrukturen« zu untersuchen, ist mein Vorschlag hier, dass wir auch die »strukturellen Gefühle« untersuchen könnten: Gefühle handeln womöglich von der Art, wie Strukturen unter die Haut gehen.

Die Sehnsucht danach, das Leid zu überwinden, ist natürlich eine verständliche Sehnsucht, eine, die vielleicht eine Sehnsucht ausdrückt, mehr zu tun, als nur die sozialen Verbindungen der Kraft und des Schadens zu beschreiben.[197] Im Verlauf dieses Buches habe ich die Grenzen dieser Sehnsucht analysiert (was nicht alles ist und sein wird und was man darüber sagen könnte). Sich zu erholen (recover) kann bedeuten sich wieder zu bedecken (re-cover),

197 Eric G. Wilsons Argument in *unglücklich glücklich* ist: »Wer in einer fraglos tragischen Welt nach nichts anderem als nach Glück strebt, wird unauthentisch.« (2009: 13). Obwohl er sagt, dass er klinische Depression nicht verklären möchte (14), argumentiert er, dass uns Unglück/lichsein kreativ machen kann (122). Ich teile einige von Wilsons Anliegen, jedoch beruht meine Argumentation nicht auf Konzepten der Authentizität oder Nichtauthentizität, die dazu führen, dass Wilson auf vernichtende Weise diejenigen kritisiert, die er ›glückliche Typen‹ nennt, weil sie die Nichtauthentizität darstellen, die er Glück/lichsein zuschreibt. Ich nehme an, dass, wenn Glück/lichsein nicht von der Sehnsucht nach Glück/lichsein weggewünscht werden kann, kann die Sehnsucht nach Glück/lichsein die Zeichen des Unglück/lichseins verdecken oder sie auf andere projizieren, die zu Symptomen des Scheiterns werden, glücklich zu sein. Ersehnt man nur Glück/lichsein in einer Welt, zu der auch die Tragödie zählt, erwartet man von anderen, dass sie die Last dieser Tragödie tragen.

die Ursachen des Schmerzes und Leids zu überdecken (cover over). Rosi Braidotti deutet an, dass »abscheuliche und unerträgliche Vorfälle geschehen«, aber dann folgert, dass die »Ethik dennoch daraus besteht, solche Vorfälle in Richtung positiver Beziehungen zu überarbeiten.« (13) Weiter sagt sie, dass »es paradoxerweise diejenigen sind, die bereits angeknackst sind, diejenigen, die Schmerz und Verletzung erlitten haben, die besser platziert sind, um die Führung in dem Prozess der ethischen Transformation zu übernehmen« (14). Vielleicht ist die Beziehung zwischen Führung und Leiden nur paradox, wenn wir davon ausgehen, dass Leiden erdrückend ist. Wir lernen aus dem, was Braidotti richtig herausstellt: Diejenigen, die kaputt gemacht wurden durch das Leiden, können die Agent*innen einer ethischen Transformation sein.

Womöglich müssen wir uns unserer negativen Gefühlen bedienen, nicht um sie zu überwinden, sondern um daraus zu lernen, wie wir von dem berührt werden, was uns näherkommt, also müssen wir eine andere Beziehung zu all unseren gewollten und ungewollten Gefühlen als eine ethische Quelle herstellen. Ich denke, was von der zustimmenden Ethik unterschätzt wird, ist die Schwierigkeit, unsere Aufmerksamkeit auf gewisse Formen des Leids zu lenken und sie auch darauf zu belassen. Die Sehnsucht, durch Angleichung über das Leiden hinauszukommen, der Wille, ›darüber hinweg zu sein‹, indem man andere dazu auffordert, ›darüber hinwegzukommen‹, hat zur Folge, dass diejenigen, die auf ihrem Unglück/lichsein bestehen, zur Ursache des Unglück/lichseins für viele werden. Ihr Leid wird in eine kollektive Enttäuschung darüber umgewandelt, dass wir nicht einfach solche Geschichten hinter uns lassen können. Ethik kann sich darum drehen, über den Schmerz hinaus, hin zum Glück/lichsein oder zu Freude zu gelangen, ohne neue Formen des Leids denjenigen aufzuerlegen, die sich nicht auf diese Weise bewegen können oder wollen.

Die zustimmende Wende schafft eine Unterscheidung zwischen positiven und negativen Gefühlen, wobei vorausgesetzt wird, dass negative Gefühle rückständig und konservativ sind und positive Gefühle fortschrittlich und progressiv. Es wird angenommen, dass sich negative Gefühle an der Vergangenheit orientieren, als eine Art Dickköpfigkeit, die das Subjekt daran ›hindert‹, die Zukunft wahrzunehmen. Positive Gefühle werden mit Aufstieg assoziiert, als etwas, das ein Zukunftsversprechen erschafft.

Diese Annahme, dass positive Gefühle offen sind und negative Gefühle geschlossen, erlaubt es historischen Formen der Ungerechtigkeit zu verschwinden. Die Aufforderung an uns, zuzustimmen, führt dazu, dass solche Geschichten verschwinden, indem sie als eine Form der Melancholie interpretiert werden (als würdest du an etwas festhalten, das bereits weg ist). Diese Geschichten sind nicht weg: Wir würden etwas loslassen, das in der Gegenwart fortbesteht. Gehen zu lassen, würde heißen, solche Geschichten als Gegenwart zu bewahren.

In diesem Buch wollte ich beweisen, dass negative Gefühle nicht einfach Reaktionen sind; sie sind schöpferische Antworten auf Geschichten, die nicht beendet sind (siehe auch Ahmed 2004: 200f.). Ich sage ja nicht, dass wir dazu verpflichtet sind, unglücklich zu sein – es ist wichtig, keine Romanze oder Pflicht aus Gefühlen heraus zu erzeugen, die als unerträglich erfahren werden könnten. Ich schlage nur vor, dass wir Unglück/lichsein *als mehr als nur ein Gefühl* betrachten sollten, *das überwunden werden müsse*. Unglück/lichsein kann uns eventuell eine pädagogische Lektion über die Grenzen des Glücksversprechens anbieten. Wenn Ungerechtigkeit unglückliche Auswirkungen hat, dann endet die Geschichte nicht dort. Unglück/lichsein ist nicht unser Endpunkt. Wenn überhaupt, bringt uns die Erfahrung, außerhalb von Lebenswelten zu sein, die durch das Herumreichen von glücklichen Objekten erzeugt werden, irgendwohin. Wahrscheinlich kommen wir mit dem Glück/lichsein weiter, wenn wir seinen Objekten nicht folgen.

Glücklich-eres Glück/lichsein

Wohin können wir mit dem Glück/lichsein gehen? Ich möchte keine alternative Definition des Glück/lichseins anbieten (ein gutes Glück/lichsein, das sich vor dem schlechten Glück/lichsein retten kann weil dies an dem Gedanken daran festhalten würde, dass Glück/lichsein das ist, was wir fördern sollten. Ich möchte mit einer Überlegung darüber schließen, wie Glück/lichsein Bedeutung annehmen kann, wenn es aus der Domäne der Ethik herausgenommen wird. Glück/lichsein ist als Zeichen des Guten – des tugendhaften Subjekts oder des guten Lebens – niedergedrückt worden.[198] Wie bereits er-

198 Ich sollte zu erkennen geben, inwiefern mein Argument sich von Kants unterscheidet, in Anbetracht dessen, dass er das Gute des Glück/lichseins hinterfragt. Er trennt Neigung von der Pflicht und schlägt vor, dass Glück/lichsein die Grundlage für ein pragmatisches Gesetz bildet. Alle Menschen haben »schon von selbst die mächtigste und innigste Neigung zur Glückseligkeit, *weil sich gerade in dieser Idee alle Neigungen zu einer Summe vereinigen.*« ([1785] 1976: 40; Hervorhebung von S. Ahmed) Das pragmatische Gesetz basierend auf »dem Bewegungsgrund der Glückseligkeit [...] rät [uns], was zu tun sei, wenn wir der Glückseligkeit wollen teilhaftig [...] werden.« ([1781] 1990: 729) Das Sittengesetz, das auf Beweggründen basiert, die einzig und allein von der Vernunft repräsentiert werden, sagt uns »wie wir uns verhalten sollen, um nur der Glückseligkeit würdig zu werden.« (ebd.) oder wie du das tust, »[...]*wodurch du würdig wirst, glücklich zu sein.*« (731) Für Kant wird Glück/lichsein zu einer Meta-Neigung, die alle Neigungen in einem vereint und wird folglich vom Sittengesetz unterschieden. In meiner Argumentation habe ich untersucht, wie

wähnt, wird Glück/lichsein zu einem Ausschluss einer Möglichkeit, und folglich, zu einer guten Verteidigung gegen Krisen, als wären die Entscheidungen über die Zukunft bereits gefällt. Glück/lichsein als eine Art der Pflicht ist in der Sprache der Freiheit geschrieben, als würde der Wille sich unbehindert daraus ergeben, dass man Glück/lichsein verursachen möchte, oder dass man Unglück/lichsein nicht verursachen möchte.

Glück/lichsein nicht nur als Neigung funktioniert, sondern auch die Sprache der Pflicht beinhaltet. Tatsächlich würde ich Glück/lichsein als ein ›Wendepunkt‹ zwischen Pflicht und Neigung bezeichnen. Während Kant der Meinung ist, dass man aus einer Neigung keine Pflicht machen kann, denke ich, dass Glück/lichsein zu einer Pflicht wird, weil es nicht einfach oder nur eine Neigung ist. Kant relativiert seine Trennung von Glück/lichsein und Pflicht, indem er behauptet, dass wir eine indirekte Pflicht haben, das Glück/lichsein anderer zu fördern. Wenn man bedenkt, dass ich eine indirekt Pflicht habe, das Glück/lichsein anderer zu fördern, macht Kant noch zwei Einschränkungen. Erstens sagt er, dass andere entscheiden können, was zu ihrem Glück/lichsein dazugehört: »Was diese zu ihrer Glückseligkeit zählen mögen, bleibt ihnen selbst zu beurteilen überlassen.« ([1797] 1922: 228) Und zweitens führt er an, dass ich deren Entscheidung widersprechen kann: »[...] nur daß mir auch zusteht, manches zu weigern, was sie dazu rechnen, was ich aber nicht dafür halte [...]« (ebd.). Wir lernen aus dem Glück/lichsein, indem wir bemerken, wie schnell die Pflicht zur Förderung des Glück/lichseins anderer in die Pflicht zur Förderung meines Gedankens von ihrem Glück/lichseins für sie wird. Ich fand Kants »Bruchstücke eines moralischen Katechismus« vor allem nützlich, wenn es um die Beziehung zwischen Tugend und Glück/lichsein geht. In dem Fall sagt der Lehrer zum Schüler, dass wir Glück/lichsein wollen und dann zeigt er, wie die Pflicht vom Glück/lichsein getrennt werden müsse. Der Lehrer erklärt, dass es nicht akzeptabel wäre, das Glück/lichsein von anderen zu fördern, wenn das Glück/lichsein der anderen Person im Konflikt mit dem Guten steht, und dabei stellt er rhetorische Fragen: »Würdest du wohl dem Faulenzer weiche Polster verschaffen, damit er im süßen Nichtstun sein Leben dahinbringe, oder dem Trunkenbolde es an Wein, und was sonst zur Berauschung gehört, nicht ermangeln lassen, dem Betrüger eine einnehmende Gestalt und Manieren geben, um andere zu überlisten, oder dem Gewalttätigen Kühnheit und starke Faust, um andere überwältigen zu können? Das sind ja so viel Mittel, die ein jeder sich wünscht, um nach seiner Art glücklich zu sein.« (346) Kant möchte damit sagen, dass man das Glück/lichsein anderer nicht fördern würde, wenn ihr Glück/lichsein nicht gut wäre, wenn ihr Glück/lichsein der eigenen Tugend widerspräche. Der Katechismus schließt damit, dass der (nun weise) Schüler vorträgt, dass das Gute noch auf das Glück/lichsein hoffen kann: »Ja; denn wir sehen an den Werken der Natur, die wir beurteilen können, so ausgebreitete und tiefe Weisheit, die wir uns nicht anders als durch eine unaussprechlich große Kunst eines Weltschöpfers erklären können, von welchem wir uns denn auch, was die sittliche Ordnung betrifft, in der doch die höchste Zierde der Welt besteht, eine nicht minder weise Regierung zu versprechen Ursache haben: nämlich, daß, wenn wir uns selbst der Glückseligkeit unwürdig machen, welches durch Übertretung unserer Pflicht geschieht, wir auch hoffen können, ihrer teilhaftig zu werden.« (348) Das Gute kann auf eine Teilhabe am Glück/lichsein hoffen, indem es dem Glück/lichsein nicht unwürdig wird. Kant stellt also die Beziehung zwischen Glück/lichsein und dem Guten wieder her, nachdem er sie zunächst getrennt hatte. Für eine außergewöhnliche Diskussion zu Kant und Glück/lichsein und Ethik, siehe Chalier 2002.

Wenn Glück/lichsein eine Verteidigung gegen eine Krise ist, hat das Buch sich um Augenblicke gekümmert, in denen Glück/lichsein scheitert, wenn ein Subjekt nicht mitzieht oder mitgezogen wird, wenn der Weg, den eine Person geht, zu einer Richtung wird, die sie nicht einschlagen möchte. Wenn es eine Krise gibt, müssen wir fragen: ›Wohin?‹ Wenn der Weg sich in eine Frage kehrt, wirst du dir der Möglichkeit bewusst. Du wirst dir bewusst, wie viel du von dem Leben, das du lebst, nicht benötigst. Glück/lichsein kann als Abwehrschild gegen diese Erkenntnis der Möglichkeit benutzt werden. Während meiner Recherchen zu diesem Buch war ich sehr erstaunt, wie selten Krisenpunkte in Erzählungen durch den Gebrauch des Sprechaktes: »Ich muss dieses Leben für das Glück/lichsein verlassen« gelöst werden, obwohl es möglich ist und bleibt, so zu sprechen. Ich habe so viel über das Glück/lichsein gelernt, indem ich mich gefragt habe, wie es möglich ist, Krisenpunkte zu lösen, indem man sagt: man »verlasse das Glück/lichsein für das Leben.«

Die unglücklichen Archive, die ich in diesem Buch gedeutet habe, lehren mich, was es für die Ethik bedeutet, in einer Krise zu stecken. Du lebst ein Leben und du merkst, dass du das Leben, das du lebst, gar nicht leben willst. Der Akt, dieses Lebens zu verlassen, kann ein ethischer Akt sein, selbst wenn er Unglück/lichsein verursacht. Du musst vielleicht gewillt sein, die Ursache für Unglück/lichsein zu werden. Das heißt nicht, dass das Verursachen von Unglück/lichsein zu einem ethischen Recht oder einem notwendigen Gut werden sollte. Es kann richtig oder falsch für diese oder jene Person sein – das kommt darauf an. Abhängigkeit schließt die notwendige Aufgabe mit ein, zu fragen, was wir tun sollten, ohne uns dem Glück/lichsein in der Weise zuzuwenden, als würde es die Antwort auf die Frage bereithalten.

Wenn wir nicht annehmen, dass wir Glück/lichsein verteidigen müssen, wenn wir anfangen das Glück/lichsein zu hinterfragen, das wir verteidigen, dann können wir andere Fragen zum Leben stellen, was wir vom Leben erwarten, oder wie wir uns wünschen, dass das Leben sich entwickelt. Möglichkeiten müssen als Möglichkeiten erkannt werden, um möglich zu werden. Aus diesem Grund beinhaltet die Erkenntnis von Möglichkeiten zurückzugehen oder sogar »zurückzufühlen«, wie es Heather Love (2007) so treffend beschreibt. Möglichkeiten zu erkennen meint, zur Vergangenheit zurückzukehren, zu erkennen, was man hat, als auch, was man verloren hat, was einem gegeben wurde, als auch, was man aufgegeben hat. Über Möglichkeiten zu lernen, bedeutet, Genealogien zu betreiben, sich über die Gegenwart zu wundern, indem man sich über das Wie seiner Ankunft wundert. Folglich gehört eine gewisse Entfremdung von der Gegenwart dazu, wenn man über

Möglichkeiten lernt. Andere Dinge können passieren, wenn die Familie verschwindet. Deshalb können gefühlsbedingte Fremde schöpferisch sein: Wir wollen nicht nur die falschen Dinge und nehmen Möglichkeiten wahr, die wir aufgeben sollten, sondern wir erschaffen Lebenswelten um diese Wünsche herum. Wenn wir vom Glück/lichsein entfremdet sind, geschehen Dinge. Ein Zufall tritt ein (hap happens).

Ich würde nicht sagen, dass Unglück/lichsein notwendig ist. Aber ich würde behaupten, dass Unglück/lichsein immer möglich ist, was die Notwendigkeit des Glück/lichseins zu einem Ausschluss, nicht nur des Unglück/lichseins, sondern auch der Möglichkeit macht. Sören Kierkegaard drückt dies so wundervoll aus: »Im Allgemeinen wird daher unter der Möglichkeit, von der man sagt, sie sei so leicht, die Möglichkeit von Glück, Gedeihen usw. verstanden. Indes dies ist gar nicht die Möglichkeit [...]. Nein, in der Möglichkeit ist alles möglich, und wer in Wahrheit durch die Möglichkeit erzogen worden ist, der hat das Entsetzliche genau so gut gefaßt wie das Freundliche.« ([1844] 1952: 162)[199] Möglichkeit bedeutet sowohl Entsetzen als auch Freude. Möglichkeit ist für Kierkegaard dort, wo Gleichheit vorhanden ist.

Ein Standpunkt in Richtung Möglichkeit könnte *ein zufälliger Umstand* (*happenstance*) sein. Wie Jean-Luc Nancy es auf poetische Weise umreißt:

> »Weder das Glück noch Unglück, aber es gäbe das *heur*, die Chance, es gäbe den Sinn für die Gunst oder Ungunst der Stunde, für die gute oder schlechte Begegnung oder Entgegnung, für die immer wieder neu gegebene Möglichkeit, dass es (Un-)gunst der Stunde, dass es gutes oder schlechtes *heur* gibt, dass man das eine gegen das andere zu wählen hat, aber erst einmal überhaupt zu wählen, diese Wahl zu haben *und* sie nicht zu haben, den Sinn für die (Un-)gunst der Stunde, für das heur als solches nicht zu beherrschen, die fraktale Kombination der Ereignisse, die die Welt ausmacht.« ([1993] 2014: 207f.)[200]

199 Es mag ironisch erscheinen, dass ich darauf abziele, Glück/lichsein zu erhellen, indem ich es mit Possitivität und nicht mit Pflicht in Verbindung bringe, angesichts dessen, dass Kierkegaard die Möglichkeit als schwer verteidigt, um zu zeigen, dass es nicht einfach um gute Dinge geht, die passieren. Möglichkeit ist demnach seriöser als Aktualität, die schlechte Dinge beinhalten könnte oder aber auch nicht (schlechte Dinge sind immer möglich, aber nicht immer gegenwärtig). Das, was Möglichkeit für Kierkegaard schwer macht, ist das, was es für mich leicht macht. Möglichkeit ist leicht, in dem Sinne, dass man offen dafür ist, in diese oder jene Richtung weggeweht zu werden, um von dem aufgehoben zu werden, was passiert, was heißen kann, auf gute oder schlechte Weise.

200 Ich danke einem Mitglied aus dem Publikum, das während eines Vortrags am sechsten Februar 2009 am Center for Lesbian and Gay Studies zu meiner letzten Abhandlung zum Glück/lichsein, bevor ich das Buch fertigstellte, vorschlug, dass ich über das ›stance‹ (Haltung) in happenstance (Zufall) nachdenken solle. Danke auch an meine gute Freundin Elena Loizidou, die mir zwei Tage später vorschlug, Jean-Luc Nancy zum Glück/

Um ein Gespür für diesen zufälligen Umstand zu bekommen, müsste man offen für die Möglichkeit sein, dass gute und schlechte Dinge passieren können. Wir könnten sagen, dass Glück/lichsein eine Möglichkeit ist, die von dem zufälligen Umstand offengehalten wird, sodass die Bedingungen der Möglichkeit auf Glück/lichsein andere Möglichkeiten umfassen. Wenn wir an Glück/lichsein als eine Möglichkeit denken, die nicht erschöpft, was möglich ist, wenn wir das Last des Glück/lichseins erleichtern, können wir Dinge öffnen. Wenn Glück/lichsein nicht länger als etwas vorausgesetzt wird, dass gut ist, als etwas, worauf wir abzielen, oder als etwas, auf das wir abzielen sollten, dann können wir Glück/lichsein als eine Möglichkeit wahrnehmen, die ihre Bedeutung dadurch erhält, dass sie eine Möglichkeit unter vielen anderen ist. Wir können Glück/lichsein für seine Unsicherheit schätzen, als etwas, das kommt und geht, wie das im Leben nun mal ist.[201]

Wenn ich daran denke, was Glück/lichsein »glücklich« macht, denke ich an Augenblicke. Augenblicke des Glück/lichseins, die ein Gewebe erschaffen,

---

lichsein zu lesen, in dem er den Gedanken des zufälligen Umstands (happenstance) entwickelt. Also stieß ich durch einen Zufall auf den Zufall: nicht nur ein zufälliges Ereignis (oder eine Fügung von Ereignissen), sondern der Zufall eines Ereignisses. Das Wort ›happenstance‹ (Zufall) kommt von der Verschmelzung von ›happening‹ (Ereignis) (›ein Ereignis, ein Vorfall, eine Chance‹) und ›circumstance‹ (Umstand) (so wie es bei Nancy angeboten wird) und würde ein Beweis dafür sein, wie unsere Umgebung uns zufällig umgeben, was gleichzeitig eine Haltung oder Orientierung unseren Umgebungen gegenüber anbieten würde als Geschehnisse, in denen gewisse Dinge möglich werden (oder nicht). – (*Happenstance* wird im Folgenden dementsprechend als *zufälliger Umstand* übersetzt, *um es vom hap (Zufall) zu unterscheiden*, Anm. d. Ü.)

201 Der Gedanke des Glück/lichseins als unsicher hat eine lange Geschichte. Unsicherheit würde bekanntermaßen als ›abhängig vom Zufall oder Umstand; ungewiss; anfällig für das Scheitern; risikobehaftet, gefährlich; unsicher, unstabil.‹ Also würden wir sagen, dass Glück/lichsein so zufällig ist wie das Leben, immer dem ausgesetzt, was passiert, was den Gedanken, dass man sein Glück/lichsein erhalten kann, zu einer Fantasie macht. Eine andere (jetzt eher seltene) Bedeutung der Unsicherheit bezieht sich auf ›Vor allem ein Recht, Mietverhältnis, etc.: besessen oder genossen durch einen Gefallen von und zum Vergnügen einer anderen Person; anfällig für den Willen oder die Entscheidung von anderen.‹ Glück/lichsein, das vom Willen anderer abhängt, wird als unsicher betrachtet. Das OED (Oxford English Dictionary) bietet zwei Verwendungen dieses Gedankens aus dem achtzehnten Jahrhundert an: »Dieses kleine Glück/lichsein ist so unsicher, dass es komplett vom Willen anderer abhängt« und »Und als ein unsicherer Kredit möglicherweise zum Vergnügen des Kreditgebers zurückgefordert wird, selbst in einer Zeit, die sich als schmerzhaft für den Kreditnehmer herausstellen könnte.« Um Unsicherheit in diesem Sinne wertzuschätzen, müsste man dem Wert beimessen, wie andere unser Glück/lichsein berühren, uns selbst zu erlauben, vom Vergnügen anderer zurückgefordert zu werden. Wir würden unser Glück/lichsein nicht von anderen abhängig machen (was einen Zufall des Willens erforderte), aber wir wären gewillt, von dem berührt zu werden, was anderen zustößt.

gemeinsame Eindrücke: einen Sinn der Leichtigkeit *in* der Möglichkeit. Denken wir nur an solche Augenblicke, in denen du ins Leben geholt worden bist, durch die Absurdität, an etwas erinnert zu werden, wo ein flüchtiger Blick von der Seite genug sein kann, um ein Gefühl zu erzeugen, das dich wellenartig durchfährt. Zwei Menschen brechen in Gelächter aus durch die Erinnerung an ein Ereignis.[202] Nur ein einziges Wort kann so viele Erinnerungen auslösen, eine Geste, irgendetwas. Wie Clarissa, die Mrs Dalloways Trauer als auch deren Namen übernimmt, und in *The Hours* beschreibt: »Ich erinnere mich an einen Morgen. Ich stand im Morgengrauen auf. Ich spürte dieses Gefühl der Möglichkeit. Du weißt was ich meine. Das ist also der Anfang des Glücks. Dort fängt es an und natürlich wird immer mehr geben. Ich hätte nie gedacht, dass es nicht der Anfang war. Es war Glück. Es war genau dieser Moment.« Glück/lichsein liefert nicht einfach nur ein Gefühl der Möglichkeit; es ist ein Gefühl der Möglichkeit. Also annulliert man sein Gefühl für die Möglichkeit, wenn man Glück/lichsein in eine Erwartung umwandelt. Wenn Glück/lichsein nicht etwas ist, das wir jemand anderem versprechen, nicht etwas ist, von dem wir uns vorstellen, dass es an uns liegt oder dem wir verpflichtet sind, nicht etwas ist, von dem wir erwarten, dass es sich aus gewissen Punkten heraus anhäuft, können andere Dinge passieren, was eine gewisse Art der Offenheit einer möglichen Begegnung gegenüber mit einschließt.

Ein Umdenken des Glück/lichseins als Möglichkeit erlaubt uns eventuell auch, uns um die Formen des Glück/lichseins zu kümmern, die in die falsche Richtung gelenkt werden. Genau auf dieses fehlgeleitete Glück/lichsein bin ich in meinen Überlegungen zum glücklichen Queersein in Kapitel drei eingegangen. Einige Formen des Glück/lichseins werden als wertloser angesehen, weil sie keine Anhäufung von Punkten beinhalten, aus denen ein Band entsteht, dem man folgen könnte. Dummheit könnte ein weiteres Beispiel für ein wertloses Glück/lichsein sein. Die Genealogie des Wortes silliness (Dummheit) ist erstaunlich. Es stammt ursprünglich vom Begriff *sael*, was gesegnet, glücklich oder herrlich hieß. Das Wort mutierte mit der Zeit; von gesegnet zu fromm, zu unschuldig, zu harmlos, zu bedauernswert, zu schwach und schwachköpfig. Vom Gesegneten zum Schwachkopf: Wir lernen aus dem bedrückenden Wesen der Genealogie der Dummheit.

Ein Beispiel für einen Versuch, um dumme Formen des Glück/lichseins neu zu bewerten, bietet der Film *Happy-Go-Lucky* (2008, Reg. Mike Leigh) an. Dieser Film handelt von Poppys (Sally Hawkins) Lebens, wie sie durch

202 Danke Eileen Joy, dass du mir geholfen hast, das Affirmative in glücklichen Augenblicken zu überdenken.

London radelt, Spaß mit ihrer Mitbewohnerin Zoe (Alexis Zegerman), ihrer unkonventionellen Schwester Dawn (Andrea Riseborough) und ihren Freund*innen hat, die Kinder, die sie liebt, an einer Grundschule unterrichtet, davon, wie sie einen Führerschein macht, und ihre konventionellere Schwester Suzy (Kate O'Flynn) in der Vorstadt besucht. Poppy ist ein »happy-go-lucky«-Charakter; sie scheint (zumindest an erster Stelle) auf übertriebene Weise, darauf aus zu sein, immer gute Laune zu haben, plappert Fremde an, die keine Lust haben, sich zu unterhalten, die allein in ihrem Elend sein wollen, oder sie lacht und kichert, wenn unschöne Dinge passieren. Aus ihren Begegnungen lernen wir, dass ›unangebrachte‹ Äußerungen des Glück/lichseins ganz und gar nicht ansteckend sind, dass, immer gut drauf zu sein, in gewisser Weise und in bestimmten Momenten zu Irritationen führen kann (als Irritationen über das Glück/lichsein). Poppy scheint zunächst nur für die Arbeit oder den Aufwand zu stehen, der betrieben wird, wenn man sich darauf konzentriert glücklich zu sein, als Möglichkeit, um negative Dinge zu kaschieren. Doch mit der Zeit ermutigt uns der Film, uns durch ihre Empfänglichkeit für das Leid anderer mit Poppy zu identifizieren: Sie hilft einem Schüler, der gemobbt wird; sie hört ihrem gewalttätigen, rassistischen, wütenden Fahrlehrer zu; sie fängt mit unheimlicher Ungezwungenheit ein Gespräch mit einem Obdachlosen an. In all diesen Beispielen geht sie dem Elend nicht aus dem Weg. Der Film zeigt, dass Passivität eine ethische Fähigkeit sein kann: Du musst gewillt sein, von anderen berührt zu werden, dich von ihnen beeinflussen zu lassen.

Wir können uns fragen, ob der Film Glück/lichsein befördert, indem er Poppys Leben im Film idealisiert. Der Regisseur Mike Leigh hat einmal gesagt, dass er einen Film drehen wollte, der »anti-miesepetrig« ist. Dennoch, wenn man Poppy folgt, deutet der Film nicht an, dass die Antwort auf Unglück/lichsein Glück/lichsein ist oder dass man sich an eine Vorstellung des Glück/lichseins heften sollte. Sich an eine solche Vorstellung zu heften, würde bedeuten, sich selbst von dem abzuschotten, was um einen herum passiert. Letztendlich wird Poppys Leben nicht durch das geformt, was ich glückliche Objekte genannt habe (sie besitzt kein Eigenheim, sie ist nicht verheiratet und sie hat keine Kinder). Poppy besucht ihre Schwester in der Vorstadt (die genau diese Dinge hat oder im Begriff ist, sie zu bekommen). Suzy fragt sie, wann sie endlich Verantwortung übernehmen werde: »Ich möchte nur, dass du glücklich bist, das ist alles«, woraufhin Poppys Antwort lautet: »Ich bin glücklich.« Als ihre Schwester ihr das Recht abspricht, sich derart zu beschreiben, erklärt Poppy: »Ich liebe mein Leben. Ja, es ist manchmal hart, aber das gehört dazu. Ich habe einen wundervollen Job, großartige Kinder, eine zauberhafte Wohnung, sie, die auf die Wohnung aufpasst, tolle Freunde. Ich liebe meine Freiheit. Ich bin eine sehr glückliche Frau, ich weiß das.« Ihre Schwester ist verärgert durch diese lebensbejahende Aussage und wirft ihr vor, dass sie es ihr »unter die Nase reibt«. Suzy ist nicht verärgert, weil sie unglücklich mit Poppys Glück/lichsein ist, sondern, weil Poppy offenlegt, dass Suzys Glück/lichsein unglücklich ist.[203] Uns wird aufgezeigt, was man aufgibt, wenn man die richtigen Dinge tut, wenn man sich ein gutes Leben wünscht, und die Punkte der Zeremonien erreicht.

Einerseits scheint der Film begrenzt zu sein, durch seine Beschäftigung mit der Psychologie als eine Lösung (als würde es bei Veränderungen nur um eine bessere Einstellung zu Dingen gehen). Also fragt Poppy ihren wütenden und unglücklichen Fahrlehrer über seine Familie aus, nimmt die Rolle einer Therapeutin ein, die versucht, Unglück/lichsein zu erklären, indem sie als Erklärung auf eine ursprüngliche Szene zurückkommt, die auch eine plausible Erklärung für das Unglück/lichsein liefern kann. Und doch spie-

---

203 Die Beziehung zwischen dem Glück/lichsein und dem Neid ist komplex. Interessanterweise definiert Spinoza Neid (Missgunst) als Hass, der den Menschen »so erregt, daß er über das Glück eines andern trauert, und sich dagegen über das Unglück eines andern freut.« ([1677] 1908: 91). Unter Umständen ist Neid eine Einstellung, die sich an der Wettbewerbslogik des Kapitalismus orientiert (oder, um genauer zu sein, ist es der Kapitalismus, der eine solche Einstellung fördert), in dem das Schicksal vom Glück zum Reichtum umgewandelt wird, als etwas, das nicht nur ausgeteilt, sondern auch begrenzt ist: sodass jemand nur erfolgreich sein kann, wenn ein anderer weniger Erfolg hat. Neid wäre demnach die Erfahrung des Glücks von anderen als Diebstahl am eigenen Glück (du willst sie elendig sehen und nicht deren Glück/lichsein als eine Möglichkeit, um an deinem eigenen Glück festzuhalten). Ich behaupte, dass es in diesem Film eine Beziehung zwischen der Erfahrung des Glück/lichseins und der Sehnsucht danach gibt, andere neidisch zu machen (als eine Sehnsucht, dass der*die Andere will, was man selbst hat). Suzy ›möchte‹, dass Poppy neidisch ist (denn so kann ihr Sprechakt »Ich möchte nur, dass du glücklich bist« übersetzt werden), weil ihr eigenes Glück/lichsein unsicher ist, weil es auf dem basiert, was sie aufgegeben hat. Gewisse Formen des Glück/lichseins hängen sowohl von der Nachahmung als auch vom Neid anderer ab, die nicht ›die richtigen Dinge‹ haben und von denen angenommen wird, dass sie ›die richtigen Dinge‹ für sich selbst wollen. Mit anderen Worten, das ›Nicht-Haben‹ wird als notwendiger Neid und unglückliche Art verstanden, um den Wert des ›Habens‹ intakt zu halten. Als Poppy es ablehnt, neidisch zu sein (über die Hypothek, das Haus, das Baby, das kommen wird, die Rente, den Ehemann) und vertrauensvoll ihrem eigenen Schicksal gegenüber ist (»Ich bin eine glückliche Frau, das weiß ich.«), wandelt sich Suzys Glück/lichsein in Wut (»Hör auf, es mir unter die Nase zu reiben«). Poppy hat Suzy ihr Glück/lichsein nicht weggenommen, aber offengelegt, dass Suzys Glück/lichsein davon abhängt, dass andere dessen Wert bestätigen. Vielleicht wird die Sehnsucht danach, andere neidisch zu machen, zum Neid über die Weigerung des Anderen, in die Wettbewerbslogik des Neids einzustimmen.

gelt *Happy-Go-Lucky* auch wider, wie die Förderung einer Vorstellung vom Glück/lichsein, vom guten Leben, das Aufgeben einer gewissen Freiheit, eines gewissen Gefühls des Imstandeseins, mit einschließt. Trotzdem ist die Happy-Go-Lucky-Person keine gewöhnliche Figur des Glück/lichseins. Poppy ist glücklich mit ihrem Leben, nicht, obwohl sie glücklichen Objekten nicht hinterherrennt, sondern gerade, weil sie das nicht tut; sie geht dorthin, wo ihre Sehnsucht, ihr Interesse oder ihre Neugierde sie hinführen. Um das Leben auf diese Weise zu leben, muss man kreativ und erfinderisch mit seinen Objektauswahlen umgehen. Tatsächlich ist der Film ziemlich außergewöhnlich, aufgrund seiner Darstellung der Langlebigkeit weiblicher Freundschaft, die weder als eine Route zur heterosexuellen Zukunft noch als deren Ergänzung dargestellt wird, sondern als eine Lebenswelt, eine Welt mit ihren eigenen Rhythmen und Zufälligkeiten. Der Film schreibt folglich Bindungen der Zuneigung außerhalb konventioneller Formen der Intimität einen großen Wert zu. Wenn wir auf meine Diskussion über Boote als utopische Formen im fünften Kapitel zurückkommen, sollte erwähnt werden, dass die letzte Szene in *Happy-Go-Lucky* mit einem Boot endet, auf dem sich Poppy und Zoe befinden. Die Utopie des Films wird unter dem Aspekt der Ruhe und des guten Humors ihrer Intimität zum Ausdruck gebracht.

Wir können also erkennen, dass eine Kritik am Glück/lichsein als eine zustimmende Geste angeboten werden kann. Wir wollen keine zustimmende Lebenseinstellung oder gar Zustimmung als eine Ethik fordern. Eher wollen wir die Möglichkeiten des Lebens bekräftigen, was auch immer passiert; wir wollen Möglichkeiten eröffnen, die bisher aufgrund der Forderung, unsere Leben auf richtige Weise zu leben, negiert werden. Dummheit – und all diese Formen des Glück/licheins, die als oberflächlich gelten – können demnach auch lehrreich sein. Wenn wir das wertschätzen, was nicht wertgeschätzt wird, und wenn wir Freude an Orten finden, die nicht als wertvoll erachtet werden, lernen wir über die Kosten des Nutzens und des Wertes. Der Happy-Go-Lucky-Charakter mag sich von der Pflicht und Verantwortung nicht unterkriegen lassen; er scheint leicht wie eine Feder zu sein. Er scheint sorglos und unbeschwert zu sein. Doch Freiheit von der Sorge ist auch eine Freiheit, sich zu sorgen, auf die Welt zu reagieren, auf das, was passiert, ohne sich selbst oder sein Glück/lichsein gegenüber dem, was passiert, verteidigen zu müssen.

Ich meine damit nicht, dass man als eine Reaktion auf meine Kritik des Glück/lichseins glücklich und unbeschwert durchs Leben gehen sollte. Vielmehr können wir erkennen, dass die Figuren der feministischen Spaßverderber*in, der unglücklichen Queeren und der melancholischen

Migrant*in auf queere Weise mit Happy-Go-Lucky-Charakteren verwandt sind. Wütend und unglücklich über Ungerechtigkeit zu sein, steht vielleicht in einem Zusammenhang mit guten Gefühlen, die als sorglos und dumm betrachtet werden. Nimmt man Dummheit an, nimmt man auch Empfindungen an, die für gewöhnlich nicht Teil einer zustimmenden oder Glücksethik wären. Unsere unglücklichen Archive sind, wie nicht anders zu erwarten, voller Dummheit und anderen unpassenden positiven Empfindungen, wie Lauren Berlants Überlegungen zur »Gegenpolitik des dummen Objekts« andeuten (1997: 12).[204] Die Freiheit, unglücklich zu sein, worauf ich im letzten Kapitel eingegangen bin, würde demnach die Freiheit, auf unangebrachte Weise glücklich zu sein, mit einschließen. Solche Freiheiten würden die Glückslast erleichtern. Die Freiheit, unglücklich zu sein, würde Glück/lichsein nicht ausschließen. Wir würden versuchen, den Zufall (hap) wieder mit dem Glück/lichsein (happiness) zusammenzufügen.

Wir müssen für solche Freiheiten kämpfen und wir erben die Arbeit solcher Geschichten des Kampfes. Der Kampf gegen Glück/lichsein als eine Notwendigkeit, ist auch ein Kampf für Glück/lichsein als eine Möglichkeit. Ich betrachte nun politische Bewegungen als Zufalls-Bewegungen, und nicht als Glücksbewegungen. Es geht nicht darum, dass die Unglücklichen glücklich werden. Ganz und gar nicht. Revolutionäre Formen des politischen Bewusstseins beinhalten die Verstärkung unserer Achtsamkeit dafür, *wie viel es gibt*, worüber wir unglücklich sein könnten. Bedenkt man, dass die Sehnsucht nach Glück/lichsein die Zeichen seiner Negation bedecken kann, muss eine revolutionäre Politik hart dafür arbeiten, in der Nähe des Unglück/lichseins zu bleiben. Und dennoch, eine Politik des Zufalls (hap) sollte nicht einfach am Unglück/lichsein festhalten oder Unglück/lichsein in eine politische Ursache verkehren. Erinnern wir uns an die Definitionen der elenden Gestalt (wretch), die »ein armes oder glückloses Wesen« ist. Vielleicht könnten wir die Glückslosen von den Elenden (wretched) trennen. Die elende Gestalt ist vielleicht voller gücklicher Zufälle (hap), beglückt, *weil* sie von den Pfaden des Glück/lichseins abweicht, weil sie in den Lücken zwischen seinen Linien lebt. Voller Glückszufälle zu sein, heißt, geschehen zu lassen. Eine Politik des Zufalls (hap) dreht sich darum, Möglichkeiten zu eröffnen, anders zu sein, möglicherweise zu sein. Wenn die Eröffnung von Möglichkeiten Unglück/lichsein hervorruft, würden wir denken, dass eine Politik des Zufalls unglück-

204 Meine Würdigung gilt Judith Halberstam, deren Vorlesung »Bees, Bio-Pirates, and the Queer Art of Cross-Pollination«, die am Birkbeck College am fünfzehnten Mai 2008 gehalten wurde und in der sie das dumme Wesen von queeren Archiven untersucht hat.

lich ist. Aber das ist nicht alles. Eine Politik des Zufalls könnte das umfassen, was passiert (happens), aber sie arbeitet auf eine Welt hin, in der Dinge auf andere Weise geschehen können. Erschaffen wir einen Zufall, erschaffen wir eine Welt.

Danksagungen

Ich möchte gerne dem Forschungsinstitut für Künste und Geisteswissenschaften (Arts and Humanities Research Council) für die Förderung meines Forschungsaufenthaltes 2007/2008 danken. Ich danke sowohl meiner Fakultät der Medien- und Kommunikationswissenschaften am Goldsmiths dafür, dass ich eine längere Zeit abwesend sein konnte, als auch meinen dortigen Kolleg*innen und Freund*innen, insbesondere Lisa Adkins, Lisa Blackman, Gavin Butt, Nick Couldry, Natalie Fenton, Mariam Fraser, Angela McRobbie, Rachel Moore, Simon O'Sullivan, Beverley Skeggs, Richard Smith und Gareth Stanton. Mein Dank gebührt außerdem der Fakultät der Frauen- und Geschlechterforschung (Women's and Gender Studies) an der Rutgers University für die Zurverfügungstellung eines ruhigen und anregenden Ortes, um dieses Buch zu Ende zu schreiben und Mary Hawkesworth, die mir meinen Besuch dort ermöglichte. Danke Ann Pellegrini, Jasbir Puar und Sarah Schulman, dass ihr dafür gesorgt habt, dass New York hält, was es verspricht. Danke für eure Freundschaft Clare Hemmings, Shona Hunter, Jonathan Keane, Catharina Landström, Elena Loizidou, Mimi Sheller und Elaine Swan. Danke an all diejenigen, die am Sammelband *Black British Feminism* (Miza 1997) beteiligt waren und damit ein intellektuelles Zuhause geschaffen haben, unter anderem Suki Ali, Heidi Mirza, Gail Lewis, Ann Phoenix, Nirmal Puwar und Shirley Tate. Außerdem danke ich Judith Butler für ihre jahrelange intellektuelle Inspiration sowie Ken Wissoker, Courtney Berger, Molly Balikov, Fred Kameny und der gesamten Redaktion der Duke University Press für die hervorragenden Ratschläge und Hinweise. Darüber hinaus gilt mein Dank Lauren Berlant, Sneja Gunew, Elspeth Probyn, Sasha Roseneil und Terry Threadgold für die kontinuierliche Unterstützung und Solidarität. Nicht zu vergessen: Sarah Franklin, Kristyn Gorton, Elena Loizidou, Heather Love, David Glover, Ali Rattansi, Róisín Ryan-Flood, Simon O'Sullivan und Sarah Schulman, danke für euer hilfreiches Feedback zu meinen Kapiteln und Arbeiten.

An diejenigen von euch, die mir Spaßverderber*innen-Anekdoten und (Literatur-) Hinweise zum Thema Glück/lichsein geliefert haben, ich bin euch sehr dankbar dafür. Ich hatte das Glück, meine Forschungsarbeit an vielen Universitäten vorzustellen: der University of British Columbia, der Carleton University, der University of Cincinnati, der City University of New York, der Cornell University, dem University College Dublin, der Durham

University, der Edinburgh University, der Florence University, dem Goldsmiths, dem Hampshire College, der University of Illinois, der University of Kansas, der Kent University, der London School of Economics, der McGill University, der New York University, der Universität Oslo, dem Queen Mary and Westfield College, der Rutgers University, der University of California, Santa Cruz, der University of South Australia, der Susex University, der Syracuse University, der University of Turku und der York University (Kanada).

Zum Schluss möchte ich meiner Familie meinen Dank aussprechen, insbesondere meiner Mutter Maureen Fisher und meinen Schwestern Tanya Ahmed und Tamina Levy, für ihre Liebenswürdigkeit. Danke dir Mulka, dass du Teil meines Lebens bist und danke Yvonne und Meredith Johnson, dass ihr Teil seines Lebens seid. Auch danke ich Sarah Franklin dafür, dass sie den Nährboden für Optimismus und sogar Glück geschaffen hat.

Literaturverzeichnis

Im Original verwendete und zitierte Literatur

Abraham, Julie. 1996. Are Girls Necessary? Lesbian Writing and Modern Histories. New York: Routledge.

Ahmed, Sara. 2000. Strange Encounters: Embodied Others in Post-Coloniality. London: Routledge.

—. 2004. The Cultural Politics of Emotion. Edinburgh: Edinburgh University Press.

—. 2006. Queer Phenomenology: Orientations, Objects, Others. Durham, N.C.: Duke University Press.

—. 2007a. »The Language of Diversity.« Ethnic and Racial Studies 30 (2): 235–56.

—. 2007b. »›You End Up Doing the Document Rather than Doing the Doing‹: Diversity, Race Equality and the Politics of Documentation.« Ethnic and Racial Studies 30 (4): 390–609.

—. ed. 2008. »Happiness.« New Formations 63.

Aidoo, Ama Ata. 1977. Our Sister Killjoy: or, Reflections from a Black-Eyed Squint. Harlow: Longman.

Anderson, Ben. 2006. »Becoming and Being Hopeful: Towards a Theory of Affect.« Environment and Planning D: Society and Space 24:733–52.

Anderson, Elizabeth. 1998. »John Stuart Mill: Democracy as Sentimental Education.« Philosophers on Education: New Historical Perspectives, ed. Amélie Oksenberg Rorty, 333–52. New York: Routledge.

Annas, Julia. 1993. The Morality of Happiness. New York: Oxford University Press.

Arendt, Hannah. 1972. Crises of the Republic: Lying in Politics, Civil Disobedience, on Violence, Thoughts on Politics and Revolution. New York: Harcourt Brace.

Argyle, Michael. 1987. The Psychology of Happiness. London: Methuen.

Back, Les, Tim Crabbe, and John Solomos. 2001. The Changing Face of Football: Racism, Identity and Multiculture in the English Game. Oxford: Berg.

Ballaster, Rosalind. 2005. Fabulous Orients: Fictions of the East in England, 1662–1785. Oxford: Oxford University Press.

Barrow, Robin. 1980. Happiness. Oxford: Martin Robertson.

Baudrillard, Jean. [2001] 2006. Utopia Deferred: Writings from Utopie, 1967–1978. Trans. Stuart Kendall. New York: Semiotexte.

Belliotti, Raymond Angelo. 2004. Happiness Is Overrated. Lanham, Md.: Rowman and Littlefield.

Bennett, Oliver. 2001. Cultural Pessimism: Narratives of Decline in the Postmodern World. Edinburgh: Edinburgh University Press.

Bentham, Jeremy. [1776] 1988. A Fragment on Government. Cambridge: Cambridge University Press.

Berlant, Lauren. 1997. The Queen of America Goes to Washington City. Durham, N.C.: Duke University Press.

—. 2000. »The Subject of True Feeling: Pain, Privacy and Politics.« Transformations: Thinking Through Feminism, ed. Sara Ahmed, Jane Kilby, Celia Lury,

Maureen McNeil and Beverley Skeggs, 33–47. London: Routledge.

—. 2002. »Two Girls, Fat and Thin.« Regarding Sedgwick: Essays on Queer Cul ture and Critical Theory, ed. Stephen M. Barber and David L. Clark, 71–108. New York: Routledge.

—. 2008a. »Cruel Optimism: On Marx, Loss and the Senses.« New Formations 63:33–51.

—. 2008b. The Female Complaint: The Unfinished Business of Sentimentality in American Culture. Durham, N.C.: Duke University Press.

Blackman, Lisa. 2008. »Is Happiness Contagious?« New Formations 63:15–32.

Blackman, Lisa, and Valerie Walkerdine. 2001. Mass Hysteria: Critical Psychology and Media Studies. London: Palgrave Macmillan. Bland, Lucy, and Laura Doan, eds. 1998. Sexology Uncensored: The Documents of Sexual Science. Cambridge: Polity Press.

Blassingame, John W. 1992. »Some Precursors of the Amistad Revolt.« The Connecticut Scholar: Occasional Papers of the Connecticut Humanities Council 10:26–36.

Bloch, Charlotte. 2002. »Moods and the Quality of Life.« Journal of Happiness Studies 3 (2): 101–28.

Bösche, Susanne. 1983. Jenny Lives with Eric and Martin. London: Gay Men's Press.

Braidotti, Rosi. 2002. Metamorphoses: Towards a Materialist Theory of Becoming. Cambridge: Polity Press.

—. 2006a. Transpositions: On Nomadic Ethics. Cambridge: Polity.

—. 2006b. »Affirmation versus Vulnerability: On Contemporary Ethical Debates.« Symposium 10 (1): 235–54.

Brennan, Teresa. 2004. The Transmission of Affect. Ithaca, N.Y.: Cornell University Press.

Brinton, Daniel Garrison. 1893. The Pursuit of Happiness: A Book of Studies and Strowings. Philadelphia: David McKay.

Brooks, Peter. 1984. Reading for the Plot: Design and Intention in Narrative. Cambridge, Mass.: Harvard University Press.

Brown, Wendy. 1995. States of Injury: Power and Freedom in Late Modernity. Princeton, N.J.: Princeton University Press.

Bruce, John. 1813. »Bruce's Report on the East India Negotiation.« Monthly Review: 20–37.

Carr, Alan. 2004. Positive Psychology: The Science of Happiness and Human Strengths. London: Routledge.

Carroll, David. 1992. George Eliot and the Conflict of Interpretations: A Reading of the Novels. Cambridge: Cambridge University Press.

Carter, Mia. 2003. »Company to Canal: 1756–1860.« Archives of Empire: From the East India Company to the Suez Canal, ed. Barbara Harlow and Mia Carter, 1–15. Durham, N.C.: Duke University Press.

Caruth, Cathy. 1996. Unclaimed Experience: Trauma, Narrative and History. Baltimore: Johns Hopkins University Press.

—. 2001. »Parting Words: Trauma, Silence and Survival.« Cultural Values 5(1): 7–26.

Chalier, Catherine. 2002. What Ought I to Do? Morality in Kant and Levinas. Trans. Jane Marie Todd. Ithaca, N.Y.: Cornell University Press.

Challenger, Douglas F. 1994. Durkheim through the Lens of Aristotle: Durkheimian, Postmodernist, and Communitarian Responses to the Enlightenment. Lanham, Md.: Rowman and Littlefield.

Chatterjee, Piya. 2001. A Time for Tea: Women, Labor, and Post/Colonial Politics on an Indian Plantation. Durham, N.C.: Duke University Press.

Cheng, Anne Anlin. 2001. The Melancholia of Race: Psychoanalysis, Assimilation and Hidden Grief. Oxford: Oxford University Press.

Chopin, Kate. [1899] 1993. The Awakening. New York: Dover Publications.

Colebrook, Claire. 2002. Gilles Deleuze. London: Routledge.

—. 2008. »Narrative Happiness and the Meaning of Life.« New Formations 63:82–102.

Colwin, Laurie. [1982] 1990. Family Happiness. New York: Perennial.

Conard, Mark T. 2007. »Mean Streets: Beatitude, Flourishing and Unhappiness.« The Philosophy of Martin Scorsese, ed. Mark T. Conard, 53–71. Lexington: University Press of Kentucky.

Conrad, Peter, and Joseph W. Schneider. 1980. Deviance and Medicalization: From Badness to Sickness. Ann Arbor: University of Michigan Press.

Cooke, George Willis. [1884] 2007. George Eliot: A Critical Study of Her Life, Writing, and Philosophy. Boston: IndyPublish.

Cowan, J. L. 1968. Pleasure and Pain: A Study in Philosophical Psychology. London: Macmillan.

Crimp, Douglas. 2004. Melancholia and Moralism: Essays on AIDS and Queer Politics. Cambridge, Mass: MIT Press.

Cvetkovich, Ann. 2003. An Archive of Feelings: Trauma, Sexuality, and Lesbian Public

Cultures. Durham, N.C.: Duke University Press.

Dawesar, Abha. 2005. Babyji. New York: Anchor Books.

de Botton, Alain. 2006. The Architecture of Happiness. London: Penguin.

DeBrabander, Firmin. 2007. Spinoza and the Stoics: Power, Politics and the Passions. London: Continuum.

Deleuze, Gilles. 1978. »Lecture Transcripts on Spinoza's Concept of Affect.« http://www.goldsmiths.ac.uk/csisp/papers/deleuze_spinoza_affect.pdf. 1–28.

Deutscher, Penelope. 1997. Yielding Gender: Feminism, Deconstruction and the History of Philosophy. New York: Routledge.

Dienstag, Joshua Foa. 2006. Pessimism: Philosophy, Ethic, Spirit. Princeton, N.J.: Princeton University Press.

Doan, Laura, and Jay Prosser, eds. 2002. Palatable Poison: Critical Perspectives on »The Well of Loneliness.« New York: Columbia University Press.

Douglass, Frederick. [1855] 2005. My Bondage and My Freedom. New York: Barnes and Noble.

Duggan, Lisa. 2003. The Twilight of Equality: Neoliberalism, Cultural Politics and the Attack on Democracy. Boston: Beacon Press.

DuPlessis, Rachel Blau. 1985. Writing beyond the Ending: Narrative Strategies of Twentieth Century Women Writers. Bloomington: Indiana University Press.

Edelman, Lee. 2004. No Future: Queer Theory and the Death Drive. Durham, N.C.: Duke University Press.

—. 2006. »Antagonism, Negativity and the Subject of Queer Theory.« PMLA; 821–22.

Ehrenreich, Barbara. 2001. »Welcome to Cancerland: A Mammogram Leads to a Cult of Pink Kitsch.« Harper's Magazine, November, 43–53.

—. 2007. Dancing in the Streets: A History of Collective Joy. London: Granta Publications.

Eng, David L. 2002. »The Value of Silence.« Theatre Journal 54 (1): 85–94.

Eng, David L., and Shinhee Han. 2003. »A Dialogue on Racial Melancholia.« Loss: The Politics of Mourning, ed. David L. Eng and David Kazanjian, 343–71. Berkeley: University of California Press.

Feagin, Joe. R. 2000. Racist America: Roots, Current Realities and Future Reparations—Remaking America with Anti-Racist Strategies. New York: Routledge.

Felski, Rita. 2003. Literature after Feminism. Chicago: University of Chicago Press.

Foucault, Michel. 1979. »Is It Useless to Revolt?« Trans. James Bernauer. Religion and Culture. Ed. Jeremy R. Carette, 131–34. Manchester: Manchester University Press.

—. 1986. »Of Other Spaces« Diacritics 16:22–27.

Fowler, James H., and Nicholas A. Christakis. 2008. »Dynamic Spread of Happiness in a Large Social Network: Longitudinal Analysis over Twenty Years in the Framingham Heart Study.« BMJ 337: a2338.

Franklin, Sarah. 1997. Embodied Progress: A Cultural Account of Assisted Conception. London: Routledge.

Freeman, Elizabeth. 2005. »Time Binds, or, Erotohistoriography.« Social Text 23:57–68.

Frey, Bruno S., and Alois Stutzer. 2002. Happiness and Economics: How the Economy and Institutions Affect Human Well-Being. Princeton, N.J.: Princeton University Press.

Friedan, Betty. 1965. *The Feminine Mystique*. Harmondsworth: Penguin.

Frye, Marilyn. 1983. The Politics of Reality: Essays in Feminist Theory. Trumansburg, N.Y.: Crossing Press.

Garden, Nancy. 1982. Annie on My Mind. New York: Farrar, Straus and Giroux.

Gettis, Alan. 2006. The Happiness Solution: Finding Joy and Meaning in an Upside Down World. Victoria, BC: Trafford Publishing.

Gibbs, Anna. 2001. »Contagious Feelings: Pauline Hanson and the Epidemiology of Affect.« Australian Humanities Review, no. 24 http://www.australianhumanitiesreview.org.

Gilman, Charlotte Perkins. [1903] 2002. The Home: Its Work and Influence. Lanham, Md.: Rowman and Littlefield.

Gilroy, Paul. 2004. After Empire: Melancholia or Convivial Culture? London: Routledge.

Goodman, Gerre, George Lakey, Judy Lashof, and Erika Thorne. 1983. No Turning Back: Lesbian and Gay Liberation for the '80s. Philadelphia: New Society Publishers.

Gopinath, Gayatri. 2005. Impossible Desires: Queer Diaspora and South Asian Public Culture. Durham, N.C.: Duke University Press.

Gosling, J. C. B. 1969. Pleasure and Desire: The Case for Hedonism Reviewed. Oxford: Clarendon Press.

Graeber, David. 2007. Possibilities: Essays on Hierarchy, Rebellion, and Desire. Oakland, Calif.: AK Press.

Greene, Gayle. 1991. Changing the Story: Feminist Fiction and the Tradition. Bloomington: Indiana University Press.

Gunnell, Barbara. 2004. »The Happiness Industry.« New Statesman, September 6.

Hage, Ghassan. 2003. Against Paranoid Nationalism: Searching for Hope in a Shrinking Society. Annandale, NSW: Pluto Press.

Hai, Yasmin. 2008. The Making of Mr Hai's Daughter: Becoming British. London: Virago.

Haidt, Jonathan. 2006. The Happiness Hypothesis. London: William Heinemann.

Halberstam, Judith. 2005. In A Queer Time and Place: Transgender Bodies, Subcultural Lives. New York: New York University Press.

—. 2008. »Animating Revolt/Revolting Animation: Penguin Love, Doll Sex and the Spectacle of the Queer Nonhuman.« Queering the Non/Human, ed. Noreen Giffney and Myra J. Hird, 265–82. London: Ashgate.

Hardt, Michael. 1993. Gilles Deleuze: An Apprenticeship in Philosophy. Minneapolis: University of Minnesota Press.

Hartman, Saidiya V. 1997. Scenes of Subjection: Terror, Slavery and Self-Making in Nineteenth Century America. New York: Oxford University Press.

Heady, Bruce, and Alexander J. Wearing. 1991. »Subjective Well-Being: A Stocks and Flows Framework.« Subjective Well-Being: An Interdisciplinary Perspective, ed. Fritz Strack, Michael Argyle, and Norbert Schwarz, 49–76. Oxford: Pergamon Press.

Hemmings, Clare. 2001. »›All my life I have been waiting for something‹: Theorising Femme Narrative in The Well of Loneliness.« Palatable Poison: Critical Perspectives on »The Well of Loneliness«, ed. Laura Doan and Jay Prosser, 179–96. New York: Columbia University Press.

—. 2005. »Invoking Affect: Cultural Theory and the Ontological Turn.« Cultural Studies 19 (5): 548–67.

Hochschild, Arlie Russell. 2003. The Commercialization of Intimate Life: Notes from Home and Work. Berkeley: University of California Press.

hooks, bell. 2000. Feminist Theory: From Margin to Centre. London: Pluto Press.

Hudson, Deal Wyatt. 1996. Happiness and the Limits of Satisfaction. Lanham, Md.: Rowman and Littlefield.

Husserl, Edmund. [1946] 2002. »The World of the Living Present and the Constitution of the Surrounding World That Is Outside the Flesh.« Husserl at the Limits of Phenomenology, ed. Leonard Lawlor and Bettina Bergo, 132–54. Evanston, Ill.: Northwestern University Press.

—. [1950] 1989. Ideas Pertaining to a Pure Phenomenology and to a Phenomenological Philosophy, Second Book. Trans. Richard Rojcewicz and André Schuwer. Dordrecht: Kluwer Academic Publishers.

James, P. D. 1993. The Children of Men. New York: Alfred A. Knopf.

James, Susan. 1997. Passion and Action: The Emotions in Seventeenth Century Philosophy. Oxford: Oxford University Press.

James, William. [1891] 1956. »The Moral Philosopher and the Moral Life.« The Will to Believe, and Other Essays in Popular Philosophy, 184–285. New York: Dover Publications.

Jameson, Fredric. 2005. Archaeologies of the Future: The Desire Called Utopia and Other Science Fictions. London: Verso.

Janaway, Christopher. 1999. »Schopenhauer's Pessimism.« The Cambridge Companion to Schopenhauer, ed. Christopher Janaway, 318–44. Cambridge: Cambridge University Press.

Jenkins, Henry. 1998. »Introduction: Childhood Innocence and Other Modern Myths.« The Children's Culture Reader, ed. Henry Jenkins, 1–37. New York: New York University Press.

Johnson, Lesley, and Justine Lloyd. 2004. Sentenced to Everyday Life: Feminism and the Housewife. Oxford: Berg.

Jones, H. S. 2005. »The Early Utilitarians, Race and Empire: The States of the Argument.« Utilitarianism and Empire, ed. Bart Schultz and Georgios Varouxakis, 179–88. Lanham, Md.: Lexington Books.

Kelley, Robin D. G. 2002. Freedom Dreams: The Black Radical Imagination. Boston: Beacon Press.

Kenny, Anthony. 1993. Aristotle on the Perfect Life. Oxford: Clarendon Press.

Kureishi, Hanif. [1994] 2008. My Son the Fanatic, The Flies. Germany: Heuber Verlag.

Lacan, Jacques. 1982. »God and the Jouissance of The Woman.« Feminine Sexuality: Jacques Lacan and the école freudienne, ed. Juliet Mitchell and Jacqueline Rose, 137–49. New York: W. W. Norton.

—. [1986] 1992. The Ethics of Psychoanalysis, 1959–1960. Trans. Dennis Porter. London: Routledge.

—. 2006. Écrits. Trans Bruce Fink with Héloïse Fink and Russell Grigg. New York: W. W. Norton.

Lang, Kurt, and Gladys Engel Lang. 1969. »The Unique Perspective of Television and Its Effects: A Pilot Study.« Mass Communications: A Book of Readings, ed. W. Schramm, 544–60. Champaign: University of Illinois Press.

Lear, Jonathan. 2000. Happiness, Death and the Remainder of Life. Cambridge, Mass.: Harvard University Press.

Le Guin, Ursula. [1973] 1987. »The Ones Who Walk Away from Omelas.« The Wind's Twelve Quarters. New York: Perennial.

Leibniz, Gottfried Wilhelm. [1714] 1965. Monadology and Other Philosophical Essays. Trans. Paul Schrecker and Anne Martin Schrecker. Indianapolis: Bobbs- Merrill.

Levy, Andrea. 1999. Fruit of the Lemon. London: Headline Book Publishing.

Lorde, Audre. 1984. Sister Outsider: Essays and Speeches. Trumansburg, N.Y.: Crossing Press.

Love, Heather. 2007. Feeling Backward: The Politics of Loss in Queer History. Cambridge, Mass.: Harvard University Press.

—. 2008. »Compulsory Happiness and Queer Existence.« New Formations 63:52–64.

Lucas, Bill. 2006. Happy Families: How to Make One, How to Keep One. Harlow: Educational Publishers.

Macaulay, Thomas Babington. [1835] 2003. »Minute on Indian Education.« Archives of Empire: From the East India Company to the Suez Canal, ed. Barbara Harlow and Mia Carter, 227–38. Durham, N.C.: Duke University Press.

Macherey, Piere. 1996. »The Encounter with Spinoza.« Deleuze: A Critical Reader, ed. Paul Patton, 139–61. Oxford: Blackwell.

MacIntyre, Alasdair C. 1981. After Virtue: A Study in Moral Theory. London: Duckworth.

—. 2004. The Unconscious: A Conceptual Analysis. London: Routledge.

Majeed, Javed. 1992. Ungoverned Imaginings: James Mill's »The History of British India« and Orientalism. Oxford: Clarendon Press.

Marar, Ziyad. 2003. The Happiness Paradox. London: Reaktion Books.

Martin, Jane Roland. 1995. Changing the Educational Landscape: Philosophy, Women and the Curriculum. New York: Routledge.

Massumi, Brian. 2002a. »Navigating Movements«. www.brianmassumi.com/interviews/NAVIGATING%20MOVEMENTS.pdf. Visited August 18, 2009.

—. 2002b. Parables for the Virtual: Movement, Affect, Sensation. Durham, N.C.: Duke University Press.

McCarney, Joseph. 2005. »Ideology and False Consciousness.« http://www.marxmyths.org/joseph-mccarney/article.htm. Visited August 28, 2008.

McMahon, Darrin M. 2006. Happiness: A History. New York: Atlantic Monthly Press.

McRobbie, Angela. 2008. The Aftermath of Feminism: Gender, Culture and Social Change. London: Sage.

Mill, James. [1818] 1997. History of British India. London: Routledge.

—. 1828. Essays reprinted from the Supplement to the Encyclopaedia of Britannica. London: J. Innes.

Miller, D. A. 2002. »Problems of Closure in the Traditional Novel« (1981). Narrative Dynamics: Essays on Time, Plot, Closure and Frames, ed. Brian Richardson, 272–81. Columbus: Ohio State University Press.

Moreton-Robinson, Aileen. 2002. »›Tiddas talkin up to the White Woman‹: When Huggins et al. Took on Bell.« Black Lines: Contemporary Critical Writing by Indigenous Australians, ed. Michele Grossman, 66–78. Melbourne: Melbourne University Press.

Muñoz, José Esteban. 2007. »Cruising the Toilet: LeRoi Jones/Amiri Baraka, Radical Black Traditions, and Queer Futurity«. GLQ 13 (2–3): 353–67.

Munt, Sally. 2001. »The Well of Shame.« Palatable Poison: Critical Perspectives on »The Well of Loneliness,« ed. Laura Doan and Jay Prosser, 199–215. New York: Columbia University Press.

—. 2007. Queer Attachments: The Cultural Politics of Shame. Aldershot: Ashgate.

Meyer, Susan. 1996. Imperialism at Home: Race and Victorian Women's Fiction. Ithaca, N.Y.: Cornell University Press.

Naipaul, V. S. 1990. »Our Universal Civilization.« New York Times, November 5. http://www.nytimes.com.

Neves, Carlos M. 2003. »Optimism, Pessimism and Hope in Durkheim.« Journal of Happiness Studies 4:169–83.

Newton, Esther. 2000. Margaret Mead Made Me Gay: Personal Essays, Public Ideas. Durham, N.C.: Duke University Press.

Ngai, Sianne. 2005. Ugly Feelings. Cambridge, Mass.: Harvard University Press.

Noddings, Nel. 2003. Happiness and Education. Cambridge: Cambridge University Press.

Nussbaum, Martha C. 2005. »Mill on Happiness: The Enduring Value of a Complex Critique.« Utilitarianism and Empire, ed. Bart Schultz and Georgios Varouxakis, 107–24. Lanham, Md.: Lexington Books. O'Rourke, Meghan. 2006. »Desperate Feminist Wives: Why Wanting Equality Makes Women Unhappy.« http://www.slate.com.

Packer, Vin. [1952] 2004. Spring Fire. San Francisco. Cleis Press.

Perry, David L. 1967. The Concept of Pleasure. The Hague: Mouton and Co.

Peucker, Henning. 2007. »Husserl's Critique of Kant's Ethics.« Journal of the History of Philosophy 45 (2): 309–19.

Phua, Voon Chin. 2003. Icelandic Lives: The Queer Experience. Philadelphia: Hawarth Press.

Pitts, Jennifer. 2005. A Turn to Empire: The Rise of Imperial Liberalism in Britain and France. Princeton, N.J.: Princeton University Press.

Potamianou, Anna. 1997. Hope: A Shield in the Economy of Borderline States. Trans. Phillip Slotkin. London: Routledge.

Probyn, Elspeth. 2005. Blush: Faces of Shame, Minneapolis: University of Minnesota Press.

Prosser, Jay. 1998. Second Skins: Body Narratives of Transsexuality. New York: Columbia University Press.

Puar, Jasbir K. 2007. Terrorist Assemblages: Homonationalism in Queer Times. Durham, N.C.: Duke University Press.

Radway, Janice A. 1984. Reading the Romance: Women, Patriarchy and Popular Literature. London: Verso.

Rahman, Zia Haider. 2007. »The Young Can Be Far Too Easy to Exploit.« Daily Telegraph, November 7.

Reid, Gordon. 2006. That Unhappy Race: Queensland and the Aboriginal Problem, 1838–1901. Melbourne: Australian Scholarly Publishing.

Ricard, Matthieu. 2007. Happiness: A Guide to Developing Life's Most Important Skill. Trans. Jesse Browner. London: Atlantic Books.

Rose, Nikolas. 1996. »Governing Advanced 'Liberal' Societies.« Foucault and Political Reason: Liberalism, Neo-Liberalism and the Rationalities of Government, ed. Andrew Barry, Thomas Osborne and Nikolas Rose, 37–64. Chicago: University of Chicago Press.

—. 1999. Governing the Soul: The Shaping of the Private Self. London: Free Association Books.

Rousseau, Jean-Jacques. 1783. Emilius and Sophia: Or, a New System of Education. London: H. Haldwin.

Rowbotham, Sheila. 1989. The Past Is before Us: Feminism in Action since the 1960s. London: Penguin Books.

Ruti, Mari. 2006. Reinventing the Soul: Posthumanist Theory and Psychic Life. New York: Other Press.

Sanderson, Terry. 1999. How to Be a Happy Homosexual: A Guide for Gay Men. London: Other Way Press.

Sartre, Jean-Paul. [1939] 2002. Sketch for a Theory of the Emotions. Trans. Philip Mairet. New York: Routledge.

—. [1965] 1993. Essays in Existentialism. Ed. Wade Baskin. New York: Citadel Press.

Schoch, Richard N. 2006. The Secrets of Happiness. London: Profile Books.

Schroeder, Michael, and Ariel Shidlo. 2002. »Ethical Issues in Sexual Orientation Conversion Therapies: An Empircal Study of Consumers.« Sexual Conversion Therapy: Ethical, Clinical, and Research Perspectives, ed. Ariel Shidlo, Michael Schroeder, Jack Drescher, 131–66. Philadelphia: Haworth Press.

Schulman, Sarah. 1998. Stage Struck: Theatre, AIDS and the Marketing of Gay America. Durham, N.C.: Duke University Press.

Schultz, Bart, and Georgios Varouxakis. 2005. Introduction. Utilitarianism and Empire, ed. Bart Schultz and Georgios Varouxakis, 1–32. Lanham, Md.: Lexington Books.

Schwarz, Norbert, and Strack, Fritz. 1991. »Evaluating One's Life: A Judgment Model of Subjective Well-Being.« Subjective Well-Being: An Interdisciplinary Perspective, ed. Fritz Strack, Michael Argyle and Norbert Schwarz, 27–48. Oxford:

Pergamon Press.

Sedgwick, Eve Kosofsky. 2003. Touching Feeling: Affect, Performativity, Pedagogy. Durham, N.C.: Duke University Press.

Segal, Lynne. 2007. Making Trouble: Life and Politics. London: Serpent's Tail.

Seneca. 1997. »Consolation to Helvia.« Dialogues and Letters, 3–28. Trans. C. D. N. Costa. London: Penguin Books.

Shine, Darla. 2005. Happy Housewives. New York: HarperCollins.

Shuttleworth, Sally. 1984. George Eliot and Nineteenth-Century Science: The Make-Believe of a Beginning. Cambridge: Cambridge University Press.

Skeggs, Beverley. 2004. Class, Self, Culture. London: Routledge.

Smith, J. A. 1998. Introduction to Nicomachean Ethics, by Aristotle, iii–xviii. Mineola, N.Y.: Dover Publications.

Snediker, Michael D. 2009. Queer Optimism: Lyric Personhood and Other Felicitous Persuasions. Minneapolis: University of Minnesota Press.

Solomon, Robert. 2006. »Emotions in Phenomenology and Existentialism.« A Companion to Phenomenology and Existentialism, ed. Hubert L. Dreyfus, Mark A. Wrathall, 291–309. Cambridge, Mass.: Blackwell.

Spivak, Gayatri Chakravorty. 1988. »Can the Subaltern Speak?« Marxism and the Interpretation of Culture, ed. Cary Nelson and Lawrence Grossberg, 271–313. Champaign: University of Illinois Press.

Stimpson, Catharine R. 1988. Where the Meanings Are: Feminism and Cultural Spaces. New York: Methuen.

Stokes, Eric. 1959. The English Utilitarians and India. Delhi: Oxford University Press.

Strack, Fritz, Michael Argyle, and Norbert Schwarz. 1991. Introduction. Subjective Well-Being: An Interdisciplinary Perspective, ed. Fritz Strack, Michael Argyle, and Norbert Schwarz, 1–6. Oxford: Pergamon Press.

Stringer, Rebecca. 2000. »A Nietzschean Breed: Feminism, Victimology, Ressentiment.« Why Nietzsche Still? Reflections on Drama, Culture, Politics, ed. Alan D. Schrift, 247–73. Berkeley: University of California Press.

Strong, Tracy B. 2002. Jean-Jacques Rousseau: The Politics of the Ordinary. Lanham, Md.: Rowman and Littlefield.

Struik, Dirk J. 1964. Introduction. The Economic and Philosophical Manuscripts of 1844, by Karl Marx, 9–56. New York: International Publications.

Sullivan, Eileen. 1983. »Liberalism and Imperialism: John Stuart Mill's Defence of the British Empire.« Journal of the History of Ideas 44 (4): 599–617.

Summers, Heather, and Anne Watson. 2006. The Book of Happiness: Brilliant Ideas to Transform Your Life. Mankato, Minn.: Capstone.

Swanton, Christine. 2000. »Compassion as a Virtue in Hume. Feminist Interpretations of David Hume, ed. Anne Jaap Jacobson, 156–73. University Park: Pennsylvania State University Press.

Syal, Meera. [1996] 2004. Anita and Me. London: Harper Perennial.

Tate, Shirley. 2005. Black Skins, Black Masks: Hybridity, Dialogism, Performativity. London: Ashgate.

Terada, Rei. 2001. Feeling in Theory: Emotion after the »Death of the Subject.« Cambridge, Mass.: Harvard University Press.

Thobani, Sunera. 2003. »War Frenzy and Nation Building: A Lesson in the Politics of ›Truth-Making.‹« International Journal of Qualitative Studies in Education 16(3): 399–414.

Thompson, Evan. 2007. Mind in Life: Biology, Phenomenology, and the Sciences of Mind. Cambridge, Mass.: Harvard University Press.

To Leung, Man. 1998. »James Mill's Utilitarianism and British Imperialism in India.« http://www.tamilnation.org/Oneworld/imperialism.htm. Visited May 11, 2009.

Tyler, Imogen. 2008. »Methodological Fatigue: The Politics of ›The Affective Turn.‹« Feminist Media Studies 8 (1): 85–90.

United Kingdom. Home Office. 2002. Secure Borders, Safe Haven: Integration with Diversity in Modern Britain. London: Stationery Office.

—. 2005a. »Strength in Diversity: Towards a Community Cohesion and Race Equality Strategy.« http://www.homeoffice.gov.uk/documents/cons-strength-indiverse-170904.

—. 2005b. Life in the United Kingdom: A Journey to Citizenship. Norwich: Stationery Office.

Veenhoven, Ruut. 1984. Conditions of Happiness. Dordrecht: D. Reidel Publishing Company.

—. 1991. »Questions on Happiness: Classical Topics, Modern Answers, Blindspots.« Subjective Well-Being: An Interdisciplinary Perspective, ed. Fritz Strack,Michael Argyle and Norbert Schwarz, 8–24. Oxford: Pergamon Press.

Walker, Lisa. 2001. Looking Like What You Are: Sexual Style, Race and Lesbian Identity. New York: New York University Press.

Warn, Sarah. 2003. »Dropping Lesbian Romance from Beckham the Right Decision.« http://www.afterellen.com/Movies/beckham.html. Visited February 12, 2009.

West, Henry W. 2004. An Introduction to Mill's Utilitarian Ethics. Cambridge: Cambridge University Press, 2004.

Williams, Raymond. 1977. Marxism and Literature. Oxford: Oxford University Press.

—. 2006. Modern Tragedy. Peterborough, Ontario: Broadview Encore.

Wollstonecraft, Mary. [1792] 1975. A Vindication of the Rights of Women. New York: W. W. Norton.

Woodward, Kathleen. 2009. Statistical Panic: Cultural Politics and Poetics of the Emotions. Durham, N.C.: Duke University Press.

Yancy, George. 2008. Black Bodies, White Gazes: The Continuing Significance of Race. Lanham, Md.: Rowman and Littlefield.

Zastoupil, Lynn. 1994. John Stuart Mill and India. Stanford, Calif.: Stanford University Press, 1994.

Žižek, Slavoj. 2005. »From Revolutionary to Catastrophic Utopia.« Thinking Utopia: Steps into Other Worlds, ed. Jörn Rüsen, Michael Fehr and Thomas W. Rieger, 247–62. New York: Berghahn Books.

Zupančič, Alenka. 2000. Ethics of the Real: Kant, Lacan. London: Verso.

In deutscher Übersetzung zitierte Literatur

[Alle hier nicht angeführten Quellen sind übersetzt von E.G.]

Adorno, Theodor W.. [1951] 1975. Reflexionen aus dem beschädigten Leben. Frankfurt/Main: Suhrkamp.

Adorno, Theodor W./Max Horkheimer. [1946] 1981. Dialektik der Aufklärung. Philosophische Fragmente. (=Gesammelte Schriften, Band 3). Frankfurt/Main: Suhrkamp.

Agamben, Giorgio. [1996] 2001. Mittel ohne Zweck. Noten zur Politik. Übersetzung von Sabine Schulz. Freiburg u.a.: Diaphanes.

Ahmed, Sara. 2017. Feministisch Leben! Manifest für Spaßverderberinnen. Übersetzung von Emilia Gagalski. Münster: Unrast.

Arendt, Hanna. [1961] 1963. Über die Revolution. München: Piper & Co.

Aristoteles. 2001. Die Nikomachische Ethik. Griechisch-deutsch. Übersetzung von Olof Gigon. Düsseldorf [u.a.]: Artemis & Winkler.

Austin, John L. [1962] 1972: Zur Theorie der Sprechakte (How to do things with words). Übersetzung von Eike von Savigny. Stuttgart: Reclam.

Badiou, Alain. [1993] 2015. Ethik. Versuch über das Bewusstsein des Bösen. Übersetzung vo Jürgen Brankel. Wien u.a: Turia + Kant.

Bauman, Zygmunt. [2008] 2010. Wir Lebenskünstler. Übersetzung von Frank Jakubzik. Berlin: Suhrkamp.

Beauvoir, Simone de. [1949] 1968. Das andere Geschlecht. Sitte und Sexus der Frau. Übersetzung von Eva Rechel-Mertens und Fritz Montfort. Hamburg: Rowohlt.

Bentham, Jeremy. [1970] 2013. Eine Einführung in die Prinzipien der Moral und Gesetzgebung. Übersetzung von Irmgard Nash und Richard Seidenkranz. Saldenburg: Senging.

Bhabha, Homi K.. [1994] 2011. Die Verortung der Kultur. Übersetzung von Michael Schiffmann und Jürgen Freudl. Tübingen: Stauffenburg.

Bourdieu, Pierre. [1979] 1982. Die feinen Unterschiede. Kritik der gesellschaftlichen Urteilskraft. Übersetzung von Bernd Schwibs und Achim Russer. Frankfurt/Main: Suhrkamp.

Brown, Rita Mae. [1973] 2002. Rubinroter Dschungel. Übersetzung von Barbara Scriba-Sethe. München: Ullstein.

Butler, Judith. [1990] 1991. Das Unbehagen der Geschlechter. Übersetzung von Kathrina Menke. Frankfurt/Main: Suhrkamp.

—. [1997] 2001. Psyche der Macht. Das Subjekt der Unterwerfung. Band 744. Übersetzung von Reiner Ansén. Frankfurt/Main: Suhrkamp.

—. 2005. Gefährdetes Leben. Politische Essays. Übersetzung von Karin Wördemann. Frankfurt/Main: Suhrkamp.

Chopin, Kate. [1899] 1999. Das Erwachen. 2. Auflage. (=ars vivendi Bibliothek, Band 13). Übersetzung von Ingrid Rein. Cadolzburg: ars vivendi.

Csikszentmihalyi, Mihaly. [1990] 2008. Flow. Das Geheimnis des Glücks. 14. Auflage. Übersetzung von Annette Charpentier. Stuttgart: Klett.

Cusk, Rachel. [2006] 2007. Arlington Park. Übersetzung von Sabine Hedinger. Hamburg: Rowohlt.

Dalai, Lama und Howard C. Cutler. [1998] 2012. Die Regeln des Glücks. Das Handbuch zum Leben. Übersetzung von Jürgen Manshardt. Freiburg: Herder.

Damus, Renate (Hg.). 1971. Ernst Bloch. Hoffnung als Prinzip. Prinzip ohne Hoffnung. (=Monographien zur philosophischen Forschung, Band 68). Meisenheim: Anton.

Deleuze, Gilles. [1953] 1997. David Hume. Übersetzung von Peter Geble und Martin Weinmann. Frankfurt/Main u.a.: Campus.

—. [1970] 1988. Spinoza. Praktische Philosophie. Übersetzung von Hedwig Linden. Berlin: Merve.

Derrida, Jacques. [1994] 2000. Politik der Freundschaft. Übersetzt von Stefan Lorenzer. Frankfurt/Main: Suhrkamp.

Descartes, René. [1649] 1984. Die Leidenschaften der Seele. Französich-Deutsch.(=Philosophische Bibliothek, Band 345). Übersetzung von Klaus Hammacher. Hamburg: Felix Meiner.

Douglass, Frederick. [1845] 2006. Mein Leben als Sklave in Amerika. Übersetzung von Dietlinde Haug. Göttingen: Lamuv.

Du Bois, W.E.B.. [1903] 2008. Die Seelen der Schwarzen. Übersetzung von Jürgen und Barbara Meyer-Wendt. Freiburg: orange-press.

Durkheim, Émile. [1893] 1977. Über die Teilung der sozialen Arbeit. Übersetzung von Ludwig Schmidts. Frankfurt/Main: Suhrkamp.

—. [1897] 1997. Der Selbstmord. 6. Auflage. (=suhrkamp taschenbuch wissenschaft, 431). Übersetzung von Sebastian und Hanne Herkommer. Frankfurt/Main: Suhrkamp.

Eagleton, Terry. [2007] 2008. Der Sinn des Lebens. 3. Auflage. Übersetzung von Michael Bischoff. Berlin: Ullstein.

Elias, Norbert. [1939] 1997. Über den Prozeß der Zivilisation. Soziogenetische und psychogenetische Untersuchungen. (=Wandlungen des Verhaltens in den weltlichen Oberschichten des Abendlandes, Band 1). Frankfurt/Main u.: Suhrkamp.

Eliot, George. [1860] 1983. Die Mühle am Floss. Übersetzung von Eva-Maria König. Stuttgart: Reclam.

Engels, Friedrich. 1968. »Brief vom 14. Juli 1893.« Friedrich Engels Werke. Band 39, 96-101. Berlin: Dietz.

Fanon, Frantz. [1952] 2016. Schwarze Haut, weiße Masken.Übersetzung aus dem Franz. von Eva Moldenhauer. Wien: Turia + Kant.

—. [1961] 1981. Die Verdammten dieser Erde. Übersetzung von Traugott König. Frankfurt/Main: Suhrkamp Taschenbuch.

Firestone, Shulamith. [1970] 1975. Frauenbefreiung und sexuelle Revolution. Übersetzung von Gesine Strempel-Frohner. Frankfurt/Main: Fischer.

Foucault, Michel. 1982. »[Staatsräson, Polizei]Die politische Technologie der Individuen«. Übersetzung von P.-E. Danzat. Kritk des Regierens. (=suhrkamp taschenbuch wissenschaft, 1933). Hg. Ulrich Bröckling, 46-62. Berlin: Suhrkamp.

Freud, Sigmund. [1917] 1949. »Trauer und Melancholie.« Sigmund Freud. Gesammelte Werke. Chronologisch geordnet. Band 10. Hgg. u.a. Anna Freud, 428-447. London u.a.: Imago.

—. [1920] 1966. »Über die Psychogenese eines Falles von weiblicher Homosexualität.« Sigmund Freud. Gesammelte Werke. Chronologisch geordnet. Werke aus den Jahren 1917-1920. Band 12. Hgg. u.a. Anna Freud, 269-302. Frankfurt/Main: Fischer.

—. [1920a] 1967. »Jenseits des Lustprinzips.« Sigmund Freud. Gesammelte Werke. Chronologisch geordnet. Jenseits des Lustprinzips/Massenpsychologie und Ich-Analyse/Das Ich und das Es. Band 13. Hgg. u.a. Anna Freud, 1-70. Frankfurt/Main: Fischer.

—. logisch geordnet. Jenseits des Lustprinzips/Massenpsychologie und Ich-Analyse/Das Ich und das Es. Band 13. Hgg. u.a. Anna Freud, 237-242. Frankfurt/Main: Fischer.

—. [1930] 1955. »Das Unbehagen in der Kultur.« Sigmund Freud. Gesammelte Werke. Chronologisch geordnet. Werke aus den Jahren 1925-1931. Band 14. Hgg. u.a. Anna Freud, 419-506. London u.a.: Imago.

Friedan, Betty. [1963] 1966. Der Weiblichkeitswahn. Die Mystifizierung der Frau. Übersetzung von Margaret Carroux. Hamburg: Rowohlt.

Gilbert, Daniel. [2006] 2008. Ins Glück stolpern. Suche dein Glück nicht, dann findet es dich von selbst. Übersetzung von Burkhard Hickisch. München: Goldmann.

Gunn, James E.. [1961] 1966. Die Wächter des Glücks. Übersetzung von Christa Jakob. Rastatt: Pabel.

Hall, Margaret Radclyffe. [1928] 1991. Quell der Einsamkeit. Göttingen: Daphne.

Hegel, Georg Wilhelm Friedrich. 1961. Vorlesungen über die Philosophie der Geschichte. Stuttgart: Reclam.

Highsmith, Patricia. [1952] 2015. Carol oder Salz und sein Preis. Übersetzung von Melanie Walz. Zürich: Diogenes.

Hobbes, Thomas. [1651] 1969. Leviathan oder Wesen, Form und Gewalt des kirchlichen und bürgerlichen Staates. (=Philosophie der Neuzeit, Band 6). Übersetzung von Dorothee Tidow. o.O.: Rowohlt.

Hochschild, Arlie Russell. [1983] 2006. Das gekaufte Herz. Die Kommerzialisierung der Gefühle. Übersetzung von E. v. Kardoff. Frankfurt/Main: Campus Verlag.

Holden, Gilbert. [1998] 2007. Sei doch einfach glücklich! Die Kunst, sich ganz schnell gut zu fühlen. Übersetzung von Maximilian Knauer. München: L.E.O..

Hume, David. [1739-40] 1973. Ein Traktat über den menschlichen Verstand. Buch I-III. (=Philosophische Bibliothek, Band 283). Übersetzung von Theodor Lipps. Hamburg: Meiner.

—. [1748] 2015. Eine Untersuchung über den menschlichen Verstand. (=Philosophische Bibliothek, Band 648). Übersetzung von Raoul Richter. Hamburg: Meiner.

—. [1751] 1984. Eine Untersuchung über die Prinzipien der Moral. Übersetzung von Gerhard Streminger. Stuttgart: Reclam.

Huxley, Aldous. [1932] 2012. Schöne neue Welt. 68. Auflage. Übersetzung von Herberth E. Herlitschka. Frankfurt/Main u.a.: Fischer Taschenbuch.

Jullien, François. [2005] 2006. Sein Leben nähren Abseits vom Glück. Übersetzung von Ronald Voullié. Berlin: Marve.

Kant, Immanuel. [1781] 1990. Kritik der reinen Vernunft. 3. Auflage. (=Philosophische Bibliothek, Band 37a). Hamburg: Meiner.

—. [1788] 1968. Kritik der praktischen Vernunft. Grundlegung zur Metaphysik der Sitten. Band VII. Frankfurt/Main: Suhrkamp.

—. [1785] 1976. Grundlegung zur Metaphysik der Sitten. 4. Auflage. Stuttgart: Reclam.

—. [1797] 1922. Metapyhsik der Sitten. 4. Auflage. (=Philosophische Bibliothek, Band 42). Hamburg: Meiner.

Kierkegaard, Sören. [1844] 1952. Der Begriff Angst. Vorworte. (=Gesammelte Werke). Übersetzung von Emanuel Hirsch. Regensburg: Eugen Diedrichs.

Laing, Ronald D.. [1969] 1975. Die Politik der Familie. 2. Auflage. Übersetzung von Hans Hermann. Köln: Kiepenheuer & Witsch.

Layard, Richard. [2005] 2009. Die glückliche Gesellschaft. Was wir aus der Glücksforschung lernen können. 2. Auflage. Übersetzung von Jürgen Neubauer. Frankfurt/Main: Campus.

Le Bon, Gustave. [1895] 1982. Psychologie der Massen. 15. Auflage (=Kröners Taschenausgabe, Band 99). Übersetzung von Rudolf Eisler. Stuttgart: Kröner.

Leibniz, Gottfried Wilhelm von. [1765] 1971. Neue Abhandlungen über den menschlichen Verstand. (=Philosophische Bibliothek, Band 69). Übersetzung von Ernst Cassirer. Hamburg: Meiner.

Locke, John. [1690] 1913 Versuch über den menschlichen Verstand. (=Philosophische Bibliothek, Band 75). Übersetzung von Carl Winckler. Leipzig: Meiner.

Lorde, Audre. [1980] 2000. Auf Leben und Tod – Krebstagebuch. Übersetzung von Renate Stendhal und Margarete Längsfeld. Frankfurt/Main: Fischer.

—. [1982] 2012. Zami. Eine neue Schreibweise meines Namens. Eine Mythobiografie. Übersetzung von Karen Nölle. Münster: Unrast.

Lukács, Georg. [1923] 1976. Geschichte und Klassenbewußtsein. Studien über marxistische Dialektik. Darmstadt: Luchterhand.

MacIntyre, Alasdair. [1981] 1987. Der Verlust der Tugend. Zur moralischen Krise der Gegenwart. (=Theorie und Gesellschaft, Band 5) Übersetzung von Wolfgang Rhiel. Frankfurt/Main: Campus.

Marcuse, Herbert. [1964] 1977. Der eindimensionale Mensch. Studien zur Ideologie der fortgeschrittenen Industriegesellschaft. Übersetzung von Alfred Schmidt. 9. Auflage. Darmstadt: Luchterhand.

Marx, Karl. [1844] 1968. MEW (Marx-Engels-Werke). Band 40. Berlin: Dietz.

—. [1875] 2008. »Ökonomisch-philosophische Manuskripte. Heft I (1844)«, Karl Marx. Philosophische und ökonomische Schriften, (=Reclams Universalbibliothek Nr. 18554) Hgg. u.a. Johannes Rochbeck. Stuttgart: Reclam.

Mbembe, Achille. [2000] 2016. Postkolonie. Zur politischen Vorstellungkraft im zeitgenössischen Afrika. Übersetzung von Brita Pohl. Wien u.a.: Turia + Kant.

Mill, John Stuart. [1863] 2006. Utilitarismus. (=Philosophische Bibliothek, Band 581). Übersetzung von Manfred Kühn. Hamburg: Meiner.

—. [1873] 1874. John Stuart Mills's Selbstbiographie. Übersetzung von Dr. Carl Kolb. Stuttgart: Mener & Beller's.

Millett, Kate. [1969] 1971. Sexus und Herrschaft. Die Tyrannei des Mannes in unserer Gesellschaft. Übersetzung von Ernestine Schlant. München u.a.: Kurt Desch.

Morrison, Toni. [1970] 1979. Sehr blaue Augen. Übersetzung von Susanna Rademacher. Hamburg: Rowohlt.

Nancy, Jean-Luc. [1993] 2014. Der Sinn der Welt. Übersetzung von Esther von der Osten. Zürich u.a.: Diaphanes.

Nettle, Daniel. [2005] 2009. Glücklich sein. Was es bedeutet und wie man es wird. Übersetzung von Isabelle Fuchs. Köln: Anaconda.

Nietzsche, Friedrich. [1883-85] 2000. Also sprach Zarathustra. Ein Buch für Alle und Keinen. Frankfurt/Main: Insel Taschenbuch.

—. [1886] 1901. Jenseits von Gut und Böse. Vorspiel einer Philosophie der Zukunft. Leipzig: Naumann.

—. [1887] 1964. Zur Genealogie der Moral. (=Goldmanns Gelbe Taschenbücher, Band 991). München: Goldmann.

—. [1889] 1964. Götzendämmerung. Der Antichrist. Ecce Homo. Gedichte. Band 77. Stuttgart: Kröner.

—. [1901] 1964. Der Wille zur Macht. Versuch einer Umwertung aller Werte. Band 78. Stuttgart: Kröner.

Orwell, George. [1949] 1984. 1984. Übersetzung von Michael Walter. Berlin u.a.: Ullstein.

Pascal, Blaise. [1669] 1987. Gedanken. 8. Auflage. Übersetzung von Ewald Wasmuth. Stuttgart: Reclam.

Peters, Julie Ann. [2003] 2005. Du bist mein Geheimnis. Übersetzung von Catrin Frischer. Münschen: dtv.

Rousseau, Jean-Jacques. [1762] 1971. Emil oder über die Erziehung. (=Schöninghs Sammlung pädagogischer Schriften). Übersetzung von Ludwig Schmidts. Paderborn: Schöningh.

Sartre Jean-Paul. [1946] 1989. Ist der Existentialismus ein Humanismus? Materialismus und Revolution. Betrachtungen zur Judenfrage. Drei Essays. Übersetzung von Jean Kanapa. Frankfurt/Main u.a.: Ullstein Sachbuch.

Scheler, Max. 1923. Die Sinngesetze des emotionalen Lebens. Wesen und Formen der Sympathie. Bonn: Cohen.

Schopenhauer, Arthur. [1840] 2007. Über die Grundlage der Moral. (=Philosophische Bibliothek, Band 579). Hamburg: Meiner.

—. [1851] 1986. Parenga und Paralipomena. Kleine philosophische Schriften. Band 2. Frankfurt/Main.

—. 1938. Sämtliche Werke. Die Welt als Wille und Vorstellung. Band 3. Leipzig: Brockhaus.

Schulman, Sarah. [1992] 1993. Einfühlung. Übersetzung von Isolde Tegtmeier, Else Laudan und Frigga Haug. Hamburg: Ariadne.

Seligman, Martin. [2003]2009. Der Glücks-Faktor. Warum Optimisten länger leben. 6. Auflage. Band 60548. Übersetzung von Siegfried Brockert. Bergisch Gladbach: Bastei Lübbe.

Smith, Adam. [1759] 1977. Theorie der ethischen Gefühle. 2. Auflage.(=Philosophische Bibliothek, Band 200) Übersetzung von Walther Eckstein. Hamburg: Felix Meiner.

—. [1776] 1978. Der Wohlstand der Nationen. Eine Untersuchung seiner Natur und seiner Ursachen. Übersetzung von Horst Recktenwald. München: dtv.

Spinoza, Benedict de. [1677] 1908. Spinozas Ethik. In verkürzter Übersetzung von Dr. M. Kronenberg. Stuttgart: Greiner & Pfeiffer.

Swan, Susan. 1997. Böse Mädchen. Übersetzung von Heimo Mitterer. München: Piper.

Toder, Nancy. [1980] o.J.. Die Wahl des Glücks. Übersetzung von Cornelia E. Kähler. Berlin: Krug & Schadenberg.

Tolstoi, Leo N.. [1878] 2007. Anna Karenina. Übersetzung von Fred Ottow. Düsseldorf: Albatros.

Weil, Simone. [1947] 1989. Schwerkraft und Gnade. Übersetzung von Friedhelm Kemp. München: Piper.

Weldon, Fay. [2006] 2007. Was Frauen glücklich macht. Übersetzung von Annette Hahn. Berlin: Gustav Kiepenheuer.

Wilson, Eric G.. 2009. Unglücklich glücklich. Übersetzung von Susanne Held. Stuttgart: Klett-Cotta.

Woolf, Virginia. [1925] 2013. Mrs Dalloway. Übersetzung von Kai Kilian. Köln: Anaconda.

Žižek, Slavoj. [2002] 2004. Willkommen in der Wüste des Realen. Übersetzung von Maximilian Probst. Wien: Passagen.

—. 2009. Auf verlorenen Posten. Übersetzung von Frank Born. Frankfurt/Main: Suhrkamp.

—. 2011. Gewalt. Sechs abseitige Reflexionen. Übersetzung von Andreas Leopold Hofbauer. Hamburg: Laika.

Für die Übersetzung verwendete Internetquellen

Marx, Karl. Der Mensch als Naturwesen. http://kulturkritik.net/zitate/quellensuche.php?zitat_key=mew_40,578_o (28.08.2018).

Platon o.J.. Der Staat (Politeia). http://www.neueakropolis.at/philo-ecke/philosophie-wissen/werke-platons/platon-politeia.pdf (18.08.2018).

Spinoza. Philosophische Abhandlungen. Vorrede. http://www.zeno.org/Philosophie/M/Spinoza,+Baruch+de/Theologisch-politische+Abhandlung/Vorrede (27.08.2018).

Filme/Serien

Antz. 1998. Reg.Eric Darnell und Tim Johnson.

Bee Movie-Das Honigkomplott. 2007. Reg. Steve Hickner und Simon J. Smith.

Chicken Tikka Masala. 2005. Reg. Harmage Singh Kalirai.

Children of Men. 2006. Reg. Alfonso Cuarón.

Das Haus der stummen Schreie. (Orig. If these walls could talk). 1996. Reg. Cher, Nancy Sacova.

Der Unglücksritter. (Orig. Opportunity Knocks). 1990. Reg. Donald Petrie.

Die Insel. (Orig. The Island). 2005. Reg. Michael Bay.

East is East. 1999. Reg. Damien O'Donnell.

Eine Hochzeit zu dritt. (Orig. Imagine Me and You). 2005. Reg. Ol Parker.

Happy-Go-Lucky. 2008. Reg. Mike Leigh.

Kick it like Beckham. (Orig. Bend it like Beckham). 2002. Reg. Gurinder Chadha.

Lost and Delirious. 2001. Reg. Léa Pool.

Rita will es endlich wissen. (Orig. Educating Rita). 1983. Reg. Lewis Gilbert.

The Hours-Von Ewigkeit zu Ewigkeit. 2002. Reg. Stephen Daldry.

The L Word–Wenn Frauen Frauen lieben. 2004-2009. Reg. Ilene Chaiken.

Women love Women. (Orig. If these Walls couls talk 2). 2000. Reg. Jane Anderson.

Ines Pohlkamp

Genderbashing

Diskriminierung und Gewalt an den Grenzen der Zweigeschlechtlichkeit

424 Seiten | 24 €
ISBN 978-389771-305-5

Über heteronormative Machtmechanismen und die Verletzlichkeit nonkonformer Geschlechter

Die vorliegende Studie befasst sich mit dieser Leerstelle der Gewaltforschung. Geschlechtlich nonkonforme Personen, die sich selbst beispielsweise als ›Transgender‹, ›Interqueer‹, ›Queerer Transboy‹, ›Lesbian Boy‹, ›Transfrau‹, ›Transmann‹ oder ›Butch‹ verorten, berichteten in 18 qualitativen Interviews und in einer Gruppendiskussion von ihren Gewalt- und Diskriminierungswiderfahrnissen.

Die Analyse systematisiert die verschiedenen Dimensionen der Diskriminierung und Gewalt, und befasst sich auch mit den Möglichkeiten zum Widerstand.

Im Fokus stehen Auseinandersetzungen mit der Subjektkonstituierung, mit dem Coming Out, mit der zweigeschlechtlichen Architektur, mit sexueller Gewalt und Gewalt in Normierungsinstanzen.

Marie-Christina Latsch

_ Mind the Gap

Einblicke in die Geschichte und Gegenwart queerer (Lebens)Welten

Großformat A4
164 Seiten | 19,80 €
ISBN 978-389771-304-8

Queere Identitäten und Stragien im Wandel der Zeit

_ *Mind the gap* schafft Raum für Menschen und Handlungen, die nicht den heterosexuellen Normen von Körper, Geschlecht und Begehren entsprechen.

Das Buch erzählt, wann, wo und wie diese Menschen ihre Lebenskonzepte in eigener Form umgesetzt und damit gewaltig an den scheinbar so starren Kategorien Mann und Frau, Homo und Hetero gerüttelt haben und es heute noch tun.

Gestalterisch knüpfen das Buch als auch die im Buch enthaltenden Collagen an die Theorie des ›Gender-Copy-Left‹ an, wonach kein echtes Geschlecht existiert, sondern das Geschlecht veränderbar und beliebig manipulierbar ist und auf verschiedene Arten neu erzeugt werden kann.

Sara Ahmed

Feministisch leben!

Manifest für Spaßverderberinnen

352 Seiten | 19,80 €
ISBN 978-3-89771-309-3

Feminismus als kämpferisches Konzept für Politik und Alltag

Sara Ahmed erinnert an das wissenschaftliche Erbe des Feminismus ›of Color‹ und zeigt – auf sehr poetische und persönliche Weise – wie Feministinnen über eine Kritik ihrer Erlebniswelten hinausgehen können, um diese Welten umzugestalten. Ahmed entwickelt und empfiehlt eine Figur, die sie ›Feministische Spaßverderberin‹ nennt. Diese Rolle ermöglicht es Feministinnen, alltäglich kreative Lösungen zu finden und ein System gegenseitiger Hilfe und Unterstützung zu schaffen.

Das Buch schließt mit einem ›Survival Kit für Spaßverderberinnen‹ und einem ›Manifest für Spaßverderberinnen‹. Beide liefern praktisches Handwerkszeug, mit dem innovative feministische Theorie im (Alltags-)Leben einer Feministin umgesetzt und erweitert werden kann.

UNRAST Verlag | www.unrast-verlag.de | info@unrast-verlag.de UNRAST